OEUVRES

COMPLÈTES

DE BOSSUET

PUBLIÉES

D'APRÈS LES IMPRIMÉS ET LES MANUSCRITS ORIGINAUX

PURGÉES DES INTERPOLATIONS ET RENDUES A LEUR INTÉGRITÉ

PAR F. LACHAT

ÉDITION
RENFERMANT TOUS LES OUVRAGES ÉDITÉS ET PLUSIEURS INÉDITS

VOLUME IX

PARIS
LIBRAIRIE DE LOUIS VIVÈS, ÉDITEUR
RUE DELAMBRE, 5
1862

ŒUVRES COMPLÈTES
DE BOSSUET.

SERMONS.
VOLUME II.

Besançon. — Imprimerie d'Outhenin-Chalandre fils.

OEUVRES
COMPLÈTES
DE BOSSUET

PUBLIÉES

D'APRÈS LES IMPRIMÉS ET LES MANUSCRITS ORIGINAUX

PURGÉES DES INTERPOLATIONS ET RENDUES A LEUR INTÉGRITÉ

PAR F. LACHAT

ÉDITION
RENFERMANT TOUS LES OUVRAGES ÉDITÉS ET PLUSIEURS INÉDITS

VOLUME IX

PARIS

LIBRAIRIE DE LOUIS VIVES, ÉDITEUR

RUE DELAMBRE, 5

1862

LES SERMONS.

PREMIER SERMON

POUR

LE PREMIER DIMANCHE DE CARÊME,

SUR LES DÉMONS (a).

Ductus est Jesus in desertum à Spiritu, ut tentaretur à diabolo.

Jésus fut conduit par l'Esprit dans le désert, pour y être tenté par le diable. *Matth.*, IV, 1.

Si la mort de Jésus est notre vie, si son infirmité est notre force, si ses blessures sont notre guérison, aussi pouvons-nous assurer que sa tentation est notre victoire. Ne nous persuadons pas, chrétiens, qu'il eût été permis à Satan de tenter aujourd'hui le Sauveur sans quelque haut conseil de la Providence divine. Jésus-Christ étant le Verbe, et la raison et la sapience du Père, comme toutes ses paroles sont esprit et vie, ainsi toutes ses actions sont spirituelles et mystérieuses; tout y est intelligence, tout y est rai-

---

(a) *Premier point.* — Ce qui est donné pour ornement aux natures intelligentes leur tourne en supplice. Opération cachée de la main de Dieu.

Second point. — Envie. Espèce d'orgueil, mais qui va à ses fins par des voies cachées, parce que c'est un orgueil lâche et timide. L'orgueil naturellement se découvre, parce qu'il fait le généreux.

Jalousie des anges. Pharaon. Ezéchiel, chap. XXXII. Moyens imperceptibles du malin esprit. Tertullien. Comparaison du serpent. Tertullien.

Indépendance du diable. Saint Chrysostome. Exemples.

Troisième point. — Nos vices, plus à craindre que le diable. Exemple de Saül. Envie.

Les deux premiers sermons pour le Carême se sont suivis de près dans leur origine; car ils présentent les mêmes caractères, les mêmes idées fondamentales et les mêmes expressions; cela est si vrai que Déforis a fait de grands efforts, nous dit-il, pour fondre ces deux ouvrages en un seul, et ses successeurs, chose incroyable, regrettent dans une note calquée sur la sienne qu'il n'y ait pas réussi. On verra que le second de ces sermons a été prêché dans le Carême de 1660, aux Minimes. Il est donc probable que le premier l'a été dans le commencement de la même année ou dans le courant de 1659.

son. Mais parce qu'il est la Sagesse incarnée qui est venue accomplir dans le monde l'ouvrage de notre salut, toute cette raison est pour notre instruction, et tous ces mystères sont pour nous sauver. Selon cette maxime, je ne doute pas que comme on vous aura exposé aujourd'hui le sens profond de cet évangile, vous n'ayez bien compris les enseignemens que nous donne la tentation de Jésus. C'est pourquoi il n'est pas nécessaire que je vous entretienne par un long discours. Seulement pour satisfaire votre piété, autant qu'il plaira à notre grand Dieu m'enseigner par son Saint-Esprit, je tâcherai de vous exposer quel est cet esprit tentateur qui ose attaquer le Sauveur Jésus. Implorons les lumières célestes pour découvrir les fraudes du diable; et contre la malice des démons demandons l'assistance de la sainte Vierge, que les anges ont toujours honorée, mais particulièrement depuis qu'un des premiers de leur hiérarchie, envoyé de la part de Dieu, la salua par ces belles paroles : *Ave, Maria.*

Qu'il y ait dans le monde un certain genre d'esprits malfaisans que nous appelons des démons, outre le témoignage évident des Ecritures divines, c'est une chose qui a été reconnue par le consentement commun de toutes les nations et de tous les peuples. Ce qui les a portés à cette créance, ce sont certains effets extraordinaires et prodigieux qui ne pouvoient être rapportés qu'à quelque mauvais principe et à quelque secrète vertu dont l'opération fût maligne et pernicieuse. Les histoires grecques et romaines nous parlent en divers endroits de voix inopinément entendues, et de plusieurs apparitions funèbres arrivées à des personnes très-graves et dans des circonstances qui les rendent très-assurées. Et cela se confirme encore par cette noire science de la magie, à laquelle plusieurs personnes trop curieuses se sont adonnées dans toutes les parties de la terre. Les Chaldéens et les sages d'Egypte, et surtout cette secte de philosophes indiens que les Grecs appellent *gymnosophistes*, étonnoient les peuples par diverses illusions et par des prédictions trop précises pour venir purement par la connoissance des astres. Ajoutons-y encore certaines agitations et des esprits et des corps, que les païens mêmes attribuoient à la vertu des démons, comme vous le verrez par une observation que nous en ferons en la dernière partie de cet entretien. Ces oracles trompeurs, et ces mouvemens terribles des idoles, et les prodiges qui arrivoient dans les entrailles des animaux, et tant d'autres accidens monstrueux des sacrifices des idolâtres, si célèbres dans les auteurs profanes, à quoi les attribuerons-nous, chrétiens, sinon à quelque cause occulte qui se plaisant d'entretenir les hommes dans une religion sacrilége par des miracles pleins d'illusion, ne pouvoit être que malicieuse ? Si bien que les sectateurs de Platon et de Pythagore, qui du commun consentement de tout le monde sont ceux qui de tous les philosophes ont eu les connoissances les plus relevées et qui ont recherché plus curieusement les choses surnaturelles, ont assuré comme une vérité très-constante qu'il y avoit des démons, des esprits d'un naturel obscur et malicieux, jusque-là qu'ils ordonnoient certains sacrifices pour les apaiser et pour nous les rendre favorables. Ignorans et aveugles qu'ils étoient, qui pensoient éteindre par leurs victimes cette haine furieuse et implacable que les démons ont conçue contre le genre humain, comme je vous le ferai voir en son temps. Et l'empereur Julien l'Apostat, lorsqu'en haine de la religion chrétienne il voulut rendre le paganisme vénérable, voyant que nos pères en avoient découvert trop manifestement la folie, il s'avisa d'enrichir de mystères son impie et ridicule religion ; il observoit exactement les abstinences et les sacrifices que ces philosophes avoient enseignés ; il les vouloit faire passer pour de saintes et mystérieuses institutions tirées des vieux livres de l'Empire et de la secrète doctrine des platoniciens. Or ce que je vous dis ici de leurs sentimens, ne vous persuadez pas que ce soit pour appuyer ce que nous croyons par l'autorité des païens. A Dieu ne plaise que j'oublie si fort la dignité de cette chaire et la piété de cet auditoire, que de vouloir établir par des raisons et des autorités étrangères ce qui nous est si manifestement enseigné par la sainte parole de Dieu et par la tradition ecclésiastique ; mais j'ai cru qu'il ne seroit pas inutile de vous faire observer en ce lieu que la malignité des démons est si grande, qu'ils n'ont pu la dissimuler, et qu'elle a même été découverte par les idolâtres, qui étoient leurs esclaves et dont ils étoient les divinités.

D'entreprendre maintenant de prouver qu'il y a des démons par le témoignage des saintes Lettres, ne seroit-ce pas se donner une peine inutile, puisque c'est une vérité si bien reconnue et qui nous est attestée dans toutes les pages du Nouveau Testament? Partant, pour employer à quelque instruction plus utile le peu de temps que nous nous sommes prescrit, j'irai avec l'assistance divine reconnoître cet ennemi qui s'avance si résolûment contre nous, pour vous faire un rapport fidèle de sa marche et de ses desseins. Je vous dirai en premier lieu, avec les saints Pères, de quelle nature sont ces esprits malfaisans, quelles sont leurs forces, quelles sont leurs machines. Après je tâcherai de vous exposer les causes qui les ont mus à nous déclarer une guerre si cruelle et si sanglante. Et comme j'espère que Dieu me fera la grace de traiter ces choses, non par des questions curieuses, mais par une doctrine solidement chrétienne, il ne sera pas malaisé d'en tirer une instruction importante, en faisant voir de quelle sorte nous devons résister à cette nation de démons conjurés à notre ruine.

PREMIER POINT.

Chaque créature a ses caractères propres avec ses qualités et ses excellences. Ainsi la terre a sa ferme et immuable solidité, et l'eau sa liquidité transparente, et le feu sa subtile et pénétrante chaleur. Et ces propriétés spécifiques des choses sont comme des bornes qui leur sont données pour empêcher qu'elles ne soient confondues. Mais Dieu étant une lumière infinie, il ramasse en l'unité simple et indivisible de son essence toutes ces diverses perfections qui sont dispersées deçà et delà dans le monde; toutes choses se rencontrent en lui d'une manière très-éminente; et c'est de cette source que la beauté et la grace sont dérivées dans les créatures, d'autant que cette première beauté a laissé tomber sur les créatures un éclat et un rayon de soi-même. Nous voyons bien toutefois, chrétiens, qu'elle ne s'est pas toute jetée en un lieu, mais qu'elle s'est répandue par divers degrés, descendant peu à peu depuis les ordres supérieurs jusqu'au dernier étage de la nature. Ce que nous observerons aisément, si nous prenons garde qu'au-dessus des choses insensibles et inanimées Dieu a établi la vie végétante, et un peu plus haut le sentiment, au-dessus duquel nous voyons présider la raison humaine d'une immortelle vigueur, attachée néanmoins à un corps mortel. Si bien que notre grand Dieu pour achever l'univers, après avoir fait sur la terre une ame spirituelle dans des organes matériels, il a créé aussi dans le ciel des esprits dégagés de toute matière, qui vivent et se nourrissent d'une pure contemplation. C'est ce que nous appelons les anges, que Dieu a divisés en leurs ordres et hiérarchies, et c'est de cette race que sont les démons.

Après cela, qu'est-il nécessaire que je vous fasse voir par de longs discours la dignité de leur nature? Si Dieu est la souveraine perfection, ou plutôt s'il est toute perfection, comme nous vous le disions tout à l'heure, n'est-ce pas une vérité très-constante que les choses sont plus ou moins parfaites, selon qu'elles approchent plus ou moins de cette essence infinie? Et les anges ne sont-ils pas parmi toutes les créatures celles qui semblent toucher de plus près à la Majesté divine? Puisque Dieu les a établis dans l'ordre suprême des créatures pour être comme sa Cour et ses domestiques, c'est une chose assurée que les dons naturels dont nous avons reçu quelques petites parcelles, la munificence divine les a répandus comme à main ouverte sur ces belles intelligences. Et de même que ce qui nous paroît quelquefois de si subtil et si inventif dans les animaux, n'est qu'une ombre des opérations immortelles de l'intelligence des hommes; ainsi pouvons-nous dire en quelque sorte que les connoissances humaines ne sont qu'un crayon imparfait de la science de ces esprits purs, dont la vie n'est que raison et intelligence. Vous trouverez étrange peut-être que je donne de si grands éloges aux anges rebelles et déserteurs; mais souvenez-vous, s'il vous plaît, que je parle de leur nature, et non pas de leur malice, de ce que Dieu les a faits, et non pas de ce qu'ils se sont faits eux-mêmes. J'admire dans les anges damnés les marques de la puissance et de la libéralité de mon Dieu; et ainsi c'est le Créateur que je loue, pour confondre l'ingratitude de ses ennemis.

Mais il s'élève ici une grande difficulté. Hélas! comment s'est-il pu faire que des créatures si excellentes se soient révoltées contre Dieu ? Que nous autres pauvres mortels, abîmés dans une profonde ignorance, accablés de cette masse de chair, agités de tant de convoitises brutales, nous abandonnions si souvent le chemin difficile de la loi de Dieu, bien que ce soit une grande insolence, ce n'est pas un événement incroyable. Mais que ces intelligences pleines de lumières divines, celles dont les connoissances sont si distinctes et les mouvemens si paisibles, qui n'ont pas comme nous à combattre mille ennemis domestiques, qui étant indivisibles et incorporelles, n'ont pas comme nous des membres mortels où la loi du péché domine : qu'elles se soient retirées de Dieu, encore qu'elles sussent très-bien qu'il étoit leur souveraine béatitude, c'est, mes frères, ce qui est terrible, c'est ce qui m'étonne et ce qui m'effraie, c'est par où je reconnois très-évidemment que toutes les créatures sont bien peu de chose.

Les fols marcionites et les manichéens encore plus insensés, émus de cette difficulté, ont cru que les démons étoient méchans par nature; ils n'ont pu se persuader que s'ils eussent jamais été bons, ils eussent pu se séparer de Dieu volontairement, et de là ils concluoient que la malice étoit une de leurs qualités naturelles. Mais cette extravagante doctrine est très-expressément réfutée par un petit mot du Sauveur, qui parlant du diable, en saint Jean, ne dit pas qu'il a été créé dans le mensonge, mais « qu'il n'est pas demeuré dans la vérité : » *In veritate non stetit*[1]. Que s'il n'y est pas demeuré, il y avoit donc été établi; et s'il en est tombé, ce n'est pas un vice de sa nature, mais une dépravation de sa volonté. Pourquoi vous tourmentez-vous, ô marcionites, à chercher la cause du mal dans un principe mauvais qui précipite les créatures dans la malice? Ne comprenez-vous pas que Dieu étant lui seul la règle des choses, il est aussi le seul qui ne peut être sujet à faillir : et sans avoir recours à aucune autre raison, n'est-ce pas assez de vous dire que les anges étoient créatures, pour vous faire entendre très-évidemment qu'ils n'étoient pas impeccables?

Dieu est tout, ainsi qu'il disoit à Moïse : « Je te montrerai tout bien, quand je te manifesterai mon essence[2]. » Et puisqu'il est tout, il s'ensuit très-évidemment que les créatures ne sont rien

[1] *Joan.*, VIII, 44. — [2] *Exod.*, XXXIII, 19.

d'elles-mêmes; elles ne sont autre chose que ce qu'il plaît à Dieu de les faire. Ainsi le néant est leur origine, c'est l'abîme dont elles sont tirées par la seule puissance de Dieu : de sorte que ce n'est pas merveille si elles retiennent toujours quelque chose de cette basse et obscure origine, et si elles retombent aisément dans le néant par le péché qui les y précipite. C'est ce que nous explique le grave Tertullien par une excellente comparaison : « De même qu'une peinture, bien qu'elle représente tous les linéamens de l'original, ne sauroit exprimer sa vigueur, étant destituée de vie et de mouvement; ainsi, dit ce grand personnage, les natures spirituelles et raisonnables expriment en quelque sorte la raison et l'intelligence de Dieu, parce qu'elles sont ses images; mais elles ne peuvent jamais exprimer sa force, qui est le bonheur de ne pouvoir pécher : » *Imago, cùm omnes lineas exprimat veritatis, vi tamen ipsâ caret, non habens motum; ita et anima imago Spiritûs solam vim ejus exprimere non valuit, id est, non delinquendi felicitatem*[1]. De là il est arrivé que les anges rebelles se sont endormis en eux-mêmes dans la complaisance de leur beauté : la douceur de leur liberté les a trop charmés; ils en ont voulu faire une épreuve malheureuse et funeste; et déçus par leur propre excellence, ils ont oublié la main libérale qui les avoit comblés de ses graces. L'orgueil insensiblement s'est emparé de leurs puissances; ils n'ont plus voulu reconnoître Dieu; et quittant cette première bonté, qui n'étoit pas moins l'appui nécessaire de leur bonheur que le seul fondement de leur être, tout est allé en ruine. Ainsi donc il ne faut pas s'étonner si d'anges de lumière ils ont été faits esprits de ténèbres, si d'enfans ils sont devenus déserteurs, et si de chantres divins qui par une mélodie éternelle devoient célébrer les louanges de Dieu, ils sont tombés à un tel point de misère que de s'adonner à séduire les hommes. Dieu l'a permis de la sorte afin que nous reconnussions dans les diables ce que peut le libre arbitre des créatures quand il s'écarte de son principe, pendant qu'il fait éclater dans les anges et dans les hommes prédestinés ce que peut sa miséricorde et sa grace toute-puissante.

Voilà, voilà, mes frères, les ennemis que nous avons à com-

[1] Lib. II *Advers. Marcion.*, n. 9.

battre, autant malins à présent comme ils étoient bons dans leur origine, autant redoutables et dangereux comme ils étoient puissans et robustes. Car ne vous persuadez pas que pour être tombés de si haut, ils aient été blessés dans leur disposition naturelle. Tout est entier en eux, excepté leur justice et leur sainteté, et conséquemment leur béatitude. Du reste cette action vive et vigoureuse, cette ferme constitution, cet esprit délicat et puissant, et ces vastes connoissances leur sont demeurées, et en voici la solide raison que la théologie nous apprend.

Le bonheur des créatures raisonnables ne consiste ni dans une nature excellente, ni dans un sublime raisonnement, ni dans la force, ni dans la vigueur, mais seulement à s'unir à Dieu. Quand donc elles se séparent de Dieu, comment est-ce qu'il les punit? En se retirant lui-même de ces esprits ingrats et superbes; et par là tous leurs dons naturels, toutes leurs connoissances, tout leur pouvoir, en un mot tout ce qui leur servoit d'ornement, leur tourne aussitôt en supplice : ce qui leur arrive, fidèles, selon cette juste, mais terrible maxime, que « chacun est puni par les choses par lesquelles il a péché : » *Per quæ peccat quis, per hæc et torquetur* [1]. O anges inconsidérés, vous vous êtes soulevés contre Dieu, vous avez abusé de vos qualités excellentes, elles vous ont rendus orgueilleux. L'honneur de votre nature qui vous a enflés, ces belles lumières par lesquelles vous vous êtes séduits, elles vous seront conservées; mais elles vous seront un fléau et un tourment éternel; vos perfections seront vos bourreaux, et votre enfer ce sera vous-même. Comment cela arrivera-t-il, chrétiens? Par une opération occulte de la main de Dieu, qui se sert comme il lui plaît de ses créatures, tantôt pour la jouissance d'une souveraine félicité, tantôt pour l'exercice de sa juste et impitoyable vengeance. C'est pourquoi l'Apôtre nous crie dans l'*Epître aux Ephésiens :* « Revêtez-vous, mes frères, des armes de Dieu, parce que nous n'avons point à combattre contre la chair ni le sang [2], » ni contre des puissances visibles.

Pénétrons la force de ces paroles. Ne voyez-vous pas, chrétiens, que dans toutes les choses corporelles, outre la partie agissante,

[1] *Sap.*, XI, 17. — [2] *Ephes.*, VI, 11, 12.

il y en a une autre qui ne fait que souffrir, que nous appelons la matière ? De là vient que toutes les actions des choses que nous voyons ici-bas, si nous les comparons aux actions des esprits angéliques, paroîtront languissantes et engourdies, à cause de la matière qui ralentit toute leur vigueur. Mais les ennemis que nous avons à combattre, ce n'est pas, dit l'Apôtre, la chair et le sang : les puissances qui s'opposent à nous, sont des esprits purs et incorporels; tout y est actif, tout y est nerveux; et si Dieu ne retenoit leur fureur, nous les verrions agiter ce monde avec la même facilité que nous tournons une petite boule. « Ce sont en effet les princes du monde, dit le saint Apôtre ; ce sont des malices spirituelles, » *spiritualia nequitiæ ;* où il suppose manifestement que leurs forces naturelles n'ont point été altérées, mais que par une rage désespérée ils les ont toutes converties en malice pour les causes que je m'en vais vous déduire.

Cependant reconnoissons, chrétiens, que ni les sciences, ni le grand esprit, ni les autres dons de nature ne sont pas des avantages fort considérables, puisque Dieu les laisse entiers aux diables ses capitaux ennemis, et par cela même les rend non-seulement malheureux, mais encore infiniment méprisables (*a*) : de sorte que nonobstant toutes ces qualités éminentes, misérables et impuissans que nous sommes, nous leur semblons dignes d'envie, seulement parce qu'il plaît à notre grand Dieu de nous regarder en pitié, comme vous le verrez tout à l'heure. O importante réflexion par laquelle il me seroit aisé, ce me semble, avec l'assistance divine, de vous porter à profiter de l'exemple de ces esprits dévoyés (*b*), si la brièveté que je vous ai promiss ne m'obligeoit à passer à la seconde partie de cet entretien, qui vous expliquera les raisons pour lesquelles ces anges rebelles nous persécutent si cruellement et avec cette haine irréconciliable. Rendez-vous, s'il vous plaît, attentifs.

(*a*) *Var.:* Et même qu'il en tire leur châtiment. — (*b*) Et sur cette importante réflexion, je vous exhorterois de toute l'affection de mon cœur à profiter de lexemple.....

SECOND POINT.

Le péché de Satan a été une insupportable arrogance, suivant ce qui est écrit en Job, que « c'est lui qui domine sur tous les enfans d'orgueil : » *Ipse est rex super universos filios superbiæ*[1]. Or le propre de l'orgueil, c'est de s'attribuer tout à soi-même, et par là les superbes se font eux-mêmes leurs dieux, secouant le joug de l'autorité souveraine. C'est pourquoi le diable s'étant enflé par une arrogance extraordinaire, les Ecritures ont dit qu'il avoit affecté la divinité. « Je monterai, dit-il, et placerai mon trône au-dessus des astres, et je serai semblable au Très-Haut[2]. » Mais Dieu qui résiste aux superbes[3], voyant ses pensées arrogantes et que son esprit, emporté d'une téméraire complaisance de ses propres perfections, ne pouvoit plus se tenir dans les sentimens d'une créature, du souffle de sa bouche le précipita au fond des abîmes. Il tomba du ciel ainsi qu'un éclair, frémissant d'une furieuse colère; et assemblant avec lui tous les compagnons de son insolente entreprise, il conspira avec eux de soulever contre Dieu toutes les créatures. Mais non content de les soulever, il conçut dès lors l'insolent dessein de soumettre tout le monde à sa tyrannie; et voyant que Dieu par sa providence avoit rangé toutes les créatures sous l'obéissance de l'homme, il l'attaque au milieu de ce jardin de délices où il vivoit si heureusement dans son innocence; il tâche de lui inspirer ce même orgueil dont il étoit possédé, et à notre malheur, chrétiens, il réussit comme vous le savez. Ainsi, selon la maxime de l'Evangile, « l'homme étant dompté par le diable, il devint incontinent son esclave : » *A quo enim quis superatus est, hujus et servus est*[4]. Et le monarque du monde étant surmonté par ce superbe vainqueur, tout le monde passa sous ses lois. Enflé de ce bon succès et n'oubliant pas son premier dessein de s'égaler à la nature divine, il se déclare ouvertement le rival de Dieu; et tâchant de se revêtir de la majesté divine, comme il n'est pas en son pouvoir de faire de nouvelles créatures pour les opposer à son Maître, que fait-il ? « Du moins il adultère tous les ou-

---

[1] *Job*, XLI, 25. — [2] *Isa.*, XIV, 13, 14. — [3] *Jacob.*, IV, 6. — [4] II *Petr.*, II, 19.

vrages de Dieu, dit le grave Tertullien [1]; il apprend aux hommes à en corrompre l'usage; et les astres et les élémens, et les plantes et les animaux, il tourne tout en idolâtrie; » il abolit la connoissance de Dieu, et par toute l'étendue de la terre il se fait adorer en sa place, suivant ce que dit le prophète : « Les dieux des nations, ce sont les démons [2]. » C'est pourquoi le Fils de Dieu l'appelle « le prince du monde [3], » et l'Apôtre « le gouverneur des ténèbres [4]; » et ailleurs avec plus d'énergie, « le dieu de ce siècle, » *deus hujus sœculi* [5].

J'apprends aussi de Tertullien que non-seulement les démons se faisoient présenter devant leurs idoles des vœux et des sacrifices, le propre tribut de Dieu, mais qu'ils les faisoient parer des robes et des ornemens dont se revêtoient les magistrats, et faisoient porter devant eux les faisceaux et les bâtons d'ordonnance et les autres marques d'autorité publique, parce qu'en effet, dit ce grand personnage, « les démons sont les magistrats du siècle : » *Dœmones sunt magistratus sœculi* [6]. Et à quelle insolence, mes frères, ne s'est pas porté ce rival de Dieu? Il a toujours affecté de faire ce que Dieu faisoit, non pas pour se rapprocher en quelque sorte de la sainteté, c'est sa capitale ennemie, mais comme un sujet rebelle qui par mépris ou par insolence affecte la même pompe que son souverain : *Ut Dei Domini placita cum contumeliâ affectans* [7]. Dieu a ses vierges qui lui sont consacrées, et le diable n'a-t-il pas eu ses vestales? N'a-t-il pas eu ses autels et ses temples, ses mystères et ses sacrifices, et les ministres de ses impures cérémonies qu'il a rendues autant qu'il a pu semblables à celles de Dieu; pour quelle raison, fidèles? Parce qu'il est jaloux de Dieu et veut paroître en tout son égal. Dieu dans la nouvelle alliance régénère ses enfans par l'eau du baptême, et le diable faisoit semblant de vouloir expier leurs crimes par diverses aspersions; il promettoit aux siens une régénération, comme le rapporte Tertullien [8], et il se voit encore quelques monumens publics où ce terme est employé dans ses profanes mystères. L'Esprit de Dieu au commen-

---

[1] *De Idololat.*, n. 4; *De Spect.*, n. 2. — [2] *Psal.* xcv, 5. — [3] *Joan.*, xiv, 30. — [4] *Ephes.*, vi, 12. — [5] II *Cor.*, iv, 4. — [6] *De Idololat.*, n. 18. — [7] Tertull., *Ad Uxor.*, n. 8, p. 186. — [8] Lib. *De Bapt.*, n. 5.

cement étoit porté sur les eaux; et « le diable, dit Tertullien, se plaît à se reposer dans les eaux : » *Immundi spiritus aquis incubant* [1]*;* dans les fontaines cachées, et dans les lacs, et dans les ruisseaux souterrains. Et l'Eglise de l'antiquité étant imbue de cette créance, nous a laissé cette forme que nous observons encore aujourd'hui, d'exorciser les eaux baptismales. Dieu par son immensité remplit le ciel et la terre; « le diable par ses anges impurs occupe autant qu'il peut toutes les créatures [2]. » Et de là vient cette coutume des premiers chrétiens, de les purger et de les sanctifier par le signe de la croix comme par une espèce de saint exorcisme.

Ce lui est à la vérité un sujet d'une douleur enragée, de ce qu'il voit que toutes ses entreprises sont vaines, et que bien loin de pouvoir parvenir à égaler la nature divine, comme il l'avoit témérairement projeté, il faut qu'il ploie malgré qu'il en ait sous la main toute-puissante de Dieu; mais il ne désiste pas pour cela de sa fureur obstinée. Au contraire considérant que la majesté de Dieu est inaccessible à sa colère, il décharge sur nous, qui en sommes les images vivantes, toute l'impétuosité de sa rage, comme on voit un ennemi impuissant, qui ne pouvant atteindre celui qu'il poursuit, repait en quelque façon son esprit d'une vaine imagination de vengeance en déchirant sa peinture. Ainsi en est-il de Satan. Il remue le ciel et la terre pour susciter des ennemis à Dieu parmi les hommes qui sont ses enfans; il tâche de les engager tous dans son audacieuse et téméraire rébellion (*a*), pour les faire compagnons et de ses erreurs et de ses tourmens. Il croit par là se venger de Dieu. Comme il n'ignore pas qu'il n'y a point pour lui de ressource (*b*), il n'est plus capable que de cette maligne joie qui revient à un méchant d'avoir des complices, et à un esprit mal fait de voir des malheureux et des affligés. Furieux et désespéré, il ne songe plus qu'à tout perdre après s'être perdu lui-même, et envelopper tout le monde avec lui dans une commune ruine.

Et ne croyez pas, chrétiens, qu'il nous donne jamais aucun

---

[1] Tertull., *De Bapt.*, n. 5. — [2] Tertull., *De Spect.*, n. 8.
(*a*) *Var.:* Dans sa malheureuse rébellion.— (*b*) Qu'il ne peut y avoir pour lui...

relâche. Tous les esprits angéliques, comme remarque très-bien le grand saint Thomas, sont très-arrêtés dans leur entreprise. Car au lieu que les objets ne se présentent à nous qu'à demi, si bien que par de secondes réflexions nous avons de nouvelles vues qui nous font changer très-souvent tout l'ordre de nos desseins, les anges au contraire, dit saint Thomas [1], embrassent tout leur objet du premier regard, avec toutes ses circonstances; et partant leur résolution est fixe et déterminée, mais particulièrement celle de Satan est puissamment appliquée à notre ruine. Son esprit entreprenant et audacieux, fortifié par tant de succès et envenimé par une haine mortelle et invétérée, l'incite jour et nuit contre nous. C'est pourquoi les Ecritures nous le dépeignent comme un ennemi toujours vigilant, qui rôde sans cesse aux environs pour tâcher de nous dévorer [2]. Lorsque par la grace de Dieu nous l'avons chassé de nos ames, c'est alors qu'il s'anime le plus. En voulez-vous une preuve évidente de la bouche même de Notre-Seigneur? « L'esprit immonde sortant de l'homme va chercher du repos, dit le Fils de Dieu dans son Evangile [3], et n'en trouve pas. » C'est que l'esprit humain est la seule retraite où il semble se rafraîchir, parce que du moins il y contente sa haine. Voyez les fols amoureux du siècle : comme ils sont patiens et persévérans dans leurs convoitises brutales! Or ce vieux adultère, dit saint Augustin [4], n'a point d'autres délices que de corrompre les ames pudiques; ainsi ne vous étonnez pas si ses poursuites sont opiniâtres (a). Ayant bien eu l'insolence de traiter d'égal avec Dieu, il croit qu'il ne lui sera pas difficile d'abattre une créature impuissante. Et si renversé comme il est par le bras de Dieu dans les gouffres éternels, remarquez ce raisonnement, chrétiens, il ne cesse néanmoins par une vaine opiniâtreté de traverser autant qu'il peut les desseins de sa providence; s'il se roidit avec tant de fermeté contre Dieu, bien qu'il sache que tous ses efforts seront inutiles, que n'entreprendra-t-il pas contre nous dont il a si souvent expérimenté la foiblesse? Ainsi je vous avertis, mes chers frères, de vous défier

---

[1] I part., *Quæst.* LVIII, art. 3. — [2] I *Petr.*, v, 8. — [3] *Luc.*, xi, 24. — [4] *In Psal.* xxxix, n. 1.

(a) *Var.* : Et c'est pour cette raison que ses poursuites sont opiniâtres.

toujours de cet ennemi. Quand même vous le surmontez, vous ne domptez pas son audace, mais vous enflammez son indignation : *Tunc plurimùm accenditur, cùm extinguitur,* dit Tertullien [1] : « Quand on l'éteint, c'est alors qu'il s'allume. » Il veut dire que ce superbe, cet audacieux ne croira jamais que vous soyez capables de lui résister; et plus vous ferez d'efforts, plus il dressera contre vous ses diverses et furieuses machines.

Vous vous imaginez peut-être, fidèles, que s'il est si audacieux, il vous attaquera par la force ouverte. Ah! qu'il n'en est pas de la sorte! Il est vrai, c'est l'ordinaire des orgueilleux d'exercer ouvertement leurs inimitiés ; mais l'inimitié de Satan n'est pas d'une nature vulgaire, elle est mêlée d'une noire envie qui le ronge éternellement. Il ne peut souffrir que nous vivions dans l'espérance de la félicité qu'il a perdue, que Dieu par sa grace nous égale aux anges, que son Fils se soit revêtu d'une chair humaine pour nous faire des hommes divins. Il enrage quand il considère que les serviteurs de Jésus, hommes misérables et pécheurs, assis dans des trônes augustes, le jugeront à la fin des siècles avec les anges ses sectateurs. Cette envie le brûle plus que ses flammes. C'est, mes frères, ce qui lui fait embrasser les fraudes et les tromperies, parce que l'envie, comme vous savez, est une passion froide et obscure, qui ne parvient à ses fins que par de secrètes menées. Et c'est par là que Satan est infiniment redoutable; ses finesses sont plus à craindre que ses violences. De même qu'une vapeur pestilente se coule au milieu des airs, et imperceptible à nos sens insinue (*a*) son venin dans nos cœurs; ainsi cet esprit malin par une subtile et insensible contagion corrompt la pureté de nos ames. Nous ne nous apercevons pas qu'il agisse en nous, parce qu'il suit le courant de nos inclinations. Il nous pousse et il nous précipite du côté qu'il nous voit pencher : il ne cesse d'enflammer nos premiers désirs, jusqu'à tant que par ses suggestions il les fasse croître en passions violentes. Si nous avons commencé à aimer, de fols il nous rend furieux ; si l'avarice nous inquiète, il nous représente un avenir toujours incertain, il étonne notre ame

[1] Lib. *De Pœnit.*, n. 7.
(*a*) *Var.* : Inspire.

timide par des objets de famine et de guerre. Sa malice est spirituelle et ingénieuse; il trompe les plus déliés. Sa haine désespérée et sa longue expérience le rendent de plus en plus inventif; il se change en toutes sortes de formes; et cet esprit si beau, orné de tant de connoissances si ravissantes, parmi tant de merveilleuses conceptions, n'estime et ne chérit que celles qui lui servent à renverser l'homme : *Operatio eorum est hominis eversio* [1].

Voulez-vous, pour une plus ample confirmation, que je vous fasse voir en raccourci dans notre évangile tout ce que je viens de vous dire? Il transporte le Fils de Dieu sur le pinacle du temple, il lui représente en un seul instant tous les royaumes du monde. Qui n'admireroit sa puissance? et le Fils de Dieu le permet de la sorte, afin que nous comprenions ce qu'il pourroit faire sur nous, si Dieu nous abandonnoit à sa violence. Jugez, s'il vous plaît, de sa haine et de son orgueil tout ensemble par le conseil qu'il donne à notre Sauveur, de se prosterner à ses pieds et de l'adorer; conseil pernicieux et insolence inouïe. D'ailleurs pouvoit-il prendre un dessein plus plausible à l'égard de Notre-Seigneur, que de le tenter de gourmandise après un jeûne de quarante jours, et de vaine gloire après une action d'une patience héroïque? Ce sont ses finesses et ses artifices. Mais ce qui nous paroît plus évidemment est son opiniâtreté. Surmonté par trois fois, il ne peut encore perdre courage : *Recessit ab illo usque ad tempus* [2], remarque le texte sacré : « Il le laisse, dit-il, pour un temps, » non point fatigué ni désespérant de le vaincre, mais attendant une heure plus propre et une occasion plus pressante, *usque ad tempus*. O Dieu! que dirons-nous ici, chrétiens? Si une résistance si vigoureuse ne ralentit pas sa fureur, quand pourrons-nous espérer de trêve avec lui? Et si la guerre est continuelle, si cet ennemi irréconciliable veille sans cesse à notre ruine, comment pourrons-nous résister, foibles et impuissans que nous sommes? Toutefois, fidèles, ne le craignez pas. Cet ennemi redoutable, il redoute lui-même les chrétiens. Il tremble au seul nom de Jésus; et malgré son orgueil et son arrogance, il est forcé par une secrète vertu de respecter ceux qui portent sa marque : c'est ce que vous allez voir par un beau

---

[1] Tertull., *Apolog.*, n. 22. — [2] *Luc.*, IV, 13.

passage du grand Tertullien, d'où je tirerai une instruction importante, qui sera le fruit de tout ce discours.

Le grave Tertullien, dans ce merveilleux *Apologétique* qu'il a fait pour la religion chrétienne, avance une proposition bien hardie aux juges de l'empire romain, qui procédoient contre les chrétiens avec une telle inhumanité [1]. Après leur avoir reproché que tous leurs dieux c'étoient des démons, il leur donne le moyen de s'en éclaircir par une expérience bien convaincante. Que l'on produise, dit-il, devant vos tribunaux, je ne veux pas que ce soit une chose cachée, devant vos tribunaux et à la face de tout le monde, que l'on produise un homme notoirement possédé du diable; il dit notoirement possédé, et que ce soit une chose constante; après, que l'on fasse venir quelque fidèle, qu'il commande à cet esprit de parler; s'il ne vous dit tout ouvertement ce qu'il est, s'il n'avoue publiquement que lui et ses compagnons sont les dieux que vous adorez; si, dis-je, il n'avoue ces choses n'osant mentir à un chrétien, là même sans différer, sans aucune nouvelle procédure, faites mourir ce chrétien impudent, qui n'aura pu soutenir par l'effet une promesse si extraordinaire. Ah! mes frères, quelle joie à des chrétiens d'entendre une telle proposition faite si hautement et avec une telle énergie par un homme si posé et si sérieux, et vraisemblablement de l'avis de toute l'Eglise dont il soutenoit l'innocence! Quoi donc! cet esprit trompeur et ce père de mensonge n'ose mentir à un chrétien! devant un chrétien ce front de fer s'amollit, et forcé par la parole d'un fidèle, il dépose son impudence; et les chrétiens sont si assurés de le faire obéir, qu'ils s'y engagent au péril de leur vie, en présence de leurs propres juges! Eh! pourquoi craindrions-nous un ennemi si foible et si impuissant? C'est la même foi que nous professons, c'est le même Jésus que nous adorons, c'est la même parole de Dieu que nous avons toujours à la bouche; et si le diable est puissant contre nous, il ne le faut attribuer qu'au déréglement de nos mœurs, qu'à notre vie toute séculière et toute païenne, qu'à la dureté de nos cœurs pour les saintes vérités du christianisme. C'est pourquoi je ne m'étonne pas si le diable nous est dépeint dans les Ecri-

---

[1] *Apolog.*, n. 23.

tures tantôt fort et tantôt foible. « C'est un lion rugissant, » dit saint Pierre [1] : y a-t-il rien de plus terrible? « Mais, dit saint Jacques [2], résistez-lui, et il s'enfuira. » Se peut-il une plus grande foiblesse? En effet il n'est fort, chrétiens, que par notre lâche condescendance; et si, au lieu de lui tendre les mains volontairement, nous avions soin de les fortifier par les armes que Jésus notre maître nous a données, ce loup affamé avec sa rage et ses artifices n'auroit qu'une fureur inutile. Et pour vous dire des choses convenables au temps où nous sommes, le jeûne, mes frères, le jeûne célébré selon l'intention de l'Eglise, c'est un rempart invincible contre ses attaques.

Vous me direz peut-être que c'est dans le jeûne qu'il présente le combat au Sauveur avec une plus grande furie. Mais prenez garde, mes frères, que si c'est dans le jeûne que cet ennemi fait ses efforts les plus redoutables, c'est aussi dans le jeûne que Jésus notre capitaine a daigné nous faire paroître sa victoire la plus glorieuse, pour nous apprendre par son exemple que ce sera toujours en vain que le diable entreprendra contre nous, quand nous serons armés par le jeûne et par l'abstinence.

Et pour vous en convaincre davantage, remettez, s'il vous plaît, en votre mémoire ce que je vous disois tout à l'heure, que c'est une envie furieuse qui enflamme les démons contre nous. Ils voient qu'étant leurs inférieurs par nature, nous les passons de beaucoup par la grace; ils ne sauroient considérer sans un déplaisir extrême que, dans des membres mortels, nous puissions par la miséricorde divine approcher de la pureté des substances incorporelles. Et comme ce qui élève les bons chrétiens presque à l'égalité des saints anges, c'est que, dédaignant le commerce du corps, ils conversent en esprit dans le ciel, ces malins et ces envieux ne tâchent qu'à les abîmer dans la chair, afin d'en faire des bêtes brutes, au lieu qu'en s'élevant au-dessus de cette masse du corps, ils entrent en société avec les intelligences célestes. C'est pourquoi la sainte Eglise de Dieu voulant purifier nos ames de l'attachement excessif qu'elles ont au corps, nous ordonne une salutaire abstinence. Ce que nous perdons pour la chair, nous le

---

[1] I *Petr.*, v, 8. — [2] *Jacob.*, IV, 7.

gagnons pour l'esprit; le jeûne fortifie et engraisse l'ame; et autant que nous assujettissons nos corps par la mortification et la pénitence, autant diminuons-nous les forces de notre irréconciliable ennemi.

Par conséquent, mes frères, embrassons avec grand courage cette pénitence de quarante jours pour les péchés de toute l'année. Certes puisque nous offensons tous les jours, aucun moment de notre vie ne devroit être exempt de l'exercice de la pénitence. Mais puisque la sainte Eglise a choisi particulièrement ce temps pour nous recueillir en nous-mêmes, faisons pénitence sans murmurer. Ne nous plaignons pas des incommodités du Carême. C'est par la mortification et la patience, et non pas par les voluptés et par les délices que nous désarmerons et le diable et ses satellites. Et que ne dirai-je donc point de ces délicats à qui la moindre peine fait tomber incontinent le courage, qui par des excuses frivoles méprisent l'observation d'un jeûne si universel, ou bien qui vivent de sorte que s'ils jeûnent de corps, ils abhorrent le jeûne en esprit?

O ignorance! ô brutalité! Dieu par sa miséricorde, mes frères, nous donne de meilleurs sentimens. Jeûnons et d'esprit et de corps. Comme nous ôtons pour un temps à notre corps sa nourriture ordinaire, ôtons aussi à notre ame les vanités dont nous la repaissons tous les jours. Retirons-nous un peu des conversations et des divertissemens mondains. Modérons et nos ris et nos jeux. C'est là le vrai jeûne de l'ame, qui lui fait trouver une nourriture solide dans la méditation des choses célestes. Sanctifions le jeûne par l'oraison, purifions l'oraison par le jeûne. L'oraison est plus pure qui vient d'un corps exténué et d'une ame dégoûtée des plaisirs sensibles. Ainsi nous serons terribles aux diables. Voyez les petits enfans : quand il leur paroît quelque chose qui leur semble hideux et terrible, aussitôt ils se cachent au sein de leur mère. Ainsi considérons, chrétiens, cette bête farouche qui nous menace, jetons-nous par l'oraison entre les bras de notre bon Père; nous serons à couvert et en assurance, nous verrons notre ancien ennemi consumer sa rage par de vains efforts; et soulevés sur ces deux ailes du jeûne et de l'oraison que nous soutiendrons par l'aumône, au lieu de succomber aux attaques des esprits rebelles et dévoyés, nous irons remplir les places qu'ils ont laissées vacantes au ciel par leur infâme désertion. Dieu nous en fasse la grace. *Amen.*

SECOND SERMON

POUR

LE PREMIER DIMANCHE DE CARÊME,

SUR LES DÉMONS (a).

Ductus est Jesus à Spiritu in desertum, ut tentaretur à diabolo.

Jésus fut conduit par l'Esprit dans le désert, pour être tenté du diable, *Matth.*, IV, 1.

On vit dans le ciel un grand changement lorsque les anges, maintenant ennemis, autrefois enfans et domestiques, ayant quitté le bien commun de toutes les natures intelligentes pour s'arrêter à eux-mêmes et à leur propre excellence, perdirent tout à coup la justice dans laquelle Dieu les avoit créés; et n'ayant plus que du

(a) Prêché dans le Carême de 1660, aux Minimes de la Place-Royale.
Après de longues souffrances et d'immenses calamités, la paix des Pyrénées, signée à Toulouse le 7 novembre 1659, fut proclamée solennellement à Paris le samedi 14 février 1660. Cette nouvelle fit éclater partout des transports d'allégresse, et le *Te Deum* devoit être chanté à Notre-Dame le lundi. Bossuet l'entonna pour ainsi dire le dimanche du haut de la tribune sacrée : « Voici, mes frères, s'écria-t-il, une grande joie qu'on nous annonce pour ce Carême..... Peuples, qu'on se réjouisse ! » etc.
L'auteur ajouta le passage qui renferme ces mots, après avoir appris la paix des Pyrénées. Dans le premier projet, le sermon finissoit par les paroles qu'on trouvera dans la note marginale de la page 37.
Bossuet nous représente dans notre sermon, vers la fin du deuxième point, les artifices, les manœuvres, les attentats et la rage homicide des démons. En 1668, dans le troisième sermon pour le premier dimanche de l'Avent, troisième point, il nous peint de nouveau « ces esprits noirs, ces esprits ténébreux, ces esprits furieux et abîmés sans ressource. » Il seroit trop long de mettre en parallèle ces deux descriptions; si le lecteur veut les comparer, il trouvera sans doute que la dernière, moins prodigue de textes, d'images et d'exclamations, a plus de simplicité tout ensemble et plus de force que la première. Remarquons seulement que, en 1668, l'auteur a retranché ces mots, qu'il avoit employés en 1660 : « Enfin, enfin, disent-ils (les démons), nous ne serons pas les seuls; çà, çà ! voici des compagnons ! O justice divine, soûle ta vengeance ! »

faste au lieu de leur grandeur naturelle, des finesses malicieuses au lieu d'une sagesse céleste, une noire envie dans le cœur (*a*) au lieu d'une charité très-ardente, ils devinrent superbes, trompeurs et jaloux et réduits justement par leur péché à une telle extrémité de misère, que nonobstant l'excellence de leur nature, de pauvres mortels comme nous ne laissent pas de leur faire envie (*b*). Changement vraiment épouvantable, lequel si nous méditons sérieusement, il en réussira cette utilité, que ces esprits malfaisans, malgré la haine qu'ils ont contre nous, profiteront néanmoins à notre salut, en nous apprenant à craindre Dieu par l'exemple de leur ruine et à veiller sur nous-mêmes par l'appréhension de leurs ruses. C'est le fruit que je me propose de ce discours, qui étant de telle importance, je ne puis douter du secours d'en haut dans une entreprise si salutaire. Oui, mes frères, le Saint-Esprit descendra sur nous, Marie nous assistera par ses prières; et s'agissant de combattre les démons, un ange nous prêtera volontiers ses paroles pour implorer son secours. *Ave*.

C'est le dessein du Fils de Dieu de tenir ses fidèles toujours en action, toujours occupés et vigilans et animés, jamais relâchés ni oisifs. Et parce que comme de tous les emplois celui de la guerre est le plus actif et qui tient l'esprit le plus occupé, de là vient qu'il nous enseigne dans son Ecriture que « notre vie est une milice[1], » et que comme nous sommes toujours dans le combat, aussi ne devons-nous jamais cesser d'être sur nos gardes : *Sobrii estote et vigilate*[2]. L'évangile de ce jour nous fait bien connoître cette vérité ; nous y voyons Jésus conduit au désert pour y être tenté du diable, c'est-à-dire notre capitaine qui descend au champ de bataille pour venir aux mains avec nos ennemis invisibles : *Ductus est Jesus à Spiritu in desertum, ut tentaretur à diabolo.*

Ne croyez pas, mes frères, que nous devions être spectateurs oisifs de ce combat admirable ; nous sommes engagés bien avant dans cette querelle, et le Fils de Dieu ne permet aux démons d'en-

---

[1] *Job*, VII, 7. — [2] I *Petr.*, V, 8.

(*a*) *Var.* : L'esprit de division. — (*b*) Qu'au milieu de tant de foiblesses qui nous environnent, notre condition leur fait envie.

treprendre aujourd'hui sur sa personne qu'afin de nous faire entendre par son exemple ce qu'ils machinent tous les jours contre nous-mêmes. Que s'il est ainsi, chrétiens, que nous soyons obligés à combattre, faisons ce que l'on fait dans la guerre; et avant que d'entrer dans la mêlée, avançons-nous avec le Sauveur pour reconnoître ces ennemis qui marchent contre nous si résolûment. Si nous sommes soigneux de les observer dans l'évangile de cette journée, nous remarquerons aisément leur puissance qui les rend superbes et audacieux. Ils entreprennent, Messieurs, contre le Fils de Dieu même; ils tentent de le mettre à leurs pieds : peut-on voir une audace plus emportée (*a*)? Ils l'enlèvent en un moment du désert sur le pinacle du temple, Jésus-Christ le permettant de la sorte pour l'instruction de ses fidèles; est-ce pas une force terrible? S'ils sont forts et entreprenans, ils ne sont pas moins rusés ni malicieux. La haine invétérée qu'ils ont contre nous les oblige de recourir à des artifices également subtils et malins. Ils tentent Jésus-Christ de gourmandise après un jeûne de quarante jours : *Dic ut lapides isti panes fiant;* et ils tâchent de le porter à la vaine gloire après une action d'une patience héroïque : n'étoit-ce pas un dessein plausible et une finesse bien inventée ?

Tout cela, chrétiens, nous doit faire peur, puisque nous avons à nous défendre dans le même temps et de la violence et de la surprise, et de la force et des ruses. Et néanmoins ce même évangile qui nous représente ces ennemis avec cet appareil redoutable, nous découvre aussi d'une même vue qu'il n'est rien de plus aisé que de les vaincre, puisque nous voyons clairement et toutes leurs forces abattues, et toutes leurs finesses éludées par une simple parole. Voilà, mes frères, en peu de mots ce que nous apprend l'Évangile de l'état de nos ennemis et de leur armée. Si vous regardez leur marche hardie et leur contenance fière et présomptueuse, vous verrez d'abord leur force et leur puissance; si vous observez de plus près leur marche, vous reconnoîtrez aisément leurs ruses et leurs détours; et enfin si vous pénétrez jusqu'au fond, vous verrez qu'avec leur mine superbe et leur appareil redoutable, ils sont déjà rompus et défaits; et qu'étant encore tremblans

---

(*a*) *Var.:* Une plus grande insolence.

et effrayés de leur déroute, il est très-facile de les mettre en fuite (*a*). C'est ce que je me propose de vous faire entendre, et voilà en peu de mots le partage de ce discours. Commençons par leur force et par leur puissance.

PREMIER POINT.

Pour vous faire entendre, Messieurs, quelle est la force des ennemis que nous avons à combattre, il faut nécessairement vous entretenir de la perfection de leur nature. Mais comme ce discours seroit infini, si j'allois rechercher curieusement tout ce que la théologie nous en enseigne, je vous en dirai seulement ce mot qui sera très-utile pour votre instruction, c'est que la noblesse de leur être est telle, qu'à peine les théologiens peuvent-ils comprendre de quelle sorte le péché a pu trouver place dans une perfection si éminente. Il faut donc nécessairement qu'elle soit bien haute. Et en effet, mes frères, que des mortels comme nous, abîmés dans une profonde ignorance, accablés de cette masse de chair, agités de tant de convoitises brutales, abandonnent si souvent le chemin étroit de la loi de Dieu, bien que ce soit une extrême insolence, ce n'est pas un événement incroyable; mais que ces intelligences pleines de lumières divines, elles dont les connoissances sont si distinctes et les mouvemens si paisibles, que Dieu avoit créées avec tant de grace et dans une condition si heureuse qu'elles pouvoient mériter leur béatitude par un moment de persévérance, se soient néanmoins retirées de Dieu, bien qu'elles fussent si assurées que leur souveraine félicité ne fût qu'en lui seul, c'est ce qui est surprenant et terrible. Le prophète même s'en étonne : *Quomodo cecidisti de cœlo, Lucifer*[1] *?* O Lucifer, astre brillant qui luisois dans le ciel avec tant d'éclat, comment es-tu tombé si soudainement? quelle est la cause de ta chute? qui a pu donner l'entrée au péché, puisqu'il ne pouvoit y avoir ni erreur parmi tant de connoissances (*b*), ni surprise dans un si grand jour, ni trouble dans une si parfaite tranquillité et dans un tel

---

[1] *Isa.*, XIV, 12.

(*a*) *Var.* : Et il n'est rien de plus facile que de les vaincre et les mettre en fuite.
— (*b*) Lumières.

dégagement de la matière? Cependant, mes frères, cet astre est tombé, et il a entraîné avec lui la quatrième partie des étoiles. De quelle sorte cela s'est-il fait? Ne soyons pas curieux d'un si grand secret, et reconnoissons seulement qu'en vérité être créature c'est bien peu de chose.

Les fous marcionites et les manichéens encore plus insensés estimoient que la méchanceté des démons étoit leur condition naturelle; car de même qu'il y a un souverain bien duquel tous les biens découlent dans cet univers (a); ainsi parce qu'il s'y rencontre diverses sortes de maux, ils inféroient de là qu'il y avoit un principe commun de tout mal, un souverain mal pour ainsi parler, un Dieu méchant dont tout le plaisir est de nuire, ruminant toujours en soi-même quelque dessein tragique et funeste ; et ils vouloient que les diables fussent ses créatures et ses satellites, de sorte, disoient-ils, qu'ils sont méchans par nature. Certes je m'étonnerois qu'une doctrine si monstrueuse ait pu avoir quelque vogue parmi des gens qui se disoient chrétiens, si je ne savois qu'il n'y a point d'abîme d'erreurs où l'esprit humain ne se précipite, lorsqu'enflé des sciences humaines et secouant le joug de la foi, il se laisse emporter à sa raison égarée.

Mais autant que leur doctrine étoit ridicule et impie, autant sont excellentes les vérités que les anciens Pères leur ont opposées ; et surtout je ne puis assez admirer avec quelle force de raisonnement l'incomparable saint Augustin [1], et après lui le grand saint Thomas son disciple, ont réfuté leur extravagance. Ces grands hommes leur ont appris qu'en vain ils recherchoient les causes efficientes du mal ; que le mal n'étant qu'un défaut, il ne pouvoit avoir de vraies causes; que tous les êtres venoient du premier et souverain Etre, qui étant très-bon par essence, communiquoit aussi une impression de bonté à tout ce qui sortoit de ses mains, d'où il résultoit manifestement qu'il ne pouvoit y avoir de nature mauvaise. Ce qui se confirme par le sentiment et le langage commun des hommes, qui appellent les choses bonnes quand elles

---

[1] *De Civit. Dei*, lib. XIV, cap. XIII; lib. *De Verâ relig.*, n. 35, 36, 37.

(a) *Var*. : Car de même qu'y ayant plusieurs biens dans le monde, il faut qu'il y ait un souverain bien duquel.....

sont dans leur constitution naturelle ; et par conséquent il est impossible qu'une chose soit tout ensemble et naturelle et mauvaise. A quoi ils ajoutoient que le mal n'étant qu'une corruption du bien, ne pouvoit agir ni travailler que sur un bon fond ; qu'il n'y a que les bonnes choses qui soient capables d'être corrompues ; et que les créatures ne pouvant devenir mauvaises que parce qu'elles s'éloignent de leurs vrais principes, il s'ensuivoit de là que ces principes étoient très-bons. Ainsi disoient ces grands personnages, tant s'en faut que les manquemens des créatures prouvent qu'il y a de mauvais principes, qu'au contraire il seroit impossible qu'il y eût aucun manquement dans le monde, si les principes n'étoient excellens : par exemple, il ne pourroit y avoir de déréglement s'il n'y avoit une règle première et invariable, ni aucune malice dans les actions s'il n'y avoit une souveraine bonté de laquelle les méchans se retirent par un égarement volontaire. Enfin pour couronner leurs belles raisons par une parole expresse du Fils de Dieu, ils ont remarqué que Notre-Seigneur, en parlant du diable en saint Jean, n'avoit pas dit qu'il étoit né dans le mensonge, mais « qu'il n'étoit pas demeuré dans la vérité : » *In veritate non stetit* [1]. Que s'il n'y est pas demeuré, il y a donc été établi ; et s'il en est tombé, ce n'est pas un vice de sa nature, mais une dépravation de sa volonté. Laissant donc à part ces vieilles erreurs ensevelies depuis si longtemps dans l'oubli, recherchons de plus haut et par les véritables principes l'origine de ces esprits dévoyés et la cause de leurs erreurs. Suivez-moi, s'il vous plaît, chrétiens.

Non, je ne cherche point d'autres causes pourquoi les anges ont pu pécher, sinon que c'étoient des créatures : la raison, saint Augustin nous l'a enseignée [2]. La créature est faite de la main de Dieu ; donc il ne se peut qu'elle ne soit bonne (a), parce que son principe est la bonté même : mais la créature est tirée du néant ; c'est pourquoi il ne faut pas s'étonner si elle retient quelque chose de cette basse et obscure origine ; ni si étant sortie du néant, elle y retombe si facilement par le péché qui l'y rengage de nouveau

---

[1] *Joan.*, VIII, 44. — [2] *De Civit. Dei*, lib. XIV, cap. XIII.

a) *Var.* : Par conséquent elle est bonne.

en la séparant de la source de son être. Ainsi, Messieurs, c'est assez de voir que les anges étoient créatures, pour conclure qu'ils n'étoient pas impeccables. Cet honneur n'appartient qu'à Dieu. Ils lui sont semblables, il est vrai, mais non pas en tout : et encore que nous voyions, dit Tertullien, « qu'une image bien faite (a) représente tous les traits de l'original, elle ne peut exprimer sa vigueur, étant destituée de mouvement; ainsi quelque ressemblance que nous voyions des perfections infinies de Dieu dans les anges et les natures spirituelles, elles ne peuvent jamais exprimer sa force, qui est le bonheur de ne pécher pas : » *Imago, cùm omnes lineas exprimat veritatis, vi tamen ipsâ caret, non habens motum; ita et anima, imago Spiritûs, solam vim ejus exprimere non valuit, id est non peccandi felicitatem* [1].

Tirés du néant, et c'est assez dire. De là, Messieurs, il est arrivé que les premiers des anges (b) se sont endormis en eux-mêmes dans la complaisance de leur beauté. La douceur de leur liberté les a trop charmés, ils en ont voulu faire une épreuve malheureuse et funeste ; et déçus par leur propre excellence, ils ont oublié la main libérale qui les avoit comblés de ses graces ; l'orgueil s'est emparé de leurs puissances, ils n'ont plus voulu se soumettre à Dieu ; et ayant quitté, les malheureux ! cette première bonté qui n'étoit pas moins l'appui de leur bonheur que le principe de leur être, vous étonnerez-vous si tout est allé en ruine, ni s'il s'en est ensuivi un changement si épouvantable ? Dieu l'a permis de la sorte.

Tremblons, tremblons, mes frères, et soyons saisis de frayeur en voyant ce tragique exemple et de la foiblesse de la créature et de la justice divine. Hélas ! on a beau nous avertir, nous courons tous les jours aux occasions du péché les plus pressantes, les plus dangereuses ; nous ne veillons non plus sur nous-mêmes que si nous étions impeccables, et nous croyons pouvoir conserver sans peine parmi tant de tentations ce que des créatures si parfaites ont perdu dans une telle tranquillité. Est-ce folie? est-ce enchantement ? est-ce que nous n'entendons pas quels malheurs

---

[1] Lib. II *Advers. Marcion.*, n. 9.

(a) *Var. :* Une excellente peinture. — (b) Les anges rebelles.

le péché apporte, pendant que nous voyons à nos yeux ces esprits si nobles défigurés (a) si étrangement par un seul crime, que d'anges de lumière ils sont faits tout d'un coup anges de ténèbres, d'enfans ils sont devenus ennemis irréconciliables; et étant ministres immortels des volontés divines (b), ils sont enfin réduits à cette extrémité de misère, qu'il n'y a plus pour eux d'occupation que dans l'infâme emploi de tromper les hommes? Quelle vengeance! quel changement! C'est le péché qui l'a fait, et nous ne le craignons pas! n'est-ce pas être bien aveugles? Mais revenons à notre sujet, et jugeons de la force de nos ennemis par la perfection de leur nature.

C'est le grand apôtre saint Paul qui nous y exhorte par ces excellentes paroles : « Revêtez-vous, dit-il, des armes de Dieu, parce que vous n'avez pas à combattre la chair, ni le sang, » ni aucune force visible : *Non est nobis colluctatio adversùs carnem et sanguinem; sed adversùs principatus et potestates, adversùs mundi rectores, contra spiritualia nequitiæ in cœlestibus* [1]; « mais contre des principautés et des puissances, et des malices spirituelles : » *spiritualia nequitiæ*. Pourquoi exagère-t-il en termes si forts leur nature spirituelle? C'est à cause que dans les corps, outre la partie agissante, il y en a aussi une autre qui souffre, que nous appelons la matière. C'est pourquoi les actions des causes naturelles, si nous les comparons à celles des anges, paroîtront languissantes et engourdies, à cause de la matière qui ralentit toute leur vertu. Au contraire ces ennemis invisibles qui s'opposent à notre bonheur ne sont pas, dit-il, de chair ni de sang; tout y est dégagé, tout y est esprit, c'est-à-dire tout y est force, tout y est vigueur. Ils sont de la nature de ceux dont il est écrit « qu'ils portent le monde [2]. » Et de là nous devons conclure que leur puissance est très-redoutable.

Mais vous croirez peut-être que leur ruine les a désarmés, et qu'étant tombés de si haut ils n'ont pu conserver leurs forces entières. Désabusez-vous, chrétiens; tout est entier en eux, excepté leur justice et leur sainteté, et conséquemment leur béatitude. En

---

[1] *Ephes.*, VI, 12. — [2] *Job*, IX, 13.

(a) *Var.* : Changés. — (b) Des volontés immuables de Dieu.

voici la raison solide, tirée des principes de saint Augustin : c'est que la félicité des esprits ne se trouve ni dans une nature excellente, ni dans un sublime raisonnement, ni dans la force, ni dans la vigueur ; mais elle consiste seulement à s'unir à Dieu par un amour chaste et persévérant. Quand donc ils se séparent de lui, ne croyez pas qu'il soit nécessaire que Dieu change rien en leur nature pour punir leur égarement ; il suffit, dit saint Augustin, pour se venger d'eux, qu'il les abandonne à eux-mêmes : *Quia suâ superbiâ sibi placuerunt, Dei justitiâ sibi donarentur* [1]. De cette sorte ces anges rebelles que l'honneur de leur nature a enflés, que leurs grandes connoissances ont rendus superbes jusqu'à vouloir s'égaler à Dieu, ne perdront pas pour cela leurs dons naturels. Non, ils leur seront conservés ; mais il y aura seulement cette différence, que ce qui leur servoit d'ornement, cela même leur tournera en supplice par une opération cachée de la main de Dieu, qui se sert comme il lui plaît de ses créatures, tantôt pour la jouissance d'une souveraine félicité, tantôt pour l'exercice de sa juste et impitoyable vengeance.

Par conséquent, Messieurs, il ne faut pas croire que leurs forces soient épuisées par leur chute. Toute l'Ecriture les appelle forts. « Les forts, dit David, se sont jetés sur moi : » *Irruerunt in me fortes* [2] ; par où saint Augustin entend les démons [3]. Jésus-Christ appelle Satan « le Fort armé : » *Fortis armatus* [4]. Non-seulement il a sa force, c'est-à-dire sa nature (a) et ses facultés ; mais encore ses armes lui sont conservées, c'est-à-dire ses inventions et ses connoissances : *Fortis armatus*. Ailleurs il le nomme « le prince du monde, » *princeps hujus mundi* [5] ; et saint Paul, « gouverneur du monde, » *rectores mundi* [6]. Et nous apprenons de Tertullien que les démons faisoient parer leurs idoles des robes dont se revêtoient les magistrats, qu'ils faisoient porter devant eux les faisceaux et les autres marques d'autorité publique, comme étant, dit-il, « les vrais magistrats et les princes naturels du siècle : » *Dæmones magistratus sunt sæculi* [7]. Satan n'est pas

---

[1] *De Civit. Dei*, lib. XIV, cap. xv. — [2] *Psal.* LVIII, 4. — [3] Enarr. I *in Psal.* LVIII, n. 6. — [4] *Luc.*, XI, 21. — [5] *Joan.*, XII, 31. — [6] *Ephes.*, VI, 12. — [7] *De Idololat.*, n. 18.

(a) *Var.* : Qui est sa nature,....

seulement le prince, le magistrat et le gouverneur du siècle; mais pour ne laisser aucun doute de sa redoutable puissance, saint Paul nous enseigne « qu'il en est le dieu : » *deus hujus sœculi*[1]. En effet il fait le Dieu sur la terre, il affecte d'imiter le Tout-Puissant. Il n'est pas en son pouvoir de faire comme lui de nouvelles créatures pour les opposer à son Maître; voici ce qu'invente son ambition : il corrompt celles de Dieu, dit Tertullien[2], et les tourne autant qu'il peut contre leur auteur. Enflé démesurément de ses bons succès, il se fait rendre enfin des honneurs divins; il exige des sacrifices, il reçoit des vœux, il se fait ériger des temples, comme un sujet rebelle qui par mépris ou par insolence affecte la même grandeur que son souverain : *Ut Dei Domini placita cum contumeliâ affectans*[3].

Telle est la puissance de notre ennemi; et ce qui la rend plus terrible, c'est la violente application avec laquelle il unit ses forces dans le dessein de notre ruine. Tous les esprits angéliques, comme remarque très-bien saint Thomas[4], sont très-arrêtés dans leurs entreprises. Car au lieu que les objets ne se présentent à nous qu'à demi, si bien que par de secondes réflexions nous avons de nouvelles vues qui rendent nos résolutions chancelantes, les anges au contraire, dit saint Thomas, embrassent tout leur objet du premier regard avec toutes ses circonstances; et ensuite leur résolution est fixe, déterminée et invariable. Mais s'il y a en eux quelque pensée forte et où leur intelligence soit toute appliquée, c'est sans doute celle de nous perdre. « C'est un ennemi qui ne dort jamais, jamais il ne laisse sa malice oisive : » *Pervicacissimus hostis ille nunquam malitiæ suæ otium facit*. Quand même vous le surmontez, vous ne domptez pas son audace, mais vous enflammez son indignation : *Tunc plurimùm accenditur, dùm extinguitur*[5] : « Quand son feu semble tout à fait éteint, c'est alors qu'il se rallume avec plus de force. » Ce superbe ayant entrepris de traiter d'égal avec Dieu, pourra-t-il jamais croire qu'une créature impuissante soit capable de lui résister ? Et si renversé comme il est dans les cachots éternels, il ne cesse pas néanmoins de traverser

---

[1] II *Cor.*, iv, 4. — [2] *De Idololat.*, n. 4. — [3] Tertull., *Ad Uxor.*, n. 8. — [4] I part., *Quæst.* LVIII, art. 3. — [5] Tertull., *De Pœnit.*, n. 7.

autant qu'il peut les desseins de Dieu, s'il se roidit contre lui avec une telle opiniâtreté, bien qu'il sache que tous ses efforts seront inutiles, que n'osera-t-il pas contre nous dont il a si souvent expérimenté la foiblesse?

Ainsi je vous avertis, mes chers frères, de ne vous relâcher jamais et de vous tenir toujours en défense. Tremblez même dans la victoire; c'est alors qu'il fait ses plus grands efforts et qu'il remue ses machines les plus redoutables. Le voulez-vous voir clairement dans l'histoire de notre évangile? Il attaque trois fois le Fils de Dieu; trois fois repoussé honteusement, il ne peut encore perdre courage. « Il le laisse, dit l'Ecriture, jusqu'à un autre temps : » *Recessit ab illo usque ad tempus*[1]; surmonté et non abattu, ni désespérant de le vaincre, mais attendant une heure plus propre et une occasion plus pressante. O Dieu! que dirons-nous ici, chrétiens? Si une résistance si vigoureuse ne ralentit pas sa fureur, quand pourrons-nous espérer de trêve avec lui? Et si la guerre est continuelle, si un ennemi si puissant veille sans cesse contre nous avec tous ses anges, qui pourroit assez exprimer combien soigneuse, combien vigilante, combien prévoyante et inquiète doit être à tous momens la vie chrétienne? Et nous nous endormons! Je ne m'étonne pas si nous vivons sous sa tyrannie, ni si nous tombons dans ses piéges, ni si nous sommes enveloppés dans ses embûches et dans ses finesses.

SECOND POINT.

Puisque l'ennemi dont nous parlons est si puissant et si orgueilleux, vous croirez peut-être, Messieurs, qu'il vous attaquera par la force ouverte, et que les finesses s'accordent mal avec tant de puissance et tant d'audace. En effet saint Thomas remarque[2] que le superbe entreprend hautement les choses; et cela, dit ce grand docteur, parce qu'il veut contrefaire le courageux, qui a coutume d'agir ouvertement dans ses desseins et qui est ennemi de la surprise et des artifices. Il seroit donc malaisé d'entendre de quelle sorte Satan aime les finesses, « lui qui est le prince de tous les superbes, » comme l'appelle l'Ecriture sainte : *Ipse est rex super*

[1] *Luc.*, IV, 13. — [2] II^a II^æ, *Quæst.* LV, art. 8, ad 2.

universos filios superbiæ[1], si cette même Ecriture ne nous apprenoit que c'est un superbe envieux, *Invidia diaboli*[2], et par conséquent trompeur et malin. Car encore qu'il soit véritable que l'envie soit une espèce d'orgueil, néanmoins tout le monde sait que c'est un orgueil lâche et timide, qui se cache, qui fuit le jour, qui ayant honte d'elle-même, ne parvient à ses fins que par de secrètes menées : et de là vient qu'une noire envie rongeant éternellement le cœur de Satan et le remplissant de fiel et d'amertume contre nous, elle le contraint d'avoir recours à la fraude, à la tromperie, à des artifices malicieux ; il ne lui importe pas, pourvu qu'il nous perde.

D'où lui vient cette envie ? C'est ce qu'il seroit long de vous expliquer, et vous en êtes sans doute déjà bien instruits. Car qui ne sait, Messieurs, que cet insolent qui avoit osé attenter sur le trône de son Créateur, frappé d'un coup de foudre, chut du ciel en terre, « plein de rage et de désespoir ? » *Habens iram magnam*[3]. Se sentant perdu sans ressource et ne sachant sur qui se venger, il tourne sa haine envenimée contre Dieu, contre les anges, contre les hommes, contre toutes les créatures, contre lui-même ; et après une telle chute, n'étant plus capable que de cette maligne joie qui revient à un méchant d'avoir des complices, et à un esprit malfaisant des compagnons de sa misère, il conspire avec ses anges de tout perdre avec eux, d'envelopper, s'ils pouvoient, tout le monde dans leur ruine. De là cette haine, de là cette envie qui le remplit contre nous de fiel et d'amertume.

Le voulez-vous voir, chrétiens, voulez-vous voir cet envieux représenté chez Ezéchiel sous le nom de Pharaon roi d'Egypte ? Spectacle épouvantable ! tout autour de lui sont des corps meurtris par de cruelles blessures : « Là gît Assur, dit le prophète, avec toute sa multitude ; là est tombé Elam et tout le peuple qui le suivoit ; là Mosoch et Thubal, les rois d'Idumée et du Nord, et leurs princes et leurs capitaines, et tous les autres qui sont nommés multitude immense, nombre innombrable ; » ils sont tout autour couchés par terre, nageant dans leur sang : « Pharaon est au milieu qui voit tout ce carnage, et qui se console de ses pertes

---

[1] *Job*, XLI, 25. — [2] *Sap.*, II, 24. — [3] *Apoc.*, XII, 12.

et de toute sa multitude tuée par le glaive; Pharaon et toute son armée; » Satan et tous ses complices : *Vidit eos Pharao, et consolatus est super universâ multitudine suâ quæ interfecta est gladio; Pharao, et omnis exercitus ejus* [1].

Enfin, enfin, disent-ils, nous ne serons pas les seuls; çà, çà! voici des compagnons! O justice divine! tu as voulu des supplices, en voilà; soûle ta vengeance; voilà assez de sang, assez de carnage. Voilà, voilà ces hommes que Dieu avoit voulu égaler à nous; les voilà enfin nos égaux dans les tourmens; cette égalité nous plaît. Plutôt, plutôt périr, que de les voir à nos côtés dans la gloire ; malheur à nos lâches compagnons qui le souffrent; il vaut bien mieux périr, et qu'ils périssent avec nous. Ils nous jugeront quelque jour, ces hommes mortels; il faudra bien l'endurer, puisque Dieu le veut. Ah! quelle rage pour ces superbes! mais auparavant, disent-ils, combien en mourra-t-il de notre main! ah! que nous allons faire de siéges vacans; et qu'il y en aura parmi les criminels de ceux qui pouvoient s'asseoir parmi les juges! Puis se tournant aux saints anges : Eh bien! vous en avez de votre côté? est-ce que nous sommes seuls? vous semblons-nous mal accompagnés, au milieu de tant de peuples et de nations? Allez, glorifiez-vous de votre petit nombre d'élus, que vous avez à peine tirés de nos mains ; mais confessez du moins que notre multitude l'emporte.

Que faisons-nous, mes frères, d'entendre parler si longtemps ces blasphémateurs? Voyez leur rage, voyez leur envie, et comme ils triomphent de la mort des hommes. C'est là leur application, « c'est tout leur ouvrage : » *Operatio eorum est hominis eversio* [2]. Que ne peuvent-ils aussi se venger de Dieu? sa puissance infinie ne le permet pas. Outrés d'une rage impuissante, ils déchargent tout leur fiel sur l'homme qui est son image; ils mettent en pièces cette image; ils repaissent leur esprit envieux d'une vaine imagination de vengeance. C'est, mes frères, cette noire envie, mère des fraudes et des tromperies, qui fait que Satan marche contre nous par une conduite cachée et impénétrable. Il ne brille pas comme un éclair, il ne gronde pas comme un tonnerre; il res-

[1] *Ezech.*, XXXII, 22-31. — [2] Tertull., *Apolog.*, n. 22.

semble à une vapeur pestilente qui se coule au milieu de l'air par une contagion insensible et imperceptible à nos sens ; il inspire son venin dans le cœur ; ou pour me servir, chrétiens, d'une autre comparaison qui lui convient mieux, il se glisse comme un serpent, c'est ainsi que l'Ecriture l'appelle [1]. Et Tertullien nous décrit ce serpent par une expression admirable : *Abscondat se itaque serpens, totamque prudentiam suam in latebrarum ambagibus torqueat :* « Il se cache autant qu'il peut ; il resserre en lui-même par mille détours sa prudence malicieuse ; » c'est-à-dire qu'il use de conseils cachés et de ruses profondément recherchées. C'est pourquoi Tertullien poursuit en ces mots : « Il se retire, dit-il, dans les lieux profonds, il ne craint rien tant que de paroître. Quand il montre la tête, il cache la queue ; il ne se remue jamais tout entier, mais il se développe par plis tortueux, bête ennemie du jour et de la clarté : » *Altè habitet, in cæca detrudatur, per anfractus seriem suam evolvat, tortuosè procedat, nec semel totus, lucifuga bestia* [2].

C'est Satan, c'est Satan, Messieurs, qui nous est représenté par ces paroles. C'est lui qui ne se déplie jamais tout entier ; il étale la belle apparence, et il cache la suite funeste. Il rampe quand il est loin, et il mord sitôt qu'il est proche. Prenez garde à vous, mes chers frères, crie le grand apôtre saint Paul, « prenez garde que vous ne soyez trompés par Satan ; car nous n'ignorons pas ses pensées : » *Ut non circumveniamur à Satanà, non enim ignoramus cogitationes ejus* [3]. Non, non, nous n'ignorons pas ses pensées ; nous savons que sa malice est ingénieuse ; que son esprit inventif, raffiné par un long usage, excité par sa haine invétérée, n'agit que par des artifices fins et déliés et par des machines imprévues. Ah ! mes frères, qui pourroit vous dire toutes les profondeurs de Satan et par quels artifices ce serpent coule ?

S'il vous trouve déjà agité, il vous prend par le penchant de l'inclination. Votre cœur est-il déjà effleuré par quelque commencement d'amour, il souffle cette petite étincelle jusqu'à ce qu'elle devienne un embrasement : il vous pousse de la haine à la rage, de l'amour au transport, et du transport à la folie. Que s'il vous

---

[1] *Apoc.*, XII, 9. — [2] *Advers. Valent.*, n. 3. — [3] *II Cor.*, II, 11.

trouve éloigné du crime, jouissant des saintes douceurs d'une bonne conscience, ne croyez pas qu'il vous propose d'abord l'impudicité ; il n'est pas si grossier, dit saint Chrysostome : *Multâ utitur versutiâ, perseverantiâ, attemperatione ad hominum perniciem, et à minimis statim congreditur. Multo, multo utitur condescensu, ut nos ad mala præcipitet* [1]. « Il use, dit-il, avec nous d'une grande condescendance. » Que veut dire cette parole ? Dieu se rabaisse ; Satan se rabaisse aussi à sa mode. Il voudroit bien, mes frères, vous rendre d'abord aussi méchans que lui, s'il pouvoit ; « car que désire ce vieil adultère, sinon de corrompre l'intégrité des ames innocentes [2] » et de les porter dès le premier pas à la dernière infamie ? Mais vous n'êtes pas encore capables d'une si grande action, il vous y faut mener pas à pas ; c'est pourquoi il se rabaisse, dit saint Chrysostome, il s'accommode à votre foiblesse, il use avec vous de condescendance. Ah ! ce ne sera, dit-il, qu'un regard ; après, tout au plus qu'une complaisance et un agrément innocent. Prenez garde, le serpent s'avance : vous le laissez faire, il va mordre. Un feu passe de veines en veines et se répand par tout le corps. Il faut l'avoir, il faut la gagner. C'est un adultère, n'importe. Eh bien, je la possède, est-ce pas assez ? Il faut la posséder sans trouble. Elle a un mari : qu'il meure. Vous ne pouvez le faire tout seul ; engageons-en d'autres dans notre crime ; employons la fraude et la perfidie. David, David, le malheureux David ! et qui ne sait pas son histoire ? Judas et l'avarice : il y a donné, il est à nous. Poussons, poussons de l'avarice au larcin, du larcin à la trahison, à la corde et au désespoir. (*a*) Mes chers frères, éveillez-vous, et ne vous laissez pas séduire à Satan : car vous êtes bien avertis, et vous n'ignorez pas ses pensées : *Non enim ignoramus cogitationes ejus*. C'est pourquoi il vous est aisé de le vaincre : c'est par où il faut conclure en peu de paroles.

[1] Homil. LXXXVII *in Matth.*, tom. VII, p. 814. — [2] S. August, *In Psal.* XXXIX, n. 1.

(*a*) *Note marg.* : Judas... le dessein de se porter à vendre son Maître. Le crime est horrible ! Allons par degrés : qu'il le vole premièrement ; après, qu'il le vende. Voilà l'appât.

TROISIÈME POINT.

Il semble que je sois ici obligé de me contredire moi-même et de détruire en cette dernière partie ce que j'ai établi dans les deux autres. Car après vous avoir fait voir que notre ennemi est fort et terrible, il faut maintenant vous dire au contraire qu'il est foible et facile à vaincre. Comment concilier ces deux choses, si ce n'est en vous disant, chrétiens, qu'il est fort contre les lâches et les timides, mais très-foible et impuissant pour les courageux? En effet nous voyons dans les saintes Lettres qu'il nous y est représenté tantôt fort, tantôt foible, tantôt fier et tantôt tremblant; et il n'y eut jamais une bête plus monstrueuse.

C'est un lion rugissant qui se rue sur nous; c'est un serpent qui rampe par terre, et il n'est rien de plus aisé que d'en éviter les approches. « Il tourne autour de vous pour vous dévorer; » voilà qui est terrible : *Circuit quærens quem devoret* [1]. « Mais résistez-lui seulement, et il se mettra en fuite : » *Resistite diabolo, et fugiet à vobis* [2]. Ecoutez comme il parle à notre Sauveur; c'est une remarque de saint Basile de Séleucie : *Quid mihi et tibi est, Jesu Fili Dei altissimi* [3] ? « Qu'y a-t-il entre toi et moi, Jésus Fils de Dieu? » Voilà un serviteur qui parle bien insolemment à son maître [4]; mais il ne soutiendra pas longtemps sa fierté. « Et je te prie, dit-il, ne me tourmente pas : » *Obsecro te, ne me torqueas* [5]. *Venisti ante tempus torquere nos* [6] ? Voyez comme il tremble sous les coups de fouet. Que si j'avois assez de loisir pour repasser sur toutes les choses qui nous l'ont fait paroître terrible, il me seroit aisé de vous y montrer des marques visibles de foiblesse.

Il est vrai qu'il a ses forces entières; mais celui qui les lui a laissées pour son supplice, ainsi que nous avons dit, lui a mis un frein dans les mâchoires et ne lui lâche la bride qu'autant qu'il lui plaît, ou pour exercer ses serviteurs, ou pour se venger de ses ennemis. Il a une puissance fort vaste, et son empire s'étend bien loin ; mais saint Augustin nous apprend que ce commande-

---

[1] *I Petr.*, v, 8. — [2] *Jacob.*, iv, 7. — [3] *Luc.*, viii, 28. — [4] S. Basil. Seleuc., *Orat.* XXIII. — [5] *Luc.*, viii, 28. — [6] *Matth.*, viii, 29.

ment (*a*) lui tient lieu de peine : *Pœna enim ejus est, ut in potestate habeat eos, qui Dei præcepta contemnunt*¹. Et en effet s'il est véritable que d'être ennemi de Dieu ce soit la souveraine misère, celui qui en est le chef n'est-il pas par conséquent le plus misérable ? Enfin est-il rien de plus méprisable que toute cette grandeur qu'il affecte, puisqu'avec cette intelligence qui le rend superbe et toutes ces qualités extraordinaires, nous lui semblons néanmoins dignes d'envie; et tout impuissans que nous sommes, il désespère de nous pouvoir vaincre, s'il n'y emploie les ruses et la surprise, de laquelle certes, Messieurs, ayant été si bien avertis, est-il rien de plus aisé que de l'éviter, pourvu que nous marchions en plein jour comme des enfans de lumière ? » *Ut filii lucis ambulate*².

Que si vous voulez savoir sa foiblesse non plus, Messieurs, par raisonnement, mais par une expérience certaine, écoutez parler Tertullien dans son admirable *Apologétique*. Voici une proposition bien hardie et dont vous serez étonnés. Il reproche aux gentils que toutes leurs divinités sont des esprits malfaisans (*b*); et pour leur faire entendre cette vérité, il leur donne le moyen de s'en éclaircir par une expérience bien convaincante: *Edatur hic aliquis sub tribunalibus vestris, quem dæmone agi constet*³. O juges ! qui nous tourmentez avec une telle inhumanité, c'est à vous que j'adresse ma parole : qu'on me produise devant vos tribunaux; je ne veux pas que ce soit en un lieu caché, mais à la face de tout le monde; « qu'on y produise un homme qui soit notoirement possédé du démon; » je dis notoirement possédé et que la chose soit très-constante : *quem dæmone agi constet;* alors que l'on fasse venir quelque fidèle, je ne demande pas qu'on fasse un grand choix, que l'on prenne le premier venu, « pourvu seulement qu'il soit chrétien : » *Jussus à quolibet christiano ;* si en présence de ce chrétien il n'est contraint non-seulement de parler, mais encore de vous confesser ce qu'il est et d'avouer sa tromperie, « n'osant mentir à un chrétien : » *Christiano mentiri non audentes;* Messieurs, remarquez ces paroles : « là même, là

---

¹ *De Genes., cont. Manich.*, lib. II, n. 26. — ² *Ephes.*, v, 8. — ³ *Apolog.*, n. 23.
(*a*) *Var. :* Cet empire. — (*b*) Des démons.

même, sans plus différer, sans aucune nouvelle procédure, faites mourir ce chrétien impudent qui n'aura pu soutenir par l'effet une promesse si extraordinaire : » *Ibidem illius christiani procacissimi sanguinem fundite.*

O joie ! ô ravissement des fidèles, d'entendre une telle proposition, faite si hautement et avec une telle énergie par un homme si posé et si sérieux, et vraisemblablement de l'avis de toute l'Eglise dont il soutenoit l'innocence ! Quoi donc ! cet esprit trompeur, ce père de mensonge oublie ce qu'il est et n'ose mentir à un chrétien : *Christiano mentiri non audentes!* Devant un chrétien ce front de fer s'amollit ; forcé par la parole d'un fidèle, il dépose son impudence ; et les chrétiens sont si assurés de le faire parler à leur gré, qu'ils s'y engagent au péril de leur vie, en présence de leurs propres juges. Qui ne se riroit donc de cet impuissant ennemi, qui cache tant de foiblesse sous une apparence si fière ? Non, non, mes frères, ne le craignons pas ; Jésus notre capitaine l'a mis en déroute ; il ne peut plus rien contre nous, si nous ne nous rendons lâchement à lui.

C'est nous-mêmes que nous devons craindre ; ce sont nos vices et nos passions plus dangereuses que les démons mêmes. Bel exemple de l'Ecriture : Saül possédé du malin esprit ; David le chassoit au son de sa lyre, ou plutôt par la sainte mélodie des louanges de Dieu qu'il faisoit perpétuellement résonner dessus. Chose étrange, Messieurs ! pendant que le démon se retiroit, Saül devenoit plus furieux ; il tâche de percer David de sa lance [1] ; tant il est véritable qu'il y a quelque chose en nous qui est pire que le démon même, qui nous tente de plus près et qui nous jette dans un combat plus dangereux, chrétiens ! « C'est la convoitise qui nous tente, dit saint Jacques [2], et qui nous attire. » Ah ! modérons-la par le jeûne, châtions-la par le jeûne, disciplinons-la par le jeûne.

O jeûne, tu es la terreur des démons, tu es la nourriture de l'ame, tu lui donnes le goût des plaisirs célestes, tu désarmes le diable, tu amortis les passions. O jeûne, médecine salutaire contre le déréglement de nos convoitises, malheureux ceux qui te

---

[1] I *Reg.*, XVI, 23 ; XIX, 10. — [2] *Jacob.*, I, 14.

rejettent et qui t'observent en murmurant contre une précaution si nécessaire ! Loin de nous, mes frères, de tels sentimens ! jeûnons, jeûnons d'esprit et de corps. Comme nous retranchons pour un temps au corps sa nourriture ordinaire, ôtons aussi à l'ame les vanités dont nous la repaissons tous les jours : retirons-nous des conversations et des divertissemens mondains : modérons nos ris et nos jeux : faisons succéder en leur place le soin d'écouter l'Evangile qui retentit de toutes parts dans les chaires ; c'est le son de cet Evangile qui fait trembler les démons. Sanctifions le jeûne par l'oraison ; purifions l'oraison par le jeûne. L'oraison est plus pure qui vient d'un corps exténué et d'une ame dégoûtée des plaisirs sensibles (a).

Assez de bals, assez de danses, assez de jeux, assez de folies. Donnons place à des voluptés et plus chastes et plus sérieuses. Voici, mes frères, une grande joie que Dieu nous donne pour ce Carême. Cette fille du ciel ne devoit point être accueillie par une joie dissolue : il faut une joie digne de la paix, qui soit répandue en nos cœurs par l'esprit pacifique.

Qui ne voit la main de Dieu dans cet ouvrage (b) ? Que notre grande Reine ait travaillé à la paix de toute sa force, quoique ce soit une action toute divine, j'avoue que je ne m'en étonne pas : car que lui pouvoit inspirer cette tendre piété qui l'embrase, et cet esprit pacifique dont elle est remplie ? Nous savons, nous savons il y a longtemps qu'elle a toujours imité Dieu dont elle porte sur le front le caractère ; elle a toujours pensé des pensées de paix.

Mais n'y a-t-il pas sujet d'admirer, de voir notre jeune Monarque toujours auguste s'arrêter au milieu de ses victoires, donner des bornes à son courage pour laisser croître sans mesure l'amour qu'il a pour ses sujets, aimer mieux étendre ses bienfaits que ses conquêtes, trouver plus de gloire dans les douceurs de la paix que dans le superbe appareil des triomphes, et

(a) *Note marg.*: Ainsi nous serons terribles au diable, nous verrons cet ancien ennemi consumer sa rage par de vains efforts; et au lieu de succomber aux attaques de tous ces esprits dévoyés, nous irons remplir dans le ciel les places que leur désertion a laissées vacantes. C'est le bonheur que je vous souhaite, au nom du Père, et du Fils, et du Saint-Esprit. *Amen.* — (b) *Var.*: C'est un coup de la main de Dieu.

se plaire davantage à être le père de ses peuples qu'à être le victorieux de ses ennemis? C'est Dieu qui a inspiré ce sentiment. Qui ne béniroit ce grand Roi?

Qui ne bénira tout ensemble la main sage et industrieuse?..... Parlons, parlons et ne craignons pas. Je sais combien les prédicateurs doivent être réservés sur les louanges; mais se taire en cette rencontre, ce ne seroit pas être retenu, mais en quelque sorte envieux de la félicité publique... Elle viendra, elle viendra accompagnée de toutes ses suites.

Çà, çà! peuples, qu'on se réjouisse; et s'il y a encore quelque maudit reste de la malignité passée, qu'elle tombe aujourd'hui devant ces autels, et qu'on célèbre hautement ce sage ministre qui montre bien, en donnant la paix, qu'il fait son intérêt du bien de l'Etat et sa gloire du repos des peuples. Je ne brigue point de faveur, je ne fais point ma cour dans la chaire; à Dieu ne plaise (*a*)! Je suis françois et chrétien : je sens, je sens le bonheur public ; et je décharge mon cœur devant mon Dieu sur le sujet de cette paix bienheureuse, qui n'est pas moins le repos de l'Eglise que de l'Etat. C'est assez dire, il faut que nos vœux achèvent le reste.

C'est nous, c'est nous, mes frères, qui devons commencer la réjouissance. C'est à Nathan le prophète, c'est à Sadoc le grand prêtre, c'est aux prédicateurs, c'est aux sacrificateurs du Très-Haut à sonner de la trompette devant le peuple et de crier les premiers : *Vivat rex Salomon*[1] : « Vive le roi, vive le roi, vive Salomon le pacifique ! » Qu'il vive, Seigneur, ce grand Monarque; et pour le récompenser de cette bonté qui lui a fait aimer la gloire de la paix plutôt que celle des conquêtes (*b*), qu'il jouisse long-temps, heureusement, de la paix qu'il nous a donnée; qu'il ne voie jamais son Etat troublé ni sa maison divisée; que le respect et l'amour concourant ensemble, la fidélité (*c*) de ses peuples soit inviolable, inébranlable; et enfin pour retenir longtemps la paix sur la terre, qu'il fasse régner la justice, qu'il fasse régner les lois, qu'il fasse régner Jésus-Christ, que je prie de nous donner à tous

[1] III *Reg.*, I, 39.

(*a*) *Var.:* Je ne demande pas qu'on le rapporte. — (*b*) Qui lui a fait préférer le titre de pacifique à celui de victorieux et de conquérant. — (*c*) L'obéissance.

son royaume, à qui appartient tout honneur et gloire, qui avec le Père et le Saint-Esprit vit et règne maintenant et aux siècles des siècles.

TROISIÈME SERMON

POUR

LE PREMIER DIMANCHE DE CARÊME (a).

Non in solo pane vivit homo, sed in omni verbo quod procedit de ore Dei.

L'homme ne vit pas seulement de pain, mais il vit de toute parole qui sort de la bouche de Dieu. *Matth.*, IV, 4.

C'est une chose surprenante que ce grand silence de Dieu parmi les désordres du genre humain : tous les jours ses commandemens sont méprisés, ses vérités blasphémées, les droits de son empire violés ; et cependant son soleil ne s'éclipse pas sur les impies ; la pluie arrose leurs champs ; la terre ne s'ouvre pas sous leurs pieds ; il voit tout et il dissimule, il considère tout et il se tait. Je me trompe, chrétiens, il ne se tait pas ; et sa bonté, ses bienfaits, son silence même est une voix publique qui invite tous les pécheurs à se convertir (b) : mais comme nos cœurs endurcis sont sourds à de tels propos, il fait résonner une voix plus claire, une voix nette et intelligible, qui nous appelle à la pénitence. Il ne parle pas pour nous juger ; mais il parle pour nous avertir, et

(a) Prêché dans le premier Carême du Louvre, le 26 février 1662, devant Louis XIV, les deux reines, Monsieur frère du roi, Mademoiselle d'Orléans, etc. L'auteur a écrit lui-même au commencement du manuscrit : « Prêché devant e roi ; » et il lui adresse la parole dans la péroraison. On voit aussi dans le même endroit qu'il annonce pour la première fois la parole divine à la Cour : « O Dieu, donnez efficace à votre parole. O Dieu, vous voyez en quel lieu je prêche ; et vous savez, ô Dieu, ce qu'il y faut dire. Donnez-moi des paroles sages, donnez-moi des paroles efficaces..... » Il dit aussi à la fin de l'exorde : « Comme ces trois grands effets comprennent tout le fruit des discours sacrés, j'en ferai aussi le sujet et le partage de celui-ci, qui sera, comme vous voyez, le préparatif nécessaire et le fondement de tous les autres. » Or Bossuet a prêché pour la première fois devant le roi dans le Carême de 1662.

(b) *Var.* : A se reconnoître.

cette parole d'avertissement qui retentit en ces temps dans toutes les chaires (*a*), doit servir de préparatif à son jugement redoutable. C'est, Messieurs, cette parole de vérité que les prédicateurs de l'Evangile sont chargés de vous annoncer durant cette sainte quarantaine; c'est elle qui nous est présentée (*b*) dans notre évangile pour nous servir de nourriture dans notre jeûne, de délices dans notre abstinence et de soutien dans notre foiblesse : *Non in solo pane vivit homo, sed in omni verbo quod procedit de ore Dei.* J'ai dessein aujourd'hui de vous préparer (*c*) à recevoir saintement cette nourriture immortelle. Mais, ô Dieu, que serviront mes paroles, si vous-même n'ouvrez les cœurs et si vous ne disposez les esprits des hommes à donner l'entrée à votre Esprit-Saint? Descendez donc, ô divin Esprit, et venez vous-même préparer vos voies. Et vous, ô divine Vierge, donnez-nous votre secours charitable, pour accomplir dans les cœurs l'ouvrage de votre Fils bien-aimé. Nous vous en prions humblement par les paroles de l'ange. *Ave.*

Jésus-Christ, Seigneur des seigneurs et Prince des rois de la terre, quoique élevé dans un trône souverainement indépendant, néanmoins pour donner à tous les monarques qui relèvent de sa puissance l'exemple de modération et de justice, il a voulu lui-même s'assujettir aux règlemens qu'il a faits et aux lois qu'il a établies. Il a ordonné dans son Evangile que les voies douces et amiables précédassent toujours les voies de rigueur, et que les pécheurs fussent avertis avant que d'être jugés. Ce qu'il a prescrit, il l'a pratiqué; car « ayant, comme dit l'Apôtre, établi un jour dans lequel il doit juger le monde en équité, il dénonce auparavant à tous les pécheurs qu'ils fassent une sérieuse pénitence; (*d*) c'est-à-dire qu'avant que de monter sur son tribunal pour condamner les coupables par une sentence rigoureuse, il parle premièrement dans les chaires pour les ramener à la droite voie par des avertissemens charitables.

(*a*) *Var.* : Qu'il fait retentir dans toutes les chaires. — (*b*) Montrée. — (*c*) Je me propose aujourd'hui de préparer vos esprits. — (*d*) Note marg. : *Nunc annuntiat omnibus hominibus, ut omnes ubique pœnitentiam agant, eò quòd statuit diem in quo judicaturus est orbem in æquitate* (Act. XVII, 30, 31).

C'est en ce saint temps de pénitence que nous devons une attention extraordinaire à cette voix paternelle qui nous avertit. Car encore qu'elle mérite en tout temps (*a*) un profond respect et que ce soit toujours un des devoirs des plus importans de la piété chrétienne que de donner audience aux discours sacrés, ç'a été toutefois un sage conseil de leur consacrer un temps arrêté par une destination particulière, afin que si tel est notre aveuglement, que nous abandonnions presque toute notre vie aux pensées de vanité qui nous emportent, il y ait du moins quelques jours dans lesquels nous écoutions la vérité qui nous conseille charitablement avant que de prononcer notre sentence, et qui s'avance à nous pour nous éclairer avant que de s'élever contre nous pour nous confondre (*b*).

Paroissez donc, ô vérité sainte, faites la censure publique des mauvaises mœurs; illuminez par votre présence ce siècle obscur et ténébreux ; brillez aux yeux des fidèles, afin que ceux qui ne vous connoissent pas vous entendent, que ceux qui ne pensent pas à vous vous regardent, que ceux qui ne vous aiment pas vous embrassent.

Voilà, chrétiens, en peu de paroles trois utilités principales de la prédication évangélique. Car ou les hommes ne connoissent pas la vérité, ou les hommes ne pensent pas à la vérité, ou les hommes ne sont pas touchés de la vérité. Quand ils ne connoissent pas la vérité, parce qu'elle ne veut pas les tromper, elle leur parle pour éclairer leur intelligence; quand ils ne pensent pas à la vérité, parce qu'elle ne veut pas les surprendre, elle leur parle pour attirer leur attention; quand ils ne sont pas touchés de la vérité, parce qu'elle ne veut pas les condamner, elle leur parle pour échauffer leurs désirs et exciter après elle leur affection languissante.

Que si je puis aujourd'hui mettre dans leur jour ces trois importantes raisons, les fidèles verront clairement combien ils doivent se rendre attentifs à la prédication de l'Evangile, parce que s'ils ne sont pas bien instruits, elle leur découvrira ce qu'ils ignorent ; et s'ils sont assez éclairés, elle les fera penser à ce qu'ils savent; et s'ils y pensent sans être émus, le Saint-Esprit agissant

---

(*a*) *Var.* : Toujours. — (*b*) Convaincre.

par l'organe de ses ministres, elle fera entrer dans le fond du cœur ce qui ne fait qu'effleurer la surface de leur esprit. Et comme ces trois grands effets comprennent tout le fruit des discours sacrés, j'en ferai aussi le sujet et le partage de celui-ci, qui sera, comme vous voyez, le préparatif nécessaire et le fondement de tous les autres.

PREMIER POINT.

Comme la vérité de Dieu, qui est notre loi immuable, a deux états différens, l'un qui touche le siècle présent et l'autre qui regarde le siècle à venir; l'un où elle règle la vie humaine et l'autre où elle la juge, aussi le Saint-Esprit nous la fait paroître dans son Ecriture sous deux visages divers et lui donne des qualités convenables à l'un et à l'autre. Dans le psaume CXVIII, où David parle si bien de la loi de Dieu, on a remarqué, chrétiens, qu'il l'appelle tantôt du nom de commandement, tantôt de celui de conseil; quelquefois il la nomme un jugement, et quelquefois un témoignage. Mais encore que ces quatre titres ne signifient autre chose que la loi de Dieu, toutefois il faut observer que les deux premiers lui sont propres au siècle où nous sommes, et que les deux autres lui conviennent mieux dans celui que nous attendons. Dans le cours du siècle présent cette même vérité de Dieu, qui nous paroît dans sa loi, est tout ensemble un commandement absolu et un conseil charitable. Elle est un commandement qui enferme la volonté d'un souverain, elle est aussi un conseil qui propose l'avis d'un ami. Elle est un commandement, parce que ce souverain y prescrit ce qu'il exige de nous pour les intérêts de son service (*a*); et elle mérite le nom de conseil, parce que cet ami y expose en ami sincère ce que demande le soin de notre salut. Les prédicateurs de l'Evangile font paroître la loi de Dieu dans les chaires en ces deux augustes qualités : en qualité de commandement, en tant qu'elle est nécessaire et indispensable (*b*) ; et en qualité de conseil, en tant qu'elle est utile et avantageuse. Que si manquant par un même crime à ce que nous devons à Dieu et à ce que nous nous

---

(*a*) *Var.* : Parce que Dieu y prescrit ce qu'il exige de nous pour les intérêts de sa gloire. — (*b*) De commandement qui dit ce qui est nécessaire.

devons à nous-mêmes, nous méprisons tout ensemble et les ordres de ce souverain et les conseils de cet ami, alors cette même vérité prenant en son temps une autre forme, elle sera un témoignage pour nous convaincre et une sentence dernière pour nous condamner. « La parole que j'ai prêchée, dit le Fils de Dieu, jugera le pécheur au dernier jour : » *Sermo quem locutus sum, ille judicabit eum in novissimo die* [1]. C'est-à-dire que ni on ne recevra d'excuse, ni on ne cherchera de tempérament. La parole, dit-il, vous jugera; la loi elle-même fera la sentence selon sa propre teneur, dans l'extrême rigueur du droit, et de là vous devez entendre que ce sera un jugement sans miséricorde.

C'est donc la crainte de ce jugement qui fait monter les prédicateurs dans les chaires évangéliques. « Nous savons, dit le saint Apôtre, que nous devons tous comparoître un jour devant le tribunal de Jésus-Christ : » *Omnes nos manifestari oportet ante tribunal Christi* [2]. « Mais sachant cela, poursuit-il, nous venons persuader aux hommes la crainte de Dieu : » *Scientes ergo, timorem Domini hominibus suademus* [3]. Sachant combien ce jugement est certain, combien il est rigoureux, combien il est inévitable, nous venons de bonne heure vous y préparer; nous venons vous proposer les lois immuables sur lesquelles votre vie sera jugée (a), par lesquelles votre cause sera décidée, et vous mettre en main les articles sur lesquels vous serez interrogés, afin que vous commenciez pendant qu'il est temps à méditer vos réponses.

Que si vous pensez peut-être que l'on sait assez ces vérités saintes et que les fidèles n'ont pas besoin qu'on les en instruise, c'est donc en vain, chrétiens, que Dieu se plaint hautement par la bouche de son prophète Isaïe, que non-seulement les infidèles et les étrangers, mais « son peuple, oui son peuple même est mené captif, pour n'avoir pas la science : » *Captivus ductus est populus meus, eò quòd non habeat scientiam* [4]. Mais parce qu'on pourroit se persuader que la troupe n'est pas fort grande parmi les fidèles, de ceux qui périssent faute de connoître, il assure au contraire qu'elle est si nombreuse que « l'enfer est obligé de se dilater et

---

[1] *Joan.*, XII, 48. — [2] II *Cor.*, V, 10. — [3] *Ibid.*, 11. — [4] *Isa.*, V, 13.

(a) *Var.* : Confrontée.

d'ouvrir sa bouche démesurément pour l'engloutir, la recevoir : » *Propterea dilatavit infernus animam suam, et aperuit os suum absque ullo termino* [1]. Et de peur qu'on ne s'imagine que ceux qui périssent ainsi faute de science, ce sont les pauvres et les simples qui n'ont pas les moyens d'apprendre (a), il déclare en termes formels, et je puis bien le dire après cet oracle, que ce sont les puissans, les riches, les grands et les princes mêmes, qui négligent presque toujours de se faire instruire et de leurs obligations particulières, et même des devoirs communs de la piété, et qui tombent par le défaut de cette science pêle-mêle avec la foule dans les abîmes éternels (b) : *Et descendent fortes ejus et populus ejus, et sublimes gloriosique ejus ad eum* [2].

Non-seulement, chrétiens, souvent nous ignorons les vérités saintes, mais même nous les combattons par des sentimens tout contraires. Vous êtes surpris de cette parole; et peut-être me répondez-vous dans votre cœur que vous n'avez point d'erreur contre la foi, que vous n'écoutez pas ces docteurs de cour qui font des leçons publiques de libertinage et établissent de propos délibéré des opinions dangereuses. Je loue votre piété dans une précaution si nécessaire; mais ne vous persuadez pas que vous soyez pour cela exempts de l'erreur. Car il faut entendre, Messieurs, qu'elle nous gagne en deux sortes : quelquefois elle se déborde à grands flots comme un torrent et nous emporte tout à coup, quelquefois elle tombe peu à peu et nous corrompt goutte à goutte (c). Je veux dire que quelquefois un libertinage déclaré renverse d'un grand effort les principes de la religion; quelquefois une force plus cachée, comme celle des mauvais exemples et des pratiques du grand monde, en sape les fondemens par plusieurs coups

---

[1] *Isa.*, v, 14. — [2] *Ibid.*

(a) *Var.* : Que ceux qui composent cette multitude, ce sont les pauvres et les ignorans qui n'ont pas le moyen de se faire instruire. — (b) Qui souvent sont très-mal informés des devoirs communs de la piété, qui ne savent presque jamais fort exactement leurs obligations particulières et qui tombent.... . — (c) ..... Exempts de l'erreur. Ce qui nous trompe, Messieurs, et ceci mérite que nous y pensions, c'est que les fidèles s'imaginent être sans erreur, quand ils ne s'opposent pas directement aux vérités chrétiennes, ou qu'ils ne donnent pas audience à ceux qui de propos délibéré établissent des opinions dangereuses. Mais il importe de tout le repos de nos consciences que nous apprenions aujourd'hui de saint Augustin que l'erreur nous gagne de deux sortes...

redoublés et par un progrès insensible. Ainsi vous n'avancez rien de n'avaler pas tout à coup le poison du libertinage, si cependant vous le sucez peu à peu, si vous laissez insensiblement gagner jusqu'au cœur cette subtile contagion qu'on respire avec l'air du monde dans ses conversations et dans ses coutumes.

Qui pourroit ici raconter toutes les erreurs du monde? Ce maître subtil et dangereux tient école publique sans dogmatiser; il a sa méthode particulière de ne prouver pas ses maximes, mais de les imprimer sans qu'on y pense. Autant d'hommes qui nous parlent, autant d'organes qui nous les inspirent. Nos ennemis par leurs menaces, et nos amis par leurs bons offices, concourent également à nous donner de fausses idées du bien et du mal. Tout ce qui se dit dans les compagnies (*a*), nous recommande ou l'ambition sans laquelle on n'est pas du monde, ou la fausse galanterie sans laquelle on n'a point d'esprit. Car c'est le plus grand malheur des choses humaines, que nul ne se contente d'être insensé seulement pour soi, mais veut faire passer sa folie aux autres : si bien que ce qui nous seroit indifférent, souvent, tant nous sommes foibles, attire notre imprudente curiosité par le bruit qu'on en fait autour de nous. (*b*) Tantôt une raillerie fine et ingénieuse, tantôt une peinture agréable d'une mauvaise action impose doucement à notre esprit. Ainsi dans cet étrange empressement de nous entre-communiquer nos folies, les ames les plus innocentes prennent quelque teinture du vice et des maximes du siècle; et recueillant le mal deçà et delà dans le monde, comme à une table couverte de mauvaises viandes, elles y amassent aussi peu à peu (*c*), comme des humeurs peccantes, les erreurs qui offusquent notre intelligence. Telle est à peu près la séduction qui règne publiquement dans le monde; de sorte que si vous demandez à Tertullien ce qu'il craint pour nous dans cette école : « Tout, vous répondra ce grand homme, jusqu'à l'air qui est infecté par tant de mauvais discours, par tant de maximes antichrétiennes, corrompues : » *Ipsumque aerem... scelestis vocibus constupratum* [1].

[1] Tertull., *De Spect.*, n. 27.
(*a*) *Var.* : Dans le siècle. — (*b*) *Note marg.* : Que dirai-je maintenant de ceux qui vous engagent dans l'estime des biens périssables, par l'ostentation de leurs délices et par la vanité qu'ils en tirent ? — (*c*) *Var.* : Insensiblement.

Sauvez-nous, sauvez-nous, Seigneur, de la contagion de ce siècle: « Sauvez-nous, disoit le prophète, parce qu'il n'y a plus de saint sur la terre et que les vérités ont été diminuées par la malice des enfans des hommes : » *Salvum me fac, Domine, quoniam defecit sanctus, quoniam diminutæ sunt veritates à filiis hominum* [1]. Où il ne faut pas se persuader qu'il se plaigne des infidèles et des idolâtres; ceux-là ne diminuent pas seulement les vérités, mais ils les méconnoissent (a) : il se plaint des enfans de Dieu qui ne les pouvant tout à fait éteindre à cause de leur évidence, les retranchent et les diminuent au gré de leurs passions. Car le monde n'a-t-il pas entrepris de faire une distinction entre les vices? Il y en a que nous laissons volontiers dans l'exécration et dans la haine publique, comme l'avarice, la cruauté, la perfidie; il y en a que nous tâchons de mettre en honneur, comme ces passions délicates qu'on appelle les vices des honnêtes gens. Malheureux, qu'entreprenez-vous? « Jésus-Christ est-il divisé : » *Divisus est Christus* [2]? Que vous a-t-il fait ce Jésus-Christ, que vous le déchirez hardiment et défigurez sa doctrine par cette distinction injurieuse? Le même Dieu, qui est le protecteur de la bonne foi, n'est-il pas aussi l'auteur de la tempérance? « Jésus-Christ est tout sagesse, dit Tertullien, tout lumière, tout vérité; pourquoi le partagez-vous par votre mensonge, » comme si son saint Evangile n'étoit qu'un assemblage monstrueux de vrai et de faux, ou comme si la justice même avoit laissé quelque crime qui eût échappé à sa censure : *Quid dimidias mendacio Christum? totus veritas fuit* [3].

D'où vient un si grand désordre, si ce n'est que les vérités sont diminuées : diminuées dans leur pureté, parce qu'on les falsifie et on les mêle; diminuées dans leur intégrité, parce qu'on les tronque et on les retranche; diminuées dans leur majesté, parce que faute de les pénétrer, on perd le respect qui leur est dû, on les ravilit, on leur ôte tellement leur juste grandeur qu'à peine les voyons-nous; (b) ces grands astres ne nous semblent qu'un petit point,

---

[1] *Psal.* XI, 2. — [2] I *Cor.*, I, 13. — [3] Tertull., *De Carn. Christ.*, n. 5.

(a) *Var.* : Mais ils les méprisent et les méconnoissent. — (b) *Note marg.* : Mais quand même nous connoîtrions sans réserve toutes les vérités chrétiennes, n'est-il pas vrai toutefois qu'elles sont étrangement ravalées et diminuées dans nos esprits, puisqu'au lieu qu'elles devroient paroître à nos yeux si grandes, si augustes, tant nous les mettons loin de nous, ou tant notre vue est troublée (a) par les nuages épais de nos ignorances et de nos opinions anticipées : *Diminutæ sunt veritates à filiis hominum.*

Puisque les maximes de l'Evangile (b) sont si fort diminuées dans le siècle, puisque tout le monde conspire contre elles et qu'elles sont accablées par tant d'iniques préjugés, Dieu par sa justice suprême a dû pourvoir à la défense de ces illustres abandonnées et commettre des avocats pour plaider leur cause. C'est pour cela, chrétiens, que ces chaires sont élevées auprès des autels, afin que pendant que la vérité est si hardiment déchirée dans les compagnies des mondains, il y ait du moins quelque lieu où l'on parle hautement en sa faveur et que la cause la plus juste ne soit pas la plus délaissée. Venez donc écouter attentivement la défense de la vérité dans la bouche des prédicateurs; venez recevoir par leur ministère la parole de Jésus-Christ condamnant le monde et ses vices, et ses coutumes et ses maximes antichrétiennes (c). Car, comme dit saint Jean Chrysostome [1], Dieu nous ayant ordonné deux choses, d'écouter et d'accomplir sa sainte parole, quand aura le courage de la pratiquer, celui qui n'a pas la patience de l'entendre? quand lui ouvrira-t-il son cœur, s'il lui ferme jusqu'à ses oreilles? quand lui donnera-t-il sa volonté, s'il lui refuse même son attention? Mais, Messieurs, cette attention, c'est ce que nous avons à considérer dans la seconde partie.

SECOND POINT.

Lorsque la vérité jugera les hommes, il ne faut pas croire, Messieurs, ni qu'elle paroisse au dehors ni qu'elle ait besoin pour se faire entendre de sons distincts et articulés; elle est dans les consciences, je dis même dans les consciences des plus grands pécheurs; mais elle y est souvent oubliée durant cette vie. Qu'arrivera-t-il après la mort? La vérité se fera sentir, et l'arrêt en même temps sera prononcé. Quelle sera cette surprise, combien étrange, combien terrible, lorsque ces saintes vérités auxquelles

---

[1] *De Mutat. nomin.*, tom. III, p. 107, 108, 109.
si majestueuses, que rien ne puisse entrer en comparaison avec elles, à peine les voyons-nous? Ces grands astres ne nous semblent plus qu'un petit point, etc.
(a) *Var.*: Obscurcie. — (b) Les vérités du christianisme. — (c) Trompeuses.

les pécheurs ne pensoient jamais et qu'ils laissoient inutiles et négligées dans un coin de leur mémoire, enverront tout d'un coup à leurs yeux un trait de flamme si vif, qu'ils découvriront d'une même vue la loi et le péché confrontés ensemble ; et que voyant dans cette lumière l'énormité de l'un par sa répugnance (*a*) avec l'autre, ils reconnoîtront en tremblant la honte de leurs actions et l'équité de leur supplice !

Sachant cela, chrétiens, je reviens encore à l'Apôtre : « Etant persuadés de ces choses, nous venons enseigner aux hommes la crainte de Dieu : » *Scientes ergo, timorem Domini hominibus suademus.* Nous venons les exhorter de sa part qu'ils souffrent qu'on les entretienne des vérités de l'Evangile, et qu'ils préviennent le trouble de cette attention forcée par une application volontaire.

Vous qui dites que vous savez tout et que vous n'avez pas besoin qu'on vous avertisse, vous montrez bien par un tel discours que même vous ne savez pas quelle est la nature de votre esprit. Esprit humain, abîme infini, trop petit pour toi-même et trop étroit pour te comprendre tout entier, tu as des conduites si enveloppées, des retraites si profondes et si tortueuses dans lesquelles tes connoissances se recèlent, que souvent tes propres lumières ne te sont pas plus présentes (*b*) que celles des autres : souvent ce que tu sais, tu ne le sais pas ; ce qui est en toi, est loin de toi ; tu n'as pas ce que tu possèdes : « Donc, dit excellemment saint Augustin, notre esprit est trop étroit pour se posséder lui-même tout entier : » *Ergo animus ad habendum seipsum angustus est* [1]. Prouvons ceci par quelque exemple.

En quels antres profonds s'étoient retirées les lois de l'humanité et de la justice, que David savoit si parfaitement, lorsqu'il fallut lui envoyer Nathan le prophète pour les rappeler en sa mémoire ? Nathan lui parle, Nathan l'entretient ; et il entend si peu ce qu'il faut entendre, qu'on est enfin contraint de lui dire (*c*) :

---

[1] *Confess.*, lib. X, cap. XIII.

(*a*) *Var. :* Dissonance. — (*b*) Connues. — (*c*) Considérez, chrétiens, pendant que ce prophète lui parle, comme il passe d'un profond oubli à des notions générales ; et quoiqu'il commence à se réveiller, il entend si peu ce qu'il faut entendre, qu'on est enfin contraint de lui dire :...

O prince! c'est à vous qu'on parle [1], parce qu'enchanté par sa passion et détourné par les affaires, il laissoit la vérité dans l'oubli. Alors savoit-il ce qu'il savoit? entendoit-il ce qu'il entendoit? Chrétiens, ne m'en croyez pas, mais croyez sa déposition et son témoignage. C'est lui-même qui s'étonne que ses propres lumières l'avoient quitté dans cet état malheureux : *Lumen oculorum meorum, et ipsum non est mecum* [2]. Ce n'est pas une lumière étrangère, c'est la lumière de mes yeux, de mes propres yeux, c'est celle-là même que je n'avois plus. Ecoutez, homme savant, homme habile en tout, qui n'avez pas besoin qu'on vous avertisse; votre propre connoissance n'est pas avec vous, et vous n'avez pas de lumière. Peut-être que vous avez la lumière de la science; mais vous n'avez pas la lumière de la réflexion, et sans la lumière de la réflexion, la science n'éclaire pas et ne chasse point les ténèbres (a). Ne me dites donc pas, chrétiens, que vous avez de la connoissance, que vous êtes fort bien instruits des vérités nécessaires. Je ne veux pas vous contredire dans cette pensée. (b) Eh bien, vous avez des yeux, mais ils sont fermés; les vérités de Dieu sont dans votre esprit comme de grands flambeaux, mais qui sont éteints. Ah! souffrez qu'on vienne ouvrir ces yeux appesantis (c) par le sommeil et qu'on les applique (d) à ce qu'il faut voir. Souffrez que les prédicateurs de l'Evangile vous parlent des vérités de votre salut (e), afin que la rencontre bienheureuse de vos pensées et des leurs excite en votre ame la réflexion comme une étincelle de lumière qui rallumera ces flambeaux éteints et les mettra devant vos yeux pour les éclairer, autrement toutes vos lumières ne vous sont qu'inutiles.

[1] II *Reg.*, XII, 7. — [2] *Psal.* XXXVII, 11.

(a) *Var.*: Et l'esprit est dans les ténèbres. — (b) *Note marg.*: Bien loin de vous accorder que votre science doive vous suffire, je crains même qu'elle ne vous nuise. Je connois le naturel de l'esprit humain; je sais que l'une de ses maladies, c'est d'acquérir avec plus de soin qu'il ne conserve. Il se dégoûte facilement de ce qu'il sait, aussi bien que de ce qu'il possède; et c'est ce qui fait dire à saint Augustin que « les hommes malheureux qui dédaignent ce qu'ils entendent, apprennent plus volontiers qu'ils ne savent : » *Miseri homines quibus cognita vilescunt, libentiùs discunt quàm norunt.* Et ne le voit-on pas tous les jours par expérience? Souvent ce que nous avons appris avec ardeur, n'est pas plutôt dans notre esprit que nous le laissons égarer, nous le laissons perdre dans ces vastes replis de notre mémoire. — (c) *Var.*: Assoupis. — (d) Les tourne. — (e) Des choses de votre salut, — des desseins de Dieu pour votre salut.

Et en effet, chrétiens, combien de fois nous sommes-nous plaints que les choses que nous savons ne nous viennent pas dans l'esprit, que l'oubli ou la surprise ou la passion les rend sans effet (*a*) ? Par conséquent apprenons que les vérités de pratique doivent être souvent remuées, souvent agitées par de continuels avertissemens, de peur que si on les laisse en repos, elles ne perdent l'habitude de se présenter et ne demeurent sans force, stériles en affections, ornemens inutiles de notre mémoire.

Ce n'est pas pour un tel dessein que les vérités du salut doivent être empreintes dans nos esprits. Les saintes vérités du ciel ne sont pas des meubles curieux et superflus qu'il suffise de conserver dans un magasin ; ce sont des instrumens nécessaires qu'il faut avoir pour ainsi dire toujours sous la main et que l'on ne doit presque jamais cesser de regarder, parce qu'on en a toujours besoin pour agir (*b*). Et toutefois, chrétiens, il n'est rien, pour notre malheur, qui se perde sitôt dans nos esprits que les saintes vérités du christianisme. Car outre qu'étant détachées des sens, elles tiennent peu à notre mémoire, le mépris injurieux que nous en faisons nous empêche de prendre à cœur de les pénétrer comme il faut ; au contraire nous sommes bien aises de les éloigner par une malice affectée : « Ils ont résolu, dit le saint prophète, de détourner leurs yeux sur la terre : » *Oculos suos statuerunt declinare in terram*[1]. Remarquez : ils ont résolu ; c'est-à-dire que lorsque les vérités du salut se présentent à nos yeux pour nous les faire lever au ciel, c'est de propos délibéré, c'est par une volonté déterminée que nous les détournons sur la terre, que nous les arrêtons sur d'autres objets : tellement qu'il est nécessaire que les prédicateurs de l'Evangile par des avertissemens chrétiens, comme par une main invisible, les tirent de ces lieux profonds où nous les avions reléguées, et les ramènent de loin à nos yeux qui les vouloient perdre.

Aidez-les vous-mêmes, Messieurs, dans une œuvre si utile pour votre salut. Pratiquez ce que dit l'*Ecclésiastique : Verbum sapiens*

---

[1] *Psal.* XVI, 11.

(*a*) *Var.* : Nous les rend inutiles. — (*b*) Et qu'on ne doit presque jamais perdre de vue, parce qu'on en a toujours besoin pour l'action.

quodcumque audierit scius, laudabit et ad se adjiciet ¹. Voici un avis d'un habile homme : « Le sage qui entend, dit-il, quelque parole sensée, la loue et se l'applique à lui-même. » (*a*) Il ne se contente pas de louer cette parole : il ne va pas regarder autour de lui à qui elle est propre ; il ne s'amuse pas à deviner la pensée de celui qui parle, ni à lui faire dire des choses qu'il ne songe pas ; il croit que c'est à lui seul qu'on en veut. Et en effet, chrétiens, quiconque sent en lui-même que c'est son vice qu'on attaque, doit croire que c'est à lui personnellement que s'adresse tout le discours. Si donc quelquefois nous y remarquons je ne sais quoi de tranchant qui, à travers nos voies tortueuses et nos passions compliquées, aille mettre non point par hasard, mais par une secrète conduite de la grace (*b*), la main sur notre blessure et aille trouver à point nommé dans le fond du cœur, ce péché que nous dérobons, c'est alors, c'est alors, Messieurs, qu'il faut écouter attentivement Jésus-Christ qui vient troubler notre fausse paix et qui met la main tout droit sur notre blessure ; c'est alors qu'il faut croire le conseil du sage et appliquer tout à nous-mêmes. Si le coup ne porte pas encore assez loin, prenons nous-mêmes le glaive et enfonçons-le plus avant. Plût à Dieu que nous le fassions entrer, qu'il entre si profondément que la blessure aille jusqu'au vif ; que le cœur soit serré par la componction, que le sang de la plaie coule par les yeux, je veux dire les larmes, que saint Augustin appelle si élégamment le sang de l'ame ² ; c'est alors que Jésus-Christ aura prêché, et c'est ce dernier effet de la sainte prédication qui me reste à examiner en peu de paroles dans ma dernière partie.

¹ *Eccli.*, XXI, 18. — ² *Serm.* CCCLI, n. 7.

(*a*) *Note marg.* : On est bien aise d'entendre parler contre les vices des hommes, et l'esprit se divertit à écouter reprendre les mauvaises mœurs ; mais l'on ne s'émeut non plus que si l'on n'avoit aucune part à ces justes censures : *Verbum sapiens quodcumque audierit scius..., ad se adjiciet*. Il rentre profondément dans sa conscience et s'applique à lui-même tout ce qui se dit. C'est là tout le fruit des discours sacrés. Pendant que l'Evangile parle à tous, chacun se doit parler en son particulier, confesser humblement ses fautes, trembler dans la vue de ses périls. — (*b*) *Var.* : Par une grace secrète.

TROISIÈME POINT.

Quand je considère les raisons pour lesquelles les discours sacrés, qui sont pleins d'avis si pressans, sont néanmoins si peu efficaces, voici celle qui me semble la plus apparente. C'est que les hommes du monde présument trop de leur sens pour croire que l'on puisse leur persuader ce qu'ils ne veulent pas faire d'eux-mêmes; et d'ailleurs n'étant pas touchés par la vérité qui luit clairement dans leur conscience, ils ne croient pas pouvoir être émus des paroles qu'elle inspire aux autres; si bien qu'ils écoutent la prédication ou comme un entretien indifférent par coutume et par compagnie; ou tout au plus, si le hasard veut qu'ils rencontrent à leur goût, comme un entretien agréable qui ne fait que chatouiller les oreilles par la douceur d'un plaisir qui passe.

Pour nous désabuser de cette pensée, considérons, chrétiens, que la parole de l'Evangile qui nous est portée de la part de Dieu, n'est pas un son qui se perde en l'air, mais un instrument de la grace. On ne peut assez admirer l'usage de la parole dans les affaires humaines (a) : qu'elle soit, si vous voulez, l'interprète de tous les conseils, la médiatrice de tous les traités, le gage de la bonne foi et le lien de tout le commerce; elle est et plus nécessaire et plus efficace dans le ministère de la religion, et en voici la preuve sensible. C'est une vérité fondamentale, que l'on ne peut obtenir la grace que par les moyens établis de Dieu. Or est-il que le Fils de Dieu, l'unique médiateur de notre salut, a voulu choisir la parole pour être l'instrument de sa grace et l'organe universel de son Saint-Esprit dans la sanctification des ames. Car, je vous prie, ouvrez les yeux, contemplez tout ce que l'Eglise a de plus sacré, regardez les fonts baptismaux, les tribunaux de la pénitence, les très-augustes autels; c'est la parole de Jésus-Christ qui régénère les enfans de Dieu, c'est elle qui les absout de leurs crimes; c'est elle qui leur prépare sur ces saints autels une nour-

---

(a) *Var.*: Chrétiens, désabusez-vous; la parole que nous vous portons de la part de Dieu n'est autre chose qu'un son inutile qui se perd en l'air : relevez tant qu'il vous plaira l'usage de la parole dans les choses humaines.....

riture (*a*) divine d'immortalité. Si elle opère si puissamment aux fonts du baptême, dans les tribunaux de la pénitence et sur les autels, gardons-nous bien de penser qu'elle soit inutile dans les chaires; elle y agit d'une autre manière, mais toujours comme l'organe de l'Esprit de Dieu. Et en effet, qui ne le sait pas? c'est par la prédication de l'Evangile que cet Esprit tout-puissant a donné des disciples, des imitateurs, des sujets et des enfans à Jésus-Christ (*b*). S'il a fallu effrayer les consciences criminelles, la parole a été le tonnerre; s'il a fallu captiver les entendemens sous l'obéissance de la foi, la parole a été la chaîne par laquelle on les a entraînés à Jésus-Christ (*c*); s'il a fallu percer les cœurs par l'amour divin, la parole a été le trait qui a fait ces blessures salutaires : *Sagittæ tuæ acutæ, populi sub te cadent*[1]. Et il ne faut pas s'étonner si parmi tant de secours, tant de sacremens, tant de ministères divers de l'Eglise, le saint concile de Trente a déterminé[2] qu'il n'y a rien de plus nécessaire que la prédication de l'Evangile (*d*), puisque c'est elle qui a opéré de si grands miracles. Elle a établi la foi, elle a rangé les peuples à l'obéissance, elle a renversé les idoles, elle a converti le monde.

Mais, Messieurs, tous ces effets furent autrefois, et il ne nous en reste plus que le souvenir. Jésus-Christ n'est plus écouté, ou il est écouté si négligemment, qu'on donneroit plus d'attention aux discours les plus inutiles. Sa parole cherche partout des ames qui la reçoivent, et partout la dureté invincible des cœurs préoccupés lui ferme l'entrée. Ce n'est pas qu'on n'assiste aux discours sacrés, la presse est dans les églises durant cette sainte quarantaine. Plusieurs prêtent l'oreille attentivement; mais ce n'est ni l'oreille ni l'esprit que Jésus demande. « Mes frères, dit saint Augustin, la prédication est un grand mystère : *Magnum sacramentum, fratres*. Le son de la parole frappe au dehors, le maître est au dedans : » la véritable prédication se fait dans le cœur : *Sonus verborum aures percutit, magister intus est*[3]. C'est pourquoi ce Maître céleste a dit tant de fois en prêchant : « Qui a des oreilles

---

[1] *Psal.* XLIV, 6. — [2] *Sess.* V, cap. II. — [3] Tract. III *in Epist. Joan.*, n. 13.

(*a*) *Var.* : Une viande. — (*b*) Au Père céleste. — (*c*) La parole a été la chaîne qui les a entraînés captifs aux pieds de Jésus-Christ crucifié. — (*d*) Que le plus nécessaire de tous c'est celui de la sainte prédication de l'Evangile.

pour ouïr, qu'il écoute [1]. » Certainement, chrétiens, il ne parloit pas à des sourds; mais il savoit, ce divin Docteur, qu'il y en a « qui en voyant ne voient pas, et qui en écoutant n'écoutent pas [2]. » Il savoit qu'il y a en nous un endroit profond où la voix humaine ne pénètre point, où lui seul a droit de se faire entendre : « Qu'elle est secrète, dit saint Augustin, qu'elle est éloignée des sens de la chair, cette retraite où Jésus-Christ fait leçon, cette école où Dieu est le maître! » *Valde remota est à sensibus carnis hæc schola* [3]. Pour rencontrer cette école et pour écouter cette leçon, il faut se retirer au plus grand secret et dans le centre du cœur. Pour entendre prêcher Jésus-Christ, il ne faut pas ramasser son attention au lieu où se mesurent les périodes, mais au lieu où se règlent les mœurs; il ne faut pas se recueillir au lieu où se goûtent les belles pensées, mais au lieu où se produisent les bons désirs; ce n'est pas même assez de se retirer au lieu où se forment les jugemens, il faut aller à celui où se prennent les résolutions. Enfin s'il y a quelque endroit encore plus profond et plus retiré où se tienne le conseil du cœur, où se déterminent tous ses desseins, où l'on donne le branle à ses mouvemens, c'est là que, sans s'arrêter à la chaire matérielle, il faut dresser à ce Maître invisible une chaire invisible et intérieure, où il prononce ses oracles avec empire. Là quiconque écoute, obéit; quiconque prête l'oreille, a le cœur touché. C'est là que la parole divine doit faire un ravage salutaire en brisant toutes les idoles, en renversant tous les autels où la créature est adorée, en répandant tout l'encens qu'on leur présente, en chassant toutes les victimes qu'on leur immole (a); et sur ce débris ériger le trône de Jésus-Christ victorieux : autrement on n'écoute pas Jésus-Christ qui prêche.

S'il est ainsi, chrétiens, hélas! que Jésus-Christ a peu d'auditeurs, et que dans la foule des assistans il se trouve peu de disciples! Où sont-elles ces ames soumises que l'Evangile attendrit, que la parole de vérité touche jusqu'au cœur? En effet ou nous

[1] *Matth.*, XIII, 9.— [2] *Ibid.*, 13.— [3] S. August., *De Prædest. Sanct.*, cap. VIII, n. 13.

(a) *Var.* : C'est là qu'il faut écouter, non-seulement écouter, mais se rendre, mais obéir, mais faire régner la vérité; abattre à ses pieds tous ses ennemis, toutes les erreurs, tous les vices, toutes les maximes du monde.

écoutons froidement, ou il s'élève seulement en nous des affections languissantes : foibles imitations des sentimens véritables, désirs toujours stériles et infructueux, qui demeurent toujours désirs et qui ne se tournent jamais en résolutions ; flamme errante et volage, qui ne prend pas à sa matière, mais qui court légèrement par-dessus et que le moindre souffle éteint tellement, que tout s'en perd en un instant, jusqu'au souvenir : *Filii Ephrem intendentes et mittentes arcum, conversi sunt in die belli*[1] *:* « Les enfans d'Ephrem, dit David, préparoient leurs flèches et bandoient leur arc, mais ils ont lâché le pied au jour de la bataille (a). » En écoutant la prédication, ils concevoient en eux-mêmes de grands desseins, ils sembloient aiguiser leurs armes contre leurs vices ; au jour de la tentation ils les ont rendues honteusement ; ils promettoient beaucoup dans l'exercice, ils ont plié d'abord dans le combat ; ils sembloient animés quand on sonnoit de la trompette, ils ont tourné le dos tout à coup quand il a fallu venir aux mains : *Filii Ephrem intendentes et mittentes arcum, conversi sunt in die belli.*

Dirai-je ici ce que je pense ? De telles émotions, foibles, imparfaites et qui se dissipent en un moment, sont dignes d'être formées devant un théâtre où l'on ne joue que des choses feintes, et non devant les chaires évangéliques où la sainte vérité de Dieu paroît dans sa pureté. Car à qui est-ce qu'il appartient de toucher les cœurs, sinon à la vérité ? C'est elle qui apparoîtra à tous les cœurs (b) rebelles au dernier jour, et alors on connoîtra combien la vérité est touchante. « En la voyant, dit le Sage, ils seront troublés d'une crainte horrible : » *Videntes turbabuntur timore horribili*[2] *:* ils seront agités et angoissés, eux-mêmes se voudront cacher dans l'abîme. Pourquoi cette agitation, Messieurs ? C'est que la vérité leur parle. Pourquoi cette angoisse ? C'est que la vérité les presse. Pourquoi cette fuite précipitée ? C'est que la vérité les poursuit. Ah ! te trouverons-nous toujours partout, ô vérité persécutante ? Oui, jusqu'au fond de l'abîme ils la trouveront : spec-

[1] *Psal.* LXXVII, 9. — [2] *Sap.*, V, 2.

(a) *Var.*: Au jour de la guerre, — au jour du combat. — (b) C'est elle qui pénétrera tous les cœurs...

tacle horrible à leurs yeux, poids insupportable sur leurs consciences, flamme toujours dévorante dans leurs entrailles. Qui nous donnera, chrétiens, que nous soyons touchés de la vérité, de peur d'en être touchés de cette manière furieuse et désespérée ?

O Dieu, donnez efficace à votre parole. O Dieu, vous voyez en quel lieu je prêche; et vous savez, ô Dieu, ce qu'il y faut dire; donnez-moi des paroles sages, donnez-moi des paroles efficaces, puissantes; donnez-moi la prudence, donnez-moi la force, donnez-moi la circonspection, donnez-moi la simplicité. Vous savez, ô Dieu vivant, que le zèle ardent qui m'anime pour le service de mon Roi, me fait tenir à bonheur d'annoncer votre Evangile à ce grand monarque, grand véritablement, et digne par la grandeur de son ame de n'entendre que de grandes choses, qu'on ne lui inspire que de grands desseins pour son salut, digne par l'amour qu'il a pour la vérité, de n'entendre jamais de flatteries (a). Sire, c'est Dieu qui doit parler dans cette chaire; qu'il fasse donc par son Saint-Esprit, car c'est lui seul qui peut faire un si grand ouvrage, que l'homme n'y paroisse pas, afin que Dieu y parlant tout seul par la pureté de son Evangile, il fasse dieux tous ceux qui l'écoutent, et particulièrement Votre Majesté, qui ayant déjà l'honneur de le représenter sur la terre, doit aspirer à celui d'être (b) semblable à lui dans l'éternité, en le voyant face à face, tel qu'il est et selon l'immensité de sa gloire, que je vous souhaite, au nom, etc.

(a) *Var.*: De n'être jamais déçu. — (b) Doit désirer ardemment d'être....

QUATRIÈME SERMON

POUR

LE PREMIER DIMANCHE DE CARÊME,

SUR LA PÉNITENCE (a).

Adjuvantes autem exhortamur ne in vacuum gratiam Dei recipiatis.

Nous vous exhortons, en vous aidant, que vous ne receviez point en vain la grace de Dieu. II *Cor.*, VI, 1.

C'est avec raison, chrétiens, que nous reprochons aux pécheurs que leur infidélité est inexcusable. Car il n'y a grace, il n'y a re-

---

(a) *Exorde.* — Temps. Sa perte. Trois difficultés qui font retarder sa conversion.

Premier point. — Esprit de l'homme toujours extrême. De la présomption du pardon au désespoir du pardon : *Spe desperati*. A cause que la miséricorde et la justice sont infinies, elles paroissent incompatibles. Quelle est la miséricorde divine ? Justice dans la grace. La rémission des péchés. S'accuser de bonne foi, ne chercher point de noires excuses. On se défend devant un juge, on confesse devant un Père. Manière différente de se défendre devant l'un et l'autre.

Second point. — Rien moins en notre pouvoir que l'usage de notre volonté. Force de l'inclination et de l'habitude : *Muro impassibilitatis*. Saint Augustin. L'une et l'autre peuvent être vaincues par la crainte. La pénitence vient de l'effort. Ennemie de la mollesse, parce qu'elle est une indignation contre soi-même. Exemple de David : *Motiva pœnitendi*, saint Augustin ; pénitence avec effort, parce que c'est un enfantement : *In dolore paries filios tuos* (Genes. III, 16). S'enfanter soi-même.

Troisième point. — Du temps. *Dies mali*, saint Paul. Tromperie du temps. La vie paroît tantôt longue et tantôt courte. La science du temps, un des secrets de Dieu. L'homme la veut pénétrer. *Nec filius hominis*.

Contre ceux qui attendent le dernier moment. Temps des testamens : saint Chrysostome, saint Grégoire de Nazianze.

Exhortation à une prompte pénitence.

Ce sermon a été prêché dans le Carême du Val-de-Grace, en 1663, non-seulement devant les religieuses du célèbre monastère, mais en présence de la reine mère et de plusieurs personnes de la Cour.

D'une part notre sermon renferme cette appellation : « Ames saintes, mes sœurs, vierges de Jésus-Christ ; » de l'autre il contient ce passage : « Cet homme qui s'est pensé perdre dans une intrigue dangereuse renonçoit de tout son cœur à la Cour ; et à peine s'est-il démêlé, qu'il se rengage de nouveau. »

Ce double langage, je voulois dire ces paroles et ces appellations montrent que l'orateur voyoit autour de sa chaire des gens de la Cour tout ensemble et des religieuses, et voilà précisément ce qui avoit lieu dans le Carême du Val-de-Grace.

mède, il n'y a sorte de secours qu'ils puissent demander à Dieu pour se retirer de l'abîme, qui ne leur soit tous les jours offert par cette miséricorde infinie qui ne veut pas leur mort, mais leur conversion. Pour nous en convaincre, mes frères, examinons, je vous prie, attentivement ce que peut désirer un homme que le remords de sa conscience presse de retourner à la droite voie. La première pensée qui lui vient est celle de ses péchés, dont l'horreur et la multitude le font douter du pardon. Sur cela nous lui annonçons de la part de Dieu et de notre Seigneur Jésus-Christ qui est notre propitiateur par son sang; nous, dis-je, dans lesquels il a plu à Dieu de mettre le ministère de paix et de réconciliation, nous lui annonçons l'indulgence et la rémission de ses crimes. Il commence à respirer dans cette espérance, mais une seconde difficulté le vient rejeter dans de nouveaux troubles; c'est l'obligation de changer sa vie ou ses inclinations corrompues, et ses habitudes invétérées lui font sentir des empêchemens qu'il ne croit pas pouvoir jamais surmonter. Pour le rassurer dans cette crainte, nous lui découvrons dans les mains de Dieu et dans les secrets de sa puissance des remèdes, premièrement très-efficaces, puisqu'ils guérissent infailliblement tous ceux qui s'en servent; et secondement très-présens, puisqu'on les donne toujours à qui les demande. Ainsi les plus grands pécheurs ne pouvant douter, ni du pardon s'ils se convertissent, ni de leur conversion s'ils l'entreprennent, ils n'ont plus rien à désirer que du temps pour accomplir cet ouvrage; et sur ce sujet, chrétiens, ce n'est pas à nous à leur répondre; mais Dieu se déclare (a) assez par les effets mêmes. Car il prolonge leur vie, il dissimule leur ingratitude; et reculant tous les jours le temps destiné à la colère, il fait connaître assez clairement qu'il veut donner du loisir à la pénitence.

Par où il nous montre, mes frères, qu'il ne refuse rien aux pécheurs de ce qui leur est nécessaire. Ils ont besoin de trois choses, de la miséricorde divine, de la puissance divine, de la patience divine : de la miséricorde pour leur pardonner, de la puissance pour les secourir, de la patience pour les attendre; et Dieu accorde tout libéralement : la miséricorde promet le pardon, la puis-

---

(a) *Var.* : S'explique......

sance offre le secours, la patience donne le délai. Que reste-t-il maintenant, sinon que nous disions aux pécheurs avec l'Apôtre : *Adjuvantes autem exhortamur ne in vacuum gratiam Dei recipiatis?* « Nous vous exhortons, mes frères, que vous ne receviez pas en vain la grace de Dieu. » Ne recevez pas en vain (*a*) la grace de la rémission qui promet d'abolir vos crimes; ne recevez pas en vain la grace de la conversion du cœur qui s'offre pour corriger vos mœurs dépravées; enfin ne recevez pas en vain cette troisième grace si considérable qui vous est donnée pour faire profiter les deux autres, je veux dire le temps, ce temps précieux dont il ne s'écoule pas un seul moment qui ne puisse vous valoir une éternité. Voilà, mes frères, trois motifs pressans pour exciter les hommes à la pénitence, et c'est le partage de ce discours.

PREMIER POINT.

Il est assez naturel à l'homme de se laisser emporter facilement aux extrémités opposées; le malade pressé de la fièvre désespère de sa guérison; le même étant rétabli s'imagine qu'il est immortel (*b*); dans les horreurs de l'orage, le nautonnier effrayé dit un adieu éternel aux flots; mais aussitôt que la mer est un peu apaisée (*c*), il se rembarque sans crainte, comme s'il avoit dans ses mains les vents et les tempêtes. Cet homme qui s'est pensé perdre dans une intrigue dangereuse renonçoit de tout son cœur à la Cour; et à peine s'est-il démêlé, qu'il se rengage de nouveau, comme s'il avoit essuyé toute la colère de la fortune. Cette conduite inégale et désordonnée éclate principalement dans les pécheurs, mais d'une manière opposée. Car cette folle et téméraire confiance par laquelle ils se nourrissent dans leurs péchés, les conduit à la fin au désespoir; ils passent du désespoir à l'espérance; dans la chaleur de leurs crimes, ils ne peuvent croire que Dieu les punisse; et puis accablés de leur pesanteur, ils ne peuvent plus croire que Dieu leur pardonne; « et ils vont de péchés en péchés comme à une ruine certaine, désespérés par leur espérance : » *Feruntur magno impetu, nullo revocante, spe desperati* [1].

---

[1] S. August., *Serm.* xx, n. 4.

(*a*) *Var.*: Ne rejetez pas. — (*b*) D'être immortel. — (*c*) Mais aussitôt en est-il sorti.

En effet considérez cet homme emporté dans l'ardeur de sa passion ; il ne trouve aucune apparence qu'un Dieu si grand et si bon veuille tyranniser sa créature, ni exercer sa puissance pour briser un vaisseau de terre ; longtemps il s'est flatté de cette pensée, qu'il n'étoit pas digne de Dieu de se tenir offensé de ce que faisoit un néant, ni de s'élever contre un néant. Après, une seconde réflexion lui fait voir combien cette entreprise est furieuse, qu'un néant s'élève contre Dieu. Là il se dit à lui-même ce que crioit le prophète à ce capitaine des Assyriens : « Contre qui as-tu blasphémé ? contre qui as-tu élevé ta voix et tourné tes regards superbes : » *Quem blasphemasti ? contra quem exaltasti vocem tuam, et elevasti in excelsum oculos tuos ?* « C'est contre le Saint d'Israël, » c'est contre un Dieu tout-puissant : *Contra Sanctum Israel*[1]. Son audace insensée le confond ; et lui qui ne voyoit rien qui pût épuiser la miséricorde, ne voit plus rien maintenant qui puisse apaiser la justice ; mais voici la cause apparente de cet égarement prodigieux. C'est en effet, chrétiens, que l'une et l'autre de ces qualités est d'une grandeur infinie, je veux dire la miséricorde et la justice ; de sorte que celle que l'on envisage occupe tellement la pensée, qu'elle n'y laisse presque plus de place pour l'autre : d'autant plus que paroissant opposées, on ne comprend pas aisément qu'elles puissent subsister ensemble dans ce suprême degré de perfection (*a*) ; ce qui fait que la grande idée de la miséricorde fait que le pécheur oublie la justice, et que la justice réciproquement détruit en son esprit la miséricorde, de sorte que l'abattement de son désespoir égale les emportemens et la folle présomption de son espérance.

Il nous faut détruire, Messieurs, ces vaines idoles de la miséricorde et de la justice, que le pécheur aveuglé adore en la place de la véritable justice et de la véritable miséricorde (*b*). Vous vous trompez, ô pécheurs, lorsque vous vous persuadez follement que ces deux qualités sont incompatibles, puisqu'au contraire elles sont amies (*c*). Car, mes frères, la bonté de Dieu n'est pas une bonté insensible, ni une bonté déraisonnable ; le Dieu que nous adorons

---

[1] IV *Reg.*, XIX, 22.

(*a*) *Var.:* Dans ce degré suprême de perfection, — dans ce degré souverain de perfection. — (*b*) Que le pécheur substitue à la véritable justice et à la...... — (*c*) Apprenez ici au contraire qu'elles sont amies.

n'est pas le Dieu des marcionites, un Dieu qui ne punit pas, souffrant jusqu'au mépris et indulgent jusqu'à la foiblesse : ce n'est pas un Dieu, dit Tertullien, « sous lequel les péchés soient à leur aise et dont l'on se puisse moquer impunément : » *Sub quo delicta gauderent, cui diabolus illuderet.* Voulez-vous savoir comment il est bon, voici une belle réponse de Tertullien : « Il est bon, non pas en souffrant le mal, mais en se déclarant son ennemi : » *Qui non alias plenè bonus sit, nisi mali æmulus.* Sa justice fait partie de sa bonté; pour être bon comme il faut, « il exerce l'amour qu'il a pour le bien par la haine qu'il a pour le mal : » *Uti boni amorem odio mali exerceat*[1]. Ne vous persuadez donc pas que la justice soit opposée à la bonté, dont elle prend au contraire la protection et l'empêche d'être exposée au mépris.

Mais sachez que la bonté n'est pas non plus opposée à la justice. Car si elle lui ôte ses victimes, elle les lui rend d'une autre sorte. Au lieu de les abattre par la vengeance, elle les abat par l'humilité : au lieu de les briser par le châtiment, elle les brise par les douleurs de la pénitence; et s'il faut du sang à la justice pour la satisfaire, la bonté lui présente celui d'un Dieu. Ainsi, bien loin d'être incompatibles, elles se donnent la main mutuellement. Il ne faut donc ni présumer ni désespérer; ne présumez pas, ô pécheurs, parce qu'il est très-vrai que Dieu se venge; mais ne vous abandonnez pas au désespoir, parce que, s'il m'est permis de le dire, il est encore plus vrai que Dieu pardonne.

Cette vérité étant supposée, il est temps maintenant, Messieurs, que je tâche de vous faire entendre par les Ecritures cette grace singulière de la rémission des péchés. Comme c'est le fruit principal du sang du Nouveau Testament et l'article fondamental de la prédication évangélique, le Saint-Esprit, mes frères, a pris un soin particulier de nous en donner une vive idée et de nous l'exprimer en plusieurs façons, afin qu'il entre en nos cœurs plus profondément. Il dit que Dieu oublie les péchés, qu'il ne les impute pas, qu'il les couvre; il dit aussi qu'il les lave, qu'il les éloigne de nous et qu'il les efface. Pour entendre le secret de ces expressions et des autres que nous voyons dans les saintes Lettres, il faut

---

[1] Lib. II *Advers. Marcion.*, n. 26.

remarquer attentivement l'effet du péché dans le cœur de l'homme, et l'effet du péché dans le cœur de Dieu.

Le péché dans le cœur de l'homme est une humeur pestilente qui le dévore, et une tache infâme qui le défigure. Il faut purger cette humeur maligne et l'arracher de nos entrailles. « Autant que le levant est loin du couchant, autant éloigne-t-il de nous nos iniquités : » *Quantùm distat ortus ab occidente, longè fecit à nobis iniquitates nostras* [1] ; et pour cette tache honteuse, il faut passer l'éponge dessus et qu'il n'en reste plus aucune marque. « Israël, c'est moi qui t'ai fait, ne t'oublie pas de ton Créateur; c'est moi qui ai effacé tes iniquités comme un nuage qui s'évanouit et comme une légère vapeur » qui étant dissipée par un tourbillon, ne laisse pas dans l'air le moindre vestige : *Delevi ut nubem iniquitates tuas, et quasi nebulam peccata tua* [2].

Mais, mes sœurs, à l'égard de Dieu le péché a des effets bien plus redoutables. Il fait un cri terrible à ces oreilles toujours attentives, il est un spectacle d'horreur à ces yeux toujours ouverts. Ce spectacle cause l'aversion, et ce cri demande la vengeance. Pour rassurer les pécheurs, Dieu leur déclare par son Ecriture qu'il couvre leurs crimes pour ne les plus voir; qu'il les met derrière son dos, de peur que paroissant à ses yeux ils ne fassent soulever son cœur; enfin qu'il les oublie, qu'il n'y pense plus. Et quant à ce cri funeste, il en étouffe le son par une autre voix; pendant que nos péchés nous accusent, il produit « un avocat pour nous défendre, Jésus-Christ, le Juste qui est la propitiation pour nos crimes [3]. » Il déclare qu'il ne veut plus qu'on nous les impute, ni que nous en soyons jamais recherchés. « Le ciel et la terre s'en réjouissent, les montagnes tressaillent de joie, parce que le Seigneur a fait miséricorde : » *Laudate, cœli...; jubilate, extrema terræ: resonate, montes, laudationem, quoniam misericordiam fecit Dominus* [4].

Vous voyez donc, mes frères, la rémission des péchés expliquée et autorisée en toutes les formes qu'une grace peut être énoncée. *Hortamur vos ne in vacuum gratiam Dei recipiatis* [5] : « Que vous

---

[1] *Psal.* CII, 12. — [2] *Isa.*, XLIV, 22. — [3] I *Joan.*, II, 1, 2. — [4] *Isa.*, XLIV, 23. — [5] II *Cor.*, VI, 1.

ne receviez pas en vain cette grace. » Mais quel en doit être l'effet? Il faut que le Saint-Esprit nous l'apprenne. Au chapitre III de Jérémie, Dieu envoie ses prédicateurs (voyez *Jérém.* III, 12, 21 ; *Ezéchiel*, XVIII, 31, 32) (a) : *Projicite à vobis omnes prævaricationes vestras, facite vobis cor novum et spiritum novum. Et quare moriemini, domus Israel? Quia nolo mortem morientis, dicit Dominus Deus; revertimini et vivite.* Pourquoi voulez-vous périr? pourquoi vous obstinez-vous à votre ruine? Dieu veut vous pardonner, vous seul ne vous pardonnez pas. *Deus meus, misericordia mea* [1]. Saint Augustin : *O nomen, sub quo nemini desperandum est* [2] *!* O prodigue, retournez donc à votre père; débauchée, retournez à votre mari : mais retournez en confessant votre crime : *Peccavi* [3]*; Verumtamen scito iniquitatem tuam* [4]. Ne songez pas à vous excuser; n'accusez pas les étoiles, le tempérament. Ne dites pas, c'est la fortune, la rencontre m'a emporté; n'accusez pas même le diable : *Neminem quæras accusare, ne accusatorem invenias à quo non possis te defendere. Ipse diabolus gaudet cùm accusatur, vult omnino ut accuses illum, vult ut à te ferat criminationem, cùm tu perdas confessionem* [5]. Ne cherchez donc pas des excuses.

Autre chose d'agir avec un père, autre chose de répondre devant un juge : ici l'on se défend, et là on confesse; un juge veut le châtiment, et un père la conversion. Mais ce changement est-il bien possible? cet Ethiopien pourra-t-il bien dépouiller sa peau? ce pécheur endurci pourra-t-il bien se priver de ses dangereuses pratiques? C'est ce que nous aurons à examiner dans la seconde partie.

SECOND POINT.

Quand on parle devant un juge, on dit : Je ne l'ai pas fait, ou bien : J'ai été surpris, on m'a engagé contre mon dessein; j'ai été

---

[1] *Psal.* LVIII, 11. — [2] *In Psal.* LVIII, n. 11. — [3] II *Reg.*, XII, 13. — [4] *Jerem.*, III, 13. — [5] S. August., *Serm.*, XX, n. 2.

(a) Déforis et ses copistes ont mis dans le texte la traduction de ces passages ; la voici : « Allez, dit-il à son prophète, et criez vers l'aquilon : Revenez, rebelle Israël, dit le Seigneur, et je ne détournerai point mon visage de vous, parce que je suis saint, dit le Seigneur, et que ma colère ne durera pas éternellement.

plus loin que je ne pensois. Mes frères, ne nous défendons pas de la sorte, ne cherchons pas de vaines excuses pour couvrir notre ingratitude, qui n'est toujours que trop criminelle. Devant un juge, on cherche des fuites; devant un père, la principale défense c'est d'avouer simplement sa faute (a) : J'ai failli, j'ai mal fait, je m'en repens, j'ai recours à votre bonté, je demande pardon de ma faute. Si personne ne l'a encore obtenu de vous, je suis téméraire d'oser le prétendre; si votre bonté au contraire a déjà fait tant de graces, vous-même accordez-moi le pardon, qui m'avez commandé l'espérance.

Le prophète représente la Synagogue comme une désespérée qui s'est abandonnée à des étrangers et qui craignant le courroux de son mari ne veut plus retourner à sa compagnie. *Desperavi, nequaquam faciam; adamavi quippe alienos, et post eos ambulabo* [1] : « Il n'y a plus de retour, je ne le ferai pas. »

Nous n'avons rien fait, chrétiens, de persuader aux pécheurs que s'ils retournent à Dieu, ils peuvent facilement obtenir leur grace. Car cette œuvre de la rémission dépendant purement de lui, il est aisé d'en attendre une bonne issue (b). Mais l'ouvrage de leur conversion, le changement de leur cœur où nous leur demandons leur propre travail, c'est celui-là qui les désespère. Car encore que tout nous tombe des mains, que notre extrême foiblesse ne puisse plus disposer d'aucunes choses, il n'y a rien toutefois dont nous puissions moins disposer que de nous-mêmes. Etrange maladie de notre nature! il n'y a rien qui soit moins en notre pouvoir que l'usage de notre volonté; en un mot, rien que nous puissions moins faire que ce que nous faisons quand nous le voulons, de sorte qu'il est plus aisé à l'homme d'obtenir de Dieu ce qu'il

---

[1] *Jerem.*, II, 25.

Après cela, on a entendu des voix confuses dans les chemins, des pleurs et des hurlemens des enfans d'Israël, parce qu'ils ont rendu leurs voies criminelles et qu'ils ont oublié leur Seigneur et leur Dieu. Ecartez loin de vous toutes les prévarications dont vous vous êtes rendu coupable, dit Dieu dans un autre prophète, et faites-vous un cœur nouveau. Pourquoi mourrez-vous, maison d'Israël? Je ne veux point la mort de celui qui meurt, dit le Seigneur Dieu; retournez à moi et vivez. »

(a) *Var.* : Songez que vous parlez à un père, où la principale défense c'est d'avouer simplement sa faute. — (b) Car cette œuvre de la rémission dépendant de Dieu qui le fait en nous sans nous-mêmes, ils en espèrent facilement une bonne issue.

voudra qu'il ne lui est aisé de le vouloir. Prouvons manifestement cette vérité.

Deux obstacles presque invincibles nous empêchent d'être les maîtres de nos volontés, l'inclination et l'habitude. L'inclination rend le vice aimable, l'habitude le rend nécessaire. Nous n'avons pas en notre pouvoir ni le commencement de l'inclination, ni la fin de l'habitude. L'inclination nous enchaîne et nous jette dans une prison; l'habitude nous y enferme et mure la porte sur nous pour ne nous laisser plus aucune sortie : *Inclusum se sentit difficultate vitiorum, et quasi muro impossibilitatis erecto portisque clausis, quà evadat non invenit*[1]. De sorte que le misérable pécheur, qui ne fait que de vains efforts et retombe toujours dans l'abîme, désespérant d'en sortir, s'abandonne enfin à ses passions et ne prend plus aucun soin de les retenir : *Desperantes, semetipsos tradiderunt impudicitiæ, in operationem immunditiæ omnis, in avaritiam*[2].

Ce que peut désirer un homme que son naturel tyrannise, c'est qu'on le change, qu'on le renouvelle, qu'on fasse de lui un autre homme. C'est ce que nous dit tous les jours cet ami colère, lorsque nous le reprenons de ses promptitudes, de ses emportemens, de ses violences. Il répond qu'il n'est pas possible de se délivrer de la tyrannie de l'humeur qui le domine; qu'il y résiste quelquefois, mais qu'à la longue ce penchant l'entraîne; que si l'on exige de lui d'autres mouvemens, il faut donc nécessairement le faire un autre homme. Or ce que demande, mes frères, la nature foible et impuissante, c'est ce que la grace lui offre pour se réformer. Car la conversion du pécheur est une nouvelle naissance. On renouvelle l'homme jusqu'à son principe, c'est-à-dire jusqu'à son cœur. On brise le cœur ancien et on lui donne un cœur nouveau : *Qui finxit singillatim corda eorum*[3] : « Pour créer un cœur pur, il faut, dit saint Augustin, briser le cœur impur : » *Ut creetur cor mundum, conteratur immundum*[4]. La source étant détournée, il faut bien que le ruisseau prenne un autre cours.

[1] S. August., *In Psal.* CVI, n. 5. — [2] *Ephes.*, IV, 19. — [3] *Psal.* XXXII, 15. — [4] *Serm.* XIX, n. 3.

Que si la grace peut vaincre l'inclination, elle surmontera aussi l'habitude. Car l'habitude, qu'est-ce autre chose qu'une inclination fortifiée? Mais nulle force ne peut égaler celle de l'esprit qui nous pousse. S'il faut fondre de la glace, Dieu fera souffler son esprit, et d'un cœur le plus endurci sortiront les larmes de la pénitence : *Flabit spiritus ejus, et fluent aquæ* [1]. Que s'il faut faire un plus grand effort, il enverra « son esprit de tourbillon, qui pousse violemment les murailles, » *quasi turbo impellens parietem* [2]; « son esprit qui renverse les montagnes » et déracine les cèdres du Liban, *spiritus Domini subvertens montes* [3]. Quand vous courriez à la mort avec une précipitation plus impétueuse que le Jourdain ne fait à la mer, il saura bien arrêter ce cours. Fussiez-vous demi-pourri dans le tombeau, il vous ressuscitera comme le Lazare. Seulement écoutez l'Apôtre, et ne recevez pas en vain la grace de Dieu : *Hortamur vos ne in vacuum gratiam Dei recipiatis.*

Mais il faut avouer, mes frères, qu'on voit peu d'effets de cette grace, on remarque peu dans le monde ces grands changemens de mœurs qui puissent passer pour de nouvelles naissances ; et la cause d'un si grand mal, c'est que nous recevons trop mollement la grace de la pénitence, nous en énervons toute la vigueur par notre délicatesse. Il y a une pénitence lâche et paresseuse, qui n'entreprend rien avec effort. Il ne faut pas attendre, mes frères, qu'elle fasse jamais de grands changemens, ni qu'elle gagne rien sur les habitudes. Telle est la condition de notre nature, qu'il faut nécessairement que le bien nous coûte. Nous ne pouvons manger notre pain que dans la sueur de notre visage [4] : la pénitence, pour être efficace, doit nécessairement être violente. Et d'où lui vient cette violence ? Chrétiens, en voici la cause. C'est la colère et l'indignation qui fait naître les mouvemens violens. Or j'apprends de saint Augustin que « la pénitence n'est autre chose qu'une sainte indignation contre soi-même : » *Quid est enim pœnitentia, nisi sua in seipsum iracundia* [5] *?*

Ecoutez parler ce saint pénitent : *Afflictus sum et humiliatus*

---

[1] *Psal.* CXLVII, 18. — [2] *Isa.*, XXV, 4. — [3] III *Reg.*, XIX, 11.— [4] *Genes.*, III, 19. — [5] *Serm.* XIX, n. 2.

sum nimis; rugiebam à gemitu cordis mei[1] : « Je me suis affligé avec excès. » Ce n'étoit pas un gémissement comme celui d'une colombe, mais un rugissement semblable à celui d'un lion ; c'étoit la plainte d'un homme irrité contre ses propres vices, qui ne peut souffrir sa langueur, sa lâcheté, sa foiblesse. Cette colère l'emporte jusqu'à une espèce de fureur : *Turbatus est à furore oculus meus*[2]. Car ne pouvant souffrir ses rechutes, il prend des résolutions extrêmes contre sa lenteur et sa lâcheté. Il ne songe plus qu'à se séquestrer des compagnies qui le perdent ; il cherche l'ombre et la solitude. Dirai-je le mot du prophète ? il est comme ces oiseaux qui fuient la lumière et le jour, « comme un hibou dans sa maison : » *Factus sum sicut nycticorax in domicilio*[3]. Dans cette solitude, dans cette retraite, il s'indigne contre soi-même, il frémit contre soi-même, il fait de grands et puissans efforts pour prendre des habitudes contraires aux siennes, « afin, dit saint Augustin, que la coutume de pécher cède à la violence de la pénitence : » *Ut violentiæ pœnitendi cedat consuetudo peccandi*[4].

C'est ainsi que l'on surmonte, mes frères, et ses inclinations et ses habitudes. Et si vous me demandez pourquoi il faut tant de violence, il est bien aisé de répondre : c'est que la conversion du pécheur est une nouvelle naissance ; et c'est la malédiction de notre nature, qu'on ne peut enfanter qu'avec douleur : *In dolore paries filios tuos*[5]. C'est pourquoi la pénitence est laborieuse ; elle a ses gémissemens, elle a son travail, parce que c'est un enfantement : *Ibi dolores ut parturientis,* dit saint Augustin[6], *dolores pœnitentis.* Il faut enfanter un nouvel homme, et il faut pour cela que l'ancien pâtisse. Mais parmi ces douleurs, parmi ces détresses, ayez toujours présente en l'esprit cette parole de l'Evangile : « La femme en enfantant a de la tristesse ; mais après qu'elle a enfanté, elle ne se souvient plus de ses maux, tant son cœur est saisi de joie, parce qu'elle a mis un enfant au monde[7]. » Parmi ces travaux de la pénitence, songez, mes frères, que vous enfantez, et ce que vous enfantez c'est vous-mêmes. Si c'est une consolation si sensible d'avoir fait voir la lumière et donné la vie à

---

[1] *Psal.* XXXVII, 9. — [2] *Psal.* VI, 7. — [3] *Psal.* CI, 8. — [4] Tract. XLIX *in Joan.*, n. 19. — [5] *Genes.*, III, 16. — [6] *In Psal.* XLVII, n. 5. — [7] *Joan.*, XVI, 21.

un autre, qu'elle efface en un moment tous les maux passés, quel ravissement doit-on ressentir de s'être éclairé soi-même (a) et de s'être engendré soi-même pour une vie immortelle? Enfantez donc, ô pécheurs, et ne craignez pas les douleurs d'un enfantement si salutaire; perpétuez, non votre race, mais votre être propre; conservez, non pas votre nom, mais le fond même de votre substance.

Vierges de Jésus-Christ, voilà l'enfantement que Dieu vous ordonne; enfantez l'esprit de salut : renouvelez-vous en Notre-Seigneur parmi les angoisses de la pénitence; continuez à faire voir aux pécheurs qu'on peut surmonter la nature dans ses inclinations les plus fortes ; et afin de les convaincre par votre exemple, déclarez au vice une sainte guerre, et particulièrement à celui qui est le plus caché, le plus délicat et qui s'élève sur la ruine de tous les autres. Et pour nous, chrétiens, mettons une fois la main sur nos blessures invétérées. Quoi ! pauvre blessé, vous tremblez, vous ne pouvez toucher à la plaie ni vous faire cette violence? Eh ! ne vaut-il pas bien mieux, chrétiens, souffrir ici-bas quelque violence? *Ambulate dùm lucem habetis*[1] : « Marchez tandis que vous voyez encore la lumière, » et n'abusez pas du temps que Dieu vous accorde. C'est par où je m'en vais conclure.

TROISIÈME POINT.

Dieu qui ne veut pas la mort des pécheurs, mais plutôt qu'ils se convertissent, ne se contente pas de les exciter par la bouche des prédicateurs, mais il anime pour ainsi dire toute la nature pour les inviter à la pénitence. Car cette suite continuée de jours et d'années qu'ils voient si souvent revenir, est comme une voix publique de tout l'univers qui rend témoignage à sa patience et avertit les pécheurs de ne pas abuser du temps qu'il leur donne. « Ignorez-vous, dit l'Apôtre[2], que la miséricorde divine vous invite à vous convertir? Méprisez-vous les richesses de sa patience et de sa bonté, » qui vous donne le temps de vous repentir? C'est principalement cette grace que l'Apôtre vous avertit de ne laisser

---

[1] *Joan.*, XII, 35. — [2] *Rom.*, II, 4.
(a) *Var.*: Combien plus de s'être éclairé soi-même.....

pas écouler sans fruit. Car il ajoute aussitôt après : « Je vous ai écouté au temps destiné : » *Tempore accepto* [1].

Pour bien comprendre, Messieurs, le prix et le mérite d'une telle grace, remarquons avant toutes choses que l'on peut regarder le temps en tant qu'il se mesure en lui-même par heures, par jours, par années, ou en tant qu'il aboutit à l'éternité. Dans cette première considération, je sais que le temps n'est rien, parce qu'il n'a ni forme ni consistance, que tout son être est de s'écouler, et partant que tout son être n'est que de périr, et partant que tout son être n'est rien. (*a*) Chose étrange! ames saintes, le temps n'est rien, et cependant on perd tout quand on perd le temps ; qui nous développera cette énigme? C'est parce que ce temps, qui n'est rien, a été établi de Dieu pour servir de passage à l'éternité. C'est pourquoi Tertullien a dit : « Le temps est comme un grand voile et un grand rideau qui est étendu devant l'éternité et qui nous la couvre : » *Mundi... species... temporalis, illi dispositioni œternitatis aulœi vice oppansa est* [2] *?* Pour aller à cette éternité, il faut passer par ce voile (*b*) ; c'est le bon usage du temps qui nous donne droit à ce qui est au-dessus du temps ; et je ne m'étonne pas, ames saintes, si vos règles ont tant de soin de vous faire ménager le temps avec une économie scrupuleuse : c'est à cause que tous ces momens, qui étant pris en eux-mêmes sont moins qu'une vapeur et qu'une ombre, en tant qu'ils aboutissent à l'éternité, deviennent, dit saint Paul [3], d'un poids infini, et qu'il n'est rien par conséquent de plus criminel que de recevoir en vain une telle grace.

Je ne m'arrêterai pas ici, chrétiens, à vous représenter par un long discours combien cette grace est peu estimée, ni combien facilement on la laisse perdre. Les hommes se font justice sur ce sujet-là ; et quand ils nous disent si ouvertement qu'ils ne songent qu'à passer le temps, ils nous découvrent assez avec quelle facilité ils le perdent. Mais d'où vient que l'humanité, qui est

---

[1] II *Cor.*, VI, 2. — [2] *Apolog.*, p. 43. — [3] II *Cor.*, IV, 17.

(*a*) *Note marg.* : Ma vie est mesurée par le temps ; c'est pourquoi ma substance attachée au temps, qui n'est rien lui-même...... *Ecce mensurabiles posuisti dies meos, et substantia mea tanquam nihilum ante te* (Psal. XXXVIII, 6). — (*b*) *Var.* : A travers le voile.

naturellement si avare et qui retient son bien si avidement, laisse écouler de ses mains sans peine l'un de ses trésors les plus précieux ? C'est ce qui mérite d'être examiné ; et j'en découvre deux causes, dont l'une vient de nous et l'autre du temps.

Pour ce qui nous regarde, mes sœurs, il est bien aisé de comprendre pourquoi le temps nous échappe si facilement : c'est que nous n'en voulons pas observer la fuite. Car soit qu'en remarquant sa durée nous sentions approcher la fin de notre être et que nous voulions éloigner cette triste image, soit que par une certaine fainéantise nous ne sachions pas employer le temps, toujours est-il véritable que nous ne craignons rien tant que de nous apercevoir de son passage. Combien nous sont à charge ces tristes journées dont nous comptons toutes les heures et tous les momens? Ne sont-ce pas des journées dures et pesantes dont la longueur nous accable ? Ainsi le temps nous est un fardeau que nous ne pouvons supporter quand nous le sentons sur nos épaules ; c'est pourquoi nous n'oublions aucun artifice pour nous empêcher de le remarquer. Et parmi les soins que nous prenons de nous tromper nous-mêmes sur ce sujet-là, je ne m'étonne pas, chrétiens, si nous ne voyons pas la perte du temps, puisque nous n'en trouvons point de plus agréable que celui qui coule si doucement qu'il ne nous laisse presque pas sentir sa durée.

Mais si nous cherchons à nous tromper, le temps aide aussi à la tromperie, et voici en quoi consiste cette illusion. Le temps, dit saint Augustin [1], est une imitation de l'éternité. Foible imitation, je l'avoue ; néanmoins tout volage qu'il est, il tâche d'en imiter la consistance. L'éternité est toujours la même ; ce que le temps ne peut égaler par la permanence, il tâche de l'imiter par la succession. C'est ce qui lui donne moyen de nous jouer (a). Il ôte un jour, il en rend un autre. Il ne peut retenir cette année qui passe ; il en fait couler en sa place une autre semblable, qui nous empêche de la regretter. Il impose de cette sorte à notre foible imagination, qu'il est aisé de tromper par la ressemblance, qui ne sait pas distinguer ce qui est semblable : et c'est en ceci, si je ne me

---

[1] *De Musicâ*, lib. VI, n. 29.

(a) *Var.:* De se jouer de nous.

trompe, que consiste cette malice du temps dont l'Apôtre nous avertit par ces mots : *Redimentes tempus, quoniam dies mali sunt* [1] *:* « Rachetez le temps, parce que les jours sont mauvais, » c'est-à-dire malins et malicieux. Il ne paroît pas qu'une année s'écoule, parce qu'elle semble ressusciter dans la suivante. Ainsi l'on ne remarque pas que le temps se passe, parce que, quoiqu'il varie éternellement, il montre presque toujours le même visage. Voilà le grand malheur, voilà le grand obstacle à la pénitence.

Toutefois une longue suite découvre son imposture. La foiblesse, les cheveux gris, l'altération visible du tempérament nous contraignent de remarquer quelle grande partie de notre être est abîmée et anéantie. Mais prenez garde, mes frères, à la malice du temps ; voyez comme ce subtil imposteur tâche de sauver ici les apparences, comme il affecte toujours l'imitation de l'éternité. C'est le propre de l'éternité de conserver les choses dans le même état ; le temps, pour en approcher en quelque sorte, ne nous dépouille que peu à peu ; il nous dérobe si subtilement, que nous ne sentons pas son larcin ; il nous mène si finement aux extrémités opposées, que nous y arrivons sans y penser. Ezéchias ne sent point écouler son âge ; et dans la quarantième année de sa vie, il croit qu'il ne fait que de naître : *Dum adhuc ordirer succidit me* [2] *:* « Il a coupé ma trame dès le commencement de mes jours. » Ainsi la malignité trompeuse du temps fait insensiblement écouler la vie, et on ne songe point à sa conversion. Nous tombons tout à coup et sans y penser entre les bras de la mort. Nous ne sentons notre fin que quand nous y sommes. Et voici encore ce qui nous abuse ; c'est que si loin que nous puissions porter notre vue, nous voyons toujours du temps devant nous. Il est vrai, il est devant nous ; mais peut-être que nous ne pourrons pas y atteindre.

Parmi ces illusions nous sommes tellement trompés, que nous ne nous connoissons pas nous-mêmes, nous ne savons que juger de notre vie. Tantôt elle est longue, tantôt elle est courte, selon le gré de nos passions. Toujours trop courte pour les plaisirs, toujours trop longue pour la pénitence. Car dans nos ardeurs insensées, nous pensons volontiers que la vie est courte. Écoutez

---

[1] *Ephes.*, V, 16. — [2] *Isa.*, XXXVIII, 12.

parler les voluptueux : *Non prætereat nos flos temporis ; coronemus nos rosis antequam marcescant*[1] *:* « Ne perdons pas la fleur de notre âge ; couronnons-nous de roses devant qu'elles soient flétries. » Au milieu de leurs délices, mes sœurs, oseraient-ils penser à la mort (*a*), et un si triste objet ne leur donneroit-il pas du chagrin ? Ils y pensent eux-mêmes, n'en doutez pas, pour se presser davantage à goûter ces plaisirs qui passent. « Mangeons et buvons, ajoutent-ils, parce que notre fin est proche[2]. »

Eh bien, je me réjouis de ce que vous avez enfin reconnu la brièveté de la vie. Pensez donc enfin à la pénitence que vous différez depuis si longtemps, et ne recevez pas en vain la grace de Dieu. Ils vont aussitôt changer de langage ; et cette vie qui leur semble courte pour les voluptés, devient tout d'un coup si longue, qu'ils croient pouvoir encore avec sûreté consumer une grande partie de leur âge dans leurs plaisirs illicites : *Filii hominum, usquequo gravi corde*[3] *?* « Jusques à quand, ô enfans des hommes, laisserez-vous aggraver vos cœurs ? » Jusques à quand vous laisserez-vous abuser à l'illusion du temps qui vous trompe ? Quand reconnoîtrez-vous de bonne foi que la vie est courte ? Voulez-vous attendre le dernier soupir ? Mais en quelque état que vous soyez, soit que votre âge soit dans sa fleur, soit qu'il soit déjà dans sa force, l'Apôtre dit à tout le monde que « le temps est proche. » Les jours se poussent les uns les autres ; on recule celui de la pénitence, et enfin il ne se trouve plus (*b*).

— Mais nous avons encore du temps devant nous ?— O Dieu, qu'y aura-t-il désormais que les hommes ne veuillent savoir ? et que n'attentera pas leur témérité ? Voici une chose digne de remarque. Le Fils de Dieu nous enseigne que la science des temps est l'un des secrets que le Père a mis en sa puissance[4]. Pour arrêter à

[1] *Sap.*, II, 7, 8. — [2] *Isa.*, XXII, 13. — [3] *Psal.* IV, 3. — [4] *Act.*, I, 7.

(*a*) *Var.*: Pensez-vous qu'on osât troubler leurs délices par la pensée de la mort ? — (*b*) Le premier éditeur et les suivans donnent après ces paroles un passage qui est effacé dans le manuscrit. Ce passage, le voici : O temps, qu'un Dieu patient accorde aux pécheurs pour leur être un port salutaire, faut-il que tu leur serves d'écueil ? Nous avons du temps, convertissons-nous : nous avons du temps, péchons encore. Là est le port, et là est l'écueil. Considère, ô pécheur, le bon usage du temps qui nous est donné, c'est le port où se sauvent les sages ; considère l'attente indiscrète de ceux qui diffèrent toujours, c'est l'écueil où se perdent les téméraires.

jamais la curiosité humaine, Jésus-Christ, interrogé sur l'ordre des temps, dit lui-même qu'il ne le sait pas [1]. Entendons sainement cette parole. Il parle comme ambassadeur du Père céleste et son interprète envers nous : ce qui n'est pas de son instruction, etc. (a). Mais de quelque sorte que nous l'entendions, toujours devons-nous conclure que la science des temps, et surtout la science du dernier moment, est l'un des mystères secrets que Dieu veut tenir cachés à ses fidèles. C'est par une volonté déterminée « qu'il cache le dernier jour, afin que nous observions tous les jours : » *Latet ultimus dies, ut observentur omnes dies* [2]. Et cependant encore une fois, que n'entreprendra pas l'arrogance humaine? L'homme audacieux veut philosopher sur ce temps, veut pénétrer dans cet avenir.

Mes paroles sont inutiles; parlez vous-même, ô Seigneur Jésus, et confondez ces cœurs endurcis. Quand on leur parle des jugemens de Dieu, « cette vision, disent-ils en Ezéchiel, ne sera pas sitôt accomplie : » *In tempora longa iste prophetat* [3]. Quand on tâche de les effrayer par les terreurs de la mort, ils croient qu'on leur donne encore du temps. Jésus-Christ les veut serrer de plus près, et voici qu'il leur représente la justice divine irritée et toute prête à frapper le coup : *Jam enim securis ad radicem arborum posita est* [4] : « La cognée est déjà posée à la racine de l'arbre. »

Mais je veux bien t'accorder, pécheur, qu'il te reste encore du temps : pourquoi tardes-tu à te convertir? pourquoi ne commences-tu pas aujourd'hui? crains-tu que ta pénitence ne soit trop longue d'un jour? Quoi! non content d'être criminel, tu veux durer longtemps dans le crime! tu veux que ta vie soit longue et mauvaise! tu veux faire cette injure à Dieu, toujours demander du temps et toujours le perdre! car tu rejettes tout au dernier moment. C'est le temps des testamens, dit saint Chrysostome [5],

---

[1] *Marc.*, XIII, 32. — [2] S. August., *Serm.* XXXIX, n. 1. — [3] *Ezech.*, XII, 27. — [4] *Matth.*, III, 10. — [5] Homil. I *in Act. Apost.*, n. 7.

(a) Bossuet termine ainsi sa pensée dans un passage effacé : Il n'est rien de plus caché que la science des temps, que le Père a mise en sa puissance. Le Fils lui-même nous dit qu'il ne le sait pas, c'est-à-dire, dit saint Augustin, qu'il a voulu le cacher à son Eglise.

et non pas le temps des mystères. Ne sois pas de ceux qui diffèrent à se reconnoître quand ils ont perdu la connoissance, qui attendent presque que les médecins les aient condamnés pour se faire absoudre par les prêtres; qui méprisent si fort leur âme, qu'ils ne pensent à la sauver que lorsque le corps est désespéré.

Faites pénitence, mes frères, tandis que le médecin n'est pas encore à votre côté, vous donnant des heures qui ne sont pas en sa puissance, mesurant les momens de votre vie par des mouvemens de tête, et tout prêt à philosopher admirablement sur le cours et la nature de la maladie, après la mort. N'attendez pas, pour vous convertir, qu'il vous faille crier aux oreilles et vous extorquer par force un oui ou un non : que le prêtre ne dispute pas près de votre lit avec votre avare héritier ou avec vos pauvres domestiques; pendant que l'un vous presse pour les mystères, et que les autres sollicitent pour leur récompense, ou vous tourmentent pour un testament [1]. Convertissez-vous de bonne heure; n'attendez pas que la maladie vous donne ce conseil salutaire. Que la pensée en vienne de Dieu et non de la fièvre, de la raison et non de la nécessité, de l'autorité divine et non de la force. Donnez-vous à Dieu avec liberté, et non avec angoisse et inquiétude. Si la pénitence est un don de Dieu, célébrez ce mystère dans un temps de joie, et non dans un temps de tristesse. Puisque votre conversion doit réjouir les anges, c'est un fâcheux contre-temps de la commencer quand votre famille est éplorée. Si votre corps est une hostie qu'il faut immoler à Dieu, consacrez-lui une hostie vivante : si c'est un talent précieux qui doit profiter entre ses mains, mettez-le de bonne heure dans le négoce et n'attendez pas pour le lui donner qu'il faille l'enfouir en terre. Après avoir été le jouet du temps, prenez garde que vous ne soyez le jouet de la pénitence, qu'elle ne fasse semblant de se donner à vous; que cependant elle ne vous joue par des sentimens contrefaits, et que vous ne sortiez de cette vie après avoir fait, non une pénitence chrétienne, mais une amende honorable qui ne vous délivrera pas du supplice (a). *Ecce nunc tempus acceptabile, ecce nunc dies salutis* [2] :

---

[1] S. Greg. Nazianz., *Orat.*, xi. — [2] II *Cor.*, vi, 2.

(a) *Var.:* Qui vous enverra au supplice.

Voilà l'écueil et voilà le port : l'écueil, l'impénitence; le port, la pénitence, où vous trouverez la miséricorde éternelle.

PLAN D'UN SERMON

POUR

LE PREMIER DIMANCHE DE CARÊME,

SUR LA PÉNITENCE.

Trois vérités : nécessaire de faire pénitence; beaucoup de fausses pénitences; en faire une véritable, et réparer les défauts des précédentes par une confession générale.

I. Examen de conscience. 1° Ce que c'est : l'interrogatoire d'un criminel devant que de prononcer le jugement. Prévenir celui de Dieu.

2° Quel il doit être. Général : premièrement parce qu'il est en la place de celui que Dieu fera au jugement : *Nos manifestari*[1]. Découvert jusqu'au fond de la conscience. Secondement il faut remédier à toutes les plaies par la douleur, et par conséquent tout connoître. Tout confesser, afin que Dieu pardonne et n'entre pas en procès avec nous, et pour cela rechercher et examiner.

3° Les moyens de faire cet examen. Après avoir demandé lumière à Dieu, cette lumière qui découvrira un jour le fond des consciences, il faut produire et écouter deux témoins. Premièrement il faut laisser parler sa conscience. Quand elle a voulu parler tant de fois, nous avons étouffé sa voix, parce qu'elle troubloit nos plaisirs. Elle a charge de Dieu de nous avertir. Elle l'a voulu faire, mais nous l'en avons empêchée. Il faut maintenant lui rendre la voix et la liberté que nous lui avons ôtée. Parlons maintenant, ô ma conscience; je te rends la parole et la liberté. C'est le premier témoin qu'il faut ouïr contre ce criminel, c'est-à-dire nous-mêmes contre nous-mêmes. Si elle refuse de parler, ah! c'est

[1] II *Cor.*, v, 10.

qu'elle est complice du crime ; il la faut faire parler par force ; il la faut mettre à la gêne et à la torture. Regarde l'enfer, la main de Dieu étendue sur toi : *Adsit accusatrix cogitatio, testis conscientia, carnifex timor* [1].

Le second témoin, c'est la loi de Dieu qu'il faut confronter avec nous dans tous ses commandemens que nous avons violés. *Statuam te contra faciem tuam* [2]. De peur que Dieu ne le fasse, il faut que nous le fassions. *Peccatum meum contra me est semper* [3]. Et alors Dieu change. David dans le même psaume : *Averte faciem tuam à peccatis meis* [4].

II. Douleur. 1° Nécessité : par les exemples de l'Ancien et du Nouveau Testament, qui n'ont été réconciliés que par la douleur. Dieu n'est pas moins sévère ni moins rigoureux, le péché n'est pas moins horrible qu'il étoit alors, ni l'enfer moins épouvantable. Il faut aller par la même voie.

2° Motif, la crainte. Les bienfaits de Dieu qui nous environnent, dont nous avons abusé contre lui. Il nous attend avec confiance. Description de Dieu nous reprochant nos crimes avec véhémence. *Sub ligno frondoso prosternebaris meretrix* [5]. Il semble qu'il aille dire : Je te vais damner. Toutefois : *Adsum; tu redi, et ego recipiam te* [6]. Si tout cela n'attendrit pas nos cœurs, nous devons prendre pour dernier et plus puissant motif de notre douleur, de ce que nous n'avons point de douleur. Comme un malade de fièvre chaude : il est à deux doigts de la mort, il demande ses habits et veut sortir. Digne de pitié. C'est pour cela que Jésus-Christ pleure sur Jérusalem : *Jerusalem, quæ occidis prophetas* [7]... Saint Paul : *Lugeam multos* [8] : Je pleure, dit-il, parce qu'ils ne pleurent pas; et ailleurs : *Flere cum flentibus* [9].

---

[1] S. August., *Serm.* CCCLI, n. 7.— [2] *Psal.* XLIX, 21.— [3] *Ibid.*, L, 5.— [4] *Ibid.*, 11. — [5] *Jerem.*, II, 20. — [6] *Ibid.*, III, 1. — [7] *Matth.*, XXIII, 37. — [8] II *Cor.*, XII, 21.— [9] *Rom.*, XII, 15.

SERMON INCOMPLET

POUR

LE LUNDI DE LA PREMIÈRE SEMAINE DE CARÊME,

SUR L'AUMONE (a).

Quamdiù non fecistis uni de minoribus his, nec mihi fecistis.

Quand vous n'avez pas secouru les moindres personnes qui souffroient (b), c'est à moi que vous avez refusé ce secours. *Matth.*, XXV, 45.

Quand le Fils de Dieu s'est fait homme, quand il s'est revêtu de nos foiblesses et « qu'il a passé, comme dit l'Apôtre [1], par toutes sortes d'épreuves, à l'exception du péché, » il est entré avec nous dans des liaisons si étroites et il a pris pour tous les mortels des sentimens si tendres et si fraternels (c), que nos maux sont ses maux, nos infirmités ses infirmités, nos douleurs enfin ses douleurs propres. C'est ce que l'apôtre saint Paul a exprimé en ces paroles dans la divine *Epître aux Hébreux :* « Nous n'avons pas un pontife qui soit insensible à nos maux, ayant lui-même passé par toutes sortes d'épreuves, à l'exception du péché (d), à cause de sa ressemblance avec nous [2]. » Et ailleurs, dans la même *Epître :* « Il a voulu, dit l'Apôtre [3], être en tout semblable à ses frères, pour être pontife compatissant : » *Ut misericors fieret et fidelis pontifex apud Deum.* Cela veut dire, Messieurs, qu'il ne nous plaint pas seulement comme ceux qui sont dans le port plaignent les autres qu'ils voient sur la mer agités d'une furieuse tempête; mais qu'il nous plaint, si je l'ose dire, comme ses compagnons de fortune, comme ayant eu à souffrir les mêmes misères que nous, ayant eu aussi bien que nous une chair sensible aux douleurs, et un sang capable de s'altérer, et une température de corps sujette

---

[1] *Hebr.*, IV, 15. — [2] *Ibid.* — [3] *Ibid.*, II, 17.

(a) Prêché vers 1660.
Ce sermon donne une nouvelle preuve de la charité de Bossuet pour les pauvres.
(b) *Var. :* Que vous voyiez dans les souffrances. — (c) Paternels. — (d) Ayant lui-même éprouvé toutes nos misères, à la réserve du péché.

comme la nôtre à toutes les incommodités de la vie et à la nécessité de la mort. Il a eu faim sur la terre; et il nous déclare (*a*) dans notre évangile qu'il a faim encore dans tous les nécessiteux; il a été lié cruellement, et il se sent encore lié dans tous les captifs; il a souffert, il a langui, et il souffre et il languit (*b*) encore dans tous les infirmes : de sorte, dit Salvien, que chacun n'endure que ses propres maux; il n'y a que Jésus-Christ, seul qui s'étant fait le père de tous, le frère de tous, l'ami tendre et cordial, et pour dire tout en un mot, le Sauveur de tous, souffre aussi dans tous les affligés, et mendie généralement dans tous les pauvres : *Solus tantummodo Christus est, qui in omnium pauperum universitate mendicet* [1].

Il ne se contente pas, chrétiens, d'être tendre et compatissant pour les misérables. Il veut que nous entrions dans ses sentimens et que nous prenions aussi ce cœur de Sauveur pour nos frères affligés. C'est pourquoi nous ne lisons rien dans son Ecriture qu'il nous recommande avec tant de force que la charité et l'aumône; et nous ne pouvons nous mieux acquitter du ministère qu'il nous a commis, d'annoncer ses divins oracles, qu'en excitant ses fidèles à la compassion par toute l'efficace de son Saint-Esprit et par toute l'autorité de sa parole.

C'est pourquoi je me suis proposé, Messieurs, de vous entretenir aujourd'hui de cette matière importante; et ayant pesé attentivement tant ce que nous en lisons dans notre évangile que ce qu'il a plu à Dieu de nous en révéler dans les autres parties de son Ecriture, j'ai réduit tout ce grand sujet à trois chefs. Nous avons à considérer la loi de la charité, l'esprit de la charité, l'effet de la charité. La loi, c'est l'obligation de la faire; l'esprit, c'est la manière de la pratiquer; l'effet, c'est le secours actuel du pauvre (*c*). J'ai donc dessein de vous exposer dans quel ordre le Fils de Dieu a pourvu à toutes ces choses; et vous verrez, chrétiens, que de peur

---

[1] Salv., lib. IV *Advers. Avarit.*, p. 304.

(*a*) *Var.*: Proteste. — (*b*) Et vous voyez qu'il déclare qu'il souffre et qu'il languit encore dans tous les infirmes. — (*c*) Nous avons à considérer dans l'aumône la loi de la charité qui nous oblige à la faire, l'esprit de la charité qui nous en prescrit la manière, l'effet la fin de la charité qui est le secours actuel du pauvre. Il faut connoître l'obligation, il en faut savoir la manière, il en faut venir à l'effet.

qu'on ne s'imagine que cet office de charité soit peu nécessaire, il en a fait une obligation; que de peur qu'on ne s'en acquitte avec des sentimens opposés aux siens, il en a réglé la manière; et que de peur qu'on ne s'en excuse sur le manquement des moyens, il a lui-même assigné un fonds.

PREMIER POINT.

L'obligation d'assister les pauvres est marquée si précisément dans notre évangile, qu'il n'en faut point après cela rechercher de preuves; et tout le monde entend assez que le refus de faire l'aumône est un crime capital, puisqu'il est puni du dernier supplice. « Allez, maudits, au feu éternel, parce que j'ai eu faim dans les pauvres, et vous ne m'avez point donné à manger; j'ai eu soif, et vous m'avez refusé à boire [1], » et le reste que vous savez. C'est donc une chose claire et qui n'a pas de difficulté, que le refus de l'aumône est une cause de damnation; mais on pourroit demander d'où vient que le Fils de Dieu dissimulant pour ainsi dire tous les autres crimes des hommes dans son dernier jugement, ne rapporte que celui-ci, pour motiver sa sentence. Est-ce qu'il ne couronne ou qu'il ne punit que l'aumône qu'on lui accorde ou qu'on lui dénie? Et s'il y a, comme il est certain, d'autres œuvres qui nous damnent et qui nous sauvent, pourquoi est-ce que le Sauveur ne parle que de celle-ci? C'est, Messieurs, une question qu'il sera peut-être agréable, mais certainement très-utile d'examiner en ce lieu, parce que nous en tirerons des lumières très-nécessaires.

Je pourrois répondre en un mot que le Sauveur a voulu nous rendre attentifs à la loi de la charité et de l'aumône. Car comme plusieurs n'eussent pas compris que nous pussions être condamnés au dernier supplice, non pour avoir dépouillé notre prochain, mais pour avoir manqué de le secourir dans ses extrêmes nécessités, il a plu à notre Sauveur de marquer expressément cette vérité dans le récit qu'il nous fait de sa dernière sentence. De même, comme la pitié qui nous porte à soulager les misérables est si naturelle à l'homme, plusieurs ne penseroient pas qu'une vertu qui

[1] *Matth.*, xxv, 41, 42.

devroit nous coûter si peu, fût d'un si grand prix devant notre juge. C'est pourquoi entre toutes les pratiques de piété, Jésus-Christ a voulu choisir les œuvres de miséricorde pour les célébrer hautement à la face de tout le monde; et afin que nous entendions que rien ne décide tant notre éternité que les égards que nous aurons pour les affligés, il nous enseigne dans notre évangile qu'il ne fera retentir dans son jugement que la charité des uns et la dureté des autres. Cette raison est très-suffisante; mais je découvre, si je ne me trompe, dans le dessein de notre Sauveur quelque mystère plus haut qu'il faut que je vous expose.

Je ne vous le ferai pas attendre longtemps et je vous dirai, chrétiens, en un mot que la miséricorde exercée par nous (a) ou la charité négligée ont un rapport si visible avec ce qui se passe dans le jugement, qu'il ne faut pas s'étonner si le Sauveur n'y fait paroître autre chose. Car qu'est-ce que le jugement, sinon miséricorde envers les uns et rigueur extrême envers les autres? et qui est plus digne de miséricorde que celui qui a exercé la miséricorde? au contraire, qui mérite mieux d'être traité à toute rigueur, que celui qui a été dur et impitoyable?

Je m'engage insensiblement dans une grande profondeur, et je me sens obligé de vous expliquer de quelle sorte nous devons entendre que la même vie éternelle qui nous est donnée par justice, nous est aussi accordée par une infinie miséricorde. C'est une doctrine étrange et inconcevable que Dieu, en nous accordant la vie éternelle, n'a point égard à nos œuvres. Comment n'a-t-il point d'égard à nos œuvres, puisque nous lisons en termes formels « qu'il rend à chacun selon ses œuvres [1]? » Que s'il est ainsi, chrétiens, il faut avouer nécessairement qu'il entre quelque justice dans le couronnement des élus. Car qui ne voit clairement que rendre à chacun selon ses œuvres, c'est traiter chacun selon qu'il mérite (b)? Or est-il que traiter les hommes selon leur mérite, c'est un acte de la justice qu'on appelle distributive; et si l'apôtre saint Paul n'avoit pas reconnu cette vérité,

[1] *Apoc.*, XXII, 12.

(a) *Var.:* Pratiquée par nous. — (b) C'est-à-dire, en d'autres termes, traiter chacun selon qu'il mérite.

il n'auroit pas dit ces paroles : « J'ai combattu un bon combat, j'ai achevé ma course, j'ai gardé la foi ; au reste la couronne de justice m'est réservée que le Seigneur, ce juste juge, me rendra en ce jour [1]. » Il paroît manifestement qu'il ne parle de la couronne qu'après avoir raconté ses œuvres (a) ; c'est une couronne de justice, et non simplement de grace ; elle ne lui sera pas seulement donnée, mais rendue ; il l'attend de Dieu parce qu'il est juste, et non pas simplement parce qu'il est bon. C'est enseigner nettement que la gloire éternelle est donnée aux mérites des bonnes œuvres, (b) ainsi que l'Eglise catholique l'a cru et entendu dès les premiers siècles.

Mais cette même Eglise catholique, également éloignée de tous les sentimens extrêmes, nous apprend aussi après cet Apôtre que la vie éternelle, qui nous est rendue comme récompense par un acte de justice, nous est aussi donnée comme grace par un effet de miséricorde : *Gratia autem Dei vita æterna* [2] ; et il nous faut un peu démêler cette belle théologie.

Oui, Messieurs, la vie éternelle est donnée aux œuvres ; et néanmoins il est certain que c'est une grace, parce qu'elle nous est promise par grace ; elle nous est préparée dès l'éternité par la grace de celui qui nous a élus en Jésus-Christ, afin que nous fussions saints ; et que les bonnes œuvres qui nous l'acquièrent ne sont pas en nous « comme de nous-mêmes, » *tanquam ex nobismetipsis* (c) [3], mais que « nous y sommes créés » par la grace, comme dit le divin Apôtre : *Creati in Christo Jesu in operibus bonis* [4] ; et si nous y persistons jusqu'à la fin, c'est par ce don spécial de persévérance, qui est le plus grand bienfait de la grace : si bien qu'il ne reste plus autre chose à l'homme (d) que de se glorifier en Notre-Seigneur, qui donne la vie éternelle aux mé-

---

[1] II *Tim.*, IV, 7, 8.— [2] *Rom.*, VI, 23 ; *Ephes.*, II, 5.— [3] II *Cor.*, III, 5.— [4] *Ephes.*, II, 10.

(a) *Var.* : Qu'après qu'il a raconté ses œuvres. — (b) *Note marg.* : C'est enseigner nettement que les bonnes œuvres sont de grand prix, de grande valeur, de grand mérite devant Dieu ; car tout cela c'est la même chose, et que c'est à ce mérite que la vie éternelle est donnée. — (c) La Vulgate dit : *Quasi ex nobis.* — — (d) *Var.* : Ainsi si la justice nous reçoit au ciel, où la couronne d'immortalité nous est préparée, c'est la miséricorde qui nous y conduit, et il ne reste plus autre chose à l'homme, etc.

rites, mais qui donne gratuitement les mérites, selon ce que dit le saint concile de Trente, « que les mérites sont les dons de Dieu : » *Ut eorum velit esse merita, quæ sunt ipsius dona* [1].

C'est, Messieurs, pour cette raison que l'admirable saint Augustin contemplant les œuvres de Dieu et en regardant la sage distribution, les rapporte à ces trois choses : ou Dieu rend aux hommes le mal pour le mal, ou il rend le bien pour le mal, ou il leur rend le bien pour le bien : *Reddet omnino Deus et mala pro malis, quoniam justus est ; et bona pro malis, quoniam bonus est ; et bona pro bonis, quoniam bonus et justus est* [2]. Il rend le mal pour le mal, le supplice pour le péché, quand il punit les pécheurs impénitens, parce qu'il est juste; il rend le bien pour le mal, la grace et le pardon pour l'iniquité, quand il pardonne l'iniquité aux pécheurs, parce qu'il est bon ; enfin il rend le bien pour le bien, la vie éternelle pour les bonnes œuvres, quand il couronne les justes, parce qu'il est juste et bon tout ensemble. C'est pourquoi nous disons avec le Psalmiste : « O Seigneur, je vous chanterai miséricorde et jugement, » parce que tous les ouvrages de Dieu sont compris sous la miséricorde et sous la justice : *Misericordiam et judicium cantabo tibi, Domine* [3]. La damnation des méchans est une pure justice; la justification des pécheurs, une pure miséricorde; enfin le couronnement des justes, une miséricorde mêlée de justice, parce que si la justice nous reçoit au ciel où la couronne d'immortalité nous est préparée, c'est la miséricorde qui nous y conduit, en nous remettant nos péchés et en nous donnant la persévérance.

D'où il faut conclure, en passant plus outre, que la miséricorde l'emporte. Car n'est-ce pas par un pur effet de miséricorde que Dieu nous aime gratuitement dès l'éternité, qu'il nous prévient de sa grace dans le temps, qu'il nous attend tous les jours avec patience et supporte non-seulement nos foiblesses, mais encore nos ingratitudes? O grace, je vous dois tout; ô bonté, je suis votre ouvrage! sans vous, ô miséricorde, je ne découvre de toutes parts alentour de moi que damnation et perte assurée! C'est vous seule qui me rappelez quand je m'éloigne, vous seule qui me pardon-

---

[1] *Sess.* VI, cap. XVI. — [2] *De Grat. et lib. arb.*, cap. XXIII, n. 45. — [3] *Psal.* C, 1.

nez quand je reviens, vous seule qui me soutenez quand je persévère. Mais c'est peu, chrétiens, de le reconnoître. La manière la plus efficace d'honorer la bonté divine, c'est de l'imiter. Si vous êtes vraiment touchés des bienfaits de Dieu et de cette miséricorde infinie par laquelle « il vous a tirés des ténèbres à son admirable lumière[1], soyez miséricordieux et bienfaisans comme votre Père céleste[2]. » Rendez à Jésus-Christ son sang et sa mort; faites du bien à ceux qu'il vous recommande. Quand vous nourrissez les pauvres, il est nourri; quand vous les vêtissez, il est vêtu; quand vous les visitez, il est consolé. Exercez donc la miséricorde comme vous l'avez reçue. C'est la grande reconnoissance que Dieu attend de vous pour tant de bienfaits, c'est le sacrifice agréable que vous demande sa miséricorde : *Talibus enim hostiis promeretur Deus*[3].

Je remarque dans les Ecritures deux sortes de sacrifices : il y a un sacrifice qui tue et un sacrifice qui donne la vie. Le sacrifice qui tue est assez connu, témoin le sang de tant de victimes et le massacre de tant d'animaux. Mais outre le sacrifice qui détruit, je vois dans les saintes Lettres un sacrifice qui sauve; car, comme dit l'*Ecclésiastique,* « celui-là offre un sacrifice, qui exerce la miséricorde : » *Qui facit misericordiam, offert sacrificium*[4]. D'où vient cette différence, sinon que l'un de ces sacrifices a été divinement établi pour honorer la bonté de Dieu, et l'autre pour apaiser sa justice? La justice divine poursuit les pécheurs à main armée, elle lave ses mains dans leur sang, elle les perd et les extermine : *Pereant peccatores à facie Dei*[5]. Au contraire la miséricorde toujours douce, toujours bienfaisante, ne veut pas que personne périsse et « pense toujours, dit l'Ecriture, des pensées de paix, et non pas des pensées d'affliction : » *Ego cogito cogitationes pacis, et non afflictionis*[6]. C'est pourquoi cette justice qui tonne, qui fulmine, qui renverse les montagnes et déracine (a) les cèdres du Liban, c'est-à-dire qui extermine les pécheurs superbes et lave ses mains dans leur sang, exigeoit des sacrifices sanglans

---

[1] I *Petr.*, II, 9. — [2] *Luc.*, VI, 36. — [3] *Hebr.*, XIII, 16. — [4] *Eccli.*, XXXV, 4. — [5] *Psal.* LXVII, 2. — [6] *Jerem.*, XXIX, 11.

(a) *Var.:* Arrache.

et des victimes égorgées pour marquer la peine qui est due aux crimes des hommes. Donnez un couteau, allumez du feu; il faut que tout l'autel nage dans le sang et que cette victime soit consumée. Mais pour cette miséricorde toujours bienfaisante qui guérit ce qui est blessé, qui affermit ce qui est foible, qui vivifie ce qui est mort, il faut présenter en sacrifice, non des victimes détruites, mais des victimes conservées, c'est-à-dire des pauvres nourris, des infirmes soutenus, des misérables soulagés.

Aussi dans la nouvelle alliance, qui est une alliance de grace et de miséricorde infinie, Dieu n'exige rien tant de nous que de semblables hosties. « Ne falloit-il pas, dit le père de famille, que vous eussiez pitié de vos conserviteurs comme j'ai eu pitié de vous [1] ? » Il veut que la bonté qu'il a exercée soit l'exemple et la loi de ses enfans. C'est par là qu'on s'acquitte envers sa clémence, c'est par là qu'on obtient de lui de nouvelles graces : faites miséricorde, parce que vous l'avez reçue; faites miséricorde, afin que vous la receviez : *Beati misericordes, quoniam ipsi misericordiam consequentur* [2]. C'est donc pour cette raison qu'il ne parlera en ce dernier jour que de ceux qui auront soulagé les pauvres. « Venez, les bénis de mon Père [3] ; » venez, enfans de grace, enfans d'adopl'on et de miséricorde éternelle ; vous avez honoré ma miséricorde, puisque vous l'avez imitée. Vous avez reconnu véritablement que vous ne subsistiez que par mes aumônes, puisque vous en avez fait largement à vos frères mes enfans que je vous avois recommandés. C'est moi que vous avez soulagé en eux, et vous m'avez rendu en leur personne les bienfaits que vous avez reçus de ma grace. Venez donc, ô fidèles imitateurs de mon infinie miséricorde, venez en recevoir le comble, et « possédez à jamais le royaume qui vous a été préparé avant l'établissement du monde : » *Venite, possidete paratum vobis regnum à constitutione mundi* [4].

Par la raison contraire (a), il est aisé de comprendre qu'il n'y a point de plus juste cause de l'éternelle damnation des hommes, que la dureté de leur cœur sur les misères des autres. Car il faut remarquer, Messieurs, que Dieu toujours indulgent et toujours

---

[1] *Matth.*, XVIII, 33. — [2] *Ibid.*, V, 7. — [3] *Ibid.*, XXV, 34. — [4] *Ibid.*

(a) *Var.*: Par une raison opposée.

prêt à nous pardonner, ne punit pas tant nos péchés que le mépris des remèdes qu'il nous a donnés pour les expier. Or le plus efficace de tous les remèdes, c'est la charité et l'aumône. C'est de la charité qu'il est écrit « qu'elle couvre non-seulement les péchés, mais la multitude des péchés [1]. » C'est de l'aumône qu'il est prononcé que « comme l'eau éteint le feu, ainsi l'aumône éteint le péché [2]. » Puis donc que vous avez méprisé ce remède si nécessaire, ah! tous vos péchés seront sur vous; malheureux, toutes vos fautes vous seront comptées. « Jugement sans miséricorde à celui qui ne fait point de miséricorde [3]. » Cruel, vous n'en faites pas, et jamais vous n'en recevrez aucune. Une vengeance implacable vous poursuivra dans la vie et à la mort, dans le temps et dans l'éternité. Vous refusez tout à Jésus-Christ dans ses pauvres; il comptera avec vous, et il exigera de vous jusqu'au dernier sou par des supplices cruels ce que vous devez à sa justice. « Allez donc, maudits, au feu éternel [4]; » allez, inhumains et dénaturés, au lieu où il n'y aura jamais de miséricorde. Vous avez eu un cœur de fer, et le ciel sera de fer sur votre tête; jamais il ne fera distiller sur vous la moindre rosée de consolation. Riche cruel et impitoyable, vous demanderez éternellement une goutte d'eau, qui vous sera éternellement refusée. Vous vous plaignez en vain de cette rigueur : elle est juste, elle est très-juste. Jésus-Christ vous rend selon vos œuvres et vous fait comme vous lui avez fait. Il a langui dans les pauvres, il a cherché des consolateurs, et il n'en a pas trouvé; et bien loin de le soulager dans ses maux extrêmes, vous avez imité le crime des Juifs; vous ne lui avez donné que du vinaigre dans sa soif, c'est-à-dire des rebuts dans son indigence (a). Vous souffrirez à votre tour, et il rira de vos maux, et il verra d'un regard tranquille cette flamme qui vous dévore, ce désespoir furieux, ces pleurs éternels, cet horrible grincement de dents. O justice! ô grande justice! mais ô justice terrible pour ceux qui mériteront par leur dureté ses insupportables rigueurs (b)!

[1] *Prov.*, X, 12; I *Petr.*, IV, 8. — [2] *Eccli.*, III, 33. — [3] *Jacob.*, II, 13. — [4] *Matth.*, XXV, 41.

(a) *Var.:* C'est-à-dire du mépris. — (b) Rigueurs intolérables.

ABRÉGÉ D'UN SERMON

POUR

LE VENDREDI DE LA PREMIÈRE SEMAINE DE CARÊME.

Erat autem æger triginta octo annos habens in infirmitate sua. Joan., v, 5.

Par ce malade est fort bien représenté le pécheur endurci qui vieillit dans sa maladie et dans sa corruption. C'est la plus dangereuse maladie des chrétiens, et par conséquent qui a besoin d'être traitée avec une très-grande et très-exacte diligence. Or pour traiter une maladie, il faut premièrement en connoître les principes et la nature; ensuite il en faut remarquer et découvrir les suites; et enfin il faut choisir les remèdes les plus convenables.

PREMIER POINT.

La nature du péché d'habitude. Le péché a cela de propre, qu'il imprime une tache à l'ame qui va défigurant en elle toute sa beauté, et passe l'éponge sur les traits de l'image du Créateur qui s'y est représenté lui-même. Mais un péché réitéré, outre cette tache, produit encore dans l'ame une pente et une forte inclination au mal, à cause qu'entrant dans le fond de l'ame, il ruine toutes ses bonnes inclinations et l'entraîne par son propre poids aux objets de la terre. L'Ecriture se sert de trois comparaisons puissantes pour exprimer le danger de cette maladie : *Induit maledictionem sicut vestimentum, et intravit sicut aqua in interiora ejus, et sicut oleum in ossibus ejus* [1].

La malédiction est dans le pécheur par habitude comme le vêtement, parce qu'elle emplit tout son extérieur, toutes ses actions, toutes ses paroles; sa langue ne fait que débiter le mensonge; elle entre comme l'eau dans son intérieur et y va corrompre ses pensées, en sorte qu'il n'en a plus que celles de son ambition, etc.; et enfin elle pénètre comme l'huile dans ses os, c'est-à-dire dans ce

[1] *Psal.* CVIII, 18.

qui soutient son ame et lui donne sa solidité. Il étouffe tous les sentimens de la foi, car enfin tout s'évanouit dans ces grandes attaches qu'il a au péché; il ruine l'espérance, car tout son espoir est dans la terre; il étouffe la charité, car l'amour de Dieu ne peut point s'accorder avec l'amour des créatures. Ou bien le vêtement marque la tyrannie, l'eau l'impétuosité, l'huile une tache qui se répand partout et ne s'efface quasi jamais. C'est donc une grande maladie que le péché d'habitude. Et pour reconnoître si elle est en nous cette maladie, si nous péchons par habitude, il faut peser trois choses, mais sans se flatter.

Premièrement, si vous faites le mal avec plaisir. Car tout plaisir est conformité à quelque nature; or il est certain que le péché n'a pas de soi cette conformité avec votre nature; il faut donc que la réitération du péché ait fait en vous une autre nature, et cette autre nature c'est la coutume. Qui pèche donc souvent et avec plaisir, celui-là pèche d'un péché d'habitude, c'est un pécheur endurci.

Secondement, péchez-vous sans remords de conscience? Car le remords de conscience est une suite de la réflexion; or pécher souvent sans réflexion, c'est marque de la grande inclination qu'on y a et que la face du péché ne nous semble plus farouche; nous y sommes accoutumés. Exemple: David a fait deux grands crimes; l'un, le dénombrement de son peuple : dans celui-là il ne péchoit pas par habitude; car il ne l'a fait qu'une fois. C'est pourquoi incontinent « il sentit un remords dans son cœur, » *Percussit cor David eum*[1] : voilà le remords. Mais dans son adultère qui dura un an, son cœur ne le frappe plus; au contraire, l'adultère attire l'homicide et l'homicide avec le ravissement de l'honneur d'Urie; car commandant à Joab de le faire mourir, il lui donne sujet de songer qu'il l'avoit mérité. Aussi dit-il en cet état que « la lumière de ses yeux l'avoit abandonné : » *Lumen oculorum meorum et ipsum non est mecum*[2]. Il ne dit pas que ses yeux l'eussent abandonné, car la connoissance lui demeuroit, mais la lumière de ses yeux. Quelle est la lumière des yeux de la connoissance? La réflexion qui l'éclaire et qui la conduit elle-même, qui

[1] II *Reg.*, XXIV, 10. — [2] *Psal.* XXXVII, 11.

découvre et conduit le reste de l'homme. Il ne faisoit donc pas de réflexion sur son péché ; par conséquent point de remords, car le remords naît de la réflexion. C'est donc une marque de l'accoutumance au péché, que de pécher sans remords.

Troisièmement, il faut voir si vous péchez sans résistance. Car pécher sans résistance c'est une marque que la force de l'ame est abattue, ce qui ne se fait que par la coutume. *Dereliquit me virtus mea*[1], dit David, décrivant son endurcissement.

SECOND POINT.

Les suites du péché d'habitude. La première est que quand on commet deux fois un même péché, le second est toujours plus grand que le premier, à cause que le péché s'augmente ou à raison de la grandeur de la matière en laquelle on pèche, ou à raison de la force avec laquelle on s'y attache. Le second péché est plus grand que le premier à raison de la matière : vous avez volé les particuliers, dans deux jours vous volerez le prince, si l'occasion s'en présente. Par les moindres péchés vous vous disposez aux plus grands. Achab ayant fait mourir un de ses sujets pour avoir son bien, le prophète lui dit de la part de Dieu : « Tu as volé et tu as tué, tu feras encore pis : » *Et addes*[2]. Mais ce n'est pas tout : la première fois vous péchez avec moins d'inclination et d'attache; mais la seconde elle augmente, et par suite vous aimez plus votre crime, vous vous y portez avec plus de force. Votre péché est donc plus grand : comme l'amour de Dieu s'accroît par les actions de vertu, aussi l'amour des créatures par les actions vicieuses. Il s'ensuit donc qu'au lieu qu'on pense s'excuser en disant : Je pèche, mais c'est par coutume, on s'accuse davantage.

Je sais bien ce que disent les méchans pour défendre ces excuses : premièrement, que la coutume ôte la réflexion; qu'on va plus à l'aveugle, et qu'ainsi l'ame ayant moins de secours, elle est moins blâmable de se laisser vaincre; secondement, que la coutume apporte une inclination puissante qui vous empêche, et si elle vous empêche il y a moins de volontaire, et le péché suit et est égal au volontaire. Mais j'oppose deux choses à ces deux raisons.

---

[1] *Psal.* XXXVII, 11. — [2] III *Reg.*, XXI, 19.

En premier lieu que le manque de secours n'excuse jamais lorsque c'est une punition de notre faute, et que nous nous l'ôtons volontairement nous-mêmes. On avertit un capitaine : Prenez garde, les ennemis vous surprendront pendant la nuit; pour les empêcher faites allumer des flambeaux par toute la ville. Ce capitaine, au lieu de suivre cet avis, fait éteindre tous les flambeaux, et est surpris à la faveur des ténèbres. Son excuse semble raisonnable s'il dit : J'ai été surpris, il est vrai, mais c'est pendant les ténèbres : non certainement, car on l'avoit averti de se garder des ténèbres. Tout de même on nous avertit : Donnez-vous garde, le prince des ténèbres vous surprendra parmi l'obscurité; si donc ensuite vous éteignez vous-mêmes les lumières de la raison et si vous en corrompez l'usage par la multitude de vos péchés, le défaut de lumière ne pourra pas vous servir d'excuse. Voilà pour la première opposition.

A la seconde, je dis qu'il y a deux sortes d'emportemens : l'un est l'emportement d'une volonté prévenue, l'autre est l'emportement d'une volonté persuadée. Vous êtes tourmenté d'une forte tentation, sa force divertit celles de votre raison, vous péchez quasi sans y penser : voilà une volonté prévenue et emportée de cet emportement de surprise, et celui-là sans doute peut diminuer le péché. Mais l'emportement d'une volonté persuadée ne le peut pas diminuer, à cause que l'inclination y est plus grande, l'application plus forte, la victoire de la chair et du péché plus pleine et plus entière. Partant c'est une fort mauvaise conséquence, de vouloir inférer qu'une faute est petite, parce qu'on y tombe par coutume.

La seconde mauvaise suite est la nécessité de pécher.

TROISIÈME POINT.

Deus impossibilia non jubet; sed jubendo admonet et facere quod possis et petere quod non possis [1]. Il y a ici des choses que vous pouvez faire, il y en a que vous ne pouvez pas faire. Je veux bien croire que dans la présence de l'objet et dans une occasion pressante, vous ne pouvez pas résister; mais du moins vous pouvez éviter l'occasion : voilà quant à ce que vous pouvez, *facere*

---

[1] S. August., lib. *De Natur. et grat.*, cap. XLIII, n. 50.

quod possis. Mais quant à ce que vous ne pouvez pas, que faut-il faire? Demander instamment à Dieu qu'il surmonte en vous par sa grace le péché qui est depuis si longtemps le maître, qu'il surmonte vos mauvaises inclinations par de bonnes : *petite*[1], demandez avec instance ; et s'il rejette vos demandes, *quærite*, cherchez les moyens de l'apaiser; employez les justes, employez les bienheureux, employez la mort de Dieu, employez Jésus-Christ même; *pulsate*, frappez à sa justice et dites-lui : Ah! justice de mon Dieu, vous ne punissez pas nos fautes à la rigueur en ce monde; frappez à la sagesse et dites-lui : Ah! sagesse de mon Dieu, vous savez tant de moyens de vaincre mon vice. Criez à Dieu, mais criez du fond de l'ame, *De profundis*[2], et Dieu écoutera à la fin votre oraison.

PREMIER SERMON

POUR

LE IIe DIMANCHE DE CARÊME (a).

Hic est Filius meus dilectus, in quo mihi bene complacui; ipsum audite.

Celui-ci est mon Fils bien-aimé dans lequel je me suis plu; écoutez-le.
Matth., XVII, 5.

C'est une doctrine fondamentale de l'Evangile de Jésus-Christ, que le chrétien véritable ne se conduit point par les sens ni par la

---

[1] *Matth.*, VII, 7. — [2] *Psal.* CXXIX, 1.

(a) *Premier point.* — Dieu seul nous peut conduire à la vérité. Deux moyens pour y parvenir : intelligence, autorité : Tertullien. L'un et l'autre appartient à Dieu, non aux hommes : le dernier pour cette vie, l'autre pour la future. Mérite, récompense. Pourquoi Moïse et Élie disparoissent, quand on dit : *Ipsum audite* (Matth., XVII, 5). Deux manières de savoir : 1° par nous-mêmes; 2° *scienti conjungi :* yeux de la foi.

Second point. — La foi exige les œuvres. Fondement, donc édifice. *Hic homo cœpit ædificare, et non potuit consummare* (Luc., XIV, 30).

Le fondement a deux qualités : commencement, soutien.

L'exemple de Jésus-Christ lève les difficultés. Deux choses pour cela : inspirer

raison naturelle; mais qu'il règle tous ses sentimens par l'autorité de la foi, suivant ce que dit le divin Apôtre : *Justus autem meus ex fide vivit* [1] *:* « Le juste vit par la foi (*a*). » C'est pourquoi, entre tous les sens que la nature nous a donnés, il a plu à Dieu de choisir l'ouïe pour la consacrer à son service. « Un peuple, dit-il, s'est donné à moi, il s'est soumis par la seule ouïe : » *In auditu auris obedivit mihi* [2]. Et le Sauveur nous prêche dans son Evangile que

[1] *Hebr.,* x, 38; *Habac.,* II, 4. — [2] *Psal.* XVII, 45.

du courage, donner de la force. Le premier, en marchant devant; le second, *in eo enim in quo passus est ipse et tentatus, potens est et iis qui tentantur auxiliari* (Hebr., II, 18).

Marche devant, nous tend la main. Incarnation, infirmité de notre Seigneur Jésus-Christ. Vérités diminuées parmi les enfans des hommes : *Diminutæ sunt veritates* (Psal. XI, 1). Chacun retranche l'Evangile à sa mode.

Comment il faut entendre Jésus-Christ : *Optimus minister tuus est, qui non magis intuetur hoc à te audire quod ipse voluerit, sed potiùs hoc velle quod à te audierit* (S. August., *Confess.,* lib. X, cap. VI).

Troisième point. — Différence entre le commandement et la promesse : commandement, ce que nous devons faire à l'égard de Dieu; promesse, ce que Dieu s'engage de faire à notre égard. La promesse est déjà une espèce de don. Pourquoi? Celui qui promet se dessaisit, en tant qu'il s'ôte la liberté de disposer autrement.

Dans la promesse, deux choses : ni douter, ni se lasser.

De toutes les paroles de Jésus-Christ, celle de la promesse est la moins entendue : *Qui perseveraverit usque in finem, hic salvus erit* (Matth., X, 22).

Prêché probablement dans le Carême de 1660, aux Minimes de la Place-Royale.

L'analyse de ce sermon est écrite, comme celle du sermon suivant, sur le dos d'une lettre imprimée. Pendant les premières années de son séjour à Paris, Bossuet s'étoit chargé de défendre les intérêts du chapitre de Metz, qui avoit souvent des procès pour des affaires de fruits, de prébendes, de bénéfices, de collation. Il avoit fait imprimer comme une lettre circulaire, qu'il adressoit aux chapitres du royaume, dans l'espoir d'en obtenir des renseignemens utiles sur leur discipline et leurs coutumes. Cette lettre étoit ainsi conçue : « MM. du chapitre de Metz croient avec raison qu'il importe de ne permettre pas que l'on donne atteinte aux coutumes anciennes des églises, et que cela va au renversement de l'ordre et des statuts des chapitres. C'est pourquoi ils se promettent, Messieurs, de recevoir instruction de vous sur les pratiques de votre église qui peuvent favoriser les leurs. Ils ne doutent pas qu'ils ne puissent prendre un bon conseil sur vos exemples, et qu'il ne leur soit avantageux et même nécessaire d'en être informés. Accordez-leur donc, s'il vous plaît, cette grace, et à moi celle de recevoir avec mes très-humbles respects, » etc. La réponse devoit être adressée « à M. l'abbé Bossuet, chanoine et grand archidiacre de l'église de Metz, logé au doyenné de Saint-Nicolas du Louvre, vis-à-vis de l'église collégiale de ce nom. » Bossuet écrivoit quelquefois sur ces lettres, dans tout l'espace qui n'étoit pas occupé par l'impression, les analyses ou le commencement de ses sermons.

(*a*) *Var.:* Mais qu'il règle tous ses sentimens par l'autorité de la foi : *Justus autem meus ex fide vivit :* « Le juste vit par la foi, » comme dit saint Paul après le Prophète.

« ses brebis écoutent sa voix et qu'elles le suivent » aussitôt qu'il parle : *Oves meæ vocem meum audiunt..., et sequuntur me* [1], afin, mes frères, que nous entendions que dans l'école du Fils de Dieu il ne faut point consulter les sens ni faire discourir la raison humaine, mais seulement écouter et croire.

Je ne m'étonne donc pas aujourd'hui si Dieu fait retentir, ainsi qu'un tonnerre, aux oreilles des saints apôtres, cette parole que j'ai rapportée : « C'est ici mon Fils bien-aimé dans lequel je me suis plu; écoutez-le : » *Ipsum audite;* c'est-à-dire qu'après Jésus-Christ il n'y a plus de recherche à faire : *Nobis curiositate opus non est post Christum Jesum, nec inquisitione post Evangelium,* dit le grave Tertullien [2]. Ce divin Maître nous ayant parlé, toute la curiosité de l'esprit humain doit être à jamais arrêtée, et il ne faut plus songer qu'à l'obéissance : *Ipsum audite :* « Ecoutez-le. » Mais afin que vous sachiez mieux ce que signifie cet oracle, et pourquoi le Père céleste a voulu nous le prononcer dans la glorieuse transfiguration de notre Seigneur Jésus-Christ, remarquez s'il vous plaît, avant toutes choses, qu'il nous a envoyé son Fils pour nous apporter trois paroles qu'il est nécessaire que nous écoutions : la parole de sa doctrine pour nous enseigner ce qu'il faut croire, la parole de ses préceptes pour nous montrer comme il faut agir, la parole de ses promesses pour nous apprendre ce qu'il faut attendre (a).

Le vieil homme a cinq sens, l'homme renouvelé n'a plus que l'ouïe; il ne juge point par la vue; Dieu lui a en quelque sorte arraché les yeux : *Non contemplantibus nobis quæ videntur* [3]. Ni le toucher ni le goût ne le règlent; il lui est seulement permis d'écouter, et cette liberté est restreinte à écouter Jésus-Christ tout seul; et encore doit-il l'écouter non pour examiner sa doctrine, mais pour la croire simplement sur son témoignage. Car comme l'esprit humain s'égaroit dans ses jugemens par son ignorance, dans ses mœurs par ses désirs déréglés, dans la recherche de son bonheur par ses espérances mal fondées, pour donner remède à

---

[1] *Joan.,* x, 27. — [2] *De Præscript., advers. Hæret.,* n. 8. — [3] II *Cor.,* IV, 18.

(a) *Var. :* La parole de sa doctrine qui nous enseigne ce qu'il faut croire, la parole de ses préceptes qui nous montre comme il faut agir, la parole de ses promesses qui nous apprend ce qu'il faut attendre.

de si grands maux, il falloit que ce divin Maître entreprît de former notre jugement par la certitude de sa doctrine, de diriger nos mœurs dépravées par l'équité de ses préceptes, de régler nos prétentions par la fidélité de ses promesses. C'est ce qu'il a fait, chrétiens ; et il y a travaillé principalement dans sa glorieuse transfiguration. De quelle sorte et par quels moyens? C'est ce qu'il faut vous proposer en peu de mots.

Sachez donc et pesez attentivement que l'effet de ces trois paroles que le Fils de Dieu nous annonce, est traversé par trois grands obstacles. Vous nous enseignez, ô Maître céleste, et rien n'est plus assuré que votre doctrine; mais elle est obscure et impénétrable, et l'esprit a peine à s'y soumettre. Divin Législateur, vous nous commandez, et tous vos préceptes sont justes; mais cette voie est rude et contraire aux sens, et il est malaisé de s'y ranger. Enfin vous nous promettez des biens éternels, et il n'y a rien de plus ferme que vos promesses; mais que l'exécution en est éloignée! vous nous remettez à la vie future, et notre ame est fatiguée par cette attente. Voilà, mes frères, trois grands obstacles qui nous empêchent d'écouter le Sauveur Jésus et de nous soumettre à sa parole. Sa doctrine est certaine, mais elle est obscure ; ses préceptes sont justes, mais difficiles; ses promesses infaillibles, mais fort éloignées. Chrétiens, allons au Thabor pour y voir Jésus-Christ transfiguré ; considérons qui l'y accompagne, de quoi il y parle, comme il y paroît. Moïse et Elie sont à ses côtés; c'est-à-dire, si nous l'entendons, que la loi et les prophètes lui rendent hommage. Un maître en qui il paroît tant d'autorité, quoique sa doctrine soit obscure, mérite bien qu'on l'en croie sur sa parole : *Ipsum audite.* Mais de quoi s'entretient ce divin Sauveur avec ces deux hommes que Dieu lui envoie ? « De sa mort, dit l'Evangéliste, et du supplice cruel qu'il devoit souffrir en Jérusalem : » *Dicebant excessum ejus, quem completurus erat in Jerusalem* [1]. Chrétiens, ne parlons plus des difficultés des choses qu'il nous a commandées, après que nous voyons les travaux pénibles de celles qu'il a lui-même accomplies. Enfin il paroît, nous dit l'Ecriture, plein de gloire et de majesté, et il nous donne comme un

---
[1] *Luc.*, IX, 31.

avant-goût de la félicité qu'il nous prépare. Par conséquent ne nous plaignons pas que la gloire qu'il nous promet soit si éloignée, puisqu'il nous la rend déjà en quelque sorte présente. Que reste-t-il donc maintenant, sinon que nous entendions le Père éternel qui nous avertit d'écouter son Fils : *Ipsum audite*. Ecoutons humblement ce divin Maître; écoutons sa doctrine céleste, sans que l'obscurité nous arrête; écoutons ses commandemens, sans que leur difficulté nous étonne; enfin écoutons ses promesses, sans que leur éloignement nous impatiente. C'est ce que je me propose de vous faire entendre avec le secours de la grace.

PREMIER POINT.

La première chose, mes frères, que le Père éternel exige de nous lorsqu'il nous ordonne d'écouter son Fils, c'est que nous soyons convaincus que sur toutes les vérités qu'il est nécessaire que nous connoissions, il s'en faut rapporter à ce qu'il en dit et l'en croire sur sa parole sans examiner davantage. C'est ce qu'il nous faut établir comme le fondement immuable de toute la vie chrétienne, et pour cela supposons, Messieurs, une chose connue de tous, qui nous donnera de grandes lumières, si nous en savons comprendre les suites; que les hommes peuvent parvenir à la vérité en deux manières différentes, ou bien par leurs propres lumières lorsqu'ils la connoissent eux-mêmes, ou par la conduite des autres lorsqu'ils en croient un rapport fidèle. C'est une chose connue et qui n'a pas besoin d'explication, mais les suites en sont admirables, et je vous prie de les bien entendre.

Et pour commencer, chrétiens, à développer ce mystère, je dis qu'il n'appartient qu'à Dieu seul de nous conduire à la vérité par l'une et par l'autre de ces deux voies. Non, les hommes ne le peuvent pas; c'est folie de l'attendre d'eux. Celui qui entreprend de nous enseigner doit ou nous faire entendre (a) la vérité, ou du moins nous la faire croire. Pour nous la faire entendre, il faut nécessairement beaucoup de sagesse; pour nous la faire croire, il

---

(a) *Var.* : Pour être capable d'enseigner les hommes, il faut ou leur faire entendre la vérité, ou du moins la leur faire croire; il faut pour l'un beaucoup de sagesse, et pour l'autre beaucoup d'autorité.

faut beaucoup d'autorité; et c'est ce qui ne se trouve point parmi les hommes. C'est pourquoi Tertullien disoit dans cet admirable Apologétique : *Quanta est prudentia hominis ad demonstrandum quid verè bonum ? quanta auctoritas ad exigendum* [1] *?* « La prudence des hommes est trop imparfaite pour découvrir le vrai bien à notre raison, et leur autorité est trop foible pour pouvoir rien exiger de notre créance. » La première, c'est la prudence, est peu assurée; et la seconde, c'est l'autorité, peu considérable (a) : *Tam illa falli facilis, quàm ista contemni.* Par conséquent nous devons conclure qu'il ne faut pas attendre des hommes la connoissance certaine de la vérité, parce que leur autorité n'est pas assez grande pour nous la faire croire sur ce qu'ils en disent (b), et que leur sagesse est trop courte pour nous en donner l'intelligence.

Mais ce qui ne se trouve point parmi les hommes, il nous est aisé, chrétiens, de le rencontrer en notre Dieu; et vous le comprendrez aisément, si vous considérez avec attention comme il parle différemment dans son Écriture. Il pratique, ce grand Dieu, l'un et l'autre. Quelquefois il se fait connoître manifestement; et alors il dit à son peuple : « Vous saurez que je suis le Seigneur : » *Et scietis quia ego sum Dominus* [2]; quelquefois, sans se découvrir, il fait valoir son autorité, et il veut qu'on le croie sur sa parole; comme lorsqu'il prononce avec tant d'emphase, pour obliger tout le monde à se soumettre : *Hæc dicit Dominus :* « Voici ce que dit le Seigneur; » et ailleurs : « Il sera ainsi, parce que j'ai parlé, dit le Seigneur : » *Quia verbum ego locutus sum, dicit Dominus* [3]. D'où vient, Messieurs, cette différence? C'est sans doute qu'il veut que nous comprenions qu'il a le moyen de se faire entendre, mais qu'il a le droit de se faire croire. Il peut par sa lumière infinie nous montrer, quand il lui plaira, sa vérité à découvert; et il peut par son autorité souveraine nous obliger à la révérer sans que nous en ayons l'intelligence. L'un et l'autre est digne de lui; il est digne de sa grandeur de régner sur les esprits ou en les captivant

[1] *Apolog.*, n. 45. — [2] *Ezech.*, vi, 7. — [3] *Jerem.*, xxxiv, 5.

(a) *Var. :* La première est peu assurée, et la seconde est peu considérable. — (b) Sur parole.

par la foi, ou en les contentant par la claire vue. L'un et l'autre est digne de lui, il fera aussi l'un et l'autre; mais chaque chose doit avoir son temps. Tous deux néanmoins sont incompatibles, je veux dire l'obscurité de la foi et la netteté de la vue. Qu'a-t-il fait? Ecoutez, mes frères; voici le mystère du christianisme. Il a partagé ces deux choses entre la vie présente et la vie future : l'évidence dans la patrie, la foi et la soumission durant le voyage. Un jour la vérité sera découverte; en attendant, pour s'y préparer, il faut que l'autorité soit révérée : le dernier fera le mérite, et l'autre est réservé pour la récompense. Là, *sicut audivimus, sic vidimus*[1]; ici il ne se parle point de voir, et on nous ordonne seulement de prêter l'oreille et d'être attentifs à sa parole : *Ipsum audite*.

Venez donc au Thabor, mes frères, et accourez tous ensemble à ce divin Maître que vous montre le Père céleste. Vous pouvez reconnoître son autorité en considérant les respects que lui rendent Moïse et Elie, c'est-à-dire la loi et les prophètes, comme je l'ai déjà expliqué. Mais j'ajouterai maintenant une remarque sur notre évangile, que peut-être vous n'avez pas faite et qui néanmoins est très-importante pour connoître l'autorité du Sauveur Jésus. C'est, Messieurs, qu'il est remarqué qu'en même temps que fut entendue cette voix du Père éternel qui nous commande d'écouter son Fils, Moïse et Elie disparurent, et que Jésus se trouva tout seul : *Et dum fieret vox, inventus est Jesus solus*[2]. Dites-moi, quel est ce mystère? d'où vient que Moïse et Elie se retirent à cette parole? Chrétiens, voici le secret développé par le grand Apôtre. « Autrefois, dit-il, Dieu ayant parlé en différentes manières par la bouche de ses prophètes[3]; » écoutez et comprenez ce discours : Vous avez parlé, ô prophètes, mais vous avez parlé autrefois : « maintenant en ces derniers temps il nous a parlé par son propre Fils : » *Novissimè locutus est nobis in Filio suo*[4]. C'est pourquoi, dans le même temps que Jésus-Christ paroît comme maître, Moïse et Elie se retirent; la loi, toute impérieuse qu'elle est, tient à gloire de lui céder; les prophètes, tout clairvoyans qu'ils sont, se vont néanmoins cacher dans la nue : *Intrantibus illis in*

---

[1] *Psal.* XLVII, 9. — [2] *Luc.*, IX, 36. — [3] *Hebr.*, I, 1. — [4] *Ibid.*, 2.

nubem [1]... *Nubes obumbravit eos* [2]. Comme s'ils disoient au divin Sauveur tacitement par cette action : Nous avons parlé autrefois au nom et par l'ordre de votre Père : *Olim loquens patribus in prophetis;* maintenant que vous ouvrez votre bouche pour expliquer vous-même les secrets du ciel, notre commission est expirée ; notre autorité se confond dans l'autorité supérieure; et n'étant que les serviteurs, nous cédons humblement la parole au Fils. Par conséquent soyons attentifs, et écoutons ce Fils bien-aimé : *Hic est Filius meus dilectus.* Ne recherchons pas les raisons des vérités qu'il nous enseigne. Toute la raison, c'est qu'il a parlé.

Ecoutez comme il vous parle dans son Evangile : « Jamais personne n'a vu Dieu; le Fils unique, qui est dans le sein du Père, est venu lui-même pour vous en instruire : » *Deum nemo vidit unquam; Unigenitus Filius, qui est in sinu Patris, ipse enarravit* [3]. O hommes, nul de vous n'a encore vu Dieu; vous ne savez ce qu'il en faut croire, ni la voie qu'il faut tenir pour aller à lui. Le Fils unique qui est en son sein, qui pénètre tous ses secrets, lui-même est venu vous les raconter : *Ipse, ipse enarravit.* Que recherchez-vous, ô mortels, après le témoignage de ce divin Maître? Osez-vous lui demander des raisons ou vous plaindre de ce qu'il vous oblige de croire ce que vous n'entendez pas? — Je voudrois entendre, je voudrois savoir. — Saint Augustin vous va satisfaire : « C'est être savant, nous dit-il, que d'être uni à celui qui sait : » *Non parva scientia est scienti conjungi* [4]. C'est être assez savant que d'être uni à celui qui sait; ajoutons pour expliquer sa pensée, à celui qui sait d'original, si l'on peut parler de la sorte, qui sait pour avoir vu et pour avoir vu jusqu'au fond, et qui nous dit avec vérité : *Quod vidimus, testamur* [5] *:* « Nous témoignons ce que nous avons vu. » — « Celui-là, dit saint Augustin, a les yeux de l'intelligence; nous avons les yeux de la foi : » *Ille habet oculos agnitionis, tu credulitatis* [6]. Je ne prétends rien davantage, je ne me plains pas de l'obscurité des maximes de l'Evangile. Si je n'ai pas de lumières propres, j'ai celles de Jésus-Christ qui me dirigent : je n'ai pas la science en moi-même, mais j'ai celle du

---

[1] *Luc.*, IX, 34. — [2] *Matth.*, XVII, 5. — [3] *Joan.*, I, 18. — [4] Serm. II *in Psal.* XXXVI, n. 2. — [5] *Joan.*, III, 11. — [6] S. August., ubi suprà.

Fils de Dieu qui m'assure; et je crois hardiment où je ne vois rien, parce que j'en crois celui qui voit tout (a).

Il me semble, chrétiens auditeurs, que l'autorité de ce divin Maître est suffisamment établie, et que nous devons être très-persuadés que c'est assez d'écouter sa voix pour connoître la vérité avec certitude. Mais tirons de cette doctrine importante quelque instruction pour notre conduite. Il faudroit commencer un nouveau discours pour vous dire tout le fruit qu'elle doit produire; mais parmi une infinité de grandes choses qui se présentent de toutes parts, voici une vérité que je vous choisis, et je me tiendrai bienheureux si je la puis aujourd'hui graver dans vos cœurs. Puisqu'il est ainsi, chrétiens, que nous sommes obligés de nous rapporter à ce que nous dit le Sauveur Jésus, résolvons, et résolvons immuablement de former tous nos jugemens, non sur les apparences des sens, ni sur les opinions anticipées dont la raison humaine nous préoccupe, mais sur la parole de Jésus-Christ, sur la doctrine de son Evangile. M'entendez-vous, mes frères; comprenez-vous ce que je veux dire? *Quis est vir sapiens qui intelligat hoc* [1] *?* Qui de nous juge selon Jésus-Christ et selon les règles qu'il nous a données? Ah! si nous jugions des choses selon ses maximes, que d'illusions seroient dissipées! que de folles pensées s'évanouiroient! que de vaines opinions tomberoient par terre! Quand on voit les fortunés de ce monde au milieu de la troupe qui leur applaudit, tous les sens disent : Voilà les heureux; Jésus-Christ nous dit au contraire : Ce ne sont pas là les heureux; « heureux ceux dont le Seigneur est le Dieu! » *Beatus populus cujus Dominus Deus ejus* [2] *!* C'est ce que vous dites, ô Maître céleste; mais que cette parole est peu écoutée! Nous nous laissons étourdir par le bruit de ceux qui nous crient perpétuellement qu'ils sont heureux, qu'ils sont fortunés dans leur vie molle et délicieuse; et parmi ce bruit importun, la voix du Sauveur demeure étouffée (b) et n'arrive pas jusqu'à nos oreilles.

Chrétiens, venez au Thabor, apprenez du Père céleste à écouter

---

[1] *Jerem.*, IX, 12. — [2] *Psal.* CXLIII, 15.

(a) *Var.* : Je crois avec joie ce que je ne vois pas, parce que je crois celui qui voit tout. — (b) Votre voix demeure.....

humblement son Fils : *Ipsum audite*. Qui pourroit vous faire comprendre toute la force de cette parole ? Cette parole du Père céleste sacrifie tous vos sentimens et abat toutes vos raisons aux pieds de son Fils. Mais qu'il a raison de nous reprocher que nous ne recevons pas son témoignage! *Testimonium nostrum non accipitis* [1]. Si vous le recevez, vous êtes obligés de désavouer tout ce qui s'oppose à ce qu'il témoigne. Par exemple, pour vous en convaincre, regardez ce que vous faites dans l'Eucharistie; tout est mort, il n'y a que l'ouïe qui vive, et elle ne vit que pour Jésus-Christ et ne connoît plus que sa voix. Dans cet adorable mystère tous vos sens vous trompent, excepté l'ouïe. La vue et le goût disent : C'est du pain; le toucher et l'odorat se joignent à eux; il n'y a que l'ouïe qui rapporte bien, parce qu'elle vous annonce en simplicité le témoignage de Jésus-Christ. Et pour bien recevoir ce grand témoignage, vous démentez votre propre vue, vous désavouez votre goût, vous résistez à votre raison pour abandonner tous vos sentimens à Jésus qui vous instruit par la seule ouïe. Eveillez-vous, mes frères, et rendez partout le même respect à celui qui est toujours infaillible. Que ce mystère que vous fréquentez tous les jours vous accoutume à juger des choses, non selon la prudence humaine, mais selon le témoignage qu'en rend le Sauveur (*a*). Imaginez-vous, chrétiens, mais que dis-je imaginez-vous? croyez que vous avez toujours Jésus près de vous, qui vous dit à l'oreille tout ce qu'il faut croire de ce qui se présente à vos yeux. C'est l'Ecriture qui vous l'enseigne, qu'il marche après vous comme un précepteur qui suit et qui conduit ses disciples, et qui ne cesse de les avertir de la voie qu'ils doivent suivre : *Et aures tuæ audient verbum post tergum monentis : Hæc est via* [2].

Soyez donc attentifs, mes frères, à ce précepteur qui vous parle, et réglez vos jugemens sur les siens. Vos sens vous disent : Ce plaisir est doux; écoutez, Jésus dit qu'il est très-amer : *Amarum est reliquisse te Dominum Deum tuum* [3]. Vos sens disent : Courons aux délices; et Jésus : « Malheur à vous qui riez, parce que vos ris produiront des pleurs [4]! » Vos sens disent : Ah! qu'il est pé-

---

[1] *Joan.*, III, 11. — [2] *Isa.*, XXX, 21. — [3] *Jerem.*, II, 19 — [4] *Luc.*, VI, 25.
(*a*) *Var.* : Que Jésus en rend.

nible de marcher dans la voie de Dieu! et Jésus au contraire, que « son joug est doux et que son fardeau est léger : » *Jugum meum suave est et onus meum leve* [1]. Croyez ces témoignages, fidèles; et persuadés de leur vérité, formez-vous des maximes invariables qui fixant à jamais (a) votre esprit sur des jugemens arrêtés, puissent aussi diriger vos mœurs par une conduite certaine. C'est ma seconde partie.

SECOND POINT.

Ipsum audite : « Ecoutez Jésus; » écoutez ses commandemens. Je vous ai dit, Messieurs, écoutez et croyez tout ce qu'il enseigne; je vous parle maintenant d'une autre manière et je vous dis : Ecoutez et faites. Mais pour vous le dire avec fruit, il faut tâcher de vous faire entendre la liaison qu'il doit y avoir entre la foi et les œuvres; et pour cela remarquez avant toutes choses que toute la vie chrétienne nous étant représentée dans les Ecritures comme un édifice spirituel, les mêmes Ecritures nous disent aussi que la foi en est le fondement. (b) C'est pourquoi saint Paul nous enseigne que « nous sommes fondés en la foi : » *In fide fundati* [2]. Or vous savez que le fondement a deux qualités principales : il est en premier lieu le commencement, et secondement il est le soutien de l'édifice qui se prépare. Donc pour bien connoître la foi, nous de-

---

[1] *Matth.*, XI, 30. — [2] *Coloss.*, I, 23.

(a) *Var.:* Fortement. — (b) Note marg. : *Ipsum audite :* « Ecoutez Jésus, » et écoutez ses commandemens; si vous avez créance à sa doctrine, venez à l'épreuve des œuvres, et montrez votre foi par vos actions : *Ostende ex operibus fidem tuam* (Jacob., II, 18). Et certainement, chrétiens, si nous en croyons sa parole, de quelque science que soit éclairé celui qui ne garde point ses préceptes, il ne doit pas se vanter de le connoître. Le disciple bien-aimé le dit nettement en sa Ire *Epître: Qui dicit se nosse eum, et mandata ejus non custodit, mendax est, et in hoc veritas non est* (1 Joan., II, 4) : « Celui qui dit qu'il le connoît, et ne garde pas ses commandemens, c'est un menteur, et la vérité n'est pas en lui. » Non, il ne connoît pas Jésus-Christ, parce qu'il ne le connoît pas comme il le veut être. Il le connoît comme un curieux qui se divertit de sa doctrine et ne songe pas à la pratique, ou qui en fait un sujet de spéculations agréables. Chrétiens, ce n'est pas ainsi que Jésus-Christ veut être connu; au contraire, il nous assure qu'il ne connoît pas ceux qui le connoissent de la sorte. Il veut des ouvriers fidèles, et non pas des contemplateurs oisifs; et ce n'est rien de la foi, si elle ne fructifie en bonnes mœurs. Mais afin de vous en convaincre, remarquez, s'il vous plaît, Messieurs, que toute la vérité chrétienne nous étant représentée dans les Ecritures comme un édifice spirituel, les mêmes Ecritures nous disent aussi que la foi en est le fondement.

vons juger en premier lieu qu'elle n'est qu'un commencement, et secondement qu'elle est destinée pour être le soutien de quelque chose. L'une et l'autre de ces qualités exige nécessairement la suite des œuvres, parce qu'en qualité de commencement elle nous oblige à continuer, et en qualité de soutien elle nous invite à bâtir dessus, et l'un et l'autre se fait par les œuvres.

Mais découvrons dans un plus grand jour ces deux importantes raisons. Croire, disons-nous, c'est commencer; et il est aisé de l'entendre. Car tout le dessein du christianisme n'étant que de soumettre notre esprit à Dieu, la foi, dit saint Augustin, commence cette œuvre : *Fides est prima quæ subjugat animam Deo*[1] *:* « La foi est la première qui soumet l'ame à Dieu ; » et le concile de Trente a défini que « la foi est le commencement du salut de l'homme : » *Fides est humanæ salutis initium*[2]. La foi est donc un commencement, c'est la première de ses qualités (a). Et plût à Dieu, Messieurs, que tous les chrétiens l'eussent bien compris ! car par là ils pourroient connoître que de s'en tenir à la foi sans s'avancer dans les bonnes œuvres, c'est s'arrêter dès le premier pas ; c'est abandonner tout l'ouvrage dès le commencement de l'entreprise et s'attirer justement ce reproche de l'Evangile : *Hic homo cœpit ædificare, et non potuit consummare*[3] *:* « Voilà ce fol et cet insensé qui avoit commencé un beau bâtiment, et qui ne l'a pas achevé ; » il a fait grand amas de matériaux, il a posé tous les fondemens d'un grand et superbe édifice ; et le fondement étant mis, tout d'un coup il quitte l'ouvrage. O le fol! ô l'extravagant! *Hic homo cœpit ædificare.*

Mais éveillez-vous, chrétien : c'est vous-même qui êtes cet homme insensé. Vous avez commencé un grand bâtiment ; vous avez déjà établi la foi qui en est le fondement immuable : pour poser ce fondement de la foi, quels efforts a-t-il fallu faire ? La place destinée pour le bâtiment étoit plus mouvante que le sable : chrétiens, c'est l'esprit humain, toujours chancelant dans ses

---

[1] *De Agon. christ.*, n. 14. — [2] *Sess.* VI, cap. VIII. — [3] *Luc.*, XIV, 30.

(a) *Var.:* Mais découvrons dans un plus grand jour ces deux importantes raisons : je conclus la première en peu de paroles, et la seconde qui sera plus de notre sujet, aura une plus grande étendue. La foi est donc un commencement, c'est la première de ses qualités.

pensées ; il a fallu l'affermir. Que de miracles, que de prophéties, que d'écritures, que d'enseignemens ont été nécessaires pour servir d'appui ! Il y avoit d'un côté des précipices, précipices terribles et dangereux de l'erreur et de l'ignorance, il a fallu les combler ; et de l'autre, « des hauteurs superbes qui s'élevoient, dit le saint Apôtre [1], contre la science de Dieu ; » il a fallu les abattre et les aplanir. Parlons en termes plus intelligibles : il a fallu s'aveugler soi-même, démentir et désavouer tous ses sens, renoncer à son jugement, se soumettre et se captiver dans la partie la plus libre, qui est la raison ; enfin que n'a-t-il pas fallu entreprendre pour poser ce fondement de la foi ? Et après de si grands efforts et tant de préparatifs extraordinaires, on laisse l'entreprise imparfaite et l'on met de beaux fondemens sur lesquels on ne bâtit rien : peut-on voir une pareille folie ? Et ne vois-tu pas, insensé, que ce fondement attend l'édifice, que ce commencement de la foi demande sa perfection par la bonne vie ; et que ces murailles à demi élevées, qui se ruinent parce qu'on néglige de les achever, rendent hautement témoignage contre ta folle et téméraire conduite ? Mais cela paroîtra bien mieux, si après avoir regardé la foi comme le commencement de l'édifice, nous considérons maintenant qu'elle n'est pas établie pour demeurer seule, mais pour servir de soutien à quelque autre chose. Car s'il est ainsi, chrétiens, qu'elle ne soit pas établie pour demeurer seule, mais pour servir d'appui à quelque autre chose, je vous laisse à juger en vos consciences quelle injure vous faites au divin Sauveur, si ayant mis en vos ames un fondement si inébranlable, vous craignez encore de bâtir dessus : n'est-ce pas lui dire manifestement que vous vous défiez du soutien qu'il vous présente et que vous n'osez vous appuyer sur sa parole ; c'est-à-dire que sa foi vous paroît douteuse, sa doctrine mal soutenue, ses maximes peu assurées ?

    Mais laissons ces justes reproches, pour prouver solidement par les Ecritures que la foi ne nous est donnée que pour être le soutien des œuvres ; et vous en serez convaincus, si vous méditez attentivement le conduite de notre Sauveur tant qu'il a été en ce

[1] II *Cor.*, x, 5.

monde. Il y a accompli de grands mystères, il nous y a donné de grands préceptes. Mais afin que ce qu'il faut croire nous apprît comme il faut agir, il a tellement ménagé les choses, que les mystères qu'il a accomplis fussent le soutien et le fondement des préceptes qu'il a donnés. Saint Augustin, Messieurs, vous fera entendre cette vérité, et il nous l'explique admirablement dans le livre qu'il a écrit *de Agone christiano*, où, suivant le divin Apôtre, il appuie toute la vie chrétienne et la liaison des préceptes avec les mystères sur Jésus-Christ humilié et sur le mystère de sa croix. O hommes, dit-il, n'aimez pas le monde, voilà le précepte, parce que s'il étoit aimable, le Fils de Dieu l'auroit aimé, voilà le mystère : *Nolite amare temporalia, quia si bene amarentur, amaret ea homo quem suscepit Filius Dei*[1]. Ne vous attachez pas aux richesses, parce que si elles étoient nécessaires, le Fils de Dieu ne seroit pas pauvre; ne craignez ni les souffrances ni l'ignominie, parce que si elles nuisoient à notre bonheur, un Dieu n'y seroit pas exposé. Ainsi vous voyez manifestement que toutes les choses que Jésus commande ont leur fondement immuable sur celles qu'il a accomplies, et que s'il nous prescrit dans son Evangile une vie pénitente et mortifiée, c'est à cause qu'il nous y paroît comme un Dieu anéanti et crucifié (*a*). C'est pour cela que sur le Thabor, où l'on nous ordonne d'écouter sa voix, de quoi est-ce qu'il s'entretient avec Moïse et Elie? De sa croix, dit l'Evangéliste, et de la mort qu'il devoit souffrir à Jérusalem : *Dicebant excessum ejus quem completurus erat in Jerusalem*[2]. Pour quelle raison, mon divin Sauveur, et qu'a de commun ce discours avec la gloire qui vous environne? C'est, mes frères, que ce qu'il commande étant fondé sur ce qu'il a fait, il nous propose ce qu'il a fait pour disposer nos esprits à suivre humblement ce qu'il commande : *Ipsum audite :* « Ecoutez Jésus; » écoutez-le, croyez ce qu'il fait ; mais écoutez-le, faites ce qu'il dit.

Mais permettez-moi, chrétiens, d'étendre davantage cette vérité si solide et si importante, et de vous expliquer le dessein pour lequel le Sauveur Jésus, dans cet état auguste et majestueux où

---

[1] S. August., *De Agon. christ.*, cap. XI, n. 12. — [2] *Luc.*, IX, 31.

(*a*) *Var.* : C'est à cause qu'il nous y propose un Dieu anéanti et crucifié.

il nous paroit au Thabor, ne parle que de sa croix et de ses souffrances. Chrétien, ne le vois-tu pas et ne l'as-tu pas encore entendu? C'est qu'il a dessein de te préparer à écouter ses préceptes; il veut lever les difficultés que tu trouves à suivre ses commandemens et à marcher dans ses voies. En effet, pour ôter ces difficultés, il faut nous inspirer du courage et nous donner de la force. Pour nous inspirer du courage, que peut-il faire de plus efficace que de marcher le premier (*a*) dans la carrière qu'il nous a ouverte tout couvert de sueur et de sang, poursuivant tout ce que les hommes fuient, méprisant tout ce qu'ils désirent, souffrant volontairement tout ce qu'ils redoutent : *Omnia contemnendo quæ pravi homines cupiunt, et omnia patiendo quæ horrescunt* [1]; et dans cet état de souffrances, nous disant d'un ton ferme et vigoureux : *In mundo pressuram habebitis; sed confidite, ego vici mundum* [2] *:* Mes disciples, je le confesse, « vous aurez à souffrir au monde; mais prenez courage, j'ai vaincu le monde? » Se peut-il trouver des ames si basses, qui ne soient encouragées par cet exemple (*b*)? Que si vous vous plaignez, chrétiens, que vos forces ne suffisent pas pour suivre ce Dieu qui vous appelle (vous me faites tous cette objection, je lis dans vos cœurs), regardez que non-seulement il marche devant, mais encore qu'il se tourne à vous pour vous tendre sa main charitable. Quelle preuve en avons-nous? Ses souffrances mêmes. Saint Paul dans l'*Epître aux Hébreux* : *In eo enim in quo passus est ipse et tentatus, potens est et iis qui tentantur auxiliari* [3] *:* « Par les choses qu'il a souffertes, il nous montre qu'il est puissant pour prêter secours à ceux qui souffrent. » Mystère admirable! Messieurs, il prouve sa puissance par sa foiblesse, et avec beaucoup de raison. Car il est juste que celui qui s'est fait infirme par sa bonté, devienne l'appui des autres par sa puissance, et que pour honorer la foiblesse qu'il a prise volontairement (*c*), il soit le support de ceux qui sont foibles par nécessité. Ne craignons donc pas, chrétiens, de suivre

---

[1] S. August., *De Verâ relig.*, n. 31. — [2] *Joan.*, XVI, 33. — [3] *Hebr.*, II, 18.

(*a*) *Var.:* Pour nous inspirer du courage, qu'y a-t-il de plus efficace que de le voir marcher le premier dans la carrière....? — (*b*) Que cet exemple n'encourage pas? — (*c*) Et qu'en échange de la foiblesse qu'il a prise volontairement.....

Jésus-Christ dans la voie étroite, et d'écouter un Dieu marchant devant, nous donnant l'exemple, se retournant, nous tendant la main (*a*).

Par conséquent écoutons (*b*) la voix de ce Maître si charitable : *Ipsum audite :* « Ecoutons Jésus ; » mais écoutons-le comme il parle, prenons ses sentimens comme il nous les donne. Car combien en voyons-nous tous les jours qui s'approchent du Fils de Dieu, non pour recevoir la loi, mais pour la donner, pour le faire parler à leur mode, selon les préjugés de leurs passions et au gré de leurs convoitises? Tels sont ceux dont parle Isaïe : « Voici, dit-il, un peuple rebelle qui irrite la fureur de Dieu ; ce sont des enfans menteurs, enfans rebelles et opiniâtres qui ne veulent pas écouter la loi de Dieu (*c*) : » *Populus ad iracundiam provocans est, et filii mendaces*[1]. De tels hommes disent aux voyans : « Ne voyez pas ; aveuglez-vous pour nous plaire ; ne nous montrez pas la droite voie : » *Nolite aspicere nobis quæ recta sunt*[2] *:* ce n'est pas ce que nous cherchons, nous voulons des détours commodes ; nous demandons des expédiens pour assouvir nos vengeances, pour pallier nos usures, pour continuer nos rapines, pour contenter nos mauvais désirs : *Loquimini nobis placentia, videte nobis errores*[3] *:* « Dites-nous des choses qui nous plaisent, débitez-nous des erreurs agréables (*d*). » Que si quelque docteur véritable, de ceux dont parle l'apôtre saint Paul, « qui traitent droitement et fidèlement la parole de vérité[4], » au lieu de cette voie large et spacieuse qui nous mène à perdition, leur montre le chemin du salut dans une vie mortifiée (*e*) : « Otez-nous, disent-ils, cette voie : » *Auferte à me viam, declinate à me semitam*[5] *:* ôtez-nous cette voie, elle est trop incommode ; « tirez-nous de ce sentier, » il est trop étroit. S'il les presse par l'Evangile et qu'il leur dise : C'est Jésus qui parle : — Ah ! nous ne voulons point entendre sa voix, elle nous fâche

---

[1] *Isa.*, XXX, 9. — [2] *Ibid.*, 10. — [3] *Ibid.* — [4] II *Timoth.*, II, 15. — [5] *Isa.*, XXX, 11.

(*a*) *Var.* : Ne craignons donc pas, chrétiens, de suivre Jésus-Christ dans la voie étroite et d'écouter sa parole qui nous y appelle. Il ne nous appelle pas seulement, mais il marche devant pour nous enflammer ; il ne marche pas seulement devant, mais il nous tend la main pour nous soutenir. — (*b*) Quoi ! refuserez-vous d'écouter...? — (*c*) Tels sont ceux qui consultent pour être trompés, qui ne trouvent de bons conseils que ceux qui les flattent, qui cherchent à se damner en conscience. — (*d*) Trompez-nous par des erreurs agréables. — (*e*) Pénitence.

et nous importune : *Cesset à facie nostrâ Sanctus Israel*[1] *:* qu'il n'y ait aucune partie de nous-mêmes qui fléchisse.

Ainsi, mes frères, l'arrogance humaine emportée par ses passions ne veut point écouter le Sauveur Jésus, s'il ne parle à sa fantaisie. Et jugeons-en par nous-mêmes, mettons la main sur nos consciences. Qui de nous, s'il en étoit cru, n'entreprendroit pas de changer et de réformer l'Evangile en faveur de ses convoitises? Il y a des vices que nous haïssons par une aversion naturelle; et il n'y a point d'homme si corrompu, qu'il n'y ait quelque péché qui lui déplaise. Ah! que nous aimons l'Evangile lorsqu'il condamne ces vices que nous détestons! Celui-là sera d'un naturel doux, ennemi du trouble et de l'injustice : tonnez tant qu'il vous plaira, ô divin Sauveur, contre les rapines et les violences, il applaudira à votre doctrine; mais si vous lui ôtez ces plaisirs si chers, que votre parole lui paroîtra rude! il ne pourra plus l'écouter. Un autre, naturellement libéral, entendra toujours avec joie ce qui se dira contre l'avarice; mais qu'on ne lui défende pas la médisance; qu'on lui permette de venger cette injure, qu'on lui laisse envelopper ses ennemis ou ses concurrens dans une intrigue malicieuse (a). O folie! ô témérité (b)! « Sauvez-nous, sauvez-nous, Seigneur, disoit autrefois le Prophète, parce qu'il n'y a plus de saint sur la terre, et que les vérités sont diminuées par la malice des hommes : » *Diminutæ sunt veritates*[2]. Elles ne sont pas tout à fait éteintes, il y en a qui plaisent à quelques-uns; mais par une audace effroyable, chacun les diminue à sa mode, chacun retranche ce qui lui déplaît. Les hommes se sont mêlés de mettre une distinction entre les vices : il y en a qu'on laisse dans l'exécration, comme la cruauté et la perfidie; il y en a qu'on veut rendre honnêtes, par exemple ces passions douces, comme l'ambition, et ainsi des autres. Malheureux, qu'entreprenez-vous? « Jésus-Christ est-il divisé? » *Divisus est Christus*[3]? Celui qui commande la fidélité, n'a-t-il pas commandé la tempérance (c)? Celui qui défend la cruauté, n'a-t-il pas aussi défendu toutes ces douceurs crimi-

---

[1] *Isa.*, XXX, 11. — [2] *Psal.* XI, 2. — [3] I *Cor.*, I, 13.

(a) *Var.:* Qu'on lui laisse embarrasser cette affaire dans une intrigue malicieuse. — (b) Mon Sauveur, que vous êtes rude! on ne peut s'accommoder avec vous. — (c) La modération.

nelles? Pourquoi partagez-vous Jésus-Christ? Pourquoi défigurez-vous sa doctrine par cette distinction injurieuse? Que vous a fait l'Evangile pour le déchirer de la sorte? *Quid dimidias mendacio Christum? totus veritas fuit* [1]. Est-ce donc que l'Evangile de Jésus-Christ n'est qu'un assemblage monstrueux de vrai et de faux, et qu'il en faut prendre une partie et rejeter l'autre? *Totus veritas :* Il est tout sagesse, tout lumière et tout vérité.

Mais, chrétiens, que faut-il donc faire pour écouter fidèlement ce Maître céleste? Le voici en un mot de saint Augustin dans le livre de ses *Confessions : Optimus minister tuus est, qui non magis intuetur hoc à te audire quod ipse voluerit, sed potiùs hoc velle quod à te audierit* [2] *:* « Celui-là est votre serviteur véritable, qui s'approche de vous, ô Sauveur, non pas pour entendre ce qu'il veut, mais plutôt pour vouloir ce qu'il entend. » Parole vraiment sainte, vraiment chrétienne et digne certainement d'être toujours présente à notre mémoire. C'est ainsi que vous devez écouter Jésus comme un maître dont vous venez recevoir la loi, en désavouant humblement tout ce qui se trouve contraire à ses volontés; et si vous le faites, Messieurs, ô Dieu! quelle sera votre récompense! Il fera un jour ce que vous voudrez, après que vous aurez fait ce qu'il veut; et si vous accomplissez ses préceptes, il accomplira ses promesses. C'est ce qui me reste à vous dire et que je conclurai en peu de paroles.

TROISIÈME POINT.

Saint Thomas en sa Seconde de la Seconde, question LXXXVIII, où il traite de la nature du vœu [3], établit cette différence entre le commandement et la promesse, que le commandement règle et détermine ce que les autres doivent faire à notre égard, et la promesse au contraire ce que nous devons faire à l'égard des autres. Ainsi, Messieurs, après avoir ouï à quoi la parole de Jésus-Christ nous oblige envers lui par les préceptes, il est juste que vous entendiez à quoi il s'oblige envers vous par ses promesses. *Ipsum audite;* écoutez Jésus dans les promesses de son Evangile; et afin que

---

[1] Tertull., *De Carn. Christ.*, n. 5. — [2] Lib. X, cap. XXVI. — [3] II^a II^æ, *Quæst.* LXXXVIII, art. 1.

vous entendiez quelle estime vous devez faire de cette promesse, concevez s'il vous plaît avec attention, Messieurs, dans quel ordre et par quelle suite Dieu s'engage à vous. Premièrement, il vous promet ; secondement pour vous rassurer, il confirme par serment toutes ses promesses : non content d'avoir engagé sa fidélité, il nous envoie son Fils du ciel en la terre, pour nous réitérer la même parole et nous persuader de sa bienveillance ; et enfin pour nous ôter tout scrupule, il nous donne comme un avant-goût de la félicité qu'il nous a promise, dans la glorieuse transfiguration de notre Seigneur Jésus-Christ. C'est cette dernière circonstance qu'il nous faut examiner en peu de paroles.

C'étoit déjà une grande grace qu'il eût plu à notre grand Dieu de s'engager à nous par des promesses. Car, comme remarque très-bien le grand saint Thomas, « celui qui promet quelque chose le donne déjà en quelque façon, en tant qu'il s'oblige à le donner : » *Qui promittit, in quantùm se obligat ad dandum, jam quodammodo dat* [1]. Il veut dire que celui qui nous a promis, encore qu'il ne nous mette pas par cette promesse dans une possession actuelle, néanmoins il s'est en quelque sorte dessaisi lui-même en s'ôtant la liberté d'en disposer d'une autre manière. C'est pourquoi, dit le même saint Thomas, il paroît par l'usage des choses humaines qu'on rend graces non-seulement à celui qui donne, mais encore à celui qui promet, quand il paroît agir de bonne foi, parce qu'encore que le bien que l'on nous promet ne soit pas encore à nous par une possession actuelle, il est déjà à nous par engagement, et que celui qui promet quelque chose, s'est déjà en quelque sorte dessaisi lui-même en s'ôtant la liberté d'en disposer d'une autre manière. Par conséquent il faut avouer que Dieu se liant à nous par ses promesses, nous donnoit un merveilleux avantage.

Mais il fait en notre faveur quelque chose de bien plus grand dans la glorieuse transfiguration de notre Seigneur Jésus-Christ. Il connoît notre dureté et notre cœur incrédule : il sait que la vie future ne nous touche pas ; elle nous paroît éloignée, et cependant nos esprits grossiers, amusés ou emportés par les biens pré-

---

[1] II^a II^æ, *Quæst.* LXXXVIII, art. 5 ad. 2.

sens, ne connoissent pas les délices de ce bienheureux avenir. Que fera ce divin Sauveur ? Ecoutez un conseil de miséricorde : « En vérité, en vérité, je vous dis, il y en aura parmi vous, dit-il, qui ne goûteront point la mort qu'ils n'aient vu le Fils de Dieu dans sa gloire et dans son royaume : » *Sunt de hic stantibus qui non gustabunt mortem, donec videant Filium hominis venientem in regno suo* [1]. Je veux aider vos sens, je veux soulager votre infirmité. Si cette félicité que je vous promets vous semble trop éloignée pour vous attirer, je veux vous la rendre présente ; je la ferai voir à quelques-uns de vous qui pourront en rendre témoignage aux autres. Peu de jours après avoir dit ces mots, il mène au Thabor trois de ses disciples [2], et comme il étoit en prière (car, mes frères, c'est dans l'oraison que la gloire de Dieu éclate sur nous), comme donc il étoit en prière, cette lumière infinie (a) qui étoit cachée sous l'infirmité de sa chair, perçant tout à coup ce nuage épais avec une force incomparable, « sa face éclata comme le soleil, et une blancheur admirable se répandit sur ses vêtemens [3]. »

Voilà, mes frères, une belle idée de la gloire qui nous est promise. Car combien a-t-elle d'éclat, puisqu'elle efface le soleil même ! Et combien est-elle abondante, puisqu'ayant rempli tout le corps, elle passe jusqu'aux vêtemens ! Aussi Pierre, ravi d'un si beau spectacle, s'écrie transporté et tout hors de soi : « O Seigneur, qu'il fait bon ici, » et que je serai bienheureux si je ne perds jamais cette belle vue ! *Bonum est nos hic esse* [4]. Que s'il est si fort transporté de joie en voyant seulement la gloire du corps, que seroit-ce donc, chrétiens, si Jésus lui découvroit celle de son âme ? Mais s'il voyoit la beauté incompréhensible de son essence divine sans nuage, sans mélange, sans obscurité et telle qu'elle est en elle-même, ô Dieu, quelle seroit son extase ! Mais puisqu'il se croit si heureux de voir son Maître en sa majesté, quoiqu'il n'ait point encore de part à sa gloire (b), quel seroit son ravissement s'il s'en voyoit revêtu lui-même ! O mes frères, écoutons Jésus et laissons-nous toucher à ses promesses qu'il nous

---

[1] *Matth.*, xvi, 28. — [2] *Ibid.*, xvii, 1. — [3] *Ibid.*, 2. — [4] *Ibid.*, 4.
(a) *Var.:* Cette gloire infinie. — (b) Sans participer encore à sa gloire.

rend déjà si sensibles. *Ipsum audite :* « Ecoutez-le. » Ecoutez la parole de sa promesse. Quelle est-elle ? La voici, Messieurs, telle qu'il l'a prononcée lui-même : *Qui perseveraverit usque in finem, hic salvus erit*[1] *:* « Celui qui persévérera jusqu'à la fin, c'est celui-là qui sera sauvé. » Que veut dire cette parole ? Croyez sa promesse avec certitude, attendez l'effet avec patience.

Mais, hélas ! qui le fait, Messieurs ? qui se rend attentif à cette parole ? L'entendez-vous, ô hommes du monde, qui enivrés par les biens présens, faites une raillerie de la vie future ? Oserai-je (a) répéter dans cette chaire les discours que vous en tenez ? Ah ! plutôt que Dieu qui sonde les cœurs vous mette devant les yeux vos sentimens ! N'êtes-vous pas de ceux qui parlent ainsi dans le prophète Isaïe : « Ah ! que le Seigneur se dépêche ; qu'il nous fasse voir bientôt son ouvrage, s'il veut que nous le croyions ; qu'il nous fasse expérimenter quelque chose de ses desseins, et nous n'en douterons pas ? » *Festinet, et citò veniat opus ejus, ut videamus, et appropiet et veniat consilium sancti Israel, et sciemus illud*[2]. Reconnoissez aujourd'hui vos sentimens dans la bouche de ces impies. Ne pensez-vous pas tous les jours : Ah ! qui nous dira des nouvelles de cet avenir qu'on nous promet ? Toujours attendre, toujours espérer ! Et cependant tout le présent nous échappe : *Festinet, et citò veniat opus ejus.* Le monde nous donne des plaisirs présens, et Dieu nous remet à une autre vie. *Festinet ;* ah ! qu'il se dépêche, qu'il ne nous rejette pas à un si long terme ! Nous ne pouvons pas attendre si loin : *Citò veniat opus ejus.* — Ah ! loin de nous ces discours profanes, loin de nous ce langage impie ! *Ipsum audite :* Ecoutez Jésus dans la parole de sa promesse ; ne doutez pas, ne vous lassez pas : ah ! ne doutez pas, chrétiens, Dieu l'a dit, vous serez sauvés : *Hic salvus erit.* Mais, chrétiens, ne vous lassez pas ; il faut persévérer jusqu'à la fin : *Qui perseveraverit usque in finem.* O justes, ô fidèles, ô enfans de Dieu, c'est ici la voix qu'il vous faut entendre. Où êtes-vous dans cette assemblée ? Il y en a, je n'en doute pas ; ah ! que nous ne soyons pas assez malheureux

---

[1] *Matth.,* x, 22. — [2] *Isa.,* v, 19.
(a) *Var. :* Puis-je.

qu'il n'y ait point de justes dans un si grand peuple ! O justes, c'est à vous que je parle ; je vous parle sans vous connoître ; mais Dieu que vous connoissez et qui vous connoît, saura bien porter ma voix dans vos cœurs : *Qui perseveraverit, hic salvus erit.* Oui, c'est la parole qu'il vous faut entendre : *Vox exultationis et salutis in tabernaculis justorum* [1]. C'est cette parole dont il est écrit : « Mes brebis entendent ma voix [2]. » — « C'est cette parole, dit saint Augustin, que nul des étrangers n'écoute, que nul des enfans ne rejette : » *Hanc vocem non negligit proprius, non audit alienus* [3]. Plusieurs écoutent Jésus-Christ dans d'autres paroles ; mais que celle-ci est entendue de peu de personnes ! Celui-là est maintenant chaste, peut-être sera-t-il bientôt impudique ; celui-là lassé de ses crimes, les va expier par la pénitence. Il écoute parler Jésus-Christ ; mais, ô voix sacrée, ô parole de persévérance, il ne t'entend pas ! la tentation s'élève, il succombe ; l'occasion se présente, il s'y laisse aller. O parole de persévérance, il ne t'entend pas ! néanmoins c'est le sceau de l'obéissance. Ecoutez-la, ô enfans de Dieu, et ne perdez pas votre couronne. La tentation vous presse, ah ! « persévérez jusqu'à la fin, parce que la tentation ne durera pas jusqu'à la fin : » *Persevera usque in finem, quia tentatio non perseverat usque in finem* [4]. — Mais cet homme m'opprime par ses violences : — *Et adhuc pusillùm, et non erit peccator* [5]. Mais que ce délai est ennuyeux ! *Infirmitas facit diu videri quod citò est* [6]. « Il nous semble long quand il se passe ; » mais *hoc modicum longum nobis videtur, quoniam adhuc agitur ; cùm finitum fuerit, tunc sentiemus quàm modicum fuerit* [7].

Que si les promesses ne vous touchent pas, écoutez la parole de ses menaces. Je n'en ai point parlé, parce que l'intention de Notre-Seigneur n'est pas de nous montrer aujourd'hui rien qui soit terrible. Il n'est venu apporter que le salut : *Non enim veni ut judicem mundum* [8]. Mais enfin contraint par nos crimes...., *fugere à venturâ irâ* [9], la colère qui nous poursuit ; *jam enim securis ad*

---

[1] *Psal.* CXVII, 15. — [2] *Joan.*, X, 27. — [3] Tract. XLV *in Joan.*, n. 13. — [4] *Ibid.* — [5] *Psal.* XXXVI, 10. — [6] S. August., serm. I *in Psal.* XXXVI, n. 10. — [7] Tract. CI *in Joan.*, n. 6. — [8] *Joan.*, XII, 47. — [9] *Matth.*, III, 7.

radicem arborum posita est [1]. *Inutilem servum ejicite in tenebras exteriores* [2]. O paroles terribles! *Irritam quis faciens legem Moysi, sine ullâ miseratione duobus vel tribus testibus moritur : quantò magis putatis deteriora mereri supplicia, qui Filium Dei conculcaverit, et sanguinem Testamenti pollutum duxerit, in quo sanctificatus est, et Spiritui gratiæ contumeliam fecerit* [3]. Pour éviter toutes ces menaces, mes frères, écoutons le Sauveur Jésus, croyons humblement ce qu'il enseigne, suivons fidèlement ce qu'il commande, et nous aurons infailliblement ce qu'il promet, la félicité éternelle. *Amen.*

SECOND SERMON

POUR

LE IIe DIMANCHE DE CARÊME,

SUR LA PAROLE DE DIEU (a).

Hic est Filius meus dilectus in quo mihi bene complacui; ipsum audite.
Celui-ci est mon Fils bien-aimé dans lequel je me suis plu; écoutez-le.
Matth., XVII, 5.

Je n'entreprends pas de vous raconter toute la gloire du Thabor, ni toute la magnificence de la transfiguration de notre

---

[1] *Matth.*, III, 10. — [2] *Ibid.*, XXV, 30. — [3] *Hebr.*, X, 28, 29.

(a) *Exorde.* — L'autel et la chaire : alliance.
Premier point. — Dispositions du prédicateur. *Et si habes brachium sicut Deus, et si voce simili tonas* (Job, XL, 4)?
Second point. — Attention. Quelle elle doit être. Où elle doit être. Non dans l'esprit, mais dans le cœur.
Troisième point. — On écoute la prédication comme si c'étoit une comédie. Mouvement artificiel, trompeur et de peu de durée.
Manière d'enseigner de Dieu. Se justifie par ses œuvres.
Modestie devant le sermon. *Et noluerunt attendere, et averterunt scapulam recedentem, et aures suas aggravaverunt ne audirent. Et cor suum posuerunt ut adamantem, ne audirent legem, et verba quæ misit Dominus exercituum in spiritu suo per manum prophetarum priorum : et facta est indignatio magna à Domino*

Sauveur (a). Je ne vous dirai pas avec saint Basile de Séleucie [1] que le soleil, plus surpris qu'au jour qu'il fut arrêté par Josué, fut étonné d'apercevoir un autre soleil plus resplendissant que lui, et ce qu'il n'avoit jamais vu jusqu'à ce temps, de se voir obscurci lui-même par une lumière étrangère, lui devant qui toute autre lumière cède et disparoît.

Je m'arrête à écouter cette voix du Père céleste : C'est ici mon Fils bien-aimé dans lequel je me suis plu; écoutez-le. Mais je ferai une remarque qui me semble très-importante. Moïse et Elie avoient paru auprès du Sauveur en grande majesté : *Visi in majestate* [2] : la loi et les prophètes viennent lui rendre témoignage (b) et le reconnoître. Mais ce qui nous doit faire entendre l'autorité du Seigneur Jésus, c'est que saint Marc et saint Luc ont observé qu'en même temps que fut entendue cette voix du Père céleste qui nous commande d'écouter son Fils, Moïse et Elie disparurent; ils entrèrent dans une nuée, et Jésus se trouva tout seul : *Et dùm fieret vox, inventus est Jesus solus* [3]. Que si vous me demandez d'où vient que Moïse et Elie se cachent à cette parole, je vous en expliquerai le mystérieux secret, tel qu'il nous est exposé par le Docteur des Gentils dans la divine *Epître aux Hébreux*. « Dieu, dit le grand Apôtre [4], ayant parlé autrefois à nos pères en différentes

---

[1] Orat. *in Transfigurat. Domini.* — [2] *Luc.*, IX, 31. — [3] *Ibid.*, 36; *Marc.*, IX, 7. — [4] *Hebr.*, I, 1.

exercituum. Et factum est sicut locutus est, et non audierunt : Sic clamabunt, et non exaudiam, dicit Dominus exercituum (Zach., VII, 11-13).

Ce sermon a été prêché dans le Carême du Val-de-Grâce, en 1663, devant les religieuses de la communauté, Anne d'Autriche et plusieurs personnes de la Cour.

Au milieu de l'analyse qu'on lisoit tout à l'heure et qui est tracée sur le dos d'une lettre imprimée, se trouvent ces mots : « Devant la Roine. » La reine mère recherchoit, comme nous l'apprennent les mémoires du temps, les prédicateurs qui annonçoient la parole divine dans son austère sévérité, sans ménagement pour l'orgueil et les passions. Répondant à ces saintes dispositions, Bossuet dit dans le premier point que le prédicateur doit être « un miroir où Jésus-Christ paroisse en sa vérité, un canal d'où sortent en leur pureté les eaux vives de son Evangile. » Et dans l'exorde : « C'est principalement aux rois de la terre qu'il faut apprendre à écouter Jésus-Christ dans les saintes prédications, afin qu'ils entendent du moins en public cette vérité qu'on leur déguise en particulier par tant de sortes d'artifices. »

(a) *Var.* : Dans le mystère de la transfiguration, je ne m'arrêterai pas à cette lumière, à cette majesté, à cet éclat qui éblouit les yeux des apôtres. — (b) Hommage.

manières par la bouche des prophètes (remarquez ces mots, *autrefois, maintenant, dans les derniers temps*), il nous a parlé par son propre Fils. » C'est pourquoi dans le même temps que Jésus-Christ paroît comme maître, Moïse et Elie se retirent (*a*); la loi, tout impérieuse qu'elle est, tient à gloire de lui céder; les prophètes, tout clairvoyans qu'ils sont, se vont néanmoins cacher dans la nuée, comme s'ils disoient au divin Jésus par cette action : Nous avons parlé autrefois au nom et par l'ordre de votre Père : *Olim Deus;* maintenant que vous ouvrez votre bouche, et que « l'Unique qui étoit dans le sein du Père [1] » vient lui-même expliquer les secrets du Ciel, notre commission est expirée, notre autorité se confond dans l'autorité supérieure; et n'étant que les serviteurs, nous cédons humblement la parole au Fils.

Chrétiens, c'est cette parole du Fils qui résonne de tous côtés dans les chaires évangéliques. Ce n'est plus sur la chaire de Moïse que nous sommes assis, mais sur la chaire de Jésus-Christ, d'où nous faisons retentir sa voix et son Évangile. Venez apprendre dans quel esprit on doit écouter notre parole, ou plutôt la parole du Fils de Dieu même, par les prières de celle qui le conçut, dit saint Augustin, premièrement par l'ouïe, et qui, par l'obéissance qu'elle rendit à la parole éternelle, se rendit digne de la concevoir dans ses bénites entrailles. *Ave, Maria.*

Le temple de Dieu, chrétiens, a deux places augustes et vénérables, je veux dire l'autel et la chaire. (*b*) Là se présentent les requêtes, ici se publient les ordonnances; là les ministres des choses sacrées parlent à Dieu de la part du peuple, ici ils parlent au peuple de la part de Dieu; là Jésus-Christ se fait adorer dans la vérité de son corps, il se fait reconnoître ici dans la vérité de sa parole (*c*). Il y a une très-étroite alliance entre ces deux places sacrées, et les œuvres qui s'y accomplissent ont un rapport admirable. De l'un et de l'autre de ces deux endroits est distribuée aux enfans de Dieu une nourriture céleste : Jésus-Christ prêche dans

---

[1] *Joan.*, I, 18.

(*a*) *Var.:* Disparoissent. — (*b*) *Note marg.:* On peut ajouter le tribunal de pénitence. — (*c*) *Var.:* Doctrine.

l'un et dans l'autre. Là rappelant en notre pensée la mémoire de sa passion et nous apprenant par même moyen à nous sacrifier avec lui, il nous prêche d'une manière muette ; ici il nous donne des instructions animées par la vive voix. Et si vous voulez encore un plus grand rapport, là par l'efficace du Saint-Esprit et par des paroles mystiques auxquelles on ne doit point penser sans tremblement, se transforment les dons proposés au corps de notre Seigneur Jésus-Christ ; ici par le même esprit et encore par la puissance de la parole divine, doivent être secrètement transformés (a) les fidèles de Jésus-Christ pour être faits son corps et ses membres.

C'est à cause de ce rapport admirable entre l'autel et la chaire, que quelques docteurs anciens n'ont pas craint de prêcher aux fidèles qu'ils doivent approcher de l'un et de l'autre avec une vénération semblable ; et sur ce sujet, chrétiens, vous serez bien aises d'entendre des paroles remarquables de saint Augustin, qui sont renommées parmi les savans (b) et que je rapporterai en leur entier dès le commencement de ce discours, auquel elles doivent servir de fondement. Voici comme parle ce grand évêque : « Je vous demande, mes frères, laquelle de ces deux choses vous semble de plus grande dignité, la parole de Dieu ou le corps de Jésus-Christ ? Si vous voulez dire la vérité, vous répondrez sans doute que la parole de Jésus-Christ ne vous semble pas moins estimable que son corps ; ainsi donc, autant que nous apportons de précaution pour ne pas laisser tomber à terre le corps de Jésus-Christ qu'on nous présente, nous en devons autant apporter pour ne pas laisser tomber de notre cœur la parole de Jésus-Christ qu'on nous annonce, parce que celui-là n'est pas moins coupable qui écoute négligemment la sainte parole, que celui qui laisse tomber par sa faute le corps même de Jésus-Christ [1]. » Voilà les propres termes de saint Augustin (c), qui me donnent lieu, chrétiens, d'approfondir aujourd'hui ce secret rapport entre le mystère de l'Eucharistie et le ministère de la parole, parce que je ne trouve rien de plus efficace pour attirer

---

[1] S. August., *Serm.* ccc, n. 2. Append.

(a) *Var. :* Consacrés. — (b) Connues des savans. — (c) Les critiques modernes disent que le sermon qui renferme ces paroles n'est pas de saint Augustin, mais de saint Césaire, archevêque d'Arles, mort en 542. Les Bénédictins ont rejeté ce sermon dans l'appendice des œuvres de saint Augustin.

le respect à la sainte prédication, ni rien aussi de plus convenable pour expliquer les dispositions avec lesquelles il la faut entendre.

Ce rapport dont nous parlons consiste en trois choses que je vous prie d'écouter attentivement. Je dis premièrement, chrétiens, qu'avec la même religion que vous désirez que l'on vous donne à l'autel la vérité du corps de Notre-Seigneur, vous devez désirer aussi que l'on vous prêche en la chaire la vérité de sa parole : c'est la première disposition. Mais il faut encore passer plus avant. Car comme il ne suffit pas que vous receviez au dehors la vérité de ce pain céleste, et que vous vous sentez obligés d'ouvrir (a) la bouche du cœur plutôt même que celle du corps ; ainsi pour bien entendre la sainte parole, vous devez être attentifs au dedans, et prêter l'oreille du cœur. Ce n'est pas assez, chrétiens, et voici la perfection du rapport et la consommation du mystère. Comme en recevant dans le cœur cette nourriture sacrée, vous devez tellement vous en sustenter qu'il paroisse à votre bonne disposition que vous avez été nourris à la table du Fils de Dieu, ainsi vous devez profiter de sorte de sa parole divine, qu'il paroisse par votre vie que vous avez été instruits dans son école. Si vous vous mettez aujourd'hui dans ces saintes dispositions, vous écouterez Jésus-Christ de la manière qu'il veut qu'on l'écoute : *Ipsum audite.* Vous écouterez au dehors la vérité de sa parole ; vous écouterez au dedans sa prédication intérieure ; enfin vous l'écouterez par une fidèle pratique, en vous montrant ses disciples par l'obéissance : *Ipsum audite.*

Madame, cette matière est digne de l'audience que nous donne aujourd'hui Votre Majesté. C'est principalement aux rois de la terre qu'il faut apprendre à écouter Jésus-Christ dans les saintes prédications, afin qu'ils entendent du moins en public cette vérité qu'on leur déguise en particulier par tant de sortes d'artifices, et que la parole de Dieu qui est un ami qui ne flatte pas, les désabuse des flatteries de leurs courtisans. Votre Majesté, Madame, y donne peu d'attention ; et comme elle est déjà prévenue d'un grand amour pour la vérité, elle croira facilement ce que je vais

(a) *Var.* : Car comme il ne suffit pas, en recevant au dehors la vérité de ce pain céleste, que vous vous sentiez obligé d'ouvrir.....

tâcher de prouver, qu'il ne faut chercher dans les chaires que la vérité éternelle.

PREMIER POINT.

Les chrétiens délicats qui ne connoissant pas la croix du Sauveur, qui est le grand mystère de son royaume, cherchent partout ce qui les flatte et ce qui les délecte, même dans le temple de Dieu, s'imaginent être innocens de désirer dans les chaires les discours qui plaisent et non ceux qui touchent et qui édifient, et énervent par ce moyen toute l'efficace de l'Evangile. Pour les désabuser aujourd'hui de cette erreur dangereuse, voici la proposition que j'avance, que comme il n'y a aucun homme assez insensé pour ne chercher pas (a) à l'autel la vérité du mystère, aussi aucun ne doit être assez téméraire pour ne chercher pas en la chaire la pureté de la parole : c'est ce que j'ai à faire voir dans ce premier point. J'espère que la preuve sera concluante.

Pour établir ce rapport, je pose ce fondement nécessaire, que selon le conseil de Dieu dans la dispensation du mystère du Verbe incarné, il devoit se montrer aux hommes en deux manières différentes. Premièrement il devoit paroître en la vérité de sa chair, secondement il devoit paroître dans la vérité de sa parole. Et voici la raison solide de ces différentes apparitions, c'est qu'étant le Sauveur du monde, il devoit nécessairement se manifester par tout le monde. Par conséquent il ne suffit pas qu'il se montre dans la Judée et dans un coin de la terre ; il faut qu'il paroisse par tous les endroits où la volonté de son Père lui a prédestiné des élus : si bien que ce même Jésus qui s'est montré seulement dans la Palestine par la vérité de sa chair, a été ensuite porté par tout l'univers par la vérité de sa parole ; et c'est en cet état, chrétiens, qu'il se découvre maintenant à nous, en attendant le jour bienheureux où nous le verrons dans sa gloire.

Ce mystère que je vous prêche paroît assez clairement dans notre évangile de la Transfiguration. Car c'est une chose digne de remarque, que dans le même moment que saint Pierre admirant Jésus environné de lumière, se veut faire un domicile sur le

(a) *Var.:* Pour n'exiger pas.

Thabor pour jouir éternellement de sa vue, dans le même moment, chrétiens, *adhuc eo loquente*¹, « tandis qu'il parloit encore, » la gloire de Jésus-Christ disparoît, un nuage couvre (*a*) les disciples, d'où sortit cette voix du Père : « Celui-ci est mon Fils bien-aimé; écoutez-le. » Comme s'il eût dit à saint Pierre, ou plutôt en sa personne aux fidèles qui devoient suivre : Cette vie mortelle et caduque n'est pas le temps de voir Jésus-Christ; un nuage le dérobera à vos yeux lorsqu'il ira prendre sa place dans la gloire du sein paternel (*b*). Mais ne croyez pas toutefois que vous en perdiez tout à fait la vue. Car en cessant de le voir dans la vérité de son corps, vous le pourrez toujours contempler dans la vérité de sa doctrine (*c*). Ecoutez-le seulement, et regardez ce divin Maître dans son Evangile, dans lequel il s'est lui-même renfermé : *Ipsum audite*. C'est ce qui a fait dire à Tertullien dans le livre *de la Résurrection*, que la parole de vie est comme la chair du Fils de Dieu : *Itaque sermonem constituens vivificatorem..., eumdem etiam carnem suam dixit*²; et au savant Origène, que la parole qui nourrit les ames est une espèce de second corps dont le Fils de Dieu s'est revêtu : *Panis quem Deus verbum corpus suum esse fatetur, verbum est nutritorium animarum*³. Que veulent-ils dire, Messieurs, et quelle ressemblance ont-ils pu trouver entre le corps de notre Sauveur et la parole de son Evangile ? Voici le fond de cette pensée : c'est que le Fils de Dieu retirant de nous cette apparence visible, et désirant néanmoins demeurer encore avec ses fidèles, a pris comme une espèce de second corps, je veux dire la parole de son Evangile, qui est en effet comme un corps dont la vérité est revêtue; et par le moyen de ce nouveau corps, ames saintes, il vit et il converse encore avec nous, il agit et il travaille encore pour notre salut, il prêche et il nous donne tous les jours des enseignemens de vie éternelle, il renouvelle à nos yeux tous ses mystères.

Maintenant, pour ne rien confondre, faisons cette réflexion sur toute la doctrine précédente. Si vous l'avez assez entendue, vous

---

¹ *Matth.*, XVII, 5. — ² *De Resurrect. carn.*, n. 37, p. 406. — ³ Homil. XXXV *in Matth.*

(*a*) *Var.*. Enveloppe.— (*b*) Lorsqu'il viendra prendre sa place dans la gloire de Dieu son Père. — (*c*) Dans la vérité de sa parole, dans laquelle il a renfermé pour nous toute sa doctrine.

devez maintenant être convaincus que les prédicateurs de l'Evangile ne montent pas dans les chaires pour y faire de vains discours qu'il faille entendre pour se divertir. A Dieu ne plaise que nous le croyions! Ils y montent dans le même esprit qu'ils vont à l'autel; ils y montent pour y célébrer un mystère, et un mystère semblable à celui de l'Eucharistie. Car le corps de Jésus-Christ n'est pas plus réellement dans le sacrement adorable, que la vérité de Jésus-Christ est dans la prédication évangélique. Dans le mystère de l'Eucharistie, les espèces que vous voyez sont des signes ; mais ce qui est enfermé dedans, c'est le corps même de Jésus-Christ. Et dans les discours sacrés, les paroles que vous entendez sont des signes; mais la pensée qui les produit et celle qu'elle porte dans vos esprits, c'est la doctrine même (a) du Fils de Dieu.

Que chacun parle ici à sa conscience et s'interroge soi-même en quel esprit il écoute. Que chacun pèse devant Dieu si c'est un crime médiocre de ne faire plus, comme nous faisons, qu'un divertissement et un jeu du plus grave, du plus important, du plus nécessaire emploi de l'Eglise. Car c'est ainsi que les saints conciles nomment le ministère de la parole. Mais pensez maintenant, mes frères, quelle est l'audace de ceux qui attendent ou exigent même des prédicateurs autre chose que l'Evangile ; qui veulent qu'on leur adoucisse les vérités chrétiennes; ou que, pour les rendre agréables, on y mêle les inventions de l'esprit humain. Ils pourroient avec la même licence souhaiter de voir violer la sainteté de l'autel en falsifiant les mystères. Cette pensée vous fait horreur ; mais sachez qu'il y a pareille obligation de traiter en vérité la sainte parole et les mystères sacrés : d'où il faut tirer cette conséquence qui doit faire trembler tout ensemble et les prédicateurs et les auditeurs, que tel que seroit le crime de ceux qui feroient ou exigeroient la célébration des divins mystères autrement que Jésus-Christ ne les a laissés, tel est l'attentat des prédicateurs et tel celui des auditeurs, quand ceux-ci désirent et que ceux-là donnent la parole de l'Evangile autrement que ne l'a déposé entre les mains de son Eglise le céleste Prédicateur que le Père nous ordonne aujourd'hui d'entendre : *Ipsum audite.*

(a) *Var.:* La vérité même.

C'est pourquoi l'apôtre saint Paul enseigne aux prédicateurs qu'ils doivent s'étudier non à se faire renommer par leur éloquence, « mais à se rendre recommandables à la conscience des hommes par la manifestation de la vérité [1]; » où il leur enseigne deux choses, en quel lieu et par quel moyen ils doivent se rendre recommandables. Où? Dans les consciences. Comment? Par la manifestation de la vérité; et l'un est une suite de l'autre. Car les oreilles sont flattées par l'académie (a) et l'arrangement des paroles, l'imagination réjouie par la délicatesse des pensées, l'esprit gagné quelquefois par la vraisemblance du raisonnement : la conscience veut la vérité; et comme c'est à la conscience que parlent les prédicateurs, ils doivent rechercher non un brillant et un feu d'esprit qui égaie, ni une harmonie (b) qui délecte, ni des mouvemens qui chatouillent, mais des éclairs qui percent, un tonnerre qui émeuve, un foudre qui brise les cœurs. Et où trouveront-ils toutes ces grandes choses, s'ils ne font luire la vérité et parler Jésus-Christ lui-même? Dieu a les orages en sa main; il n'appartient qu'à lui de faire éclater dans les nues le bruit du tonnerre, il lui appartient beaucoup plus d'éclairer et de tonner dans les consciences, et de fendre les cœurs endurcis par des coups de foudre; et s'il y avoit un prédicateur assez téméraire pour attendre ces grands effets de son éloquence, il me semble que Dieu lui dit comme à Job : *Et si habes brachium sicut Deus, et si voce simili tonas* [2] : « Si tu crois avoir un bras comme Dieu et tonner d'une voix semblable, » achève et fais le Dieu tout à fait : « élève-toi dans les nues, parois en ta gloire, renverse les superbes en ta fureur, » et dispose à ton gré des choses humaines : *Circumda tibi decorem, et in sublime erigere, et esto gloriosus...... Disperge superbos in furore tuo* [3]. Quoi! avec cette foible voix imiter le tonnerre du Dieu vivant! N'affectons pas d'imiter la force toute-puissante de la voix de Dieu par notre foible éloquence (c).

Que si vous voulez savoir maintenant quelle part peut donc

[1] II *Cor.*, IV, 2. — [2] *Job*, XL, 4. — [3] *Ibid.*, 5, 6.

(a) *Var.:* L'harmonie.—(b) Musique.—(c) Et le prédicateur téméraire qui attend ces grands effets de son éloquence, ressemble à ce prince audacieux qui attenta d'imiter le bruit du tonnerre et de lancer la foudre avec de trop foibles mains.

avoir l'éloquence dans les discours chrétiens, saint Augustin vous dira qu'il ne lui est pas permis d'y paroître qu'à la suite de la sagesse : *Sapientiam de domo suâ, id est, pectore sapientis procedere intelligas, et tanquam inseparabilem famulam etiam non vocatum sequi eloquentiam* [1]. Il y a ici un ordre à garder : la sagesse marche devant comme la maîtresse; l'éloquence s'avance après comme la suivante. Mais ne remarquez-vous pas, chrétiens, la circonspection de saint Augustin, qui dit qu'elle doit suivre sans être appelée? Il veut dire que l'éloquence, pour être digne d'avoir quelque place (a) dans les discours chrétiens, ne doit pas être recherchée avec trop d'étude; il faut qu'elle vienne comme d'elle-même (b), attirée par la grandeur des choses et pour servir d'interprète à la sagesse qui parle. Mais quelle est cette sagesse, Messieurs, qui doit parler dans les chaires, sinon notre Seigneur Jésus-Christ qui est la sagesse du Père, qu'il nous ordonne aujourd'hui d'entendre? Ainsi le prédicateur évangélique, c'est celui qui fait parler Jésus-Christ; mais il ne lui fait pas tenir un langage d'homme, il craint de donner un corps étranger à sa vérité éternelle. C'est pourquoi il puise tout dans les Ecritures, il en emprunte même les termes sacrés, non-seulement pour fortifier, mais pour embellir son discours. Dans le désir qu'il a de gagner les ames, il ne cherche que les choses et les sentimens. Ce n'est pas, dit saint Augustin [2], qu'il néglige quelques ornemens de l'élocution, quand il les rencontre en passant et qu'il les voit comme fleurir devant lui par la force des bonnes pensées qui les poussent, mais aussi n'affecte-t-il pas de s'en trop parer; et tout appareil lui est bon, pourvu qu'il soit un miroir où Jésus-Christ paroisse en sa vérité, un canal d'où sortent en leur pureté les eaux vives de son Evangile (c); ou s'il faut quelque chose de plus animé, un interprète fidèle qui n'altère, ni ne détourne, ni ne mêle, ni n'affoiblisse (d) sa sainte parole.

Vous voyez par là, chrétiens, ce que vous devez attendre des prédicateurs. J'entends qu'on se plaint souvent qu'il s'en trouve

---

[1] S. August., *De Doctrin. christ.*, lib. IV, n. 10. — [2] *Ibid.*, n. 57.

(a) *Var.:* De paroître. — (b) Qu'elle semble venir d'elle-même. — (c) D'où sorte son Evangile en sa pureté. — (d) Ni ne diminue, — ni ne falsifie.

peu de la sorte : mais, mes frères, s'il s'en trouve peu, ne vous en prenez qu'à vous-mêmes, car c'est à vous de les faire tels. Voici un grand mystère que je vous annonce : oui (*a*), mes frères, c'est aux auditeurs de faire les prédicateurs. Ce ne sont pas les prédicateurs qui se font eux-mêmes. Ne vous persuadez pas qu'on attire du ciel quand on veut cette divine parole. Ce n'est ni la force du génie, ni le travail assidu, ni la véhémente contention qui la font descendre. On ne peut pas la forcer, dit un excellent prédicateur; il faut qu'elle se donne elle-même : *Non.... exigitur, sed.... donatur* [1]. Dieu n'a pas résolu de parler toujours quand il plaira à l'homme de lui commander. « Il souffle où il veut [2], » quand il veut; et la parole de vie qui commande à nos volontés, ne reçoit pas la loi de leurs mouvemens (*b*) : *Dominatur divinus sermo, non servit; et ideo non, cùm jubetur, loquitur, sed jubet* [3]. Voulez-vous savoir, chrétiens, quand Dieu se plaît de parler? Quand les hommes sont disposés à l'entendre. Cherchez en vérité la saine doctrine, Dieu vous suscitera des prédicateurs. Que le champ soit bien préparé, ni le bon grain, ni le laboureur, ni la rosée du ciel (*c*) ne manqueront pas. Que si au contraire vous êtes de ceux qui détournent leur oreille de la vérité et qui demandent des fables et d'agréables rêveries : *Ad fabulas autem convertentur* [4], Dieu commandera à ses nues [5]; il retirera la saine doctrine de la bouche de ses prédicateurs; il enverra en sa fureur des prophètes insensés et téméraires « qui disent : La paix, où il n'y a point de paix [6]; qui disent : Le Seigneur, le Seigneur, et le Seigneur ne leur a point donné de commission [7]. » Voilà le mystère que je promettois. Ce sont les auditeurs fidèles qui font les prédicateurs évangéliques, parce que les prédicateurs étant pour les auditeurs, les uns reçoivent d'en haut ce que méritent les autres (*d*) : *Hoc doctor accipit, quod meretur auditor* [8]. Aimez donc la vérité, chrétiens, et elle vous sera annoncée; ayez appétit de ce pain céleste,

[1] S. Petr. Chrysol., *Serm.* LXXXVI. — [2] *Joan.*, III, 8. — [3] S. Petr. Chrysol., *Serm.* LXXXVI.— [4] II *Timoth.*, IV, 4.— [5] *Isa.*, V, 6.— [6] *Jerem.*, VIII, 11.— [7] *Ezech.*, XIII, 6.— [8] S. Petr. Chrysol., *Serm.* LXXXVI.

(*a*) *Var.*: Voici une chose incroyable : oui..... — (*b*) Ne dépend pas de leurs mouvemens. — (*c*) Ni la pluie du ciel. — (*d*) Ceux-là reçoivent d'en haut ce que méritent ceux-ci.

et il vous sera présenté; souhaitez d'entendre parler Jésus-Christ, et il vous fera résonner sa voix jusqu'aux oreilles de votre cœur. C'est là que vous devez vous rendre attentifs, et c'est ce que je tâcherai de vous faire voir dans ma seconde partie.

SECOND POINT.

Le second rapport, chrétiens, que nous avons remarqué entre la parole de Dieu et l'Eucharistie, c'est que l'une et l'autre doit aller au cœur, quoique par des voies différentes; l'une par la bouche, l'autre par l'oreille. C'est pourquoi comme celui-là boit et mange son jugement, qui approchant du mystère prépare seulement la bouche du corps et ferme à Jésus-Christ la bouche du cœur; ainsi celui-là reçoit sa condamnation, qui écoutant parler Jésus-Christ, lui prête l'oreille au dehors et bouche l'ouïe au dedans à cet enchanteur céleste (a) : *Incantantis sapienter* [1].

Que si vous me demandez ici, chrétiens, ce que c'est que prêter l'oreille au dedans, je vous répondrai en un mot que c'est écouter attentivement. Mais l'attention dont je parle n'est pas peut-être celle que vous entendez; et il nous faut ici expliquer deux choses, combien est nécessaire l'attention, et en quelle partie de l'ame elle doit être.

Pour bien entendre, mes sœurs, quelle doit être votre attention à la divine parole, il faut s'imprimer bien avant cette vérité chrétienne, qu'outre le son qui frappe l'oreille, il y a une voix secrète qui parle intérieurement, et que ce discours spirituel et intérieur, c'est la véritable prédication, sans laquelle tout ce que disent les hommes ne sera qu'un bruit inutile : *Intus omnes auditores sumus* [2]. Le Fils de Dieu ne nous permet pas de prendre le titre de maîtres : « Que personne, dit-il, ne s'appelle maître. Car il n'y a qu'un seul maître et un seul docteur : » *Unus est enim magister vester* [3]. Si nous entendons cette parole, nous trouverons, dit saint Augustin [4], que nul ne nous peut enseigner que Dieu; ni les hommes, ni les anges n'en sont point capables : ils

---

[1] *Psal.* LVII, 6.— [2] S. August., *Serm.* CLXXIX, n. 7.— [3] *Matth.*, XXIII, 8.— [4] *De Peccat. merit. et remiss.*, lib. I, n. 37.

(a) *Var.* : Qui écoutant la sainte parole, lui ouvre l'oreille du corps et bouche l'oreille du cœur.

peuvent bien nous parler de la vérité, ils peuvent pour ainsi dire la montrer au doigt ; Dieu seul la peut enseigner, parce que lui seul nous éclaire pour discerner les objets : ce que saint Augustin éclaircit par la comparaison de la vue. C'est en vain que l'on désigne avec le doigt les peintures de cette église, en vain que l'on remarque la délicatesse des traits et la beauté des couleurs, où notre œil ne distingue rien, si le soleil ne répand sa clarté dessus. Ainsi parmi tant d'objets qui remplissent notre entendement, quelque soin que prennent les hommes de démêler le vrai d'avec le faux, si celui dont il est écrit « qu'il éclaire tout homme venant au monde [1], » n'envoie une lumière invisible sur les objets et l'intelligence, jamais nous ne ferons le discernement. Je puis bien vous montrer au doigt l'objet de la vue et adresser votre vue; puis-je vous donner des yeux pour les regarder? C'est donc en sa lumière que nous découvrons la différence des choses : c'est lui qui nous donne un certain sens qui s'appelle le « sens de Jésus-Christ [2], » par lequel nous goûtons (a) ce qui est de Dieu ; c'est lui qui ouvre le cœur et qui nous dit au dedans : C'est la vérité qu'on vous prêche ; et c'est là, comme je l'ai dit, la prédication véritable. C'est ce qui a fait dire à saint Augustin : « Voici, mes frères; un grand secret : » *Magnum sacramentum, fratres.* « Le son de la parole frappe les oreilles, le maître est au dedans ; » on parle dans la chaire, la prédication se fait dans le cœur : *Sonus verborum nostrorum aures percutit, magister intus est* [3]. Car il n'y a qu'un maître qui est Jésus-Christ, et lui seul enseigne les hommes. C'est pourquoi ce Maître céleste a dit tant de fois : « Qui a des oreilles pour ouïr, qu'il écoute [4]. » Certainement, chrétiens, il ne parloit pas à des sourds; mais il savoit, ce divin Docteur, qu'il y en a « qui en voyant ne voient pas, et qui en écoutant n'écoutent pas [5]; » qu'il y a des oreilles intérieures où la voix humaine ne pénètre pas et où lui seul a droit de se faire entendre. Ce sont ces oreilles qu'il faut ouvrir pour écouter la prédication. Ne vous contentez pas d'arrêter vos yeux sur cette chaire matérielle; « celui

---

[1] *Joan.*, I, 9. — [2] I *Cor.*, II, 16. — [3] Tract. III *in Epist. Joan.*; n. 13. — [4] *Matth.*, XIII, 9. — [5] *Ibid.*, 13.

(a) *Var.:* Nous connoissons.

qui enseigne les cœurs a sa chaire au ciel ¹ ; » il y est assis auprès de son Père, et c'est lui qu'il vous faut entendre : *Ipsum audite.*

Ne croyez pas toutefois que vous deviez mépriser cette parole sensible et extérieure que nous vous portons de sa part. Car, comme dit excellemment saint Jean Chrysostome ², Dieu nous ayant ordonné deux choses, d'entendre et d'accomplir sa sainte parole, quand aura le courage de l'accomplir celui qui n'a pas la patience de l'entendre (*a*)? quand lui donnera son cœur celui qui lui refuse jusqu'à ses oreilles? C'est une loi établie pour tous les mystères du christianisme, qu'en passant à l'intelligence, ils se doivent premièrement présenter aux sens; et il l'a fallu en cette sorte, pour honorer (*b*) celui qui étant invisible par sa nature, a voulu paroître pour l'amour de nous sous une forme sensible. C'est pourquoi nous respectons et l'eau qui nous lave, et l'huile sacrée qui nous fortifie, et la forme sensible du pain spirituel qui nous nourrit pour la vie éternelle. Pour la même raison, chrétiens, vous devez entendre les prédicateurs en bénissant ce grand Dieu, qui a tant voulu honorer les hommes que, sans avoir besoin de leur secours, il les choisit néanmoins pour être les instrumens de sa puissance. Assistez donc saintement et fidèlement à la sainte prédication. Mais cette assistance extérieure n'est que la moindre partie de notre devoir. Il faut prendre garde que de vains discours, ou des pensées vagues, ou une imagination dissipée ne fassent tomber du cœur la sainte parole. Si, dans la dispensation des mystères, il arrive par quelque malheur que le corps de Jésus-Christ tombe à terre, toute l'Eglise tremble, tout le monde est frappé (*c*) d'une sainte horreur ; et saint Augustin vous a dit que ce n'est pas un moindre mal de laisser perdre inutilement la parole de vérité.

Et en effet, chrétiens, Jésus-Christ qui est la vérité même, n'aime pas moins la vérité que son propre corps; au contraire c'est pour sceller de son propre sang la vérité de sa parole, qu'il a bien voulu sacrifier son propre corps. Un temps il a souffert

---

¹ S. August., loco mox cit. — ² S. Chrysost., *De Mutat. nomin.*, tom. III, p. 107 et seq.

(*a*) *Var.:* Combien est éloigné de la pratique celui qui s'ennuie de l'explication. — (*b*) Et cela pour honorer. — (*c*) Saisi.

que son corps fût infirme et mortel, et c'est volontairement qu'il l'a exposé à tant d'outrages; il a voulu que sa vérité fût toujours immortelle et inviolable. Tremblons donc, chrétiens, tremblons (*a*), quand nous laissons tomber à terre la parole de vérité que l'on nous annonce; et comme il n'y a que nos cœurs qui soient capables de la recevoir, ouvrons-lui-en toute l'étendue, écoutons attentivement Jésus-Christ qui parle : *Ipsum audite.*

Mais il me semble que vous me dites que nous n'avons pas sujet de nous plaindre du peu d'attention de nos auditeurs; bien loin de laisser perdre les sentimens, ils pèsent exactement toutes les paroles : non-seulement ils sont attentifs, mais ils mettent tous les discours à la balance, et ils en savent remarquer au juste le fort ou le foible (*b*). Pendant que nous parlons, dit saint Chrysostome[1], on nous compare avec les autres et avec nous-mêmes, le premier discours avec les suivans, le commencement avec le milieu ; comme si la chaire étoit un théâtre où l'on monte pour disputer le prix du bien dire. Ainsi je confesse qu'on est attentif, mais ce n'est pas l'attention que Jésus demande. Où doit-elle être, mes frères ? où est ce lieu caché dans lequel Dieu parle ? où se fait cette secrète leçon dont Jésus-Christ a dit dans son Evangile : « Quiconque a ouï de mon Père et a appris, vient à moi[2]? » où se donnent ces enseignemens et où se tient cette école dans laquelle le Père céleste parle si fortement de son Fils, où le Fils enseigne réciproquement à connoître son Père céleste ? Ecoutez saint Augustin là-dessus dans cet ouvrage admirable *de la Prédestination des Saints : Valde remota est à sensibus carnis hæc schola, in quâ Pater auditur vel docet, ut veniatur ad Filium*[3] : « Que cette école céleste dans laquelle le Père apprend à venir au Fils, est éloignée des sens de la chair ! Encore une fois, nous dit-il, qu'elle est

---

[1] *De Sacerd.*, lib. V, n. 1.— [2] *Joan.*, VI, 45. — [3] *De Prædest. Sanct.*, n. 13.

(*a*) *Var.* : En effet, chrétiens, Jésus-Christ qui est la vérité même, n'aime pas moins sa vérité que son propre corps ; au contraire il a sacrifié son corps pour la confirmation de sa vérité. Un temps il a souffert que son corps fût infirme et mortel ; il a voulu que sa vérité fût toujours immortelle et inviolable. Par conséquent il ne faut pas croire qu'il se sente moins outragé quand on écoute sa vérité avec moins d'attention, que quand on manie son corps avec peu de soin. Tremblons donc, chrétiens, tremblons..... — (*b*) Et ils en savent dire à point nommé le fort et le foible.

éloignée des sens de la chair, cette école où Dieu est le Maître ! »
*Valde, inquam, remota est à sensibus carnis hæc schola, in quâ
Deus auditur et docet.*

Mais quand Dieu même parleroit à l'entendement par la manifestation de la vérité, il faut encore aller plus avant. Tant que les lumières de Dieu demeurent simplement à l'intelligence, ce n'est pas encore la leçon de Dieu, ce n'est pas l'école du Saint-Esprit, parce qu'alors, dit saint Augustin [1], Dieu ne nous enseigne que selon la loi, et non encore selon la grace; selon la lettre qui tue, non selon l'esprit qui vivifie. Donc, mes frères, pour être attentif à la parole de l'Evangile, il ne faut pas ramasser son attention (a) au lieu où se mesurent les périodes, mais au lieu où se règlent les mœurs; il ne faut pas se recueillir au lieu où l'on goûte les belles pensées, mais au lieu où se produisent les bons désirs; ce n'est pas même assez de se retirer au lieu où se forment les jugemens, il faut aller à celui où se prennent les résolutions. Enfin s'il y a quelque endroit encore plus profond et plus retiré où se tienne le conseil du cœur, où se déterminent tous ses desseins, où se donne le branle à ses mouvemens, c'est là qu'il faut se rendre attentif pour écouter Jésus-Christ. Si vous lui prêtez cette attention, c'est-à-dire si vous pensez à vous-mêmes, au milieu du son qui vient à l'oreille et des pensées qui naissent dans l'esprit, vous verrez partir quelquefois comme un trait de flamme qui viendra tout à coup vous percer le cœur et ira droit aux principes de vos maladies. Car ce n'est pas en vain que saint Paul a dit que « la parole de Dieu est vive, efficace, plus pénétrante qu'un glaive tranchant des deux côtés; qu'elle va jusqu'à la moelle du cœur et jusqu'à la division de l'ame et de l'esprit; c'est-à-dire, comme il l'explique, qu'elle discerne toutes les pensées et les plus secrètes intentions du cœur [2]. » Et c'est ce qui fait dire au même Apôtre que la prédication est une espèce de prophétie : *Qui prophetat, hominibus loquitur ad ædificationem, et exhortationem, et consolationem* [3], parce que Dieu fait dire quelquefois aux prédicateurs je ne

---

[1] *De Grat. Christ.*, n. 15. — [2] *Hebr.*, IV, 12. — [3] I *Cor.*, XIV, 3.

(a) *Var.* : Pour rencontrer cette école et pour écouter cette voix, il faut se retirer au plus grand secret et dans le centre du cœur; il ne faut pas ramasser.....

sais quoi de tranchant qui, à travers nos voies tortueuses et nos passions compliquées, va trouver ce péché que nous dérobons et qui dort dans le fond du cœur. C'est alors, c'est alors, mes frères, qu'il faut écouter attentivement Jésus-Christ qui contrarie nos pensées, qui nous trouble dans nos plaisirs, qui va mettre la main sur nos blessures ; c'est alors qu'il faut faire ce que dit l'*Ecclésiastique* : *Verbum sapiens quodcumque audierit scius, laudabit et ad se adjiciet*[1]. Si le coup ne va pas encore assez loin, prenons nous-mêmes le glaive et enfonçons-le plus avant. Que plût à Dieu que nous portassions le coup si avant, que la blessure allât jusqu'au vif, que le sang coulât par les yeux, je veux dire les larmes, que saint Augustin appelle si élégamment le sang de l'ame [2] ! Mais encore n'est-ce pas assez ; il faut que de la componction du cœur naissent les bons désirs ; en sorte que les bons désirs se tournent en résolutions déterminées, que les saintes résolutions se consomment par les bonnes œuvres, et que nous écoutions Jésus-Christ par une fidèle obéissance à sa parole. C'est mon troisième point.

TROISIÈME POINT.

Le Fils de Dieu a dit dans son Evangile : « Celui qui mange ma chair et boit mon sang, demeure en moi, et moi en lui [3]. » C'est-à-dire que si nous sortons de la sainte table dégoûtés des plaisirs du siècle, si une sainte douceur nous attache constamment et fidèlement à Jésus-Christ et à sa doctrine, c'est une marque certaine que nous y avons goûté véritablement combien le Seigneur est doux. Il en est de même, Messieurs, de la parole céleste, qui a encore ce dernier rapport avec la divine Eucharistie, que comme nous ne connoissons si nous avons reçu dignement le corps du Sauveur, qu'en nous mettant en état qu'il paroisse qu'un Dieu nous nourrit ; ainsi nous ne remarquons que nous ayons bien écouté sa sainte parole, qu'en vivant de telle manière qu'il paroisse qu'un Dieu nous enseigne. Car il s'élève souvent dans le cœur certaines imitations des sentimens véritables par lesquelles un homme se trompe lui-même ; si bien qu'il n'en

[1] *Eccli.*, XXI, 18. — [2] *Serm.* CCCLI, n. 7. — [3] *Joan.*, VI, 57.

faut pas croire certaines ferveurs, ni quelques désirs imparfaits; et afin de bien reconnoître si l'on est touché véritablement, il ne faut interroger que ses œuvres : *Operibus credite* [1].

J'ai observé à ce propos qu'un des plus illustres prédicateurs, et sans contredit le plus éloquent qui ait jamais enseigné l'Eglise, je veux dire saint Jean Chrysostome [2], reproche souvent à ses auditeurs qu'ils écoutent les discours ecclésiastiques de même que si c'étoit une comédie (a). Comme je rencontrois souvent ce reproche dans ses divines prédications, j'ai voulu rechercher attentivement quel pouvoit être le fond de cette pensée, et voici ce qu'il m'a semblé : c'est qu'il y a des spectacles qui n'ont pour objet que le divertissement de l'esprit, mais qui n'excitent pas les affections, qui ne remuent pas les ressorts du cœur. Mais il n'en est pas de la sorte de ces représentations animées qu'on donne sur les théâtres, dangereuses en ce point, qu'elles ne plaisent point si elles n'émeuvent, si elles n'intéressent le spectateur, si elles ne lui font jouer aussi son personnage, sans être de l'action (b) et sans monter sur le théâtre. C'est en quoi ces spectacles sont à craindre, parce que le cœur apprend insensiblement à se remuer de bonne foi. Il est donc ému, il est transporté, il se réjouit, il s'afflige de choses qui au fond sont indifférentes. Mais une marque certaine que ces mouvemens ne tiennent pas au cœur, c'est qu'ils s'évanouissent en changeant de lieu. Cette pitié qui causoit des larmes, cette colère qui enflammoit et les yeux et le visage, n'étoient que des images et des simulacres par lesquels le cœur se donne la comédie en lui-même, qui produisoient toutefois les mêmes effets que les passions véritables ; tant il est aisé de nous imposer, tant nous aimons à nous jouer nous-mêmes.

Saint Augustin appréhende que « les choses inutiles ne deviennent agréables : » *Ne fiant delectabilia quæ sunt inutilia ;* combien plus que les objets ne plaisent, « s'ils sont dangereux : » *si periculosa* [3] *!* Et on ne veut pas que nous disions que ces représentations sont très-dangereuses ! Combien de plaisirs et de

[1] *Joan.*, x, 38. — [2] *De Sacerd.*, lib. V, n. 1.— [3] S. August., *De Anim. et ejus orig.*, lib. I, n. 3.

(a) *Var.:* Qu'ils écoutent la prédication comme si c'étoit une comédie. — (b) Sans être de la tragédie.

charmes imagine-t-on dans la chose dont l'imitation même est si agréable! Les impressions demeurent des passions du théâtre : celles de la parole spirituelle sont bien plus tôt enlevées, le temporel les étouffe. Ou nous écoutons froidement, ou il s'élève seulement en nous des affections languissantes, foibles imitations des sentimens véritables, désirs toujours stériles et infructueux. La forte émotion s'écoule bientôt; la secrète impression demeure, qui dispose le cœur par une certaine pente. L'impression des sermons, qui ne trouve rien de sensible à quoi elle puisse se prendre, est bien plus tôt emportée. De telles émotions foibles, imparfaites, qui se dissipent en un moment, sont dignes d'être formées dans un théâtre où l'on ne voit que des choses feintes, plutôt que devant les chaires évangéliques où la sainte vérité de Dieu paroît dans sa pureté. Quand le docte saint Chrysostome craignoit que ses auditeurs n'assistassent à ses sermons de même qu'à la comédie, c'est que souvent ils sembloient émus; il s'élevoit souvent dans son auditoire des cris et des voix confuses qui marquoient que ses paroles excitoient les cœurs (*a*). Un homme un peu moins expérimenté auroit cru que ses auditeurs étoient convertis; mais il appréhendoit, chrétiens, que ce ne fussent des affections de théâtre excitées par ressorts et par artifices; il attendoit à se réjouir quand il verroit les mœurs corrigées, et c'étoit en effet la marque assurée que Jésus-Christ étoit écouté.

Ne vous fiez donc pas, chrétiens, à ces émotions sensibles, si vous en expérimentez quelquefois dans les saintes prédications. Si vous en demeurez à ces sentimens, ce n'est pas encore Jésus-Christ qui vous a prêché; vous n'avez encore écouté que l'homme; sa voix peut aller jusque-là; un instrument bien touché peut bien exciter les passions. Comment saurez-vous, chrétiens, que vous êtes véritablement enseignés de Dieu? Vous le saurez par les œuvres. Car il faut apprendre de saint Augustin la manière d'enseigner de Dieu, cette manière si haute, si intérieure, etc. Elle ne consiste pas seulement dans la démonstration de la vérité, mais dans l'infusion de la charité; elle ne fait pas seulement que vous sachiez ce qu'il faut aimer, mais que vous aimiez ce que

(*a*) *Var.* : Que l'ame étoit agitée.

vous savez : *Si doctrina dicenda est..., altiùs et interiùs..., ut non ostendat tantummodo veritatem, verùm etiam impertiat charitatem* ¹. De sorte que ceux qui sont véritablement de l'école de Jésus-Christ, le montrent bientôt par leurs œuvres. Et c'est la marque certaine que saint Paul nous donne, lorsqu'il écrit aux fidèles de Thessalonique : *De charitate autem fraternitatis non necesse habemus scribere vobis :* « Pour la charité fraternelle, vous n'avez pas besoin que l'on vous en parle ; » *ipsi enim vos à Deo didicistis ut diligatis invicem :* « car vous avez vous-mêmes appris de Dieu à vous aimer les uns les autres ; » et il en donne aussitôt la preuve : « En effet vous le pratiquez fidèlement envers les frères de Macédoine : » *Etenim illud facitis* ². Ainsi la marque très-assurée que le Fils de Dieu vous enseigne, c'est lorsque vous pratiquez ses enseignemens ; c'est le caractère de ce divin Maître. Les hommes qui se mêlent d'enseigner les autres, leur montrent tout au plus ce qu'il faut savoir ; il n'appartient qu'à ce divin Maître, que l'on nous ordonne d'entendre, de nous donner tout ensemble et de savoir ce qu'il faut et d'accomplir ce qu'on sait : *Simul donans et quid agant scire, et quod sciunt agere* ³. Si donc vous voulez être de ceux qui l'écoutent, écoutez-le véritablement et obéissez à ses paroles : *Ipsum audite*. Ne vous contentez pas de ces affections stériles et infructueuses qui ne se tournent jamais en résolutions déterminées ; de ces fleurs qui trompent toujours les espérances, qui ne se nouent jamais pour donner des fruits ; ou de ces fruits qui ne mûrissent point, qui sont le jouet des vents et la proie des animaux. Dieu ne veut point de tels arbres dans son jardin de délices ; Jésus-Christ rejette de tels disciples de son école et de tels soldats de sa milice. Ecoutez comme il s'en moque, si je l'ose dire, par la bouche du divin Psalmiste : *Filii Ephrem intendentes et mittentes arcum, conversi sunt in die belli* ⁴ *:* « Les enfans d'Ephrem qui bandoient leurs arcs et préparoient leurs flèches, ils ont été rompus et renversés (a) au jour de la bataille. » En écoutant la prédication, ils sembloient aiguiser

---

¹ S. August., *De Grat. Christ.*, n. 14. — ² 1 *Thessal.*, IV, 9, 10. — ³ S. August., loco mox cit. — ⁴ *Psal.* LXXVII, 9.

(a) *Var.* : Ils ont lâché le pied.

leurs traits et préparer leurs armes contre leurs vices; au jour de la tentation, ils les ont rendues honteusement. Ils promettoient beaucoup (a) dans l'exercice, ils ont plié d'abord dans le combat; ils sembloient animés quand on sonnoit la trompette, ils ont tourné le dos tout à coup quand il a fallu venir aux mains : *Filii Ephrem intendentes et mittentes arcum, conversi sunt in die belli.*

Mais concluons enfin ce discours, duquel vous devez apprendre que pour écouter Jésus-Christ il faut accomplir sa sainte parole : il ne parle pas pour nous plaire, mais pour nous édifier dans nos consciences : il n'établit pas des prédicateurs pour être les ministres de la volupté, de la délicatesse et les victimes de la curiosité publique ; c'est pour affermir le règne de sa vérité, de sorte qu'il ne veut pas voir dans son école des contemplateurs oisifs, mais de fidèles ouvriers; enfin il y veut voir des disciples qui honorent par leur bonne vie l'autorité d'un tel Maître. « Je suis le Seigneur, dit-il, qui vous enseigne des choses utiles et qui vous conduis dans la voie : » *Ego Dominus Deus tuus docens te utilia, gubernans te in viâ quâ ambulas* [1]. Et afin que nous craignions désormais de sortir de son école sans être meilleurs, écoutons comme il parle à ceux qui ne profitent pas de ses saints préceptes : *Ipsum audite :* Ecoutez, c'est lui-même qui vous parle : « Si quelqu'un écoute mes paroles et n'est pas soigneux de les accomplir, » *non judico eum;* « je ne le juge pas, car je ne viens pas pour juger le monde, mais pour sauver le monde : » *non enim veni ut judicem mundum, sed ut salvificem mundum* [2]. Qu'il ne s'imagine pas toutefois qu'il doive demeurer sans être jugé : « Celui qui me méprise et ne reçoit pas mes paroles, il a un juge établi, » *habet qui judicet eum.* Quel sera ce juge? « La parole que j'ai prêchée le jugera au dernier jour : » *Sermo quem locutus sum, ille judicabit eum in novissimo die* [3]; c'est-à-dire que ni on ne recevra d'excuse, ni on ne cherchera de tempérament. La parole, dit-il, vous jugera ; la loi elle-même fera la sentence selon sa propre teneur, dans l'extrême rigueur du droit; et de là vous

---

[1] *Isa.*, XLVIII, 17. — [2] *Joan.*, XII, 47. — [3] *Ibid.*, 48.
(a) *Var. :* Tout.

devez entendre que ce sera un jugement sans miséricorde. Ceci nous manquoit encore pour établir l'autorité sainte de la parole de Dieu; il falloit encore ce nouveau rapport entre la doctrine sacrée et l'Eucharistie. Celle-ci s'approchant des hommes, vient discerner les consciences avec une autorité de juge; elle couronne les uns, elle condamne les autres : ainsi la divine parole, ce pain des oreilles, ce corps spirituel (a) de la vérité, ceux qu'elle ne touche pas, elle les juge; ceux qu'elle ne convertit pas, elle les condamne; ceux qu'elle ne nourrit pas, elle les tue.

Je ne pense pas qu'il soit nécessaire que je vous exhorte maintenant par un long discours. Ceux qui ont des oreilles chrétiennes préviennent par leurs sentimens ce que je puis dire; et je m'assure que ces vérités évangéliques sont entrées bien avant dans leurs consciences. Mais si j'ai éprouvé quelque chose, si je vous ai fait voir aujourd'hui cette alliance sacrée qui est entre la chaire et l'autel, au nom de Dieu, mes frères, n'en violez pas la sainteté. Quoi! pendant qu'on s'assemble pour écouter Jésus-Christ, pendant que l'on attend sa sainte parole, des contenances de mépris, un murmure et quelquefois un ris scandaleux déshonore publiquement la présence de Jésus-Christ! Temples augustes, sacrés autels, et vous saints tabernacles du Dieu vivant, faut-il donc que la chaire évangélique fasse naître une occasion de manquer à l'adoration qui vous est due! Et nous, chrétiens, à quoi pensons-nous? Quoi! voulons-nous commencer d'honorer la chaire par le mépris de l'autel? Est-ce pour nous préparer à recevoir la sainte parole, que nous manquons de respect à l'Eucharistie? Si vous le faites désormais, j'ai parlé en l'air, et vous ne croyez rien de ce que j'ai dit. Mes frères, ces mystères sont amis; ne soyons pas assez téméraires pour en rompre la société. Adorons Jésus-Christ avant qu'il nous parle; contemplons en respect et en silence ce Verbe divin à l'autel, avant qu'il nous enseigne dans cette chaire. Que nos cœurs seront bien ouverts à la doctrine céleste par cette sainte préparation! Pratiquez-la, chrétiens; ainsi notre Seigneur Jésus-Christ puisse être votre docteur; ainsi les eaux sacrées de son Evangile puissent tellement arroser vos ames,

(a) *Var.* : Mystique.

qu'elles y deviennent une fontaine qui rejaillisse à la vie éternelle, que je vous souhaite, au nom du Père, et du Fils, et du Saint-Esprit! *Amen.*

SERMON

POUR

LE MARDI DE LA IIe SEMAINE DE CARÊME,

SUR L'HONNEUR (*a*).

Omnia opera sua faciunt ut videantur ab hominibus.

Ils font toutes leurs œuvres dans le dessein d'être vus des hommes. *Matth.*, XXIII, 5.

Je me suis souvent étonné comment les hommes qui présument tant de la bonté de leurs jugemens, se rendent si fort

(*a*) Prêché dans le Carême de 1666, à Saint-Germain-en-Laye, devant Louis XIV, toute la Cour et plusieurs hommes de guerre.
Bossuet a écrit de sa main au commencement du manuscrit : « Devant le roi. » Et dans la péroraison il dit : « Sire, je désire d'une ardeur immense de voir croître par tout l'univers cette haute réputation de vos armes et de vos conseils ; et si ma voix peut se faire entendre parmi ces glorieuses acclamations, j'en augmenterai le bruit avec joie. » Dans le Carême de 1662, comme Louis XIV, âgé de vingt-quatre ans, venoit de prendre les rênes de l'Etat après la mort de Mazarin; tant que ses armes n'eurent pas rendu la France redoutable au dehors, ni sa main fermé les plaies qui la désoloient au dedans, ces paroles ne devoient point se faire entendre dans la chaire de vérité. Mais dans le Carême de 1666, après la victoire du Saint-Gothard sur les Turcs, la défaite des flottes barbaresques, la soumission de la Lorraine et la réforme des abus dans l'administration, l'orateur exprima fidèlement les acclamations du pays.
Parlant du faux honneur du monde devant des hommes de guerre, il fut amené tout naturellement à condamner le duel : « Est-il rien de plus injuste, dit-il, que de verser le sang humain pour des injures particulières, et d'ôter par un même attentat un citoyen à sa patrie, un serviteur à son roi, un enfant à l'Eglise et une ame à Dieu qui l'a rachetée de son sang ?... » Tant de zèle devoit porter d'heureux fruits : les édits de Louis XIV et sa fermeté bannirent, du moins pour longtemps, cette coutume barbare.
Le mot *balustre,* qu'on trouvera dans le premier point, désigne, d'après le *Dictionnaire de Trévoux,* « ces clôtures de petits piliers façonnés qu'on mettoit autour du lit des princes, ou dans une chambre de parade pour fermer les alcôves. » Quand on aura lu le passage où se trouve ce mot, on pourra juger cette

dépendans de l'opinion des autres, qu'ils s'y laissent souvent emporter contre leurs propres pensées. Nous sommes tellement jaloux de l'avantage de bien juger, que nous ne le voulons céder à personne; et cependant, chrétiens, nous donnons tant à l'opinion et nous avons tant d'égards à ce que pensent les autres, qu'il semble quelquefois que nous ayons honte de suivre notre jugement, auquel nous avons néanmoins tant de confiance (a). C'est la tyrannie de l'honneur qui nous cause cette servitude. L'honneur nous fait les captifs de ceux dont nous voulons être honorés. C'est pourquoi nous sommes contraints de céder beaucoup de choses à leurs opinions; et souvent de grands politiques et des capitaines expérimentés, touchés de ce faux honneur et du désir d'éviter un blâme qu'ils n'avoient point mérité, ont ruiné (b) malheureusement par les sentimens d'autrui des affaires qu'ils auroient sauvées en suivant les leurs. Que s'il est si dangereux de se laisser trop emporter aux considérations de l'honneur, même dans les affaires du monde auxquelles il a tant de part, quel obstacle ne fera-t-il pas aux affaires du salut (c), et combien est-il nécessaire que nous sachions prendre ici de véritables mesures! C'est pour cela, chrétiens, que méditant l'évangile où Jésus-Christ nous représente les pharisiens comme de misérables captifs de l'honneur du monde, j'ai pris la résolution de le combattre aujourd'hui; et pour cela j'appelle à mon aide la plus humble des créatures en lui disant avec l'ange : *Ave, gratiâ plena.*

L'honneur fait tous les jours et tant de bien et tant de mal dans le monde, qu'il est assez malaisé de définir quelle estime on en doit faire et quel usage on doit lui laisser dans la vie humaine. S'il nous excite à la vertu, il nous oblige aussi trop souvent à donner plus qu'il ne faut à l'opinion; et quand je considère attentivement les divers événemens des choses humaines, il me paroît, chrétiens, que la crainte d'être blâmé n'étouffe guère moins de bons sentimens qu'elle en réprime de mauvais. Plus j'enfonce

assertion de la Harpe, que « Bossuet a porté la flatterie envers les grands jusqu'à l'hyperbole. »

(a) *Var. :* Encore que nous y ayons tant de confiance. — (b) Perdu. — (c) Aux affaires de l'éternité.

dans cette matière, moins j'y trouve de fondement assuré ; et je découvre au contraire tant de bien et tant de mal et, pour dire tout en un mot, tant de bizarres inégalités dans les opinions établies sur le sujet de l'honneur (a), que je ne sais plus à quoi m'arrêter.

En effet, entrant au détail de ce sujet important, j'ai remarqué, chrétiens, que nous mettons de l'honneur dans des choses vaines, que nous en mettons souvent dans des choses qui sont mauvaises, et que nous en mettons aussi dans des choses bonnes. Nous mettons beaucoup d'honneur dans des choses vaines, dans la pompe, dans la parure, dans cet appareil extérieur. Nous en mettons dans des choses mauvaises ; il y a des vices que nous honorons ; il y a de fausses vaillances qui ont leur couronne, et de fausses libéralités que le monde ne laisse pas d'admirer. Enfin nous mettons de l'honneur dans des choses bonnes; autrement la vertu ne seroit pas honorée. (b) Voilà, Messieurs, l'honneur attaché à toute sorte de choses. Qui ne seroit surpris de cette bizarrerie ? Mais si nous savons entendre le naturel de l'esprit humain, nous demeurerons convaincus qu'il ne pouvoit pas en arriver d'une autre sorte. Car comme l'honneur est un jugement que les hommes portent sur le prix et sur la valeur de certaines choses, parce que notre jugement est foible, il ne faut pas trouver étrange s'il est ébloui par des choses vaines; parce que notre jugement est dépravé, il étoit absolument impossible qu'il ne s'égarât jusqu'à en approuver beaucoup de mauvaises ; et parce qu'il n'est ni tout à fait foible ni tout à fait dépravé, il falloit bien nécessairement qu'il en estimât beaucoup de très-bonnes. Toutefois encore y a-t-il ce vice dans l'estime que nous avons pour les bonnes choses, que cette même dépravation et cette même foiblesse de notre jugement fait que nous ne craignons pas de nous en attribuer tout l'honneur, au lieu de le donner tout entier à Dieu, qui est l'auteur de tout bien. Ainsi pour rendre à l'honneur son usage véritable, nous devons apprendre, Messieurs, à chercher dans les choses que nous estimons : pre-

(a) *Var.* : Dans les opinions établies sur lesquelles l'honneur s'appuie. —
b) *Note marg.* : Dans les choses bonnes, par exemple dans la vertu, dans la force et dans l'adresse d'esprit et de corps.

mièrement du prix et de la valeur, et par là les choses vaines seront décriées ; secondement la conformité avec la raison, et par là les vices perdront leur crédit ; troisièmement l'ordre nécessaire, et par là les biens véritables seront tellement honorés que la gloire en sera toute rapportée à Dieu, qui en est le premier principe. C'est le partage de ce discours et le sujet de vos attentions.

PREMIER POINT.

L'Apôtre nous avertit que nous devons être enfans en malice [1] ; mais il ajoute, Messieurs, que nous ne devons pas l'être dans les sentimens ; c'est-à-dire qu'il y a en nous des foiblesses et des pensées puériles que nous devons corriger, afin de demeurer seulement enfans en simplicité et en innocence. Il considéroit, chrétiens, qu'encore que la nature en nous faisant croître par certains progrès, nous fasse espérer enfin la perfection, et qu'elle semble n'ajouter tant de traits nouveaux à l'ouvrage qu'elle a commencé que pour y mettre en son temps la dernière main, néanmoins nous ne sommes jamais tout à fait formés. Il y a toujours quelque chose en nous que l'âge ne mûrit point ; et c'est pourquoi les foiblesses et les sentimens d'enfance s'étendent toujours bien avant, si l'on n'y prend garde, dans toute la suite de la vie.

Or, parmi ces vices puérils, il n'y a personne qui ne voie que le plus puéril de tous, c'est l'honneur que nous mettons dans les choses vaines et cette facilité de nous y laisser éblouir. D'où naît dans les hommes une telle erreur, qu'ils aiment mieux se distinguer par la pompe extérieure que par la vie, et par les ornemens de la vanité que par la beauté des mœurs ; d'où vient que celui qui se ravilit par ses vices au-dessous des derniers esclaves, croit assez conserver son rang et soutenir sa dignité par un équipage magnifique, et que pendant qu'il se néglige lui-même jusqu'au point de ne se parer d'aucune vertu, il pense être assez orné quand il assemble (a) pour ainsi dire autour de lui ce que la nature a de plus rare : « comme si c'étoit là, dit saint Augustin [2], le souverain

---

[1] I Cor., XIV, 20. — [2] De Civit. Dei, lib. III, cap. I.

(a) Var. : Amasse.

bien et la richesse de l'homme, que tout ce qu'il a soit riche et précieux excepté lui-même : » *Quasi hoc sit summum hominis bonum habere omnia bona præter se ipsum.*

L'éloquent et judicieux saint Jean Chrysostome (*a*) en rend cette raison excellente, dans la quatrième homélie *sur l'Evangile de saint Matthieu,* où il dit à peu près ces mêmes paroles : Je ne puis, dit-il [1], comprendre la cause de ce prodigieux aveuglement qui est dans les hommes, de croire se rendre illustres par cet éclat extérieur qui les environne, si ce n'est qu'ayant perdu leur bien véritable, ils ramassent tout ce qu'ils peuvent autour d'eux et vont mendiant (*b*) de tous côtés la gloire qu'ils ne trouvent plus dans leur conscience.

Cette parole de saint Chrysostome me jette dans une plus profonde considération, et m'oblige à reprendre les choses d'un plus haut principe. Tous les hommes sont nés pour la grandeur, parce que tous sont nés pour posséder Dieu. Car comme Dieu est grand, parce qu'il n'a besoin que de lui-même, l'homme aussi est grand, chrétiens, alors qu'il est assez droit pour n'avoir besoin que de Dieu. C'étoit la véritable grandeur de la nature raisonnable lorsque, sans avoir besoin des choses extérieures qu'elle possédoit noblement sans en être en aucune sorte possédée, elle faisoit sa félicité par la seule innocence (*c*) de ses désirs, et se trouvoit tout ensemble et grande et heureuse en s'attachant à Dieu par un saint amour (*d*). En effet cette seule attache qui la rendoit juste (*e*), sage, vertueuse, la rendoit aussi par conséquent libre, tranquille, assurée. La paix de la conscience répandoit jusque sur les sens une joie divine : l'homme avoit en lui-même toute sa grandeur ; et tous les biens externes dont il jouissoit lui étoient accordés libéralement, non comme un fondement de son bonheur, mais comme une marque de son abondance. Telle étoit la première institution de la créature raisonnable.

Mais de même qu'en possédant Dieu elle avoit la plénitude, ainsi en le perdant par son péché elle demeure épuisée. Elle est réduite

[1] Homil. IV *in Matth.*

(*a*) *Var.* : Le docte saint Jean Chrysostome. — (*b*) Et cherchent. — (*c*) Droiture. — (*d*) Par un amour chaste. — (*e*) Tempérante

à son propre fond, c'est-à-dire à son premier néant : elle ne possède plus rien, puisque devenue dépendante des biens qu'elle semble posséder, elle en est plutôt la captive qu'elle n'en est la propriétaire et la souveraine. Toutefois, malgré la bassesse et la pauvreté où le péché nous réduit, le cœur de l'homme (a) étant destiné pour posséder un bien immense, quoique la liaison soit rompue qui l'y tenoit attaché, il en reste toujours en lui quelque impression qui fait qu'il cherche sans cesse quelque ombre d'infinité. L'homme, pauvre et indigent au dedans, tâche de s'enrichir et de s'agrandir comme il peut; et comme il ne lui est pas possible de rien ajouter à sa taille et à sa grandeur naturelle, il s'applique (b) ce qu'il peut par le dehors. Il pense qu'il s'incorpore, si vous me permettez de parler ainsi, tout ce qu'il amasse, tout ce qu'il acquiert, tout ce qu'il gagne. Il s'imagine croître lui-même avec son train qu'il augmente, avec ses appartemens qu'il rehausse, avec son domaine qu'il étend. Aussi à voir comme il marche, vous diriez que la terre ne le contient plus; et sa fortune enfermant en soi tant de fortunes particulières, il ne peut plus se compter pour un seul homme.

Et en effet pensez-vous, Messieurs, que cette femme vaine et ambitieuse puisse se renfermer en elle-même, elle qui a non-seulement en sa puissance, mais qui traîne sur elle en ses ornemens la subsistance d'une infinité de familles, qui porte, dit Tertullien, en un petit fil autour de son cou des patrimoines entiers, *saltus et insulas tenera cervix circumfert* [1], et qui tâche d'épuiser au service d'un seul corps toutes les inventions de l'art et toutes les richesses de la nature? Ainsi l'homme petit en soi et honteux de sa petitesse, travaille à s'accroître et à se multiplier dans ses titres, dans ses possessions, dans ses vanités; tant de fois comte, tant de fois seigneur, possesseur de tant de richesses, maître de tant de personnes, ministre de tant de conseils, et ainsi du reste : toutefois qu'il se multiplie tant qu'il lui plaira, il ne faut toujours pour l'abattre qu'une seule mort. Mais, mes frères, il n'y pense pas; et dans cet accroissement infini que notre vanité s'imagine, il ne

---

[1] *De Cult. fœmin.*, lib. I, n. 8.
(a) *Var.:* Le cœur humain. — (b) Il y applique.

s'avise jamais de se mesurer à son cercueil, qui seul néanmoins le mesure au juste.

C'est, Messieurs, en cette manière que l'homme croit se rendre admirable; en effet il est admiré et devient un magnifique spectacle à d'autres hommes aussi vains et autant trompés que lui. Mais ce qui le relève, c'est ce qui l'abaisse. Car ne voit-il pas, chrétiens, dans toute cette pompe qui l'environne et au milieu de tous ces regards qu'il attire, que ce qu'on regarde le moins, ce qu'on admire le moins, c'est lui-même? tant l'homme est pauvre et nécessiteux, qui n'est pas capable de soutenir par ses qualités personnelles les honneurs dont il se repaît.

C'est ce que nous montre l'Ecriture sainte dans cet orgueilleux roi de Babylone, le modèle des ames vaines, ou plutôt la vanité même. Comme « l'orgueil monte toujours, » dit le Roi-Prophète, et ne cesse jamais d'enchérir sur ce qu'il est (a), *superbia eorum... ascendit semper* [1], Nabuchodonosor ne se contente pas des honneurs (b) de la royauté, il veut des honneurs divins. Mais comme sa personne ne peut soutenir un éclat si haut (c), qui est démenti trop visiblement par notre misérable mortalité (d), il érige sa magnifique statue, il éblouit les yeux par sa richesse, il étonne l'imagination par sa hauteur, il étourdit tous les sens par le bruit de sa symphonie et par celui des acclamations qu'on fait autour d'elle, et ainsi l'idole de ce prince, plus privilégiée que lui-même, reçoit des adorations que sa personne (e) n'ose demander. Homme de vanité et d'ostentation, voilà ta figure : c'est en vain que tu te repais des honneurs qui semblent te suivre; ce n'est pas toi qu'on admire, ce n'est pas toi qu'on regarde, c'est cet éclat étranger qui fascine les yeux du monde; et on adore, non point ta personne, mais l'idole de ta fortune, qui paroît dans ce superbe appareil par lequel tu éblouis le vulgaire.

Jusques à quand, ô enfans des hommes, jusques à quand aimerez-vous la vanité et vous plairez-vous dans le mensonge [2]? » L'homme n'est rien et il ne poursuit que des riens pompeux :

[1] *Psal.* LXXIII, 23. — [2] *Psal.* IV, 3.

(a) *Var.*: Comme l'orgueil enchérit toujours sur ses premières pensées. — b) Des prétentions. — (c) Un si grand éclat. — (d) Par sa... — (e) Que l'original...

In imagine pertransit homo, sed et frustra conturbatur[1] : « Il passe comme un songe, et il ne court aussi qu'après des fantômes. » Que s'il est vrai ce que nous dit saint Jean Chrysostome[2], que la vanité au dehors est la marque la plus évidente de la pauvreté au dedans, que dirons-nous, chrétiens, et que pensera la postérité du siècle où nous sommes? Car quel siècle a-t-on jamais vu, où la vanité ait été plus désordonnée? Quand est-ce qu'on a étalé plus de titres, plus de couronnes, plus de balustres, plus de vaines magnificences? Quelle condition n'a pas oublié ses bornes? Qui n'a pu avoir la grandeur, a voulu néanmoins la contrefaire. On ne peut plus faire de discernement, et par un juste retour cette fausse image de grandeur s'est tellement étendue qu'elle s'est enfin ravilie.

Mais encore si les vanités n'étoient simplement que vanités, elles ne nous contraindroient pas, chrétiens, de faire aujourd'hui de si fortes plaintes. Ce qu'il y a de plus déplorable, c'est qu'elles arrêtent le cours des charités, c'est qu'elles mettent tout à fait à sec la source des aumônes, et avec la source des aumônes celle de toutes les graces du christianisme. Que dis-je ici des aumônes? Les vanités ne permettent pas même de payer ses dettes. On ruine et les siens et les étrangers, pour satisfaire à son ambition. Encore n'est-ce pas le seul désordre : ce ne sont pas seulement la charité et la justice qui se plaignent de la vanité; la pudeur s'en plaint aussi, et la vanité y cause d'étranges ruines. Simple et innocente beauté qui commencez à venir au monde, vous avez de l'honnêteté; mais enfin vous voulez paroître, et vous regardez avec jalousie celles que vous voyez plus richement ornées (a). Sachez que cette vanité qui vous paroît innocente, machine de loin contre votre honneur; elle vous tend des lacets (b), elle vous découvre à la tentation, elle donne prise à l'ennemi. Prenez garde à ce dangereux appât, et mettez de bonne heure votre honnêteté sous la protection de la modestie.

Mais ne parlons pas toujours de ces vanités qui regardent les

---

[1] *Psal.* XXXVIII, 7. — [2] Homil. I *in* II *Epist. ad Thessal.*

(a) *Var.* : Celles qui sont plus richement parées. — (b) Elle vous prépare des piéges.

biens de la fortune et les ornemens du corps. L'homme est vain de plus d'une sorte. Ceux-là pensent être les plus raisonnables qui sont vains des dons de l'intelligence, les savans, les gens de littérature, les beaux esprits. A la vérité, chrétiens, ils sont dignes d'être distingués des autres, et ils font un des plus beaux ornemens du monde. Mais qui les pourroit supporter, lorsqu'aussitôt qu'ils se sentent un peu de talent, ils fatiguent toutes les oreilles de leurs faits et de leurs dits ; et parce qu'ils savent arranger des mots, mesurer un vers ou arrondir une période, ils pensent avoir droit de se faire écouter sans fin et de décider de tout souverainement ? O justesse dans la vie, ô égalité dans les mœurs, ô mesure dans les passions, riches et véritables ornemens de la nature raisonnable ! quand est-ce que nous apprendrons à vous estimer ? Mais laissons les beaux esprits dans leurs disputes de mots, dans leur commerce de louanges qu'ils se vendent les uns aux autres à pareil prix, et dans leurs cabales tyranniques qui veulent usurper l'empire de la réputation et des lettres. Je voudrois n'avoir que ces plaintes, je ne les porterois pas dans cette chaire. Mais dois-je dissimuler leurs délicatesses et leurs jalousies ? Leurs ouvrages leur semblent sacrés ; y reprendre seulement un mot, c'est leur faire une blessure mortelle. C'est là que la vanité, qui semble naturellement n'être qu'enjouée, devient cruelle et impitoyable. La satire sort bientôt des premières bornes, et d'une guerre de mots elle passe à des libelles diffamatoires, à des accusations outrageuses contre les mœurs et les personnes. Là on ne regarde plus combien les traits sont envenimés, pourvu qu'ils soient lancés avec art, ni combien les plaies sont mortelles à l'honneur, pourvu que les morsures soient ingénieuses (a) : tant il est vrai, chrétiens, que la vanité corrompt tout, jusqu'aux exercices les plus innocens de l'esprit, et ne laisse rien d'entier dans la vie humaine. Elle ne se contente pas de donner aux crimes des ouvertures favorables, elle les autorise publiquement, et entreprend de les mettre en honneur par des maximes ruineuses à la pureté des mœurs.

(a) *Var.* : Soient faites d'une manière ingénieuse.

SECOND POINT.

Il me semble que vous vous élevez ici contre moi et que vous me dites que jamais il ne sera véritable que les crimes soient en honneur, puisque nous les voyons au contraire et détestés et proscrits par une commune sentence du genre humain. Et certes les choses humaines ne sont pas encore si désespérées, que les vices qui ne sont que vices, qui montrent toute leur laideur sans aucune teinture d'honnêteté, soient honorés dans le monde. Les vices que le monde couronne sont des vices spécieux, qui ont quelque mélange de la vertu. L'honneur qui est destiné pour la suivre et pour la servir, sait de quelle sorte elle s'habille et lui dérobe quelques-uns de ses ornemens pour en parer le vice qu'il veut établir et mettre en crédit dans le monde. Pourquoi introduit-on ce mélange? pourquoi tâche-t-on de donner au vice cette couleur empruntée? C'est ce qu'il faut expliquer, et je vais développer à fond, s'il se peut, ce mystère d'iniquité (a).

Pour cela il est nécessaire de philosopher en peu de mots de la nature du mal. Mais je m'abuse d'abord, et il est vrai que le mal n'a point de nature ni de subsistance. Car qui ne sait qu'il n'est autre chose qu'une simple privation, un éloignement de la loi, une perte de la raison et de la droiture? Ce n'est donc pas une nature, mais plutôt la maladie, la corruption, la ruine de la nature. De cette vérité, qui est si connue, le docte saint Jean Chrysostome en a tiré cette conséquence : Comme le mal, dit ce grand évêque [1], n'a point de nature ni de subsistance en lui-même, il s'ensuit qu'il ne peut pas subsister tout seul; de sorte que s'il n'est soutenu par quelque mélange de bien, il se détruira lui-même par son propre excès. Qu'un homme veuille tromper tout le monde, il ne trompera personne : qu'un voleur tue ses compagnons aussi bien que les passans, tous le fuiront également comme une bête farouche. De tels vicieux n'ont point de crédit : il faut un peu de mélange; (b) mais aussi, si peu qu'on prenne de soin de

[1] Homil. II *in Acta.*

(a) *Var.:* De quelle sorte cela se fait, quoique la chose soit assez connue par expérience, je veux le rechercher jusqu'à l'origine et développer tout au long ce mystère d'iniquité. — (b) *Note marg.:* Ne sont pas de ces vicieux abandonnés

mêler avec le vice quelque teinture de vertu, il pourra sans trop se cacher et presque sans se contraindre, paroître avec honneur dans le monde. Par exemple est-il rien de plus injuste que de verser le sang humain pour des injures particulières, et d'ôter par un même attentat un citoyen à sa patrie, un serviteur à son roi, un enfant à l'Eglise et une ame à Dieu qu'il a rachetée de son sang? Et toutefois, depuis que les hommes ont mêlé quelque couleur de vertu à ces actions sanguinaires, l'honneur s'y est attaché d'une manière si opiniâtre (*a*), que ni les anathèmes de l'Eglise, ni les lois sévères du prince, ni sa fermeté invincible, ni la justice rigoureuse d'un Dieu vengeur, n'ont point assez de force pour venir à bout de l'en arracher.

Il n'est rien de plus odieux que les concussions et les rapines : et toutefois ceux qui ont su s'en servir pour faire une belle dépense, qui paroît libéralité et qui est une damnable injustice, ont presque effacé toute cette honte dans le sentiment du vulgaire. (*b*) L'impudicité même, c'est-à-dire la honte même, que l'on appelle brutalité quand elle court ouvertement à la débauche, si peu qu'elle s'étudie à se couvrir de belles couleurs de fidélité, de discrétion, de douceur, de persévérance, ne va-t-elle pas la tête levée? Ne semble-t-elle pas digne des héros? Ne perd-elle pas son nom d'impudicité pour prendre celui de galanterie, et n'avons-nous pas vu le monde poli traiter de sauvages et de rustiques ceux qui n'avoient point de telles attaches? Il est donc vrai, chrétiens, que le moindre mélange de vertu trompeuse concilie de l'honneur au vice. Et il ne faut pas pour cela beaucoup d'industrie ; le moindre mélange suffit, la plus légère teinture d'une vertu trompeuse et falsifiée impose aux yeux de tout le monde. Ceux

à toutes sortes d'infamies. Un Achab, une Jézabel dans l'histoire sainte; un Néron, un Domitien dans les histoires profanes : leur attirer de la gloire, réconcilier l'honneur avec eux, c'est une entreprise impossible. — (*a*) *Var.* : L'honneur s'y est appliqué, — arrêté avec une attache opiniâtre. — (*b*) *Note marg.* : Est-il rien de plus haïssable que la médisance, qui déchire impitoyablement la réputation du prochain? Mais si peu qu'on l'appelle franchise de naturel et liberté qui dit ce qu'elle pense ; ou, sans faire tant de façon, pour peu qu'on la débite avec esprit, en sorte qu'elle divertisse, car c'est une grande vertu dans le monde que de savoir divertir ; on ne regarde plus combien les traits sont envenimés, il suffit qu'ils soient lancés avec art, ni combien les plaies sont mortelles, pourvu que les morsures soient ingénieuses.

qui ne se connoissent pas en pierreries sont dupés et trompés par le moindre éclat; et le monde se connoît si peu en vertu solide, que souvent la moindre apparence éblouit sa vue. C'est pourquoi il ne s'agit presque plus parmi les hommes d'éviter les vices ; il s'agit seulement de trouver des noms spécieux et des prétextes honnêtes. Ainsi le nom et la dignité d'homme de bien se soutient plus par esprit et par industrie que par probité et par vertu; et l'on est en effet assez vertueux et assez réglé pour le monde, quand on a l'adresse de se ménager et l'invention de se couvrir.

Mais Dieu protecteur de la vertu ne souffrira pas longtemps que le vice se fasse honorer sous cette apparence ; bientôt il découvrira toute sa laideur et ne lui laissera que sa seule honte. C'est de quoi lui-même se glorifie par la bouche de son prophète : *Discooperui Esau, revelavi abscondita ejus, et celari non poterit*[1] *:* « J'ai découvert Esaü, j'ai dépouillé cet homme du monde de ces vains prétextes dans lesquels il s'enveloppoit, j'ai manifesté toute sa honte, et il ne peut plus se cacher. » Car dans ce règne de la vérité et de la justice on ne se paiera point de prétextes, on ne prendra point le nom pour la chose, ni la couleur pour la vérité. Tous les tours, toutes les souplesses, toutes les habiletés de l'esprit ne seront plus capables de rien diminuer de la honte d'une mauvaise action ; et tout l'honneur que votre adresse vous aura sauvé parmi les ténèbres de ce monde, vous tournera en ignominie. Eveillez-vous donc, chrétiens ; le monde vous a assez abusés, assez éblouis par son faux honneur ; ouvrez les yeux ; voyez la vertu qui va vous montrer l'honneur véritable, et vous apprendrez tout ensemble à le rendre à Dieu. Je suis sorti comme vous le voyez, des deux premières parties, et il ne me reste plus qu'à conclure par la dernière.

TROISIÈME POINT.

Jusqu'ici, chrétiens, j'ai pris facilement mon parti, et rien n'étoit plus aisé que de mépriser l'honneur qui relève les choses vaines et de condamner celui qui couronne les mauvaises. Mais devant maintenant parler de l'honneur qui accompagne les ac-

[1] *Jerem.*, XLIX, 10.

tions vertueuses, d'un côté je voudrois bien pouvoir le priser pour l'amour de la vertu dont il rejaillit, et d'autre part la crainte de la vanité fait que j'appréhende de lui donner trop d'avantage. Et certes il est véritable que si nous combattons avec tant de force l'amour des louanges, nous ôterons sans y penser un grand secours à la vertu, du moins à celle qui commence; et nous tomberons dans cet autre excès qu'un habile courtisan d'un grand empereur, homme d'esprit de l'antiquité (*a*), a remarqué en son temps et que nous ne voyons déjà que trop fréquent dans le nôtre; que la plupart des hommes trouvent (*b*) ridicule d'être loués, à cause qu'ils ont cessé de faire des actions dignes de louanges? *Postquam desiimus facere laudanda, laudari quoque ineptum putamus* [1]. Au contraire saint Augustin a sagement prononcé que « vouloir faire le bien et ne vouloir pas qu'on nous en loue, c'est vouloir que l'erreur prévale, c'est se déclarer ennemi de la justice publique et s'opposer au bien général des choses humaines, qui ne sont jamais établies dans un meilleur ordre que lorsque la vertu reconnue reçoit l'honneur qu'elle mérite [2]. » D'ailleurs on ne peut douter qu'il ne soit digne d'un homme de bien, et d'édifier le prochain par l'exemple de sa vertu, et d'être non-seulement confirmé, mais encore encouragé par le témoignage des autres. Mais surtout ceux que Dieu a mis dans les grandes places, comme leur dignité n'a rien de plus relevé (*c*) que cette glorieuse obligation d'être l'exemple du monde, doivent souvent considérer ce que pense l'univers dont ils sont le plus beau spectacle, et ce que pensera la postérité, qui ne les flattera plus quand la mort les aura égalés au reste des hommes; et comme la gloire véritable ne peut jamais être forcée, ils doivent en poser les fondemens sur une vertu solide, qui soit incapable de se démentir jamais (*d*).

Mais encore qu'on puisse permettre (*e*) à la vertu de se laisser exciter au bien par les louanges des hommes, c'est ravir sa dignité et offenser sa pudeur que de l'en rendre captive. Car c'est,

---

[1] Plin., lib. III *Epist.*, Epist. xxi. — [2] S. August., *De Serm. Domini.*, lib. II, n. 1.

(*a*) *Var.:* Galant homme de l'antiquité. — (*b*) Qu'on trouve... — (*c*) N'a rien de plus haut, — rien de plus grand. — (*d*) Qui ne se démente jamais, — qui s'attache à ne se démentir jamais et à marcher constamment par les voies droites. — (*e*) Mais si nous pouvons permettre.

mes frères, une chose assez remarquable que la pudeur et la modestie ne s'opposent pas seulement aux actions déshonnêtes, mais encore à la vaine gloire et à l'amour désordonné des louanges. Une personne honnête et bien élevée rougit d'une parole immodeste ; un homme sage et modéré rougit de ses propres louanges. En l'une et l'autre rencontre la modestie fait baisser les yeux et monter la rougeur au front par un certain sentiment que la raison nous inspire ; que comme le corps a sa chasteté, que l'impudicité corrompt, il y a une certaine intégrité de l'ame et de la vertu qui appréhende d'être violée par les louanges. (*a*) C'est pourquoi saint Jean Chrysostome compare la vertu chrétienne à une fille honnête et pudique, élevée dans la maison paternelle avec une merveilleuse retenue. On ne la mène pas, dit-il [1], aux théâtres; on ne la produit pas dans les assemblées. Elle n'écoute point les discours des hommes, ni leurs dangereuses flatteries ; elle aime la retraite et la solitude, et se plaît à se cacher sous les yeux de Dieu, sous l'ombre de ses ailes et sous le secret de sa face : elle aime, dis-je, à se cacher (*b*), non par honte, mais par modestie. Car, mes frères, ce n'est pas un moindre excès de cacher la vertu par honte que de la produire par ostentation (*c*). Les hypocrites sont dignes et de blâme et de mépris tout ensemble, qui l'étalent avec art et pompeusement; les lâches ne le sont pas moins, qui rougissent de la professer et lui donnent moins de liberté de paroître au jour que le vice même ne s'en attribue. Ainsi la véritable vertu ne fuit pas toujours de se faire voir; mais jamais elle ne se montre qu'avec sa simple parure. Bien loin de vouloir surprendre (*d*) les yeux par des ornemens empruntés,

[1] S. Chrysost., homil. LXXI *in Matth.*, tom. VII, p. 698.

(*a*) *Note marg.* : D'où vient à une ame bien née cette honte des louanges naturelle à la vertu ; je dis à la vertu chrétienne, car on n'en connoit point d'autre en cette chaire ? Il est donc de la nature de la vertu d'appréhender les louanges, et si vous pesez attentivement avec quelle précaution le Fils de Dieu l'oblige de se cacher : *Attendite ne justitiam vestram faciatis coram hominibus, ut videamini ab eis* (Matth., VI, 1). — Voulez-vous prier dans le cabinet, fermez la porte : *Orationem tuam fac esse mysterium* (S. Chrysost., homil. XIX *in Matth.*, n. 3), et ainsi des autres. Voyez donc comme il élève la vertu : il la retire du monde ; il la tient dans le cabinet et sous la clef ; il la cache non-seulement aux autres, mais à elle-même ; il ne veut pas que « la gauche sache l'aumône que fait la droite » (*Matth.*, VI, 3) ; enfin il la réserve pour les yeux du Père. — (*b*) *Var.*: Elle se plaît à se cacher. — (*c*) Par affectation. — (*d*) Attirer.

elle cache même une partie de sa beauté naturelle; et le peu qu'elle en découvre avec retenue est tellement éloigné de tout artifice, qu'on voit bien qu'elle n'a pas dessein (*a*) d'être regardée, mais plutôt d'inviter les hommes par sa modestie à glorifier le Père céleste : *Ut videant opera vestra bona, et glorificent Patrem vestrum qui in cœlis est* [1].

Voilà l'idée véritable de la vertu chrétienne. Y a-t-il rien de plus sage ni de plus modeste? (*b*) La vaine gloire, dit saint Chrysostome [2], vient gâter cette bonne éducation : elle entreprend de corrompre (*c*) la pudeur de la vertu. Au lieu qu'elle n'étoit faite que pour Dieu, elle la pousse (*d*) à rechercher les yeux des hommes. Ainsi cette vierge si sage et si retirée est sollicitée par cette impudente à des amours déshonnêtes : *Sic à lenâ corruptissimâ ad turpes hominum amores impellitur*. Fuyons, Messieurs, ces excès; et puisque tout le bien vient de Dieu, apprenons à lui rendre aussi toute la gloire. Car comme dit excellemment le grand saint Fulgence, « encore que ce soit un orgueil damnable que de mépriser ce que Dieu commande, c'est une audace bien plus criminelle de s'attribuer à soi-même ce que Dieu donne; » (*e*) et si par le premier de ces attentats nous tâchons de nous soustraire à son empire, il semble que nous entreprenions par le second de nous égaler à lui (*f*).

C'est, Messieurs, ce que Dieu lui-même reproche aux hommes orgueilleux en la personne du roi de Tyr, lorsqu'il lui adresse ces paroles par la bouche de son prophète Ezéchiel : « Voici ce qu'a dit le Seigneur Dieu : Ton cœur s'est élevé démesurément, et tu as dit : Je suis un Dieu; et quoique tu ne sois qu'un homme mor-

[1] *Matth.*, v, 16. — [2] S. Chrysost., loco mox cit.

(*a*) *Var.* : Qu'elle n'entreprend pas. — (*b*) *Note marg.* : C'est ainsi qu'elle étoit faite, lorsqu'elle sortoit toute récente d'entre les mains des apôtres, formée sur les exemples de Jésus-Christ même. Alors la piété étoit véritable, parce qu'elle n'étoit pas encore devenue un art : elle n'avoit pas encore appris à s'accommoder au monde ni à servir au négoce des ténèbres; simple et innocente qu'elle étoit, elle ne regardoit que le ciel, auquel elle prouvoit sa fidélité par l'humilité et la patience. — (*c*) *Var.* : Prostituer. — (*d*) Elle lui apprend. — (*e*) Note marg. : *Detestabilis est cordis humani superbia, quâ facit homo quod Deus in hominibus damnat; sed illa detestabilior, quâ sibi tribuit homo quod Deus hominibus donat* (*Epist.* vi *ad Theodor.*, p. 189).— (*f*) *Var.*: De nous rendre en quelque façon ses égaux.

tel, tu t'es fait un cœur de Dieu » par ton audace insensée : *Dixisti : Deus ego sum ;.... cùm sis homo et non Deus, et dedisti cor tuum quasi cor Dei* ¹. Peut-être aurez-vous peine à comprendre que l'esprit humain soit capable d'un si prodigieux égarement. Mais, mes frères, ce n'est pas en vain que le Saint-Esprit parle en ces termes ; et il n'est que trop véritable que celui qui se glorifie en lui-même, se fait en effet le cœur d'un Dieu. Car la théologie nous enseigne que comme Dieu est la source du bien et le centre de toutes choses, comme il est le seul sage et le seul puissant, il lui appartient, chrétiens, de s'occuper de lui-même, de rapporter tout à lui-même, de se glorifier en ses conseils et de se confier en son bras victorieux et en sa force invincible. Quand donc une créature s'admire dans sa vertu, s'aveugle dans sa puissance, se plaît dans son industrie, s'occupe enfin tout entière de ses propres perfections, elle agit à la manière de Dieu, et malgré sa misère et son indigence elle imite la plénitude de ce premier Etre. En effet cet homme habile (*a*) qui règne dans un conseil et ramène tous les esprits par la force de ses discours, lorsqu'il croit que son raisonnement et son éloquence et non la main de Dieu a tourné les cœurs, ne dit-il pas tacitement : *Labia nostra à nobis sunt*² : « Nos lèvres sont de nous-mêmes, » et c'est nous qui avons trouvé ces belles paroles qui ont touché tout le monde ? Et celui qui se persuade que c'est par son industrie qu'il s'est établi, et ne fait pas de réflexion sur la Providence divine qui l'a conduit par la main, ne dit-il pas avec Pharaon : *Meus est fluvius, et ego feci memetipsum* ³ : « Tout ce grand domaine est à moi, je suis l'ouvrier de ma fortune et je me suis fait moi-même ? » Quiconque enfin s'imagine qu'il peut achever ses affaires par sa tête ou par son bras, sans remonter au principe d'où viennent tous les bons succès, se fait lui-même un dieu dans son cœur, et il dit avec ces superbes : « C'est notre main vigoureuse qui a fait hautement ces choses : » *Manus nostra excelsa* ⁴.

Malheur à la créature, qui faisant le dénombrement de ce qui est nécessaire pour ses entreprises, ne compte pas avant toutes

---

¹ *Ezech.*, xxviii, 2. — ² *Psal.* xi, 5. — ³ *Ezech.*, xxix, 3. — ⁴ *Deuter.*, xxxii, 27.
(*a*) *Var.* : Capable.

choses le secours de Dieu et ne lui rapporte pas toute la gloire! Dieu se rit de ses vains conseils et il les dissipe. Car c'est lui dont il est écrit « qu'il réprouve les desseins des peuples, qu'il confond quand il lui plaît les entreprises (a) des grands [1], et qu'il est terrible en conseils par-dessus les enfans des hommes [2]. » C'est lui qui élève, c'est lui qui abaisse. C'est lui qui donne la gloire, c'est lui qui la change en ignominie. C'est lui qui prend Cyrus par la main, dit le prophète Isaïe [3], qui fait marcher la terreur devant sa face et la victoire à sa suite, qui le mène triomphant par toute la terre et qui abaisse à ses pieds toutes les puissances du monde. C'est lui-même qui, au moment ordonné, arrête toutes ses conquêtes et le précipite du haut de cette superbe grandeur par une sanglante défaite. C'est lui qui fait frapper par son ange un Hérode pour n'avoir pas donné la gloire à Dieu [4]; qui renverse un Nicanor par une poignée de gens « qu'il regardoit comme rien, » *quos nullos existimaverat*, comme dit le texte sacré [5]; qui confond un Antiochus avec son armée, par laquelle il croyoit pouvoir dominer aux flots de la mer : *Qui sibi videbatur etiam fluctibus maris imperare* [6]. Et quand aurois-je fini, si j'entreprenois de vous raconter toutes les victoires de ce Triomphateur en Israël et de ce Monarque du monde!

Tremblons donc sous sa main suprême et mettons en lui seul toute notre gloire. La gloire que les hommes donnent n'a ni fondement ni consistance. Qu'y a-t-il de plus variable, puisqu'elle s'attache aux événemens et change avec la fortune? C'est pourquoi je souhaite à notre grand Roi quelque chose de plus solide. Sire, je désire d'une ardeur immense de voir croître par tout l'univers cette haute réputation de vos armes et de vos conseils; et si ma voix se peut faire entendre parmi ces glorieuses acclamations, j'en augmenterai le bruit avec joie. Mais méditant en moi-même la vanité des choses humaines, qu'il est si digne de votre grande ame d'avoir toujours devant les yeux, je souhaite à votre Majesté un éclat plus digne d'un roi chrétien que celui de la renommée, une im-

---

[1] *Psal.* XXXII, 10. — [2] *Psal.* LXV, 5. — [3] *Isa.*, XLV, 1. — [4] *Act.*, XII, 23. — [5] II *Machab.*, VIII, 35. — [6] *Ibid.*, IX, 8.

(a) *Var.* : Qu'il renverse quand il lui plaît les entreprises des princes.

mortalité plus assurée que celle que promet l'histoire à votre sage conduite, enfin une gloire mieux établie que celle que le monde admire : c'est celle de l'éternité avec le Père, le Fils et le Saint-Esprit. *Amen.*

FRAGMENT OU DISSERTATION

SUR L'HONNEUR.

L'honneur peut être considéré en deux manières : 1° il peut être pris pour le crédit et l'autorité que donnent les emplois, les charges, la faveur des grands; 2° pour la bonne opinion que l'on a de nous. Cette dernière sorte d'honneur est un moyen assez ordinaire pour parvenir à l'autre, et la première nous donne de grands avantages pour entretenir celle-ci.

C'est de cette dernière espèce d'honneur que je prétends parler et rechercher quelle estime nous en devons faire, jusqu'à quel point nous sommes obligés de nous le conserver, comment nous nous y devons maintenir lorsqu'on nous le veut ravir.

J'appelle l'honneur en ce sens l'estime que les hommes font de nous pour quelque bien qu'ils y considèrent. Mais il faut ici user de distinction. Car ou ils se trompent dans l'opinion qu'ils en ont, ou ils jugent véritablement. Ils jugent véritablement, et l'estime qu'ils font de nous est bien fondée, lorsque la chose qu'ils prisent en nous nous convient effectivement et qu'elle est digne de louange. C'est là le véritable et solide honneur; par exemple, lorsqu'on estime ou pour les bonnes qualités du corps, comme la force, la disposition ; ou pour les dons de l'esprit, comme l'éloquence, la vivacité, la science. Mais comme ces avantages d'esprit et de corps sont de telle nature qu'ils peuvent être appliqués au mal, et qu'il n'y a que la vertu seule dont personne ne peut mal user, parce qu'elle ne seroit plus vertu si l'on en faisoit un mauvais usage, il s'ensuit que la vertu seule est essentiellement digne de louange, et par conséquent que le véritable honneur est attaché par nécessité à la pratique que nous en faisons. Aussi est-ce pour cette raison que les autres avantages de corps et d'esprit sont dignes d'honneur, par la disposition et facilité qu'ils nous donnent pour mettre en pratique ce que la vertu ordonne, comme la bonne disposition du corps pour être en état de s'employer plus utilement à la défense de sa patrie : tellement que le véritable honneur est attaché à la vertu seule, ou bien se rapporte à elle. Après avoir considéré cet honneur que l'on nous défère, fondé sur un jugement véritable, il faut maintenant regarder celui qui est appuyé sur l'erreur.

Il n'y a qu'une vérité et qu'un droit chemin, mais on peut s'égarer par diverses voies; tellement qu'à cet honneur solide qui a fondement sur la vérité, nous en pouvons opposer trois autres espèces qui seront fondées sur l'erreur. Car on peut se tromper en trois manières dans l'estime qu'on fait de nous : 1° en nous attribuant des choses louables qui ne nous conviennent pas; 2° en nous louant pour des choses que nous avons en effet, mais qui ne méritent pas de louanges; 3° en joignant l'un et l'autre ensemble, c'est-à-dire en nous honorant pour une chose que nous n'avons pas et qui n'est pas digne d'être honorée. D'où il paroît que le véritable honneur devant joindre ensemble nécessairement une estime raisonnable et de la chose et de la personne, le faux honneur au contraire se peut former en ces trois manières que nous avons remarquées : en la première on se trompe quant à la personne, en la seconde on erre en la chose, en la troisième on juge mal et de la personne et de la chose. Cette division est juste et partage également le sujet.

Cela étant ainsi supposé, venons maintenant à considérer quelle estime nous devons faire de l'honneur; et pour cela il faut comparer, 1° toutes ces sortes d'honneur ensemble; 2° les comparer avec la vertu; 3° avec la vie; 4° avec les richesses. Ensuite nous regarderons comment un homme sage le peut ravir aux autres, et comment il le peut défendre pour lui-même.

Pour comparer ces honneurs entre eux, la première remarque que nous avons à faire, c'est que l'un nous a semblé véritable et les autres nous ont paru faux. Mais il faut craindre ici l'équivoque, en ce que celui que nous appelons faux honneur ne laisse pas en un sens de pouvoir être nommé véritable. Car encore que l'on m'honore sans que j'en sois digne, il est vrai néanmoins que l'on m'honore sincèrement, et en ce sens l'honneur qu'on me rend est véritable, parce qu'il est sincère; mais on peut aussi l'appeler faux honneur, en tant qu'il n'a point d'autre appui qu'un faux jugement que l'on fait de moi et une estime contraire à la vérité. De là il est aisé de juger combien le véritable honneur est à estimer au-dessus de l'autre, n'y ayant nulle proportion entre une opinion raisonnable et une opinion mal fondée.

Maintenant, pour connoître au vrai combien nous devons priser l'honneur qu'on nous rend par erreur, il le faut décider par la qualité de l'erreur qui en est le principe. De cette sorte il est aisé de voir que l'erreur la moindre de toutes est celle qui ne regarde que la personne, par exemple lorsqu'on croit vertueux celui qui ne l'est pas; le second degré est de se tromper en la chose, comme en croyant vertu ce qui ne l'est pas; le troisième et le plus mauvais, c'est de juger faussement de l'un et de l'autre, c'est-à-dire et de la chose et de la personne.

Au premier genre d'erreur, encore qu'on se trompe pour la personne, il est clair qu'on ne lui fait point de tort, au contraire on lui donne plus qu'il ne lui appartient; au second on ne fait pas tort à la personne, mais on fait injure à la raison et à la vérité, en croyant raisonnable ce qui ne l'est pas; au troisième on fait tort à la vérité et à la personne qu'on déshonore en pensant l'honorer. Nul homme ne doit désirer qu'on lui rende cette dernière sorte d'honneur, qui est une véritable injure. Nous ne devons non plus désirer ni estimer le second, qui fait un tort notable à la vérité et à la raison, ni souffrir qu'on nous estime aux dépens de l'une et de l'autre : autrement nous nous préférerions à elle, ce qui est insupportable. Reste donc à examiner le premier honneur, dont l'erreur ne fait préjudice ni à la raison ni à la personne.

Premièrement on pourroit douter si l'honneur que l'on nous rend ainsi par erreur et pour des bonnes qualités que nous n'avons pas, est un avantage pour nous, puisqu'en ce cas l'estime que l'on fait de nous ne nous attribue rien de véritable. Néanmoins le contraire semble être assuré par les choses que nous avons dites ; car encore que ce que l'on nous attribue ne soit pas vrai, il est vrai toutefois qu'on nous l'attribue, et cela sans doute c'est un avantage. Si c'est un mal pour moi que de n'être pas digne d'honneur, c'est encore un autre mal que cela soit connu. C'est donc une espèce de bien que cela soit caché par la bonne opinion que l'on en a ; et quoique je doive plutôt désirer d'être ce que l'on croit, on ne laisse pas de m'obliger en me croyant plus que je ne suis.

Mais peut-on se réjouir d'un tel honneur? Il paroît qu'on le peut, puisque c'est une espèce de bien ; et il semble d'ailleurs qu'il n'est pas permis et que la raison ne souffre pas qu'on se réjouisse de l'erreur d'autrui. A cela il est aisé de répondre qu'il y a des erreurs qui nuisent beaucoup à ceux qui les ont, et d'autres qui ne leur nuisent pas. Celui qui croit vertu ce qui ne l'est point, est tombé dans une erreur fort préjudiciable ; et ne connoître pas la vertu, c'est un mal qu'on ne doit jamais désirer, même à son plus grand ennemi, ni se réjouir quand il lui arrive. Mais il n'y a pas grand mal pour un homme de croire qu'un autre soit vertueux, bien qu'en effet il ne le soit pas ; au contraire ce peut être un bien. Car il est de la prudence de ne pas précipiter son jugement, et il est de l'humanité de présumer plutôt le bien que le mal. Si donc l'on m'estime vertueux sans que je le sois, cela ne faisant aucun tort à celui qui le croit, non plus qu'à la vertu qu'il pense honorer en ma personne, rien ne m'empêche d'avoir quelque joie de cette erreur innocente pour l'avantage qui m'en revient.

Encore qu'à vrai dire cet avantage nous doit être peu considérable, car c'est se repaître de peu de chose que de se croire relevé par l'erreur d'autrui ; au contraire plus on estime le bien que l'on s'imagine être en nous, plus nous devons être mal satisfaits de nous-mêmes de ce que nous sentons qu'il nous manque. Ainsi le moins que puisse faire un homme que l'on honore de cette sorte, c'est de recevoir cet honneur sans s'en estimer davantage, et de souhaiter pour l'amour de ceux dont le jugement lui est si favorable, qu'ils cessent de se tromper dans leur opinion, non par la connoissance qu'ils pourront prendre de ses défauts, mais par le règlement que lui-même apportera à ses mœurs. S'il a d'autres pensées et qu'il tourne tous ses soins à tromper le monde sans rechercher jamais le solide, il sera du nombre de ceux qui sont appelés hypocrites, qui outrageant la vertu dans leurs cœurs, abusent de son image qui leur sert de montre pour se concilier la faveur des hommes.

Après avoir considéré combien nous devons priser l'honneur en lui-même par la comparaison que nous avons faite de toutes les espèces d'honneur entre elles, voyons combien il doit être prisé à l'égard des autres biens, et premièrement de la vertu.

La vertu est une habitude de vivre selon la raison ; et comme la raison est la principale partie de l'homme, il s'ensuit que la vertu est le plus grand bien qui puisse être en l'homme. Elle vaut mieux que les richesses, parce qu'elle est notre véritable bien. Elle vaut mieux que la santé du corps, parce qu'elle est la santé de l'ame. Elle vaut mieux que la vie, parce qu'elle est la bonne vie, et qu'il seroit meilleur de n'être pas homme que de ne vivre pas en homme, c'est-à-dire ne vivre pas selon la raison et faire de l'homme une bête. Elle vaut mieux aussi que l'honneur, parce qu'en toutes choses l'être vaut mieux sans comparaison que le sembler être ; il vaut mieux être riche que de sembler riche ; être sain, être savant que de sembler tel. Il vaut donc mieux sans comparaison être vertueux que de le paroître, et ainsi la vertu vaut mieux que l'honneur.

Il n'est donc pas permis ni de quitter la vertu pour se faire estimer des hommes, ni de rechercher la vertu pour s'acquérir de la gloire, parce que ce n'est pas estimer assez la vertu. Or celui qui ne l'estime pas ne la peut avoir, parce qu'on la perd en la méprisant.

Il y a certaines choses qui n'ont de grandeur qu'en tant qu'on les voit, par exemple les habits magnifiques. Ces choses d'elles-mêmes sont de peu de prix et infiniment au-dessous de tous les autres biens qui ont quelque valeur en eux-mêmes. C'est donc ravaler trop indignement la vertu, qui est le plus grand bien de l'homme, que de la mettre parmi les biens du dernier ordre que la seule opinion fait valoir.

Nous sommes arrivés à la question la plus délicate, qui consiste à comparer l'honneur à la vie ; et pour en juger sainement, il faut présupposer avant toutes choses que pour honorer le don de Dieu et de la nature, nous devons croire que la vie est un bien fort considérable, et l'horreur que témoigne toute la nature de la mort et du non-être, montre que l'être et la vie sont sans doute un grand avantage.

Toutefois deux considérations diminuent beaucoup de son prix. 1° L'une des qualités du bien, c'est d'avoir quelque consistance ; or la vie n'a rien d'assuré, et tôt ou tard il faudra la perdre. 2° Une autre qualité du bien, c'est qu'on puisse le goûter avec quelque joie, sans quoi il n'a plus pour nous de douceur ; or la vie est exposée à tant de maux qui surpassent en toute façon tout le bien dont elle est capable, qu'on ne peut très-souvent y sentir aucune satisfaction, et que la crainte seule de tant de maux qui nous menacent étourdit le sentiment de la joie.

Mais il y a encore quelque chose de plus pressant. C'est qu'encore que notre vie fût exempte de tous les maux extraordinaires, sa durée seule nous seroit à charge, si nous ne faisions simplement que vivre sans qu'il s'y mêlât quelque chose qui trompe pour ainsi dire le temps et en fasse couler plus doucement les momens : de là vient le mal que nous appelons l'ennui, qui seul suffiroit pour nous rendre la vie insupportable.

Par là il paroît clair que la vie ainsi seule et dénuée ne seroit pas un grand bien pour nous, et qu'elle ne nous doit sembler bien qu'en tant qu'elle nous donne le moyen de goûter les autres. Mais ces biens que la vie nous fait goûter, il faut que ce soit la raison qui nous les présente et qui en fasse le choix, puisqu'ainsi que nous avons dit, il vaut mieux sans comparaison ne pas vivre que ne pas vivre selon la raison.

Il s'ensuit donc de là que tant qu'un homme peut avoir dans la vie une satisfaction raisonnable selon le sentiment de la nature, il ne doit point préférer la mort à la vie, bien moins encore désirer la mort, mais l'attendre seulement avec patience.

Les choses étant ainsi supposées, voyons quelle force a l'honneur pour donner à la vie cette satisfaction raisonnable, et si la privation de ce bien peut nous ôter tellement toute la douceur de vivre, que la perte de notre vie nous semble moins dure que celle de notre honneur. Pour cela repassons sur les quatre degrés d'honneur que nous avons remarqués d'abord, dont le premier a son fondement sur la vérité et les trois autres sur l'opinion.

Premièrement il suit de ce que nous avons dit que, lorsqu'on estime en nous ce qui n'est pas digne d'estime, la satisfaction qui en peut naître en notre esprit n'est pas de la nature de celles que nous devions désirer dans notre vie, parce qu'elle n'est pas raisonnable, ainsi qu'il a déjà été dit.

Pour l'honneur qu'on nous rend à cause de quelque vertu que l'on croit en nous, bien qu'en effet elle n'y soit pas, il ne doit pas nous donner une satisfaction considérable, parce que ou nous connoissons notre manquement, et alors notre jugement propre qui dément celui des autres empêche, si nous sommes sages, qu'il ne nous satisfasse beaucoup; ou nous ne le connoissons pas, et alors cette satisfaction n'est pas raisonnable, puisqu'elle ne provient que du peu de connoissance que nous avons de nous-mêmes.

Par conséquent l'honneur qu'on nous rend pour de véritables actions vertueuses semble être le seul désirable, et il contribue infiniment à la satisfaction raisonnable qu'un homme sage peut rechercher. Car encore que le jugement des autres considéré en lui-même ne doive pas, ce semble, contribuer beaucoup à notre bonheur, qui doit dépendre principalement de ce que nous jugeons nous-mêmes avec raison, toutefois le concours de plusieurs personnes qui nous estiment nous est non-seulement par opinion, mais encore par effet, très-avantageux par les bons effets qu'il produit; c'est ce qu'il faut expliquer un peu plus à fond.

Après le bien de la vertu qui nous met en bon état en nous-mêmes, ce que je considère le plus dans la vie, c'est le bien de la société qui nous y met avec les autres. Ce bien de la société fait sans doute l'un des plus grands agrémens de la vie. Or nul ne peut ignorer que la bonne estime que l'on a de nous ne soit ici de fort grande considération, à cause de la liberté qu'elle nous donne dans les honnêtes compagnies, des avantages qu'elle nous procure dans les affaires, des entrées qu'elle nous ouvre pour faire des amis, pour les conserver, pour les servir, pour leur plaire : tout cela sont des biens effectifs qu'un homme sage doit estimer tels. Que si l'on n'a pas de nous bonne estime, on n'a ni amitié ni confiance en nous, et nous sommes privés de la plupart des commodités qu'apporte la société, à laquelle il semble que nous ne tenons par aucun lien. C'est dans cette considération particulière que l'honneur me paroît un bien excellent ; et je le trouve en ce sens de telle valeur que je ne doute pas qu'un homme de bien ne puisse le préférer à sa vie, et qu'il ne le doive même en quelques rencontres. Car quand il y iroit de sa vie, il ne doit rien faire qui puisse justement être blâmé ; et quand il n'encourroit aucun blâme, il peut et doit souvent hasarder sa vie pour faire des actions de vertu plus glorieuses. Par exemple un homme n'est pas toujours blâmé pour ne pas exposer sa vie à la guerre pour le service de son prince et de sa patrie ; il peut néanmoins le faire pour se rendre plus digne d'honneur. Mais quoiqu'en ces rencontres la vertu et l'honneur soient inséparables, l'homme sage doit prendre garde à regarder principalement la vertu, parce qu'elle doit toujours marcher la première.

Ce que l'homme sage donne à la vertu, il le donne à la vérité et à la raison certaine ; mais ne faut-il pas aussi regarder s'il ne peut pas donner quelque chose à l'opinion et à la raison vraisemblable ? Les hommes ordinairement, pour ne savoir pas les véritables motifs, en jugent par les présomptions de ce qui se voit souvent en pareilles rencontres ; et c'est ce que j'appelle ici vraisemblance. Un homme fait grande dépense, il est vraisemblable qu'il est libéral ; mais peut-être que ce n'est pas tant libéralité qu'une somptuosité mal réglée. Celui-là voit son ami intime dans le péril, il ne se hasarde pas pour l'en retirer, on juge vraisemblablement qu'il est timide ; mais peut-être que dans l'apparence qu'il voyoit que son secours seroit inutile, il a jugé nécessaire de se conserver pour sauver la famille de cet ami qu'il sait n'avoir d'appui qu'en lui seul. Un homme fait de grandes épargnes, il est vraisemblable qu'il est avare ; mais c'est qu'il prévoit une grande affaire de l'Etat ou de sa maison, où l'argent qu'il amasse sera nécessaire : c'est un effet de sa prévoyance. Comme ces sortes d'opinions vraisemblables font souvent la principale partie de l'estime qu'on fait de nous, il nous faut ici rechercher quelle estime en doit avoir un esprit bien fait. Je crois très-assuré qu'il doit peu déférer à ces vraisemblances, quand il voit en son sentiment quelque chose de plus certain. Autrement il faut avouer qu'il se laisseroit gêner par les opinions des autres plus que ne le permet l'honnête liberté qu'un homme sage doit réserver à son jugement ; et cette foiblesse, de s'abandonner à ce que les autres trouvent vraisemblable, au préjudice de ce qu'il voit de plus certain, marque qu'il recherche l'honneur trop bassement, qu'il le veut briguer comme par faveur, au lieu qu'un homme qui a le cœur bon veut le mériter par justice.

Quand donc sous le prétexte de la vraisemblance on nous veut engager contre la vertu, il faut sans consulter que les apparences cèdent à la solide raison. Ainsi quoiqu'on puisse juger avec vraisemblance que vous manquez de fidélité en vous séparant d'un ami, vous n'en devez point faire de difficulté, lorsque son amitié est préjudiciable au salut de votre patrie, qui est un bien plus considérable qu'une affection particulière.

Que s'il arrive des rencontres où y ayant deux partis à prendre, la vertu se trouve dans l'un et dans l'autre, comme dans l'exemple que j'ai rapporté de mon ami que je vois en péril, soit que je m'expose pour le sauver, soit que je me conserve pour sa famille, je donne une marque de fidélité. Alors je manque à ce que je dois, si ce que les autres croient de plus vraisemblable m'empêche de me porter hardiment à ce que ma conscience me montre de plus utile. Il faut néanmoins remarquer ici qu'où il s'agit d'assister les autres, nous devons ordinairement préférer les moyens qu'ils nous proposent à ceux que nous avions médités, quoique ceux-ci nous semblent meilleurs, parce que l'incertitude des événemens nous oblige souvent pour notre décharge de les servir à leur mode.

Dans les choses purement indifférentes, comme dans la dépense de table, d'habits et autres semblables, il me semble qu'un homme sage ayant mesuré ce qu'il peut, donnera quelque chose, 1° à la coutume, 2° à son humeur et à celle des siens. Mais s'il est extrêmement avisé, il considérera exactement ce qui conduit le mieux à la fin qu'il s'est proposée.

L'homme sage qui agira selon ces maximes en ce qui regarde l'honneur, en pourra sans doute tirer une satisfaction raisonnable, surtout s'il se modère de telle sorte qu'en désirant se mettre en bonne estime dans l'esprit des autres, il ne se rende point esclave de leurs passions et de leurs sentimens ; autrement il n'y auroit pour lui aucune douceur, puisqu'un honnête homme n'en trouve jamais en ce qui le met dans la servitude.

Ce n'est pas assez d'avoir reconnu combien l'honneur peut contribuer à la satisfaction raisonnable qu'on doit désirer dans la vie, si nous n'examinons encore combien il y est nécessaire et jusqu'à quel point on s'en peut passer. L'honneur ne peut être ravi par force, parce que c'est une opinion; or les opinions ne sont pas forcées : donc la violence ne peut jamais être employée pour rétablir son honneur, parce que le principe de la nature ne « permet la force que contre la force : » *Vim vi repellere licet.* Un homme nous donne un soufflet, ce n'est pas lui proprement qui nous déshonore, mais ceux qui nous font l'injustice de nous en estimer moins pour avoir été exposés à la violence.

Il n'est pas permis d'inventer une calomnie contre un homme qui nous déshonore. On peut se récompenser de l'argent qui nous est volé en prenant autant de notre ennemi, sans lui faire injustice, parce qu'il a véritablement telle somme qui ne lui appartient pas, et que vous avez droit de la répéter de lui par une action bien fondée. Or ici l'honneur que vous lui ôtez lui appartient légitimement, puisque nous supposons que c'est une calomnie que vous inventez, et vous ne pouvez avoir aucune action légitime pour lui ôter son bien : donc il n'y a point de compensation.

PREMIER SERMON,

POUR

LE JEUDI DE LA IIe SEMAINE DE CARÊME,

SUR LA PROVIDENCE (a).

Fili, recordare quia recepisti bona in vitâ tuâ, Lazarus similiter mala; nunc autem hic consolatur, tu verò cruciaris. Luc., XVI, 25.

Nous lisons dans l'histoire sainte[1] que le roi de Samarie ayant voulu bâtir une place forte qui tenoit en crainte et en alarme toutes les places du roi de Judée, ce prince assembla son peuple et fit un tel effort contre l'ennemi, que non-seulement il ruina cette forteresse, mais qu'il en fît servir les matériaux pour construire deux grands châteaux (b) par lesquels il fortifia sa frontière. Je médite aujourd'hui, Messieurs, de faire quelque chose de semblable, et dans cet exercice pacifique je me propose l'exemple de cette entreprise militaire. Les libertins déclarent la guerre à la Providence divine, et ils ne trouvent rien de plus fort contre elle que la distribution des biens et des maux, qui paroît injuste, irrégu-

---

[1] III *Reg.*, XV, 17-22.

(a) Prêché dans le Carême de 1666, à Saint-Germain-en-Laye, devant le roi et toute la Cour.

Que ce sermon ait été prononcé devant le roi, nous le voyons par ces paroles du deuxième point : « Je n'oublie pas combien grand et combien auguste est le monarque qui nous honore de son audience. » D'un autre côté, Bossuet a prêché deux fois le Carême devant le roi, en 1662 et en 1666; et nous avons pareillement ici deux sermons pour le même jour de la sainte quarantaine, celui qu'on va lire tout à l'heure et celui qui le suit immédiatement. Or on verra que le dernier a été prêché en 1662; le premier l'a donc été en 1666.

A cette dernière époque, bien que vaincus par les gentilshommes françois dans les journées de Raab, de Kermen, du Saint-Gothard, les Turcs continuoient d'assiéger Candie, d'inquiéter Venise et de menacer l'Europe. Voilà pourquoi le prédicateur parle, aussi dans le deuxième point, de cet ennemi du nom chrétien qu'on voit « soutenir avec tant d'armées les blasphèmes de Mahomet contre l'Evangile, abattre sous son croissant la croix de Jésus-Christ notre Sauveur et diminuer tous les jours la chrétienté par des armes si fortunées. »

(b) *Var.* : Deux citadelles.

lière, sans aucune distinction entre les bons et les méchans. C'est là que les impies se retranchent comme dans leur forteresse imprenable, c'est de là qu'ils jettent hardiment des traits contre la sagesse (a) qui régit le monde, se persuadant faussement que le désordre apparent des choses humaines rend témoignage contre elle. Assemblons-nous, chrétiens, pour combattre les ennemis du Dieu vivant; renversons les remparts superbes de ces nouveaux Samaritains (b). Non contens de leur faire voir que cette inégale dispensation des biens et des maux du monde ne nuit en rien à la Providence, montrons au contraire qu'elle l'établit. Prouvons par le désordre même qu'il y a un ordre supérieur qui rappelle tout à soi par une loi (c) immuable; et bâtissons les forteresses de Juda des débris et des ruines (d) de celle de Samarie. C'est le dessein de ce discours que j'expliquerai plus à fond après que nous aurons imploré, etc.

Le théologien d'Orient, saint Grégoire de Nazianze, contemplant la beauté du monde dans la structure duquel Dieu s'est montré si sage et si magnifique, l'appelle élégamment en sa langue, le plaisir et les délices de son Créateur, Θεοῦ τρυφήν [1]. Il avoit appris de Moïse que ce divin Architecte, à mesure qu'il bâtissoit ce grand édifice, en admiroit lui-même toutes les parties: *Vidit Deus lucem quòd esset bona* [2]; qu'en ayant composé le tout, il avoit encore enchéri et l'avoit trouvé « parfaitement beau : » *Et erant valdè bona* [3]; enfin qu'il avoit paru tout saisi de joie dans le spectacle de son propre ouvrage. Où il ne faut pas s'imaginer que Dieu ressemble aux ouvriers mortels, lesquels comme ils peinent beaucoup dans leurs entreprises et craignent toujours pour l'événement, sont ravis que l'exécution les décharge du travail et les assure du succès. Mais Moïse regardant les choses dans une pensée plus sublime, et prévoyant en esprit qu'un jour les hommes ingrats nieroient la Providence qui régit le monde, il nous montre dès l'origine combien Dieu est satisfait de ce chef-

---

[1] *Orat.* xxxiv. — [2] *Genes.*, 1, 4. — [3] *Ibid.*, 31.

(a) *Var.:* Des traits pour combattre la sagesse, — des traits pour détruire la sagesse. — (b) Détruisons leurs remparts superbes. — (c) Une conduite. — (d) Des démolitions.

d'œuvre de ses mains, afin que le plaisir de le former nous étant un gage certain du soin qu'il devoit prendre à le conduire, il ne fût jamais permis de douter qu'il n'aimât à gouverner ce qu'il avoit tant aimé à faire et ce qu'il avoit lui-même jugé si digne de sa sagesse.

Ainsi nous devons entendre que cet univers et particulièrement le genre humain est le royaume de Dieu, que lui-même règle et gouverne selon des lois immuables; et nous nous appliquerons aujourd'hui à méditer les secrets de cette céleste politique qui régit toute la nature, et qui enfermant dans son ordre l'instabilité des choses humaines, ne dispose pas avec moins d'égards les accidens inégaux qui mêlent (*a*) la vie des particuliers, que ces grands et mémorables événemens qui décident de la fortune des empires.

Grand et admirable sujet, et digne de l'attention de la Cour la plus auguste du monde! Prêtez l'oreille, ô mortels, et apprenez de votre Dieu même les secrets par lesquels il vous gouverne. Car c'est lui qui vous enseignera dans cette chaire; et je n'entreprends aujourd'hui d'expliquer ses conseils profonds, qu'autant que je serai éclairé par ses oracles infaillibles.

Mais il nous importe peu, chrétiens, de connoître par quelle sagesse nous sommes régis, si nous n'apprenons aussi à nous conformer à l'ordre de ses conseils. S'il y a de l'art à bien gouverner, il y en a aussi à bien obéir. Dieu donne son esprit de sagesse aux princes [1] pour savoir conduire les peuples, et il donne aux peuples l'intelligence pour être capables d'être dirigés par ordre (*b*); c'est-à-dire qu'outre la science maîtresse par laquelle le prince commande, il y a une autre science subalterne qui enseigne aussi aux sujets à se rendre dignes instrumens de la conduite supérieure; et c'est le rapport de ces deux sciences qui entretient le corps d'un Etat par la correspondance du chef et des membres.

Pour établir ce rapport dans l'empire de notre Dieu, tâchons de faire aujourd'hui deux choses. Premièrement, chrétiens, quelque étrange confusion, quelque désordre même ou quelque injustice

---

[1] *Deuter.*, XXXIV, 9.

(*a*) *Var.:* Troublent. — (*b*) Pour être conduits et dirigés, — pour se laisser conduire par ordre.

qui paroisse dans les affaires humaines, quoique tout y semble emporté par l'aveugle rapidité de la fortune (a), mettons bien avant dans notre esprit que tout s'y conduit par ordre, que tout s'y gouverne par maximes, et qu'un conseil éternel et immuable se cache parmi tous ces événemens que le temps semble déployer avec une si prodigieuse incertitude. Secondement venons à nous-mêmes, et après avoir bien compris quelle puissance nous meut et quelle sagesse nous gouverne, voyons quels sont les sentimens qui nous rendent dignes d'une conduite si relevée. Ainsi nous découvrirons, suivant la médiocrité de l'esprit humain (b), en premier lieu les ressorts et les mouvemens, et ensuite l'usage et l'application de cette sublime politique qui régit le monde, et c'est tout le sujet de ce discours.

PREMIER POINT.

Quand je considère en moi-même la disposition des choses humaines, confuse, inégale, irrégulière, je la compare souvent à certains tableaux que l'on montre assez ordinairement dans les bibliothèques des curieux comme un jeu de la perspective. La première vue ne vous montre que des traits informes et un mélange confus de couleurs, qui semble être ou l'essai de quelque apprenti, ou le jeu de quelque enfant plutôt que l'ouvrage d'une main savante. Mais aussitôt que celui qui sait le secret vous les fait regarder par un certain endroit (c), aussitôt toutes les lignes inégales venant à se ramasser d'une certaine façon dans votre vue, toute la confusion se démêle et vous voyez paroître un visage avec ses linéamens et ses proportions, où il n'y avoit auparavant aucune apparence de forme humaine (d). C'est, ce me semble, Messieurs, une image assez naturelle du monde, de sa confusion apparente et de sa justesse cachée, que nous ne pouvons jamais remarquer qu'en le regardant par un certain point que la foi en Jésus-Christ nous découvre.

J'ai vu, dit l'Ecclésiaste, un désordre étrange sous le soleil; « j'ai

---

(a) *Var.* : Quoique la dispensation des biens et des maux semble s'y faire au hasard et à l'aventure. — (b) Suivant notre médiocrité. — (c) Par un certain point. — (d) De figure humaine.

vu que l'on ne commet pas ordinairement, ni la course aux plus vites, ni les affaires aux plus sages (*a*), ni la guerre aux plus courageux ; mais que c'est le hasard et l'occasion qui donne tous les emplois, qui règle tous les prétendans. » (*b*) J'ai vu, dit le même Ecclésiaste, que « toutes choses arrivent également à l'homme de bien et au méchant, à celui qui sacrifie et à celui qui blasphème. » (*c*) Presque tous les siècles se sont plaints d'avoir vu l'iniquité triomphante et l'innocence affligée ; mais de peur qu'il n'y ait rien d'assuré (*d*), quelquefois on voit au contraire l'innocence dans le trône et l'iniquité dans le supplice. Quelle est la confusion de ce tableau, et ne semble-t-il pas que ces couleurs aient été jetées au hasard, seulement pour brouiller la toile ou le papier, si je puis parler de la sorte ?

Le libertin inconsidéré s'écrie aussitôt qu'il n'y a point d'ordre ; « il dit en son cœur : Il n'y a point de Dieu, » ou ce Dieu abandonne la vie humaine aux caprices de la fortune : *Dixit insipiens in corde suo : Non est Deus* [1]. Mais arrêtez, malheureux ! et ne précipitez pas votre jugement dans une affaire si importante. Peut-être que vous trouverez que ce qui semble confusion est un art caché ; et si vous savez rencontrer le point par où il faut regarder les choses, toutes les inégalités se rectifieront, et vous ne verrez que sagesse où vous n'imaginiez que désordre.

Oui, oui, ce tableau a son point, n'en doutez pas ; et le même Ecclésiaste qui nous a découvert la confusion, nous mènera aussi à l'endroit par où nous contemplerons l'ordre du monde. « J'ai vu, dit-il, sous le soleil l'impiété en la place du jugement, et l'iniquité dans le rang (*e*) que devoit tenir la justice. » (*f*) C'est-à-dire, si nous l'entendons, l'iniquité sur le tribunal, ou même l'iniquité dans le trône où la seule justice doit être placée. Elle ne pouvoit pas monter plus haut ni occuper une place qui lui fût moins due. Que

---

[1] *Psal.* LII, 1.

(*a*) *Var.* : Ni la course aux plus diligens, ni les affaires aux plus avisés. — (*b*) Note marg. : *Nec velocium esse cursum, nec fortium bellum......, sed tempus casumque in omnibus* (Eccle., IX, 11). — (*c*) *Quod universa æquè eveniant justo et impio..., immolanti victimas et sacrificia contemnenti...... eadem cunctis eveniunt* (Eccle., IX, 2 et 3). — (*d*) *Var.* : De bien assuré. — (*e*) En la place. — (*f*) Note marg. : *Vidi sub sole in loco judicii impietatem, et in loco justitiæ iniquitatem* (Eccle., III, 16).

pouvoit penser Salomon en considérant un si grand désordre? Quoi? que Dieu abandonnoit les choses humaines sans conduite et sans jugement (a)? Au contraire, dit ce sage prince, en voyant ce renversement, « aussitôt j'ai dit en mon cœur : Dieu jugera le juste et l'impie, et alors ce sera le temps de toutes choses (b) : » *Et dixi in corde meo : Justum et impium judicabit Deus, et tempus omnis rei tunc erit* [1].

Voici, Messieurs, un raisonnement digne du plus sage des hommes. Il découvre dans le genre humain une extrême confusion; il voit dans le reste du monde un ordre qui le ravit (c). Il voit bien qu'il n'est pas possible que notre nature qui est la seule que Dieu a faite à sa ressemblance, soit la seule qu'il abandonne au hasard. Ainsi convaincu par raison qu'il doit y avoir de l'ordre parmi les hommes, et voyant par expérience qu'il n'est pas encore établi, il conclut nécessairement que l'homme a quelque chose à attendre; et c'est ici, chrétiens, tout le mystère du conseil de Dieu, c'est la grande maxime d'Etat de la politique du Ciel. Dieu veut que nous vivions au milieu du temps dans une attente perpétuelle de l'éternité; il nous introduit dans le monde, où il nous fait paroître un ordre admirable pour montrer que son ouvrage est conduit avec sagesse, où il laisse de dessein formé quelque désordre apparent pour montrer qu'il n'y a pas mis encore la dernière main. Pourquoi? Pour nous tenir toujours en attente du grand jour de l'éternité, où toutes choses seront démêlées par une décision dernière et irrévocable, où Dieu séparant encore une fois la lumière d'avec les ténèbres, mettra par un dernier jugement la justice et l'impiété dans les places qui leur sont dues, « et alors, dit Salomon, ce sera le temps de chaque chose : » *Et tempus omnis rei tunc erit.*

Ouvrez donc les yeux, ô mortels; contemplez le ciel et la terre, et la sage économie de cet univers : c'est Jésus-Christ qui vous y

[1] *Eccle.*, III, 17.

(a) *Var.:* Quoi? que Dieu laissoit errer les choses humaines au hasard et à la fortune? — (b) L'ordre que nous y voyons, il faut l'admirer; celui que nous ne voyons pas, il faut l'attendre et nous écrier avec le Sage, ce que je ne me lasse point de vous dire, ce que vous ne devez pas vous lasser d'entendre : « Donc Dieu jugera le juste et l'impie, et alors ce sera le temps de chaque chose : » *Et tempus omnis rei tunc erit.*— (c) Qu'il admire.

exhorte dans cet admirable discours qu'il a fait en saint Matthieu, chapitre sixième, et en saint Luc, chapitre douzième, dont je vais vous donner une paraphrase. Est-il rien de mieux entendu que cet édifice? est-il rien de mieux pourvu que cette famille? est-il rien de mieux gouverné que cet empire? Cette puissance suprême qui a construit le monde, et qui n'y a rien fait qui ne soit très-bon, a fait néanmoins des créatures meilleures les unes que les autres. Elle a fait les corps célestes qui sont immortels; elle a fait les terrestres qui sont périssables. Elle a fait des animaux admirables par leur grandeur; elle a fait les insectes et les oiseaux qui semblent méprisables par leur petitesse. Elle a fait ces grands arbres des forêts qui subsistent des siècles entiers; elle a fait les fleurs des champs qui se passent du matin au soir. Il y a de l'inégalité dans ses créatures, parce que cette même bonté qui a donné l'être aux plus nobles ne l'a pas voulu envier aux moindres; mais depuis les plus grandes jusqu'aux plus petites, sa providence se répand partout. Elle nourrit les petits oiseaux qui l'invoquent dès le matin par la mélodie de leurs chants; et ces fleurs dont la beauté est si tôt flétrie, elle les habille si superbement durant ce petit moment de leur être, que Salomon dans toute sa gloire n'a rien de comparable à cet ornement. Vous hommes, qu'il a faits à son image, qu'il a éclairés de sa connoissance, qu'il a appelés à son royaume, pouvez-vous croire qu'il vous oublie et que vous soyez les seules de ses créatures sur lesquelles les yeux toujours vigilans de sa providence paternelle ne soient pas ouverts? *Nonne vos magis pluris estis illis* [1]? Que s'il vous paroît quelque désordre, s'il vous semble que la récompense court trop lentement à la vertu, et que la peine ne poursuive pas d'assez (*a*) près le vice, songez à l'éternité de ce premier Être : ses desseins formés et conçus dans le sein immense de cette immuable éternité, ne dépendent ni des années ni des siècles qu'il voit passer devant lui comme des momens; et il faut la durée entière du monde pour développer tout à fait les ordres d'une sagesse si profonde (*b*). Et nous, mortels misérables, nous voudrions en nos jours qui passent

---

[1] *Matth.*, VI, 26.

(*a*) *Var.*: Ne suit, — ne serre pas d'assez... — (*b*) Les ordres de sa sagesse.

si vite voir toutes les œuvres de Dieu accomplies; parce que nous et nos conseils sommes limités dans un temps si court, nous voudrions que l'infini se renfermât aussi dans les mêmes bornes, et qu'il déployât en si peu d'espace tout ce que sa miséricorde prépare aux bons et tout ce que sa justice destine (*a*) aux méchans. (*b*) Il ne seroit pas raisonnable; laissons agir l'Eternel suivant les lois de son éternité; et bien loin de la réduire à notre mesure, tâchons d'entrer plutôt dans son étendue : *Jungere œternitati Dei, et cum illo œternus esto* [1].

Si nous entrons, chrétiens, dans cette bienheureuse liberté d'esprit, si nous mesurons les conseils de Dieu selon la règle de l'éternité, nous regarderons sans impatience ce mélange confus des choses humaines. Il est vrai, Dieu ne fait pas encore de discernement entre les bons et les méchans; mais c'est qu'il a choisi son jour arrêté, où il le fera paroître tout entier à la face de tout l'univers, quand le nombre des uns et des autres sera complet. C'est ce qui a fait dire à Tertullien ces excellentes paroles : « Dieu, dit-il, ayant remis le jugement à la fin des siècles, il ne précipite pas le discernement qui en est une condition nécessaire : » *Qui enim semel œternum judicium destinavit post sœculi finem, non præcipitat discretionem :* « Il se montre presque égal sur toute la nature humaine; et les biens et les maux qu'il envoie en attendant sur la terre, sont communs à ses ennemis et à ses enfans : » *Æqualis est interim super omne hominum genus, et indulgens, et increpans, communia voluit esse et commoda profanis, et incommoda suis* [2]. Oui, c'est la vérité elle-même qui lui a dicté cette pensée. Car n'avez-vous pas remarqué cette parole admirable : « Dieu ne précipite pas le discernement? » Précipiter les affaires, c'est le propre de la foiblesse, qui est contrainte de s'empresser dans l'exécution de ses desseins, parce qu'elle dépend des occasions et que ces occasions sont certains momens dont la fuite soudaine cause une nécessaire précipitation à ceux qui sont obligés de s'y attacher. Mais Dieu, qui est l'arbitre de tous les temps, qui

---

[1] S. August., *In Psal.* XCI, n. 8. — [2] Tertull., *Apolog.*, n. 41.

(*a*) *Var. :* Destine aux criminels. — (*b*) Note marg. : *Attendis dies tuos paucos, et diebus tuis paucis vis impleri omnia, ut damnentur omnes impii et coronentur omnes boni* (S. August., *In Psal.* XCI, n. 8).

du centre de son éternité développe tout l'ordre des siècles, qui connoît sa toute-puissance et qui sait que rien ne peut échapper ses mains souveraines, ah! il ne précipite pas ses conseils. Il sait que la sagesse ne consiste pas à faire toujours les choses promptement, mais à les faire dans le temps qu'il faut. Il laisse censurer ses desseins aux fols et aux téméraires ; mais il ne trouve pas à propos d'en avancer l'exécution pour les murmures des hommes. Ce lui est assez, chrétiens, que ses amis et ses serviteurs regardent de loin venir son jour avec humilité et tremblement ; pour les autres, il sait où il les attend, et le jour est marqué pour les punir (a) ; il ne s'émeut pas de leurs reproches : *Quoniam prospicit quod veniet dies ejus*[1].

Mais cependant, direz-vous, Dieu fait souvent du bien aux méchans, il laisse souffrir de grands maux aux justes ; et quand un tel désordre ne dureroit qu'un moment, c'est toujours quelque chose contre la justice. — Désabusons-nous, chrétiens, et entendons aujourd'hui la différence des biens et des maux. Il y en a de deux sortes. Il y a les biens et les maux mêlés, qui dépendent de l'usage que nous en faisons. Par exemple la maladie est un mal ; mais qu'elle sera un grand bien, si vous la sanctifiez par la patience ! La santé est un bien ; mais qu'elle deviendra un mal dangereux en favorisant la débauche ! Voilà les biens et les maux mêlés, qui participent (b) de la nature du bien et du mal, et qui touchent à l'un ou à l'autre, suivant l'usage où on les applique. Mais entendez, chrétiens, qu'un Dieu tout-puissant a dans les trésors de sa bonté un souverain bien qui ne peut jamais être mal, c'est la félicité éternelle ; et qu'il a dans les trésors de sa justice certains maux extrêmes qui ne peuvent tourner en bien à ceux qui les souffrent, tels que sont les supplices des réprouvés. La règle de sa justice ne permet pas que les méchans goûtent jamais ce bien souverain, ni que les bons soient tourmentés par ces maux extrêmes. C'est pourquoi il fera un jour le discernement ; mais pour ce qui regarde les biens et les maux mêlés, il les donne indifféremment aux uns et aux autres.

[1] *Psal.* XXXVI, 13.
(a) *Var.* : Confondre. — (b) Tiennent.

Cette distinction étant supposée, il est bien aisé de comprendre que ces biens et ces maux suprêmes appartiennent au temps du discernement général, où les bons seront séparés pour jamais de la société des impies, et que ces biens et ces maux mêlés sont distribués avec équité dans le mélange où nous sommes. Car il falloit certainement, dit saint Augustin [1], que la justice divine prédestinât (a) certains biens aux justes auxquels les méchans n'eussent point de part, et de même qu'elle préparât aux méchans des peines dont les bons ne fussent jamais tourmentés : c'est ce qui fera dans le dernier jour un discernement éternel. Mais en attendant ce temps limité, dans ce siècle de confusion où les bons et les méchans sont mêlés ensemble, il falloit que les biens et les maux fussent communs aux uns et aux autres, afin que le désordre même tînt les hommes toujours suspendus dans l'attente de la décision dernière et irrévocable.

Ah! que le saint et divin Psalmiste a célébré (b) divinement cette belle distinction de biens et de maux! J'ai vu, dit-il, dans la main de Dieu une coupe remplie de trois liqueurs : *Calix in manu Domini vini meri plenus mixto.* Il y a premièrement le vin pur : *vini meri;* il y a secondement le vin mêlé : *plenus mixto;* enfin il y a la lie : *Verumtamen fæx ejus non est exinanita* [2]. Que signifie ce vin pur? la joie de l'éternité, joie qui n'est altérée par aucun mal. Que signifie cette lie? sinon le supplice des réprouvés, supplice qui n'est jamais tempéré d'aucune douceur (c). Et que représente ce vin mêlé? sinon ces biens et ces maux que l'usage peut faire changer de nature, tels que nous les éprouvons dans la vie présente. O la belle distinction des biens et des maux que le Prophète a chantée! mais la sage dispensation que la Providence en a faite! Voici les temps de mélange, voici les temps de mérite, où il faut exercer les bons pour les éprouver, et supporter les méchans (d) pour les attendre. Qu'on répande dans ce mélange ces biens et ces maux mêlés dont les sages savent profiter, pendant que les insensés en abusent; mais ces temps de mélange finiront.

[1] *In Psal.* LV, n. 16. — [2] *Psal.* LXXIV, 9.

(a) *Var.:* Préparât. — (b) Chanté. — (c) Que veut dire cette lie? sinon le supplice des réprouvés, qui n'est jamais tempéré d'aucune douceur. — (d) Les pécheurs.

Venez, esprits purs, esprits innocens; venez boire le vin pur de Dieu, sa félicité sans mélange. Et vous, ô méchans endurcis, méchans éternellement séparés des justes, il n'y a plus pour vous de félicité, plus de danses, plus de banquets, plus de jeux; venez boire toute l'amertume de la vengeance divine : *Bibent omnes peccatores terræ* [1]. Voilà, Messieurs, ce discernement qui démêlera toutes choses par une sentence dernière et irrévocable.

« O que vos œuvres sont grandes! que vos voies sont justes et véritables, ô Seigneur, Dieu tout-puissant! Qui ne vous loueroit, qui ne vous béniroit, ô Roi des siècles [2]? » Qui n'admireroit votre providence, qui ne craindroit vos jugemens? Ah! vraiment « l'homme insensé n'entend pas ces choses et le fol ne les connoît pas : » *Vir insipiens non cognoscet, et stultus non intelliget hæc* [3]. « Il ne regarde que ce qu'il voit, et il se trompe : » *Hæc cogitaverunt, et erraverunt* [4]. Car il vous a plu, ô grand Architecte, qu'on ne vît la beauté de votre édifice qu'après que vous y aurez mis la dernière main; et votre Prophète a prédit que « ce seroit seulement au dernier jour qu'on entendroit le mystère de votre conseil : » *In novissimis diebus intelligetis consilium ejus* [5].

Mais alors, il sera trop tard (a) pour profiter d'une connoissance si nécessaire : prévenons, Messieurs, l'heure destinée; assistons en esprit au dernier jour, et du marche pied (b) de ce tribunal devant lequel nous comparoîtrons, contemplons les choses humaines. Dans cette crainte, dans cette épouvante, dans ce silence universel de toute la nature, avec quelle dérision sera entendu le raisonnement des impies, qui s'affermissoient dans le crime en voyant d'autres crimes impunis! Eux-mêmes au contraire s'étonneront comment ils ne voyoient pas que cette publique impunité les avertissoit hautement de l'extrême rigueur de ce dernier jour. Oui, j'atteste le Dieu vivant, qui donne dans tous les siècles des marques de sa vengeance : les châtimens exemplaires qu'il exerce sur quelques-uns ne me semblent pas si terribles que l'impunité de tous les autres. S'il punissoit ici tous les crimi-

---

[1] *Psal.* LXXIV, 9. — [2] *Apoc.*, XV, 3, 4. — [3] *Psal.* XCI, 6. — [4] *Sap.*, II, 21. — [5] *Jerem.*, XXIII, 20.

(a) *Var.* : Bien tard. — (b) Et du pied.

nels, je croirois toute sa justice épuisée, et je ne vivrois pas en attente d'un discernement plus redoutable. Maintenant sa douceur même et sa patience ne me permettent pas de douter qu'il ne faille attendre un grand changement. (*a*) Non, les choses ne sont pas encore en leur place fixe, elles n'ont pas encore leur temps arrêté. Lazare souffre encore, quoique innocent ; le mauvais riche, quoique coupable, jouit encore de quelque repos. Ainsi ni la peine ni le repos ne sont pas encore où ils doivent être : cet état est violent et ne peut pas durer toujours. Ne vous y fiez pas, ô hommes du monde ; il faut que les choses changent. Et en effet admirez la suite : « Mon fils, tu as reçu des biens en ta vie, et Lazare aussi a reçu des maux. » Ce désordre se pouvoit souffrir durant les temps de mélange, où Dieu préparoit un plus grand ouvrage ; mais sous un Dieu bon et sous un Dieu juste une telle confusion ne pouvoit pas être éternelle. C'est pourquoi, poursuit Abraham, maintenant que vous êtes arrivés tous deux au lieu de votre éternité, *nunc autem*, une autre disposition se va commencer ; chaque chose sera en sa place ; la peine ne sera plus séparée du coupable à qui elle est due, ni la consolation refusée au juste qui l'a espérée : *Nunc autem hic consolatur, tu verò cruciaris* (*b*).

(*a*) *Note marg.* : Si Dieu n'avoit épargné aucun criminel, leur erreur auroit quelque excuse, de n'avoir pas attendu un autre discernement plus terrible. Maintenant que nous sommes instruits par sa parole, et de plus avertis par sa patience, convaincus par les choses mêmes et par l'ordre de tous ses desseins, quel sera notre aveuglement, si nous ne demeurons pas persuadés qu'un conseil suprême et éternel préside aux affaires humaines ! que s'il nous paroît quelque désordre dans la vie présente, c'est afin de nous tenir en attente de la vie future ; et qu'enfin, puisque nous sommes si bien gouvernés par la sagesse divine, ce doit être notre unique application de prendre des sentimens dignes d'une si haute conduite.
— (*b*) *Var.* : Lazare souffre encore, quoique innocent ; le mauvais riche, quoique criminel, jouit encore de quelque repos. Cet état est violent et ne peut durer longtemps. Ni la peine ni le repos ne sont pas encore où ils doivent être à jamais ; mais attendez encore un moment, et les choses se démêleront d'elles-mêmes ; Lazare et le mauvais riche iront tous deux à la maison de leur éternité, et alors quel étrange changement et quel nouvel ordre de choses ! « Mon fils, tu as reçu des biens en ta vie, et Lazare aussi a reçu des maux. » Sous un Dieu bon et sous un Dieu juste, une telle confusion ne pouvoit pas être éternelle ; mais Dieu avoit ses raisons tirées d'une sagesse profonde. C'étoit encore le temps de souffrir les criminels pour les inviter à se repentir, c'étoit le temps d'éprouver les justes et de les exercer par la souffrance. Mais maintenant, poursuit Abraham, *nunc autem* ; maintenant, dans ce grand jour de l'éternité ; maintenant que la mort vous ayant tirés de la loi des changemens et des temps, vous êtes enfin arrivés tous deux à l'état de la consistance, *nunc autem* ; une autre disposition se

Voilà, Messieurs, le conseil de Dieu exposé fidèlement par son Ecriture : voyons maintenant en peu de paroles quel usage nous en devons faire; c'est par où je m'en vais conclure.

SECOND POINT.

Quiconque est persuadé qu'une sagesse divine le gouverne et qu'un conseil immuable le conduit à une fin éternelle, rien ne lui paroît ni grand ni terrible que ce qui a relation à l'éternité : c'est pourquoi les deux sentimens que lui inspire la foi de la Providence, c'est premièrement de n'admirer rien, et ensuite de ne rien craindre de tout ce qui se termine en la vie présente.

Il ne doit rien admirer, et en voici la raison. Cette sage et éternelle Providence qui a fait, comme nous avons dit, deux sortes de biens, qui dispense des biens mêlés dans la vie présente, qui réserve les biens tout purs à la vie future, a établi cette loi, qu'aucun n'auroit de part aux biens suprêmes, qui auroit trop admiré les biens médiocres. Car Dieu veut, dit saint Augustin, que nous sachions distinguer entre les biens qu'il répand dans la vie présente pour servir de consolation aux captifs, et ceux qu'il réserve au siècle à venir pour faire la félicité de ses enfans; (*a*) ou pour dire quelque chose de plus fort, Dieu veut que nous sachions distinguer entre les biens vraiment méprisables qu'il donne si souvent à ses ennemis, et ceux qu'il garde précieusement pour ne les communiquer qu'à ses serviteurs : *Hæc omnia tribuit etiam malis, ne magni pendantur à bonis,* dit saint Augustin [1].

Et certainement, chrétiens, quand rappelant en mon esprit la mémoire de tous les siècles, je vois si souvent les grandeurs du monde entre les mains des impies; quand je vois les enfans d'Abraham et le seul peuple qui adore Dieu relégué en la Palestine (*b*), en un petit coin de l'Asie, environné des superbes monarchies des Orientaux infidèles; et pour dire quelque chose qui

---

[1] *In Psal.* LXII, n. 14.

va commencer, et la peine ne sera plus séparée du coupable qui l'a méritée, ni la consolation refusée au juste qui l'a si fidèlement attendue : *Nunc autem hic consolatur, tu verò cruciaris* (Luc., XVI, 25). — (*a*) Note marg.: *Aliud est solatium captivorum, aliud gaudium liberorum* (S. August., *In Psal.* CXXXVI, n. 5). — (*b*) *Var.:* En Judée.

nous touche de plus près, quand je vois cet ennemi déclaré du nom chrétien (a) soutenir avec tant d'armées les blasphèmes de Mahomet contre l'Evangile, abattre sous son croissant la croix de Jésus-Christ notre Sauveur, diminuer tous les jours la chrétienté par des armes si fortunées; et que je considère d'ailleurs que tout déclaré (b) qu'il est contre Jésus-Christ, ce sage distributeur des couronnes le voit du plus haut des cieux assis sur le trône du grand Constantin, et ne craint pas de lui abandonner un si grand empire comme un présent de peu d'importance : ah! qu'il m'est aisé de comprendre qu'il fait peu d'état de telles faveurs et de tous les biens qu'il donne pour la vie présente (c)! Et toi, ô vanité et grandeur humaine, triomphe d'un jour, superbe néant, que tu parois peu à ma vue, quand je te regarde par cet endroit!

Mais peut-être que je m'oublie et que je ne songe pas où je parle, quand j'appelle les empires et les monarchies un présent de peu d'importance. Non, non, Messieurs, je ne m'oublie pas; non, non, je n'ignore pas combien grand et combien auguste est le monarque qui nous honore de son audience, et je sais assez remarquer combien Dieu est bienfaisant en son endroit, de confier à sa conduite (d) une si grande et si noble partie du genre humain, pour la protéger par sa puissance. Mais je sais aussi, chrétiens, que les souverains pieux, quoique dans l'ordre des choses humaines ils ne voient rien de plus grand que leur sceptre, rien de plus sacré que leur personne, rien de plus inviolable que leur majesté, doivent néanmoins mépriser le royaume qu'ils possèdent seuls, au prix d'un autre royaume dans lequel ils ne craignent point d'avoir des égaux, et qu'ils désirent même, s'ils sont chrétiens, de partager un jour avec leurs sujets que la grace de Jésus-Christ et la vision bienheureuse aura rendus leurs compagnons : *Plus amant illud regnum in quo non timent habere consortes* [1]. Ainsi la foi de la Providence, en mettant toujours en vue aux enfans de Dieu la dernière décision, leur ôte l'admiration de toute autre chose; mais elle fait encore un plus grand effet, c'est de les déli-

[1] S. August., *De Civit. Dei,* lib. V, cap. XXIV.

(a) *Var.* : De Jésus-Christ et de son Eglise. — (b) Tout frémissant, — tout furieux. — (c) Qu'il m'est aisé de comprendre qu'en vérité il fait peu d'état de toute cette pompe qui nous éblouit ! — (d) A ses soins.

vrer de la crainte. Que craindroient-ils, chrétiens? Rien ne les choque, rien ne les offense, rien ne leur répugne.

Il y a cette différence remarquable (*a*) entre les causes particulières et la cause universelle du monde, que les causes particulières se choquent les unes les autres : le froid combat le chaud, et le chaud attaque le froid. Mais la cause première et universelle qui enferme dans un même ordre et les parties et le tout, ne trouve rien qui la combatte, parce que si les parties se choquent entre elles, c'est sans préjudice du tout; elles s'accordent avec le tout, dont elles font l'assemblage par leur discordance et leur contrariété (*b*). Il seroit long, chrétiens, de démêler ce raisonnement. Mais pour en faire l'application, quiconque a des desseins particuliers, quiconque s'attache aux causes particulières; disons encore plus clairement, qui veut obtenir ce bienfait du prince, ou qui veut faire sa fortune par la voie détournée (*c*), il trouve d'autres prétendans qui le contrarient, des rencontres inopinées qui le traversent; un ressort ne joue pas à temps, et la machine s'arrête; l'intrigue n'a pas son effet, ses espérances s'en vont en fumée. Mais celui qui s'attache immuablement au tout et non aux parties, non aux causes prochaines, aux puissances, à la faveur, à l'intrigue, mais à la cause première et fondamentale, à Dieu, à sa volonté, à sa providence, il ne trouve rien qui s'oppose à lui ni qui trouble (*d*) ses desseins; au contraire tout concourt et tout coopère à l'exécution de ses desseins, parce que tout concourt et tout coopère, dit le saint Apôtre, à l'accomplissement de son salut; et son salut est sa grande affaire; c'est là que se réduisent toutes ses pensées (*e*) : *Diligentibus Deum omnia cooperantur in bonum* [1].

S'appliquant de cette sorte à la Providence si vaste, si étendue, qui enferme dans ses desseins toutes les causes et tous les effets, il s'étend et se dilate lui-même, et il apprend à s'appliquer en bien toutes choses. Si Dieu lui envoie des prospérités, il reçoit le présent du ciel avec soumission, et il honore la miséricorde qui lui fait du bien en le répandant sur les misérables. S'il est dans l'ad-

---

[1] *Rom.*, VIII, 28.

(*a*) *Var.* : Mémorable. — (*b*) Par leur contrariété et leur discordance. — (*c*) **Par le moyen de ce ministre.** — (*d*) Contrarie. — (*e*) Et son salut est sa grande affaire, à laquelle se dirigent toutes ses pensées.

versité, il songe que « l'épreuve produit l'espérance [1], » que la guerre se fait pour la paix, et que si sa vertu combat, elle sera un jour couronnée. Jamais il ne désespère, parce qu'il n'est jamais sans ressource. Il croit toujours entendre le Sauveur Jésus qui lui grave dans le fond du cœur ces belles paroles : « Ne craignez point, petit troupeau, parce qu'il a plu à votre Père de vous donner un royaume [2]. » Ainsi à quelque extrémité qu'il soit réduit, jamais on n'entendra de sa bouche ces paroles infidèles, qu'il a perdu tout son bien. Car peut-il désespérer de sa fortune, lui à qui il reste encore un royaume entier, et un royaume qui n'est autre que celui de Dieu? Quelle force le peut abattre, étant toujours soutenu par une si belle espérance?

Voilà quel il est en lui-même. Il ne sait pas moins profiter de ce qui se passe dans les autres; tout le confond et tout l'édifie; tout l'étonne et tout l'encourage; tout le fait rentrer en lui-même, autant les coups de grace que les coups de rigueur et de justice, autant la chute des uns que la persévérance des autres, autant les exemples de foiblesse que les exemples de force, autant la patience de Dieu que sa justice exemplaire. Car s'il lance son tonnerre sur les criminels, le juste, dit saint Augustin [3], vient laver ses mains dans leur sang; c'est-à-dire, qu'il se purifie par la crainte d'un pareil supplice. S'ils prospèrent visiblement, et que leur bonne fortune semble faire rougir sur la terre l'espérance d'un homme de bien, il regarde le revers de la main de Dieu, et il entend avec foi comme une voix céleste qui dit aux méchans fortunés qui méprisent le juste opprimé : O herbe terrestre, ô herbe rampante, oses-tu bien te comparer à l'arbre fruitier pendant la rigueur de l'hiver, sous prétexte qu'il a perdu sa verdure et que tu conserves la tienne durant cette froide saison? Viendra le temps de l'été, viendra l'ardeur du grand jugement, qui te desséchera jusqu'à la racine et fera germer les fruits immortels des arbres que la patience aura cultivés. Telles sont les saintes pensées qu'inspire la foi de la Providence.

Chrétiens, méditons ces choses, et certes elles méritent d'être méditées. Ne nous arrêtons pas à la fortune ni à ses pompes trom-

---

[1] *Rom.*, V, 4. — [2] *Luc.*, XII, 32. — [3] *In Psal.* LVII, n. 21.

peuses. Cet état que nous voyons aura son retour, tout cet ordre que nous admirons sera renversé. Que servira, chrétiens, d'avoir vécu dans l'autorité, dans les délices, dans l'abondance, si cependant Abraham nous dit : Mon fils, tu as reçu du bien en ta vie, maintenant les choses vont être changées. Nulles marques de cette grandeur, nul reste de cette puissance. Je me trompe, j'en vois de grands restes et des vestiges sensibles; et quels? C'est le Saint-Esprit qui le dit : « Les puissans, dit l'oracle de la *Sagesse*, seront tourmentés puissamment : » *Potentes potenter tormenta patientur* [1]. C'est-à-dire qu'ils conserveront, s'ils n'y prennent garde, une malheureuse primauté de peine à laquelle ils seront précipités par la primauté de leur gloire. *Confidimus autem de vobis meliora* [2]. Ah ! encore que je parle ainsi, « j'espère de vous de meilleures choses. » Il y a des puissances saintes. Abraham qui condamne le mauvais riche, a lui-même été riche et puissant ; mais il a sanctifié sa puissance en la rendant humble, modérée, soumise à Dieu, secourable aux pauvres. Si vous profitez de cet exemple, vous éviterez le supplice du riche cruel dont nous parle l'Evangile, et vous irez avec le pauvre Lazare vous reposer dans le sein du riche Abraham et posséder avec lui les richesses éternelles.

[1] *Sap.*, VI, 7. — [2] *Hebr.*, VI, 9.

SECOND SERMON

POUR

LE JEUDI DE LA IIᵉ SEMAINE DE CARÊME,

SUR L'IMPÉNITENCE FINALE (*a*).

Mortuus est autem et dives. Luc., XVI, 22.

Je laisse Jésus-Christ sur le Thabor dans les splendeurs de sa gloire, pour arrêter ma vue sur un autre objet moins agréable à la vérité, mais qui nous presse plus fortement à la pénitence. C'est le mauvais riche mourant, et mourant comme il a vécu, dans l'attache à ses passions, dans l'engagement au péché, dans l'obligation à la peine. Dans le dessein que j'ai pris de faire tout l'entretien de cette semaine sur la triste aventure de ce misérable, je m'étois d'abord proposé de donner comme deux tableaux, dont l'un représenteroit sa mauvaise vie et l'autre sa fin malheureuse (*b*); mais j'ai cru que les pécheurs toujours favorables à ce qui éloigne leur conversion, si je faisois ce partage, se persuaderoient trop facilement qu'ils pourroient aussi détacher ces choses qui ne sont pour notre malheur que trop enchaînées, et qu'une espérance présomptueuse de corriger à la mort ce qui

---

(*a*) Prêché en 1662, dans le Carême du Louvre, devant le roi et la Cour. L'auteur peint dans la péroraison les maladies, la mortalité, la disette qui désoloit la France. « Dans les provinces éloignées, dit-il, et même dans cette ville, au milieu de tant de plaisirs et de tant d'excès, une infinité de familles meurent de faim et de désespoir : vérité constante, publique, assurée. » Les pressantes sollicitations du prédicateur portèrent la charité dans tous les cœurs : le roi Louis XIV écrivit de sa main aux rois ses alliés pour obtenir des grains, les seigneurs de la Cour ouvrirent leurs trésors et les dames vendirent leurs parures; la pauvreté fut secourue, la faim calmée et l'hôpital général sauvé d'une ruine imminente. Mais ce qu'il importe de remarquer avant tout, c'est que les calamités décrites par le charitable prédicateur, cette misère extrême, cette disette homicide, révèlent manifestement l'année 1662, et fixent d'une manière certaine la date de notre sermon. Et quand je lis ces descriptions déchirantes, en entendant ces plaintes, ces gémissemens, ces lamentations, je me demande encore : Comment a-t-on pu accuser Bossuet de dureté envers les pauvres ?

(*b*) *Var.* : Sa mauvaise mort.

manqueroit à la vie nourriroit leur impénitence. Je me suis donc résolu de leur faire considérer dans ce discours comme par une chute insensible (a) on tombe d'une vie licencieuse à une mort désespérée, afin que contemplant d'une même vue ce qu'ils font et ce qu'ils s'attirent, où ils sont et où ils s'engagent, ils quittent la voie en laquelle ils marchent par la crainte de l'abîme où elle conduit. Vous donc, ô divin Esprit, sans lequel toutes nos pensées sont sans force et toutes nos paroles sans poids, donnez efficace à ce discours, touché des saintes prières de la bienheureuse Marie, à laquelle nous allons dire : *Ave*.

C'est trop se laisser surprendre aux vaines descriptions des peintres et des poëtes, que de croire la vie et la mort autant (b) dissemblables que les uns et les autres nous les figurent. Pour les peindre au naturel, pour les représenter chrétiennement, il leur faut donner les mêmes traits. C'est pourquoi les hommes se trompent, lorsque trouvant leur conversion si pénible pendant la vie, ils s'imaginent que la mort aplanira ces difficultés, se persuadant peut-être qu'il leur sera plus aisé de se changer lorsque la nature altérée touchera de près à son changement dernier et irrémédiable. Car ils devroient penser au contraire que la mort n'a pas un être distinct qui la sépare de la vie, mais qu'elle n'est autre chose sinon une vie qui s'achève. Or qui ne sait, chrétiens, qu'à la conclusion de la pièce on n'introduit pas d'autres personnages que ceux qui ont paru dans les autres scènes, et que les eaux d'un torrent, lorsqu'elles se perdent, ne sont pas d'une autre nature que lorsqu'elles coulent. C'est donc cet enchaînement qu'il nous faut aujourd'hui comprendre; et afin de concevoir plus distinctement comme ce qui se passe en la vie porte coup au point de la mort, traçons ici en un mot la vie d'un homme du monde.

Ses plaisirs et ses affaires partagent ses soins. Par l'attache à ses plaisirs il n'est pas à Dieu, par l'empressement de ses affaires il n'est pas à soi, et ces deux choses ensemble le rendent insensible aux malheurs d'autrui. Ainsi notre mauvais riche, homme de plaisirs et de bonne chère, ajoutez, si vous le voulez, homme

(a) *Var.:* Presque inévitable. — (b) Aussi.

d'affaires et d'intrigues, étant enchanté par les uns et occupé par les autres, ne s'étoit jamais arrêté pour regarder en passant le pauvre Lazare qui mouroit de faim à sa porte (a).

Telle est la vie d'un homme du monde ; et presque tous ceux qui m'écoutent se trouveront tantôt, s'ils y prennent garde, dans quelque partie de la parabole. Mais voyons enfin, chrétiens, quelle sera la fin de cette aventure. La mort, qui s'avançoit pas à pas, arrive imprévue et inopinée. On dit à ce mondain délicat, à ce mondain empressé, à ce mondain insensible et impitoyable, que son heure dernière est venue. Il se réveille en sursaut comme d'un profond assoupissement ; il commence à se repentir de s'être si fort attaché au monde, qu'il est enfin contraint de quitter ; il veut rompre en un moment ses liens, et il sent, si toutefois il sent quelque chose, qu'il n'est pas possible, du moins tout à coup, de faire une rupture si violente. Il demande du temps en pleurant pour accomplir un si grand ouvrage, et il voit que tout le temps lui est échappé. Ah! dans une occasion si pressante où les graces communes ne suffisent pas, il implore un secours extraordinaire ; mais comme il n'a lui-même jamais eu pitié de personne, aussi tout est sourd à l'entour de lui au jour de son affliction (b) : tellement que par ses plaisirs, par ses empressemens, par sa dureté, il arrive enfin, le malheureux, à la plus grande séparation sans détachement, premier point ; à la plus grande affaire sans loisir, second point ; à la plus grande misère sans assistance, troisième point. O Seigneur, Seigneur tout-puissant, donnez efficace à mes paroles pour graver dans les cœurs de ceux qui m'écoutent des vérités si importantes. Commençons à parler de l'attache au monde.

PREMIER POINT.

L'abondance, la bonne fortune, la vie délicate et voluptueuse sont comparées souvent dans les saintes Lettres à des fleuves impétueux qui passent sans s'arrêter, et tombent sans pouvoir

---

(a) *Var.* : Qui languissoit à sa porte. — (b) Mais comme il a été trop souvent lui-même appelé en vain au secours, tout est sourd à l'entour de lui au jour de sa dernière angoisse.

soutenir leur propre poids. Mais si la félicité du monde imite un fleuve dans son inconstance, elle lui ressemble aussi dans sa force, parce qu'en tombant elle nous pousse, et qu'en coulant elle nous tire : *Attendis quia labitur, cave quia trahit*, dit saint Augustin [1].

Il faut aujourd'hui, Messieurs, vous représenter cet attrait puissant. Venez et ouvrez les yeux, et voyez les liens cachés dans lesquels votre cœur est pris : mais pour comprendre tous les degrés de cette déplorable servitude où nous jettent les biens du monde, contemplez ce que fait en nous l'attache d'un cœur qui les possède, l'attache d'un cœur qui en use, l'attache d'un cœur qui s'y abandonne (*a*). O quelles chaînes ! ô quel esclavage ! Mais disons les choses par ordre.

Premièrement, chrétiens, c'est une fausse imagination des ames simples et ignorantes, qui n'ont pas expérimenté la fortune, que la possession des biens de la terre rend l'ame plus libre et plus dégagée. Par exemple on se persuade que l'avarice seroit tout à fait éteinte, que l'on n'auroit plus d'attache aux richesses, si l'on en avoit ce qu'il faut. Ah ! c'est alors, disons-nous, que le cœur, qui se resserre dans l'inquiétude du besoin, reprendra sa liberté tout entière dans la commodité et dans l'aisance. Confessons la vérité devant Dieu : tous les jours nous nous flattons de cette pensée ; mais certes nous nous abusons, notre erreur est extrême (*b*). C'est une folie de s'imaginer que les richesses guérissent l'avarice, ni que cette eau puisse étancher cette soif. Nous voyons par expérience que le riche, à qui tout abonde, n'est pas moins impatient dans ses pertes que le pauvre à qui tout manque ; et je ne m'en étonne pas ; car il faut entendre, Messieurs, que nous n'avons pas seulement pour tout notre bien une affection générale, mais que chaque petite partie attire une affection particulière : ce qui fait que nous voyons ordinairement que l'ame n'a pas moins d'attache, que la perte n'est pas moins sensible dans l'abondance que dans la disette. Il en est comme des cheveux, qui font toujours sentir la même douleur, soit qu'on les arrache d'une tête

---

[1] *In Psal.* CXXXVI, n. 3.

(*a*) *Var.* : Le plaisir d'un cœur qui les possède, le plaisir d'un cœur qui en use, le plaisir d'un cœur qui s'y abandonne.— *Var. effacée* : Le plaisir de les posséder, le plaisir d'en user, le plaisir de s'y abandonner. — (*b*) Grande.

chauve, soit qu'on les tire d'une tête qui en est couverte : on sent toujours la même douleur, à cause que chaque cheveu ayant sa racine propre, la violence est toujours égale. Ainsi chaque petite parcelle du bien que nous possédons tenant dans le fond du cœur par sa racine particulière, il s'ensuit manifestement que l'opulence n'a pas moins d'attache que la disette; au contraire qu'elle est du moins en ceci et plus captive et plus engagée, qu'elle a plus de liens qui l'enchaînent et un plus grand poids qui l'accable. Te voilà donc, ô homme du monde, attaché à ton propre bien avec un amour immense. Mais il se croiroit pauvre dans son abondance (de même de toutes les autres passions), s'il n'usoit de sa bonne fortune. Voyons quel est cet usage; et pour procéder toujours avec ordre, laissons ceux qui s'emportent d'abord aux excès; et considérons un moment les autres qui s'imaginent être modérés, quand ils se donnent de tout leur cœur aux choses permises.

Le mauvais riche de la parabole (a) les doit faire trembler jusqu'au fond de l'ame. Qui n'a ouï remarquer cent fois que le Fils de Dieu ne nous parle ni de ses adultères, ni de ses rapines, ni de ses violences ? Sa délicatesse et sa bonne chère font une partie si considérable de son crime, que c'est presque le seul désordre qui nous est rapporté dans notre évangile. « C'est un homme, dit saint Grégoire, qui s'est damné dans les choses permises, parce qu'il s'y est donné tout entier, parce qu'il s'y est laissé aller sans retenue; » tant il est vrai, chrétiens, que ce n'est pas toujours l'objet défendu, mais que c'est fort souvent l'attache qui fait des crimes damnables : *Divitem ultrix gehenna suscepit, non quia aliquid illicitum gessit, sed quia immoderato usu totum se licitis tradidit*[1]. O Dieu, qui ne seroit étonné? qui ne s'écrieroit avec le Sauveur : « Ah! que la voie est étroite qui nous conduit au royaume[2]? » — Sommes-nous donc si malheureux, qu'il y ait quelque chose qui soit défendu, même dans l'usage de ce qui est permis? — N'en doutons pas, chrétiens; quiconque a les yeux ouverts pour entendre la force de cet oracle prononcé par le Fils de Dieu : « Nul ne peut

---

[1] *Pastor.*, part. III, cap. XXI. — [2] *Matth.*, VII, 14.

(a) *Var.*: De notre évangile.

servir deux maîtres[1], » il pourra aisément comprendre qu'à quelque bien que le cœur s'attache, soit qu'il soit défendu, soit qu'il soit permis, s'il s'y donne tout entier, il n'est plus à Dieu, et ainsi qu'il peut y avoir des attachemens damnables à des choses qui de leur nature seroient innocentes. S'il est ainsi, chrétiens, et qui peut douter qu'il ne soit ainsi après que la Vérité nous en assure? Ô grands, ô riches du siècle, que votre condition me fait peur et que j'appréhende pour vous ces crimes cachés et délicats qui ne se distinguent point par les objets, qui ne dépendent que du secret mouvement du cœur et d'un attachement presque imperceptible! Mais tout le monde n'entend pas cette parole; passons outre, chrétiens; et puisque les hommes du monde ne comprennent pas cette vérité, tâchons de leur faire voir le triste état de leur ame par une chute plus apparente.

Et certes il est impossible qu'en prenant si peu de soin de se retenir dans les choses qui sont permises, ils ne s'emportent bientôt jusqu'à ne craindre plus de poursuivre celles qui sont ouvertement défendues. Car, chrétiens, qui ne le sait pas? qui ne le sent par expérience? notre esprit n'est pas fait de sorte qu'il puisse facilement se donner des bornes. Job l'avoit bien connu par expérience : *Pepigi fœdus cum oculis meis*[2] : « J'ai fait un pacte avec mes yeux, de ne penser à aucune beauté mortelle. » Voyez qu'il règle la vue pour arrêter la pensée. Il réprime des regards qui pourroient être innocens, pour arrêter des pensées qui apparemment seroient criminelles; ce qui n'est peut-être pas si clairement défendu par la loi de Dieu, il y oblige ses yeux par traité exprès. Pourquoi? Parce qu'il sait que, par cet abandon aux choses licites, il se fait dans tout notre cœur un certain épanchement d'une joie mondaine; si bien que l'ame se laissant aller (a) à tout ce qui lui est permis, commence à s'irriter de ce que quelque chose lui est défendu. Ah! quel état! quel penchant! quelle étrange disposition! Je vous laisse à penser si une liberté précipitée jusqu'au voisinage du vice ne s'emportera pas bientôt jusqu'à la licence; si elle ne passera pas bientôt les limites, quand il ne lui restera plus

---

[1] *Matth.*, VI, 24. — [2] *Job*, XXXI, 1.

(a) *Var.* : ... D'une joie mondaine, qui fait que l'ame se laissant aller...

qu'une si légère démarche. Sans doute, ayant pris sa course avec tant d'ardeur dans cette vaste carrière des choses permises, elle ne pourra plus retenir ses pas; et il lui arrivera infailliblement ce que dit (a) de soi-même le grand saint Paulin : « Je m'emporte au delà de ce que je dois, pendant que je ne prends aucun soin de me modérer en ce que je puis : » *Quod non expediebat admisi, dùm non tempero quod licebat* [1].

Après cela, chrétiens, si Dieu ne fait un miracle, la licence des grandes fortunes n'a plus de limites (b) : *Prodiit quasi ex adipe iniquitas eorum* [2] : « Dans leur graisse, dit le Saint-Esprit, dans leur abondance, il se fait un fonds d'iniquité qui ne s'épuise jamais. » C'est de là que naissent ces péchés régnans qui ne se contentent pas qu'on les souffre ni même qu'on les excuse, mais qui veulent encore qu'on leur applaudisse. Car il y a, dit saint Augustin [3], deux espèces de péchés : les uns viennent de la disette, les autres naissent de l'excès. Ceux qui naissent du besoin et de la misère, ce sont des péchés serviles et timides : quand un pauvre vole, il se cache; quand il est découvert, il tremble; il n'oseroit soutenir son crime, trop heureux s'il le peut couvrir et envelopper dans les ténèbres. Mais ces péchés d'abondance, ils sont superbes et audacieux, ils veulent régner; vous diriez qu'ils sentent la grandeur de leur extraction : « Ils veulent jouir, dit Tertullien, de toute la lumière du jour et de toute la conscience du ciel : » *Delicta vestra et loco omni, et luce omni, et universâ cœli conscientiâ fruuntur* [4]. Combien en avons-nous vu qui se plaisent de faire les grands par la licence du crime, qui s'imaginent s'élever bien haut au-dessus des choses humaines par le mépris de toutes les lois, à qui la pudeur même semble indigne d'eux, parce que c'est une espèce de crainte! Ah! si je pouvois vous ouvrir ici le cœur d'un Nabuchodonosor ou d'un Balthasar dans l'histoire sainte, d'un Néron, d'un Domitien dans les histoires profanes, vous verriez avec horreur et tremblement ce que fait dans les grandes places l'oubli de Dieu et cette terrible pensée de n'avoir

---

[1] *Epist.* XXX *ad Sever.*, n. 3.— [2] *Psal.* LXXII, 7.— [3] *In Psal.* LXXII, n. 12. — [4] *Ad Nat.*, lib. I, n. 16.

(a) *Var.*: Il arrivera bientôt à cette ame ce que dit... — (b) De mesures.

rien sur sa tête. C'est là que la convoitise va tous les jours se subtilisant et renviant (*a*) sur soi-même. De là naissent des vices inconnus, des monstres d'avarice, des raffinemens de volupté, des délicatesses d'orgueil qui n'ont point de nom. Et tout cela se soutient à la face du genre humain. Pendant que tout le monde applaudit, on se résout facilement à se faire grace ; et dans cette licence infinie on compte parmi ses vertus tous les péchés qu'on ne commet pas, tous les crimes dont on s'abstient. Et quelle est la cause de tous ces désordres ? La grande puissance féconde en crimes, la licence mère de tous les excès : *Dixisti : In sempiternum ero domina. Non posuisti hæc super cor tuum, neque recordata es novissimi tui* [1]. « Ces pécheurs hardis et superbes ne se contentent plus de penser le mal, ils s'en vantent, ils s'en glorifient : » *Cogitaverunt et locuti sunt nequitiam, iniquitatem in excelso locuti sunt* [2]. Remarquez ces paroles : *in excelso*, à découvert, en public, devant tout le monde. Parce qu'ils ont oublié Dieu, ils croient que Dieu les oublie et qu'il dort aussi bien qu'eux : *Dixit enim in corde suo : Oblitus est Deus* [3]. L'impunité leur fait tout oser, ils ne pensent ni au jugement, ni à la mort même, jusqu'à ce qu'elle vienne, toujours imprévue, finir l'enchaînement des crimes pour commencer celui des supplices (*b*).

Car de croire que sans miracle l'on puisse en ce seul moment abattre d'un même coup l'ouvrage de tant d'années, c'est une folie

---

[1] *Isa.*, XLVII, 7. — [2] *Psal.* LXXII, 8. — [3] *Psal.* X, H, 34.

(*a*) C'est-à-dire renchérissant. — (*b*) *Var.* : C'est de là que naissent ces péchés régnans qui ne se contentent pas qu'on les souffre ni même qu'on les excuse, mais qui veulent encore qu'on leur applaudisse ; c'est là qu'on se plaît de faire le grand par le mépris de toutes les lois et faire une insulte publique à la pudeur du genre humain. Ah ! si je pouvois ici vous ouvrir le cœur d'un Nabuchodonosor ou d'un Balthasar, ou de quelque autre de ces rois superbes qui nous sont représentés dans l'histoire sainte, vous verriez avec horreur et tremblement ce que peut dans un cœur qui a oublié Dieu cette horrible pensée de n'avoir rien qui nous contraigne. C'est alors que la convoitise va tous les jours se subtilisant et enchérissant sur elle-même ; elle fait naître des vices inconnus, des monstres d'avarice, des raffinemens de volupté, des délicatesses d'orgueil qui n'ont pas de nom. Et ce qu'il y a de plus étrange, c'est qu'au milieu de tous ces excès souvent on s'imagine être vertueux, parce que dans une licence qui n'a point de bornes on compte parmi les vertus tous les vices dont on s'abstient ; on croit faire grace à Dieu et à sa justice de ne la pousser pas tout à fait à bout ; l'impunité fait tout oser ; on ne pense ni au jugement ni à la mort même, jusqu'à ce qu'elle vienne, toujours imprévue, finir l'enchaînement des crimes pour commencer celui des supplices.

manifeste (a). A la vérité, chrétiens, pendant que la maladie arrête pour un peu de temps les atteintes les plus vives de la convoitise, je confesse qu'il est facile de jouer par crainte le personnage d'un pénitent. Le cœur a des mouvemens artificiels qui se font et se défont en un moment, mais ses mouvemens véritables ne se produisent pas de la sorte. Non, non, ni un nouvel homme ne se forme pas en un instant, ni ces affections vicieuses si intimement attachées ne s'arrachent pas par un seul effort : car quelle puissance a la mort, quelle grace extraordinaire, pour opérer tout à coup un changement si miraculeux? Peut-être que vous penserez que la mort nous enlève tout, et qu'on se résout aisément de se détacher de ce qu'on va perdre. Ne vous trompez pas, chrétiens; plutôt il faut craindre un effet contraire : car c'est le naturel du cœur humain de redoubler ses efforts pour retenir le bien qu'on lui ôte. Considérez ce roi d'Amalec, tendre et délicat, qui se voyant proche de la mort, s'écrie avec tant de larmes : *Siccine separat amara mors*[1] *!* « Est-ce ainsi que la mort amère sépare les choses! » Il pensoit et à sa gloire et à ses plaisirs; et vous voyez comme à la vue de la mort qui lui enlève son bien, toutes ses passions émues et s'irritent et se réveillent. Ainsi la séparation augmente l'attache d'une manière plus obscure et plus confuse, mais aussi plus profonde et plus intime; et ce regret amer d'abandonner tout, s'il avoit la liberté de s'expliquer, on verroit qu'il confirme par un dernier acte tout ce qui s'est passé dans la vie, bien loin de le rétracter. C'est, Messieurs, ce qui me fait craindre que ces belles conversions des mourans ne soient que sur la bouche ou sur le visage, ou dans la fantaisie alarmée, et non dans la conscience. — Mais il fait de si beaux actes de détachement? — Mais je crains qu'ils ne soient forcés, je crains qu'ils ne soient dictés par l'attache même. — Mais il déteste tous ces péchés? — Mais c'est peut-être qu'il est condamné à faire amende honorable avant que d'être traîné au dernier supplice. — Mais pourquoi faites-vous un si mauvais jugement? — Parce qu'ayant commencé si tard

[1] I *Reg.*, xv, 32.

(a) *Var.:* Car de croire que sans miracle l'on puisse en ce seul moment briser des liens si forts, changer des inclinations si profondes, enfin abattre d'un même coup l'ouvrage de tant d'années, c'est une folie manifeste.

l'œuvre de son détachement total, le temps lui a manqué pour accomplir une telle affaire (a).

SECOND POINT.

L'un des plus grands malheurs de la vie mondaine, c'est qu'elle est toujours empressée. J'entends dire tous les jours aux hommes du monde qu'ils ne peuvent trouver de loisir ; toutes les heures s'écoulent trop vite, toutes les journées finissent trop tôt ; et dans ce mouvement éternel la grande affaire du salut, qui est toujours celle qu'on remet, ne manque jamais de tomber tout entière au temps de la mort avec tout ce qu'elle a de plus épineux.

Je trouve deux causes de cet embarras : premièrement nos prétentions, secondement notre inquiétude. Les prétentions nous engagent et nous amusent jusqu'au dernier jour ; cependant notre inquiétude, c'est-à-dire l'impatience d'une humeur active (b) et remuante, est si féconde en occupations, que la mort nous trouve encore empressés dans une infinité de soins superflus.

(a) *Var.:* Non, non, ni un nouvel homme ne se forme pas en un instant, ni ces affections vicieuses si intimement attachées ne s'arrachent pas par un seul effort ; plutôt il faut attendre un effet contraire. Considérez ce roi d'Amalec, tendre et délicat, qui se voyant proche de la mort, s'écrie avec tant de larmes : *Siccine separat amara mors* (I Reg., XV, 32)? « Est-ce ainsi que la mort amère sépare les choses ? » Voyez comme à la vue de la mort qui lui va enlever son bien, toutes ses passions émues et s'irritent et se réveillent. La séparation augmente l'attache, et ce regret amer d'abandonner tout, s'il avoit la liberté de s'expliquer, on verroit qu'il confirme par un dernier acte tout ce qui s'est passé dans la vie. Par conséquent, chrétiens, ne nous laissons point abuser à ces belles conversions des mourans, qui peignant et sur les yeux et sur le visage, et même, pour mieux tromper, dans la fantaisie alarmée, l'image d'un pénitent, font croire que le cœur est changé. Car une telle pénitence, bien loin d'entrer assez avant pour arracher l'amour du monde, souvent, je ne crains pas de le dire, elle est faite par l'amour du monde. La crainte de mourir fait qu'il tâche d'apaiser Dieu par la seule espérance de vivre ; et comme il n'ignore pas que la justice divine se plaît d'ôter aux pécheurs ce qu'ils aiment désordonnément, il feint de se détacher, il ne méprise le monde que dans l'appréhension de le perdre. Ainsi par une illusion terrible de son amour-propre, il se force lui-même à former dans l'esprit, et non dans le cœur, des actes de détachement que son attache lui dicte. O pénitence impénitente ! ô pénitence toute criminelle et tout infectée de l'amour du monde ! Avec cette étrange pénitence, cette ame malheureuse sort de son corps, toute noyée et tout abîmée dans les affections sensuelles. Ah ! démons, ne cherchez point d'autres chaînes pour la traîner dans l'abîme : ses chaînes sont ses passions ; ne cherchez point dans cette ame ce qui peut servir d'aliment au feu éternel : elle est toute corporelle, toute pétrie pour ainsi dire de chair et de sang ; pourquoi ? Parce qu'ayant commencé si tard l'ouvrage de son détachement, le temps lui a manqué pour l'accomplir.— (b) Vague.

Sur ces principes, ô hommes du monde, venez que je vous raconte votre destinée. Quelque charge que l'on vous donne, quel que établissement que l'on vous assure (a), jamais vous ne cesserez de prétendre. Ce que vous croyez la fin de votre course, quand vous y serez arrivés, vous ouvrira inopinément une nouvelle carrière. La raison, Messieurs, la voici : c'est que votre humeur est toujours la même et que la facilité se trouve (b) plus grande. Commencer, c'est le grand travail; à mesure que vous avancez, vous avez plus de moyens de vous avancer; et si vous couriez avec tant d'ardeur, lorsqu'il falloit grimper par des précipices, il est hors de la vraisemblance que vous vous arrêtiez tout à coup quand vous aurez rencontré la plaine. Ainsi tous les présens de la fortune vous seront un engagement pour vous abandonner tout à fait à des prétentions infinies.

Bien plus, quand on cessera de vous donner, vous ne cesserez pas de prétendre. Le monde pauvre en effets, est toujours magnifique en promesses; et comme la source des biens se tarit bientôt, il seroit tout à fait à sec, s'il ne savoit distribuer (c) des espérances. Et est-il homme, Messieurs, qui soit plus aisé à mener bien loin, qu'un qui espère, parce qu'il aide lui-même à se tromper (d)? Le moindre jour dissipe toutes ses ténèbres et le console de tous ses ennuis : et quand même il n'y a plus aucune espérance, la longue habitude d'attendre toujours, que l'on a contractée à la Cour, fait que l'on vit toujours en attente et que l'on ne peut se défaire du titre de poursuivant, sans lequel on croiroit n'être plus du monde. Ainsi nous allons toujours tirant après nous cette longue chaîne traînante de notre espérance; et avec cette espérance, quelle involution d'affaires épineuses; et à travers de ces affaires et de ces épines, que de péchés, que d'injustices, que de tromperies, que d'iniquités enlacées : *Væ, qui trahitis iniquitatem in funiculis vanitatis*[1] *!* « Malheur à vous, dit le prophète, qui traînez tant d'iniquités dans les cordes de la vanité! » c'est-à-dire, si je ne me trompe, tant d'affaires iniques

[1] *Isa.*, v, 18.

(a) *Var.* : Quoi qu'on vous donne, quoi qu'on vous assure. — (b) Est. — (c) S'il ne distribuoit. — (d) Il n'y a point d'homme qui soit plus aisé à mener bien loin qu'un qui espère, parce qu'il aide lui-même à la tromperie.

dans cet enchaînement infini de vos espérances trompeuses.

Que dirai-je maintenant, Messieurs, de cette humeur inquiète, curieuse de nouveautés, ennemie du loisir et impatiente du repos? D'où vient qu'elle ne cesse de nous agiter en nous engageant d'affaire en affaire (a), avec un empressement qui ne finit pas? Une chose très-véritable, mais mal appliquée, nous jette dans cet embarras : la nature même nous enseigne que la vie est dans l'action. Comme donc les mondains, toujours dissipés, ne connoissent pas l'efficace de cette action paisible et intérieure qui occupe l'ame en elle-même, ils ne croient pas s'exercer s'ils ne s'agitent, ni se mouvoir s'ils ne font du bruit; de sorte qu'ils mettent la vie dans cette action empressée et tumultueuse, ils s'abîment dans un commerce éternel d'intrigues et de visites qui ne leur laisse pas un moment à eux (b). Ils se sentent eux-mêmes quelquefois pressés et se plaignent de cette contrainte; mais, chrétiens, ne les croyez pas; ils se moquent, ils ne savent ce qu'ils veulent. Celui-là qui se plaint qu'il travaille trop, s'il étoit délivré de cet embarras, ne pourroit souffrir son repos; maintenant les journées lui semblent trop courtes, et alors son grand loisir lui seroit à charge. Il aime sa servitude, et ce qui lui pèse lui plaît. Ce mouvement perpétuel, qui l'engage en mille contraintes, ne laisse pas de le satisfaire par l'image d'une liberté errante. Comme un arbre, dit saint Augustin, que le vent semble caresser en se jouant avec ses feuilles et avec ses branches, bien que ce vent ne le flatte qu'en l'agitant et le jette (c) tantôt d'un côté, tantôt d'un autre avec une grande inconstance, vous diriez toutefois que l'arbre s'égaie par la liberté de son mouvement. Ainsi, dit ce grand évêque, encore que les hommes du monde n'aient pas de liberté véritable, étant presque toujours contraints de céder aux divers emplois qui les poussent comme un vent (d), toutefois ils s'imaginent jouir d'un certain air de liberté et de paix, en promenant deçà et delà leurs désirs vagues et incertains : *Tanquam olivæ pendentes in arbore, ducentibus ventis, quasi*

(a) *Var.*: D'où vient qu'elle ne cesse de nous agiter et de nous ôter notre meilleur bien, en nous engageant d'affaire en affaire? — (b) Qui ne leur laisse pas un moment de repos ni de liberté. — (c) Pousse. — (d) De céder aux divers emplois qui les pressent, — de céder au vent qui les pousse.

quâdam libertate auræ perfruuntur vago quodam desiderio suo [1].

Voilà, si je ne me trompe, une peinture assez naturelle de la vie du monde et de la vie de la Cour. Que faites-vous cependant, grand homme d'affaires, homme qui êtes de tous les secrets, et sans lequel cette grande comédie du monde manqueroit d'un personnage nécessaire ; que faites-vous pour la grande affaire, pour l'affaire de l'éternité ? C'est à l'affaire de l'éternité que doivent céder tous les emplois ; c'est à l'affaire de l'éternité que doivent servir tous les temps. Dites-moi, en quel état est donc cette affaire? — Ah ! j'y veux penser, direz-vous (*a*)? — Vous êtes donc averti que vous êtes malade dangereusement, puisque vous songez enfin à votre salut. Mais, hélas ! que le temps est court pour démêler une affaire si enveloppée que celle de vos comptes et de votre vie ! Je ne parle point en ce lieu, ni de votre famille qui vous distrait, ni de la maladie qui vous accable, ni de la crainte qui vous étonne, ni des vapeurs qui vous offusquent, ni des douleurs qui vous pressent ; je ne regarde que l'empressement. Ecoutez de quelle force on frappe à la porte ; on la rompra bientôt si l'on n'ouvre. Sentence sur sentence, ajournement sur ajournement pour vous appeler devant Dieu et devant sa chambre de justice. Ecoutez avec quelle presse il vous parle par son prophète : « La fin est venue, la fin est venue ; maintenant la fin est sur toi ; (*b*) et j'enverrai ma fureur contre toi, et je te jugerai selon tes voies ; et tu sauras que je suis le Seigneur. » (*c*) O Seigneur, que vous me pressez ! encore une nouvelle recharge : « La fin est venue, la fin est venue ; la justice, que tu croyois endormie, s'est éveillée contre toi ; la voilà qu'elle est à la porte : » *Finis venit, venit finis ; evigilavit adversùm te : ecce venit* [2]. « Le jour de vengeance est proche. » Toutes les terreurs te sembloient vaines, et toutes les menaces trop éloignées ; et « maintenant, dit le Seigneur, je te frapperai de près, et je mettrai tous tes crimes sur ta tête, et tu sauras que je suis le Seigneur qui frappe. » (*d*) Tels sont,

---

[1] S. August., *In Psal.* cxxxvi, n. 9, tom. IV. — [2] *Ezech.*, vii, 6.

(*a*) *Var.*: Ah ! pensons-y, direz-vous? — (*b*) Note marg.: *Finis venit, venit finis...; nunc finis super te* (Ezech., vii, 2, 3).—(*c*) *Et immittam furorem meum in te..., et scietis quia ego Dominus* (Ibid., 3, 4, 5.)— (*d*) *Venit tempus, propè est dies occisionis...: nunc de propinquo effundam iram meam super te...: et imponam tibi omnia scelera*

Messieurs, les ajournemens par lesquels Dieu nous appelle à son tribunal (a). Mais enfin voici le jour qu'il faut comparoître : *Ecce dies, ecce venit : egressa est contritio*[1]. L'ange qui préside à la mort recule d'un moment à l'autre pour étendre le temps de la pénitence ; mais enfin il vient un ordre d'en haut : *Fac conclusionem*[2] *:* Pressez, concluez ; l'audience est ouverte, le Juge est assis ; criminel, venez plaider votre cause. Mais que vous avez peu de temps pour vous préparer ! O Dieu, que le temps est court pour démêler une affaire si enveloppée que celle de vos comptes et de votre vie ! Ah ! que vous jetterez de cris superflus ! Ah ! que vous soupirerez amèrement après tant d'années perdues ! Vainement, inutilement. Il n'y a plus de temps pour vous ; vous entrez au séjour de l'éternité. Je vous vois étonné et éperdu en présence de votre Juge. Mais regardez encore vos accusateurs, ce sont les pauvres qui vont s'élever contre votre dureté inexorable (b).

TROISIÈME POINT.

J'ai remarqué, chrétiens, que le grand apôtre saint Paul, parlant à Timothée de ceux qui s'aiment eux-mêmes et leurs plaisirs, les appelle « des hommes cruels, sans affection, sans miséricorde : » *Sine affectione, immites, sine benignitate, voluptatum amatores*[3] *;* et je me suis souvent étonné d'une si étrange contexture. En effet cette aveugle attache aux plaisirs semble d'abord n'être que flatteuse, et ne paroît ni cruelle ni malfaisante ; mais il est aisé de se détromper et de voir dans cette douceur apparente une force maligne et pernicieuse. Saint Augustin nous l'explique par cette comparaison : Voyez, dit-il[4], les buissons hérissés d'épines, qui font horreur à la vue ; la racine en est douce et ne pique pas ; mais

---

[1] *Ezech.*, VII, 10. — [2] *Ibid.*, 23. — [3] II *Timoth.*, III, 3, 4. — [4] *In Psal.* CXXXIX, n. 4. *tua..., et scietis quia ego sum Dominus percutiens* (Ibid. 7, 8, 9). — (a) *Var.:* A son tribunal et à sa chambre de justice. — (b) Que vous avez peu de temps pour vous préparer ! Ah ! que vous restera-t-il et que vous soupirerez amèrement après tant d'années perdues ! Vainement, inutilement. Il n'y a plus de temps pour vous : vous êtes au séjour de l'éternité. Voyez qu'il n'y a plus de soleil visible qui commence et qui finisse les jours, les saisons, les années. Rien ne finit en cette contrée ; c'est le Seigneur lui-même qui va commencer de mesurer toutes choses par sa propre infinité. Vous êtes étonné et éperdu ; vous le serez beaucoup davantage quand vous entendrez les cris de vos pauvres frères s'élever contre votre dureté inexorable.

c'est elle qui pousse ces pointes perçantes qui piquent (*a*) les mains si violemment. Ainsi l'amour des plaisirs. Quand j'écoute parler les voluptueux dans le livre de la *Sapience*, je ne vois rien de plus agréable ni de plus riant. Ils ne parlent que de fleurs, que de festins, que de danses, que de passe-temps. *Coronemus nos rosis*[1] : « Couronnons nos têtes de fleurs avant qu'elles soient flétries. » Ils invitent tout le monde à la bonne chère, et ils veulent leur faire part de leurs plaisirs : *Nemo nostrûm exors sit luxuriœ nostrœ*[2]. Que leurs paroles sont douces ! que leur humeur est enjouée ! que leur compagnie est désirable ! Mais si vous laissez pousser cette racine, les épines sortiront bientôt. Car écoutez la suite de leurs discours : « Opprimons, ajoutent-ils, le juste et le pauvre : » *Opprimamus pauperem justum*[3]. « Ne pardonnons point ni à la veuve, » ni à l'orphelin. Quel est, Messieurs, ce changement, et qui auroit jamais attendu d'une douceur si plaisante une cruauté si impitoyable ? C'est le génie de la volupté ; elle se plaît à opprimer le juste et le pauvre, le juste qui lui est contraire, le pauvre qui doit être sa proie ; c'est-à-dire on la contredit, elle s'effarouche ; elle s'épuise elle-même, il faut bien qu'elle se remplisse par des pilleries. Et voilà cette volupté si commode, si aisée et si indulgente, devenue cruelle et insupportable.

Vous direz sans doute, Messieurs, que vous êtes bien éloignés de ces excès ; et je crois facilement qu'en cette assemblée et à la vue d'un roi si juste, de telles inhumanités n'oseroient paroître ; mais sachez que l'oppression des foibles et des innocens n'est pas tout le crime de la cruauté. Le mauvais riche nous fait bien connoître qu'outre cette ardeur violente qui étend les bras aux rapines (*b*), elle a encore sa dureté qui ferme les oreilles aux plaintes, les entrailles à la compassion, les mains au secours. C'est, Messieurs, cette dureté qui fait des voleurs sans dérober, et des meurtriers sans verser de sang. Tous les saints Pères disent d'un commun accord que ce riche inhumain de notre évangile a dépouillé le pauvre Lazare, parce qu'il ne l'a pas revêtu ; qu'il l'a égorgé

[1] *Sap.*, II, 8. — [2] *Ibid.*, 9. — [3] *Ibid.*, 10.

(*a*) *Var.* : Qui ensanglantent, — déchirent. — (*b*) Outre cette ardeur furieuse qui étend les mains aux violences.

cruellement, parce qu'il ne l'a pas nourri : *Quia non pavisti, occidisti*[1]. Et cette dureté meurtrière est née de son abondance et de ses délices. O Dieu clément et juste, ce n'est pas pour cette raison que vous avez communiqué aux grands de la terre un rayon de votre puissance. Vous les avez faits grands pour servir de pères à vos pauvres; votre providence a pris soin de détourner les maux de dessus leur tête, afin qu'ils pensassent à ceux du prochain; vous les avez mis à leur aise et en liberté, afin qu'ils fissent leur affaire du soulagement de vos enfans : et leur grandeur au contraire les rend dédaigneux, leur abondance secs, leur félicité insensibles, encore qu'ils voient tous les jours non tant des pauvres et des misérables que la misère elle-même et la pauvreté en personne pleurante et gémissante à leur porte (a).

Je ne m'en étonne pas, chrétiens; d'autres pauvres plus pressans et plus affamés ont gagné les avenues les plus proches et épuisé les libéralités à un passage plus secret (b). Expliquons-nous nettement : je parle de ces pauvres intérieurs qui ne cessent de murmurer, quelque soin qu'on prenne de les satisfaire, toujours avides, toujours affamés dans la profusion et dans l'excès même; je veux dire nos passions et nos convoitises. C'est en vain, ô pauvre Lazare, que tu gémis à la porte, ceux-ci sont déjà au cœur; ils ne s'y présentent pas, mais ils l'assiègent; ils ne demandent pas, mais ils arrachent. O Dieu, quelle violence! Représentez-vous, chrétiens, dans une sédition, une populace furieuse, qui demande arrogamment, toute prête à arracher si on la refuse. Ainsi dans l'ame de ce mauvais riche, et ne l'allons pas chercher dans la parabole, plusieurs le trouveront dans leur conscience (c) ; donc dans l'ame de ce mauvais riche et de ses cruels imitateurs, où la raison a perdu l'empire, où les lois n'ont plus de vigueur, l'ambition, l'avarice, la délicatesse, toutes les autres passions, troupe mutine et emportée, font retentir de toutes parts un cri séditieux, où l'on n'entend que ces mots : « Apporte, apporte : » *Dicentes : Affer, affer*[2] : apporte toujours de l'aliment à l'avarice, apporte une

---

[1] Lactant., *De Divin. instit.*, lib. VI, cap. xi. — [2] *Prov.*, xxx, 15.

(a) *Note marg.*: D'où vient, etc.? — (b) *Var.*: Dans un passage plus secret. — (c) Et qu'il y en a peut-être dans cet auditoire qui le trouvent en eux-mêmes!

somptuosité plus raffinée à ce luxe curieux et délicat, apporte des plaisirs (*a*) plus exquis à cet appétit dégoûté par son abondance. Parmi les cris furieux de ces pauvres impudens et insatiables, se peut-il faire que vous entendiez la voix languissante des pauvres qui tremblent devant vous, qui, accoutumés à surmonter leur pauvreté par leur travail et par leurs sueurs (*b*), se laissent mourir de faim plutôt que de découvrir leur misère. C'est pourquoi ils meurent de faim; oui, Messieurs, ils meurent de faim dans vos terres, dans vos châteaux, dans les villes, dans les campagnes, à la porte et aux environs de vos hôtels; nul ne court à leur aide. Hélas! ils ne vous demandent que le superflu, quelques miettes de votre table, quelques restes de votre grande chère. Mais ces pauvres que vous nourrissez trop bien au dedans épuisent tout votre fonds. La profusion, c'est leur besoin; non-seulement le superflu, mais l'excès même leur est nécessaire; et il n'y a plus aucune espérance pour les pauvres de Jésus-Christ, si vous n'apaisez ce tumulte et cette sédition intérieure : et cependant ils subsisteroient, si vous leur donniez quelque chose (*c*) de ce que votre prodigalité répand, ou de ce que votre avarice ménage.

Mais sans être possédé de toutes ces passions violentes, la félicité toute seule, et je prie que l'on entende cette vérité, oui, la félicité toute seule est capable d'endurcir le cœur de l'homme. L'aise, la joie, l'abondance remplissent l'ame de telle sorte, qu'elles en éloignent tout le sentiment de la misère des autres et mettent à sec, si l'on n'y prend garde, la source de la compassion. C'est ici la malédiction des grandes fortunes; c'est ici que l'esprit du monde paroît le plus opposé à l'esprit du christianisme. Car qu'est-ce que l'esprit du christianisme, esprit de fraternité, esprit de tendresse et de compassion, qui nous fait sentir les maux de nos frères, entrer dans leurs intérêts, souffrir de tous leurs besoins? Au contraire l'esprit du monde, c'est-à-dire l'esprit de grandeur, c'est un excès d'amour-propre, qui bien loin de penser aux autres, s'imagine qu'il n'y a que lui. Écoutez son langage dans le prophète Isaïe :

(*a*) *Var.* : Ragoûts. — (*b*) Qui sont honteux de leur misère, accoutumés à la surmonter par un travail assidu. — (*c*) Si vous leur assigniez quelque subsistance sur ce que...

« Tu as dit en ton cœur : Je suis, et il n'y a que moi sur la terre. (a) »
Je suis : il se fait un Dieu, et il semble vouloir imiter celui qui
a dit : « Je suis celui qui est [1]. » Je suis : il n'y a que moi ; toute
cette multitude, ce sont des têtes de nul prix et, comme on parle,
des gens de néant. Ainsi chacun ne compte que soi, et tenant tout
le reste (b) dans l'indifférence, on tâche de vivre à son aise dans
une souveraine tranquillité des fléaux qui affligent le genre humain.

Ah ! Dieu est juste et équitable. Vous y viendrez vous-même,
riche impitoyable, aux jours de besoin et d'angoisse. Ne croyez
pas que je vous menace du changement de votre fortune ; l'événement en est casuel, mais ce que je veux dire n'est pas douteux.
Elle viendra au jour destiné cette dernière maladie où, parmi un
nombre infini d'amis, de médecins et de serviteurs, vous demeurerez sans secours, plus délaissé, plus abandonné que ce pauvre
qui meurt sur la paille et qui n'a pas un drap pour sa sépulture :
car en cette fatale maladie, que serviront ces amis, qu'à vous
affliger par leur présence ; ces médecins, qu'à vous tourmenter ;
ces serviteurs, qu'à courir deçà et delà dans votre maison avec
un empressement inutile ? Il vous faut d'autres amis, d'autres serviteurs ; ces pauvres que vous avez méprisés sont les seuls qui
seroient capables de vous secourir. Que n'avez-vous pensé de
bonne heure à vous faire de tels amis, qui maintenant vous tendroient les bras, afin de vous recevoir dans les tabernacles éternels ? Ah ! si vous aviez soulagé leurs maux, si vous aviez eu pitié
de leur désespoir, si vous aviez seulement écouté leurs plaintes,
vos miséricordes prieroient Dieu pour vous ; leurs côtés revêtus,
dit le saint prophète, leurs entrailles rafraîchies, leur faim rassasiée vous auroient béni ; et les bénédictions qu'ils vous auroient
données lorsque vous les auriez consolés dans leur amertume, feroient maintenant distiller sur vous une rosée rafraîchissante (c),

[1] *Exod.*, III, 14.

(a) Note marg. : *Dixisti in corde tuo : Ego sum, et præter me non est alter*
(Isa., XLVII, 10). — (b) *Var.* : Les autres. — (c) Si vous aviez seulement écouté
leurs plaintes, vos aumônes prieroient Dieu pour vous ; les bénédictions qu'ils
vous auroient données lorsque vous les auriez consolés dans leur amertume,
feroient maintenant distiller sur vous... ; — ils vous donneroient des bénédictions
qui feroient distiller sur vous, etc....

leurs saints anges veilleroient autour de votre lit comme des amis officieux, et ces médecins spirituels consulteroient entre eux nuit et jour pour vous trouver des remèdes. Mais vous avez aliéné leur esprit, et le prophète Jérémie me les représente vous condamnant eux-mêmes sans miséricorde.

Voici, Messieurs, un grand spectacle; venez considérer les saints anges dans la chambre d'un mauvais riche mourant. Oui, pendant que les médecins consultent l'état de sa maladie et que sa famille tremblante attend le résultat de la conférence, ces médecins invisibles consultent d'un mal bien plus dangereux : *Curavimus Babylonem, et non est sanata*[1] *:* « Nous avons soigné cette Babylone, et elle ne s'est point guérie. » Nous avons traité diligemment ce riche cruel; que d'huiles ramollissantes, que de douces fomentations nous avons mises sur ce cœur ! Et il ne s'est pas amolli, et sa dureté ne s'est pas fléchie; tout a réussi contre nos pensées, et le malade s'est empiré parmi nos remèdes. « Laissons-le là, disent-ils; retournons à notre patrie, d'où nous étions descendus pour son secours : » *Derelinquamus eum, et eamus unusquisque in terram suam*[2]. Ne voyez-vous pas sur son front le caractère d'un réprouvé? La dureté de son cœur a endurci contre lui le cœur de Dieu; les pauvres l'ont déféré à son tribunal; son procès lui est fait au ciel; et quoiqu'il ait fait largesse en mourant des biens qu'il ne pouvoit plus retenir, le ciel est de fer à ses prières, et il n'y a plus pour lui de miséricorde (a) : *Pervenit judicium ejus usque ad cælos*[3]. Considérez, chrétiens, si vous voulez mourir dans cet abandon; et si cet état vous fait horreur, pour éviter les cris de reproche que feront contre vous les pauvres, écoutez les cris de la misère.

Ah ! le ciel n'est pas encore fléchi sur nos crimes. Dieu sembloit s'être apaisé en donnant la paix à son peuple, mais nos péchés continuels ont rallumé sa juste fureur; il nous a donné la paix, et lui-même nous fait la guerre. Il a envoyé contre nous pour punir notre ingratitude, la maladie, la mortalité, la disette ex-

---

[1] *Jerem.*, LI, 9. — [2] *Ibid.* — [3] *Ibid.*

(a) *Var. :* Le ciel est de fer pour lui, et il n'y a plus de miséricorde pour son âme.

trême, une intempérie étonnante, je ne sais quoi de déréglé dans toute la nature qui semble nous menacer de quelques suites funestes, si nous n'apaisons sa colère. Et dans les provinces éloignées et même dans cette ville, au milieu de tant de plaisirs et de tant d'excès, une infinité de familles meurent de faim et de désespoir : vérité constante, publique, assurée. O calamité de nos jours ! quelle joie pouvons-nous avoir ? Faut-il que nous voyions de si grands malheurs, et ne nous semble-t-il pas qu'à chaque moment tant de cruelles extrémités que nous savons, que nous entendons de toutes parts, nous reprochent devant Dieu et devant les hommes ce que nous donnons à nos sens, à notre curiosité (a), à notre luxe ? Qu'on ne demande plus maintenant jusqu'où va l'obligation d'assister les pauvres : la faim a tranché le doute, le désespoir a terminé la question ; et nous sommes réduits à ces cas extrêmes où tous les Pères et tous les théologiens nous enseignent d'un commun accord que si l'on n'aide le prochain selon son pouvoir, on est coupable de sa mort ; on rendra compte à Dieu de son sang, de son ame, de tous les excès où la fureur de la faim et du désespoir le précipite. Qui nous donnera que nous entendions le plaisir de donner la vie ? Qui nous donnera, chrétiens, que nos cœurs soient comblés de l'onction du Saint-Esprit, pour goûter ce plaisir sublime de soulager les misérables, de consoler Jésus-Christ qui souffre en eux, de faire reposer, dit le saint Apôtre, leurs entrailles affamées : *Viscera sanctorum requieverunt per te, frater* [1]. Ah, que ce plaisir est saint ! ah ! que c'est un plaisir vraiment royal !

Sire, Votre Majesté aime ce plaisir ; elle en a donné des marques sensibles, qui seront suivies de plus grands effets. C'est aux sujets à attendre, et c'est aux rois à agir ; eux-mêmes ne peuvent pas tout ce qu'ils veulent, mais ils rendront compte à Dieu de ce qu'ils peuvent (b). Sire, c'est tout ce qu'un sujet peut dire à Votre

---

[1] *Philem.*, 7.

(a) La curiosité pour les objets rares et de grand prix. — (b) *Var.* : Il (Dieu) nous a donné la paix, et lui-même nous fait la guerre. Il a envoyé contre nous la maladie, la mortalité, la disette extrême. Les pauvres ont à combattre les dernières extrémités ; et dans les provinces éloignées et même dans cette ville, au milieu de tant de plaisirs et de tant de luxe, une infinité de familles meurent de faim et de désespoir. Ce n'est pas une vaine exagération,

Majesté. Il faut dire le reste à Dieu, et le prier humblement de découvrir à un si grand roi les moyens de contenter bientôt l'amour qu'il a pour ses peuples, de satisfaire à l'obligation de sa conscience, de mettre le comble à sa gloire et de poser l'appui le plus nécessaire de son salut éternel.

non, non ; on ne monte pas dans la chaire comme on feroit sur un théâtre, pour émouvoir la compassion en inventant des sujets tragiques ; ce que je dis c'est la vérité, vérité constante, publique, assurée. O Dieu, quelle calamité de nos jours, que tant de monde périsse de faim à nos yeux ! Ah ! quelle espérance pour nous à l'heure de notre mort, si le cri de cette misère ne perce pas nos cœurs ? Ah ! Sire, Votre Majesté en est émue ; comme elle aime ses pauvres peuples, elle veut bien qu'on lui parle des cruelles extrémités où ils sont réduits. Leur misère, leur patience, leur soumission presse d'autant plus Votre Majesté qu'ils n'osent pas même la presser, résolus de mourir plutôt que de faire la moindre faute contre le respect.

Sire, c'est aux sujets à attendre, et c'est aux rois à agir. Les rois mêmes ne peuvent pas tout ce qu'ils veulent, mais ils rendront compte à Dieu de ce qu'ils peuvent ; mais....

PREMIER SERMON

POUR

LE IIIe DIMANCHE DE CARÊME,

SUR L'AMOUR DES PLAISIRS *(a)*.

Homo quidam habuit duos filios, et dixit adolescentior ex illis patri : Pater, da mihi portionem substantiæ quæ me contingit.

Un homme avoit deux fils, et le plus jeune des deux dit à son père : Mon père, donnez-moi mon partage du bien qui me touche *(b)*. *Luc.*, xv, 11.

La parabole de l'Enfant prodigue nous fut hier proposée par la sainte Eglise dans la célébration des mystères, et je pense que vous voudrez bien que je ramène aujourd'hui un si beau et si utile spectacle *(c)*. Et certainement, chrétiens, toute l'histoire de ce prodigue, sa malheureuse sortie de la maison de son père, ses voyages ou plutôt ses égaremens dans un pays éloigné, son avidité pour avoir son bien et sa prodigieuse facilité à le dissiper,

---

(a) Prêché en 1662, dans le Carême du Louvre, devant Louis XIV, la reine Marie-Thérèse d'Autriche, la reine mère d'Angleterre, Anne-Mauricette d'Espagne, Monsieur frère du roi, Gaston de France, etc.

Notre sermon renferme ces mots dans le deuxième point : « Vous vivez ici dans la Cour ; » ce qui indique assez le lieu de son apparition. D'une autre part il contient dans la péroraison, sur la mort du juste, un passage que l'auteur a transporté presque mot pour mot dans le second sermon pour la Purification de la sainte Vierge. Or ce dernier sermon a été prêché en 1666 devant la Cour. Le premier l'a donc été en 1662 ; car à coup sûr Bossuet n'a pas répété deux fois, dans un court intervalle, les mêmes choses et les mêmes paroles devant le même auditoire.

Il dit dès les premiers mots de l'exorde : « La parabole de l'Enfant prodigue nous fut hier proposée par la sainte Eglise dans la célébration des mystères. » Le sermon a donc été prononcé le troisième dimanche de Carême, puisque la parabole de l'Enfant prodigue se lit le samedi précédent. Mais l'auteur ajoute immédiatement après, dans une variante : « Il n'y a que peu de jours que la parabole de l'Enfant prodigue fut lue dans la célébration des mystères ; » d'où il paroît que le même sermon a été prêché une seconde fois pendant la semaine.

(b) Var. : Qui me regarde, — qui m'appartient. — *(c)* Il n'y a que peu de jours que la parabole de l'Enfant prodigue fut lue dans la célébration des mystères, et je me sens invité à ramener aujourd'hui un si beau et si utile spectacle.

ses libertés et sa servitude, ses douleurs après ses plaisirs, et la misère extrême où il est réduit pour avoir tout (a) donné à son plaisir, enfin la variété infinie et le mélange de ses aventures sont un tableau si naturel de la vie humaine ; et son retour à son père, où il retrouve avec abondance tous les biens qu'il avoit perdus, une image si accomplie des graces de la pénitence, que je croirois manquer tout à fait au saint ministère dont je suis chargé, si je négligeois les instructions que Jésus-Christ a renfermées dans cet évangile. Ainsi mon esprit ne travaille plus qu'à trouver à quoi se réduire dans une matière si vaste ; tout me paroît important, et je ne puis tout traiter sans entreprendre aujourd'hui un discours immense. Grand Dieu, arrêtez mon choix sur ce qui sera le plus profitable à cet illustre auditoire, et donnez-moi les lumières de votre Esprit Saint par les pieuses intercessions de la bienheureuse Vierge que je salue avec l'ange en disant : *Ave*, etc.

Depuis notre ancienne désobéissance, il semble que Dieu ait voulu retirer du monde tout ce qu'il y avoit répandu de joie véritable pendant l'innocence (b) des commencemens ; si bien que ce qui flatte maintenant nos sens n'est plus qu'un amusement dangereux et une illusion de peu de durée. Le Sage l'a bien compris lorsqu'il a dit ces paroles : *Risus dolore miscebitur, et extrema gaudii luctus occupat* [1] *:* « Le ris sera mêlé de douleur, et les joies se termineront (c) en regrets. » C'est connoître le monde que de parler ainsi de ses plaisirs ; et ce grand homme a bien remarqué dans les paroles que j'ai rapportées, premièrement qu'ils ne sont pas purs, puisqu'ils sont mêlés de douleurs ; et secondement qu'ils passent bien vite (d), puisque la tristesse les suit de si près. En effet il est véritable que nous ne goûtons point ici de joie sans mélange. La félicité des hommes du monde est composée de tant de pièces, qu'il y en a toujours quelqu'une qui manque ; et la douleur a trop d'empire dans la vie humaine pour nous laisser jouir longtemps de quelque repos. C'est ce que nous pouvons

[1] *Prov.*, XIV, 13.

(a) *Var. :* Trop. — (b) Dans l'innocence. — (c) Finiront. — (d) Qu'ils n'ont point de consistance, — qu'ils ont peu de consistance.

entendre par la parabole de l'Enfant prodigue. Pour donner un cours plus libre à ses passions, il renonce aux commodités et à la douceur de sa maison paternelle, et il achète à ce prix cette liberté malheureuse. Le plaisir de jouir de ses biens est suivi de leur entière dissipation. Ses excès, ses profusions, cette vie voluptueuse qu'il a embrassée le réduisent à la servitude, à la faim et au désespoir. Ainsi vous voyez, Messieurs, que ses joies se tournent bientôt en une amertume infinie : *Extrema gaudii luctus occupat ;* mais voici un autre changement qui n'est pas moins remarquable. La longue suite de ses malheurs l'ayant fait rentrer en lui-même, il retourne enfin à son père, repentant et affligé de tous ses désordres; et reçu dans ses bonnes graces, il recouvre par ses larmes et par ses regrets ce que ses joies dissolues lui avoient fait perdre. Etranges vicissitudes ! Plongé par ses plaisirs déréglés dans un abîme de douleurs, il rentre par sa douleur même dans la tranquille possession d'une joie parfaite. Tel est le miracle de la pénitence ; et c'est ce qui me donne lieu, chrétiens (a), de vous faire voir aujourd'hui dans l'égarement et dans le retour de ce prodigue ces deux vérités importantes : les plaisirs sources de douleurs, et les douleurs sources fécondes de nouveaux plaisirs. C'est le partage de ce discours et le sujet de vos attentions.

PREMIER POINT.

L'apôtre saint Paul a prononcé que « tous ceux qui veulent vivre pieusement en Jésus-Christ souffriront persécution : » *Omnes qui piè volunt vivere in Christo Jesu, persecutionem patientur* [1]. L'Eglise étoit encore dans son enfance, et déjà toutes les puissances du monde s'armoient contre elle. Mais ne vous persuadez pas qu'elle ne fût persécutée que par les tyrans ennemis déclarés du christianisme (b). Chacun de ses enfans étoit soi-même son persécuteur. Pendant qu'on affichoit à tous les poteaux et dans toutes les places publiques des sentences et des proscriptions (c) contre les fidèles, eux-mêmes se condamnoient d'une

[1] II *Timoth.*, III, 12.

(a) *Var. :* Et c'est ce qui me porte, Messieurs, à... — (b) Ennemis du nom chrétien. — (c) Et des proscriptions épouvantables.

autre sorte. Si les empereurs les exiloient de leur patrie, tout le monde leur étoit un exil ; ils s'ordonnoient à eux-mêmes de ne s'attacher nulle part (a) et de n'établir leur domicile en aucun pays de la terre. Si on leur ôtoit la vie par violence, eux-mêmes s'ôtoient les plaisirs volontairement, et Tertullien a raison de dire que cette sainte et innocente persécution aliénoit encore plus les esprits que l'autre : *Plures invenias, quos magis periculum voluptatis quàm vitæ avocet ab hâc sectâ, cùm alia non sit et stulto et sapienti vitæ gratia, nisi voluptas*[1]. C'est-à-dire qu'on s'éloignoit du christianisme plus par la crainte de perdre les plaisirs que par celle de perdre la vie, qu'on aimoit autant n'avoir pas que de l'avoir sans goût et sans agrément. C'est-à-dire que si l'on craignoit les rigueurs des empereurs contre l'Eglise, on craignoit encore davantage la sévérité de sa discipline contre elle-même, et que plusieurs se seroient exposés plus facilement à se voir ôter la vie qu'à se voir arracher les plaisirs, sans lesquels la vie leur est ennuyeuse.

Ce martyre, Messieurs, ne finira point (b), et cette sainte persécution par laquelle nous combattons en nous mêmes les attraits des sens, doit durer autant que l'Eglise. La haine aveugle et injuste qu'avoient les grands du monde contre l'Evangile a eu son cours limité, et le temps l'a enfin tout à fait éteinte; mais la haine des chrétiens contre eux-mêmes et contre leur propre corruption doit être immortelle, et c'est elle qui fera durer jusqu'à la fin des siècles ce martyre vraiment merveilleux où chacun s'immole soi-même, où le persécuteur et le patient sont également agréables, où Dieu d'une même main soutient celui qui souffre et couronne celui qui persécute (c).

Je n'ignore pas, chrétiens, que plusieurs murmurent ici contre

[1] *De Spect.*, n. 2.

(a) *Var.*: De ne s'arrêter nulle part. — (b) Ne doit point cesser. — (c) *Note marg.*: Prouver par l'Evangile. On y lit: *Crucem suam quotidie* (Luc., IX, 23) ; tous les jours. *Dicebat ad omnes* (Ibid.), non aux religieux et aux solitaires : *Intrate per angustam portam, quia lata porta et spatiosa via est quæ ducit ad perditionem, et multi sunt qui intrant per eam. Quàm angusta porta et arcta via est quæ ducit ad vitam, et pauci sunt qui intrant per eam* (Matth., VII, 13, 14)! Il ne dit pas à la perdition, mais à la vie. *Contendite intrare per angustam portam, quia multi, dico vobis, quærent intrare, et non poterunt* (Luc., XIII, 24).

la sévérité de l'Evangile. Ils veulent bien que Dieu nous défende ce qui fait tort au prochain; mais ils ne peuvent comprendre que l'on mette de la vertu à se priver des plaisirs, et les bornes qu'on nous prescrit de ce côté-là (*a*) leur semblent insupportables. Mais s'il n'étoit mieux séant à la dignité de cette chaire de supposer comme indubitables les maximes de l'Evangile que de les prouver par raisonnement, avec quelle facilité pourrois-je vous faire voir qu'il étoit absolument nécessaire que Dieu réglât par ses saintes lois toutes les parties de notre conduite; que lui, qui nous a prescrit l'usage que nous devons faire de nos biens, ne devoit pas négliger de nous enseigner celui que nous devons faire de nos sens; que si, ayant égard à la foiblesse des sens, il leur a donné quelques plaisirs, aussi pour honorer la raison (*b*), il y falloit mettre des bornes, et ne livrer pas au corps l'homme tout entier, à la honte de l'esprit.

Et certainement, chrétiens, il ne faut pas s'étonner que Jésus-Christ nous commande de persécuter en nous-mêmes l'amour des plaisirs, puisque sous prétexte d'être nos amis, ils nous causent de si grands maux. Les pires des ennemis, disoit sagement cet ancien [1], ce sont les flatteurs; et j'ajoute avec assurance que les pires de tous les flatteurs, ce sont les plaisirs. Ces dangereux conseillers, où ne nous mènent-ils pas par leurs flatteries? Quelle honte, quelle infamie, quelle ruine dans les fortunes, quels déréglemens dans les esprits, quelles infirmités même dans les corps, n'ont pas été introduites par l'amour désordonné des plaisirs? Ne voyons-nous pas tous les jours plus de maisons ruinées par la sensualité que par les disgraces, plus de familles divisées et troublées dans leur repos par les plaisirs que par les ennemis les plus artificieux, plus d'hommes immolés avant le temps à la mort par les plaisirs que par les guerres et les combats (*c*)? Les tyrans, dont nous parlions tout à l'heure, ont-ils jamais inventé des tortures plus insupportables que celles que les plaisirs font souffrir à ceux qui s'y abandonnent? Ils ont amené dans le monde des

[1] Q. Curt., lib. VIII, cap. v et viii.

(*a*) *Var.:* Qu'on nous y prescrit. — (*b*) Pour l'amour de la raison. — (*c*) Que par les violences et les combats, — par les combats.

maux inconnus au genre humain ; et les médecins nous enseignent d'un commun accord que ces funestes complications de symptômes et de maladies, qui déconcertent leur art, confondent leurs expériences, démentent (a) si souvent leurs anciens aphorismes, ont leurs sources dans les plaisirs. Qui ne voit donc clairement combien il étoit juste de nous obliger d'en être les persécuteurs, puisqu'ils sont eux-mêmes en tant de façons les plus cruels persécuteurs de la vie humaine ?

Mais laissons les maux qu'ils font à nos corps et à nos fortunes ; parlons de ceux qu'ils font à nos ames, dont le cours est inévitable. La source de tous les maux, c'est qu'ils nous éloignent de Dieu, pour lequel si notre cœur ne nous dit pas que nous sommes faits, il n'y a point de paroles qui puissent guérir notre aveuglement. Or, mes frères, Dieu est esprit, et ce n'est que par l'esprit qu'on le peut atteindre. Qui ne voit donc que plus nous marchons dans la région des sens, plus nous nous éloignons de notre demeure natale, et plus nous nous égarons dans une terre étrangère ?

Le prodigue nous le fait bien voir ; et ce n'est pas sans raison qu'il est écrit dans notre évangile qu'en sortant de la maison de son père, « il alla dans une région bien éloignée : » *Peregre profectus est in regionem longinquam* [1]. Ce fils dénaturé et ce serviteur fugitif, qui quitte pour ses plaisirs le service de son maître, fait deux étranges voyages : il éloigne de Dieu son cœur, et ensuite il en éloigne même sa pensée. Rien n'éloigne tant notre cœur de Dieu que l'attache aveugle aux joies sensuelles ; et si les autres passions peuvent l'emporter, c'est celle-ci qui l'engage et le livre tout à fait. Dieu n'est plus dans ton cœur, homme sensuel ; l'idole que tu encenses, c'est le Dieu que tu adores. Mais tu feras bientôt une seconde démarche (b) ; si Dieu n'est plus dans ton cœur, bientôt il ne sera plus dans ton esprit. Ta mémoire trop complaisante à ce cœur ingrat, l'effacera bientôt d'elle-même de ton souvenir. En effet ne voyons-nous pas que les plaisirs occupent tellement l'esprit, que les saintes vérités de Dieu et ses

[1] *Luc.*, xv, 13.
(a) *Var. :* Font mentir. — (b) Un second pas.

justes jugemens n'y ont plus de place? *Auferuntur judicia tua à facie ejus*[1]. Dieu éloigné de notre cœur, Dieu éloigné de notre pensée, ô le malheureux éloignement (*a*)! ô le funeste voyage! Où êtes-vous, ô prodigue! combien éloigné de votre patrie! et en quelle basse région avez-vous choisi votre demeure (*b*)!

De vous dire maintenant, Messieurs, jusqu'où ira cet égarement, ni jusqu'où vous emporteront les joies sensuelles, c'est ce que je n'entreprends pas : car qui sait les mauvais conseils que vous donneront ces flatteurs? Tout ce que je sais, chrétiens, c'est que la raison une fois livrée à l'attrait des sens et prise de ce vin fumeux, ne peut plus répondre d'elle-même (*c*) ni savoir où l'emportera son ivresse (*d*). Mais que sert de renouveler aujourd'hui ce que j'ai déjà dit dans cette chaire de l'enchaînement des péchés? Que sert de vous faire voir qu'ils s'attirent les uns les autres (*e*), puisqu'il n'en faut qu'un pour nous perdre, et que sans que nous fassions jamais d'autres injustices, c'en est une assez criminelle que de refuser notre cœur à Dieu qui le demande à si juste titre?

C'est à cette énorme injustice que nous engage tous les jours l'amour des plaisirs (*f*). Il fait beaucoup davantage; non content de nous avoir une fois arrachés à Dieu, il nous empêche d'y retourner par une conversion véritable, et en voici les raisons.

Pour se convertir, chrétiens, il faut premièrement se résoudre, fixer son esprit à quelque chose, prendre une forme de vie. Or

---

[1] *Psal.* X, H, 5.

(*a*) *Var.* : O le cruel éloignement! — (*b*) *Note marg.* : David s'étoit autrefois perdu dans cette terre étrangère, il en est revenu bientôt; mais pendant qu'il y a passé, écoutez ce qu'il nous dit de ses erreurs : *Cor meum dereliquit me* : « Mon cœur, dit-il, m'a abandonné; » il s'est allé engager dans une misérable servitude. Mais pendant que son cœur lui échappoit, où avoit-il son esprit? Ecoutez ce qu'il dit encore : *Comprehenderunt me iniquitates meæ, et non potui ut viderem* (*Psal.* XXXIX, 13) : « Les pensées de mon péché m'occupoient tout, et je ne pouvois plus voir autre chose. » C'est encore en cet état que « la lumière de ses yeux n'est plus avec lui » (*Psal.* XXXVII, 11). La connoissance de Dieu étoit obscurcie, la foi comme éteinte et oubliée : chrétiens, quel égarement! Mais les pécheurs vont plus loin encore. Les vérités de Dieu nous échappent; nous perdons, en nous éloignant, le ciel de vue; on ne sait qu'en croire; il n'y a plus que les sens qui nous touchent et qui nous occupent. — (*c*) *Var.* : Se répondre d'elle-même. — (*d*) Son enivrement. — (*e*) Et quel besoin de vous faire voir qu'un crime en attire d'autres. — (*f*) C'est cette horrible injustice, c'est cet attentat énorme que nous fait faire tous les jours l'amour des plaisirs.

est-il que l'attache aux attraits sensibles nous met dans une contraire disposition. Car trop pauvres pour nous pouvoir arrêter longtemps, nous voyons par expérience que tout l'agrément des sens est dans la variété (*a*); et c'est pourquoi l'Ecriture dit que « la concupiscence est inconstante : » *Inconstantia concupiscentiæ* [1], parce que dans toute l'étendue des choses sensibles, il n'y a point de si agréable situation que le temps ne rende ennuyeuse et insupportable. Quiconque donc s'attache au sensible, il faut qu'il erre (*b*) nécessairement d'objets en objets et se trompe pour ainsi dire en changeant de place. Ainsi qu'est-ce autre chose que la vie des sens, qu'un mouvement alternatif de l'appétit au dégoût, et du dégoût à l'appétit, l'ame flottant toujours incertaine entre l'ardeur qui se ralentit et l'ardeur qui se renouvelle : *Inconstantia concupiscentiæ* (*c*). Voilà ce que c'est que la vie des sens. Cependant dans ce mouvement perpétuel, on ne laisse pas de se divertir par l'image d'une liberté errante : *Quasi quâdam libertate auræ perfruuntur vago quodam desiderio suo* [2]. Mais aussi quand il faut arrêter ses résolutions, cette ame accoutumée dès longtemps à courir deçà et delà partout où elle voit la campagne découverte, à suivre ses humeurs et ses fantaisies, et à se laisser tirer sans résistance par les objets plaisans, ne peut plus du tout se fixer. Cette constance, cette égalité, cette sévère régularité de la vertu lui fait peur, parce qu'elle n'y voit plus ces délices, ces doux changemens, cette variété qui égaie les sens, ces égaremens agréables où ils semblent se promener avec liberté. C'est pourquoi cent fois on tente et cent fois on quitte, on rompt et on renoue bientôt avec les plaisirs. De là ces remises de jour en jour, ce demain qui ne vient jamais, cette occasion qui manque toujours, cette affaire qui ne finit point et dont on attend toujours la conclusion. O ame inconstante et irrésolue, ou plutôt trop déterminée et trop résolue pour ne pouvoir te résoudre, iras-tu toujours errant d'objets en objets, sans jamais t'arrêter au bien véritable? Qu'as-tu acquis de

---

[1] *Sap.*, IV, 12. — [2] S. August., *In Psal.* CXXXVI, n. 9.

(*a* Var.: Car tout l'agrément des sens est dans la variété. — (*b*) Qu'il passe. — (*c*) Ainsi la concupiscence, c'est-à-dire l'amour des plaisirs est toujours changeant, parce que toute son ardeur languit et meurt dans la continuité, et que c'est le changement qui le fait revivre.

certain par ce mouvement éternel, et que te reste-t-il de tous ces plaisirs, sinon que tu en reviens avec un dégoût du bien, une attache au mal, le corps fatigué et l'esprit vide? Est-il rien de plus pitoyable?

C'est ici qu'il nous faut entendre quelle est la captivité où jettent les joies sensuelles. Car le prodigue de la parabole ne s'égare pas seulement, mais encore il s'engage et se rend esclave; et voici en quoi consiste notre servitude. C'est qu'encore que nous passions d'un objet à l'autre, ainsi que je viens de dire, avec une variété infinie, nous demeurons arrêtés dans l'étendue des choses sensibles. Et qu'est-ce qui nous tient ainsi (*a*) captifs de nos sens, sinon la malheureuse alliance du plaisir avec l'habitude? Car si l'habitude seule a tant de force pour nous captiver, le plaisir et l'habitude étant joints ensemble, quelles chaînes ne feront-ils pas? *Venumdatus sub peccato* [1] : « Je suis vendu pour être assujetti au péché; » le péché nous achète par le plaisir qu'il nous donne. Entrez avec moi, Messieurs, dans cette considération. Encore que la nature ne nous porte pas à mentir et qu'on ne puisse comprendre le plaisir que plusieurs y trouvent, néanmoins celui qui s'est engagé dans cette foiblesse honteuse ne trouve plus d'ornemens qui soient dignes de ses discours que la hardiesse de ses inventions : bien plus il jure et ment tout ensemble avec une pareille facilité; et par une horrible profanation il s'accoutume à mêler ensemble la première vérité avec son contraire. Et quoique repris par ses amis et confondu par lui-même, il ait honte de sa conduite qui lui ôte toute créance, son habitude l'emporte pardessus ses résolutions. Que si une coutume de cette sorte, qui répugne à la nature non moins qu'à la raison même, est néanmoins si puissante et si tyrannique, qu'y aura-t-il de plus invincible que la nature avec l'habitude, que la force de l'inclination et du plaisir jointe à celle de l'accoutumance? Si le plaisir rend le vice aimable, l'habitude le rendra comme nécessaire. Si le plaisir nous jette dans une prison, l'habitude, dit saint Augustin, fermera cent portes sur nous et ne nous laissera aucune sortie (*b*).

[1] *Rom.*, VII, 14.

(*a*) *Var.* : Si fort. — (*b*) Note marg. : *Inclusum se sentit difficultate vitiorum,*

En cet état, chrétiens, s'il nous reste quelque connoissance de ce que nous sommes, quelle pitié devons-nous avoir de notre misère? Car encore, si nous pouvions arrêter cette course rapide des plaisirs et les attacher pour ainsi parler autant à nous que nous nous attachons à eux, peut-être que notre aveuglement auroit quelque excuse. Mais n'est-ce pas la chose du monde la plus déplorable, que nous aimions si puissamment ces amis trompeurs qui nous abandonnent si vite; qu'ils aient une telle force pour nous entraîner, et nous aucune pour les retenir (*a*); enfin que notre attache soit si violente, et leur fuite si précipitée? Pleurez, pleurez, ô prodigue; car qu'y a-t-il de plus misérable que de se sentir comme forcé par ses habitudes vicieuses d'aimer les plaisirs, et de se voir sitôt (*b*) après forcé par une nécessité fatale de les perdre sans retour et sans espérance?

Que si, parmi tant de sujets de nous affliger, nous vivons toutefois heureux et contens; c'est alors, c'est alors, mes frères, qu'au défaut de notre misère, notre propre repos nous doit faire horreur. Car ce n'est pas en vain qu'il est écrit : « Illuminez mes yeux, ô Seigneur, de peur que je ne m'endorme dans la mort [1]. » Ce n'est pas en vain qu'il est écrit : « Ils passent leurs jours en paix, et descendent en un moment dans les enfers [2]. » Ce n'est pas en vain qu'il est écrit et que le Sauveur a prononcé dans son Evangile : « Malheur à vous qui riez, car vous pleurerez [3]. » En effet si ceux qui rient parmi leurs péchés peuvent toujours conserver leur joie et en ce monde et en l'autre, ils l'emportent contre Dieu et bravent sa toute-puissance. Mais comme Dieu est le maître, il faut nécessairement que leurs ris se changent en gémissemens éternels (*c*); et ils sont d'autant plus assurés de pleurer un jour, qu'ils pleurent moins maintenant. Ouvrez donc les yeux, ô pécheurs, voyez sur le bord de quel précipice vous vous êtes endormis, parmi quels flots et quelles tempêtes vous croyez être en

---

[1] *Psal.* XII, 4. — [2] *Job*, XXI, 13. — [3] *Luc.*, VI, 25.

et quasi muro impossibilitatis erecto portisque clausis quà evadat non invenit (In Psal. CVI, n. 5). — (*a*) *Var.:* Que nous ayions un amour si ferme pour ces plaisirs, dont le naturel est si volage ; qu'ils aient tant de force pour nous entraîner, et nous une extrême impuissance pour les retenir. — (*b*) Bientôt. — (*c*) Soient changés en pleurs.

sûreté, enfin parmi quels malheurs et dans quelle servitude vous vivez contens. Oh! qu'il vous seroit peut-être utile que Dieu vous éveillât d'un coup de sa main et vous instruisît par quelque affliction! Mais, mes frères, je ne veux point faire de pareils souhaits, et je vous conjure au contraire de n'obliger pas le Tout-Puissant à vous faire ouvrir les yeux par quelque revers (a); prévenez de vous-mêmes sa juste fureur; craignez le retour du siècle à venir et le funeste changement dont Jésus-Christ vous menace; et de peur que votre joie ne se change en pleurs, cherchez dans la pénitence avec le prodigue une tristesse qui se change en joie : c'est par où je m'en vais conclure.

SECOND POINT.

Nous lisons dans l'Histoire sainte, c'est au premier livre d'*Esdras*, que lorsque ce grand prophète eut rebâti le temple de Jérusalem que l'armée assyrienne avoit détruit, le peuple mêlant ensemble le triste ressouvenir de sa ruine et la joie d'un si heureux rétablissement (b), une partie poussoit en l'air des accens lugubres, l'autre faisoit retentir jusqu'au ciel des chants de réjouissance (c); en telle sorte, dit l'auteur sacré, « qu'on ne pouvoit distinguer les gémissemens d'avec les cris d'allégresse : » *Nec poterat quisquam agnoscere vocem clamoris lætantium, et vocem fletûs populi* [1]. Ce mélange mystérieux de douleur et de joie est une image assez naturelle (d) de ce qui s'accomplit dans la pénitence. L'ame déchue de la grace voit le temple de Dieu renversé en elle. Ce ne sont point les Assyriens qui ont fait cet effroyable ravage; c'est elle-même qui a détruit et honteusement profané ce temple sacré de son cœur, pour en faire un temple d'idoles. Elle pleure, elle gémit, elle ne veut point recevoir de consolation; mais au milieu de ses douleurs et pendant qu'elle fait couler un torrent de larmes, elle voit que le Saint-Esprit, touché de ses pleurs et de ses regrets, commence à redresser cette maison sainte, qu'il relève l'autel abattu (e) et rend enfin le premier honneur à

[1] I *Esdr.*, III, 13.

(a) *Var.*: A vous rappeler à vous-mêmes par quelque revers. — (b) D'un si glorieux rétablissement. — (c) Tantôt poussoit en l'air des accens lugubres, tantôt faisoit retentir jusqu'au ciel, etc. — (d) Imparfaite. — (e) Qu'il rétablit l'autel profané.

sa conscience, où il veut faire sa demeure ; en sorte qu'elle trouvera dans ce nouveau sanctuaire une retraite assurée, dans laquelle elle pourra vivre heureuse et tranquille sous la paisible protection de Dieu qui y fera sa demeure (a). Que jugez-vous, chrétiens, de cette sainte tristesse ? Une ame à qui ses douleurs procurent (b) une telle grace, n'aimera-t-elle pas mieux s'affliger de ses péchés que de vivre avec le monde ; et ne faut-il pas s'écrier ici avec le grand saint Augustin, « que celui-là est heureux qui est affligé (c) de cette sorte ! » *Quàm felix est, qui sic miser est*[1] *!*

C'est ici que je voudrois pouvoir ramasser tout ce qu'il y a de plus efficace dans les Ecritures divines, pour vous représenter dignement ces délices intérieures, ce fleuve de paix dont parle Isaïe[2], cette joie du Saint-Esprit, enfin ce calme admirable d'une bonne conscience. Il est malaisé, mes frères, de faire entendre ces vérités et goûter ces chastes plaisirs aux hommes du monde; mais nous tâcherons toutefois comme nous pourrons de leur en donner quelque idée.

Dans cette inconstance des choses humaines et parmi tant de différentes agitations qui nous troublent (d) ou qui nous menacent, celui-là me semble heureux qui peut avoir un refuge ; et sans cela, chrétiens, nous sommes trop découverts aux attaques (e) de la fortune pour pouvoir trouver du repos. Laissons pour quelque temps la chaleur ordinaire du discours, et pesons les choses froidement. Vous vivez ici dans la Cour, et sans entrer plus avant dans l'état de vos affaires, je veux croire que votre état est tranquille (f) ; mais vous n'avez pas si fort oublié les tempêtes dont cette mer est si souvent agitée, que vous vous fiiez tout à fait à cette bonace ; et c'est pourquoi je ne vois point d'homme de sens (g) qui ne se destine un lieu de retraite qu'il regarde de loin comme un port dans lequel il se jettera, quand il sera poussé par les vents contraires. Mais cet asile que vous vous préparez contre la fortune, est encore de son ressort ; et si loin que vous puissiez

---

[1] *In Psal.* XXXVII, n. 2. — [2] *Isa.*, LXVI, 12.

(a) *Var.*: Sous la glorieuse protection du Saint d'Israël, c'est-à-dire du Dieu vivant. — (b) Ont procuré. — (c) Malheureux. — (d) Pressent. — (e) Aux atteintes. — (f) Je suppose que la vie vous semble douce. — (g) Je ne vois point d'homme qui ait tant soit peu de sens ; — je ne vois point d'homme sensé.

étendre votre prévoyance, jamais vous n'égalerez ses bizarreries. Vous penserez vous être muni d'un côté, la disgrace viendra de l'autre ; vous aurez tout assuré aux environs, l'édifice manquera par le fondement ; si le fondement est solide, un coup de foudre viendra d'en haut, qui renversera tout de fond en comble : je veux dire simplement et sans figure (*a*) que les malheurs nous assaillent et nous pénètrent par trop d'endroits, pour pouvoir être prévus et arrêtés de toutes parts. Il n'y a rien sur la terre où nous mettions notre appui, qui non-seulement ne puisse manquer, mais encore nous être tourné en une amertume infinie ; et nous serions trop novices dans l'histoire de la vie humaine, si nous avions besoin que l'on nous prouvât cette vérité.

Posons donc que ce qui peut arriver, ce que vous avez vu mille fois arriver aux autres, vous arrive aussi à vous-même. Car, mes frères, vous n'avez point de sauvegarde de la fortune ; vous n'avez ni exemption ni privilége contre les foiblesses communes. Qu'il arrive que votre fortune soit renversée par quelque disgrace, votre famille désolée par quelque mort désastreuse (*b*), votre santé ruinée par quelque longue et fâcheuse maladie ; si vous n'avez quelque lieu où vous vous mettiez à l'abri, vous essuierez tout du long toute la fureur des vents et de la tempête (*c*). Mais où sera cet abri ? Promenez-vous à la campagne, le grand air ne dissipe point (*d*) votre inquiétude ; rentrez dans votre maison, elle vous poursuit (*e*) ; cette importune s'attache à vous jusque dans votre cabinet et dans votre lit où elle vous fait faire cent tours et retours, sans que jamais vous trouviez une place qui vous soit commode (*f*). Poussé et persécuté de tous côtés, je ne vois plus que vous-même et votre propre conscience où vous puissiez vous réfugier. Mais si cette conscience est mal avec Dieu, ou elle n'est pas en paix, ou sa paix est pire et plus ruineuse que tous les troubles. (*g*) Que ferez-

---

(*a*) *Var.* : Disons simplement que les malheurs, etc. — (*b*) Douloureuse. — (*c*) Si vous n'avez quelque lieu où vous soyez à l'abri, il vous faudra essuyer toute la fureur des tempêtes. — (*d*) Ne dissipe pas. — (*e*) Elle vous y suit. — (*f*) Sans que jamais vous trouviez une bonne place. — (*g*) *Note marg.* : C'est la faute que nous faisons : notre conscience, notre intérieur, le fond de notre ame et la plus haute partie d'elle-même est hors de prise : nous l'engageons avec les choses sur quoi la fortune peut frapper. Imprudens ! Quand le corps est découvert, ils tâchent de cacher la tête : nous produisons tout au dehors.

vous, malheureux ? Le dehors vous étant contraire, vous voudriez vous renfermer au dedans; le dedans qui est tout en trouble vous rejette violemment au dehors. Le monde se déclare contre vous par votre infortune, le ciel vous est fermé par vos péchés : ainsi ne trouvant nulle consistance, quelle misère sera égale à la vôtre ? Que si votre cœur est droit avec Dieu, là sera votre asile et votre refuge; là vous aurez Dieu au milieu de vous; car Dieu ne quitte jamais un homme de bien : *Deus in medio ejus, non commovebitur* [1], dit le Psalmiste. Dieu donc habitant en vous soutiendra votre cœur abattu, en l'unissant saintement à un Jésus désolé et aux mystères de sa croix et de ses souffrances. Là il vous montrera les afflictions, sources fécondes de biens infinis; et entretenant votre ame affligée dans une bonne espérance, il vous donnera des consolations que le monde ne peut entendre. Mais pour avoir en vous-même ce Consolateur invisible, c'est-à-dire le Saint-Esprit (a), et pour goûter avec lui la paix d'une bonne conscience, il faut que cette conscience soit purifiée, et nulle eau ne le peut faire que celle des larmes. Coulez donc, larmes de la pénitence; coulez comme un torrent, ondes bienheureuses; nettoyez cette conscience souillée, lavez ce cœur profané (b), et « rendez-moi cette joie divine » qui est le fruit de la justice et de l'innocence : *Redde mihi lætitiam salutaris tui* [2].

Et certes ce seroit une erreur étrange et trop indigne d'un homme, que de croire que nous vivions sans plaisir, pour le vouloir transporter du corps à l'esprit, de la partie terrestre et mortelle à la partie divine et incorruptible. Ce n'est pas en vain, chrétiens, que Jésus-Christ est venu à nous de ce paradis de délices où abondent les joies véritables. Il nous a apporté de ce lieu de paix et de bonheur éternel, un commencement de la gloire dans le bienfait de la grace, un essai de la vue de Dieu dans la foi (c), un gage et une partie de la félicité dans l'espérance, enfin une volupté toute chaste et toute céleste qui se forme, dit Tertullien [3], du mépris des voluptés sensuelles. Qui nous donnera,

---

[1] *Psal.* XLV, 6. — [2] *Psal.* L, 14. — [3] *De Spect.*, n. 29.

(a) *Var.* : C'est-à-dire le Saint-Esprit, à qui le Sauveur a donné ce nom. — (b) Cet autel. — (c) De la vision dans la foi.

chrétiens, que nous sachions goûter ce plaisir sublime : plaisir toujours égal, toujours uniforme, qui naît non du trouble de l'ame, mais de sa paix ; non de sa maladie, mais de sa santé ; non de ses passions, mais de son devoir ; non de la ferveur inquiète et toujours changeante de ses désirs, mais de la droiture immuable de sa conscience : plaisir par conséquent véritable, qui n'agite pas la volonté, mais qui la calme ; qui ne surprend pas la raison, mais qui l'éclaire ; qui ne chatouille pas les sens dans la surface, mais qui tire le cœur à Dieu par son centre !

Il n'y a que la pénitence qui puisse ouvrir le cœur à ces joies divines. Nul n'est digne d'être reçu à goûter ces chastes et véritables plaisirs, qu'il n'ait auparavant déploré le temps qu'il a donné aux plaisirs trompeurs ; et notre prodigue ne goûteroit pas les ravissantes douceurs de la bonté de son père, ni l'abondance de sa maison, ni les délices de sa table, s'il n'avoit pleuré avec amertume ses débauches, ses égaremens, ses joies dissolues. Regrettons donc nos erreurs passées. Car qu'avons-nous à regretter davantage que les fautes que nous avons faites ? Examinons attentivement pourquoi Dieu et la nature ont mis dans nos cœurs cette source amère de regret et de déplaisir : c'est sans doute pour nous affliger (*a*) non tant de nos malheurs que de nos fautes. Les maux qui nous arrivent par nécessité portent toujours avec eux quelque espèce de consolation ; mais jamais il ne faudroit se consoler des fautes que l'on a commises, n'étoit qu'en les déplorant on les répare et on les efface. (*b*) Par conséquent, chrétiens, abandonnons notre cœur à cette douleur salutaire ; et si nous nous sentons tant soit peu touchés et attristés de nos désordres, réjouissons-nous de ces regrets, en disant avec le Psalmiste : *Tribulationem et dolorem inveni, et nomen Domini invocavi*[1]*:* « J'ai trouvé la douleur et l'affliction, et j'ai invoqué le nom de Dieu. » Remarquez cette façon de parler : « J'ai trouvé l'affliction

[1] *Psal.* CXIV, 3 et 4.
(*a*) *Var.:* Nous reconnoîtrons sans difficulté que c'est pour nous affliger... —
(*b*) *Note marg.:* C'est une nécessité, il faut s'y résoudre ; mais il n'y a rien qui aigrisse tant les regrets d'un homme, que lorsque son malheur lui vient par sa faute. Vous avez perdu une personne chère ; pleurez jusqu'à la fin du monde, vous ne la ferez pas sortir du tombeau, et vos douleurs ne ranimeront pas ses cendres éteintes.

et la douleur; » enfin je l'ai trouvée, cette affliction fructueuse, cette douleur médicinale de la pénitence. Le même Psalmiste a dit en un autre psaume que « les peines et les angoisses l'ont bien su trouver : » *Tribulatio et angustia invenerunt me* [1]. En effet mille douleurs, mille afflictions nous persécutent sans cesse ; et comme dit le même Psalmiste, les angoisses nous trouvent toujours trop facilement : *Adjutor in tribulationibus quæ invenerunt nos nimis* [2]. Mais maintenant, dit ce saint Prophète, j'ai enfin trouvé une douleur qui méritoit bien que je la cherchasse, c'est la douleur d'un cœur contrit et d'une ame affligée de ses péchés : je l'ai trouvée cette douleur, et j'ai invoqué le nom de Dieu. Je me suis affligé de mes crimes et je me suis converti à celui qui les efface ; mes regrets ont fait mon bonheur, et les remords (*a*) de ma conscience m'ont donné la paix : *Tribulationem et dolorem*.

Mais le temps où l'homme de bien goûtera plus utilement les fruits de cette douleur salutaire, ce sera celui de la mort ; et il faut qu'en finissant ce discours, je tâche d'imprimer cette vérité dans vos cœurs. Pour cela considérons un moment les dispositions d'un homme qui meurt après avoir vécu parmi les plaisirs. Alors s'il lui reste quelque sentiment, il ne peut éviter des regrets extrêmes ; car ou il regrettera de s'y être abandonné, ou il déplorera la nécessité de les perdre et de les quitter pour toujours. O douleur et douleur ! l'une est le fondement de la pénitence, et l'autre est le renouvellement de tous les crimes (*b*). On ne peut éviter, mes frères, l'une ou l'autre de ces deux douleurs ; laquelle l'emportera dans ce dernier jour ? C'est ce que l'on ne peut savoir ; et pour vous dire mon sentiment, ce sera plutôt la seconde.

Vous pensez peut-être, mes frères, que pendant que la mort nous enlève tout, on se résout assez aisément à tout quitter, et qu'il n'est pas difficile (*c*) de se détacher de ce qu'on va perdre. Mais si vous entrez dans le fond des cœurs, vous verrez qu'il faut

---

[1] *Psal.* CXVIII, 143. — [2] *Psal.* XLV, 2.

(*a*) *Var.* : Et les troubles. — (*b*) Car ou il regrettera de s'y être abandonné, et c'est le fondement de la pénitence ; ou il déplorera la nécessité de les perdre et de les quitter pour toujours, et ce sera un renouvellement de tous les crimes. On ne peut éviter, etc. — (*c*) Malaisé.

craindre un effet contraire (*a*). En effet il est naturel à l'homme de redoubler ses efforts pour retenir le bien qu'on lui ôte. Oui, mes frères, quand on nous arrache ce que nous aimons, on ressent tous les jours que cette violence irrite nos désirs; et l'ame faisant alors un dernier effort pour courir après son bien qu'on lui ravit, produit en elle-même cette passion que nous appelons le regret et le déplaisir. C'est ce qui fait qu'Agag, ce roi d'Amalec, qui nous est représenté dans les Ecritures comme un homme de plaisir et de bonne chère, *Agag pinguissimus*, au moment de perdre la vie qu'il avoit trouvée si délicieuse, pousse cette plainte du fond de son cœur : *Siccine separat amara mors* [1] ? « Est-ce ainsi que la mort amère sépare de tout ? » Vous voyez comme à la vue de la mort qui lui arrache de vive force ce qu'il aime, tous ses désirs se réveillent par ses regrets mêmes; et qu'ainsi la séparation effective augmente dans ce moment l'attache de la volonté.

Qui ne craindra donc, chrétiens, que notre ame fugitive ne se retourne tout à coup en ce dernier jour à ce qui lui a plu dans le monde désordonnément; que notre dernier soupir ne soit un gémissement secret de perdre tant de plaisir, et que ce regret amer d'abandonner tout ne confirme pour ainsi dire par un dernier acte tout ce qui s'est passé dans la vie ? O regret funeste et déplorable, qui renouvelle en un moment tous les crimes, qui efface tous les regrets de la pénitence, et qui livre notre ame malheureuse et captive à une suite éternelle de regrets furieux et désespérans qui ne recevront jamais d'adoucissement ni de remède ! Au contraire un homme de bien que les douleurs de la pénitence ont détaché de bonne foi des joies sensuelles, n'aura rien à perdre en ce jour. Le détachement des plaisirs le désaccoutume du corps; et ayant depuis fort longtemps ou dénoué ou rompu ces liens délicats qui nous y attachent, il aura peu de peine (*b*) à s'en séparer. Un tel homme dégagé du siècle, qui a mis toute son espérance en la vie future, voyant approcher la mort, ne la nomme ni cruelle ni inexorable; au contraire il lui tend les bras, il lui

---

[1] I *Reg.*, xv, 32.

(*a*) *Var.* : Mais quand je considère attentivement le naturel du cœur humain, je vois qu'il faut craindre un effet contraire. — (*b*) Il n'aura point de peine.

montre lui-même l'endroit où elle doit frapper son dernier coup. O mort, lui dit-il d'un visage ferme, tu ne me feras aucun mal, tu ne m'ôteras rien de ce qui m'est cher : tu me sépareras de ce corps mortel ; ô mort, je t'en remercie : j'ai travaillé toute ma vie à m'en détacher. J'ai tâché durant tout son cours (*a*) de mortifier mes appétits sensuels : ton secours, ô mort, m'étoit nécessaire pour en arracher jusqu'à la racine. Ainsi bien loin d'interrompre le cours de mes desseins, tu ne fais que mettre la dernière main à l'ouvrage que j'ai commencé (*b*); tu ne détruis pas ce que je prétends, mais tu l'achèves. Achève donc, ô mort favorable, et rends-moi bientôt à celui que j'aime.

SECOND SERMON

POUR

LE IIIe DIMANCHE DE CARÊME,

SUR LES RECHUTES (*c*).

Et fiunt novissima hominis illius pejora prioribus.

Et cet homme par ses rechutes tombe en pire état qu'auparavant. *Luc.*, XI, 26.

Il s'agit ici, chrétiens, de faire, s'il se peut, trembler les pécheurs que la facilité du pardon endurcit dans leurs mauvaises

---

(*a*) *Var.* : Toute ma vie, — tant que j'ai vécu. — (*b*) Qu'accomplir l'ouvrage que j'ai commencé.

(*c*) **Premier point.** — Amitié, est un traité. Après la réconciliation, plus forte : 1° l'affection s'enflamme ; 2° le contrat est plus obligatoire. Application de l'un et de l'autre. Traité de la pénitence (II *Esdr.*, IX, 13).
Baptême et pénitence. La dernière traite sur les contraventions. Jésus-Christ, caution. Infidélité de ceux qui violent la pénitence.
Second point. — Pénitence est une précaution. Autrement l'indulgence et la miséricorde divine l'exposeroit au mépris. Tertullien.
Troisième point. — Eau du baptême. Eau de la pénitence. Tertullien.
Rigueur et miséricorde dans la pénitence. Dieu se rend toujours plus rigoureux.

Prêché dans le Carême de 1660, aux Minimes de la Place-Royale.
Ce sermon réveille comme un souvenir de l'époque de Metz ; on y trouve un

habitudes, et de leur faire sentir combien ils aggravent leurs crimes, combien ils irritent la bonté de Dieu, combien ils avancent leur damnation par leurs rechutes continuelles. Matière certainement importante et digne d'être traitée avec toute la force et l'autorité que donne l'Evangile aux prédicateurs. Et pour parvenir à cette fin, j'emploie trois raisons excellentes tirées de trois qualités de la pénitence : c'est une réconciliation, c'est un remède, c'est un sacrement. Pour entendre jusqu'au fond ces trois qualités sur lesquelles est appuyé tout ce discours, il faut remarquer avant toutes choses trois malheurs que le péché produit dans les hommes. Le premier de tous les malheurs et qui est la source de tous les autres, c'est de les séparer d'avec Dieu : « Vos iniquités, dit le Seigneur, ont mis la division entre moi et vous [1]. » Et de là naissent deux autres grands maux. Car l'ame étant séparée de Dieu, qui est le principe de force et de sainteté, de saine elle devient languissante, et de sainte elle devient profanée. « Guérissez mon ame, ô Seigneur, dit David, parce que j'ai péché contre vous [2]. » Donc le péché le rendoit malade. Mais ce n'est pas une maladie ordinaire ; c'est une lèpre spirituelle qui porte impureté et profanation, et qui non-seulement affoiblit les hommes, mais les met au rang des choses immondes.

Ainsi donc le péché apportant ces trois maux, il paroît que la pénitence a dû avoir trois biens opposés. Le péché nous séparant d'avec Dieu, il faut que la pénitence nous y réunisse ; et c'est la première de ses qualités, c'est une réconciliation. Le péché en nous séparant nous a faits malades ; par conséquent il ne suffit pas que la pénitence nous réconcilie, il faut encore qu'elle nous guérisse, et de là vient que c'est un remède. Et enfin comme le péché ajoute la profanation et l'immondice aux infirmités qu'il apporte, une maladie de cette nature ne peut être déracinée que par un remède sacré qui ait la force de sanctifier comme de guérir, et de là vient que la pénitence est un sacrement. D'où je tire trois

[1] *Isa.*, LIX, 2. — [2] *Psal.* XL, 5.

grand nombre de textes accumulés les uns sur les autres, et des expressions telles que celles-ci : « Immondices, nouvelles ordures ; amitié réconciliée, amitié réunie, amitié autrefois éteinte et maintenant refleurie et ressuscitée ; vous avez renoué votre traité avec l'enfer, » etc.

raisons solides pour montrer le malheur extrême de ceux qui abusent de la pénitence en retournant à leurs premiers crimes, et il est aisé de l'entendre. Car s'il est vrai que la pénitence soit une réconciliation de l'homme avec Dieu, si c'est un remède qui nous rétablisse et un sacrement qui nous sanctifie, on ne peut sans un insigne mépris rompre une amitié si saintement réconciliée, ni rendre inutile sans un grand péril un remède si efficace, ni violer sans une prodigieuse irrévérence un sacrement si saint et si salutaire. Et voilà trois moyens certains par lesquels j'espère conclure invinciblement ce que le Fils de Dieu a dit dans mon texte, que « l'état de ceux qui retombent devient toujours de plus en plus déplorable : » *Fiunt novissima hominis illius pejora prioribus.*

Qui enim mortui sumus peccato, quomodo adhuc vivemus in illo [1] *?* Celui-là est bien infidèle qui manque à une amitié si saintement réconciliée, et celui-là est bien malheureux qui prodigue sa santé si difficilement et si miraculeusement rétablie, et celui-là est bien aveugle qui ne respecte pas en lui-même la grace de l'innocence et la souille dans de nouvelles ordures.

PREMIER POINT.

Pour entrer d'abord en matière, posons pour fondement de tout ce discours que, s'il y a quelque chose parmi les hommes qui demande une fermeté inébranlable, c'est une amitié réconciliée. Je sais que le nom d'amitié est saint, et ses droits toujours inviolables dans tous les sujets où elle se rencontre; mais je soutiens que la liaison ne doit jamais être plus étroite qu'entre des amis réconciliés, et je le prouve par cette raison que vous trouverez convaincante. Deux choses font une amitié solide, l'affection et la fidélité. L'affection commence à unir les cœurs : Jonathas et David s'aimoient : « Leurs ames, dit l'Ecriture, étoient unies : » *Anima Jonathæ conglutinata est animæ David* [2]. Voilà le fondement de l'amitié. Mais d'autant que l'amitié n'est pas une affection ordinaire, mais une espèce de contrat par lequel on s'engage la foi l'un à l'autre, que dit l'Ecriture sainte ? *Inieruht autem David et Jonathas fœdus* [3] *:* « David et Jonathas firent un traité : » donc la fidélité

[1] *Rom.,* VI, 2. — [2] I *Reg.,* XVIII, 1, — [3] *Ibid.,* 3.

doit intervenir comme le sceau du traité et de l'affection mutuelle. Or je dis que ces deux qualités de l'amitié, d'où dépendent toutes les autres, doivent se trouver principalement entre les amis réconciliés : l'affection doit être plus forte, la fidélité est plus engagée ; si l'on y manque, le crime est plus grand : *Fiunt novissima pejora prioribus.*

Que l'amitié doive être plus forte, prouvons-le solidement en un mot, pour descendre bientôt au particulier de la réconciliation de l'homme avec Dieu. Je ne veux rien laisser sans preuve évidente, parce que je prétends, si Dieu le permet, que tous les esprits seront convaincus. Ce que l'on fait avec contention, on le fait aussi avec efficace ; et les effets sont d'autant plus grands, que la cause est plus appliquée. Qui ne voit donc qu'une affection qui a pu se réunir malgré les obstacles, qui a pu oublier toutes les injures, qui a pu revivre même après sa mort, a quelque chose de plus vigoureux que celle qui n'a jamais fait de pareils efforts? Oui, oui, cette amitié autrefois éteinte, maintenant refleurie et ressuscitée, se souvenant du premier malheur, jettera de plus profondes racines, de peur qu'elle ne puisse être encore une fois abattue ; les cœurs se feront eux-mêmes des nœuds plus serrés ; et comme les os se rendent plus fermes dans les endroits des ruptures à cause du secours extraordinaire d'esprits que la nature envoie aux parties blessées, de même les amis qui se réunissent envoient pour ainsi dire tant d'affection pour renouer l'amitié rompue, qu'elle en devient à jamais mieux consolidée.

Il doit être ainsi, chrétien ; tu le vois, la raison en est évidente ; mais, hélas! tu le vois inutilement, et tu ne le mets pas en pratique avec ton Dieu. Il t'a fait de ses amis, il l'a dit lui-même : *Jam non dicam vos servos...; vos autem dixi amicos meos*[1]. Mais, ô amitié mal conservée! vous l'avez rompue par vos crimes. Ah! il n'y devroit plus avoir de retour ; il devroit punir votre ingratitude par une éternelle soustraction de ses graces. Mais c'est un ami charitable, il n'a pu oublier ses miséricordes ; il s'est réconcilié avec vous dans le sacrement de pénitence une fois, deux fois, cent fois. Ah! sa bonté ne s'est point lassée ; il a toujours eu pitié

[1] *Joan.*, xv, 15.

de votre foiblesse. Où est donc ce redoublement d'affection que vous lui deviez? où est cette première condition d'une amitié réunie? De sa part, chrétiens, il l'a observée très-exactement; je m'assure que vous prévenez déjà ce que je veux dire. Il n'y a page dans son Evangile où nous ne voyions une tendresse extraordinaire pour les pécheurs convertis, plus que pour les justes qui persévèrent : *Magisque de regressu tuo, quàm de alterius sobrietate lætabitur* [1]. Qui ne sait que Madeleine la pénitente a été sa fidèle et sa bien-aimée; que Pierre, après l'avoir renié, est choisi pour confirmer la foi de ses frères; qu'il laisse tout le troupeau dans le désert pour courir après sa brebis perdue; et que celui de tous ses enfans qui émeut le plus sensiblement ses entrailles, c'est le prodigue qui retourne? Je ne m'en étonne pas, dit Tertullien; « il recouvre un fils qu'il avoit perdu, le plaisir de l'avoir trouvé le lui rend plus cher : » *Filium enim invenerat quem amiserat, chariorem senserat quem lucrifecerat* [2]. Il redouble envers lui son affection : pourquoi? C'est qu'il s'est réconcilié; c'est qu'il veut soigneusement observer les lois de l'amitié réunie, lui qui est au-dessus des lois, lui qui est l'offensé, lui qui pardonne, lui qui se relâche; et toi à qui l'on remet toutes les dettes, toi dont l'on oublie toutes les injures, tu ne te crois pas obligé de redoubler ton amour! Tu le dois certainement, pécheur converti; tu dois à Jésus plus d'affection que le juste qui persévère, et Jésus-Christ s'y attend.

Ecoute comme il parle dans son Evangile à Simon le pharisien : « Un homme avoit deux débiteurs, dont l'un lui devoit cinq cents écus, et l'autre cinquante : n'ayant de quoi payer ni l'un ni l'autre, il leur remit la dette à tous deux : lequel est-ce qui le doit plus aimer ? » *Quis ergo eum plus diligit?* Et le pharisien répondit : « C'est celui à qui il a quitté la plus grande somme : » *Æstimo quia is cui plus donavit.* Et Jésus lui dit : « Tu as bien jugé : » *Rectè judicasti* [3]. Il est vrai, celui-là doit beaucoup plus d'amour, à qui l'on a pardonné plus de péchés : voilà une juste sentence; ce ne sont point les hommes qui l'ont prononcée, c'est une décision de l'Evangile. Pécheur converti, l'exécutes-tu? Toi qui en sortant de la confession, retournes à tes premières ordures; qui

---

[1] Tertull., *De Pœnit.*, n. 8.— [2] *Ibid.* — [3] *Luc.*, VII, 41-43.

au lieu de redoubler ton amour envers Jésus-Christ, redoubles tes affections illégitimes, au lieu d'ouvrir largement tes mains sur les misères des pauvres, non-seulement tu resserres tes entrailles, mais tu multiplies tes rapines? Ah! tu abuses trop indignement de l'amitié réconciliée; ton audace ne sera pas impunie : *Fient novissima hominis illius pejora prioribus.* Si le pécheur justifié qui retombe après la pénitence, manque à l'affection qu'il doit à Dieu en vertu de cette réconciliation, son crime est beaucoup plus grand contre la fidélité qu'il lui a vouée. Je vous prie, renouvelez vos attentions pour écouter cette doctrine (*a*); elle mérite d'être entendue. Je dis donc qu'encore qu'il soit véritable que le baptême est un pacte et un traité solennel par lequel nous engageons notre foi à Dieu, néanmoins nous entrons par la pénitence dans une alliance plus étroite et dans des engagemens plus particuliers.

Pour établir solidement cette vérité, je remarque deux alliances que Dieu a contractées avec l'ancien peuple durant le Vieux Testament. Le premier est écrit au long dans le chapitre vingt-neuvième du *Deutéronome*, où en exécution de ce qui avoit été commencé en l'*Exode* et continué en plusieurs rencontres, Moïse assemble le peuple pour leur proposer les conditions sous lesquelles Dieu les recevoit en son alliance. Le peuple déclare qu'il les accepte; et Moïse leur déclare de la part de Dieu que, comme ils l'avoient choisi pour leur souverain, il les choisissoit pour son héritage : *Dominum elegisti hodie, ut sit tibi Deus…; et Dominus elegit te hodie, ut sis ei populus*[1]. Voilà les termes du premier traité que Dieu fit avec son peuple par l'intervention de Moïse, qui étoit son plénipotentiaire : *Hæc sunt verba fœderis, quod præcepit Dominus Moysi, ut feriret cum filiis Israel*[2]. Le second traité d'alliance, chrétiens, est rapporté au neuvième chapitre du second livre d'*Esdras*, et se fait sur la rupture du premier traité après la captivité de Babylone. Les termes de ce traité et les formalités sont très-remarquables. Le premier traité y est énoncé comme le traité fondamental de l'alliance : « Vous êtes descendu, ô Seigneur, sur la montagne de Sinaï, et vous avez parlé du ciel avec nos

---

[1] *Deuter.*, XXVI, 17, 18. — [2] *Ibid.*, XXIX, 1.
(*a*) *Var.*: Cette vérité.

pères : » *Locutus es cum eis de cœlo*[1] ; « et vous leur avez donné des jugemens droits, et la loi de vérité, et des cérémonies, et des préceptes par la main de Moïse votre serviteur : » *Dedisti eis judicia recta et legem veritatis, cœremonias et præcepta bona..., in manu Moysi servi tui*[2]. Après avoir énoncé cette première alliance, ils racontent au long les diverses contraventions : « Ils ont, disent-ils, péché contre vos jugemens, ils se sont endurcis contre vos paroles et ils n'ont pas obéi : » nos rois, nos princes, etc. *Ipsi verò superbè egerunt... et dederunt humerum recedentem, et cervicem suam induraverunt, nec audierunt*[3]. Après les contraventions ils rapportent les justes châtimens : « Et vous les avez, disent-ils, livrés aux mains des gentils : » *Et tradidisti eos in manu populorum*[4]. Ils ajoutent néanmoins que « Dieu se souvenant de ses infinies miséricordes au milieu de ses vengeances, ne les avoit pas entièrement détruits : » *In misericordiis autem tuis plurimis non fecisti eos in consumptionem*[5]. C'est pourquoi ils s'humilient devant lui, ils confessent ses justices, ils adorent ses miséricordes : *Et tu justus es in omnibus quæ venerunt super nos*[6]. Ils le prient de les recevoir en sa grace au milieu de tant de calamités; et sur toutes ces choses ensemble, c'est-à-dire sur ce premier traité fondamental, sur les contraventions qu'ils y ont faites, sur les justes châtimens de Dieu, sur sa miséricorde qu'ils lui demandent, ils font avec lui un second traité d'alliance et lui engagent de nouveau leur fidélité : « Sur toutes ces choses, disent-ils, nous-mêmes ici présens, nous faisons un pacte avec vous et nous l'écrivons ; et nos princes, et nos lévites, et nos prêtres y souscrivent : » *Super omnibus ergo his nos ipsi percutimus fœdus, et scribimus, et signant principes nostri, levitæ nostri, et sacerdotes nostri*[7].

Voilà donc deux traités du peuple avec Dieu énoncés formellement dans l'Ecriture ; le premier essentiel et fondamental, le second sur la rupture de l'autre de la part du peuple. Lequel des deux, mes frères, porte un engagement plus étroit ? Les jurisconsultes le décideront. Il est clair, selon leurs maximes, que les traités les plus forts, ce sont ceux qui interviennent sur des procès,

---

[1] II *Esdr.*, IX, 13. — [2] *Ibid.*, 13, 14. — [3] *Ibid.*, 29. — [4] *Ibid.*, 30. — [5] *Ibid.*, 31. — [6] *Ibid.*, 33. — [7] *Ibid.*, 38.

sur des contraventions aux premiers contrats, sur des difficultés qui en sont nées ; et cela est bien appuyé sur la raison, parce qu'alors la bonne foi est engagée dans des circonstances plus fortes. En effet l'Ecriture le fait bien entendre. Car au lieu que dans le premier traité le peuple se contente simplement d'accepter les conditions de vive voix, ici il les écrit et les signe : Nous, disent-ils, présens personnellement, les écrivons et les soussignons, et y obligeons nous et les nôtres ; reconnoissant sans doute que traitant avec Dieu sur des contraventions, ils devoient s'obliger en termes plus forts. Aussi voyons-nous par leur histoire qu'après avoir violé le premier traité, Dieu usa encore envers eux de miséricorde ; mais ayant contrevenu au second, il commença à les mépriser, il retira peu à peu ses graces ; ils n'eurent plus ni miracles, ni prophéties, ni aucuns témoignages divins ; et enfin a été accompli ce qu'avoit prédit Jérémie : « Ils ne sont pas demeurés dans mon alliance ; et moi, je les ai rejetés, dit le Seigneur. » Tant il est vrai, mes frères, que cette seconde espèce d'alliance devoit être beaucoup plus sacrée.

Mais appliquons tout ceci à notre sujet, et raisonnons du Nouveau Testament par les figures de l'Ancien. Sachez donc et entendez, pécheurs convertis, que vous avez contracté deux sortes d'alliances avec Dieu votre Créateur par l'entremise de Jésus-Christ votre Médiateur et son Fils : la première dans le saint baptême, la seconde dans le sacrement de la pénitence. L'alliance du saint baptême est la première et fondamentale, dans laquelle que vous puis-je dire des biens qui vous ont été accordés, la rémission des péchés, l'adoption et la liberté des enfans de Dieu, l'espérance de l'héritage et de la gloire céleste, aux conditions néanmoins que vous soumettriez de votre part vos entendemens et vos volontés à la doctrine de l'Evangile ? Vous avez manqué à votre promesse ; vous avez contrevenu à l'Evangile par vos désobéissances criminelles ; vous avez affligé le Saint-Esprit, foulé aux pieds le sang du Sauveur, renoué votre traité avec l'enfer, qui avoit été rompu par sa mort. Lâches et infidèles prévaricateurs, je vous l'ai déjà dit, vous ne méritiez plus de miséricorde. Voici néanmoins un second traité, voici le pacte sacré de la pénitence qui vient au secours de la fragilité humaine. Par ce traité de la pénitence, vous rentrerez, Dieu vous le promet : car il ne veut point la mort du pécheur, mais qu'il se convertisse et qu'il vive ; vous rentrerez dans tous les droits de la première alliance, nonobstant vos contraventions ; mais aussi vous entrerez envers Dieu dans des obligations plus étroites ; et si vous manquez encore à votre parole, le Tout-Puissant s'en vengera, et vous serez en pire état qu'auparavant : *Fiunt novissima hominis illius pejora prioribus.*

Pour vous en convaincre, mes frères, je laisse les raisonnemens recherchés, et je me contente de vous rapporter de quelle sorte a été fait ce second traité. Un pécheur, pressé en sa conscience, voit la main de Dieu armée contre lui ; la cognée est à la racine ; il voit déjà l'enfer ouvert sous ses pieds pour l'engloutir dans ses abîmes : quel spectacle ! Dans cette frayeur qui le saisit, se voyant le cou sous la cognée toute prête à frapper le dernier coup, il s'approche de ce trône de miséricorde qui jamais n'est fermé à la pénitence. Ah ! il n'attend pas qu'on l'accuse ; il se rend dénonciateur de ses propres crimes ; il est prêt à passer condamnation pour prévenir l'arrêt de son juge. La justice divine s'élève ; il prend son parti contre soi-même ; il confesse qu'il mérite d'être sa victime, et toutefois il demande grace au nom du Médiateur Jésus-Christ. On lui propose la condition de corriger sa vie déréglée, de renoncer à ses amours criminelles, à ses intelligences avec l'ennemi ; il promet, il accepte tout : — Faites la loi, j'obéis.

Vous l'avez fait, mes frères ; souvenez-vous-en, ou jamais vous n'avez fait pénitence, ou votre confession a été sacrilége. Vous avez fait quelque chose de plus ; vous avez donné Jésus-Christ pour caution de votre parole. Car étant le Médiateur, il est aussi le dépositaire et la caution des paroles des deux parties. Il est caution de celle de Dieu, par laquelle il promet de vous pardonner ; il est caution de la vôtre, par laquelle vous promettez de vous amender. Voilà le traité qui a été fait ; et pour plus grande confirmation, vous avez pris à témoin son corps et son sang, qui a scellé la réconciliation à la sainte table. Et après la grace obtenue vous cassez un acte si solennel. Vous vous êtes repentis de vos péchés, et vous vous repentez de votre pénitence ; vous aviez donné des larmes à Dieu, vous les retirez de ses mains; vous désavouez vos promesses, et Jésus-Christ qui en est garant, et son corps et son sang, mystère sacré et terrible, lequel certes ne devoit pas être employé en vain. Et après avoir manqué tant de fois à cette seconde alliance, si ferme, si authentique, si inviolable, vous allez encore la tête levée. Ah ! mon frère, j'ai pitié de vous; vous ne sentez pas votre malheur ni le terrible redoublement de vengeance qui vous attend en la vie future : *Fient novissima hominis illius pejora prioribus.* C'est ce que j'avois à vous dire dans ma première partie. Mais n'y a-t-il point de remède ? Il y en a, n'en doutez pas, un très-efficace, c'est le remède de la pénitence; mais vous en avez tant de fois abusé, que bientôt il ne sera plus remède pour vous. C'est ma seconde partie.

SECOND POINT.

Outre le mépris que vous faites de l'amitié réconciliée, ce qui aggrave votre faute dans vos rechutes, c'est le mépris du remède. Car celui qui méprise le remède, il touche de près à sa perte, et il deviendra bientôt incurable (a). Pour vous faire sentir vivement, ô pénitens qui retombez, combien vous méprisez ce remède, remarquez avant toutes choses (b) que le remède de la pénitence a deux qualités : il guérit le mal passé, il prévient le mal à venir. Ce n'est pas seulement un remède, mais c'est une précaution. Encore que cette vérité soit bien connue, néanmoins pour vous en donner une grande idée, reprenons-la jusqu'en son principe, et disons que la police céleste avec laquelle Dieu régit les hommes, l'oblige à leur faire connoître qu'il déteste infiniment le péché : autrement, dit Tertullien, ce seroit un Dieu trop patient et bon déraisonnablement : *Irrationaliter bonum* [1]; un Dieu bon jusqu'au mépris et indulgent jusqu'à la foiblesse; « un Dieu, dit-il dans le même endroit, sous lequel les péchés seroient à leur aise, et dont on se moqueroit impunément : » *Deum sub quo delicta gauderent, cui diabolus illuderet* [2]. Voilà une bonté bien mépri-

---

[1] *Advers. Marcion.*, lib. II, n. 4. — [2] *Ibid.*, n. 13.

(a) *Var.*: Et il est bien près d'être incurable. — (b) Mais afin que vous l'entendiez, remarquez, etc.

sable. Telle n'est pas la bonté de notre Dieu : « Il est bon, dit Tertullien, en tant qu'il est ennemi du mal, non en souffrant le mal : » *Non aliàs plenè bonus sit, nisi mali æmulus*[1]. Pour être bon comme il faut, il exerce l'amour qu'il a pour la justice par la haine qu'il a contre le péché (*a*); il se montre défenseur (*b*) de la vertu en attaquant son contraire : *Uti boni amorem odio mali exerceat, et boni tutelam expugnatione mali impleat*[2].

Il s'ensuit de cette doctrine que Dieu déteste le péché nécessairement. Mais s'il est ainsi, chrétiens, il est assez malaisé d'entendre de quelle sorte il le pardonne. Voici en effet un grand embarras : laisser le péché impuni, c'est témoigner peu de haine de notre injustice ; le punir toujours rigoureusement, c'est avoir peu de pitié de notre foiblesse. Mes frères, que dirons-nous ? Dieu oubliera-t-il ses miséricordes ? Dieu oubliera-t-il ses justices ? Vengera-t-il toujours le péché ? Le laissera-t-il régner à son aise ? Ni l'un, ni l'autre, Messieurs : il envoie aux hommes la pénitence pour concilier ces difficultés, et il partage pour cela les temps. Il pardonne ce qui est passé, il donne des précautions pour l'avenir ; il institue un remède qui soit tout ensemble un préservatif qui ait la force et de guérir le mal présent et de prévenir le mal futur. Par l'un il contente sa miséricorde, il pardonne ; et par l'autre il satisfait l'aversion qu'il a du péché, il le défend. Voilà donc deux qualités de la pénitence ; toutes deux également saintes, toutes deux également nécessaires. Car si Dieu n'use jamais de miséricorde, que ferons-nous, misérables ? Nous périrons sans ressource ; et s'il pardonne sans précaution, ne semble-t-il pas approuver les crimes ?

Comme donc ces deux qualités de la pénitence sont nécessaires en même degré, il ne te sert de rien, ô pécheur, de la recevoir en la première, si tu la violes dans la seconde. Tu prends quelque soin de laver tes crimes ; et après tu te relâches et tu te reposes, comme si tout l'ouvrage étoit achevé. La pénitence se plaint de toi : J'ai, dit-elle, deux qualités : je guéris et je préserve ; je nettoie et je fortifie ; je suis également établie, et pour ôter les péchés commis, et pour empêcher ceux qu'on peut commettre.

[1] *Advers. Marcion.*, lib. I, n. 26. — [2] *Ibid.*
(*a*) *Var.* : Pour le mal. — (*b*) Protecteur.

Tu m'honores en qualité de remède, tu me méprises en qualité de préservatif. Ces deux fonctions sont inséparables; pourquoi me veux-tu diviser? Ou prends-moi toute, ou laisse-moi toute. Chrétiens, que répondrons-nous à ce reproche? Il est juste, il est juste, reconnoissons-le; nous avons méprisé la pénitence, parce que nous n'avons pas honoré ses deux qualités.

Mais pour profiter de ce reproche et mettre cette doctrine en pratique, remarquons, s'il vous plaît, Messieurs, que comme la pénitence a deux vertus, nous devons avoir aussi deux dispositions : la disposition pour la recevoir comme guérissant le passé, c'est la douleur des fautes commises; la disposition pour la recevoir comme prévenant l'avenir, c'est la crainte des occasions qui les ont fait naître. Qui pourroit assez exprimer combien cette crainte est salutaire? Sans la crainte, dit saint Cyprien, on ne peut garder l'innocence, parce qu'elle en est la gardienne (a) assurée : *Timor innocentiæ custos*[1]. Sans la crainte, dit Tertullien, il n'y a point de pénitence, parce qu'on n'a pas, dit-il, cette crainte qui est son instrument nécessaire : *Nec pœnitentiam adimplevit, quia instrumento pœnitentiæ, id est, metu caruit*[2]. Ainsi la pénitence a deux regards : elle regarde la vie passée, et elle s'afflige et elle gémit d'avoir offensé un Dieu si bon; elle regarde les occasions où son intégrité a tant de fois fait naufrage, et elle est saisie de crainte et elle marche avec circonspection : comme un homme qui voit dans une tempête le ciel mêlé avec la terre, à qui mille objets terribles ont rendu en tant de façons la mort présente, renonce pour jamais à la mer et à la navigation. O mer, je ne te verrai plus, ni tes flots, ni tes abîmes, ni tes écueils contre lesquels j'ai été près d'échouer; je ne te verrai plus que sur le port, encore ne sera-ce pas sans frayeur (b); tant l'image de mon péril est demeurée présente à ma pensée : *Exinde repudium et navi et mari dicunt*[3].

C'est ce que nous devons faire, mes frères; mais c'est ce que nous ne faisons pas. Hélas! vaisseau fragile, battu et brisé par les vents et par les flots, et entr'ouvert de toutes parts, tu te jettes

---

[1] *Epist.* I *ad Donat.*, p. 2. — [2] *De Pœnit.*, n. 6. — [3] *Ibid.*, n. 7.
(a) *Var.* : La garde, — le remède. — (b) Sans trembler.

encore sur cette mer dont les eaux sont si souvent entrées au fond de ton ame. Tu sais bien ce que je veux dire : tu te rengages dans cette intrigue qui t'a emporté si loin hors du port; tu renoues ce commerce qui a soulevé en ton cœur toutes ces tempêtes, et tu ne te défies pas d'une foiblesse trop et trop souvent expérimentée. Quand la pénitence t'auroit guéri (et j'en doute avec raison, et tes rechutes continuelles me font trembler justement pour toi que toutes tes confessions ne soient sacriléges); mais quand elle t'auroit guéri, que te sert une santé si mal conservée? Que te sert le remède de la pénitence, dont tu méprises les précautions si nécessaires? Tes rechutes abattent peu à peu tes forces ; le mépris visible du remède te fait toucher de près à ta perte, et rendra enfin le mal incurable : *Fient novissima hominis illius pejora prioribus.*

La pénitence, mes frères, n'est pas seulement un remède, c'est un remède sacré qu'on ne peut violer sans profanation. Et afin de le bien entendre, remettez en votre mémoire cette doctrine si constante des anciens Pères, qui appellent la pénitence un second baptême. Le docte Tertullien, dans le livre *du Baptême*, nous donne une belle ouverture pour éclaircir cette vérité, et je vous prie de le bien entendre. Il dit donc dans le livre *du Baptême* « que nous autres chrétiens, nous sommes des poissons mystiques, qui ne pouvons naître que dans l'eau, ni conserver notre vie qu'en y demeurant : » *Nos pisciculi secundum* ἰχθύν *nostrum Jesum Christum in aquâ nascimur, nec aliter quàm in aquâ permanendo salvi sumus*[1]. Ἰχθύς, parole de mystère parmi les fidèles, lettres capitales du nom et des qualités de Jésus-Christ. Mais laissant ces curiosités, quoiqu'elles soient saintes, expliquons le sens, prenons l'esprit de cette parole. Nous sommes donc comme des poissons qui ne naissons que dans l'eau, parce que nous ne naissons que dans le baptême, et ensuite nous ne vivons pas, si nous ne demeurons toujours dans cette eau sacrée. C'est ce que l'antiquité appeloit « garder son baptême : » *Custodire baptismum suum*[2], c'est-à-dire le garder saint et inviolable, et en observer les promesses. Car si nous sortons de cette eau, nous perdons la netteté qu'elle nous donnoit, c'est-à-dire notre inno-

[1] *De Bapt.,* n. 1. — [2] S. August., *De Symb., ad Catechum.,* n. 14.

cence; non-seulement nous perdons la netteté, mais la nourriture et la vie, parce que nous sommes des poissons mystiques qui ne pouvons vivre que dans l'eau : *Nec aliter quàm in aquâ permanendo.*

Mais s'il est ainsi, chrétiens, quel salut y a-t-il pour nous? Car qui de nous demeure en cette eau? qui a encore conservé son innocence? qui de nous a encore son baptême entier? C'est encore une phrase ecclésiastique, bien commune dans les Pères et dans les conciles. Peut-être qu'étant sortis de l'eau du baptême, il nous sera permis d'y rentrer. Non, mes frères, il est impossible : cette eau ne lave point de secondes taches, elle ne reçoit jamais ceux qui ont violé sa sainteté. Mais de peur que nous ne périssions sans ressource, Dieu nous a ouvert une autre fontaine, Dieu nous a donné un autre bain où il nous est permis de nous plonger; c'est le bain de la pénitence, baptême de larmes et de sueurs; ce sont les eaux de la pénitence, eaux saintes et sacrées, aussi bien que celles du baptême, parce qu'elles dérivent de la même source, et qu'on ne peut souiller sans profanation. *In die illâ erit fons patens domui Israel et habitantibus Jerusalem, in ablutionem peccatoris* [1].

Voilà, mes frères, notre seul remède et notre seconde espérance. Nous ne pouvons vivre que dans l'eau, parce que nous y sommes nés. Etant donc sortis de notre eau natale, si je puis parler de la sorte, c'est-à-dire de l'eau du baptême, rentrons dans l'eau de la pénitence et respectons-en la sainteté. Mais c'est ici notre grande infidélité ; c'est ici que l'indulgence multiplie les crimes et que la source de miséricorde fait une source infinie de profanations sacriléges. Car du moins, ainsi que j'ai déjà dit, l'eau du baptême ne peut être souillée qu'une fois, parce qu'elle ne reçoit plus ceux qui la quittent : c'est le bain de la pénitence toujours ouvert aux pécheurs, toujours prêt à reprendre ceux qui retournent; c'est ce bain de miséricorde qui est exposé au mépris par sa facilité bienfaisante.

Que dirai-je ici, chrétiens, et avec quels termes assez énergiques déplorerai-je tant de sacriléges qui infectent les eaux de la pénitence? « Eau du baptême, que tu es heureuse! » c'est Tertullien qui

[1] *Zach.*, XIII, 1.

vous parle; «que tu es heureuse, eau mystique, qui ne laves qu'une seule fois:» *Felix aqua, quæ semel abluit!* « qui ne sers point de jouet aux pécheurs : » *quæ ludibrio peccatoribus non est;* « qui n'étant point souillée de beaucoup d'ordures, ne gâtes pas ceux que tu laves : » *quæ non assiduitate sordium infecta, rursùs quos diluit inquinat* [1]*!* Ce sont les eaux de la pénitence qui reçoivent toutes sortes d'ordures; ce sont elles qui sont tous les jours souillées, parce qu'elles sont toujours ouvertes; non-seulement elles sont souvent infectées, mais elles servent contre leur nature à souiller les hommes : *Rursùs quos abluit inquinat;* c'est notre malice qui en est cause; mais enfin il est véritable, elles servent à nous souiller, parce que la facilité de nous y laver fait que nous ne craignons pas les ordures (*a*). Qui ne se plaindroit, chrétiens, de voir cette eau si souvent (*b*) violée, seulement à cause qu'elle est bienfaisante?

Que dirai-je, où me tournerai-je pour arrêter ces profanations? Dirai-je que Dieu, pour punir les hommes de leurs sacriléges, a résolu désormais de fermer cette fontaine à ceux qui retombent? Mais je parlerai contre l'Evangile. Il est bien écrit qu'il n'y a qu'un baptême, et l'on n'y retourne jamais. Mais au contraire il est écrit de la pénitence : « Tout ce que vous remettrez sera remis, tout ce que vous délierez sera délié [2]. » Jésus-Christ n'y apportant point de limitation, qui suis-je pour restreindre ses volontés? Non, pécheurs, je ne puis vous dire que vous êtes exclus de cette eau : l'eussiez-vous profanée cent fois, mille fois; revenez, elle est prête à vous recevoir, et vous pouvez encore y laver vos crimes. Que dirai-je donc pour vous arrêter? Quoi? Qu'encore qu'elle soit ouverte, Dieu ne vous permettra pas d'en aborder; qu'il vous fera mourir d'une mort soudaine, sans avoir le loisir de vous reconnoître, ou bien qu'il retirera tout à coup ses graces? Mais qui a pénétré les conseils de Dieu? qui sait le terme où il vous attend? Chrétiens, je n'entreprends pas de le définir.

Exhorterai-je vos confesseurs à vous refuser toujours l'absolution dans vos rechutes continuelles, pour vous inspirer plus de

---

[1] *De Bapt.,* n. 15. — [2] *Matth.,* XVI, 19.

(*a*) *Var.:* Que nous n'avons point horreur des ordures. — (*b*) Ainsi violée.

crainte? Mais vos besoins particuliers n'étant pas de ma connoissance, c'est à eux à user dans les occasions avec charité et discrétion de cette conduite médicinale; seulement puis-je dire généralement que comme il faut craindre dans ces rencontres de ne pas favoriser la présomption, il faut prendre garde et bien prendre garde de ne pas accabler la foiblesse. Mais si tous ces moyens me sont ôtés pour vous faire appréhender les rechutes, que dirai-je enfin à des hommes que la difficulté désespère et que la facilité précipite? Voici, mes frères, ce que Dieu m'inspire; qu'il le fasse profiter pour votre salut. Il est vrai, les eaux de la pénitence sont toujours ouvertes pour laver nos fautes : bonté de mon Dieu, est-il possible! Vous ne le savez que trop; c'est ce qui nourrit votre impénitence; mais sachez, pour vous retenir, qu'il se rend toujours plus difficile.

Dans le premier dessein de Dieu, la grace ne devoit être donnée qu'une fois. Les anges l'ont perdue; il n'y aura jamais de retour; les hommes l'ont perdue, elle leur étoit ôtée pour jamais. — Mais, prédicateur, que nous dites-vous? D'où vient donc que nous l'avons recouvrée? — D'où vient? Ne le savez-vous pas? C'est que Jésus-Christ est intervenu. Est-ce donc que vous ignorez que la justice du christianisme n'est pas un bien qui nous appartienne? Ce n'est pas à nous qu'on la restitue : c'est un don que le Père a fait à son Fils, et ce Fils miséricordieux nous le cède; nous l'avons de lui par transport, ou plutôt nous ne l'avons qu'en lui seul, parce que le Saint-Esprit nous a faits ses membres. Il est vrai que l'ayant une fois rendue aux mérites infinis de son Fils, il donne son Esprit sans mesure, il ne met point de bornes à ses dons; autant de fois que vous la perdez, autant la pouvez-vous recouvrer. Mais quoiqu'il se soit si fort relâché de la première résolution de ne la donner qu'une fois, il n'oublie pas néanmoins toute sa rigueur; et pour nous tenir dans la crainte, il a trouvé ce tempérament, qu'il se rend toujours plus difficile. Par exemple, vous avez reçu la grace au baptême, avec quelle facilité? Nous le voyons tous les jours par expérience : nous n'y avons rien contribué du nôtre; et Dieu s'est montré si facile, qu'il a même accepté pour nous les promesses de nos parens. Si nous péchons après le baptême, cette première facilité ne se trouve plus : il n'y a plus pour nous d'espérance que dans les larmes, dans les travaux de la pénitence, que l'antiquité chrétienne appelle à la vérité un baptême, mais un baptême laborieux. Ecoutez le concile de Trente : *Ad quam tamen novitatem et integritatem per sacramentum pœnitentiæ sine magnis nostris fletibus et laboribus, divinâ id exigente justitiâ, pervenire non possumus : ut meritò pœnitentia laboriosus quidam baptismus à sanctis Patribus dictus fuerit* [1]. D'où vient cette nouvelle difficulté, sinon de la loi que nous avons dite? Vous avez perdu la justice ; ou jamais vous n'y rentrerez, ou ce sera toujours avec plus de peine. Et si nous profanons le mystère, non-seulement du baptême, mais encore de la pénitence, ne s'ensuit-il pas par la même suite que Dieu se rendra toujours plus inexorable? Pourquoi? Parce qu'il veut bien user de miséricorde, mais non l'abandonner au mépris; pourquoi? Parce que vous manquez à la foi donnée et à l'amitié réunie, parce que vous méprisez le remède, parce que vous profanez le mystère. Enfin tout ce que j'ai dit conclut à ce point, que la difficulté s'augmente toujours. Et étant retombés mille et mille fois, jugez, pécheurs, où vous en êtes; quels obstacles, quels embarras, quel chaos étrange il y a entre vous et la grace !

Et ne me dites pas : Je ne sens point cette peine, je me confesse toujours avec la même facilité, je dis mon *Peccavi* de même manière. C'est cette malheureuse facilité qui me donne de la défiance, qui me convainc que ta conversion est bien difficile. Je ne puis souffrir un pécheur que la pénitence n'inquiète pas, qui va réglément à ses jours marqués, sans peine, sans soin, sans travail aucun, décharger son fardeau à son confesseur, et s'en retourne dans sa maison sans songer davantage à changer sa vie. Je veux qu'un pécheur soit troublé; je veux qu'il frémisse contre soi-même; je veux qu'il s'irrite contre ses foiblesses, qu'il se plaigne de sa langueur, qu'il se fâche de sa lâcheté. Si je te voyois troublé de la sorte, j'aurois quelque espérance de ta conversion; je croirois que ton cœur étant ému, pourroit peut-être changer de situation; si je le voyois ébranlé jusqu'aux fondemens, je croirois que ces ha-

[1] *Sess.* XIV, cap. II.

bitudes corrompues en seroient peut-être déracinées par ce bienheureux renversement de toi-même et que, comme dit saint Augustin, la tyrannie de la coutume pourroit être enfin surmontée par les efforts violens (a) de la pénitence : *Ut violentiæ pœnitendi cedat consuetudo peccandi* [1]. Mais cette prodigieuse facilité avec laquelle vous avalez l'iniquité comme l'eau, et la pénitence de même, c'est ce qui me fait craindre pour vous que ce jeu et ce passage continuel de la grace au crime, du crime à la grace, ne se termine enfin par quelque événement tragique. Si je ne désespère pas, je la tiens presque déplorée. N'abusez pas de ce que j'ai dit, il n'y a pas de bornes qui nous soient connues; mais il y en a néanmoins, et Dieu n'a pas résolu de laisser croître vos péchés jusqu'à l'infini : *Quis novit potestatem iræ tuæ, et præ timore tuo iram tuam dinumerare* [2] *?*

Le fruit commence par être verd, et sa crudité offense le goût; mais il faut qu'il vienne à la maturité : ainsi le pécheur qui se convertit peut demeurer quelque temps infirme et fragile; et les fruits de la pénitence, quoiqu'encore amers et désagréables, ne laissent pas d'être supportés par l'espérance qu'ils donnent de maturité. Mais que jamais nous ne soyons mûrs, c'est-à-dire jamais fermes ni jamais constans; que jamais nous ne produisions ces dignes fruits de pénitence tant recommandés dans l'Evangile, c'est-à-dire une conversion durable et constante; que notre vie toujours partagée entre la vertu et le crime ne prenne jamais un parti de bonne foi, ou plutôt qu'en ne gardant plus que le seul nom de vertu, elle prenne le parti du crime et le fasse régner en nous malgré les sacremens tant de fois reçus (b) : c'est un monstre dans la doctrine des mœurs.

Faites-moi venir un philosophe, un Socrate, un Pythagore, un Platon; il vous dira que la vertu ne consiste pas dans un sentiment passager, mais que c'est une habitude constante et un état permanent. Que nous ayons une moindre idée de la vertu chrétienne, et qu'à cause que Jésus-Christ nous a ouvert dans ses sacremens une source inépuisable pour laver nos crimes, plus aveugles que

[1] Tract. XLIX *in Joan.*, n. 19. — [2] *Psal.* LXXXIX, 11.
(a) *Var.* : Par la violence. — (b) Que nous fréquentons.

les philosophes qui ont cherché la stabilité dans la vertu, nous croyions être chrétiens lorsque nous passons notre vie dans une perpétuelle inconstance, aujourd'hui dans le bain de la pénitence et demain dans nos premières ordures, aujourd'hui à la sainte table avec Jésus-Christ et demain avec Bélial et dans toutes les corruptions du monde; peut-on faire un plus grand outrage au christianisme? Ce n'est pas ainsi que nos pères nous ont parlé des rechutes.

Un saint concile d'Espagne dit que la rechute fait un jeu profane et un sacrilège amusement de la communion [1]. Un ancien Père nous dit que retomber dans le crime auquel on a renoncé, c'est se repentir de sa pénitence, c'est condamner Jésus-Christ avec connoissance de cause et après l'avoir goûté, c'est le sacrifier à ses passions et faire satisfaction au démon de ce qu'on avoit osé secouer son joug détestable [2].

Mais quelque véhémens que soient les saints Pères à exprimer l'horreur des rechutes, rien n'égale les expressions (a) des apôtres. Saint Paul dit que retomber dans les premiers crimes, c'est affliger le Saint-Esprit [3], et avec raison; car on le contraint contre sa nature à quitter la demeure qu'il vouloit garder, et d'où chassé une fois il ne reviendra plus qu'avec répugnance : c'est crucifier Jésus-Christ encore une fois [4], fouler aux pieds son sang répandu pour nous et renouveler toutes les sanglantes railleries dont les Juifs l'ont persécuté dans son agonie. Car en effet c'est lui reprocher qu'il ne peut pas conserver une ame qu'il a acquise, ni descendre de la croix où le pécheur le va mettre, ni soutenir sa victoire contre le démon. Le même saint Paul ajoute que la terre qui a été cultivée et qui a reçu la pluie du ciel, c'est-à-dire une ame renouvelée par les sacremens et arrosée de la grace, qui malgré cette culture sacrée ne produit que de mauvais fruits, est maudite et réprouvée [5]. Saint Pierre sera-t-il moins fort? Ecoutez-le. Vous déplorez, et avec raison, la misère des nations infidèles qui n'ayant jamais connu Dieu, ni les mystères de son royaume, périssent

---

[1] *Concil. Eliberit.*, can. XLVII, Labb., tom. I, col. 975.— [2] Tertull., *De Pœnit.*, n. 5. — [3] *Ephes.*, IV, 30. — [4] *Hebr.*, VI, 6. — [5] *Ibid.*, 7, 8.

(a) *Var.*: Les sentimens.

dans leur ignorance. Mais saint Pierre vous dit qu'il vaudroit mieux n'avoir jamais connu la voie de justice que de se retirer de la sainte loi dont on a connu l'équité. Car c'est justement, poursuit cet apôtre, ce qui est dit dans les *Proverbes : Canis reversus ad suum vomitum* [1]. Si je traduis ces paroles, je ferai horreur à vos sens; si je vous dis que selon saint Pierre, le pénitent qui retombe dans ses premiers crimes, c'est un chien qui reprend ce qu'il a jeté, vos oreilles délicates seront offensées : et néanmoins nous ne craignons pas quelque chose de plus horrible ; c'est de reprendre nos voies corrompues et de ravaler le poison qu'un remède salutaire nous avoit ôté, afin qu'il achève de nous perdre et de déchirer nos entrailles.

Mais que dit le Fils de Dieu lui-même, lui qui trouvant dans sa parabole l'arbre cultivé et n'y voyant point paroître de fruit, prononce qu'il n'est plus bon que pour le feu [2]; qui nous montre le démon chassé plus fort quand il a repris sa première place [3] : plus fort en nombre, sept pour un; plus fort en malice, sept autres plus malins que lui; plus fort en stabilité, et il demeure; et l'état du pécheur toujours plus mauvais après la rechute; et la maladie d'autant plus mortelle, qu'après avoir triomphé pour ainsi parler de la nature, elle surmonte encore les remèdes mêmes? Si donc, selon sa parole, les difficultés s'augmentent toujours, si en effet par un juste jugement de Dieu la pénitence est plus difficile que le baptême, et que par la même règle la pénitence souvent violée, à mesure qu'on la méprise, augmente les difficultés de la conversion et y ajoute de nouveaux obstacles, où en sommes-nous, ô Dieu vivant, et quel effroyable chaos avons-nous mis entre Dieu et nous par nos continuelles rechutes!

[1] I *Petr.*, II, 22. — [2] *Luc.*, XIII, 6, 7. — [3] *Ibid.*, XI, 26.

SERMON

POUR

LE MARDI DE LA IIIe SEMAINE DE CARÊME,

SUR LA CHARITÉ FRATERNELLE (a).

Ubi sunt duo vel tres congregati in nomine meo, ibi sum in medio eorum.

Où il y a deux ou trois personnes assemblées en mon nom, je serai là au milieu d'elles. *Matth.*, XVIII, 20.

Ce que dit saint Augustin est très-véritable, qu'il n'y a rien ni de si paisible, ni de si farouche que l'homme; rien de plus sociable par sa nature, ni rien de plus discordant et de plus contredisant par son vice : *Nihil est enim quàm hoc genus tam discordiosum vitio, tam sociale naturâ* [1]. L'homme étoit fait pour la paix, et il ne respire que la guerre; il s'est mêlé dans le genre humain un esprit de dissension et d'hostilité qui bannit pour toujours le repos du monde : ni les lois, ni la raison, ni l'autorité ne sont pas capables d'empêcher que l'on ne voie toujours parmi nous la con-

---

[1] *De Civit. Dei*, lib. XII, cap. XXVII.

(a) Prêché en 1662, dans le Carême du Louvre, devant le roi.

L'auteur dit dans la péroraison : « Salomon suivant ce conseil, à l'âge environ de vingt-deux ans, fit voir à la Judée un roi consommé; et la France, qui sera bientôt un Etat heureux par les soins de son monarque, jouit maintenant d'un pareil spectacle. » On voit par ces mots que Louis XIV avoit à peu près vingt-deux ans, et qu'il venoit de prendre les rênes du gouvernement : deux choses qui nous révèlent jusqu'à l'évidence l'année 1662. Le prédicateur continue : « Sire, votre piété, votre justice, votre innocence font la meilleure partie de la félicité publique. Conservez-nous ce bonheur, seul capable de nous consoler parmi tous les fléaux que Dieu nous envoie. » Ces *fléaux* et ces *vertus* placent notre date dans un nouveau jour.

Autre remarque. Une note écrite de la main de Bossuet porte, à la fin du manuscrit : « Il faut bien méditer trois sermons qui regardent la société du genre humain, dans la troisième semaine du Carême du Louvre. Le fond m'en paroît très-solide, mais il en faut changer la forme. » Le discours *sur la Charité fraternelle* est manifestement un de ces sermons. D'autre part Bossuet nous apprend aussi dans une note que le même discours fut prêché aux *Nouvelles Catholiques* en 1669. C'est probablement alors qu'il relut les trois sermons composés en 1662, et qu'il exprima la nécessité « d'en changer la forme. »

fiance tremblante et les amitiés incertaines, pendant que les soupçons sont extrêmes, les jalousies furieuses, les médisances cruelles, les flatteries malignes, les inimitiés implacables.

Jésus-Christ s'oppose dans notre évangile au cours et au débordement de tant de maux; et il y établit la concorde et la société entre les hommes par trois préceptes admirables, qui comprennent les devoirs les plus essentiels de notre mutuelle correspondance. Premièrement il ordonne que l'on s'unisse en son nom, et se déclare le protecteur d'une telle société : *Ubi fuerint duo vel tres congregati in nomine meo, ibi sum in medio eorum.* En second lieu il nous enseigne de nous corriger mutuellement par des avis charitables : *Corripe eum inter te et ipsum solum* [1] : « Reprenez, dit-il, votre frère entre vous et lui. » Enfin il commande expressément de pardonner les injures, et il ne donne aucunes bornes à cette indulgence : « Pardonnez, dit-il, les offenses, je ne dis pas jusqu'à sept fois, mais jusqu'à septante fois sept fois, » c'est-à-dire jusqu'à l'infini et sans aucunes limites, *usque septuagies septies* [2]. Je trouve dans ces trois préceptes tout ce qu'il y a de plus important dans la charité fraternelle. Car trois choses étant nécessaires, d'en établir le principe, d'en ordonner l'exercice, d'en surmonter les obstacles, Jésus-Christ établit le principe de l'amitié chrétienne dans l'autorité de son nom : *In nomine meo;* il en prescrit le plus noble et le plus utile exercice dans les avertissemens mutuels : *Corripe eum;* enfin il en surmonte le plus grand obstacle par le pardon des injures : *Non dico tibi usque septies, sed usque septuagies septies.* C'est le sujet de ce discours. Entrons d'abord en matière, et montrons avant toutes choses dans le premier point, que Dieu seul est le fondement (a) de toute amitié véritable.

PREMIER POINT.

Quoique l'esprit de division se soit mêlé bien avant dans le genre humain, il ne laisse pas de se conserver au fond de nos cœurs un principe de correspondance et de société mutuelle qui nous rend

---

[1] *Matth.*, XVIII, 15. — [2] *Ibid.*, 22.

(a) *Var.:* Et montrons que Dieu seul est le fondement, etc.

ordinairement assez tendres, je ne dis pas seulement,à la première sensibilité de la compassion, mais encore aux premières impressions de l'amitié. (a) Par là nous pouvons comprendre que cette puissance divine, qui a comme partagé la nature humaine entre tant de particuliers, ne nous a pas tellement détachés les uns des autres, qu'il ne reste toujours dans nos cœurs un lien secret et un certain esprit de retour pour nous rejoindre. C'est pourquoi nous avons presque tous cela de commun, que non-seulement la douleur, qui étant foible et impuissante demande naturellement du soutien, mais la joie, qui abondante en ses propres biens semble se contenter d'elle-même, cherche le sein d'un ami pour s'y répandre, sans quoi elle est imparfaite et assez souvent insipide: tant il est vrai, dit saint Augustin, que rien n'est plaisant à l'homme s'il ne le goûte avec quelque autre homme dont la société lui plaise : *Nihil est homini amicum sine homine amico* [1].

Mais comme ce désir naturel de société n'a pas assez d'étendue, puisqu'il se restreint ordinairement à ceux qui nous plaisent par quelque conformité de leur humeur avec la nôtre; ni assez de cordialité, puisqu'il est le plus souvent cimenté par quelque intérêt (b), foible et ruineux fondement de l'amitié mutuelle; ni en fin assez de force, puisque nos humeurs et nos intérêts sont des choses trop changeantes pour être l'appui principal d'une concorde solide (c), Dieu a voulu, chrétiens, que notre société et notre mutuelle confédération dépendît d'une origine plus haute, et voici l'ordre qu'il a établi. Il ordonne que l'amour et la charité s'attachent premièrement à lui comme au principe de toutes choses, que de là elle se répande par un épanchement général sur tous les hommes qui sont nos semblables, et que, lorsque nous entrerons dans des liaisons et des amitiés particulières, nous les fassions dériver de ce principe commun, c'est-à-dire de lui-même;

---

[1] *Epist.* cxxx *ad Prob.*, n. 4.

(a) *Note marg.* : De là naît ce plaisir si doux de la conversation, qui nous fait entrer comme pas à pas dans l'ame les uns des autres. Le cœur s'échauffe, se dilate ; on dit souvent plus qu'on ne veut, si l'on ne se retient avec soin ; et c'est peut-être pour cette raison que le Sage dit quelque part, si je ne me trompe, que la conversation enivre, parce qu'elle pousse au dehors le secret de l'ame par une certaine chaleur et presque sans qu'on y pense. — (b) *Var.* : Par quelque intérêt commun. — (c) D'aucune union.

sans quoi je ne crains point de vous assurer que jamais vous ne trouverez d'amitié solide, constante, sincère.

Cet ordre de la charité est établi, chrétiens, dans ces deux commandemens, qui sont, dit le Fils de Dieu, le mystérieux « abrégé de la loi et des prophètes : Tu aimeras le Seigneur ton Dieu de tout ton cœur, et tu aimeras ton prochain comme toi-même [1]. » Et afin que vous entendiez avec combien de sagesse Jésus-Christ a renfermé dans ces deux préceptes toute la justice chrétienne, vous remarquerez, s'il vous plaît, que pour garder la justice nous n'avons que deux choses à considérer, premièrement sous qui nous avons à vivre, et ensuite avec qui nous avons à vivre. Nous vivons sous l'empire souverain de Dieu (a) et nous sommes faits pour lui seul; c'est pourquoi le devoir essentiel de la nature raisonnable, c'est de s'unir saintement à Dieu par une fidèle dépendance; mais comme en vivant ensemble sous son empire suprême (b), nous avons aussi à vivre avec nos semblables en paix et en équité, il s'ensuit que l'accessoire et le second bien, que nous ne devons chérir que pour Dieu, mais aussi qui nous doit être après Dieu le plus estimable, c'est notre société mutuelle. Par où vous voyez manifestement qu'en effet toute la justice consiste dans l'observance de ces deux préceptes, conformément à cette parole de notre Sauveur : « Toute la loi et les prophètes dépendent de ces deux commandemens : » *In his duobus mandatis universa lex pendet et prophetæ* [2].

Cette doctrine étant supposée, il est aisé de comprendre que le premier de ces préceptes, c'est-à-dire celui de l'amour de Dieu, est le fondement nécessaire de l'autre qui regarde l'amour du prochain. Car qui ne voit clairement que pour aimer le prochain comme nous-mêmes, il faut être capable de lui désirer et même de lui procurer le même bien que nous désirons? Et pour pouvoir s'élever à une si haute et si pure disposition, ne faut-il pas avoir détaché son cœur des biens particuliers, où nous pouvons être divisés par la partialité et la concurrence, pour retourner par un

---

[1] *Luc.*, X, 27. — [2] *Matth.*, XXII, 40.

(a) *Var.*: Sous l'empire de Dieu. — (b) Le bien essentiel de la nature raisonnable, c'est qu'elle lui soit unie par une fidèle dépendance ; mais comme en vivant sous l'empire de Dieu, nous avons aussi, etc.

amour chaste au bien commun et général de la créature raisonnable, c'est-à-dire Dieu, qui seul suffit à tous par son abondance, et que nous possédons d'autant plus que nous travaillons davantage à en faire part aux autres? Celui donc qui aime Dieu d'un cœur véritable, comme parle l'Ecriture sainte [1], est capable d'aimer cordialement, non-seulement quelques hommes, mais tous les hommes, et de vouloir du bien à tous avec une charité parfaite. Mais celui au contraire qui n'aime pas Dieu, quoi qu'il die (a) et quoi qu'il promette, il n'aimera que lui-même; et ainsi tout ce qu'il aura d'amour pour les autres ne peut jamais être ni pur ni sincère, ni enfin assez cordial pour mériter qu'on s'y fie.

En effet cette attache intime que nous avons à nous-mêmes, c'est la ligne de séparation, c'est la paroi mitoyenne entre tous les cœurs; c'est ce qui fait que chacun de nous se renferme tout entier dans ses intérêts et se cantonne en lui-même, toujours prêt à dire avec Caïn : « Qu'ai-je affaire de mon frère ? » *Num custos fratris mei sum ego* [2]*?* C'est pourquoi l'apôtre saint Paul parlant de « ceux qui s'aiment eux-mêmes, dit que ce sont des hommes sans affection et ennemis de la paix. » (b) Car il est vrai que notre amour-propre nous empêche d'aimer le prochain, comme la loi le prescrit. La loi veut que nous l'aimions comme nous-mêmes, *sicut teipsum*, parce que selon la nature et selon la grace il est notre prochain et notre semblable, et non pas notre inférieur; mais l'amour-propre bien mieux obéi fait que nous l'aimons pour nous-mêmes, et non pas comme nous-mêmes; non pas dans un esprit de société pour vivre avec lui en concorde, mais dans un esprit de domination pour le faire servir à nos desseins. C'est ainsi que le monde aime, vous le savez; et c'est pourquoi il est véritable que le monde n'aime rien, et qu'on n'y trouve point d'amitié solide : *Sine affectione, sine pace*. Non, jamais l'homme ne sera capable d'aimer son prochain comme soi-même et dans un esprit de société, jusqu'à ce qu'il ait triomphé de son amour-

---

[1] *Jos.*, XXIV, 14. — [2] *Genes.*, IV, 9.

(a) *Var.* : Dise. — (b) Note marg. : *Erunt homines seipsos amantes, sine affectione, sine pace* (II Timoth., III, 2, 3).

propre en aimant Dieu plus que soi-même. (*a*) Car pour faire ce grand effort de nous détacher de nous-mêmes, il faut avoir quelque objet qui soit dans une si haute élévation, que nous croyions ne rien perdre en renonçant à nous-mêmes pour nous abandonner à lui sans réserve. Or est-il que Dieu est le seul à qui cette haute supériorité et cet avantage appartient; et les créatures qui nous environnent, bien loin d'être naturellement au-dessus de nous, sont au contraire rangées avec nous dans le même degré de bassesse sous l'empire souverain de ce premier Etre.

Par conséquent, chrétiens, jusqu'à ce que nous aimions celui qui peut seul par sa dignité nous arracher à nous-mêmes, nous n'aimerons que nous-mêmes ; la source de notre amitié pourra bien en quelque sorte couler sur les autres; mais elle aura toujours son reflux (*b*) sur nous, et toute notre générosité ne sera qu'un art un peu plus honnête de se faire des créatures ou de contenter une gloire intérieure (*c*). Ainsi le véritable amour du prochain a son principe nécessaire dans l'amour de Dieu, il marche avec lui d'un pas égal; et quoiqu'on trouve quelquefois des naturels nobles qui semblent s'élever beaucoup au-dessus de toutes les foiblesses communes, je soutiens qu'il n'y a que l'amour de Dieu qui puisse changer dans nos cœurs cette pente de la nature de ne s'attacher qu'à soi-même. Comme donc Dieu est peu aimé, il ne faut pas s'étonner si le prophète s'écrie qu'il ne sait plus à qui se fier. Nous habitons, dit-il, au milieu des fraudes et des tromperies. Chacun se défie et chacun trompe. Il n'y a plus

(*a*) *Note marg.* : On ne peut jamais aimer sincèrement le prochain sans aimer Dieu.
L'aimer sincèrement, c'est l'aimer comme nous, et non pour nous.
Il n'y a que Dieu qui doive tout aimer pour soi-même.
Amour de société et non amour d'intérêt.
Pour cela, il faut être détaché de soi-même.
Nulle créature ne mérite qu'on se détache de soi-même pour elle, et l'on ne peut pas faire cet effort pour la créature.
Mais Dieu est infiniment au-dessus de nous : après l'effort de l'aimer plus que soi-même, on peut faire celui d'aimer le prochain comme soi-même.
On trouve, en réunissant à Dieu tout son amour, une abondance infinie qui ensuite peut se répandre sur tous les hommes sans exception.
Sans cette abondance d'amitié, l'amitié n'est que partialité et dégénère en cabale.
Prendre garde de ne gâter jamais ni ne détourner en nous la source de l'amour.
(*b*) *Var.* : Retour. — (*c*) Une gloire interne, — une gloire cachée.

de droiture, il n'y a plus de sûreté, il n'y a plus de foi parmi les hommes. (*a*) Je pourrois bien, chrétiens, faire aujourd'hui les mêmes plaintes; et encore qu'on ne vit jamais plus de caresses, plus d'embrassemens, plus de paroles choisies, pour témoigner une parfaite cordialité, ah! si nous pouvions percer dans le fond des cœurs, si une lumière divine venoit découvrir tout à coup ce que la bienséance, ce que l'intérêt, ce que la crainte tient si bien caché, ô quel étrange spectacle et que nous serions étonnés de nous voir les uns les autres avec nos soupçons, et nos jalousies, et nos répugnances secrètes les uns pour les autres! Non, l'amitié n'est qu'un nom en l'air, dont les hommes s'amusent mutuellement et auquel aussi ils ne se fient guère. Que si ce nom est de quelque usage, il signifie seulement un commerce de politique et de bienséance. On se ménage par discrétion les uns les autres, on oblige par honneur et on sert par intérêt; mais on n'aime pas véritablement. La fortune fait les amis, la fortune les change bientôt. Comme chacun aime par rapport à soi, cet ami de toutes les heures est au hasard à chaque moment de se voir sacrifié à un intérêt plus cher; et tout ce qui lui restera de cette longue familiarité et de cette intime correspondance, c'est que l'on gardera un certain dehors, afin de soutenir pour la forme quelque simulacre d'amitié et quelque dignité d'un nom si saint. C'est ainsi que savent aimer les hommes du monde. (*b*) Démentez-moi, Messieurs, si je ne dis pas la vérité. Et certes si je parlois en un autre

(*a*) Note marg. : *Periit sanctus de terrâ, et rectus in hominibus non est : omnes in sanguine insidiantur, vir fratrem suum ad mortem venatur... Nolite credere amico... et inimici hominis domestici ejus* (Mich., VII, 2, 5, 6). — *Unusquisque se à proximo suo custodiat, et in omni fratre suo non habeat fiduciam...; et omnis amicus fraudulenter incedet, et vir fratrem suum deridebit... Habitatio tua in medio doli* (Jerem., IX, 4, 5, 6). — (*b*) Les hommes plus ruineux aux hommes que toute autre cause de ruine. Apparente société, dans le fond rien de plus mal assorti. Presque tous les esprits incompatibles : à la longue on se sépare, les uns des ennemis qui nous contrarient, les autres des importuns qui nous choquent; de celui-là on ne peut plus souffrir les injures, de l'autre les défauts; un geste qui nous déplaît, une parole qui nous fâche. Quand on n'a point sujet de haïr par contrariété des intérêts, par contrariété des humeurs, on hait par caprice et par fantaisie; on se fait des portraits odieux; on met dans cette aversion à certaines gens une espèce de délicatesse qu'il y ait des personnes qui nous déplaisent; si le Fils de Dieu nous ordonne de vaincre les aversions pour cause, à plus forte raison... Pardonner à ceux qui nous offensent, supporter ceux qui nous importunent, à qui notre humeur peut-être n'est pas moins à charge.

lieu, j'alléguerois peut-être la Cour pour exemple; mais puisque c'est à elle que je parle (*a*), qu'elle se connoisse elle-même et qu'elle serve de preuve à la vérité que je prêche.

Concluons donc, chrétiens, que la charité envers Dieu est le fondement nécessaire de la société envers les hommes. C'est de cette haute origine que la charité doit s'épancher généreusement sur tous nos semblables par une inclination générale de leur bien faire dans toute l'étendue du pouvoir que Dieu nous en donne. C'est de ce même principe que doivent naître nos amitiés particulières, qui ne seront jamais plus inviolables ni plus sacrées que lorsque Dieu en sera le médiateur. Jonathas et David étoient unis en cette sorte, et c'est pourquoi le dernier appelle leur amitié mutuelle « l'alliance du Seigneur, » *fœdus Domini*[1], parce qu'elle avoit été contractée sous les yeux de Dieu et qu'il devoit en être le protecteur, comme il en étoit le témoin. Aussi le monde n'en a jamais vu ni de plus tendre, ni de plus fidèle, ni de plus désintéressée. Un trône à disputer entre ces deux parfaits amis n'a pas été capable de les diviser, et le nom de Dieu a prévalu à un si grand intérêt. Heureux celui, chrétiens, qui pourroit trouver un pareil trésor! Il pourroit bien mépriser à ce prix toutes les richesses du monde. Car une telle amitié contractée au nom de Dieu et jurée pour ainsi dire entre ses mains, ne craint pas les dissimulations ni les tromperies. Tout s'y fait aux yeux de celui qui voit dans le fond des cœurs; et sa vérité éternelle, fidèle caution de la foi donnée, garantit cette amitié sainte des changemens infinis dont le temps et les intérêts menacent toutes les autres. Un ami de cette sorte, fidèle à Dieu et aux hommes, est un trésor inestimable; et il nous doit être sans comparaison plus cher que nos yeux, parce que souvent nous voyons mieux par ses yeux que par les nôtres, et qu'il est capable de nous éclairer quand notre intérêt nous aveugle. C'est ce qu'il faut vous expliquer dans la seconde partie.

[1] I *Reg.*, xx, 8.
(*a*) *Var.:* Que je prêche.

SECOND POINT.

La science la plus nécessaire à la vie humaine, c'est de se connoître soi-même ; et saint Augustin a raison de dire [1] qu'il vaut mieux savoir ses défauts que de pénétrer tous les secrets des Etats et des empires, et de savoir démêler toutes les énigmes de la nature. Cette science est d'autant plus belle qu'elle n'est pas seulement la plus nécessaire, mais encore la plus rare de toutes. Nous jetons nos regards bien loin ; et pendant que nous nous perdons dans des pensées infinies, nous nous échappons à nous-mêmes ; tout le monde connoît nos défauts ; nous seuls ne les savons pas, et deux choses nous en empêchent.

Premièrement, chrétiens, nous nous voyons de trop près ; l'œil se confond avec l'objet, et nous ne sommes pas assez détachés de nous pour nous regarder d'un regard distinct et nous voir d'une pleine vue (a). Secondement, et c'est le plus grand désordre, nous ne voulons pas nous connoître, si ce n'est par les beaux endroits. Nous nous plaignons du peintre qui n'a pas su couvrir nos défauts ; et nous aimons mieux ne voir que notre ombre et notre figure si peu qu'elle semble belle, que notre propre personne si peu qu'il y paroisse d'imperfection. Le roi Achab, violent, imbécile et foible, ne pouvoit endurer Michée qui lui disoit de la part de Dieu la vérité de ses fautes et de ses affaires qu'il n'avoit pas la force de vouloir apprendre ; et il vouloit qu'il lui contât avec ses flatteurs des triomphes imaginaires. C'est ainsi que sont faits les hommes ; et c'est pourquoi le divin Psalmiste a raison de s'écrier : *Delicta quis intelligit* [2] ? « Qui est-ce qui connoît ses défauts ? » Où est l'homme qui sait acquérir cette science si nécessaire ? Combien sommes-nous ardens et vainement curieux ! Dans quel abîme des cœurs, dans quels mystères secrets de la politique, dans quelle obscurité de la nature n'entreprenons-nous pas de pénétrer ? Malgré cet espace immense qui nous sépare d'avec le soleil, nous avons su découvrir ses taches, c'est-à-dire remarquer des ombres dans le sein même de la lumière. Cependant nos propres taches

---
[1] *De Trinit.*, lib. IV, n. 1. — [2] *Psal.* XVIII, 13.
(a) *Var.* : Pour nous considérer d'une pleine vue.

nous sont inconnues ; nous seuls voulons être sans ombre ; et nos défauts, qui sont la fable du peuple, nous sont cachés à nous-mêmes : *Delicta quis intelligit ?*

Pour acquérir, chrétiens, une science si nécessaire, il ne faut point d'autre docteur qu'un ami fidèle. Venez donc, ami véritable, s'il y en a quelqu'un sur la terre ; venez me montrer mes défauts que je ne vois pas. Montrez-moi les défauts de mes mœurs, ne me cachez pas même ceux de mon esprit. Ceux que je pourrai réformer, je les corrigerai par votre assistance ; et s'il y en a qui soient sans remède, ils serviront à confondre ma présomption. Venez donc, encore une fois, ô ami fidèle, ne me laissez pas manquer en ce que je puis, ni entreprendre plus que je ne puis, afin qu'en toutes rencontres je mesure ma vie à la raison et mes entreprises (*a*) à mes forces.

Cette obligation, chrétiens, entre les personnes amies est de droit étroit et indispensable. Car le précepte de la correction étant donné pour toute l'Eglise dans l'évangile que nous traitons, il seroit sans doute à désirer que nous fussions tous si bien disposés que nous pussions profiter des avis de tous nos frères. Mais comme l'expérience nous fait voir que cela ne réussit pas, et qu'il importe que nous regardions à qui nos conseils peuvent être utiles, ce précepte de nous avertir mutuellement se réduit pour l'ordinaire envers ceux dont nous professons d'être amis. Je suis bien aise, Messieurs, de vous dire aujourd'hui ces choses, parce que nous tombons souvent dans de grands péchés pour ne pas assez connoître les sacrés devoirs de l'amitié chrétienne. La charité, dit saint Augustin[1], voudroit profiter à tous ; mais comme elle ne peut s'étendre autant dans l'exercice qu'elle fait dans son intention, elle nous attache principalement à ceux qui par le sang, ou par l'amitié ou par quelqu'autre disposition des choses humaines, nous sont en quelque sorte échus en partage. Regardons nos amis en cette manière : pensons (*b*) qu'un sort bienheureux nous les a donnés pour exercer envers eux ce que nous devrions à tous, si tous en étoient capables. C'est une parole digne de Caïn que de

---

[1] *De Verâ relig.*, n. 91.

a) *Var.* : Mes desseins. — (*b*) Croyons.

dire : Ce n'est pas à moi à garder mon frère. Croyons, Messieurs, au contraire, que nos amis sont à notre garde, qu'il n'y a rien de plus cruel que la complaisance que nous avons pour leurs vices, que nous taire en ces rencontres c'est les trahir ; et que ce n'est pas le trait d'un ami, mais l'action d'un barbare, que de les laisser tomber dans un précipice faute de lumière, pendant que nous avons en main un flambeau que nous pourrions leur mettre *(a)* devant les yeux *(b)*.

Après avoir établi l'obligation de ces avis charitables, montrons-en les conditions dans les paroles précises de notre évangile. Premièrement, chrétiens, il y faut de la fermeté et de la vigueur. Car remarquez, le Sauveur n'a pas dit : Avertissez votre frère, mais, « Reprenez votre frère [1]. » Usez de la liberté que le nom d'amitié vous donne, ne cédez pas, ne vous rendez pas, soutenez vos justes sentimens, parlez à votre ami en ami. Jetez-lui quelquefois au front des vérités toutes sèches qui le fassent rentrer en lui-même ; ne craignez point de lui faire honte, afin qu'il se sente pressé de se corriger, et que confondu par vos reproches il se rende enfin digne de louanges.

Mais avec cette fermeté et cette vigueur, gardez-vous bien de sortir des bornes de la discrétion. Je hais ceux qui se glorifient des avis qu'ils donnent, qui veulent s'en faire honneur plutôt que d'en tirer de l'utilité, et triompher de leur ami plutôt que de le servir. Pourquoi le reprenez-vous, ou pourquoi vous en vantez-vous devant tout le monde ? C'étoit une charitable correction, et non une insulte outrageuse *(c)* que vous aviez à lui faire. Le Maître avoit commandé ; écoutez le Sauveur des ames : « Reprenez-le, dit-il [2], entre vous et lui : » parlez en secret, parlez à l'oreille. N'épargnez pas le vice, mais épargnez la pudeur, et que votre discrétion fasse sentir au coupable que c'est un ami qui parle.

Mais surtout venez animé d'une charité véritable. Pesez cette parole du Sauveur des ames : « S'il vous écoute, dit-il [3], vous

---

[1] *Matth.*, XVIII, 15. — [2] *Ibid.* — [3] *Ibid.*

(a) Var. : Que nous pourrions mettre devant leurs yeux. — *(b)* Note marg. : *Vir iniquus lactat amicum suum, et ducit eum per viam non bonam* (Prov., XVI, 29). — *(c) Var. :* Injurieuse.

aurez gagné votre frère. » Quoiqu'il se fâche, quoiqu'il s'irrite, ne vous emportez jamais. Faites comme les médecins ; pendant qu'un malade troublé leur dit des injures, ils lui appliquent des remèdes : *Audiunt convicium, præbent medicamentum*, dit saint Augustin [1]. Suivez l'exemple de saint Cyprien, dont le même saint Augustin a dit ce beau mot, qu'il reprenoit les pécheurs avec une force invincible, et aussi qu'il les supportoit avec une patience infatigable : *Et veritatis libertate redarguit, et charitatis virtute sustinuit* [2].

Mais pendant que le Fils de Dieu nous prépare avec tant de soin des avertissemens autant charitables que fermes et vigoureux, songeons à les bien recevoir. Apprenons de lui à connoître nos véritables amis et à les distinguer d'avec les flatteurs. Que dirai-je ici, chrétiens, et quel remède pourrai-je trouver contre un poison si subtil ? Il ne suffit pas d'avertir les hommes de se tenir sur leurs gardes. Car qui ne se tient pas pour tout averti ? Où sont ceux qui ne craignent pas les embûches de la flatterie ? mais en les craignant on y tombe, et le flatteur nous tourne en tant de façons qu'il est malaisé de lui échapper. De dire avec cet ancien [3] qu'on le connoîtra par une certaine affectation de plaire en toute rencontre, ce n'est pas aller à la source ; c'est parler de l'artifice le plus vulgaire et du fard le plus grossier de la flatterie. Celle de la Cour est bien plus subtile. Elle sait non-seulement avoir de la complaisance, mais encore résister et contredire pour céder plus agréablement en d'autres rencontres. Elle imite tout de l'ami, jusqu'à sa franchise et sa liberté (*a*) ; et nous voyons tous les jours que pendant que nous triomphons d'être sortis des mains d'un flatteur, un autre nous engage insensiblement, que nous ne croyons plus flatteur parce qu'il flatte d'une autre manière : tant l'appât est délicat et imperceptible, tant la séduction est puissante.

Donc pour arracher la racine, cessons de nous prendre aux autres d'un mal qui vient de nous-mêmes. Ne parlons plus des

[1] *Serm.* CCCLVII, n. 4. — [2] *De Bapt., cont. Donat.*, lib. V, cap. XVII, n. 23. — [3] Cicer., *De Amicit.*, n. 15.
(*a*) *Var.:* Elle imite non-seulement la douceur de l'ami, mais sa franchise et sa liberté.

flatteurs qui nous environnent par le dehors; parlons d'un flatteur qui est au dedans, par lequel tous les autres sont autorisés. Toutes nos passions sont des flatteuses; nos plaisirs sont des flatteurs, surtout notre amour-propre est un grand flatteur qui ne cesse de nous applaudir au dedans; et tant que nous écouterons ce flatteur, jamais nous ne manquerons d'écouter les autres. Car les flatteurs du dehors, ames vénales et prostituées, savent bien connoître la force de cette flatterie intérieure. C'est pourquoi ils s'accordent avec elle; ils agissent de concert et d'intelligence; ils s'insinuent si adroitement dans ce commerce de nos passions, dans cette secrète intrigue de notre cœur, dans cette complaisance de notre amour-propre, qu'ils nous font demeurer d'accord de tout ce qu'ils disent. Ils rassurent dans ses propres vices notre conscience tremblante; « et mettent, dit saint Paulin, le comble à nos péchés par le poids d'une louange injuste et artificieuse. » (a) Que si nous voulons les déconcerter et rompre cette intelligence, voici l'unique remède: un amour généreux de la vérité, un désir de nous connoître nous-mêmes. Oui, je veux résolûment savoir mes défauts; je voudrois bien ne les avoir pas; mais puisque je les ai, je les veux connoître, quand même je ne voudrois pas encore les corriger. Car quand mon mal me plairoit encore, je ne prétends pas (b) pour cela le rendre incurable; et si je ne presse pas ma guérison, du moins ne veux-je pas rendre ma mort assurée.

Apprenons donc nos défauts avec joie et reconnoissance de la bouche de nos amis; et si peut-être nous n'en avons pas qui nous soient assez fidèles pour nous rendre ce bon office, apprenons-les du moins de la bouche des prédicateurs. Car à qui ne parle-t-on pas dans cette chaire, sans vouloir parler à personne? A qui la lumière de l'Evangile ne montre-t-elle pas ses péchés? La loi de Dieu, chrétiens, que nous vous mettons devant les yeux, n'est-ce pas un miroir fidèle où chacun, et les rois et les sujets, se peut reconnoître? mais personne ne s'applique rien. On est bien aise d'entendre parler contre les vices des hommes, et l'esprit se di-

---

(a) Note marg.: *Sarcinam peccatorum pondere indebitæ laudis accumulat* (Epist. XXIV *ad Sever.*, n. 1). — (b) *Var.*: Je ne veux pas.

vertit à écouter reprendre les mauvaises mœurs; (a) mais l'on ne s'émeut non plus que si l'on n'avoit aucune part à cette juste censure. Ce n'est pas ainsi, chrétiens, qu'il faut écouter l'Evangile, mais plutôt il faut pratiquer ce que dit si sagement l'*Ecclésiastique* : *Verbum sapiens quodcumque audierit scius, laudabit et ad se adjiciet*[1] : « L'homme sage qui entend, dit-il, quelque parole sensée, la loue et se l'applique à lui-même. » Voyez qu'il ne se contente pas de la trouver belle et de la louer. Il ne fait pas comme plusieurs qui regardent à droite et à gauche à qui elle est propre, et à qui elle pourroit convenir. Il ne s'amuse pas à deviner la pensée de celui qui parle et à lui faire dire des choses à quoi il ne songe pas. Il rentre profondément en sa conscience et s'applique tout ce qui se dit : *Ad se adjiciet*. C'est là tout le fruit des discours sacrés. Pendant que l'Evangile parle à tous, chacun se doit parler en particulier, confesser humblement ses fautes, reconnoître la honte de ses actions, trembler dans la vue de ses périls. Ouvrez donc les yeux sur vous-mêmes et n'appréhendez jamais de connoître vos péchés. Vous avez un moyen facile d'en obtenir le pardon : « Remettez, dit le Fils de Dieu[2], et il vous sera remis; » pardonnez, et il vous sera pardonné.

TROISIÈME POINT.

C'est à quoi je vous exhorte, mes frères, sur la fin de ce discours. Car après vous avoir montré la nécessité de reconnoître vos fautes, il est juste de vous donner aussi les remèdes, et le pardon des injures en est un des plus efficaces. A la vérité, chrétiens, il y a sujet de s'étonner que les hommes pèchent si hardiment à la vue (b) du ciel et de la terre, et qu'ils craignent si peu un Dieu si juste. Mais je m'étonne beaucoup davantage que pendant que nous multiplions nos iniquités par-dessus les sablons de la mer, et que nous avons tant de besoin que Dieu nous soit bon et indulgent, nous soyons nous-mêmes si inexorables et si rigoureux à nos frères. Quelle indignité et quelle injustice : nous vou-

---

[1] *Eccli.*, XXI, 18. — [2] *Luc.*, VI, 37.

(a) *Note marg.* : Tonnez tant qu'il vous plaira, ô prédicateur. — (b) *Var.* : A la face.

lons que Dieu souffre tout de nous, et nous ne pouvons rien souffrir de personne ! Nous exagérons sans mesure les fautes qu'on fait contre nous ; et l'homme, ver de terre, croit que le presser tant soit peu du pied c'est un attentat énorme, pendant qu'il compte pour rien ce qu'il entreprend hautement contre la souveraine majesté de Dieu et contre les droits de son empire. Mortels aveugles et misérables, serons-nous toujours si sensibles et si délicats ? Jamais n'ouvrirons-nous les yeux à la vérité ? Jamais ne comprendrons-nous que celui qui nous fait injure est toujours beaucoup plus à plaindre que nous qui la recevons ; que lui-même, dit saint Augustin [1], se perce le cœur pour nous effleurer la peau ; et qu'enfin nos ennemis sont des furieux qui voulant nous faire boire pour ainsi dire tout le venin de leur haine, en font eux-mêmes un essai funeste et avalent les premiers le poison qu'ils nous préparent (a) ? Que si ceux qui nous font du mal sont des malades emportés, pourquoi les aigrissons-nous par nos vengeances cruelles, et que ne tâchons-nous plutôt de les ramener à leur bon sens par la patience et par la douceur (b) ? Mais nous sommes bien éloignés de ces charitables dispositions. Bien loin de faire effort sur nous-mêmes pour endurer une injure, nous croirions nous dégrader et penser trop bassement de nous-mêmes, si nous ne nous piquions d'être délicats dans les choses qui nous touchent (c) ; et nous pensons nous faire grands par cette extrême sensibilité. Aussi poussons-nous sans bornes nos ressentimens ; nous exerçons sur ceux qui nous fâchent des vengeances impitoyables ; ou bien nous nous plaisons de les accabler par une vaine ostentation d'une patience et d'une pitié outrageuse qui ne se remue pas par dédain, et qui feint d'être tranquille pour insulter davantage : tant nous sommes cruels ennemis et implacables vengeurs, qui faisons des armes offensives et des instrumens de la colère, de la patience même et de la pitié (d). Mais encore ne sont-ce pas là nos plus grands excès. Nous n'attendons pas toujours, pour nous irriter, des injures effectives ; nos ombrages,

[1] *Serm.* LXXXII, n. 3.

(a) *Var.* : Et s'empoisonnent les premiers du poison qu'ils nous préparent. — (b) Par la compassion et par la douceur. — (c) Nous croirions nous dégrader, si nous ne nous piquions d'être délicats. — (d) D'une pitié outrageante.

nos jalousies, nos défiances secrètes suffisent pour nous armer l'un contre l'autre, et souvent nous nous haïssons seulement parce que nous croyons nous haïr : l'inquiétude nous prend, nous frappons de peur d'être prévenus; et trompés (a) par nos soupçons, nous vengeons une injure qui n'est pas encore. Jalousies, soupçons, défiances, cruels bourreaux des hommes du monde et source de mille injustices, à quels excès les engagez-vous?

Mais si vous vous laissez gagner aux soupçons, si vous prenez facilement des ombrages et des défiances, prenez garde pour le moins, au nom de Dieu, de ne les porter pas aux oreilles importantes, et surtout ne les portez pas jusqu'aux oreilles du prince. Songez qu'elles sont sacrées, et que vous les profanez trop indignement lorsque vous y portez ou les inventions d'une haine injuste, d'une jalousie cachée, ou les injustes raffinemens d'un zèle affecté. Infecter les oreilles du prince, ah! c'est un crime plus grand que d'empoisonner les fontaines publiques, et plus grand sans comparaison que de voler les trésors publics. Le grand trésor d'un Etat, c'est la vérité dans l'esprit du prince. Et n'est-ce pas pour cela que le roi David avertit si sérieusement en mourant le jeune Salomon son fils et son successeur? « Prenez garde, lui dit-il, mon fils, que vous entendiez tout ce que vous faites, et de quel côté vous vous tournerez : » *Ut intelligas universa quæ facis, et quocumque te verteris*[1]. Comme s'il disoit : Tournez-vous de plus d'un côté pour découvrir tout à l'entour les traces de la vérité qui sont dispersées : elle ne viendra guère à vous de droit fil et d'un seul endroit; car les rois ne sont pas si heureux (b). Mais que ce soit vous-même qui vous tourniez, et que nul ne se joue à vous donner de fausses impressions. Entendez distinctement tout ce que vous faites, et connoissez tous les ressorts de la grande machine que vous conduisez : *Ut intelligas universa quæ facis*. Salomon suivant ce conseil, à l'âge environ de vingt-deux ans, fit voir à la Judée un roi consommé; et la France, qui

---

[1] III *Reg.*, II, 3.

(a) *Var.* : Emportés. — (b) Pour découvrir tout à l'entour les vestiges de la vérité, qui ne viendra guère à vous de droit fil.

sera bientôt un Etat heureux par les soins de son monarque, jouit maintenant d'un pareil spectacle.

O Dieu, bénissez ce roi que vous nous avez donné. Que vous demanderons-nous pour ce grand monarque? Quoi? toutes les prospérités? Oui, Seigneur; mais bien plus encore, toutes les vertus et royales et chrétiennes. Non, nous ne pouvons consentir qu'aucune lui manque, aucune, aucune. Elles sont toutes nécessaires, quoi que le monde puisse dire, parce que vous les avez toutes commandées. Nous le voulons voir tout parfait, nous le voulons admirer en tout. C'est sa gloire, c'est sa grandeur qu'il soit obligé d'être notre exemple; et nous estimerions un malheur public, si jamais il nous paroissoit quelque ombre dans une vie qui doit être toute lumineuse. Oui, Sire, votre piété, votre justice, votre innocence, font la meilleure partie de la félicité publique. Conservez-nous ce bonheur, seul capable de nous consoler parmi tous les fléaux que Dieu nous envoie, et vivez en roi chrétien. Il y a un Dieu dans le ciel qui venge les péchés des peuples, mais surtout qui venge les péchés des rois. C'est lui qui veut que je parle ainsi; et si Votre Majesté l'écoute, il lui dira dans le cœur ce que les hommes ne peuvent pas dire. Marchez, ô grand Roi, constamment sans vous détourner, par toutes les voies qu'il vous inspire, et n'arrêtez pas le cours de vos grandes destinées, qui n'auront jamais rien de grand, si elles ne se terminent à l'éternité bienheureuse.

SECONDE CONCLUSION DU SERMON

POUR

LE MARDI DE LA IIIe SEMAINE DE CARÊME.

Jalousies, soupçons, défiances, cruels bourreaux des hommes du monde et source de mille injustices, à quels excès les engagez-vous? Que méditez-vous, malheureux, et que vous vois-je rouler dans votre esprit? Quoi! vous les allez porter vos soupçons jusqu'aux oreilles importantes! vous méditez même de les porter jusqu'aux oreilles du prince! Ah! songez qu'elles sont sacrées, et que c'est les profaner trop indignement que d'y vouloir porter, comme vous faites, ou les injustes préventions d'une haine aveugle, ou les malicieuses inventions (a) d'une jalousie cachée, ou les pernicieux raffinemens d'un zèle affecté.

Arrêtons-nous donc, chrétiens; prenons garde comme nous parlons du prochain, surtout à la Cour, où tout est si important et si délicat. Ce demi-mot que vous dites, ce trait que vous lancez en passant, cette parole malicieuse qui donne tant à penser par son obscurité affectée, tout cela, dit le Sage, ne tombera pas à terre : *A detractione parcite linguæ, quoniam sermo obscurus in vacuum non ibit* [1]. A la Cour on recueille tout, et ensuite chacun commente et tire ses conséquences à sa mode. Prenez donc garde encore une fois à ce que vous dites, retenez votre colère maligne et votre langue trop impétueuse. Car il y a un Dieu au ciel qui nous ayant déclaré qu'il nous demandera compte à son jugement des paroles inutiles [2], quelle justice ne fera-t-il pas de celles qui sont outrageantes et malicieuses? Par conséquent, chrétiens, révérons ses yeux et sa présence; songeons qu'il nous sera fait dans son jugement comme nous aurons fait à notre prochain. Si nous pardonnons, il nous pardonnera; si nous vengeons nos injures, « il nous gardera nos péchés, » comme dit l'*Ecclésiastique*, *peccata illius servans servabit* [3] : sa vengeance nous poursuivra à la vie et à la mort; et ni en ce monde ni en l'autre, jamais elle ne nous laissera aucun repos. Ainsi n'attendons pas l'heure de la mort pour pardonner à nos ennemis; mais plutôt pratiquons ce que dit l'Apôtre : « Que le soleil ne se couche pas sur votre colère : » *Sol non occidat super iracundiam vestram* [4]. Ce cœur tendre, ce cœur paternel ne peut (b) comprendre qu'un chrétien, enfant de paix, puisse dormir d'un sommeil tranquille, ayant le cœur ulcéré et aigri contre son frère, ni qu'il puisse goûter du repos, voulant du mal à son prochain dont Dieu prend en main la querelle et les intérêts. Mes frères, le jour décline, le soleil est

[1] *Sap.*, I, 11. — [2] *Matth.*, XII, 36. — [3] *Eccli.*, XXVIII, 1. — [4] *Ephes.*, IV, 26.
(a) *Var.* : Ou les criminelles inventions. — (b) L'Apôtre ne peut...

sur son penchant; l'Apôtre ne vous donne guère de loisir, et vous n'avez plus guère de temps pour lui obéir. Ne différons pas davantage une œuvre si nécessaire · hâtons-nous de donner à Dieu nos ressentimens. Le jour de la mort, Messieurs, sur lequel on rejette toutes les affaires du salut, n'en aura que trop de pressées; commençons de bonne heure à nous préparer les graces qui nous seront nécessaires en ce dernier jour; et en pardonnant sans délai, assurons-nous dès aujourd'hui l'éternelle miséricorde du Père, du Fils et du Saint-Esprit. Ainsi soit-il.

SERMON

POUR

LE VENDREDI DE LA IIIe SEMAINE DE CARÊME,

SUR LE CULTE DU A DIEU (a).

Veri adoratores adorabunt Patrem in spiritu et veritate. Joan., IV, 23.

La plus noble qualité de l'homme, c'est d'être l'humble sujet et le religieux adorateur de la nature divine. Nous sommes pressés de toutes parts de rendre nos hommages à ce premier Etre qui nous a produits par sa puissance et nous rappelle à lui-même par l'ordre de sa sagesse et de sa bonté.

Toute la nature veut honorer Dieu et adorer son principe autant qu'elle en est capable. La créature privée de raison et de sentiment n'a point de cœur pour l'aimer ni d'intelligence pour le

(a) Prêché probablement dans le Carême de 1660, aux Minimes de la Place-Royale.
Les citations latines abondent dans ce sermon, et l'on y retrouve partout les procédés didactiques de l'Ecole.
Le premier éditeur, et par conséquent tous les autres, avoient interverti l'ordre de plusieurs passages dans le premier et dans le dernier point. En même temps que cette interversion brisoit la liaison des idées, elle avoit forcément amené dans le texte original un grand nombre de phrases supposées.

comprendre. « Ainsi ne pouvant connoître, tout ce qu'elle peut, dit saint Augustin, c'est de se présenter elle-même à nous pour être du moins connue et pour nous faire connoître son divin auteur : » *Quæ cùm cognoscere non possit, quasi innotescere velle videtur* [1]. C'est pour cela qu'elle étale à nos yeux avec tant de magnificence son ordre, ses diverses opérations et ses infinis ornemens. Elle ne peut voir, elle se montre; elle ne peut adorer, elle nous y porte; et ce Dieu qu'elle n'entend pas, elle ne nous permet pas de l'ignorer. C'est ainsi qu'imparfaitement et à sa manière, elle glorifie le Père céleste. Mais l'homme, animal divin, plein de raison et d'intelligence, et capable de connoître Dieu par lui-même et par toutes les créatures, est aussi pressé par lui-même et par toutes les créatures à lui rendre ses adorations. C'est pourquoi il est mis au milieu du monde, mystérieux abrégé (a) du monde, afin que contemplant l'univers entier et le ramassant en soi-même, il rapporte uniquement à Dieu et soi-même et toutes choses; si bien qu'il n'est le contemplateur de la nature visible, qu'afin d'être l'adorateur de la nature invisible qui a tout tiré du néant par sa souveraine puissance.

Mais, mes frères, ce n'est pas assez que nous connoissions combien nous devons de culte à cette nature suprême, si nous ne sommes instruits de quelle manière il lui plaît d'être adoré; c'est pourquoi « le Fils unique, qui est dans le sein du Père, est venu pour nous l'apprendre [2]; » et nous en serons parfaitement informés, si nous entendons ce que c'est que cette sublime adoration en esprit et en vérité que Jésus-Christ nous prescrit (b).

Pour rendre à Dieu un culte agréable, il faut observer, Messieurs, deux conditions nécessaires, la première que nous connoissions ce qu'il est, la seconde que nous disposions nos cœurs envers lui d'une façon qui lui plaise. Il me semble que le Sauveur nous a enseigné ces deux conditions dans ces deux paroles de mon texte : « En esprit et en vérité. » Le principe de notre culte, c'est que nous ayons de Dieu des sentimens véritables et que nous le croyions ce qu'il est. La suite de cette croyance, c'est que nous

---

[1] *De Civit. Dei,* lib. XI, cap. XXVII. — [2] *Joan.,* I, 18.
(a) *Var.* : Industrieux abrégé. — (b) Nous ordonne, — nous commande.

épurions devant lui nos intentions et que nous nous disposions comme il le demande. La première de ces deux choses nous est exprimée par l'adoration en vérité, et la seconde est marquée (*a*) par l'adoration en esprit. Je veux dire que l'adoration en vérité exclut les fausses impressions qui ravilissent Dieu dans nos esprits, et que l'adoration en esprit bannit les mauvaises dispositions qui l'éloignent de notre cœur. (*b*) Si bien que l'adoration en vérité fait que nous voyons Dieu tel qu'il est, et l'adoration en esprit fait que Dieu nous voit tels qu'il nous veut. Ainsi toute l'essence de la religion est enfermée en ces deux paroles ; et je prie mon Sauveur de me pardonner si, pour aider votre intelligence, j'en commence l'explication par celle qu'il lui a plu de prononcer la dernière.

PREMIER POINT.

L'adoration religieuse, c'est une reconnoissance en Dieu de la plus haute souveraineté, et en nous de la plus profonde dépendance. Je dis donc, encore une fois, et je pose pour fondement que le principe de bien adorer, c'est de bien connoître. L'oraison, dit saint Thomas [1], et il faut dire le même de l'adoration dont l'oraison est une partie, est un acte de la raison. Car le propre de l'adoration, c'est de mettre la créature dans son ordre, c'est-à-dire de l'assujettir à Dieu. Or est-il qu'il appartient à la raison (*c*) d'ordonner les choses ; donc la raison est le principe de l'adoration, laquelle par conséquent doit être conduite par la connoissance.

Mais l'effet le plus nécessaire de la connoissance, dans cet acte de religion, c'est de démêler soigneusement de l'idée que nous nous formons de Dieu toutes les imaginations humaines. Car notre foible entendement ne pouvant porter une idée si haute et si pure (*d*), attribue toujours, si l'on n'y prend garde, quelque chose du nôtre à ce premier Etre. Quelques-uns plus grossiers lui donnent une forme humaine ; mais peu s'empêchent de lui attribuer une manière d'agir conforme à la nôtre. Nous le faisons penser comme

---

[1] II^a II^æ, *Quæst.* LXXXIII, art. 1.

(*a*) *Var.* : Comprise. — (*b*) *Note marg.* : Le Fils de Dieu par les bonnes dispositions nous mène à la vérité : *in spiritu*, bien disposés ; *in veritate*, Dieu bien conçu ; il se fait connoître aux bien disposés. — (*c*) *Var.* : Or est-il que c'est l'ouvrage de la raison... — (*d*) Si simple et si pure.

nous, nous l'assujettissons (a) à nos règles, et chacun se le représente à sa façon particulière : Toutes ces idées, dit saint Augustin [1], que chacun se forme de Dieu en particulier au gré de son imagination et de ses sens, sont autant d'idoles spirituelles que nous érigeons dans nos cœurs; si bien que nous pouvons dire qu'une grande partie des fidèles (b) sont semblables aux Samaritains que Jésus-Christ reprend dans notre évangile et desquels il est écrit au quatrième livre des *Rois* « qu'ils craignoient à la vérité le Seigneur, mais qu'ils ne laissoient pas toutefois de servir en même temps leurs idoles : » *Timentes quidem Dominum, verumtamen et idolis suis servientes* [2]. Ainsi beaucoup de chrétiens qui sont bien instruits par l'Eglise, mais à qui leur imagination représente mal ce que l'Eglise leur enseigne, adorent le Dieu véritable que la foi leur fait connoître; et néanmoins l'on peut dire qu'ils lui joignent les idoles qu'ils se sont forgées, c'est-à-dire les images grossières et matérielles qu'ils se sont eux-mêmes formées de cette première essence; on peut juger aisément que pour renverser (c) ces idoles et adorer Dieu en vérité, il n'y a rien de plus nécessaire que de bien connoître ce qu'il est; et c'est pourquoi le Sauveur reprenant la Samaritaine et instruisant les fidèles, a dit dans notre évangile : « Vous adorez ce que vous ne connoissez pas, et nous adorons ce que nous connoissons [3]; » par où il nous prépare la voie à cette adoration en vérité que je dois tâcher aujourd'hui de vous faire entendre.

Concluons donc nécessairement qu'il faut connoître celui que nous adorons; mais surtout il en faut connoître ce qui est nécessaire pour l'adorer, que je réduis, chrétiens, à ces trois vérités principales : que Dieu est une nature parfaite et dès là incompréhensible, que Dieu est une nature souveraine, que Dieu est une nature bienfaisante. Voilà comme les trois sources et les trois premières notions qui portent l'homme à adorer Dieu (d), parce que nous sommes portés naturellement à révérer ce qui est parfait (e), et que la raison nous enseigne à dépendre de ce qui est souverain,

---

[1] *Quæst. in Jos.*, lib. VI. — [2] *IV Reg.*, XVII, 41. — [3] *Joan.*, IV, 22.

(a) *Var. :* Nous le captivons. — (b) La plupart des fidèles. — (c) Il est aisé de comprendre que pour renverser; — il n'y a personne qui ne voie que pour renverser. — (d) Qui obligent l'homme d'adorer Dieu. — (e) Grand.

et que nos besoins nous inclinent à adhérer à ce qui est bon (*a*).

Il faut donc connoître avant toutes choses que Dieu est incompréhensible et impénétrable, parce qu'il est parfait ; et c'est par là que nous apprenons à séparer (*b*) de toutes les idées communes la très-simple notion de ce premier Etre. *Reddam tibi vota mea, quæ distinxerunt labia mea*[1] *:* « Je vous rendrai mes vœux, dit le Roi-Prophète, que mes lèvres ont distingués ; » c'est-à-dire, selon la pensée de saint Augustin[2], qu'il faut adorer Dieu distinctement. Et qu'est-ce que l'adorer distinctement, sinon le distinguer tout à fait de la créature et ne lui rien attribuer du nôtre ? « Que ne peut-on dire de Dieu, dit saint Augustin ; mais que peut-on dire de Dieu dignement ? » *Omnia possunt dici de Deo, et nihil dignè dicitur de Deo*[3]. Il est tout ce que nous pouvons penser de grand, et il n'est rien de ce que nous pouvons penser de plus grand, parce que sa perfection est si éminente que nos pensées n'y peuvent atteindre, et que nous ne pouvons pas même dignement comprendre jusqu'à quel point il est incompréhensible. (*c*) *Ego verò cùm hoc de Deo dicitur, indignum aliquid dici arbitrarer, si aliquid dignum inveniretur quod de illo diceretur.*

Cette profonde pensée de la haute incompréhensibilité de Dieu est une des causes principales qui nous portent à l'adorer. Nous aimons Dieu, dit saint Grégoire de Nazianze[4], parce que nous le connoissons ; mais nous l'adorons, poursuit-il, parce que nous ne le comprenons pas, c'est-à-dire ce que nous connoissons de ses perfections fait que notre cœur s'y attache comme à son souverain bien ; mais parce que c'est un abîme impénétrable que nous ne pouvons sonder, nous nous perdons à ses yeux, nous supprimons devant lui toutes nos pensées, nous nous contentons d'admirer de

---

[1] *Psal.* LXV, 13, 14. — [2] *Enarr. in Psal.* LXV, n. 19. — [3] *Tract.* XIII *in Joan.*, n. 5. — [4] *Orat.* XXXVIII, n. 11.

(*a*) *Var.* : Et que nos besoins nous penchent à nous attacher à ce qui est bon. — (*b*) A démêler. — (*c*) Note marg. : *Cùm verò verba omnia, quibus humana colloquia conseruntur, illius sempiterna virtus et divinitas mirabiliter atque incunctanter excedat, quidquid de illo humaniter dicitur, quod etiam hominibus aspernabile videatur, ipsa humana admonetur infirmitas, etiam illa quæ congruenter in Scripturis sacris de Deo dicta existimat, humanæ capacitati aptiora esse quàm divinæ sublimitati, ac per hoc etiam ipsa transcendua esse seriore intellectu, sicut ista qualicumque transcensa sunt* (Lib. II *De Divers. quæst., ad Simpl.*, quæst. II, n° 1).

loin une si haute majesté, et nous nous laissons pour ainsi dire engloutir par la grandeur de sa gloire, et c'est là adorer en vérité.

Voilà l'idée véritable; voyons maintenant l'idole que l'homme abusé se forme. Je ne veux pas dire, Messieurs, que nous pensions pouvoir comprendre la Divinité; il y a peu d'hommes assez insensés pour avoir une telle audace. Mais celui que nous confessons être inconcevable dans sa nature, nous ne laissons pas toutefois de le vouloir comprendre dans ses pensées et dans les desseins de sa sagesse. Quelques-uns ont osé reprendre l'ordre du monde et de la nature; plusieurs se veulent faire conseillers de Dieu, du moins en ce qui regarde les choses humaines; mais tous, presque sans exception, lui demandent raison pour eux-mêmes et veulent comprendre ses desseins en ce qui les touche. Les hommes se sont formé une certaine idole de fortune que nous accusons tous de nous être injuste; et sous le nom de la fortune, c'est la sagesse divine dont nous accusons les conseils (a), parce que nous ne pouvons pas en savoir le fond. Nous voulons qu'elle se mesure à nos intérêts et qu'elle se renferme dans nos pensées. Foible et petite partie du grand ouvrage de Dieu, nous prétendons qu'il nous détache du dessein total pour nous traiter à notre mode, au gré de nos fantaisies; comme si cette profonde sagesse composoit ses desseins par pièces à la manière des hommes, et nous ne concevons pas que si Dieu n'est pas comme nous, il ne pense pas non plus comme nous, il ne résout pas comme nous, il n'agit pas comme nous; tellement que ce qui répugne à notre raison s'accorde nécessairement à une raison plus haute que nous devons adorer, et non tenter vainement de la comprendre.

Après avoir bien connu que Dieu est une nature incompréhensible, il faut connoître en second lieu (b) que c'est une nature souveraine, mais d'une souveraineté qui, supérieure infiniment à celles que nous voyons, n'a besoin pour se soutenir d'aucun secours tiré du dehors (c), et qui contient toute sa puissance dans sa seule volonté. Il ne fait que jeter un regard, aussitôt toute la nature est épouvantée et prête à se cacher dans son néant. « J'ai

---

(a) *Var.*: Desseins. — (b) Encore. — (c) D'aucun secours étranger.

regardé, dit le prophète Jérémie [1], et voilà que devant la face du Seigneur la terre étoit désolée et ne sembloit que de la cendre ; j'ai levé les yeux au ciel, et il avoit perdu sa lumière ; j'ai considéré les montagnes, et elles étoient ébranlées terriblement, et toutes les collines se troubloient, et les oiseaux du ciel étoient dissipés, et les hommes n'osoient paraître, et les villes et les forteresses étoient renversées, parce que le Seigneur étoit en colère. » Le prophète ne nous dit pas, ni qu'il fasse marcher des armées contre ces villes, ni qu'il dresse des machines contre leurs murailles. Il n'a besoin que de lui-même pour faire tout ce qui lui plaît, parce que son empire est établi, non sur un ordre politique, mais sur la nature des choses, dont l'être est à lui en fonds et en tout droit souverain, lui seul les ayant tirées du néant. C'est pourquoi il prononce dans son Ecriture avec une souveraine hauteur : « Tous mes conseils tiendront, et toutes mes volontés seront accomplies : » *Consilium meum stabit, et omnis voluntas mea fiet* [2].

Donc pour adorer Dieu en vérité, il faut connoître qu'il est souverain ; et à voir comme nous prions, je dis ou que notre esprit ne connoît pas cette vérité, ou que notre cœur dément notre esprit. Considérez, chrétiens, de quelle sorte vous approchez de la sainte majesté de Dieu pour lui faire votre prière. Vous venez à Dieu plein de vos pensées, non pour entrer humblement dans l'ordre de ses conseils (a), mais pour le faire entrer dans vos sentimens (b). Vous prétendez que lui et ses saints épousent vos intérêts, sollicitent pour ainsi dire vos affaires, favorisent votre ambition. Dans l'espérance de ce secours (c), vous lui promettez de le bien servir, et vous voulez qu'il vous achète à ce prix, comme si vous lui étiez nécessaire. C'est méconnoître votre souverain et traiter avec lui d'égal à égal. Car encore que vous ajoutiez : « Votre volonté soit faite, » si vous consultez votre cœur, vous demeurerez convaincu que vous regardez ces paroles, non comme la règle de vos sentimens, mais comme la forme de la requête ; et permettez-moi de le dire ainsi, vous mettez à la fin de la prière : « Votre volonté, »

---

[1] *Jerem.*, IV, 23 et seq. — [2] *Isa.*, XLVI, 10.

(a) *Var.:* Dans ses conseils. — (b) Mais pour le persuader de vos sentimens. — (c) De sa protection.

comme à la fin d'une lettre : « Votre serviteur. » En effet vous sortez de votre oraison, non plus tranquille, ni plus résigné, ni plus fervent pour la loi de Dieu, mais toujours plus échauffé pour vos intérêts (a). Et si les choses succèdent contre vos désirs, ne vous voit-on pas revenir, non avec ces plaintes respectueuses qu'une douleur soumise répand devant Dieu pour les faire mourir à ses pieds, mais avec de secrets murmures et avec un dégoût qui tient du dédain? Chrétiens, vous vous oubliez. Ce Dieu que vous priez n'est plus qu'une idole dont vous prétendez faire ce que vous voulez, et non le Dieu véritable qui doit faire de vous ce qu'il veut.

L'oraison, dit saint Thomas [1], est « une élévation de l'esprit à Dieu, » *ascensus mentis in Deum.* Par conséquent il est manifeste, conclut ce docteur angélique, que celui-là ne prie pas qui, bien loin de s'élever à Dieu, demande que Dieu s'abaisse à lui, et qui vient à l'oraison, non point pour exciter l'homme à vouloir ce que Dieu veut, mais seulement pour persuader à Dieu de vouloir ce que veut l'homme. Ce n'est pas que je ne sache que la divine bonté condescend aussi à nos foiblesses; et que, comme dit excellemment saint Grégoire de Nazianze, l'oraison est un commerce où il faut en partie que l'homme s'élève, et en partie aussi que Dieu descende : mais il est vrai toutefois qu'il ne descend jamais à nous que pour nous élever à lui; et si cette aigle mystique de Moïse s'abaisse tant soit peu pour mettre ses petits sur ses épaules, ce n'est que pour les enlever bientôt avec elle et leur faire percer les nues, c'est-à-dire toute la nature inférieure, par la rapidité de son vol : *Et assumpsit eum, atque portavit in humeris suis* [2]. Ainsi vous pouvez sans crainte, et vous devez même exposer à Dieu vos nécessités et vos peines. Vous pouvez dire avec Jésus-Christ, qui l'a dit pour nous donner exemple : « Père, que ce calice passe loin de moi [3]; » mais croyez, et n'en doutez pas, que ni vous ne connoissez Dieu comme souverain, ni vous ne l'adorez en vérité, jusqu'à ce que vous ayez élevé votre volonté à la sienne et que vous lui ayez dit du fond du cœur avec le même Jésus : « Père, non point

[1] II^a II^æ, *Quæst.* LXXXIII, art. 1. — [2] *Deuter.*, XXXII, 11. — [3] *Matth.*, XXVI, 39.

(a) *Var.* : Mais vous vous êtes échauffé dans la prière, à force de recommander à Dieu vos intérêts.

ma volonté, mais la vôtre [1] : » — « Votre volonté soit faite : ♭ *Fiat*.

Cette haute souveraineté de Dieu a son fondement sur sa bonté. Car comme nous venons de dire que son domaine (*a*) est établi sur le premier de tous ses bienfaits, c'est-à-dire sur l'être qu'il nous a donné, il s'ensuit que la puissance suprême qu'il a sur nous dérive de sa bonté infinie, et qu'en cela même qu'il est parfaitement souverain, il est aussi souverainement bon et bienfaisant. Que s'il nous a donné l'être, à plus forte raison devons-nous croire qu'il nous en donnera toutes les suites jusqu'à la dernière consommation de notre félicité, puisqu'on peut aisément penser qu'une nature infinie et qui n'a pas besoin de nous, pouvoit bien nous laisser dans notre néant (*b*); mais qu'il est tout à fait indigne de lui, ayant commencé son ouvrage, de le laisser imparfait et de n'y mettre pas la dernière main : d'où il s'ensuit que celui-là même qui a bien voulu nous donner l'être, veut aussi nous en donner la perfection, et par conséquent nous rendre heureux, puisque l'idée de la perfection et celle de la félicité sont deux idées qui concourent : celui-là étant tout ensemble heureux aussi bien que parfait, à qui rien ne manque. Et c'est la troisième chose qu'il est nécessaire que nous connoissions de Dieu pour l'adorer en vérité, à savoir qu'il est une nature infiniment bonne et bienfaisante, parce que l'adoration que nous lui rendons n'enferme pas seulement une certaine admiration mêlée d'un respect profond pour sa grandeur incompréhensible, ni une entière dépendance de son absolue souveraineté, mais encore un retour volontaire à sa bonté infinie, comme à celle où nous trouverons dans la perfection de notre être le terme de nos désirs et le repos de notre cœur : *Adorabunt Patrem :* « un Père ! »

Mais encore qu'il n'y ait rien de plus manifeste que la bonté de Dieu, il est vrai, néanmoins, Messieurs, que nous la méconnoissons souvent. Et certes si nous étions persuadés comme nous devons, que Dieu est essentiellement bon et bienfaisant, nous ne nous plaindrions jamais qu'il nous refuse aucun bien; et lorsque

---

[1] *Luc.*, XXII, 42.

(*a*) *Var. :* Empire. — (*b*) Qu'une nature infinie et qui n'a besoin de rien pouvoit bien s'empêcher de nous produire.

nous n'obtenons pas ce que nous lui demandons dans nos prières, nous croirions nécessairement de deux choses l'une, ou que ce n'est pas un bien véritable que nous demandons, ou que nous ne sommes pas bien disposés à le recevoir.

Mais comme je prévois dans ce discours un autre lieu plus commode pour traiter cette vérité, maintenant je n'en dirai pas davantage ; et pour conclure le raisonnement de cette première partie, j'ajouterai, chrétiens, qu'encore que je me sois attaché à vous exposer les trois premières notions qui ont principalement porté les hommes à adorer Dieu, à savoir la perfection de son Etre, la souveraineté de sa puissance et la bonté de sa nature, je reconnois toutefois que pour adorer en vérité cette essence infinie, il faut aussi connoître véritablement tous ses autres divins attributs. Cependant comme le traité en seroit immense, trouvez bon que je vous renvoie en un mot à la foi de l'Eglise catholique ; et tenez donc pour indubitable que comme l'Eglise catholique est le seul véritable temple de Dieu, *catholicum Dei templum*, ainsi que Tertullien l'appelle [1], elle est aussi le seul lieu où Dieu est adoré en vérité. Toutes les autres sociétés, de quelque piété qu'elles se vantent et quelque titre qu'elles portent, en se retirant de l'Eglise, ont bien emporté avec elles quelque partie de la vérité, mais elles n'ont pas la plénitude. C'est dans l'Eglise seule que Dieu est connu comme il veut l'être. Nous ne connoissons jamais pleinement ni son essence ni ses attributs, que nous ne les connoissions dans tous les moyens par lesquels il a voulu nous les découvrir.

Par exemple, pour connoître pleinement sa toute-puissance, il faut la connoître dans tous les miracles par lesquels elle se déclare, et n'avoir non plus de peine à croire celui de l'Eucharistie que celui de l'incarnation. Pour connoître sa sainteté, il faut la connoître dans tous les sacremens que Jésus-Christ a institués pour nous l'appliquer, et confesser également celui de la pénitence avec celui du baptême, et ainsi des autres. Pour connoître sa justice, il faut la connoître dans tous les états où il l'exerce, et ne croire pas plutôt la punition des crimes capitaux dans l'enfer que l'expiation des moindres péchés dans le purgatoire. Ainsi pour con-

[1] *Advers. Marcion.*, lib. III, n. 21.

noître sa vérité, il la faut adorer dans toutes les voies par lesquelles elle nous est révélée et la recevoir également, soit qu'elle nous ait été laissée par écrit, soit qu'elle nous ait été donnée par la vive voix : « Gardez, dit l'Apôtre, les traditions [1]. » L'Eglise catholique a seule cette plénitude, elle seule n'est pas trompée, elle seule ne trompe jamais. « Quiconque n'est pas dans l'Eglise, dit saint Augustin, ne voit ni n'entend : quiconque est dans l'Eglise, dit le même Père, ne peut être ni sourd ni aveugle : » *Extra illam qui est, nec audit nec videt; in illâ qui est, nec surdus nec cæcus est* [2]. Partant adorons Dieu, chrétiens, dans ce grand et auguste temple où il habite au milieu de nous, je veux dire dans l'Eglise catholique (*a*); adorons-le dans la paix et dans l'unité de l'Eglise catholique, adorons-le dans la foi de l'Eglise catholique; ainsi toujours assurés de l'adorer en vérité, il ne nous restera plus qu'à nous disposer à l'adorer en esprit : c'est ma seconde partie.

SECOND POINT.

La raison pour laquelle le Sauveur des ames nous oblige à rendre à son Père un culte spirituel, est comprise dans ces paroles de notre évangile : « Dieu est esprit, et ceux qui adorent doivent adorer en esprit [3]. » En effet puisque Dieu nous a fait l'honneur de nous créer à son image, et que le propre de la religion, c'est d'achever (*b*) dans nos ames cette divine ressemblance, il est clair que quiconque approche de Dieu doit se rendre conforme à lui; et par conséquent comme il est esprit, mais esprit très-pur et très-simple, qui est lui-même son être, son intelligence et sa vie, si nous voulons l'adorer, il faut épurer nos cœurs et venir à cet esprit pur avec des dispositions qui soient toutes spirituelles; c'est ce qui s'appelle dans notre évangile adorer Dieu en esprit (*c*).

Je ne finirai jamais ce discours, si j'entreprends aujourd'hui

[1] II *Thessal.*, II, 14. — [2] Enarr. *in Psal.* XLVII, n. 7. — [3] *Joan.*, IV, 24.

(*a*) *Var.* : Partant adorons Dieu, cette essence souveraine, dans ce grand et auguste temple, je veux dire dans l'Eglise catholique. — (*b*) Perfectionner. — (*c*) Note marg. : *De tali spiritu emissa esse debet oratio, qualis est spiritus ad quem mittitur... Nemo adversarium recipit : nemo nisi comparem suum admittit* (Tertull., *De Orat.*, n. 10, 11).

de vous raconter toutes les saintes dispositions que nous devons apporter au culte sacré de Dieu. Je dirai donc seulement, pour me renfermer dans mon texte, celles que le style de l'Écriture exprime spécialement sous le mot d'esprit, qui sont la pureté d'intention, le recueillement en soi-même et la ferveur : trois qualités principales de l'adoration spirituelle.

Notre intention sera pure, si nous nous attachons saintement à Dieu pour l'amour du bien éternel qu'il nous a promis, qui n'est autre que lui-même. Vous n'ignorez pas, chrétiens, que l'ancien peuple a été mené par des promesses terrestres, la nature infirme et animale ayant besoin de cet appât sensible et de ce foible rudiment. Mais les principes étant établis (*a*), l'enfance étant écoulée, le temps de la perfection étant arrivé, Jésus-Christ vient apprendre aux hommes à servir Dieu en esprit par une chaste dilection des biens véritables qui sont les spirituels : *Adorabunt Patrem in spiritu.*

Les choses étant changées, le Nouveau Testament étant établi, il est temps aussi, chrétiens, que nous disions avec le Sauveur : Dieu est esprit ; mais cet esprit pur nous a donné un esprit fait à l'image du sien. Cultivons donc en nous-mêmes ce qui est semblable à lui, et servons-le saintement, non pour contenter les désirs que nous inspire cette nature dissemblable (*b*), je veux dire de notre corps, qui n'est pas tant notre nature que notre empêchement et notre fardeau ; mais pour assurer la félicité de l'homme invisible et intellectuel, qui étant l'image de Dieu, est capable de le servir et ensuite de le posséder en esprit.

Et c'est ici, chrétiens, que nous ne pouvons assez déplorer notre aveuglement. Car si nous faisions le dénombrement des vœux que l'on apporte aux temples sacrés, ô Dieu ! tout est judaïque ; et de cent hommes qui prient, à peine trouverons-nous un seul chrétien qui s'avise (*c*) de faire des vœux et de demander des prières pour obtenir sa conversion. Démentez-moi, chrétiens, si je ne dis pas la vérité. Ces affaires importantes qu'on recom-

---

(*a*) *Var.*: Mais les principes étant établis, les figures étant écoulées, le temps de la perfection étant arrivé ; — mais le temps de la perfection étant arrivé. — (*b*) Les désirs de cette nature dissemblable. — (*c*) Et parmi tant d'hommes qui prient, à peine trouverons-nous un chrétien qui s'avise....

mande de tous côtés dans les sacristies sont toutes affaires du monde; et plût à Dieu du moins qu'elles fussent justes (*a*), et que si nous ne craignons pas de rendre Dieu ministre de nos intérêts, du moins nous appréhendions de le faire (*b*) complice de nos crimes ! Nous voyons régner en nous sans inquiétude des passions qui nous tuent, sans jamais prier Dieu qu'il nous en délivre. S'il nous arrive quelque maladie ou quelque affaire fâcheuse, c'est alors que nous commençons à faire des neuvaines à tous les autels et à fatiguer véritablement le Ciel par nos vœux. Car qu'est-ce qui le fatigue davantage que des vœux et des dévotions intéressées ? Alors on commence à se souvenir qu'il y a des malheureux qui gémissent dans les prisons, et des pauvres qui meurent de faim et de maladie dans quelque coin ténébreux (*c*). Alors, charitables par intérêt et pitoyables par force, nous donnons peu à Dieu pour avoir beaucoup; et très-contens de notre zèle, qui n'est qu'un empressement pour nos intérêts, nous croyons que Dieu nous doit tout, jusqu'à des miracles, pour satisfaire nos désirs et notre amour-propre. O Père éternel, tels sont les adorateurs qui remplissent nos églises ! O Jésus, tels sont ceux qui vous prennent pour médiateur de leurs passions ! Ils vous chargent de leurs affaires, ils vous font entrer dans les intrigues qu'ils méditent pour élever leur fortune, et ils veulent que vous oubliiez que vous avez dit : « J'ai vaincu le monde [1]. » Ils vous prient de le rétablir, lui que vous avez non-seulement méprisé, mais vaincu. Oh ! que nous pourrions dire avec raison ce que l'on disoit autrefois : « La foule vous accable : » *Turbæ te comprimunt* [2] *!* Tous vous pressent; aucun ne vous touche, aucun ne vient avec foi pour vous prier de guérir les plaies cachées de son ame. Cette troupe qui environne vos saints tabernacles, est une troupe de Juifs mercenaires qui ne vous demande qu'une terre grasse et des ruisseaux de lait et de miel, c'est-à-dire des biens temporels; comme si nous étions encore dans une Jérusalem terrestre, dans les déserts de Sina et sur les bords du Jourdain, parmi les ombres de

---

[1] *Joan.*, XVI, 33. — [2] *Luc.*, VIII, 45.

(*a*) *Var.:* Et Dieu veuille qu'elles fussent justes ! — (*b*) De le vouloir faire. — (*c*) Dans des greniers.

Moïse, et non dans les lumières et sous l'Evangile de celui dont le royaume n'est pas de ce monde !

O enfant du Nouveau Testament, ô adorateur véritable, ô juif spirituel et circoncis dans le cœur, chrétien détaché de l'amour du monde, viens adorer en esprit ; viens demander à Dieu la conversion et la liberté de ton cœur qui gémit, ou plutôt qui ne gémit pas, qui se réjouit parmi tant de captivités ; viens affligé de tes crimes, ennuyé de tes erreurs (a), détrompé de tes folles espérances, dégoûté des biens périssables, avide de l'éternité et affamé de la justice et du pain de vie. Expose-lui toutefois avec confiance, ô fidèle adorateur, expose avec confiance tes nécessités même corporelles. Il veut bien nourrir ce corps qu'il a fait et entretenir l'édifice qu'il a lui-même bâti ; mais cherche premièrement son royaume, attends sans inquiétude qu'il te donne le reste (b) comme par surcroît [1] ; et bien loin de lui demander qu'il contente tes convoitises, viens saintement résolu à lui sacrifier tout jusqu'à tes besoins.

L'intention de notre fidèle adorateur est suffisamment épurée ; il est temps qu'il vienne au temple en esprit avec le bon Siméon ; *Venit in spiritu in templum* [2] ; c'est-à-dire qu'il y vienne attentif et recueilli en Dieu ; ou bien, si vous voulez l'expliquer d'une manière plus mystique, mais néanmoins très-solide, qu'il vienne au temple, qu'il rentre en lui-même. Montez donc au temple, ô adorateur spirituel ; mais écoutez dans quel temple il vous faut monter. Dieu est esprit et « n'habite pas dans les temples matériels [3] ; » Dieu est esprit, et c'est dans l'esprit qu'il établit sa demeure. Ainsi rappelez en vous-même toutes vos pensées ; et retiré de vos sens, montez attentif et recueilli en cette haute partie de vous-même où Dieu veut être invoqué et qu'il veut consacrer par sa présence.

Saint Grégoire de Nazianze dit [4] que l'oraison est une espèce de mort, parce que premièrement elle sépare les sens d'avec les objets externes ; et ensuite, pour consommer cette mort mystique, elle sépare encore l'esprit d'avec les sens, pour le réunir à Dieu

---

[1] *Matth.*, VI, 33. — [2] *Luc.*, II, 27. — [3] *Act.*, VII, 48. — [4] *Orat.* XI, n. 17.

(a) *Var.* : Egaremens. — (b) Que le reste te soit donné...

qui est son principe. C'est sacrifier saintement et adorer Dieu en esprit, que de s'y unir de la sorte et selon la partie divine et spirituelle; et le véritable adorateur est distingué par ce caractère de celui qui n'adore Dieu que de la posture de son corps ou du mouvement de ses lèvres.

Dieu a réprouvé un tel culte comme une dérision de sa majesté. Ce grand Dieu a dit autrefois parlant des sacrifices des anciens : « Qu'ai-je affaire de vos taureaux et de vos boucs, et de toute la multitude de vos victimes? Je n'en veux plus, j'en suis fatigué, et ils me sont à dégoût [1]. » Entendons par là, chrétiens, que dans la nouvelle alliance il demande d'autres sacrifices. Il veut des offrandes spirituelles et des victimes raisonnables. Ainsi donnez-lui l'esprit et le cœur; autrement il vous dira par la bouche de son prophète Amos que, si vous ne chantez en esprit, quelque douce et ravissante que soit la musique que vous faites résonner dans son sacrifice, votre harmonie (a) l'incommode, et que vos accords les plus justes ne font à ses oreilles qu'un bruit importun : *Aufer à me tumultum carminum tuorum, et cantica lyræ tuæ non audiam* [2].

Si donc nous lui voulons faire une oraison agréable, il faut pouvoir dire avec David : « O Seigneur, votre serviteur a trouvé son cœur pour vous faire cette prière : » *Invenit servus tuus cor suum ut oraret te oratione hâc* [3]. Oh! qu'il s'enfuit loin de nous ce cœur vagabond, quand nous approchons de Dieu! Etrange foiblesse de l'homme! Je ne dis pas les affaires, mais les moindres divertissemens rendent notre esprit attentif; nous ne le pouvons tenir devant Dieu; et outre qu'il ne nous échappe que trop par son propre égarement, nous le promenons encore volontairement deçà et delà. Nous parlons, nous écoutons; et comme si c'étoit peu d'être détournés par les autres, nous-mêmes nous étourdissons notre esprit par le tumulte intérieur de nos vaines imaginations (b). Chrétiens, où êtes-vous? Venez-vous adorer ou vous moquer? Parlez-vous en cette sorte au moindre mortel? (c) Ah!

[1] *Isa.*, I, 11, 14. — [2] *Amos*, V, 23. — [3] II *Reg.*, VII, 27.

(a) *Var.*: Symphonie. — (b) De mille pensées. — (c) *Note marg.* : Je ne m'étonne pas si vous n'avez que des pensées vaines : vous ne vous entretenez que de vanités, vous flattant par des complaisances mutuelles, etc. Si vous vous rappelez votre cœur, faites revenir ce fugitif; et s'il vous échappe malgré vous, déplorez devant Dieu ses égaremens (a); dites-lui avec le Psalmiste : « O Seigneur, mon cœur m'a abandonné : » *Cor meum dereliquit me* [1]. Tâchez toujours de le rappeler, cherchez cet égaré, dit saint Augustin [2]; et quand vous l'aurez trouvé avec David, offrez-le tout entier à Dieu, et adorez en esprit celui qui est esprit et vie : *Spiritus est Deus* [3], etc.

Mais pour arrêter notre esprit et contenir nos pensées, il faut nécessairement échauffer ce cœur. C'est le naturel de l'esprit de rouler toujours en lui-même par un mouvement éternel (b); tellement qu'il seroit toujours dissipé par sa propre agitation, si Dieu n'avoit mis dans la volonté une certaine vertu qui le fixe et qui l'arrête. Mais, mes frères, une volonté languissante n'aura jamais cette force, jamais ne produira un si bel effet. Il faut qu'elle ait de la ferveur, autrement l'esprit lui échappe et elle s'échappe à elle-même. (c) Dieu aussi s'éloigne de nous quand nous ne lui apportons que des désirs foibles. Car, mes frères, il nous faut entendre cette belle doctrine de l'Apôtre, que cet Esprit tout-puissant que nous adorons est le même qui excite en nous les fervens désirs (d) par lesquels nous sommes pressés de l'adorer. Il n'est pas seulement l'objet, mais le principe de notre culte; je veux dire qu'il nous attire au dehors, et que lui-même nous pousse au dedans. Ecoutez comme parle l'apôtre saint Paul : « Dieu a envoyé en nos cœurs l'Esprit de son Fils qui crie en nous : O Dieu, vous êtes notre Père [4]; » et ailleurs : « L'Esprit aide notre infirmité; » et encore : « L'Esprit prie en nous avec des gémissemens inexplicables [5]. » Cela veut dire, mes frères, que cet Esprit (e) qui procède du Père et du Fils, et que nous adorons en unité avec le Père et le Fils, est le saint et divin auteur de nos

---

[1] *Psal.* XXXIX, 13. — [2] *In Psal.* LXXXV, n. 7. — [3] *Joan.*, IV, 24. — [4] *Galat.*, IV, 6. — [5] *Rom.*, VIII, 26.

remplissiez des saintes vérités de Dieu, ce cercle de votre imagination agitée les ramèneroit : heureuses distractions d'un mystère à un autre, d'une vérité à une autre, etc. — (a) *Var.* : Vos extravagances. — (b) Mais pour contenir notre esprit, le moyen le plus assuré c'est d'échauffer notre cœur. C'est le naturel de l'esprit d'être mu d'un mouvement éternel. — (c) Note marg. : *Gignit sibi mentis intentio solitudinem* (S. August., *De Quæst.*, lib. II *ad Simpl.*). — (d) *Var.* : Les ardens désirs. — (e) Que le Saint-Esprit.

adorations et de nos prières. Mais considérez avec attention qu'il ne nous pousse pas mollement. Il veut crier et gémir, nous dit le saint Apôtre, avec des gémissemens inexplicables. Il faut donc que nous répondions par notre ferveur à cette sainte violence; autrement nous ne prions pas, nous n'adorons pas en esprit. Le Saint-Esprit veut crier en nous; ainsi nous l'affoiblissons, si nous ne lui prêtons qu'une foible voix. Cet Esprit veut gémir en nous; nous dégénérons de sa force, si nous ne lui offrons qu'un cœur languissant. Enfin le Saint-Esprit veut nous échauffer; et nous laissons éteindre l'esprit, contre le précepte de l'Apôtre [1], si nous ne répondons à son ardeur, en approchant de Dieu de notre part avec cet esprit fervent qui fait la perfection de notre culte : *Spiritu ferventes,* dit le même apôtre saint Paul [2].

Et certainement Dieu comme bon, d'un naturel communicatif, Esprit qui aime à se répandre et à s'insinuer dans les cœurs.....; donc comme il est avide de se donner, ainsi avides de le recevoir : *Sicut urget petere necessitas filium, sic urget charitas dare genitorem* [3]. A nous notre besoin, et à lui sa charité est un pressement : ne soyons pas moins empressés à recevoir que lui à donner. Il se plaît d'assister les hommes, et autant que sa grace leur est nécessaire, autant coule-t-elle volontiers sur eux. Il a soif qu'on ait soif de lui, dit saint Grégoire de Nazianze [4]; recevoir de sa bonté, c'est lui bien faire; exiger de lui, c'est l'obliger; et il aime si fort à donner, que la demande à son égard tient lieu de bienfait. Le moyen le plus assuré pour obtenir son secours, c'est de croire qu'il ne nous manque pas; et j'ai appris de saint Cyprien « qu'il donne toujours à ses serviteurs autant qu'ils croient recevoir de lui :» *Dans credentibus tantùm, quantùm se credit capere qui sumit* [5]. Ne croyons donc jamais qu'il nous refuse, c'est qu'il nous éprouve; ou en remettant, il nous fait ce grand bien d'arracher de nous par ce délai de son secours la reconnoissance et la confession de notre foiblesse. Ou nous ne demandons pas bien, ou nous ne sommes pas préparés à bien recevoir, ou ce que nous demandons est tel qu'il n'est pas digne de lui de nous le donner. Les

---

[1] I *Thessal.*, V, 19. — [2] *Rom.*, XII, 11. — [3] S. Petr. Chrysol., serm. LXXI *in Orat. Domin.* — [4] *Orat.* XL, tom. l. — [5] *Epist.* VIII *ad Martyr. et Confess.*

hommes sont embarrassés quand on leur demande de grandes choses, parce qu'ils sont petits; et Dieu trouve indécent qu'on s'attache à lui demander de petites choses, parce qu'il est grand. Ne lui demandez rien moins que lui-même (a).

SECONDE PÉRORAISON DU SERMON

POUR

LE VENDREDI DE LA IIIᵉ SEMAINE DE CARÊME,

CONTRE LA PARESSE (b).

« Je veux être dévot, je ne puis : » *Vult et non vult piger, anima autem operantium impinguabitur* [1]. Des désirs qui tuent, qui consument toute la force de la foi qui s'évapore toute en ces vains soupirs : *Desideria occidunt pigrum : noluerunt enim quidquam manus ejus operari, totâ die concupiscit et desiderat; qui autem justus est, tribuet et non cessabit* [2]. Par où commencer? Vous dites : Dégoûtez-vous du monde et vous apprendrez à goûter Dieu; et moi je vous dis : Faites-moi goûter Dieu, et je me dégoûterai du monde. Par où commencer? Ainsi votre salut sera impossible. Je vous donnerai une ouverture, je vous ouvrirai une porte. Votre foi est endormie, mais non pas éteinte; excitez ce peu qui vous en reste. Commencez à supporter les premiers dégoûts, à dévorer les premiers ennuis; vous verrez une étincelle céleste s'allumer au milieu de votre raison. Mais qu'avant que d'avoir tenté vous disiez tout impossible; qu'au premier ennui qui vous prend, vous quittiez et la lecture et la prière, et que vous désespériez non de vous-même seulement, mais de Dieu et de sa grace, c'est une lâcheté insupportable. Que ne vous éveillez-vous donc et que n'entreprenez-vous votre salut? Et ne l'entre-

---

[1] *Prov.*, XIII, 4. — [2] *Ibid.*, XXI, 25, 26.

(a) Note marg. : *Contre l'irréligion des hommes*, etc. *Ceux qui crient contre les hypocrites ont raison; mais...* Voy. Sermon, *Ipsum audite*. — (b) Cette dernière partie du titre est de Bossuet.

prenez pas d'une manière molle et relâchée. « Car celui qui est mol et lâche dans ses entreprises ressemble à celui qui détruit et qui ravage : » *Qui mollis et dissolutus est in opere suo, frater est sua opera dissipantis* [1]. Commencez donc quelque chose dans cette sainte assemblée, maintenant que vous êtes sous les yeux de Dieu, à la table de sa céleste vérité, sous l'autorité de sa divine parole. Commencez et vous trouverez à la fin la paix de la conscience et le repos qui ne sera qu'un avant-goût de celui que je vous souhaite dans l'éternité, avec le Père, le Fils et le Saint-Esprit.

SERMON

POUR

LE SAMEDI DE LA IIIe SEMAINE DE CARÊME,

SUR LES JUGEMENS HUMAINS (a).

Nemo te condemnavit ? Quæ dixit : Nemo, Domine. Dixit autem Jesus : Nec ego te condemnabo; vade et jam ampliùs noli peccare.

Personne ne t'a condamnée ? dit Jésus à la femme adultère ; laquelle lui répondit : Personne, Seigneur (b). Et Jésus lui dit : Je ne te condamnerai pas aussi ; va et dorénavant ne pèche plus. *Joan.*, VIII, 10, 11.

Quel est, Messieurs, ce nouveau spectacle ? Le juste prend le parti des coupables ; le censeur des mœurs dépravées désarme les zélateurs de la loi, élude leur témoignage, arrête toutes leurs

---

[1] *Prov.*, XVIII, 9.

(a) Prêché dans le Carême de 1661, aux Grandes Carmélites de la rue Saint-Jacques.

Le manuscrit porte, écrit de la main de Bossuet : « Aux Carmélites. » Cette indication suffit.

Le même sermon fut prêché plus tard, en 1669, à l'Oratoire, dans la rue Saint-Honoré ; et la reine entendit cette fois le grand orateur. En effet la *Gazette* du

(b) *Var.*: Non, Seigneur.

poursuites ; en un mot Jésus, le chaste Jésus, après s'être montré (a) si sévère aux moindres regards immodestes, défend aujourd'hui publiquement une adultère publique ; et bien loin de la punir (b) étant criminelle, il la protége hautement étant accusée, et l'arrache au dernier supplice étant convaincue. Voyez comme il renverse les choses : au lieu de confondre la coupable, il l'encourage ; au lieu d'encourager les accusateurs, il les confond ; et changeant toute la rigueur de la peine en un simple avertissement de ne pécher plus, il ne craint pas de faire revivre l'espérance abattue de la pécheresse (c) et d'effacer pour ainsi dire de ses propres mains la honte qui couvroit justement sa face impudique. Il y a quelque mystère caché dans cette conduite du Sauveur des ames, et il en faut aujourd'hui chercher le secret après avoir imploré la grace du Saint-Esprit par l'intercession de la sainte Vierge. *Ave.*

Je commencerai ce discours en vous faisant le récit de l'histoire de notre évangile, afin que vous laissiez d'abord épancher vos cœurs dans une sainte contemplation de la clémence incomparable du Sauveur des ames. Les Juifs lui amènent avec grand tumulte cette misérable adultère, et le font l'arbitre de son supplice. « La femme que nous vous présentons, disent-ils, a été surprise en adultère ; Moïse nous a commandé de lapider de tels criminels ; mais vous, Maître, qu'ordonnerez-vous ? » *Tu ergo, quid dicis*[1] *?* C'est ce que disent les pharisiens. Mais Jésus, qui lisant dans le fond des cœurs, voyoit qu'ils étoient poussés, non point par le zèle de la justice qui craint la contagion des mauvais exemples, mais par l'impatience d'un zèle amer ou par l'orgueil fastueux d'une piété affectée, ne rougit ni devant Dieu, ni devant les

---

[1] *Joan.*, VIII, 4, 5.

20 avril 1669 renferme ces mots : « Le 14 avril, dimanche des Rameaux, Madame entendit dans l'église des Prêtres de l'Oratoire la prédication de M. l'abbé Bossuet. » C'est à cette occasion que l'auteur ajouta l'allocution qu'on trouvera dans la péroraison, commençant par ces mots : « Réglons donc tous nos jugemens… » Comme il n'avoit pas reconnu la place de cette allocution, Déforis l'avoit rejetée avec d'autres morceaux détachés après les sermons, sous le titre de *Pensées chrétiennes et morales*, n° 14. Elle étoit restée là jusqu'à ce jour.

(a) *Var.* : Lui qui s'est montré. — (b) Condamner. — (c) Son espérance abattue.

hommes, de prendre en main la défense de cette impudique. « Celui de vous qui est innocent, qu'il jette, dit-il, la première pierre [1]. » Ils se retirent confus, et je ne vois plus, dit saint Augustin, que le médecin avec la malade, et la chasteté même avec l'impudique : je vois la grande et extrême misère avec la grande et extrême miséricorde : *Remansit peccatrix et salvator, remansit ægrota et medicus, remansit misera et misericordia* [2].

Cette pauvre femme étonnée, après avoir échappé des mains des coupables qui avoient eu honte de la condamner, se croyoit perdue sans ressource, regardant devant ses yeux la justice même et se voyant appelée à son tribunal, lorsque Jésus, l'aimable Jésus, toujours facile, toujours indulgent, « non par la conscience d'aucun péché, mais par une bonté infinie, » rassura son ame tremblante par ces aimables paroles que la douceur même a dictées : « Nul, dit-il, ne t'a condamnée, et je ne te condamnerai pas non plus que les autres. » De même que s'il eût dit : « Si la malice t'a pu épargner (a), pourquoi craindrois-tu l'innocence ? » *Si malitia tibi parcere potuit, quid metuis innocentiam* [3] *?* Je suis un Dieu patient, qui pardonne volontiers les iniquités ; j'en veux aux crimes et non aux personnes, et je supporte les péchés afin de sauver les pécheurs : « Va donc, et seulement ne pèche plus : » *Vade, et jam ampliùs noli peccare.*

Voilà, Messieurs, un rapport fidèle de ce que raconte saint Jean dans l'évangile de cette journée : quelles seront là-dessus nos réflexions ? Je découvre de toutes parts des instructions importantes que nous pouvons tirer de cet évangile ; mais il faut réduire toutes nos pensées à un objet fixe et déterminé ; et parmi ce nombre infini de choses qui se présentent, voici à quoi je m'arrête. Les deux vices les plus ordinaires et les plus universellement étendus que je vois dans le genre humain, c'est un excès de sévérité et un excès d'indulgence ; sévérité pour les autres, et indulgence pour nous-mêmes. Saint Augustin l'a bien remarqué et l'a exprimé élégamment en ce petit mot : *Curiosum genus ad cognoscendam*

---

[1] *Joan.*, VIII, 7. — [2] S. August., *Serm.* XII, n. 5. — [3] S. August., *Epist.* CLIII *ad Macedon.*, n. 15.

(a) *Var.:* T'a pu pardonner.

vitam alienam, desidiosum ad corrigendam suam[1] *:* « Ah ! dit-il, que les hommes sont diligens à reprendre (*a*) la vie des autres, mais qu'ils sont lâches et paresseux à corriger leurs propres défauts ! » Voilà donc deux mortelles maladies qui affligent le genre humain : juger les autres en toute rigueur, se pardonner tout à soi-même ; voir le fétu dans l'œil d'autrui, ne voir pas la poutre dans le sien ; faire vainement le vertueux par une censure indiscrète, nourrir ses vices effectivement par une indulgence criminelle ; enfin n'avoir un grand zèle que pour inquiéter le prochain, et abandonner cependant sa vie à un extrême relâchement dans toutes les parties de la discipline (*b*).

O Jésus, opposez-vous à ces deux excès, et apprenez aux hommes pécheurs à n'être rigoureux qu'à leurs propres crimes. C'est ce qu'il fait dans notre évangile ; et cette même bonté, qui réprime la licence de juger les autres, éveille la conscience endormie pour juger sans miséricorde ses propres péchés. C'est pourquoi il avertit tout ensemble, et ces accusateurs échauffés qui se rendent inexorables envers le prochain, qu'ils modèrent leur ardeur inconsidérée ; et cette femme trop indulgente à ses passions, qu'elle ne donne plus rien à ses sens (*c*). Vous, dit-il, pardonnez aux autres, et ne les jugez pas si sévèrement ; et vous, ne vous pardonnez rien à vous-même, et désormais ne péchez plus. C'est le sujet de ce discours.

PREMIER POINT.

Cette censure rigoureuse que nous exerçons sur nos frères, est une entreprise insolente et contre les droits de Dieu et contre la liberté publique. Le jugement appartient à Dieu, parce qu'il est le Souverain ; et lorsque nous entreprenons de juger nos frères sans en avoir sa commission, nous sommes doublement coupables, parce que nous nous rendons tout ensemble et les supérieurs

---

[1] *Confess.*, lib. X, cap. III.

(*a*) *Var. :* A rechercher. — (*b*) Et s'abandonner à un extrême relâchement pour soi-même. — (*c*) C'est pourquoi il dit tout ensemble, et à ces accusateurs échauffés qui se rendent inexorables envers le prochain, qu'ils modèrent leur ardeur inconsidérée ; et à cette femme trop indulgente à ses passions, qu'elle ne leur donne plus rien désormais.

de nos égaux et les égaux de notre supérieur, violant ainsi par un même attentat et les lois de la société et l'autorité de l'empire. Pour nous opposer, si nous le pouvons, à un si grand renversement des choses humaines (a), il nous faut chercher aujourd'hui des raisons simples et familières, mais fortes et convaincantes.

Pour les exposer avec ordre, distinguons avant toutes choses deux sortes de faits et deux sortes d'hommes que nous pouvons condamner; ou plutôt ne distinguons rien de nous-mêmes, mais écoutons la distinction que nous donne l'Apôtre. Il y en a dont les actions sont manifestement criminelles, et d'autres dont les conduites peuvent avoir un bon et un mauvais sens. Il faut aujourd'hui poser des maximes pour bien régler notre jugement dans ces deux rencontres, de peur qu'il ne s'égare et ne se dévoie. Cette distinction est très-importante, et saint Paul n'a pas dédaigné de la remarquer lui-même, écrivant ces mots à saint Timothée : « Il y a des hommes, dit-il, dont les péchés sont manifestes et précèdent le jugement que nous en faisons; et aussi il y en a d'autres qui suivent le jugement (b) : » *Quorumdam hominum peccata manifesta sunt, præcedentia ad judicium; quosdam autem et subsequuntur*[1].

Ce passage de l'Apôtre est assez obscur, mais l'interprétation de saint Augustin nous éclaircira sa pensée. Il y a donc des actions, dit saint Augustin[2], qui portent leur jugement en elles-mêmes et dans leurs propres excès. Par exemple, pour nous restreindre aux termes de notre évangile, un adultère public, c'est un crime si manifeste, que nous pouvons condamner sans témérité ceux qui en sont convaincus, parce que la condamnation que nous en faisons est si clairement précédée par celle qui est empreinte dans la malice de l'acte, que le jugement que nous en portons ne pouvant jamais être faux, ne peut par conséquent être téméraire. Mais il y a d'autres actions dont les motifs sont douteux et les intentions incertaines, qui peuvent être expliquées, ainsi que je l'ai dit, d'un

---

[1] I *Timoth.*, v, 24. — [2] *De Serm. Domini in monte*, lib. II, cap. XVIII, n. 60.

(a) *Var.:* Afin d'empêcher, si nous le pouvons, un si grand renversement des choses humaines. — (b) Dont le jugement suit les actions.

bon ou d'un mauvais sens. De telles actions, dit l'Apôtre, ne portent pas en elles-mêmes leur jugement, parce qu'il ne nous paroît pas dans quel esprit on les fait; si bien que dans le jugement que nous en faisons, nous accommodons ordinairement, non point notre pensée à la chose, mais la chose à notre pensée. Ainsi, dit le saint Apôtre, le jugement ne précède pas dans la chose même; nous ne recevons pas la loi, mais nous la donnons sans autorité. La sentence que nous prononçons n'est donc qu'une pure idée, le songe d'un homme qui veille, le jeu ou l'égarement d'un esprit qui bâtit en l'air et qui feint (*a*) des tableaux dans les nues; mais le jugement véritable suivra en son temps.

Car viendra le grand jour de Dieu, où tous les secrets des cœurs seront découverts, tous les conseils publiés, toutes les intentions éclaircies; et en attendant, chrétiens, le jugement du Seigneur n'ayant pas encore paru, celui que nous porterions, en cela même que très-souvent il pourroit être douteux et trompeur, seroit toujours nécessairement téméraire et dangereux. Voilà les deux états de notre prochain, sur lesquels nous pouvons juger. O Dieu! que d'excès dans l'un et dans l'autre! que de soupçons téméraires! que de préjugés iniques! que de jugemens précipités! *Delicta quis intelligit*[1]? Qui pourra entendre tous ces crimes? qui pourra démêler tous ces embarras? Pour vous en donner l'ouverture, je vous propose en un mot une maxime générale que je mets devant votre vue comme un flambeau lumineux, sous la conduite duquel vous pourrez ensuite descendre au détail des vices particuliers dans lesquels nous tombons par nos jugemens.

Cette merveilleuse lumière que j'ai aujourd'hui à vous proposer, c'est, Messieurs, cette vérité, que nous devons suivre Dieu et juger autant qu'il décide. Car ce beau commandement de ne juger pas, si souvent répété dans les Ecritures, ne s'étend pas jusqu'à nous défendre de condamner ce que Dieu condamne; au contraire c'est notre devoir de conformer notre jugement à celui de sa vérité. Non, non, ne croyez pas, chrétiens, que ce soit le dessein de notre Sauveur de faire un asile au vice, de le mettre à couvert du blâme

---

[1] *Psal.* XVIII, 13.
(*a*) *Var.*: Qui fait.

et de le laisser triompher sans contradiction (*a*); il veut qu'on le trouble, qu'on l'inquiète, qu'on le blâme, qu'on le condamne. Il faut condamner hautement les crimes publics et scandaleux; il faut aller quelquefois en les reprenant jusqu'à la dureté et à la rigueur (*b*). « Reprends-les durement, » dit le saint Apôtre : *Increpa illos durè*[1]; c'est-à-dire qu'il faut presser les pécheurs et leur jeter pour ainsi dire quelquefois au front des vérités toutes sèches pour les faire rentrer en eux-mêmes, parce que la correction qui a deux principes, la charité et la vérité, doit emprunter ordinairement une certaine douceur de la charité qui est douce et compatissante, mais elle doit aussi souvent emprunter quelque espèce de rigueur et de dureté de la vérité qui est inflexible.

Vous voyez donc qu'il nous est permis, bien plus, qu'il nous est ordonné de condamner hardiment les conduites scandaleuses des pécheurs publics, parce que le jugement de Dieu précédant le nôtre, nous ne craignons pas de nous égarer. Mais voici la règle immuable que nous devons observer : c'est de suivre Dieu simplement, sans rien usurper pour nous-mêmes. Telle est la règle assurée que sa vérité rend souveraine, son équité infaillible, sa simplicité vénérable. Mais nous péchons doublement contre l'équité de cette règle. Car dans sa simplicité elle ne laisse pas d'avoir deux parties nécessairement enchaînées : la première, de suivre Dieu, et au contraire nous jugeons plus que Dieu ne juge; la seconde, de ne rien usurper pour nous, et au contraire en jugeant les crimes nous nous attribuons ordinairement une injuste supériorité sur les personnes, qui nous inspire une aigreur cachée ou un superbe dédain (*c*).

Par exemple, car il faut venir au détail des choses, et j'ai promis d'y descendre, cet homme est voluptueux, et cet autre est injuste et violent. Vous condamnez leur conduite, et vous ne la condamnez pas témérairement, puisque la loi divine la condamne aussi. Mais

---

[1] *Tit.*, I, 13.

(*a*) *Var.*: Que ce soit le dessein de notre Sauveur qu'on épargne le vice, ni qu'il triomphe. — (*b*) Il faut condamner les crimes publics et scandaleux ; bien loin qu'il nous soit défendu de les condamner, il nous est commandé de les reprendre et d'aller quelquefois en les reprenant jusqu'à la dureté et à la rigueur. — (*c*) Un dédain fastueux.

si vous les regardez, dit saint Augustin [1], comme des malades incurables, si vous vous éloignez d'eux comme de pécheurs incorrigibles, vous faites injure à Dieu et vous ajoutez à son jugement. Vous avez vu ces personnes dans des pratiques dangereuses; vous blâmez ces pratiques, et vous faites bien, puisque l'Ecriture les blâme. Mais vous jugez de l'état présent par les désordres de la vie passée; vous dites avec le Pharisien : Si l'on savoit quelle est cette femme! et vous ne regardez pas, non plus que lui, qu'elle est peut-être changée par la pénitence : vous ne jugez plus selon Dieu, et vous passez les bornes qu'il vous a prescrites. Ne jugez donc plus désormais ni de l'avenir par le présent, ni du présent par le passé. Car ce jugement n'est pas selon Dieu ni selon ses saintes lumières. « Chaque jour, dit l'Ecriture, a sa malice [2]. » Ainsi lorsque vous découvrez quelque désordre visible, au lieu d'outrager vos frères par des invectives cruelles, espérez plutôt un temps meilleur et plus pur (a), et tempérez par cette espérance l'amertume de votre zèle qui s'emporte avec trop d'excès. Ne jugez pas de l'état présent par vos connoissances passées. Car ignorez-vous les miracles qu'opère l'Esprit de Dieu dans la conversion des cœurs? Peut-être que ce vieux pécheur est devenu un autre homme par la grace de la pénitence. Si vous découvrez encore en sa vie quelque reste de foiblesse humaine, gardez-vous bien de conclure que c'est un trompeur et un hypocrite; ne dites pas, comme vous faites : Ah! le cœur commence à paroître, le naturel s'est fait voir à travers le masque dont il se couvroit. Car, ô Dieu! ô juste Dieu! quel est ce raisonnement? Quoi! s'ensuit-il qu'on soit un démon, parce qu'on n'est pas un ange; ou que l'embrasement dure encore, parce que l'on voit quelque fumée ou quelque noirceur; ou que la campagne soit inondée, parce que la rivière en se retirant a laissé peut-être quelques eaux en des endroits plus profonds; ou que les passions dominent encore, parce qu'elles ne sont pas peut-être tout à fait domptées? Vous dites que c'est malice, et c'est peut-être imprudence; vous dites que c'est habitude, et c'est peut-être chaleur et emportement.

[1] *De Serm. Domini in monte*, ubi suprà. — [2] *Matth.*, VI, 34.

(a) *Var.* : Plus heureux.

Ah! cet homme que vous blâmez d'une façon si cruelle, fait peut-être beaucoup davantage. Non-seulement il se blâme, mais il se condamne, mais il se châtie, mais il gémit de son mal qu'il voit sans doute devant Dieu bien plus grand sans comparaison que vos jugemens indiscrets ne le font paroître à vos yeux. Cessez donc de vous égaler à la puissance suprême par la témérité de juger vos frères. Blâmez ce que Dieu blâme, condamnez ce que Dieu condamne; mais ne passez point ces limites (a) sacrées. « Ne soyez point sages plus qu'il ne faut; mais soyez sages selon la mesure [1], » c'est-à-dire ne jugez pas plus que Dieu n'a voulu juger. Autant qu'il a plu à ce grand Dieu de nous découvrir ses jugemens, ne craignez point de les suivre; mais croyez que tout ce qui est au delà est un abîme effroyable où notre audace insensée trouvera un naufrage infaillible (b). Ce n'est pas assez, chrétiens; et nous avons remarqué que même en nous élevant contre les péchés (c) publics, nous tombons dans un autre excès; nous exerçons sur les autres (d) une espèce de tyrannie, nous prenons contre eux un esprit d'aigreur ou un esprit de dédain, et devenons tellement censeurs que nous oublions que nous sommes frères. Tel étoit le vice des pharisiens; ce n'étoit pas la compassion de notre commune foiblesse qui leur faisoit reprendre les péchés des hommes, ils se tiroient hors du pair; et comme s'ils eussent été les seuls impeccables, ils parloient toujours dédaigneusement des pécheurs et des publicains. Ils s'érigeoient en censeurs publics, non point pour guérir les plaies et corriger les péchés, mais pour s'élever au-dessus des autres et étaler magnifiquement leur orgueilleuse justice. C'est pourquoi le Seigneur Jésus les voyant approcher de lui dans cet esprit dédaigneux, il les confond par cette parole : « Celui, dit-il, qui est innocent, qu'il jette la première pierre [2]. »

Apprenons de là, chrétiens, en quel esprit nous devons juger, même des crimes les plus scandaleux : gardons-nous de tirer aucun avantage de la censure que nous en faisons. Car n'avons-nous pas reconnu que ce n'est pas à nous de rien prononcer, mais de

[1] *Rom.*, XII, 3. — [2] *Joan.*, VIII, 7.
(a) *Var.:* Ces bornes.— (b) Sa perte infaillible.— (c) Les scandales.—(d) Nos frères.

suivre humblement ce que Dieu prononce? La lumière de vérité qui brille en nos ames et y condamne les déréglemens (*a*) que nos frères nous rendent visibles dans leurs actions criminelles, n'est pas une prérogative (*b*) qui nous soit donnée pour prendre ascendant sur eux; mais c'est une impression qui se fait en nous de la justice supérieure par laquelle nous serons jugés tous ensemble. Ainsi prononçant par le même arrêt leur condamnation et la vôtre, pouvez-vous en tirer aucun avantage, et ne devez-vous pas au contraire être saisis de frayeur et de tremblement? Considérez le Sauveur et voyez dans quel esprit de condescendance il dit à la femme adultère : Je ne te condamnerai pas. Si la justice même est si indulgente, faut-il que la malice soit inexorable? Si le juge est si patient, le criminel ose-t-il être rigoureux? Car enfin si le crime que vous condamnez, si cet infâme adultère qui vous fait dédaigner cette pécheresse n'est pas dans votre cœur par consentement, il n'est pas moins dans le fond de votre malice, ou dans celui de votre foiblesse. Ignorez-vous, chrétiens, de quelle sorte les péchés s'engendrent en nous? Ils y naissent comme des vers : *Os fatuorum ebullit stultitiam*[1]; non engendrés par le dehors, mais conçus et bouillonnans au dedans de la pourriture invétérée de notre substance (*c*) et du fond malheureusement fécond de notre corruption originelle. Ainsi quand les crimes que vous blâmez ne seroient point dans vos consciences par une attache actuelle, ils sont enfermés radicalement dans ce foyer intérieur de votre corruption; et si jamais ils en sortent par une attache effective, en condamnant votre frère, n'aurez-vous pas parlé contre vous et foudroyé votre tête? Et quand nous ne tomberions jamais dans ce même crime, ne tombons-nous pas tous les jours dans de semblables excès, également condamnés (*d*) par cette suprême Vérité qui est l'arbitre de la vie humaine? Car celui qui a dit : « Tu ne tueras pas, » a défendu aussi l'impudicité; et quoique les tables des commandemens soient partagées en plusieurs articles, c'est la même lumière très-simple de la justice divine qui autorise tous les

[1] *Prov.*, xv, 2.

(*a*) *Var.* : Les désordres. — (*b*) Une connoissance. — (*c*) Mais conçus et formés de la pourriture intérieure de notre substance. — (*d*) Qui sont également condamnés.

préceptes, proscrit tous les crimes, réprouve toutes les transgressions.

« Toi donc qui juges les autres, tu te condamnes toi-même, » comme dit l'Apôtre [1]. Par conséquent, chrétiens, si nous osons condamner nos frères, et nous le devons quelquefois, quand leurs crimes sont scandaleux, ne condamnons pas leurs excès comme en étant éloignés; que ce ne soit pas pour nous mettre à part, mais pour entrer tous ensemble dans un sentiment intime et profond et de nos communs devoirs et de nos communes foiblesses. Ainsi nous souvenant de ce que nous sommes, ne nous laissons jamais emporter à ces invectives cruelles (a), à ces dérisions outrageuses qui détournent malicieusement contre la personne l'horreur qui est due au vice. C'est un jeu cruel et sanglant qui renverse tous les fondemens de l'humanité (b). « Un innocent, dit Tertullien parlant contre les jeux des gladiateurs (c'en est ici une image), ne fait jamais son plaisir du supplice d'un coupable : » *Innocens de supplicio alterius lætari non potest* [2]. Que si c'est une cruauté de se réjouir du supplice de son frère, quelle horreur, quel meurtre, quel parricide de se faire un jeu, de se faire un spectacle, de se faire un divertissement de son crime même!

Si nous devons être si réservés dans les péchés scandaleux, quelle doit être notre retenue dans les choses cachées et douteuses? A quoi pensons-nous, mes frères, de nous déchirer mutuellement par tant de soupçons injustes? Hélas! que le genre humain est malheureusement curieux! chacun veut voir ce qui est caché et juger des intentions. Cette humeur curieuse et précipitée fait que ce qu'on ne voit pas on le devine; et comme nous ne voulons jamais nous tromper, le soupçon devient bientôt une certitude, et nous appelons conviction ce qui n'est tout au plus qu'une conjecture. Mais c'est l'invention de notre esprit, à laquelle nous applaudissons et que nous accroissons sans mesure. Que si parmi ces soupçons notre colère s'élève, nous ne voulons plus l'apaiser, parce que « nul ne trouve sa colère injuste : » *Nulli irascenti ira sua videtur injusta* [3]. Ainsi l'inquiétude nous prend; et par cette

---

[1] *Rom.*, II, 1. — [2] *De Spect.*, n. 19. — [3] S. August., *Epist.* XXXVIII, n. 2.
(a) *Var. :* Sanglantes. — (b) De la charité.

inquiétude nourrie par nos défiances, souvent nous nous battons contre une ombre, ou plutôt l'ombre nous fait attaquer le corps. Nous frappons de peur d'être prévenus, nous vengeons une offense qui n'est pas encore : *Ipsâ sollicitudine priùs malum facimus quàm patimur*[1] *:* voyez le progrès de l'injustice. Mon Dieu, je renonce devant vous à ces dangereuses subtilités de notre esprit qui s'égare. Je veux apprendre de votre bonté et de votre sainte justice à ne présumer pas aisément le mal, à voir et non à deviner, à ne précipiter pas mon jugement, mais à attendre le vôtre.

Vous me dites que si j'agis de la sorte, je serai la dupe publique, trompé tous les jours mille et mille fois; et moi, je vous réponds à mon tour : Eh quoi! ne craignez-vous pas d'être si malheureusement ingénieux à vous jouer de l'honneur et de la réputation de vos semblables? J'aime beaucoup mieux être trompé que de vivre éternellement dans la défiance, fille de la lâcheté et mère de la dissension. Laissez-moi errer, je vous prie, de cette erreur innocente que la prudence, que l'humanité, que la vérité même m'inspire. Car la prudence m'enseigne à ne précipiter pas mon jugement, l'humanité m'ordonne de présumer plutôt le bien que le mal ; et la vérité même m'apprend de ne m'abandonner pas téméraires à condamner les coupables, de peur que sans y penser je ne flétrisse les innocens par une condamnation injurieuse.

SECOND POINT.

Il pourroit sembler, chrétiens, que c'est presser trop mollement cette pécheresse à se censurer elle-même, que de lui ordonner simplement de ne pécher plus, et la traiter cependant avec une telle indulgence; mais il faut vous faire comprendre qu'il n'y a rien de plus efficace pour rappeler une ame étonnée au sentiment de ses crimes.

Nous pouvons voir nos péchés ou dans la justice de Dieu, ou dans ses miséricordes et dans les trésors de ses bontés infinies. Je soutiens, et il est vrai, que si la justice nous les fait voir d'une manière plus terrible, la bonté nous les fait sentir d'une manière plus vive et plus pénétrante. Nos péchés sont contraires, je vous

[1] S. August., *Serm.* CCCVI, n. 9.

l'avoue, à la justice de Dieu qui les punit; mais ne le sont-ils pas beaucoup plus à la bonté de Dieu qui les efface? Que faites-vous, ô justice? Vous laissez le crime, et vous y ajoutez la peine. Mais vous, ô bonté, ô miséricorde, vous ôtez tout ensemble la peine et le crime; et en pardonnant au pécheur, vous portez au fond de son cœur par votre indulgence la lumière la plus perçante pour confondre son ingratitude. La justice tonne et foudroie : que fait-elle par ses foudres et par son tonnerre? Elle remplit l'imagination de la terreur de la peine. La bonté va bien plus avant, qui par ses facilités et ses compassions fait sentir au dedans l'horreur de la faute. Au milieu du bruit que fait la justice, le cœur troublé se resserre et à peine se sent-il lui-même. *(a)* Les douceurs de la bonté le dilatent pour recevoir les impressions du Saint-Esprit; tout s'épanche, tout se découvre, et jamais on ne sent mieux son indignité que lorsqu'on se sent prévenu par une telle profusion de graces.

Quand Joseph se découvrit à ses frères et qu'il leur dit ces paroles : « Je suis Joseph votre frère, que vous avez vendu en Egypte, ils furent saisis d'une grande horreur [1]; » ils sentirent bien qu'ils avoient mal fait de le livrer de la sorte. Mais lorsqu'il commença non-seulement à les rassurer, mais à les excuser, et qu'il leur dit ces paroles : « Eh! ne vous affligez pas de m'avoir vendu; ce n'a pas tant été par votre malice que par un conseil de Dieu, qui vouloit vous préparer ici un libérateur par une telle aventure [2]. » Et lorsqu'il « les embrassa et qu'il pleura sur chacun d'eux en particulier : » *Et ploravit super singulos* [3], ah! les reproches les plus sanglans qu'il auroit pu inventer contre eux, n'eussent pas été capables de les faire entrer dans le sentiment de leurs crimes à l'égal de ces larmes, de cette tendresse, de ces embrassemens imprévus d'un frère si outragé, et néanmoins si bon et si tendre et si bienfaisant. Il en est de même de notre grand Dieu.

[1] *Genes.*, XLV, 3, 4. — [2] *Ibid.*, 5, 7, 8. — [3] *Ibid.*, 15.

(a) Note marg. : Le mouvement dans la crainte...... le cœur se trouble et à peine se sent-il lui-même; il se resserre en lui-même et voudroit se cacher à ses propres yeux : il fuit de toute sa force la colère qui le poursuit; et pour fuir plus précipitamment, il voudroit pouvoir se séparer de soi-même, parce qu'il trouve toujours dans son fond un Dieu vengeur.

Qu'il tonne, qu'il menace et qu'il foudroie; qu'il crie à mon ame étonnée par la bouche de son prophète : Tu m'as quitté, infidèle; tu t'es abandonnée à tous les passans, épouse volage et parjure : *Tu autem fornicata es cum amatoribus multis* [1]; j'entre à la vérité dans le sentiment de mes horribles infidélités; mais lorsqu'il ajoute après : « Toutefois retourne à moi, et je te recevrai, dit le Seigneur, » c'est ce qui achève de percer mon cœur, et je ne vois jamais mieux mes ingratitudes qu'au milieu de ces bontés si peu méritées. Non, mes frères, il n'y a rien de plus efficace pour nous faire rentrer en nous-mêmes : ces bontés si gratuites, si abondantes, si inespérées, si surprenantes, poussent l'ame jusqu'à son néant; et les larmes d'un père attendri qui tombent sur le cou de son prodigue, lui font bien mieux sentir son indignité que les reproches amers par lesquels il auroit pu le confondre.

Venez donc ici, chrétiens, et écoutez votre Sauveur qui vous montre vos ingratitudes. Ce n'est pas la voix de son tonnerre ni le cri de sa justice irritée que je veux faire retentir à vos oreilles : parlez, amour; parlez, indulgence; parlez, bontés attirantes d'un Dieu qui est venu chercher les pécheurs, qui leur veut faire sentir leur indignité, non par la violence de ses reproches, mais par l'excès de ses graces; non en prononçant leur sentence, mais en leur accordant leur pardon (*a*). C'est la méthode du Sauveur des ames. Il ne dit rien de fâcheux ni aux pécheurs, ni aux publicains qui conversoient avec lui. Il tourne toute son indignation contre les pharisiens hypocrites dont le superbe chagrin s'opposoit à la conversion des pécheurs. Pour lui, qui étoit venu rechercher et porter sur ses épaules ses brebis perdues, il ne rebute point les pécheurs par un dédain accablant et par des paroles désespérantes. Il ne dit rien de rude ni à Madeleine, ni à la Samaritaine, ni à la femme adultère; et sans les confondre par ses reproches, il laisse faire cet ouvrage et à l'excès de leurs crimes et à l'excès de ses graces.

Ah! il n'y a plus moyen de lui résister; il faut mourir de regret d'avoir offensé si indignement une telle miséricorde. Car d'où

---

[1] *Jerem.*, III, 1.

(*a*) *Var.:* Leur absolution.

vient cette facilité et cette indulgence? Est-ce qu'il n'a pas horreur des péchés, lui qui vient mourir pour les expier? Est-ce qu'il n'a pas la puissance de les châtier, lui entre les mains duquel toutes les créatures sont autant de foudres? Est-ce que les paroles lui manquent pour convaincre nos ingratitudes, lui, mes frères, dont le moindre mot pouvoit laisser sur le front une impression de honte éternelle? D'où vient qu'il se tait et qu'il dissimule? C'est qu'il connoît nos foiblesses, c'est qu'il a pitié de nos maux. Encore une fois, mes frères, il faut mourir de regret; et en même temps qu'il nous dit : Je ne te condamne pas, il faut ramasser ensemble tout ce qu'il y a dans nos ames et de force et d'infirmité, et de lumières et de ténèbres, et de péchés et de graces, pour nous condamner nous-mêmes et confondre devant sa face nos trahisons et nos ingratitudes (*a*).

D'autant plus, chrétiens, et voici ce qu'il y a de plus fort, que cette indulgence lui coûte bien cher. C'est ici ce qu'il faut entendre, c'est ici ce qui doit presser un cœur chrétien. Si Jésus nous est facile et indulgent, il a acheté, mes frères, cette indulgence qu'il a pour nous par des rigueurs inouïes (*b*), qu'il a souffertes en lui-même. Il n'a pardonné aucun crime, il n'a dit aucune parole de miséricorde, de douceur, de condescendance, qui ne lui ait coûté tout son sang. Car que méritoit le pécheur d'un Dieu irrité, sinon des menaces, des rebuts, des arrêts de mort éternelle? Mais Jésus notre saint pontife, pontife vraiment charitable et compatissant à nos maux, a voulu nous traiter avec indulgence; et pour acquérir ce beau droit de nous traiter, quoique indignes, avec une bonté paternelle, il s'est abandonné volontairement à des rigueurs insupportables (*c*).

Venez à la croix, Madeleine; venez-y, ô femme adultère de notre évangile; voyez les coups de foudre, voyez les rigueurs, voyez le poids des vengeances qui accable ce Dieu-Homme. Voyez le ciel et la terre conjurant sa perte, les hommes furieux, son Père implacable, l'enfer déchaîné contre lui. O quel excès de rigueur! C'est par là qu'il a mérité de vous pouvoir traiter doucement. Le

(*a*) *Var.* : Nos perfidies. — (*b*) Par une rigueur insupportable, — par une extrême rigueur. — (*c*) Inouïes.

croyiez-vous, pauvres ames, lorsqu'il vous parloit si obligeamment? croyiez-vous que cette douceur lui coûtât si cher? Vous croyiez peut-être alors qu'il vous faisoit une grace qui ne lui coûtoit autre chose que d'ouvrir seulement son cœur, trésor inépuisable de compassion; et il faisoit un échange; et pour faire luire sur vous un rayon de faveur divine, il se dévouoit intérieurement à des rigueurs infinies, à des duretés intolérables. A vous donc toute la douceur, à lui toutes les amertumes : à vous les consolations, à lui les délaissemens : à vous la facilité, le pardon, la condescendance; à lui les foudres, à lui les tempêtes et tout ce que peut inventer une colère inflexible et inexorable. Mes frères, c'est à ce prix que Jésus nous est indulgent. Pouvons-nous après cela arrêter les yeux sur les bontés qu'il exerce, sans avoir le cœur pénétré de ce que lui coûtent nos crimes? Autant de graces qu'il nous donne, autant de péchés qu'il nous remet; autant de fois qu'il nous dit : Je ne te condamnerai pas, et il nous le dit à chaque moment, nous devons croire, mes frères, qu'il étale autant de fois à nos yeux toutes les rigueurs de sa croix et toute l'horreur du Calvaire. Et comme à chaque moment son enfer devoit s'ouvrir sous nos pieds, autant d'instans qu'il nous accorde pour prolonger le temps de la pénitence, autant nous dit-il de fois : Vois, je ne te condamne pas, puisque je t'attends; je ne te condamne pas, puisque je t'invite; je ne te condamne pas, puisque je te presse et que je ne cesse de te dire : Retourne, prévaricateur, et tu vivras; retournez, enfans perfides; retournez, épouses déloyales ; « et pourquoi voulez-vous périr, maison d'Israël[1]? » Donc, mes frères, autant de momens que Jésus nous attend à la pénitence, autant de fois, non sa voix mortelle, mais ce qui est beaucoup davantage, sa bonté, sa miséricorde, sa patience déclarée, son sang, sa grace, son Saint-Esprit nous disent au fond du cœur : Je ne te condamne pas; va, et désormais ne pèche plus. Et tout cet excès de miséricorde dont nous ressentons le fruit, nous rappelle aux rigueurs horribles qui en ont été la racine. Donc, ô Jésus, ô divin Jésus! que vos miséricordes sont pressantes! ah! dans le moment que je les ressens, je vois toutes vos plaies se rouvrir, tout votre sang se déborder. Il

[1] *Ezech.*, XXXIII, 11.

faut pleurer du sang, pour le mêler avec celui que vos tendresses et mes duretés, que vos bontés et mes ingratitudes vous ont fait répandre.

Laissons-nous toucher, chrétiens, à cet excès de miséricorde, et apprenons aujourd'hui à voir toute l'horreur de nos crimes dans la grace qui nous les remet. « Affliger et contrister l'Esprit de Dieu! » *Nolite contristare Spiritum sanctum* [1]; cette affliction ne marque pas tant l'injure qui est faite à sa sainteté par notre injustice, que la violence que souffre son amour méprisé et sa bonne volonté frustrée par notre résistance opiniâtre. Affliger le Saint-Esprit, c'est-à-dire l'amour de Dieu opérant en nous pour lui gagner nos cœurs par sa bonté! Il se mesure avec nous par les tendresses de son amour, par les empressemens de sa miséricorde. Combien la dureté est-elle inhérente, si elle ne s'amollit pas, etc.!

Réglons donc tous nos jugemens sur celui de Jésus-Christ. Madame, voilà la règle que se propose sans doute une princesse si éclairée; c'est la seule qui est digne d'une ame si grande et d'un esprit si bien fait et si pénétrant. Vos lumières seront toujours pures, quand elles seront dirigées par les lumières d'en haut. On louera plus que jamais ce juste discernement, ce jugement exquis, ce goût délicat, quand vous continuerez à goûter les célestes vérités et à préférer les biens que l'Evangile nous présente, à tous ceux que le monde nous donne et à tous ceux qu'il nous promet, beaucoup plus grands que ceux qu'il nous donne. Tous les peuples, déjà gagnés à Votre Altesse royale par une forte estime et par une juste et très-respectueuse inclination, y joindront une vénération qui n'aura point de limites et qui portera votre gloire à un si haut point, qu'il n'y aura rien au-dessus que la gloire même des saints et la félicité éternelle.

[1] *Ephes.*, IV, 30.

ABRÉGÉ D'UN SERMON

POUR

LE SAMEDI DE LA IIIᵉ SEMAINE DE CARÊME (a).

Lire l'évangile de la femme adultère.

EXPOSITION. — Jésus-Christ effraie et éloigne les coupables : que ne doit-elle craindre (b), quand il ne restera que l'innocence ? Voici celui qui peut juger parce qu'il est juste; mais il peut aussi justifier parce qu'il est juste. Pour condamner, il faut être juste; mais aussi pour justifier, il faut être juste. Vous tremblez pour cette femme adultère, parce qu'elle est devant le juste; espérez pour elle et pour vous, parce qu'elle est devant le juste qui justifie.

Qui est cette femme adultère? L'ame chrétienne; son image au chapitre seizième d'Ezéchiel. Née dans ton impureté, dans ton sang, on ne t'a point lavée, on ne t'a point coupé le nombril; tes péchés sont sur toi; ni la chair ni ses désirs ne sont retranchés. Elle a été jetée en terre en naissant dans des désirs terrestres et sensuels.. Elle a crû; et ses mamelles se sont enflées : la chair a pris de nouvelles forces. Elle est venue, permettez-moi de le dire dans les paroles du prophète, elle est venue à l'âge des amans. Je l'ai aimée, dit le Seigneur, j'ai étendu sur elle mon vêtement, je l'ai épousée, je lui ai donné ma foi, j'ai reçu la sienne, je l'ai reçue dans ma couche. Est-ce qu'elle étoit belle ? Non, elle étoit encore dans son impureté. Je l'ai lavée. Le baptême. Elle n'avoit point été ointe d'huile : je l'ai ointe de l'huile céleste ; je lui en ai fait un signe sur le front, signe qu'elle étoit rachetée par la croix de Jésus-Christ; elle a été faite mienne, une chair avec moi par l'Eucharistie : corps à corps, cœur à cœur, esprit à

(a) Ecrit de la main de Bossuet, au commencement du manuscrit : « A Claye; » c'est un bourg près de Meaux. D'un autre côté le projet de notre sermon développe plusieurs idées qui se trouvent dans l'esquisse d'un autre sermon pour la quatrième semaine de Carême. Or ce dernier sermon a été prêché pendant l'époque de Meaux : donc aussi le premier. — (b) La femme adultère.

esprit. Elle est devenue belle. Ses ornemens, des colliers, des pendans d'oreilles. Elle étoit belle, sa beauté célébrée aux environs. Etoit-elle belle par elle-même? Non, dit le prophète, belle de la beauté que je lui avois donnée. Elle m'a quitté, la déloyale. Voyez les degrés; d'abord elle n'a eu qu'un amant : commerce de l'ame pécheresse; plus de semblance; confession aussitôt; mais on s'endurcit dans le crime. Elle s'est abandonnée et prostituée à ceux qu'elle aimoit, à ceux qu'elle ne connoît pas. Sa volonté lui a fait commettre certains crimes, sa complaisance lui en fait commettre certains autres. Au commencement elle se laissoit corrompre par les récompenses; elle corrompt les autres maintenant. Voyez comme elle descend dans la profondeur de l'iniquité.

Ah! malheureuse, qui te pourra purifier de ton crime? Elle va encore plus avant : *Ædificasti tibi lupanar :* « Un lieu déshonnête : » une conscience entièrement corrompue, profession publique du crime, repos dans le crime, nul reproche de la conscience, repos dans l'opprobre; on n'a honte que de n'être pas assez impudente; on ne rougit que de conserver quelque reste de pudeur. Ah! malheureuse, tu as élevé le signe de la prostitution, les enseignes de la vanité, du luxe. Les Chaldéens, les Egyptiens. Prostituée et abandonnée sans mesure. Je te livrerai à tes amans, afin qu'ils te perdent, qu'ils te ravagent : tes mauvaises inclinations.

Mais voici le comble. Tu es semblable à ta mère, à la gentilité dont tu es sortie. Tu as justifié Sodome, ta sœur aînée; le judaïsme, « Jérusalem, Sodome spirituelle où leur Seigneur a été crucifié [1]; » et Samarie ta jeune sœur, l'hérésie toujours postérieure à l'Eglise. Dites-moi qui de mes prédécesseurs.... Vous méprisez cette chaîne de la succession : — C'est assez d'avoir Dieu, non la succession de la doctrine.— O foiblesse! comme qui diroit : Je veux garder les eaux, je ne me soucie pas du canal. Tu as justifié Sodome ta sœur aînée : le judaïsme, le Juif a crucifié le Seigneur de la gloire; mais « s'ils l'avoient connu, dit saint Paul [2], ils ne l'auroient jamais fait. » Tu le crucifies le sachant et le connoissant pour tel. Fidèles à Moïse, qui est loué dans toutes les synagogues,

[1] *Apoc.,* XI, 8. — [2] I *Cor.,* II, 8.

qui leur a imposé un joug de fer « que ni nos pères ni nous n'avons pu porter [1]; » et nous infidèles à Jésus, dont le joug est si doux et le fardeau si léger.

Mais comment, Samarie la cadette? Elle a méprisé l'Eglise, séparée de sa communion; grand crime, mais tu l'as justifiée. Croire l'Eglise, et ne point vivre selon l'Eglise! Elle a méprisé le carême; et toi, ou tu ne le fais pas le croyant d'obligation, ou tu le fais judaïquement; tu l'as justifiée. Car est-ce que ces viandes sont impures? Non, il falloit s'abstenir des jeux, des plaisirs, du moins des péchés, des médisances. Elle a retranché la confirmation contre, etc., tu la justifies; l'extrême-onction pour ne pas mourir comme entre les mains des apôtres, tu la justifies; le sacrement de pénitence contre, etc., tu la justifies; le sacrement de l'Eucharistie : — Je ne veux croire que ce que je vois, etc.; — tu l'as justifiée, le croyant et le profanant. On devroit connoître sa présence à ton respect, comme le roi où l'on voit la Cour découverte et respectueuse, tu l'as justifiée. (Appuyer sur l'un et sur l'autre, sur le tort de l'hérésie et le plus grand tort des catholiques qui méprisent. Tout parcouru) : Quelle espérance pour toi? Ah! dit le Seigneur, je me souviendrai des jours de ta jeunesse; je renouvellerai mon pacte, ma foi que je t'ai donnée. Ce n'est pas elle qui revient, c'est Dieu. Exhortation à écouter sa voix. Plus distinguer les anciens et les nouveaux catholiques, abolir ces restes de division. Je ne me relâcherai pas, je reviendrois du tombeau. J'ai un second, le Roi. Humble sujet partout ailleurs : dans la religion j'ose dire que le prince ne va que le second.

[1] *Act.*, xv, 10.

PREMIER SERMON

POUR

LE IVe DIMANCHE DE CARÊME (a).

Cùm sublevasset ergo oculos Jesus, et vidisset quia multitudo maxima venit ad eum, dixit ad Philippum : Unde ememus panes ut manducent hi?

Jésus ayant élevé sa vue et découvert un grand peuple qui étoit venu à lui dans le désert, dit à Philippe : D'où achèterons-nous des pains pour nourrir tout ce monde qui nous a suivis? *Joan.*, VI, 5.

Je ne crois pas, Messieurs, que nous ayons jamais entendu ce que nous disons, lorsque nous demandons à Dieu tous les jours dans l'Oraison Dominicale qu'il nous donne notre pain quotidien. Vous me direz peut-être que sous ce nom de pain quotidien vous lui demandez les biens temporels (b) qu'il a voulu être nécessaires pour soutenir cette vie mortelle; c'est ce que j'accorderai volon-

---

(a) Prêché en 1662, dans le Carême du Louvre, devant la Cour.
Le prédicateur parle de la parure des dames, qui « s'habillent d'un fardeau et sont chargées plutôt que couvertes; » il condamne la pompe, qui « entre dans la maison de Dieu la tête levée comme l'idole qui y veut être adorée; » il combat la convoitise, qui « ouvre ses vastes abîmes pour engloutir tout le bien des pauvres; » il s'écrie : « O siècle vainement superbe ! je le dis avec assurance et la postérité le saura bien dire, que pour connoître ton peu de valeur, et tes dais, et tes balustres, et tes couronnes, et tes manteaux, et tes titres, et tes armoiries et les autres ornemens de ta vanité, sont des preuves trop convaincantes. » Ces paroles n'ont pu être prononcées que devant la Cour. D'une autre part l'orateur sollicite des secours pour les nécessiteux : « La main des pauvres, dit-il, c'est le coffre de Dieu, c'est où il reçoit son trésor ; ce que vous y mettez, Dieu le tient éternellement sous sa garde, et il ne se dissipe jamais. Ne laissez pas tout à vos héritiers ; héritez-vous de quelque partie de votre bien. » Ce zèle à venir au secours des pauvres, ces pressantes sollicitations nous rappellent toujours cette malheureuse année qui vit la famine sévir si cruellement en France, l'année 1662. A cela Bossuet n'a prêché que deux Carêmes devant la Cour, et nous avons pareillement deux sermons pour le quatrième dimanche de la sainte quarantaine. Or on verra que le second a été prêché en 1666; le premier, celui dont nous parlons, l'a donc été en 1662.
On trouvera dans notre sermon trois notes marginales assez longues ; elles viennent, la première d'un passage effacé, les deux dernières d'un feuillet tracé en dehors du manuscrit. Les éditeurs les avoient mises dans le texte principal, où elles faisoient double emploi.

(b) *Var.* : Que vous lui demandez sous ce nom les biens temporels.

tiers, et c'est pour cela, chrétiens, que je ne crains point de vous assurer que vous n'entendez pas ce que vous dites (*a*). Car si jamais vous aviez compris que vous ne demandez à Dieu que le nécessaire, vous plaindriez-vous comme vous faites, lorsque vous n'avez pas le superflu? Ne devriez-vous pas être satisfaits, lorsque l'on vous donne ce que vous demandez? Et celui qui se réduit au pain, doit-il soupirer après les délices? Car (*b*) si nous avions bien mis dans notre esprit que ce peu qui nous est nécessaire, nous sommes encore obligés de le demander à Dieu tous les jours, ni nous ne le rechercherions avec cet empressement que nous sentons tous, mais nous l'attendrions de la main de Dieu en humilité et en patience; ni nous ne regarderions nos richesses comme un fruit de notre industrie, mais comme un présent de sa bonté qui a voulu bénir notre travail; ni nous n'enflerions pas notre cœur par la vaine pensée de notre abondance, mais nous sentant réduits, contraints tous les jours à lui demander notre pain, nous passerions toute notre vie dans une dépendance absolue de sa providence paternelle.

D'ailleurs si nous faisions réflexion que nous ne demandons à Dieu que le nécessaire, nous ne nous plaindrions pas comme nous faisons, lorsque nous n'avons pas le superflu. Après avoir restreint nos désirs au pain (*c*), nous verrions que nous n'avons aucun droit de soupirer après les délices; et contens d'avoir obtenu de Dieu ce que nous avons demandé avec tant d'instance, nous nous tiendrions trop heureux d'avoir le vêtement et la nourriture : *Habentes autem alimenta, et quibus tegamur, his contenti sumus* [1]. Et comme nous sommes si fort éloignés d'une disposition si sainte et si chrétienne (*d*), j'ai juste sujet de conclure que nous n'entendons pas ce que nous disons, quand nous prions Dieu comme notre Père de nous donner notre pain quotidien. C'est pourquoi il est nécessaire que nous tâchions aujourd'hui de l'apprendre, puisque l'occasion en est toute née dans l'évangile qui se présente.

Pour exécuter un si grand dessein et si fructueux au salut des

[1] 1 *Timoth.*, VI, 8.

(*a*) *Var.* : Que nous n'entendons pas ce que nous disons. — (*b*) D'ailleurs. — (*c*) Après nous être resserrés au pain. — (*d*) De cette disposition.

âmes, il faut remarquer avant toutes choses trois degrés des biens temporels marqués distinctement dans notre évangile. Le premier état, chrétiens, c'est celui de la subsistance qui regarde le nécessaire; le second naît de l'abondance qui s'étend au délicieux et au superflu; le troisième, c'est la grandeur qui embrasse les fortunes extraordinaires. Voyons tout cela dans notre évangile. Jésus nourrit le peuple au désert, et voilà ce qu'il faut pour la subsistance : *Accepit ergo Jesus panes, et... distribuit discumbentibus* [1]. Après qu'ils furent rassasiés, il resta encore douze paniers pleins : *Collegerunt et impleverunt duodecim cophinos fragmentorum* [2]; et voilà manifestement le superflu. Enfin ce peuple étonné d'un si grand miracle, accourt au Fils de Dieu pour le faire roi : *Ut raperent eum et facerent eum regem* [3]; où vous voyez clairement la grandeur marquée. Ainsi nous avons dans notre évangile ces trois degrés des biens temporels, le nécessaire, le superflu, l'extraordinaire. La subsistance, c'est le premier; l'abondance, c'est le second; la fortune éminente, c'est le troisième.

Mais c'est peu de les trouver dans notre évangile, si nous ne sommes soigneux d'y chercher aussi quelque instruction importante pour servir de règle à notre conduite à l'égard de ces trois états; et en voici, Messieurs, de très-importantes qu'il nous est aisé d'en tirer. Il y a trois vices à craindre : à l'égard du nécessaire, l'empressement et l'inquiétude; à l'égard du superflu, la dissipation et le luxe; à l'égard de la grandeur éminente, l'ambition désordonnée. Contre ces trois vices, Messieurs, trois remèdes dans notre évangile. Le peuple suivant Jésus au désert sans aucun soin de sa nourriture, la reçoit néanmoins de sa Providence; voilà de quoi guérir notre inquiétude. Jésus-Christ ordonne à ses apôtres de ramasser soigneusement ce qui étoit de reste, « de peur, dit-il, qu'il ne périsse : » *Colligite quæ superaverunt fragmenta, ne pereant* [4]; et c'est pour empêcher la dissipation. Enfin pour éviter qu'on le fasse roi, il se retire seul dans la montagne : *Fugit iterum in montem ipse solus* [5]; et voilà l'ambition modérée. Ainsi la suite de notre évangile nous avertit, Messieurs, de prendre garde de rechercher avec empressement le nécessaire; de dissiper inu-

[1] *Joan.*, VI, 11. — [2] *Ibid.*, 13. — [3] *Ibid.*, 15. — [4] *Ibid.*, 12. — [5] *Ibid.*, 15.

tilement le superflu; de désirer avec ambition, de désirer démesurément l'extraordinaire, c'est ce que contient notre évangile, et ce qui partagera ce discours.

PREMIER POINT.

Pour vous délivrer, ô enfans de Dieu, de ces soins empressés qui vous inquiètent touchant les nécessités de la vie, écoutez le Sauveur qui vous dit lui-même que votre Père céleste y pourvoit et qu'il ne veut pas qu'on s'en mette en peine. « Ne soyez pas en trouble, dit-il, dans la crainte de n'avoir pas de quoi manger, ni de quoi boire, ni de quoi vous vêtir. Car il appartient aux païens de chercher ces choses; mais pour vous, vous avez au ciel (a) un Père très-bon et très-prévoyant, qui sait le besoin que vous en avez. Cherchez donc premièrement le royaume de Dieu, cherchez la véritable justice, et toutes ces choses vous seront données comme par surcroît : » *Quærite ergo primùm regnum Dei et justitiam ejus : et hæc omnia adjicientur vobis* [1]. Comme ces paroles du Fils de Dieu règlent la conduite du chrétien, pour ce qui regarde les soins de la vie, tâchons de les entendre dans le fond; et pour cela, présupposons quelques vérités qui nous en ouvriront l'intelligence (b).

Je suppose premièrement, et ceci, Messieurs, est très-important, que ce soin paternel de la Providence ne regarde que le nécessaire, et non pas le surabondant; je veux dire, si vous prétendez, délicats du siècle, que la Providence divine s'engage à fournir

---

[1] *Matth.*, VI, 31, 32, 33.

(a) *Var.* : Dans le ciel. — (b) *Note marg.* : Je suppose premièrement que le dessein de notre Sauveur n'est pas de défendre un travail honnête, ni une prévoyance modérée. Lui-même avoit dans sa compagnie un disciple qui gardoit son petit trésor destiné pour sa subsistance ; saint Paul a travaillé de ses mains pour gagner sa vie, et n'a pas attendu que Dieu lui envoyât du pain par ses anges; . et enfin tout le genre humain ayant été condamné au travail en suite du péché du premier homme, ce n'est pas de cette sentence que le Sauveur nous est venu délivrer; c'est de la damnation éternelle. En effet considérez ses paroles : « Ne vous inquiétez pas, ne vous troublez pas : » *Nolite solliciti esse* (Matth., VI, 31) : « N'ayez pas l'esprit en suspens : » *Nolite in sublime tolli* (Luc., XII, 29). Donc il n'empêche pas le travail, mais l'empressement et l'inquiétude. Il n'empêche pas une sage et prudente économie, mais des soins qui nous troublent et qui nous tourmentent. Et la raison en un mot, Messieurs, c'est qu'il veut bien établir la confiance, mais non pas autoriser l'oisiveté.

tous les jours à vos dépenses superflues, vous vous trompez, vous vous abusez, vous n'entendez pas l'Evangile. Mais le Sauveur n'assure-t-il pas que Dieu pourvoira à nos besoins? Il est vrai, à vos besoins, mais non pas à vos vanités. Sa parole y est très-expresse : « Votre Père céleste, dit-il, sait que vous avez besoin de ces choses : » *Scit enim Pater vester, quia his omnibus indigetis* [1]. Donc il se restreint dans le nécessaire, et il ne s'étend pas au superflu, et bien moins au délicat ni au somptueux. Il soutient la vie et non pas le luxe ; il promet de soulager la nécessité, mais il ne se charge pas d'entretenir la délicatesse. Dans une grande famine dont Dieu affligea les Israélites sous le règne de l'impie Achab : « Va-t'en à Sarephta, dit-il à Elie ; c'étoit une ville des Sidoniens ; tu y trouveras une veuve à laquelle j'ai commandé de te nourrir : » *Vade in Sarephta Sidoniorum, et manebis ibi ; præcepi enim ibi mulieri viduæ ut pascat te*. Et que demandera-t-il à cette veuve? *Da mihi paululùm aquæ in vase ut bibam :* « Donne-moi, dit-il, un peu d'eau ; » et ensuite : « Fais-moi cuire un petit pain sous la cendre avec un peu de farine : » *Fac de ipsâ farinulâ subcinericium panem parvulum ;* et après : « Voici ce qu'a dit le Dieu d'Israël : » *Hæc dicit Dominus Deus Israel : Hydria farinæ non deficiet, nec lecythus olei minuetur* [2] *:* « Je ne veux pas, dit le Seigneur, ni que la farine se diminue, ni que la mesure d'huile dépérisse. » Du pain, de l'eau et de l'huile, voilà le festin du prophète. Et au chapitre dix-neuvième il envoie un ange au même prophète, qui lui dit : « Lève-toi et mange, car il te reste à faire beaucoup de chemin : » *Surge, comede ; grandis enim tibi restat via* [3]. « Le prophète regarde, et voit auprès de lui un pain et de l'eau : » *Respexit, et ecce ad caput suum subcinericius panis et vas aquæ* [4]. Quoi ! falloit-il envoyer un ange pour un si pauvre banquet? Oui, mes frères, ce banquet est digne de Dieu, parce qu'il juge digne de lui de soulager la nécessité, mais non pas d'entretenir la délicatesse, et que la première disposition qu'il faut apporter à sa table, c'est la sobriété et la tempérance.

Ne murmure donc pas en ton cœur en voyant les profusions de ces tables si délicates, ni la folle magnificence de ces ameuble-

[1] *Matth.*, VI, 32. — [2] III *Reg.*, XVII, 9, 10, 13, 14. — [3] III *Reg.*, XIX, 7. — [4] *Ibid.*, 6.

mens somptueux ; ne te plains pas que Dieu te maltraite en te refusant toutes ces délices. Mon cher frère, n'as-tu pas du pain ? Il ne promet rien davantage. C'est du pain qu'il promet dans son Evangile ; «c'est du pain qu'il veut qu'on lui demande : » *Panem peti mandat, quod solum fidelibus necessarium est*, dit Tertullien¹ : « et il nous montre par là, poursuit le même auteur, ce que les enfans doivent attendre de leur Père (*a*) : » *Ostendit enim quid à Patre filii expectent*. C'est-à-dire, si nous l'entendons, qu'il s'engage de leur donner, non ce qu'exige leur convoitise, mais ce qui est nécessaire pour leur subsistance. La raison en un mot, Messieurs, c'est que le corps est l'œuvre de Dieu (*b*), et la convoitise est l'œuvre du diable, qui l'a introduite par le péché. Comme notre corps est un édifice qu'il a lui-même bâti de sa main, il se charge volontiers de l'entretenir (*c*). Il veut bien soutenir en nous ce qu'il y a fait, mais non pas ce que le péché y a mis : tellement qu'il donne au corps ce qui lui suffit, mais il n'entreprend pas d'assouvir cette avidité démesurée de nos convoitises. « Autrement, dit saint Augustin, au lieu de nous rendre sobres et pieux, il nous rendroit avares et délicats; » il nous attacheroit aux plaisirs du monde, desquels il est venu retirer nos cœurs; il renverseroit lui-même son Evangile, en flattant l'excès de notre luxe, l'intempérance de nos passions et les autres excès : *Nec nos pios faceret talis servitus, sed cupidos et avaros*². Vous donc qui vous confiez en Notre-Seigneur et aux soins de sa providence, apprenez avant toutes choses à vous réduire simplement au pain, c'est-à-dire à vous contenter du nécessaire. Ah! direz-vous, que cela est dur ! — C'est l'Evangile ; le Fils de Dieu n'a dit que cela, n'en attendez pas davantage : *Scit enim Pater vester, quia his omnibus indigetis*³.

Secondement, à qui promet-il cette subsistance nécessaire? Est-ce à tout le monde indifféremment ou particulièrement à ses fidèles ? Ecoutez la décision par son Evangile : *Quærite primùm regnum Dei*⁴. Il veut dire : Le royaume de Dieu est le principal,

¹ *De Orat.*, n. 6. — ² *De Civit. Dei,* lib. I, cap. VIII. — ³ *Matth.*, VI, 32. — ⁴ *Ibid.*, 33.
(*a*) *Var. :* Ce que doivent attendre les enfans. — (*b*) L'ouvrage de Dieu. — (*c*) Notre corps étant fait de sa main ; — comme notre corps est son ouvrage, il se charge volontiers de l'entretenir comme un édifice qu'il a bâti.

les biens temporels ne sont qu'un léger accessoire, et je ne promets cet accessoire qu'à celui qui recherchera ce principal : *Quœrite primùm.* C'est pourquoi, dans l'Oraison Dominicale, il ne nous permet de parler du pain qu'après avoir sanctifié son nom et demandé le royaume, pour vérifier cette parole : « Cherchez premièrement le royaume ; » c'est une remarque de Tertullien [1]. Ainsi la vérité de cette promesse ne regarde que ses fidèles. Ce n'est pas que je veuille dire qu'il refuse généralement aux pécheurs (a) les biens temporels, lui « qui fait luire son soleil sur les bons et sur les mauvais, et qui pleut sur les justes et sur les injustes [2]. » Mais quoiqu'il donne beaucoup à ses ennemis, remarquez, s'il vous plaît, Messieurs, qu'il ne s'engage qu'à ses serviteurs : *Quœrite primùm regnum Dei ;* et la raison en est évidente, parce qu'il n'y a qu'eux qui soient ses enfans et qui composent sa famille : ils ont cherché le royaume, il leur a voulu ajouter le reste. Toi donc, mon frère, qui te plains sans cesse de la ruine de ta fortune et de la pauvreté de ta maison, mets la main sur ta conscience : As-tu cherché le royaume de Dieu ? As-tu fait ton affaire principale de sa vérité et de sa justice ? N'as-tu pas au contraire employé tes biens ou pour opprimer l'innocent, ou pour contenter tes mauvais désirs par les voluptés défendues ? Dieu a maintenant retiré sa main et te laisse dans l'indigence ; ne murmure pas contre lui, ne dispute pas contre sa justice, tu n'as point de part à sa promesse.

Troisièmement, Messieurs, et voici ce qu'il y a de plus important, ce n'est pas le dessein de notre Sauveur de donner même à ses fidèles une certitude infaillible de ne souffrir jamais aucune indigence. Lorsque Dieu irrité contre son peuple appeloit la famine sur la terre, comme parle l'Ecriture sainte : *Vocavit Dominus famem super terram* [3], pour désoler toutes les familles : nous ne lisons pas, chrétiens, que les justes fussent exempts de cette affliction universelle. Au contraire vous avez vu le prophète Elie réduit à demander un morceau de pain ; et saint Paul racontant aux Corinthiens ses incroyables travaux, leur dit qu'il a souffert la faim

---

[1] *De Orat.,* n. 6. — [2] *Matth.,* v, 45. — [3] *Psal.* CIV, 16; IV *Reg.,* VIII, 1.
(a) *Var. :* A ses ennemis.

et la soif, et le froid et la nudité : *In fame et siti......, in frigore et nuditate* [1]. Et le même, parlant aux Hébreux de ces fidèles serviteurs de Dieu dont le monde n'étoit pas digne et dont la vertu étoit persécutée, nous les représente affligés, dans la pauvreté et dans la misère : *Egentes, angustiati, afflicti* [2]. Par conséquent il est clair que Dieu ne promet pas à ses serviteurs qu'ils ne souffriront point de nécessité, puisque le contraire nous paroît par tant d'exemples. Et en effet, si nous entendons toute la suite de l'Evangile, il nous est aisé de connoître que ce n'est pas assez au Sauveur de nous détacher simplement de l'agréable (a) et du superflu, comme je vous disois tout à l'heure, mais qu'il nous veut mettre encore au-dessus de ce que le monde estime le plus nécessaire. Car il ne nous prêche pas seulement le mépris du luxe et des vanités, mais encore de la santé et de la vie. C'est pourquoi Tertullien a dit que « la foi ne connoît point de nécessité : » *Non admittit status fidei necessitates* [3]. Si elle ne craint pas la mort, combien moins la faim? « Si elle méprise la vie, combien plus le vivre? » *Didicit non respicere vitam, quantò magis victum* [4] ? Il importe peu à un chrétien de mourir de faim ou de maladie, par la violence ou par la disette : « Ce genre de mort, dit Tertullien, ne lui doit pas être plus terrible que les autres : » *Scit famem non minùs sibi contemnendam esse propter Deum, quàm omne mortis genus* [5] ; pourvu qu'il meure en Notre-Seigneur, toute manière de mourir lui est glorieuse ; l'épée ou la famine, tout lui est égal, et ce dernier genre de mort ne doit pas être plus terrible que tous les autres.

Ne craignons donc pas d'avouer que les plus fidèles serviteurs peuvent être exposés à mourir de faim ; et s'il est ainsi, chrétiens, ce seroit une erreur de croire que ce fût l'intention de notre Sauveur de les garantir de cette mort plutôt que des autres. Mais pourquoi donc leur a-t-il promis qu'en cherchant soigneusement son royaume, toutes les autres choses leur seront données? Ses paroles sont-elles douteuses? Sa promesse est-elle incertaine?

[1] II *Cor.*, xi, 27. — [2] *Hebr.*, xi, 37.— [3] *De Coron.*, n. 11.— [4] *De Idololat.*, n. 12. — [5] *Ibid.*

(a) *Var.*: Du plaisant.

A Dieu ne plaise qu'il soit ainsi ; mais voici ce qu'il faut entendre : nous sommes enfin arrivés au fond de l'affaire. Donnez-moi de nouveau vos attentions.

Comme il y a en l'homme deux sortes de biens, le bien de l'ame et le bien du corps, aussi il y a deux genres de promesses que je remarque dans l'Evangile : les unes essentielles et fondamentales, qui regardent le bien de l'ame qui est le premier; les autres accessoires et accidentelles, qui regardent le bien du corps qui est le second. Si vous faites bien, vous aurez la vie, vous posséderez le royaume; c'est la promesse fondamentale, qui regarde le bien de l'ame qui est le bien essentiel de l'homme. Si vous cherchez le royaume, toutes les autres choses vous seront données; c'est la promesse accidentelle qui considère le bien du corps. Ces promesses essentielles s'accomplissent pour elles-mêmes, et l'exécution n'en manque jamais; mais le corps n'ayant été formé que pour l'ame, qui ne voit que les promesses qui lui sont faites doivent être nécessairement rapportées ailleurs? « Cherchez le royaume, dit le Fils de Dieu, et toutes les autres choses vous seront données : » entendez par rapport à ce royaume et par ordre à cette fin principale. Ainsi notre Père céleste voyant dans les conseils de sa providence ce qui est utile au salut de l'ame, il est de sa bonté paternelle de nous donner ou de nous ôter les biens temporels par ordre à cette fin principale, avec la même conduite qu'un médecin sage et charitable dispense la nourriture à son malade, la donnant ou la refusant selon que la santé le demande. Ah! si nous avions bien compris cette vérité, que nos esprits seroient en repos, et que nous aurions peu d'empressement pour ce qui nous semble le plus nécessaire (a)!

Ouvrez les yeux, ô enfans d'Adam; c'est Jésus-Christ qui nous

(a) *Note marg.* : Pour n'être point avare, il ne suffit pas de n'avoir point d'ambition pour le superflu, il ne faut point d'empressement pour le nécessaire : autrement le superflu même prend le visage du nécessaire, à cause de l'instabilité des choses humaines, qui fait qu'il nous paroît qu'on ne peut jamais avoir assez d'appui. C'est pourquoi l'avarice amasse de tous côtés. Cette statue de Nabuchodonosor *ex testâ, ferro, œre, auro* (Dan. II, 35) ; tout lui est bon, depuis la matière la plus précieuse jusqu'à la plus vile et la plus abjecte. Pour ne point adorer cette statue, il faut s'exposer à la fournaise; pour ne point sacrifier à l'avarice, il faut se résoudre une fois à ne pas craindre la pauvreté, à n'avoir point d'empressement pour le nécessaire.

exhorte par cet admirable discours que nous lisons en saint Matthieu, chapitre vi, et en saint Luc, chapitre xii, dont je vous vais donner une paraphrase. Ouvrez donc les yeux, ô mortels, contemplez le ciel et la terre, et la sage économie de cet univers; est-il rien de mieux entendu que cet édifice? est-il rien de mieux pourvu (a) que cette famille? est-il rien de mieux gouverné que cet empire? Ce grand Dieu (b) qui a construit le monde et qui n'y a rien fait qui ne soit très-bon, a fait néanmoins des créatures meilleures les unes que les autres. Il a fait les corps célestes qui sont immortels; il a fait les terrestres qui sont périssables. Il a fait des animaux admirables par leur grandeur; il a fait les insectes et les oiseaux qui semblent méprisables par leur petitesse. Il a fait ces grands arbres des forêts qui subsistent des siècles entiers; il a fait les fleurs des champs qui se passent du matin au soir. Il y a de l'inégalité dans ses créatures, parce que cette même bonté qui a donné l'être aux plus nobles, ne l'a pas voulu envier aux moindres. Mais depuis les plus grandes jusqu'aux plus petites, sa providence se répand partout; elle nourrit les petits oiseaux qui l'invoquent dès le matin par la mélodie de leur chant; et ces fleurs dont la beauté est si tôt flétrie, elle les pare (c) si superbement durant ce petit moment de leur vie, que Salomon dans toute sa gloire n'a rien de comparable à cet ornement. Si ses soins s'étendent si loin, vous hommes qu'il a faits à son image, qu'il a éclairés de sa connoissance, qu'il a appelés à son royaume, pouvez-vous croire qu'il vous oublie? Est-ce que sa puissance n'y suffira pas? Mais son fonds est infini et inépuisable : cinq pains et deux poissons pour cinq mille hommes. Est-ce que sa bonté n'y pense pas? Mais les moindres créatures sentent ses effets.

Que si vous les voulez connoître en vous-mêmes, regardez le corps qu'il vous a formé et la vie qu'il vous a donnée. Combien d'organes a-t-il fabriqués, combien de machines a-t-il inventées, combien de veines et d'artères a-t-il disposées, pour porter et distribuer la nourriture aux parties du corps les plus éloignées! Et croirez-vous après cela qu'il vous la refuse? Apprenez de

(a) *Var.:* Conduit. — (b) Cette puissance suprême. — (c) Elle les habille.

l'anatomie combien de défenses il a mises au-devant du cœur, et combien autour du cerveau ; de combien de tuniques et de pellicules il a revêtu les nerfs et les muscles ; avec quel art et quelle industrie il vous a formé cette peau qui couvre si bien le dedans du corps, et qui lui sert comme d'un rempart ou comme d'un étui pour le conserver (a). Et après une telle libéralité, vous croirez qu'il vous épargnera quatre aunes d'étoffe pour vous mettre à couvert du froid et des injures de l'air ! Ne voyez-vous pas manifestement que ne manquant ni de bonté ni de puissance, s'il vous laisse quelquefois souffrir, c'est pour quelque raison plus haute? C'est un père qui châtie ses enfans, un capitaine qui exerce ses soldats, un sage médecin qui ménage les forces de son malade.

Cherchez donc sa vérité et sa justice, cherchez le royaume qu'il vous prépare ; et soyez assurés sur sa parole que tout le reste vous sera donné, s'il est nécessaire ; et s'il ne vous est pas donné, donc il n'étoit pas nécessaire. O consolation des fidèles ! parmi tant de besoins de la vie humaine, parmi tant de misères qui nous accablent, dussent toutes les villes être ruinées et tous les Etats renversés, mon établissement est certain ; et je suis assuré sur la foi d'un Dieu, ou que jamais je ne souffrirai de nécessité, ou que je ne ferai jamais aucune perte qu'un plus grand bien ne la récompense. Ainsi je puis avoir de la prévoyance, je puis avoir de l'économie, pourvu qu'elle soit juste et modérée ; mais du trouble, de l'inquiétude, si j'en ai, je suis infidèle.

Admirez, ô enfans de Dieu, la conduite de votre Père ; je ne me lasse point de vous en parler, et cette vérité est trop belle pour croire que vous vous lassiez de l'entendre. Voyez les degrés merveilleux par lesquels il vous conduit insensiblement à cette haute tranquillité d'ame que nul accident (b) de la fortune ne puisse ébranler. Il voit nos désirs épanchés dans le soin des biens superflus, il les restreint premièrement dans le nécessaire. Ah ! que de soins retranchés, que d'inquiétudes calmées ! Qu'il est aisé de se contenter, lorsqu'on se réduit simplement à ce que la nature demande : elle est si sobre et si tempérée ! Etant réduit à ce nécessaire, il nous montre quelque chose de plus nécessaire, son

(a). *Var.*: Pour le munir. — (b) Effort.

royaume, sa vie, sa félicité; il détourne par ce moyen notre esprit de cette forte application qui nous inquiète pour la conservation de cette vie. N'en faites pas, dit-il, un soin capital, regardez-la comme un accessoire, et aspirez au bien immuable que je vous destine : *Quærite primùm regnum Dei.* Enfin nous ayant menés à ce point, nous ayant ouvert le chemin à ce royaume de félicité, il rompt en un moment (a) toutes nos chaines, il termine toutes nos craintes. « Ne craignez pas, ne craignez pas, petit troupeau, parce qu'il a plu à votre Père céleste de vous donner le royaume [1]. » Vendez tout, ne vous laissez rien, persuadez-vous fortement qu'il n'y a qu'une chose qui soit nécessaire : *Porrò unum est necessarium* [2]. Commencez à compter cette vie mortelle parmi les biens superflus. Méprisez tout, abandonnez tout, et n'aimez plus que le bien qui ne se peut perdre. C'est ainsi qu'il nous avance à la perfection, c'est ainsi qu'il nous ouvre peu à peu les yeux pour découvrir clairement cette vérité importante que je viens de dire et que j'ai apprise de saint Augustin : *Etiam ista vita, cogitantibus aliam vitam, ista, inquam, vita inter superflua deputanda est* [3].

Je vous ai appris, ames fidèles, à mépriser les biens superflus; méprisez donc aussi votre vie; car elle vous est superflue, puisque vous en attendez une meilleure. Je n'avois qu'un héritage, on me l'a brûlé, ah! l'on m'ôte le pain des mains; mais j'en ai un autre aussi riche, je n'ai rien perdu (b) que de superflu. Donc si nous pensons à l'éternité, toutes choses seront superflues. Mon logement est tombé par terre; j'ai une autre maison dans le ciel qui n'est pas bâtie de main d'hommes : *Ædificationem ex Deo habemus, domum non manufactam, æternam in cœlis* [4]. La perte de ce procès ôte le pain à vous et à vos enfans : courage, mon frère, il vous reste encore cette nourriture immortelle qui est promise dans l'Evangile à ceux qui ont faim de la justice : ah! ils seront rassasiés éternellement. Lâche et incrédule, pourquoi dites-vous que vous avez perdu tous vos biens par la violence de ce méchant homme ou par l'infidélité de ce faux ami? Vous dites

---

[1] *Luc.*, XII, 32. — [2] *Ibid.*, X, 42. — [3] *Serm.* LXII, n. 14. — [4] II *Cor.*, V, 1.

(a) *Var.:* Tout à coup. — (b) Vous ne perdez rien.

que vous n'avez plus de ressource, que votre fortune est ruinée de fond en comble, vous à qui il reste encore un royaume florissant, riche, glorieux, abondant en toutes sortes de biens : *Complacuit Patri vestro dare vobis regnum.* Mes frères, entendez-vous ces promesses? Entendrai-je encore ces lâches paroles : Ah! si je quitte ce métier (*a*) infâme, ces affaires dangereuses dont vous me parlez, je n'aurai plus de quoi vivre? — Ecoutez Tertullien qui vous répond : « Eh quoi donc! mon ami, est-il nécessaire que tu vives? » *Non habeo aliud quo vivam....: Vivere ergo habes. Quid tibi cum Deo est? si tuis legibus* [1]. Sachez aujourd'hui, chrétiens, que c'est un article de notre foi, ou que Dieu y pourvoira par une autre voie, ou que s'il vous laisse manquer de biens temporels il vous récompensera par de plus grands dons. Après cela quel aveuglement de s'empresser pour le nécessaire? Mais passons à l'autre partie et parlons de l'usage du superflu.

SECOND POINT.

« Recueillez les restes, dit le Fils de Dieu, et ne souffrez pas qu'ils se perdent; » c'est-à-dire recueillez votre superflu, ne le dissipez pas en le prodiguant à vos convoitises; mais soyez soigneux de le conserver en le distribuant par vos aumônes. Il m'est bien aisé de montrer que vous dissipez vainement tout ce que vous donnez à la convoitise. Pour cela je pourrai vous représenter, mes frères, que « la figure de ce monde passe, et sa convoitise (*b*) [2]. » Donc tout ce que vous lui donnez se passe avec elle; et donc tout ce grand appareil, toutes ces dépenses prodigieuses, tout cela est perdu inutilement. « Celui qui dans le temps est si opulent, viendra pauvre et vide à l'éternité : » *Quem temporalitas habuit divitem, mendicum sempiternitas possidebit* [3]. Je pourrois encore ajouter que, sans sortir de l'ordre de la nature, il est clair que ce qu'on lui donne au delà des bornes qui lui sont prescrites, non-seulement ne lui sert de rien, mais encore ordinairement lui est à charge. Un exemple de l'Ecriture : Dieu avoit marqué aux

---

[1] *De Idololat.*, n. 5. — [2] I Joan., II, 17. — [3] S. Petr. Chrysol., serm. CXXV *de Villic. iniquit.*

(*a*) *Var.* : Ce commerce.— (*b*) Mes frères, « la forme de ce monde passe, le monde passe et sa convoitise. » Donc…..

Israélites une certaine mesure pour prendre la manne; tout ce que l'avidité prenoit (a) au-dessus se trouvoit le matin changé en vers [1], pour nous apprendre qu'il y a une juste mesure que Dieu a établie à nos désirs (b). En vain t'es-tu soûlé en cette table; tu as pris, dit saint Chrysostome [2], plus de pourriture, et non pas plus de substance ni plus d'aliment. La simplicité de ce logis suffisoit pour te mettre à couvert; toute cette pompe que l'ambition y a ajoutée ne sert plus de rien à la nature; tout cela est perdu pour elle, ce n'est plus qu'un amusement et un vain spectacle des yeux. Je laisse, Messieurs, toutes ces pensées, et voici à quoi je m'arrête.

Il n'y a rien qui soit plus perdu que ce que vous employez à contenter un insatiable. Or telle est votre convoitise. C'est un gouffre toujours ouvert, « qui ne dit jamais : C'est assez [3]; » plus vous jetez dedans, plus il se dilate; tout ce que vous lui donnez ne fait qu'irriter ses désirs. Il n'est donc rien qui soit plus perdu que ce que vous jetez dans cet abîme; il n'est rien de plus perdu que ce que vous donnez pour la contenter, puisque jamais elle ne se contente. C'est ce qu'il nous faut méditer; je vous prie, Messieurs, de me suivre pendant que je m'en vais vous représenter la prodigieuse dissipation que fait l'excès de nos convoitises.

La première chose qui nous fait connoître son avidité infinie, c'est qu'elle compte pour rien tout le nécessaire. Cela est trop commun, et par conséquent ne la touche pas. Il est venu dans le monde une certaine bienséance imaginaire, qui nous a imposé de nouvelles lois, qui nous a fait de nouvelles nécessités que la nature ne connoissoit pas. De là, Messieurs, il est arrivé, le croirez-vous si je vous le dis (c)? de là, dis-je, il est arrivé qu'on peut être pauvre sans manquer de rien. Je n'ai ni faim ni soif, je suis chauffé et vêtu; et avec tout cela je puis être pauvre, parce que la prétendue bienséance a trouvé que la nature, qui d'elle-même est sobre et modeste, n'avoit pas le sentiment (d) assez

---

[1] *Exod.*, XVI, 16, 19, 20. — [2] Homil. XXIX *in Epist. ad Hebr.* — [3] *Prov.*, XXX, 16.

(a) *Var.*: Entassoit. — (b) Pour nous apprendre, mes frères, que de se vouloir remplir par-dessus la juste mesure, ce n'est pas amasser, mais perdre et dissiper entièrement. — (c) Le croirez-vous si je vous le dis? — O dérèglement des choses humaines! — (d) Le goût.

délicat; elle a raffiné par-dessus son goût; il lui a plu qu'on pût être pauvre sans que la nature souffrît, et que la pauvreté fût opposée non plus à la jouissance des biens nécessaires, mais à la délicatesse et au luxe; tant le droit usage des choses est perverti parmi nous. Bien plus, elle méprise si fort la nature, et ses sentimens la touchent si peu qu'elle la force de s'incommoder, afin que la curiosité soit satisfaite dans ces habits superbes, que vous faites faire si étroits afin qu'on admire votre belle taille, que vous chargez de tant de richesses pour étaler aux yeux toute votre pompe.

Peut-on vous demander, Mesdames? *Conscientiam tuam perrogabo :* « Oui je vous le demande, dit Tertullien, lequel est-ce que vous sentez le premier, que vous soyez serrées ou vêtues, que vous soyez chargées ou couvertes? » *Conscientiam tuam perrogabo, quid te priùs in togâ sentias indutum, anne onustum*[1]*?* Quelle extravagance, dit le même auteur, de s'habiller d'un fardeau, *hominem sarcinâ vestire,* et d'accabler le corps, le faire gémir sous le poids que lui impose une propreté affectée, afin de contenter la curiosité! Je m'étonnerois de ces excès, si ses emportemens n'alloient bien plus loin.

Je vous ai dit, Messieurs, que la convoitise raffine sur la nature, cela n'est rien pour elle; elle va tous les jours se subtilisant elle-même et raffinant sur sa propre délicatesse. Tout ce qu'elle voit de rare elle le désire et n'épargne rien pour l'avoir; aussitôt qu'elle le possède, elle le méprise et elle s'abandonne à d'autres désirs. Aussitôt que l'on voit paroître quelque rareté étrangère, tout le monde s'empresse, tout le monde y court. Quand le soin des marchands ou l'adresse des ouvriers l'a rendu commun, on n'en veut plus parce qu'il n'est plus rare, il n'est plus beau parce qu'il n'est plus cher. C'est pourquoi, dit Tertullien, voici une belle parole : La curiosité immodérée augmente sans mesure le prix des choses pour s'exciter (a) elle-même : *Pretia rebus inflammavit ut se quoque accenderet*[2]. C'est-à-dire, elle y met la cherté par l'empressement de les avoir, parce qu'elle ne les estime que lorsqu'elles sont

---

[1] *De Pallio,* n. 5. — [2] *De Cultu fœmin.,* lib. I, n. 8.

(a) *Var.:* S'enflammer.

hors de prix, et commence à les mépriser quand on les peut avoir facilement. O gouffre de la convoitise, jamais ne seras-tu rempli? Jusques à quand ouvriras-tu tes vastes abîmes pour engloutir tout le bien des pauvres, qui est le superflu des riches? Mes frères, n'attendez pas qu'elle se contente; tout ce que l'on lui donne ne fait que l'irriter davantage. Comme ceux qui aiment le vin excessivement se plaisent à exciter la soif en eux-mêmes par le sel, par le poivre et par le haut goût; ainsi nous attisons volontairement le feu toujours dévorant de la convoitise, pour faire naître sans fin de nouveaux désirs. De cette sorte (a) elle s'accroît sans mesure, c'est un gouffre qui n'a point de fond; et j'ai eu raison de vous dire que vous dissipez inutilement tout ce que vous employez à la satisfaire.

Tels sont les excès de la convoitise, qui dissipe (b) non-seulement tout le superflu, mais qui est capable d'absorber tout le nécessaire. Pour arrêter ces excès, il nous faut considérer, chrétiens, un beau mot de Tertullien : *Castigando et castrando sœculo erudimur à Domino*[1] *:* Dieu nous a appelés au christianisme, pourquoi? Pour modérer les excès du siècle et retrancher ses superfluités. C'est pourquoi dès le premier pas il nous fait renoncer aux pompes du monde; il nous apprend que nous sommes morts et ensevelis avec Jésus-Christ. Donc loin de nous tout ce qui éclate! Dieu veut que nous soyons revêtus comme d'un deuil spirituel par la mortification chrétienne (c). Bien loin de nous permettre de soupirer après les délices, il nous instruit, mes frères, à ne demander que du pain, à nous réduire dans le nécessaire. C'est ainsi que les chrétiens devroient vivre ; telle est, Messieurs, leur vocation : *Castigando sœculo.*

Mais, ô désordre de nos mœurs! ô simplicité mal observée! qui de nous fait à Dieu cette prière dans l'esprit du christianisme : Seigneur, donnez-moi du pain, accordez-moi le nécessaire? Les lèvres le demandent, mais cependant le cœur le dédaigne. — Le

[1] *De Cultu fœmin.*, lib. II, n. 9.

(a) *Var.:* Ainsi. — (b) C'est ainsi qu'elle dissipe. — (c) Il nous fait renoncer aux pompes du monde, nous ensevelissant dans le baptême, comme morts avec Jésus-Christ; nous devons par conséquent être revêtus comme des morts d'une espèce de deuil spirituel par la mortification chrétienne.

nécessaire, quelle pauvreté ! Sommes-nous réduits à cette misère (a) ! — Eh bien, mes frères, je donne les mains ; ne vous contentez pas du nécessaire, joignez-y la commodité et encore la bienséance. Mais quelle honte que vous vous teniez malheureux de vous contenir dans ces bornes ; que l'excès vous soit devenu nécessaire ; que vous estimiez pauvre tout ce qui n'est pas somptueux, et que vous osiez après cela demander du pain, et le demander à Dieu même, qui sait combien vous méprisez ce présent, que les millions ne suffisent pas pour contenter votre luxe ! Et vous ne rougissez pas d'une si honteuse prévarication à la sainte profession que vous avez faite ! On en rougit si peu, qu'on fait parade du luxe jusque dans l'église, et qu'on le mène en triomphe aux yeux de Dieu même.

Temple auguste, sacrés autels, et vous hostie que l'on y immole, mystères adorables que l'on y célèbre, élevez-vous aujourd'hui contre moi, si je ne dis pas la vérité. On profane tous les jours votre sainteté, en faisant triompher (b) la pompe du monde jusque dans la maison de Dieu. Il est vrai, la magnificence sied bien dans les temples : *Sanctimonia et magnificentia in sanctificatione ejus*[1]. Elle sied bien sur les autels ; elle sied bien sur les vases et sur les ornemens sacrés ; elle sied bien dans la structure de l'édifice ; et c'est honorer Dieu que de relever sa maison. Mais que vous veniez dans ce temple mieux parée que le temple même : *Circumornatæ ut similitudo templi*[2] ; que vous y veniez la tête levée orgueilleusement comme l'idole qui y veut être adorée ; que vous vouliez paroître avec pompe dans un lieu où Jésus-Christ se cache sous des espèces si viles ; que vous y fendiez la presse avec grand bruit pour détourner sur vous et les yeux et les attentions que Jésus-Christ présent nous demande ; que pendant que l'on y célèbre la terrible représentation du sacrifice sanglant du Calvaire, vous vouliez que l'on songe non point combien son humanité a été indignement dépouillée, mais combien vous êtes richement vêtue, ni combien son sang a sauvé d'ames, mais combien vos regards en peuvent perdre : n'est-ce pas une indignité

---

[1] *Psal.* XCV, 6. — [2] *Psal.* CXLIII, 12.

(a) *Var.* : Est-ce là où nous en sommes réduits ? — (b) En introduisant.

insupportable? n'est-ce pas insulter (a) tout visiblement à la sainteté, à la pureté, à la simplicité de nos mystères?

Donc, mes frères, considérant attentivement aujourd'hui à quels débordemens nous emportent (b) la curiosité et le luxe, résolvons avant que de sortir d'ici de retrancher désormais de notre vie ces superfluités prodigieuses : *Colligite quæ superaverunt fragmenta, ne pereant.* L'ame n'a de capacité pour contenir qu'autant que Dieu lui en donne : Dieu lui en donne jusqu'à une certaine mesure; ce qui est au delà, *superfluit*, s'écoule par-dessus et se perd comme dans un vaisseau trop plein. Mettez-le dans les mains des pauvres, parce que c'est un lieu (c) où tout se conserve. *Manus pauperis est gazophylacium Christi*[1] : « La main des pauvres, dit saint Pierre Chrysologue, c'est le coffre de Dieu, » c'est où il reçoit son trésor; ce que vous y mettez, Dieu le tient éternellement sous sa garde, et il ne se dissipe jamais. Ne laissez pas tout à vos héritiers; héritez vous-mêmes de quelque partie de votre bien. Hors de là tout est perdu; et plût à Dieu, mes frères, plût à Dieu qu'il ne fût que perdu! Il faut en rendre compte : les pauvres s'élèveront contre vous pour vous demander compte de leur revenu dissipé. Vous avez aliéné le fonds sur lequel la Providence divine leur avoit assigné leur vie; ce fonds c'étoit votre superflu.

— De quoi me parlez-vous de mon superflu? J'ai été contraint d'emprunter, mon revenu ne suffisoit pas, et toute cette dépense m'étoit nécessaire. J'avois la passion de bâtir, la curiosité des tableaux. — Vous me montrez fort bien tout cela nécessaire à la passion; mais la foible justification, puisqu'elle même sera condamnée! La convoitise est un mauvais juge du superflu. Elle ne le connoit pas, dit saint Augustin; elle ne peut savoir les bornes de la nécessité : *Nescit cupiditas ubi finitur necessitas*[2], parce que l'excès même lui est nécessaire. Ainsi vous ne deviez pas suivre ses conseils; vous deviez vous retenir dans les bornes d'une juste modération et d'une honnête bienséance. Maintenant que vous avez rompu toutes ces limites, venez répondre devant

[1] S. Petr. Chrysol., serm. VIII *de Jejun. et Eleemosyn.* — [2] *Cont. Julian.* lib. IV, cap. XIV.

(a) *Var.*: C'est une indignité insupportable; c'est insulter...... — (b) Nous mènent. — (c) Un trésor.

Dieu aux larmes des veuves et aux gémissemens des orphelins qui crient contre vous ; rendez compte de votre dépense, qui vous sera allouée dans ce jugement, non sur le pied de vos convoitises, c'est un trop mauvais juge, mais sur les règles de la modestie et de la simplicité chrétienne que vous aviez professée dans le saint baptême.

—Mais je l'ai amassé ce superflu justement, etc.—Il falloit donc le dépenser de même. — Point de rapines : — « Vous avez tué ceux que vous n'avez pas assistés : » *Occidisti, quia non pavisti*[1]. — Mais ceux-ci faisoient de la sorte. — Aussi voyez-vous qu'ils sont cités pour le même fait et tremblent avec vous devant le Juge. Jusques à quand m'alléguerez-vous de mauvais exemples ? Ah ! qu'il est nécessaire d'y bien penser ! prenez garde, Messieurs, à ce superflu qui vous écoule des mains si facilement. Mais nous reste-t-il encore assez de temps pour parler de la grandeur extraordinaire ? Tranchons ce discours en un mot pour dégager notre parole.

TROISIÈME POINT.

J'ai encore à vous proposer deux maximes très-importantes pour régler les sentimens des chrétiens sur le sujet de sa grandeur. J'ai appris l'une de saint Augustin, et l'autre du grand pape saint Léon ; et toutes deux sont tirées de leurs Epîtres. Pour ne vous être point ennuyeux, je vous les rapporterai (a) simplement sans ajouter que fort peu de choses aux paroles de ces deux grands hommes, seulement pour en faire entendre le sens; je laisserai à vos dévotions de le méditer à votre loisir. Saint Augustin, mes frères, dans son *Epître* CXXI, instruisant la veuve sainte Probe, cette illustre dame romaine, de quelle sorte les chrétiens pouvoient désirer pour eux ou pour leurs enfans les charges et les dignités du siècle, le décide par cette belle distinction: Si on les désire non pour elles-mêmes, mais pour faire du bien aux autres qui sont soumis à notre pouvoir, *si ut per hoc consulant eis qui vivunt sub eis*, ce désir peut être permis ; que si c'est pour contenter leur ambition par une vaine ostentation de grandeur,

---

[1] Lactant., *De Divin. instit.*, lib. VI, cap. XI.

(a) *Var.* : Je ne ferai presque que les rapporter.

cela n'est pas bienséant à des chrétiens : *Si autem propter inanem fastum elationis pompamque superfluam, vel etiam noxiam vanitatis, non decet* [1].

La raison en un mot, mes frères, c'est que c'est une règle certaine et admirable de la modération chrétienne (a), de ramener toujours les choses à leur première institution, en coupant et retranchant de toutes parts ce que la vanité y ajoute (b). Or si nous remontons jusqu'à l'origine, nous verrons que la grandeur n'est établie que pour faire du bien aux autres. Elle est élevée comme les nues pour verser ses eaux sur la terre, ou bien comme les astres pour répandre bien loin ses influences. C'est pourquoi Jésus-Christ, dans notre évangile, refuse la royauté qu'on lui présente, parce que cette royauté n'étoit pas utile à son peuple. Un jour il acceptera le titre de roi, et vous le verrez écrit au haut de sa croix, parce que c'est là qu'il sauve le monde; et il ne veut point de titre d'honneur qui ne soit conjoint nécessairement avec l'utilité publique.

Apprenez de là, chrétiens, de quelle sorte il vous est permis d'aspirer aux honneurs du monde. Si c'est pour vous repaître d'une vaine pompe, rougissez en vous-mêmes de ce qu'étant disciples de la croix, il reste encore en vous tant de vanité. Que si vous recherchez dans la grandeur ce qu'elle a de grand et de solide, qui est le pouvoir et l'obligation indispensable de faire son emploi de l'utilité publique (c), allez à la bonne heure avec la bénédiction de Dieu et des hommes. Mais s'il est vrai, ce que vous nous dites, que vous vous proposez une fin si noble et si chrétienne, allez-y par des degrés convenables (d); élevez-vous par les voies de la vertu, et non par des pratiques basses et honteuses.

[1] *Epist.* CXXX, n. 12.

(a) *Var.* : Du christianisme. — (b) La raison, c'est que le christianisme va chercher ce qu'il y a de plus solide dans les choses, et le démêle de ce qui ne l'est pas. Deux choses à distinguer dans les dignités : la pompe et le pouvoir de faire du bien. Ce dernier, seul solide, seul bien véritable, parce que, selon le même saint Augustin au même lieu, le vrai bien c'est celui qui nous rend meilleurs. Or faire du bien aux autres nous rend meilleurs, non la pompe, qui au contraire nous rend pires par la vanité, et c'est la véritable institution de la grandeur. Car étant tous formés d'une même boue, Dieu ne permettroit pas une si grande différence parmi les hommes, si ce n'étoit pour le bien des choses humaines. — (c) Du bien des autres. — (d) Par des degrés qui lui conviennent.

Que ce ne soit point l'ambition, mais la charité qui vous mène, parce que l'ambition tourne tout à soi, et qu'il n'y a que la charité qui regarde sincèrement le bien des autres. C'est la première maxime, qui est celle de saint Augustin, de ne chercher dans les grands emplois que le bien public. Que si, pour le malheur du siècle, ceux qui ont cette sainte pensée ne s'élèvent pas, qu'ils apprennent de saint Léon non-seulement à se contenir, mais à s'exercer dans leurs bornes; c'est la seconde maxime : *Intra fines proprios atque legitimos, prout quis voluerit, in latitudine se charitatis exerceat* [1] : « Que chacun en se tenant dans ses limites s'exerce de tout son pouvoir dans la vaste étendue de la charité. »

Ne te persuade pas, chrétien, que pour ne pouvoir pas t'élever à ces emplois éclatans tu demeures sans occupation et sans exercice. Il ne faut point sortir de ta condition; ta condition a ses bornes, mais la charité n'en a point, et son étendue est infinie, où tu peux t'exercer tant que tu voudras. Ton grand courage veut-il s'élever, élève-toi jusqu'à Dieu par la charité. Ton esprit agissant veut-il s'occuper, considère tant d'emplois de charité, tant de pauvres familles abandonnées, tant de désordres publics et particuliers; joins-toi aux fidèles serviteurs de Dieu qui travaillent à les réformer. Demeure dans tes limites, c'est un effet de modération; mais exerce-toi dans ces limites, dans les emplois de la charité qui sont infinis, et ne porte jamais ton ambition à une condition plus élevée, qu'un plus grand bien ne t'y appelle. (a) Je ne crains point, mes frères, de vous assurer en la vérité de Dieu que je prêche, que quiconque regarde la grandeur dans un autre esprit, ne la regarde pas en chrétien.

Et cependant, ô mœurs dépravées! ô étrange désolation du christianisme! nul ne les regarde en cet esprit, on ne songe qu'à la vanité et à la pompe. Parlez, parlez, Messieurs; démentez-moi hautement, si je ne dis pas la vérité. Quel siècle a-t-on jamais vu où l'ambition ait été si désordonnée? Quelle condition n'a pas oublié ses bornes? Quelle famille s'est contentée des titres qu'elle avoit reçus de ses ancêtres? On s'est servi de l'occasion des misères

---

[1] *Epist.* LXXX *ad Anat.*, cap. IV.

(a) *Note marg.* : Exemple de Néhémias.

publiques pour multiplier sans fin les dignités. Qui n'a pu avoir la grandeur, a voulu néanmoins la contrefaire; et cette superbe ostentation de grandeur a mis une telle confusion dans tous les ordres qu'on ne peut plus y faire de discernement, et par un juste retour la grandeur s'est tellement étendue qu'elle s'est enfin ravilie. O siècle stérile en vertu, magnifique seulement en titres! Saint Chrysostome a dit[1], et il a dit vrai, qu'une marque que l'on n'a pas en soi la grandeur, c'est lorsqu'on la cherche hors de soi dans des ornemens extérieurs. Donc, ô siècle vainement superbe, je le dis avec assurance, et la postérité le saura bien dire, que pour connoître ton peu de valeur, et tes dais, et tes balustres, et tes couronnes, et tes manteaux, et tes titres, et tes armoiries, et les autres ornemens de ta vanité, sont des preuves trop convaincantes.

Mais j'entends quelqu'un qui me dit qu'il se moque de ces fantaisies et de tous ces titres chimériques; que pour lui il appuie sa famille sur des fondemens plus certains, sur des charges puissantes et sur des richesses immenses qui soutiendront éternellement la fortune de sa maison. Ecoute, ô homme sage, homme prévoyant, qui étends si loin aux siècles futurs les précautions de ta prudence; voici Dieu qui te va parler et qui va confondre tes vaines pensées, sous la figure d'un arbre, par la bouche de son prophète Ezéchiel. « Assur, dit ce prophète, s'est élevé comme un grand arbre, comme les cèdres du Liban ; » le ciel l'a nourri de sa rosée; la terre l'a engraissé de sa substance; les puissances l'ont comblé de leurs bienfaits, et il suçoit de son côté le sang du peuple. « C'est pourquoi il s'est élevé, superbe en sa hauteur, beau en sa verdure, étendu en ses branches, fertile en ses rejetons : » *Pulcher ramis, et frondibus nemorosus, excelsusque altitudine, et inter condensas frondes elevatum est cacumen ejus*[2]. « Les oiseaux faisoient leurs nids sur ses branches, » les familles de ses domestiques; « les peuples se mettoient à couvert sous son ombre; » un grand nombre de créatures étoient attachées à sa fortune. « Ni les cèdres ni les pins ne l'égaloient pas, les arbres les plus hauts du jardin portoient envie à sa grandeur ; » c'est-à-dire les grands de la Cour ne l'égaloient pas : *Cedri non fuerunt altiores illo in*

[1] Homil. IV *in Matth.* — [2] *Ezech.*, XXXI, 3.

paradiso Dei, abietes non adæquaverunt summitatem ejus... Æmulata sunt eum omnia ligna voluptatis quæ erant in paradiso Dei... In ramis ejus fecerunt nidos omnia volatilia cœli... Sub umbraculo illius habitabat cœtus gentium plurimarum [1].

Voilà une grande fortune, un siècle n'en voit pas deux de semblables; mais voyez sa ruine et sa décadence. « Parce qu'il s'est élevé superbement et qu'il a porté son faîte jusqu'aux nues, et que son cœur s'est enflé dans sa hauteur : *Pro eo quod... dedit summitatem suam virentem atque condensam, et elevatum est cor ejus in altitudine sua :* pour cela, dit le Seigneur, je le couperai par la racine ; je l'abattrai d'un grand coup, et je le porterai par terre ; il viendra une disgrâce, et il ne pourra plus se soutenir, il tombera d'une grande chute : *Projicient eum super montes ;* on le verra tout de son long sur une montagne, fardeau inutile de la terre. Tous ceux qui se reposoient sous son ombre se retireront de lui, de peur d'être accablés sous sa ruine : » *Recedent de umbraculo ejus omnes populi terræ, et relinquent eum* [2]. Ou s'il se soutient durant sa vie, il mourra au milieu de ses grands desseins et laissera à des mineurs des affaires embrouillées qui ruineront sa famille ; ou Dieu frappera sur son fils unique, et le fruit de son travail passera en d'autres mains ; ou il lui fera succéder un dissipateur, qui se trouvant tout d'un coup dans de si grands biens dont l'amas ne lui a coûté aucune peine, se jouera des sueurs d'un père insensé qui se sera damné pour le laisser riche ; et devant la troisième génération, le mauvais ménage, les dettes auront consumé tous ses héritages ; « les branches de ce grand arbre se trouveront dans toutes les vallées : » *In cunctis convallibus corruent rami ejus* [3] *;* je veux dire ces terres et ces seigneuries qu'il avoit ramassées avec tant de soin se partageront en mille mains ; et tous ceux qui verront ce grand changement, diront en levant les épaules et regardant avec étonnement les restes de cette fortune délabrée : Est-ce là que devoit aboutir toute cette pompe et cette grandeur formidable? Est-ce là ce grand fleuve qui devoit inonder toute la terre? Je ne vois plus qu'un peu d'écume. Ne le voyons-nous pas tous les jours?

[1] *Ezech.*, XXXI, 8, 9, 6. — [2] *Ibid.*, 10, 12. — [3] *Ibid.*, 12.

O homme, que penses-tu faire? Pourquoi te travailles-tu vainement sans savoir pour qui? — Mais je serai plus sage; et voyant les exemples de ceux qui m'ont précédé, je profiterai de leurs fautes : — comme si ceux qui t'ont précédé n'en avoient pas vu faillir d'autres devant eux, dont les fautes ne les ont pas rendus plus sages. La ruine et la décadence entre dans les affaires humaines par trop d'endroits pour que nous soyons capables de les prévoir tous, et avec une trop grande impétuosité pour en pouvoir arrêter le cours. — Mais je jouirai de mon travail. — Et pour dix ans que tu as de vie? — Mais je regarde ma postérité, que je veux laisser opulente. — Peut-être que ta postérité n'en jouira pas... — Mais peut-être aussi qu'elle en jouira. — Et tant de sueurs pour un peut-être! Regarde qu'il n'y a rien d'assuré pour toi, non pas même un tombeau pour y graver dessus tes titres superbes, les seuls restes de ta grandeur abattue : l'avarice de tes héritiers le refusera à ta mémoire, tant on pensera peu à toi après ta mort. Ce qu'il y aura d'assuré, ce sera la peine de tes rapines, la vengeance éternelle de tes concussions et de ton ambition désordonnée. O les beaux restes de ta grandeur! ô les belles suites de ta fortune! O folie! ô illusion! ô étrange aveuglement des enfans des hommes!

Chrétiens, méditez ces choses; chrétiens, qui que vous soyez, qui croyez vous affermir sur la terre, servez-vous de cette pensée pour chercher le solide et la consistance. Oui, l'homme doit s'affermir, il ne doit pas borner ses desseins dans des limites si resserrées que celles de cette vie; qu'il pense hardiment à l'éternité. En effet il tâche autant qu'il peut que le fruit de son travail n'ait point de fin; il ne peut pas toujours vivre, mais il souhaite que son ouvrage subsiste toujours. Son ouvrage, c'est sa fortune qu'il tâche, autant qu'il lui est possible, de faire voir aux siècles futurs telle qu'il l'a faite. Il y a dans l'esprit de l'homme un désir avide de l'éternité; si on le sait appliquer, c'est notre salut. Mais voici l'erreur, c'est que l'homme l'attache à ce qu'il aime. S'il aime les biens périssables, il y médite quelque chose d'éternel; c'est pourquoi il cherche de tous côtés des soutiens à cet édifice caduc, soutiens aussi caducs que l'édifice même qui lui paroît chancelant.

O homme, désabuse-toi. Si tu aimes l'éternité, cherche-la donc en elle-même, et ne crois pas pouvoir appliquer sa consistance inébranlable à cette eau qui passe et à ce sable mouvant. O éternité, tu n'es qu'en Dieu, mais plutôt, ô éternité, tu es Dieu même ; c'est là que je veux chercher mon appui, mon établissement, ma fortune, mon repos assuré en cette vie et en l'autre. Amen.

SECOND SERMON

POUR

LE IVe DIMANCHE DE CARÊME,

SUR L'AMBITION (a).

Jesus ergo cùm cognovisset quia venturi essent ut raperent eum et facerent eum regem, subiit iterum in montem ipse solus.

Jésus ayant connu que tout le peuple viendroit pour l'enlever et le faire roi, s'enfuit à la montagne tout seul. *Joan.*, VI, 15.

Je reconnois Jésus-Christ à cette fuite généreuse qui lui fait chercher dans le désert un asile contre les honneurs qu'on lui

(a) Prêché dans le Carême de 1666, à Saint-Germain-en-Laye.
Dans la conclusion, ce sermon emprunte un assez long passage au premier point du troisième sermon pour le dimanche des Rameaux : « Vous êtes des dieux, s'écrie l'orateur dans l'un et l'autre endroit; vous êtes des dieux, et vous êtes tous enfans du Très-Haut...; mais, ô dieux de chair et de sang, ô dieux de terre et de poussière, vous mourrez comme des hommes, et votre grandeur tombera par terre. » Le sermon pour le dimanche des Rameaux a été prêché, comme on le verra, dans le Carême de 1662; et Bossuet n'a pu répéter devant Louis XIV, à quinze jours d'intervalle, les mêmes choses conçues dans les mêmes termes. Le second sermon pour le quatrième dimanche de Carême a donc été prêché en 1666.
Ajoutons que ce dernier sermon reproduit aussi, dans le deuxième point, un passage qui se trouve avec quelques variantes dans le troisième point du sermon précédent, le premier pour le quatrième dimanche de Carême. En même temps qu'il confirme toutes nos dates, ce nouveau rapprochement fournit matière à de curieuses observations.
Enfin les éditeurs avoient enlevé la conclusion du premier sermon, pour en donner deux au dernier.

prépare. Celui qui venoit se charger d'opprobres, devoit éviter les grandeurs humaines. Mon Sauveur ne connoît sur la terre aucune sorte d'exaltation que celle qui l'élève à sa croix; et comme il s'est avancé quand on eut résolu son supplice, il étoit de son esprit de prendre la fuite pendant qu'on lui destinoit un trône.

Cette fuite soudaine et précipitée de Jésus-Christ dans une montagne déserte, où il veut si peu être découvert que l'Evangéliste remarque qu'il ne souffre personne en sa compagnie, *ipse solus*, nous fait voir qu'il se sent pressé de quelque danger extraordinaire; et comme il est tout-puissant et ne peut rien craindre pour lui-même, nous devons conclure très-certainement, Messieurs, que c'est pour nous qu'il appréhende.

Et en effet, chrétiens, lorsqu'il frémit, dit saint Augustin [1], c'est qu'il est indigné contre nos péchés; lorsqu'il est troublé, dit le même Père, c'est qu'il est ému de nos maux: ainsi lorsqu'il craint et qu'il prend la fuite, c'est qu'il appréhende pour nos périls. Jésus-Christ voit dans sa prescience en combien de périls extrêmes nous engage l'amour des grandeurs; c'est pourquoi il fuit devant elles pour nous obliger à les craindre : et nous montrant par cette fuite les terribles tentations qui menacent les grandes fortunes, il nous apprend tout ensemble que le devoir essentiel du chrétien, c'est de réprimer son ambition. Ce n'est pas une entreprise médiocre de prêcher cette vérité à la Cour ; et nous devons plus que jamais demander la grace du Saint-Esprit en...

C'est vouloir en quelque sorte déserter la Cour que de combattre l'ambition, qui est l'ame de ceux qui la suivent; et il pourroit même sembler que c'est diminuer (a) quelque chose de la majesté des princes, que de décrier les présens de la fortune dont ils sont les dispensateurs. Mais les souverains pieux veulent bien que toute leur gloire s'efface en présence de celle de Dieu; et bien loin de s'offenser que l'on diminue leur puissance dans cette vue, ils savent qu'on ne les honore jamais plus intimement (b) que quand on les rabaisse de la sorte. Ne craignons donc pas, chrétiens, de

---

[1] Tract. XLIX *in Joan.*, n. 19.

(a) *Var.:* Ravaler. — (b) Respecte, révère jamais plus profondément, etc.

publier hautement dans une Cour si auguste, qu'elle ne peut rien faire pour des chrétiens qui soit digne de leur estime (*a*). Détrompons, s'il se peut, les hommes de cette attache profonde (*b*) à ce qui s'appelle fortune; et pour cela faisons deux choses : faisons parler l'Evangile contre la fortune, faisons parler la fortune contre elle-même : que l'Evangile nous découvre ses illusions, qu'elle-même nous fasse voir ses légèretés (*c*) ; que l'Evangile nous apprenne combien elle est trompeuse dans ses faveurs, elle-même nous convaincra combien elle est accablante dans ses revers. Ainsi nous reconnoîtrons que non-seulement quand elle ôte, mais encore quand elle donne; non-seulement quand elle change, mais encore quand elle demeure, elle est toujours méprisable : c'est tout le sujet de ce discours (*d*).

PREMIER POINT.

J'ai donc à faire voir dans ce premier point que la fortune nous joue lors même qu'elle nous est libérale. Je pourrois mettre ses tromperies dans un grand jour en prouvant, comme il est aisé, qu'elle ne tient jamais ce qu'elle promet; mais c'est quelque chose de plus fort de montrer qu'elle ne donne pas, quand même elle fait semblant de donner. Son présent le plus cher, le plus précieux, celui qui se prodigue le moins, c'est celui qu'elle nomme puissance; c'est celui-là qui enchante les ambitieux, c'est celui-là

(*a*) *Var.*: De publier hautement devant la Cour la plus auguste du monde, que tout ce qu'elle peut faire pour des chrétiens ne mérite pas leur estime. (Le sujet du verbe, *elle*, représente le mot *fortune*.) — (*b*) De cette étrange attache, — de cette terrible attache. — (*c*) Ses inconstances. — (*d*) Faisons parler l'Evangile contre la fortune, faisons parler la fortune contre elle-même ; que l'Evangile nous découvre ses illusions, elle-même nous fera voir ses inconstances. Ou plutôt voyons l'un et l'autre dans l'histoire du Fils de Dieu. Pendant que tous les peuples courent à lui et que leurs acclamations ne lui promettent rien moins qu'un trône, cependant il méprise tellement toute cette vaine grandeur, qu'il déshonore et flétrit son propre triomphe par son triste et misérable équipage. Mais ayant foulé aux pieds la grandeur dans son éclat, la fortune dans ses faveurs, il veut être lui-même l'exemple de l'inconstance des choses humaines ; et dans l'espace de trois jours on a vu la haine publique attacher à une croix celui que la faveur publique avoit jugé digne du trône. Par où nous devons apprendre que la fortune n'est rien ; et que non-seulement quand elle ôte, mais même quand elle donne ; non-seulement quand elle change, mais même quand elle demeure, elle est toujours méprisable : je commence par ses faveurs, et je vous prie de les bien entendre.

dont ils sont le plus jaloux, si petite que soit la part qu'elle leur en fait (a). Voyons donc si elle le donne véritablement, ou si ce n'est point peut-être un grand nom par lequel elle éblouit nos yeux malades.

Pour cela il faut rechercher quelle puissance nous pouvons avoir, et de quelle puissance nous avons besoin durant cette vie. Mais comme l'esprit de l'homme s'est fort égaré dans cet examen (b), tâchons de le ramener à la droite voie par une excellente doctrine de saint Augustin, au livre XIII *de la Trinité*. Là ce grand homme pose pour principe une vérité importante, que la félicité demande deux choses (c) : « Pouvoir ce qu'on veut, vouloir ce qu'il faut : » *Posse quod velit, velle quod oportet*[1]. Que le concours de ces deux choses soit absolument nécessaire pour nous rendre heureux, il paroît évidemment par cette raison : car comme si vous ne pouvez pas ce que vous voulez, votre volonté n'est pas satisfaite ; de même si vous ne voulez pas ce qu'il faut, votre volonté n'est pas réglée ; et l'un et l'autre l'empêche d'être bienheureuse, parce que si la volonté qui n'est pas contente est pauvre, aussi la volonté qui n'est pas réglée est malade ; ce qui exclut nécessairement la félicité, qui n'est pas moins la santé parfaite de la nature que l'affluence universelle du bien. Donc il est également nécessaire de désirer ce qu'il faut, que de pouvoir exécuter ce qu'on veut.

Ajoutons, si vous le voulez, qu'il est encore sans difficulté plus essentiel. Car l'un vous trouble dans l'exécution, l'autre porte le mal jusqu'au principe. Lorsque vous ne pouvez pas ce que vous voulez, c'est que vous en avez été empêché par une cause étrangère ; et lorsque vous ne voulez pas ce qu'il faut, le défaut en arrive toujours infailliblement par votre propre dépravation : si bien que le premier n'est tout au plus qu'un pur malheur, et le second toujours une faute ; et en cela même que c'est une faute, qui ne voit, s'il a des yeux, que c'est sans comparaison un plus grand malheur ? Ainsi l'on ne peut nier, sans perdre le sens, qu'il

[1] S. August., *De Trinit.*, cap. XIII, n. 17.

(a) *Var.:* C'est celui-là dont nous sommes le plus jaloux, si petite que soit la part qu'elle nous en fait. — (b) Dans la recherche d'un si grand bien. — (c) Consiste en deux choses.

ne soit bien plus nécessaire à la félicité véritable d'avoir une volonté bien réglée que d'avoir une puissance bien étendue.

Et c'est ici, chrétiens, que je ne puis assez m'étonner des déréglemens de nos affections et de la corruption de nos jugemens. Nous laissons la règle, dit saint Augustin [1], et nous soupirons après la puissance. Aveugles, qu'entreprenons-nous? La félicité a deux parties, et nous croyons la posséder tout entière, pendant que nous faisons une distraction violente de ses deux parties. Encore rejetons-nous la plus nécessaire; et celle que nous choisissons étant séparée de sa compagne, bien loin de nous rendre heureux, ne fait qu'augmenter le poids de notre misère. Car que peut servir la puissance à une volonté déréglée, sinon qu'étant misérable en voulant le mal, elle le devient encore plus en l'exécutant? Ne disions-nous pas dimanche dernier que le grand crédit des pécheurs est un fléau que Dieu leur envoie? Pourquoi, sinon, chrétiens, qu'en joignant l'exécution au mauvais désir, c'est donner le moyen à un malade de jeter du poison sur une plaie déjà mortelle, c'est ajouter le comble (a)? N'est-ce pas mettre le feu à l'humeur maligne dont le venin nous dévore déjà les entrailles? Le Fils de Dieu reconnoît que Pilate a reçu d'en haut une grande puissance sur sa divine personne. Si la volonté de cet homme eût été réglée, il eût pu s'estimer heureux en faisant servir ce pouvoir, sinon à punir l'injustice et la calomnie, du moins à délivrer l'innocence. Mais parce que sa volonté étoit corrompue par une lâcheté honteuse à son rang, cette puissance ne lui a servi qu'à l'engager contre sa pensée dans le crime du déicide. C'est donc le dernier des aveuglemens, avant que notre volonté soit bien ordonnée, de désirer une puissance qui se tournera contre nous-mêmes et sera fatale à notre bonheur, parce qu'elle sera funeste à notre vertu.

Notre grand Dieu, Messieurs, nous donne une autre conduite, parce qu'il veut nous mener par des voies unies, et non pas par des précipices. C'est pourquoi il enseigne à ses serviteurs, non à

---

[1] *De Trinit.*, cap. XIII, n. 17.

(a) *Var.*: Pourquoi, sinon, chrétiens, qu'en accordant la facilité de contenter leurs mauvais désirs, c'est leur donner le moyen de mettre le venin dans la plaie et d'accroitre par une nourriture contraire la malignité qui les dévore?

désirer de pouvoir beaucoup, mais à s'exercer à vouloir le bien ; à régler leurs désirs, avant de songer à les satisfaire; à commencer leur félicité par une volonté bien ordonnée, avant que de la consommer par une puissance absolue. Où je ne puis assez admirer l'ordre merveilleux de sa sagesse, en ce que la félicité étant composée de deux choses, la bonne volonté et la puissance, il les donne l'une et l'autre à ses serviteurs, mais il les donne chacune en son temps. Si nous voulons ce qu'il faut dans la vie présente, nous pourrons tout ce que nous voudrons dans la vie future. Le premier est notre exercice, l'autre sera notre récompense. Que désirons-nous davantage? Dieu ne nous envie pas la puissance ; mais il a voulu garder l'ordre, qui demande que la justice marche la première : *Non quòd potentia quasi mali aliquid fugienda sit ; sed ordo servandus est, quo prior est justitia* [1]. Réglons donc notre volonté par l'amour de la justice, et il nous couronnera en son temps par la communication de son pouvoir; si nous donnons ce moment de la vie présente à composer nos mœurs, il donnera l'éternité tout entière à contenter nos désirs.

Mais il est temps, chrétiens, que nous fassions une application plus particulière de cette belle doctrine de saint Augustin. Que demandez-vous, ô mortels? Quoi? que Dieu vous donne beaucoup de puissance? Et moi je réponds avec le Sauveur que « vous ne savez ce que vous demandez [2]. » Considérez bien où vous êtes, voyez la mortalité qui vous accable, regardez cette « figure du monde qui passe [3]. » Parmi tant de fragilité, sur quoi pensez-vous soutenir cette grande idée de puissance? Certainement un si grand nom doit être appuyé sur quelque chose, et que trouverez-vous sur la terre qui ait assez de force et de dignité pour soutenir le nom de puissance? Ouvrez les yeux, pénétrez l'écorce. La plus grande puissance du monde ne peut s'étendre plus loin que d'ôter la vie à un homme; est-ce donc un si grand effort que de faire mourir un mortel, que de hâter de quelques momens le cours d'une vie qui se précipite d'elle-même? Ne croyez donc pas, chrétiens, qu'on puisse jamais trouver du pouvoir où règne la mortalité : *Nam quanta potentia potest esse mortalium?* C'est

---

[1] S. August., *De Trinit.*, cap. XIII, n. 17.— [2] *Matth.*, XX, 22. — [3] I *Cor.*, VII, 31.

une sage Providence : et ainsi, dit saint Augustin[1], le partage des hommes mortels, c'est d'observer la justice ; la puissance leur sera donnée au séjour d'immortalité : *Tenentt mortales justitiam, potentia immortalibus dabitur.*

Aspirons, Messieurs, à cette puissance. Si nous sentons d'une foi vive que nous sommes étrangers sur la terre, nous ne désirerons pas avec ambition de gouverner où nous n'avons qu'un lieu de passage, d'être les maîtres où nous ne devons pas même être citoyens. Songeons en quelle cité nos noms sont écrits; songeons qui est celui à qui nous demandons tous les jours que son règne advienne. Si c'est celui que nous appelons notre Père, ne prétendons pas être tout-puissans avant que le règne de notre Père soit arrivé ; ce seroit un contre-temps trop déraisonnable. Ainsi pour aspirer à la puissance, attendons patiemment que son règne advienne et contentons-nous en attendant de lui demander que sa volonté soit faite. Si nous faisons sa volonté en nous laissant diriger par sa justice, le règne arrivera où nous participerons à sa puissance.

Je crois que vous voyez maintenant, Messieurs, quelle sorte de puissance nous devons désirer durant cette vie : puissance pour régler nos mœurs, pour modérer nos passions, pour nous composer selon Dieu ; puissance sur nous-mêmes, puissance contre nous-mêmes, ou plutôt, dit saint Augustin[2], puissance pour nous-mêmes contre nous-mêmes : *Velit homo prudens esse, velit fortis, velit temperans... ; atque ut hæc veraciter possit, potentiam plane optet, atque ut petat ut potens sit in se ipso, et miro modo adversùs se ipsum pro se ipso.* O puissance peu enviée ! et toutefois c'est la véritable. Car on combat notre puissance en deux sortes, ou bien en nous empêchant dans l'exécution de nos entreprises, ou bien en nous troublant dans le droit que nous avons de nous résoudre ; on attaque dans ce dernier l'autorité même du commandement, et c'est la véritable servitude (a). Voyons l'exemple de l'un et de l'autre dans une même maison.

[1] S. August., *De Trinit.*, cap. XIII, n. 17. — [2] *Ibid.*

(a) *Var.*: Ou bien en nous attaquant dans l'autorité même du commandement. Voyons.....

. Joseph étoit esclave chez Putiphar, et la femme de ce seigneur d'Egypte y est la maîtresse. Celui-là dans le joug de la servitude n'est pas maître de ses actions, et celle-ci tyrannisée par sa passion n'est pas même maîtresse de ses volontés. Voyez où l'a portée un amour infâme. Ah ! sans doute, à moins que d'avoir un front d'airain, elle avoit honte en son cœur de cette bassesse; mais sa passion furieuse lui commandoit au dedans comme à une esclave : Appelle ce jeune homme, confesse ton foible, abaisse-toi devant lui, rends-toi ridicule. Que lui pouvoit conseiller de pis son plus cruel ennemi? c'est ce que sa passion lui commande. Qui ne voit que dans cette femme la puissance est liée bien plus fortement qu'elle ne l'est dans son propre esclave?

Cent tyrans de cette sorte captivent nos volontés, et nous ne soupirons pas. Nous gémissons quand on lie nos mains, et nous portons sans peine ces fers invisibles dans lesquels nos cœurs sont enchaînés. Nous croyons qu'on nous violente quand on enchaîne les ministres, les membres qui exécutent; et nous ne soupirons pas quand on met dans les fers (a) la maîtresse même, la raison et la volonté qui commande. Eveille-toi, pauvre esclave; (b) et reconnois enfin cette vérité, que si c'est une grande puissance de pouvoir exécuter ses desseins, la grande et la véritable c'est de régner sur ses volontés.

Quiconque aura su goûter la douceur de cet empire, se souciera peu, chrétiens, du crédit et de la puissance que peut donner la fortune; et en voici la raison : c'est qu'il n'y a point de plus grand obstacle à se commander soi-même, que d'avoir autorité sur les autres. Car considérez, chrétiens, quelle est la condition des grands de la terre : qu'est-ce qui grossit leur cour et qui fait la foule autour d'eux? N'écoutons pas ce qu'ils disent, voyons ce qu'ils portent au dedans du cœur. Chacun a ses intérêts et ses passions, l'un sa vengeance, l'autre son ambition, son avarice; et pour exécuter leurs desseins, ils tâchent de ménager les puissances. Celui qui est obligé, pour se faire des créatures, de satisfaire les passions d'autrui, quand prendra-t-il la pensée de donner des bornes aux siennes?

(a) *Var.*: Quand on captive. — (b) *Note marg.*: Qui songe à sauver quelques soldats, et laisse prendre le roi prisonnier.

Qui compescere debuisti cupiditates tuas, explere cogeris alienas[1].

Mais entrons plus avant encore dans ces ressorts secrets et imperceptibles qui font remuer le cœur humain, afin, s'il se peut, de vous faire voir comment les vices croissent avec la puissance. En effet il y a en nous une certaine malignité qui a gâté notre nature jusqu'à la racine, qui a répandu dans nos cœurs le principe de tous les vices (*a*). Ils sont cachés et enveloppés en cent replis tortueux, et ils ne demandent qu'à montrer la tête. Le meilleur moyen de les réprimer, c'est de leur ôter le pouvoir; c'est ce qui fait dire à saint Augustin qui l'avoit bien compris, en l'une de ses *Epîtres à Macédonius,* si je ne me trompe, que « pour guérir la volonté il faut réprimer la puissance : *Frænatur facultas... ut sanetur voluntas*[2]. Eh quoi donc ! des vices cachés en sont-ils moins vices ? Est-ce l'accomplissement qui en fait la corruption ? Comment donc est-ce guérir la volonté que de laisser le venin dans le fond du cœur ? Voici le secret : on se lasse de vouloir toujours l'impossible, de faire toujours des desseins à faux, de n'avoir que la malice du crime. C'est pourquoi une malice frustrée commence à déplaire, on se remet, on revient à soi à la faveur de son impuissance, on prend aisément le parti de modérer ses désirs. On le fait premièrement par nécessité ; mais enfin comme la contrainte est importune, on y travaille sérieusement et de bonne foi, et on bénit son peu de puissance, le premier appareil qui a donné le commencement à la guérison.

Par une raison contraire, qui ne voit que plus on sort de la dépendance, plus on rend ses passions indomptables ? Nous sommes des enfans qui avons besoin d'un tuteur sévère, la difficulté ou la crainte. Si on lève ces empêchemens, nos inclinations corrompues commencent à se remuer et à se produire, comme des voleurs dispersés par la crainte de ceux qui les poursuivoient, troupe sanguinaire qui va désoler toute la province. (*b*) Que si je pouvois

---

[1] S. August., *Epist.* CCXX *ad Bonif.*, n. 16. — [2] S. August., *Epist.* CLI *ad Maced.*, n. 16.

(*a*) *Var.* : Il faut donc remarquer, Messieurs, qu'une certaine malignité, qui a gâté notre nature jusqu'à la racine, a répandu dans nos cœurs ......
(*b*) *Note marg.* : Et oppriment notre liberté sous le joug de leur licence effrénée. Ah ! nous ne le voyons que trop tous les jours. Ainsi vous voyez, chrétiens, combien la fortune est trompeuse, puisque bien loin de nous donner la

vous découvrir aujourd'hui le cœur d'un Nabuchodonosor dans l'Histoire sainte, d'un Néron ou de quelque autre monstre dans les histoires profanes, vous verriez ce que peut faire dans le cœur humain cette terrible pensée de ne voir rien sur sa tête, et à proportion ce qui en approche. C'est là que la convoitise va tous les jours se subtilisant et se renviant (*a*) pour ainsi dire sur elle-même. De là naissent des vices inconnus, des monstres d'avarice, des raffinemens de volupté, des délicatesses d'orgueil qui n'ont point de nom. Et qui les produit, chrétiens? La grande puissance féconde en crimes, la licence mère de tous les excès.

Ce n'est pas sans raison, Messieurs, que le Fils de Dieu nous instruit à craindre les grands emplois ; c'est qu'il sait que la puissance est le principe le plus ordinaire de l'égarement, qu'en l'exerçant sur les autres on la perd souvent sur soi-même, enfin qu'elle est semblable à un vin fumeux qui fait sentir sa force aux plus sobres. Celui-là seul est maître de ses volontés, qui saura modérer son ambition, qui se croira assez puissant pourvu qu'il puisse régler ses désirs, et être assez désabusé des choses humaines pour ne point mesurer sa félicité à l'élévation de sa fortune (*b*).

puissance, elle ne nous laisse pas même la liberté.— (*a*) : *Se renvier*, pour *renchérir*. — (*b*) *Première rédaction du passage* : L'expérience l'apprend assez ; mais on n'écoute point cette expérience. On en voit d'autres se prendre de vin, on reconnoît la force de cette liqueur; mais ou s'imagine toujours qu'on aura la tête plus forte. — Je me modérerai. — Et comment ? Ne porterez-vous pas toujours avec vous cette humeur inquiète et remuante ? comme si nous nous gouvernions par raison, et non par humeur ; ou comme si l'ambition n'étoit pas sans comparaison moins traitable, quand on lui laisse prendre goût aux honneurs du monde.

Donnons quelque conseil aux grands de la terre. Que leur condition est périlleuse ! Ce que c'est que d'agir par humeur, et non par raison ! C'est ce qui cause que les passions sont insatiables, parce que l'humeur nous demeure. Et il faut considérer en ce lieu ce que c'est que l'avarice des passions.

Tel qu'est le péril d'un homme, qui ayant épousé une femme d'une rare et ravissante beauté, seroit obligé néanmoins de vivre avec elle comme avec sa sœur, et même de ne la regarder qu'avec réserve ; vous ne comprenez que trop son péril : autant est-il difficile de garder la modération dans les dignités (S. Chrysost. homil., XL *in Matth.*). Il y en a néanmoins..... Dieu prête de ses serviteurs à l'ordre du siècle. Que feront-ils, chrétiens ? *Et nosti quia oderim gloriam iniquorum... : tu scis necessitatem meam, quòd abominer signum superbiæ quod est super caput meum in diebus ostentationis meæ ; et quòd non comederim in mensâ Aman, nec mihi placuerit convivium regis......, et nunquam lætata sit ancilla tua...., nisi in te, Deus Israel* (Esth., XIV, 18).

Mais pour cela, que faire ? Elle évite ce qu'elle peut; ce qu'elle ne peut éviter, elle en éloigne son cœur. Elle fuit les délicatesses exquises et plus que royales

Mais écoutons, chrétiens, ce que nous opposent les ambitieux. Il faut, disent-ils, se distinguer ; c'est une marque de foiblesse de demeurer dans le commun, les génies extraordinaires se démêlent toujours de la troupe et forcent les destinées. Les exemples de ceux qui s'avancent, semblent reprocher aux autres leur peu de mérite ; et c'est sans doute ce dessein de se distinguer qui pousse l'ambition aux derniers excès. Je pourrois combattre par plusieurs raisons cette pensée de se discerner. Je pourrois vous représenter que c'est ici un siècle de confusion où toutes choses sont mêlées, qu'il y a un jour arrêté à la fin des siècles pour séparer les bons d'avec les mauvais, et que c'est à ce grand et éternel discernement que doit aspirer de toute sa force une ambition chrétienne. Je pourrois ajouter encore que c'est en vain qu'on s'efforce de se distinguer sur la terre, où la mort nous vient bientôt arracher de ces places éminentes pour nous abîmer avec tous les autres dans le néant commun de la nature : de sorte que les plus foibles se riant de votre pompe d'un jour et de votre discernement imaginaire, vous diront avec le prophète : O homme puissant et superbe, qui pensiez par votre grandeur vous être tiré du pair, « vous voilà blessé comme nous, et vous êtes fait semblable à nous : » *Et tu vulneratus es sicut et nos, nostri similis effectus es* [1].

Mais sans m'arrêter à ces raisons, je demanderai seulement à ces ames ambitieuses par quelles voies elles prétendent se distinguer. (a) La voie du vice est honteuse, celle de la vertu est

---

[1] *Isa.*, XIV, 10.

de la table du favori ; et pour la table du roi, elle ne pouvoit l'éviter étant son épouse ; mais elle détourne son cœur, et au milieu de ses délices royales, elle ne trouve sa joie qu'au Dieu d'Israël. S'examiner de tous côtés, pour voir si l'orgueil ne lève point la tête par quelque endroit : *Domine, non est exaltatum cor meum, neque elati sunt oculi mei.* Enflure du cœur, les yeux élevés, se méconnoître, point de réflexion sur soi-même, s'entretenir dans sa grandeur : *Neque ambulavi in magnis* ; des desseins d'emportement : *neque in mirabilibus super me.* Et enfin il la déracine. *Si non humiliter sentiebam, sed exaltavi animam meam ; sicut ablactatus est super matre sud, ita retributio in anima mea* (*Psalm.* CXXX, 1, 2). — (a) Note marg. : *Circumveniamus justum, quoniam inutilis est nobis* (Sap., II, 12). L'injuste peut entrer dans tous les desseins, trouver tous les expédiens, entrer dans tous les intérêts. A quel usage peut-on mettre cet homme si droit qui ne parle que de son devoir ? Il n'y a rien de si sec ni de moins flexible ; et il y a tant de choses qu'il ne peut pas faire, qu'à la fin il est regardé comme un homme qui n'est bon à rien, entièrement inutile. Ainsi étant inutile, on se résout facilement à le

bien longue. La vertu ordinairement n'est pas assez souple pour ménager la faveur des hommes; et le vice qui met tout en œuvre est plus actif, plus pressant, plus prompt; et ensuite il réussit mieux que la vertu qui ne sort point de ses règles, qui ne marche qu'à pas comptés, qui ne s'avance que par mesure. Ainsi vous vous ennuierez d'une si grande lenteur, peu à peu votre vertu se relâchera, et après elle abandonnera tout à fait sa première régularité pour s'accommoder à l'humeur du monde. Ah! que vous feriez bien plus sagement de renoncer tout à coup à l'ambition! Peut-être qu'elle vous donnera de temps en temps quelques légères inquiétudes; mais toujours en aurez-vous bien meilleur marché, et il vous sera bien plus aisé de la retenir, que lorsque vous lui aurez laissé prendre goût aux honneurs et aux dignités. Vivez donc content de ce que vous êtes, et surtout que le désir de faire du bien ne vous fasse pas désirer une condition plus relevée : c'est l'appât ordinaire des ambitieux. Ils plaignent toujours le public, il s'érigent en réformateurs des abus, ils deviennent sévères censeurs de tous ceux qu'ils voient dans les grandes places. Pour eux, que de beaux desseins ils méditent! que de sages conseils pour l'État! que de grands sentimens (*a*) pour l'Église! que de saints règlemens pour un diocèse! Au milieu de ces desseins charitables et de ces pensées chrétiennes, ils s'engagent dans l'amour du monde, ils prennent insensiblement l'esprit du siècle; et puis quand ils sont arrivés au but, il faut attendre les occasions qui ne marchent qu'à pas de plomb pour ainsi parler, et qui enfin n'arrivent jamais; ainsi périssent tous ces beaux desseins et s'évanouissent comme un songe toutes ces grandes pensées.

mépriser, ensuite à le sacrifier à l'intérêt du plus fort, et aux pressantes sollicitations de cet homme de grand secours, qui n'épargne ni le saint ni le profane pour entrer dans nos desseins, qui sait remuer les intérêts et les passions, ces deux grands ressorts de la vie humaine. *Confortati sunt in terra, quia de malo ad malum egressi sunt* (Jerem., IX, 3). Une médisance secrètement semée, par une calomnie encore plus ingénieuse, une première injustice par une corruption : il enveloppe la vérité dans des embarras infinis; il a l'art de faire taire et parler les hommes, parce qu'il sait les flatter, les intimider, les intéresser par toutes sortes de voies. Que fera ici la vertu avec sa froide et impuissante médiocrité? A peine peut-elle se remuer, tant elle s'est renfermée dans des limites étroites. Elle se retranche tout d'un coup plus de la moitié des moyens, j'entends ceux qui sont mauvais ou suspects, et c'est-à-dire assez souvent les plus efficaces. — (*a*) *Var.* : Que de grandes pensées... !

Par conséquent, chrétiens, sans soupirer ardemment après une plus grande puissance, songeons à rendre bon compte de tout le pouvoir que Dieu nous confie. Un fleuve pour faire du bien n'a que faire de passer ses bords ni d'inonder la campagne ; en coulant paisiblement dans son lit, il ne laisse pas d'arroser la terre et de présenter ses eaux aux peuples pour la commodité publique (a). Ainsi sans nous mettre en peine de nous déborder par des pensées ambitieuses (b), tâchons de nous étendre bien loin par des sentimens de bonté ; et dans des emplois bornés, ayons une charité infinie. Telle doit être l'ambition du chrétien, qui méprisant la fortune, se rit de ses vaines promesses et n'appréhende pas ses revers, desquels il me reste à vous dire un mot dans ma dernière partie.

SECOND POINT.

La fortune, trompeuse en toute autre chose, est du moins sincère en ceci, qu'elle ne nous cache pas ses tromperies ; au contraire elle les étale dans le plus grand jour ; et outre ses légèretés ordinaires, elle se plait de temps en temps d'étonner le monde par des coups d'une surprise terrible, comme pour rappeler toute sa force en la mémoire des hommes et de peur qu'ils n'oublient jamais ses inconstances, sa malignité, ses bizarreries. C'est ce qui m'a fait souvent penser que toutes les complaisances de la fortune ne sont pas des faveurs, mais des trahisons ; qu'elle ne nous donne que pour avoir prise sur nous, et que les biens que nous recevons de sa main ne sont pas tant des présens qu'elle nous fait que des gages que nous lui donnons pour être éternellement ses captifs, assujettis aux retours fâcheux de sa dure et malicieuse puissance (c).

Cette vérité établie sur tant d'expériences convaincantes, devroit détromper les ambitieux de tous les biens de la terre ; et c'est au contraire ce qui les engage. Car au lieu d'aller à un bien

---

(a) *Var.* : De présenter ses eaux au voisinage. — (b) Par l'ambition. — (c) Note marg. : *Nunquam ego fortunæ credidi, etiamsi videretur pacem agere. Quoniam illa quæ mihi indulgentissime afferebat pecuniam, honorem, gloriam, eo loco posui unde posset ea sine motu meo repetere. Intervallum inter me et illum magnum habui. Itaque abstulit illa, non allusit* (Consol. ad Hebr., cap. v).

solide et éternel sur lequel le hasard ne domine pas, et de mépriser par cette vue la fortune toujours changeante, la persuasion de son inconstance fait qu'on se donne tout à fait à elle pour trouver des appuis contre elle-même. Car écoutez parler ce politique habile et entendu. La fortune l'a élevé bien haut, et dans cette élévation il se moque des petits esprits qui donnent tout à la montre et au dehors (a); pour lui il appuie sa famille sur des fondemens plus certains, sur des charges considérables, sur des richesses immenses qui soutiendront éternellement la fortune de sa maison. Il pense s'être affermi contre toutes sortes d'attaques; aveugle et mal avisé! comme si ces soutiens magnifiques qu'il cherche contre la puissance de la fortune, n'étoient pas encore de son ressort et de sa dépendance, et pour le moins aussi fragiles que l'édifice même qu'il croit chancelant.

C'est trop parler de la fortune dans la chaire de vérité. Ecoute, homme sage, homme prévoyant, qui étends si loin aux siècles futurs les précautions de ta prudence; c'est Dieu même qui te va parler et qui va confondre tes vaines pensées par la bouche de son prophète Ezéchiel. « Assur, dit ce saint prophète, s'est élevé comme un grand arbre, comme les cèdres du Liban; » le ciel l'a nourri de sa rosée; la terre l'a engraissé de sa substance; les puissances l'ont comblé de leurs bienfaits, et il suçoit de son côté le sang du peuple. « C'est pourquoi il s'est élevé, superbe en sa hauteur, beau en sa verdure, étendu en ses branches, fertile en ses rejetons : » *Pulcher ramis, et frondibus nemorosus, excelsusque altitudine, et inter condensas frondes elevatum est cacumen ejus*[1]. « Les oiseaux faisoient leurs nids sur ses branches, » les familles de ses domestiques; « les peuples se mettoient à couvert sous son ombre; » un grand nombre de créatures et les grands et les petits étoient attachés à sa fortune. « Ni les cèdres ni les pins, » c'est-à-dire les plus grands de la Cour, « ne l'égaloient pas : » *Abietes non adæquaverunt summitatem ejus... Æmulata sunt eum omnia ligna*

[1] *Ezech.*, XXXI, 3.

(a) *Var.*: Il se moque des petits esprits qui donnent tout au dehors et qui se repaissent de titres et d'une belle montre de grandeur; il se croiroit peut-être assez grand, s'il ne vouloit chercher des appuis à sa grandeur. Pour lui il appuie sa famille.....

voluptatis quæ erant in paradiso Dei [1]. Autant que ce grand arbre s'étoit poussé en haut, autant sembloit-il avoir jeté en bas de fortes et profondes racines.

Voilà une grande fortune, un siècle n'en voit pas beaucoup de semblables; mais voyez sa ruine et sa décadence. « Parce qu'il s'est élevé superbement et qu'il a porté son faîte jusqu'aux nues, et que son cœur s'est enflé dans sa hauteur; pour cela, dit le Seigneur, je le couperai par la racine; je l'abattrai d'un grand coup et le porterai par terre; il viendra une disgrace, et il ne pourra plus se soutenir, il tombera d'une grande chute. Tous ceux qui se reposoient sous son ombre se retireront de lui, de peur d'être accablés sous sa ruine : » *Recedent de umbraculo ejus omnes populi terræ, et relinquent cum* [2]. « Cependant on le verra couché tout de son long sur la montagne, fardeau inutile de la terre : » *Projicient eum super montes* [3]. Ou s'il se soutient durant sa vie, il mourra au milieu de ses grands desseins et laissera à des mineurs des affaires embrouillées qui ruineront sa famille; ou Dieu frappera son fils unique, et le fruit de son travail passera en des mains étrangères; ou Dieu lui fera succéder un dissipateur, qui se trouvant tout d'un coup dans de si grands biens dont l'amas ne lui a coûté aucunes peines, se jouera des sueurs d'un homme insensé qui se sera perdu pour le laisser riche (*a*); et devant la troisième génération, le mauvais ménage et les dettes auront consumé tous ses héritages; « les branches de ce grand arbre se verront rompues dans toutes les vallées : » *In cunctis convallibus corruent rami ejus* [4]; je veux dire, ces terres et ces seigneuries qu'il avoit ramassées comme une province, avec tant de soin et de travail, se partageront en plusieurs mains; et tous ceux qui verront ce grand changement, diront en levant les épaules et regardant avec étonnement les restes de cette fortune ruinée (*b*) : Est-ce là que devoit aboutir toute cette grandeur formidable au monde? Est-ce là ce grand arbre qui élevoit son faîte jusqu'aux nues (*c*)? Il n'en reste plus qu'un tronc inutile. Est-ce là ce fleuve impétueux qui

---

[1] *Ezech.*, XXXI, 8, 9. — [2] *Ibid.*, 12. — [3] *Ibid.* — [4] *Ibid.*

(*a*) *Var.* : Qui se sera damné pour le faire riche. — (*b*) Délabrée. — (*c*) Dont l'ombre couvroit toute la terre.

sembloit devoir inonder toute la terre? Je n'aperçois plus (a) qu'un peu d'écume.

O homme, que penses-tu faire, et pourquoi te travailles-tu vainement? — Mais je saurai bien m'affermir et profiter de l'exemple des autres ; j'étudierai le défaut de leur politique et le foible de leur conduite, et c'est là que j'apporterai le remède. — Folle précaution! car ceux-là ont-ils profité de l'exemple de ceux qui les précèdent? O homme, ne te trompe pas; l'avenir a des événemens trop bizarres (b), et les pertes et les ruines entrent par trop d'endroits dans la fortune des hommes, pour pouvoir être arrêtées de toutes parts. Tu arrêtes cette eau d'un côté, elle pénètre de l'autre, elle bouillonne même par-dessous la terre. Vous croyez être bien muni aux environs, le fondement manque par en bas, un coup de foudre par en haut..... — Mais je jouirai de mon travail. — Eh quoi! pour dix ans de vie! — Mais je regarde ma postérité et mon nom. — Mais peut-être que ta postérité n'en jouira pas... — Mais peut-être aussi qu'elle en jouira. — Et tant de sueurs, et tant de travaux, et tant de crimes, et tant d'injustices, sans pouvoir jamais arracher (c) de la fortune à laquelle tu te dévoues, qu'un misérable peut-être! Regarde qu'il n'y a rien d'assuré pour toi, non pas même un tombeau pour graver dessus tes titres superbes, seuls restes de ta grandeur abattue : l'avarice ou la négligence de tes héritiers le refuseront peut-être à ta mémoire, tant on pensera peu à toi quelques années après ta mort. Ce qu'il y a d'assuré, c'est la peine de tes rapines, la vengeance éternelle de tes concussions et de ton ambition infinie. O les dignes restes de ta grandeur! ô les belles suites de ta fortune! ô folie! O illusion! étrange aveuglement des enfans des hommes!

Chrétiens, méditons ces choses, pensons aux inconstances, aux légèretés, aux trahisons de la fortune. Mais ceux dont la puissance suprême semble être au-dessus de son empire, sont-ils au-dessus des changemens? Dans leur jeunesse la plus vigoureuse, ils doivent penser à la dernière heure qui ensevelira toute leur grandeur. « Je l'ai dit : Vous êtes des dieux, et vous êtes tous enfans

---

(a) *Var.* : Je ne vois plus.— (b) Trop rapides. — (c) Tirer.

du Très-Haut [1]. » Ce sont les paroles de David, paroles grandes et magnifiques; toutefois écoutez la suite : Mais, ô dieux de chair et de sang, ô dieux de terre et de poussière, « vous mourrez comme des hommes, » et toute votre grandeur tombera par terre : *Verumtamen sicut homines moriemini* [2]. Songez donc, ô grands de la terre, non à l'éclat de votre puissance, mais au compte qu'il en faut rendre, et ayez toujours devant les yeux la majesté de Dieu présente.

De tous les hommes vivans, aucuns ne doivent avoir dans l'esprit la majesté de Dieu plus présente ni plus avant imprimée que les rois. Car comment pourroient-ils oublier celui dont ils portent toujours en eux-mêmes une image si présente et si expresse? Le prince sent en lui-même cette vigueur, cette fermeté, cette noble confiance du commandement; il voit qu'il ne fait que remuer les yeux, et qu'aussitôt tout se remue d'une extrémité du royaume à l'autre; et combien donc doit-il penser que la puissance de Dieu est active? Il perce (a) les intrigues les plus cachées; les oiseaux du ciel lui rapportent tout [3]; il a même reçu de Dieu, par l'usage des affaires, une certaine pénétration qui fait penser qu'il devine : *Divinatio in labiis regis* [4]; et quand il a pénétré les trames les plus secrètes, avec ses mains longues et étendues il va prendre ses ennemis aux extrémités du monde et les déterre pour ainsi dire du fond des abîmes où ils cherchoient un vain asile. Combien donc lui est-il facile de s'imaginer que la vue et les mains de Dieu sont inévitables?

Mais quand il voit les peuples soumis obligés à lui obéir non-seulement « pour la crainte, mais encore pour la conscience, » comme dit l'Apôtre [5]; quand il voit qu'on doit immoler et sa fortune et sa vie pour sa gloire et pour son service, peut-il jamais oublier ce qui est dû au Dieu vivant et éternel? C'est là qu'il doit reconnoître que tout ce que feint la flatterie, tout ce qu'inspire le devoir, tout ce qu'exécute la fidélité, tout ce qu'il exige lui-même de l'amour, de l'obéissance, de la gratitude de ses sujets, c'est une leçon perpétuelle de ce qu'il doit à son Dieu, à son souverain.

---

[1] *Psal.* LXXXI, 6. — [2] *Ibid.*, 7. — [3] *Eccle.*, X, 20. — [4] *Prov.*, XVI, 10. — [5] *Rom.*, XIII, 5.

(a) *Var.* : Il pénètre.

C'est pourquoi saint Grégoire de Nazianze prêchant à Constantinople en présence des empereurs, leur adresse ces belles paroles : « O princes, respectez votre pourpre; révérez votre propre puissance, et ne l'employez jamais contre Dieu qui vous l'a donnée. Connoissez le grand mystère de Dieu en vos personnes; les choses hautes sont à lui seul; il partage avec vous les inférieures. Soyez donc les sujets de Dieu, et soyez les dieux de vos peuples [1]. »

Ce sont les paroles de ce grand Saint que j'adresse encore aujourd'hui au plus grand Monarque du monde. Sire, soyez le Dieu de vos peuples; c'est-à-dire faites-nous voir Dieu en votre personne sacrée. Faites-nous voir sa puissance, faites-nous voir sa justice, faites-nous voir sa miséricorde. Ce grand Dieu est au-dessus de tous les maux; et néanmoins il y compatit et il les soulage. Ce grand Dieu n'a besoin de personne; et néanmoins il veut gagner tout le monde, et il ménage ses créatures avec une condescendance infinie. Ce grand Dieu sait tout, il voit tout; et néanmoins il veut que tout le monde lui parle, il écoute tout, et il a toujours l'oreille attentive aux plaintes qu'on lui présente, toujours prêt à faire justice. Voilà le modèle des rois; tous les autres sont défectueux, et on y voit toujours quelque tache. Dieu seul doit être imité en tout, autant que le porte la foiblesse humaine. Nous bénissons ce grand Dieu de ce que Votre Majesté porte déjà sur elle-même une si noble empreinte de sa justice (a), et nous le prions humblement d'accroître ses dons sans mesure dans le temps et dans l'éternité. *Amen.*

[1] *Orat.* XXVII, tom. I, p. 471.
(a) *Var. :* De lui-même.

TROISIÈME SERMON

POUR

LE IVe DIMANCHE DE CARÊME,

SUR L'AMOUR DES GRANDEURS HUMAINES (a).

Jesus ergo, cùm cognovisset quia venturi essent ut raperent eum et facerent eum regem, fugit iterùm in montem ipse solus.

Jésus ayant connu que le peuple viendroit pour l'enlever et le faire roi, s'enfuit encore à la montagne tout seul. Joan., VI, 15.

Toujours le silence et la solitude auront de grands charmes pour notre Sauveur; toujours la montagne et le désert donneront à cet

---

(a) *Exorde.* — Jésus se retire souvent au désert : il y fuit seul quand on veut le faire roi. A fui un roi tyran qui vouloit le faire mourir; fuit une autre persécution qui le veut lui-même faire roi. *Ave.*
Obscurités et contradictions de l'Évangile, pour instruire. Deux maximes sur la puissance.
Premier point. — Félicité en deux choses : pouvoir ce qu'on veut, vouloir ce qu'il faut. Ici le temps de vouloir ; au ciel le pouvoir (S. August. *De Trinit.*, lib. XIII, n. 17). Puissance nuit, si la volonté n'est bien réglée. Pilate. Exemples. Deux captivités : une qui empêche l'exécution, l'autre qui contraint dans le principe. Puissance, mère de licence.
Contre ceux qui veulent se distinguer (ce sont les grands génies). Quel discernement doit désirer le chrétien. Etrangers au siècle. Dieu prête ses enfans.
Honneurs, enivrement.
User de la puissance. Esther. David.
Second point. — Quel est l'esprit de grandeur. Obligation des grands.
Ambitieux se proposent de faire de grands biens.
Illusion. Se tenir dans ses bornes. Saint Léon.

Prêché dans le Carême de 1663, aux Bénédictines du Val-de-Grace.
Aux Bénédictines, l'orateur voyoit autour de sa chaire des religieuses d'une part, de l'autre la reine mère et des seigneurs de la Cour. En adressant la parole à son auditoire, il dit souvent : « Mes sœurs, ames saintes ; » voilà pour les religieuses. Ensuite il emploie quelquefois l'appellation « Mes frères, » et s'élève avec force contre les conquérans: « Comme, dit-il vers la fin du deuxième point; comme c'est le naturel du genre humain d'être plus sensible au mal qu'au bien, aussi les grands s'imaginent que leur puissance éclate bien plus par des ruines que par des bienfaits : de là les guerres, de là les carnages, de là les entreprises

Homme-Dieu une retraite agréable. Il ne peut oublier l'obscurité sainte de ses trente premières années ; et durant le cours des dernières que le soin de notre salut l'oblige de rendre publiques, il dérobe tout le temps qu'il peut pour se retirer avec son Père et apprendre par son exemple à ses serviteurs qu'il n'est rien de plus désirable à un chrétien que le repos de la vie privée. Mais quoiqu'il aime toujours la retraite, jamais il ne la cherche avec tant d'ardeur que lorsqu'on lui veut donner une gloire humaine. En effet c'est une chose digne de remarque, que les saints Evangélistes nous disent souvent « qu'il se retiroit au désert : » *Secedebat in desertum* [1] ; « qu'il alloit à la montagne tout seul pour prier : » *Abiit in montem orare* [2] ; « qu'il y passoit même les nuits entières : » *Erat pernoctans in oratione Dei* [3]. Mais qu'il se soit sauvé au désert, ni qu'il ait fui à la montagne, nous ne le lisons nulle part, si je ne me trompe, que dans l'évangile de cette journée. Et quelle cause, Messieurs, l'oblige à (a) s'enfuir si soudainement ? C'est que les peuples veulent le faire roi (b). Il a fui autrefois durant son enfance, pour éviter les persécutions d'un roi tyran qui vouloit le sacrifier à son ambition et à une vaine jalousie ; voici une nouvelle persécution qui l'oblige encore de se mettre en fuite : on veut lui-même l'élever à la royauté (c) ; ne croyez pas qu'il l'endure. Vous le verrez dans quelques semaines aller au-devant de ses ennemis, pour souffrir mille indignités et des soldats et des peuples ; mais aujourd'hui, chrétiens, qu'ils le cherchent pour le

---

[1] *Luc.*, v, 16. — [2] *Marc.*, vi, 46. — [3] *Luc.*, vi, 12.

hautaines de ces ravageurs de provinces que nous appelons conquérans. Ces braves, ces triomphateurs, avec tous leurs magnifiques éloges, ne sont sur la terre que pour troubler la paix du monde par leur ambition démesurée ; aussi Dieu ne nous les envoie-t-il que dans sa fureur. Leurs victoires font le deuil et le désespoir des veuves et des orphelins, ils triomphent de la ruine des nations et de la désolation publique... » Voilà pour les gens de la Cour.

Et puisque des sectaires et des dupes se sont rencontrés, qui ont prononcé le nom de Bossuet avec celui de courtisan, qu'on veuille nous nommer le prédicateur, le philosophe, le sage qui a flétri avec autant d'énergie, sous un monarque conquérant, « les ravageurs de provinces! »

Enfin notre sermon forme, dans les éditions précédentes, des morceaux détachés.

(a) *Var.* : A se mettre en fuite. — (b) C'est que lui qui pénètre dans le fond des cœurs, avoit vu dans celui des peuples qu'ils viendroient bientôt avec grand concours pour l'enlever et le faire roi. — (c) On veut lui-même le choisir pour roi.

revêtir des grandeurs mondaines dont il dédaigne l'éclat, dont il déteste le faste et l'orgueil, pour éviter un si grand malheur, il ne croit point faire assez s'il ne prend la fuite dans une montagne déserte et où il veut si peu être découvert qu'il ne souffre personne en sa compagnie : *Fugit iterùm in montem ipse solus*. Si nous sommes persuadés qu'il est la parole éternelle, nous devons croire aussi, ames saintes, que toutes ses œuvres nous parlent, que toutes ses actions nous instruisent. Et aussi Tertullien a-t-il remarqué dans le livre *de l'Idolâtrie* qu'en fuyant ainsi le titre de roi, lui qui savoit si bien ce qui étoit dû à son autorité souveraine, il a laissé aux siens un parfait modèle de la conduite qu'ils doivent tenir touchant les honneurs et la puissance : *Si regem denique fieri, conscius sui regni refugit, plenissimè dedit formam suis, dirigendo omni fastigio et suggestu tam dignitatis quàm potestatis* [1]. C'est ce qui m'a donné la pensée de traiter cette matière importante, après avoir imploré le secours d'en haut par l'intercession de la sainte Vierge. *Ave.*

C'est une règle infaillible pour les lettres sacrées et les mystères de Dieu, que lorsque nous trouvons dans la vie ou dans la doctrine du Fils de Dieu quelque contrariété apparente, ce n'est pas une contrariété, mais un mystère. Il ne le fait pas de la sorte pour confondre notre raison, mais pour l'avertir qu'il nous cache quelque grand secret sous cette obscurité mystérieuse; et il nous invite, mes sœurs, à le rechercher sous sa conduite (a). Lors donc que nous remarquons dans sa vie et dans sa conduite des choses qui semblent contraires, nous devons aussitôt comprendre qu'il l'a ainsi disposé pour nous rendre plus attentifs; il nous enseigne par là qu'il y a quelque vérité importante qu'il a dessein de nous découvrir. Car comme le Fils de Dieu est la sagesse éternelle, et que c'est en sa divine personne que s'est faite la réunion et la paix des choses les plus éloignées, on voit assez, chrétiens, qu'il faut que

---

[1] *De Idololat.*, n. 18.

(a) *Var.:* Lorsque nous trouvons dans la vie ou dans la doctrine du Fils de Dieu quelque contrariété apparente, le Saint-Esprit nous avertit qu'il cache quelque grand secret sous cette obscurité mystérieuse, et il nous invite, mes sœurs, de le rechercher sous sa conduite.

tous ses ouvrages s'accordent; et d'ailleurs il est évident qu'il ne peut pas être contraire à lui-même, lui qui nous a été envoyé comme le centre de la réunion et de la réconciliation universelle. Le voile qu'il met dessus n'est pas destiné pour nous en ôter la connoissance, mais pour nous inviter à la recherche. Ce n'est pas pour nous la faire perdre, mais plutôt il veut nous la faire trouver avec plus de goût et l'imprimer dans les esprits avec plus de force; ou, comme dit saint Augustin (a), il ne nous déguise pas la vérité, mais il l'apprête, il l'assaisonne, il la rend plus douce : *Non obscuritate substracta, sed difficultate condita*[1]. Après avoir posé cette règle dont la vérité est connue de tous ceux qui ont goûté les Livres sacrés, remarquons maintenant, mes sœurs, deux faits particuliers de l'histoire de notre Sauveur, qui semblent d'abord assez répugnans.

Nous lisons dans l'évangile de cette journée que prévoyant que les peuples s'alloient assembler pour le faire roi, il se retire tout seul au désert et montre par cette retraite qu'il rejette tous les titres de grandeur humaine. Mais dans quinze jours, chrétiens, nous lirons un autre évangile où nous verrons ce même Jésus faire son entrée dans Jérusalem au milieu des acclamations de tout un grand peuple qui crie de toute sa force : « Béni soit le fils de David, vive le roi d'Israël[2] ! » Et bien loin d'empêcher ces cris, étant pressé par les pharisiens de réprimer ses disciples (b) qui sembloient offenser par leur procédé la majesté de l'empire, il prend hautement leur défense : « Les pierres le crieront, dit-il, si ceux-ci ne rendent pas un assez public témoignage à ma royauté (c) : » *Dico vobis quia si hi tacuerint, lapides clamabunt*[3]. Ainsi vous voyez qu'il accepte alors ce qu'il refuse aujourd'hui. Qui lui fait changer ses desseins et l'ordre de sa conduite? Quel nouveau goût trouve-t-il dans la royauté qu'il a autrefois dédaignée? Sans doute il y a ici quelque grand secret que le Saint-Esprit nous veut découvrir. Cette oppo-

---

[1] Serm. II *in Psal.* CIII, n. 1. — [2] *Matth.*, XXI, 9; *Joan.*, XII, 13. — [3] *Luc.*, XIX, 40.

(a) *Var.*: Mais plutôt pour nous la faire trouver avec plus de goût et pour l'imprimer avec plus de force : tellement, dit saint Augustin...... — (b) Cette multitude, — cette troupe. — (c) « Si ceux-ci ne le disent pas encore assez haut. »

sition apparente n'est pas pour troubler notre intelligence, mais pour l'éveiller saintement en Notre-Seigneur : cherchons et pénétrons le mystère.

Le voici en un mot, mes sœurs, et je vous prie de le bien entendre ; c'est que Jésus ne veut point de titre d'honneur qui ne se trouve joint nécessairement à l'utilité de son peuple. Quand il fait entrée dans Jérusalem, il y entre pour consommer l'œuvre de notre rédemption par sa passion douloureuse. Comme c'est là le principe de ses bienfaits (*a*), il ne refuse pas, chrétiens, la juste reconnoissance que rendent ses peuples à sa puissance royale. Alors il confessera qu'il est roi. Il le dira à Pilate, lui qui ne l'a jamais dit à ses disciples. Il le publiera parmi ses supplices (*b*), lui qui n'en a jamais parlé (*c*) parmi ses miracles. Le titre de sa royauté sera écrit en trois langues au haut de sa croix, afin que toute la terre en soit informée ; et il veut bien accepter un nom de puissance, pourvu qu'il ouvre à ses peuples dans le même temps une source infinie de graces. Mais aujourd'hui, ames saintes, que la royauté qu'on lui donne n'est qu'un honneur inutile (*d*) qui ne contribue rien au salut des hommes, il ne faut donc pas s'étonner s'il fuit et se retire, s'il se cache dans un désert. C'est qu'il a dessein de vous faire entendre par son exemple que, hors la nécessité d'employer sa puissance pour le bien du monde, ses enfans doivent préférer à tous les titres de grandeur humaine la paix d'une vie privée, où l'on vit en soi-même, où l'on se règle soi-même, où l'on règne enfin sur soi-même.

Si cet exemple du Fils de Dieu étoit, comme il le doit être, la règle de notre vie, nous aurions les sentimens véritables que doivent avoir les chrétiens touchant la puissance ; le désir et l'usage en seroient réglés ; elle ne seroit pas désirée avec ambition ni exercée avec injustice. Le désir de s'agrandir ne produiroit pas tant de perfidies (*e*), ni celui de soutenir sa grandeur tant d'oppressions et de violences. Chacun se croiroit assez puissant,

---

(*a*) *Var.* : Comme c'est là qu'il ouvrira la source de ses graces. — (*b*) Parmi ses souffrances. — (*c*) Qui s'en est tu. — (*d*) Un titre de vanité. — (*e*) De crimes.

pourvu qu'il eût du pouvoir sur soi-même ; et s'il en avoit sur les autres, il ne s'en serviroit que pour leur bien. Comme ces deux choses, mes sœurs, règlent parfaitement notre conscience touchant l'amour des grandeurs humaines, je réduirai aussi à ces deux maximes tout ce que j'ai à vous dire sur ce sujet-là, en vous montrant (a) dans le premier point que le chrétien véritable ne doit désirer de puissance que pour en avoir sur lui-même, et en vous faisant voir dans le second que si Dieu lui en a donné sur les autres, il leur en doit tout l'emploi et tout l'exercice. Maximes saintes et apostoliques, qui feront le partage de ce discours ; la première règlera le désir, la seconde prescrira l'usage.

PREMIER POINT.

(*Le même point du sermon précédent*).

SECOND POINT.

Mais je n'aurois fait, chrétiens, que la moitié de mon ouvrage, si après vous avoir montré par l'Ecriture divine les périls extrêmes des grandes fortunes, je ne tâchois aussi de vous expliquer les moyens que nous donne la même Ecriture pour sanctifier la grandeur par un bon usage (b) ; et c'est pourquoi je ramasserai en peu de paroles les instructions les plus importantes que le Saint-Esprit a données aux grands de la terre pour bien user de leur puissance.

La première et la capitale d'où dérivent toutes les autres, c'est de faire servir la puissance à la loi de Dieu. (c) Nous lisons dans le second livre des *Chroniques* une belle cérémonie qui se pra-

(a) *Var.* : En vous faisant voir. — (b) Après avoir montré par les Ecritures divines les périls des grandes fortunes, je n'aurois fait, chrétiens, que la moitié de mon ouvrage, si je ne tâchois aussi... — (c) Note marg. : *Ut prodesse debeat, posse se sciat, et ut extolli non debeat, posse se nesciat* (S. Gregor. Magn., lib. V *Moral.*, cap. VIII). Puissance de Dieu ; donc ordonnée. Saint Paul. L'ordre. Que ce soit pour le bien ; autrement nul ordre, de faire tant de différence entre de la boue et de la boue. Toute la nature, image de la libéralité divine. Tout ce qui porte le caractère de la puissance divine, le porte de sa munificence ; et il n'y auroit point dans le monde de puissance malfaisante, si le péché n'avoit perverti l'ordre et l'institution du Créateur.

tiquoit dans le sacre des rois de Juda. Au jour qu'on les oignoit de l'huile sacrée, ainsi que Dieu l'avoit commandé, on leur mettoit en même temps le diadème sur la tête, et la loi de Dieu dans la main : *Imposuerunt ei diadema, et dederunt in manu ejus tenendam legem, et constituerunt eum regem* [1], afin de leur faire entendre que leur puissance est établie pour affermir le règne de Dieu parmi les hommes, que l'exécution de ses saintes lois ne leur doit être ni moins chère ni moins précieuse que leur couronne.

De tous les rois de Juda aucun n'a mieux pratiqué cette divine leçon que Josaphat, prince incomparable, non moins vaillant que religieux, et père de ses peuples autant que victorieux de ses ennemis. L'Ecriture nous fait souvent remarquer que les prospérités corrompent les hommes, enflent leur cœur par la vanité et leur font oublier la loi de Dieu. Mais au contraire la prospérité qui donnoit de l'orgueil aux autres, n'inspira que du courage à celui-ci pour marcher vigoureusement dans les voies de Dieu et établir son service : *Factæque sunt ei infinitæ divitiæ et multa gloria, sumpsitque cor ejus audaciam propter vias Domini* [2]. Ce prince considérant que tout bien lui venoit de Dieu et touché d'une juste reconnoissance, entreprit de le faire régner dans tout son empire. Et l'Ecriture remarque que, pour accomplir un si beau dessein, il avoit un soin particulier de choisir entre les lévites et les ministres de Dieu ceux qui étoient les mieux versés dans sa sainte loi, qu'il envoyoit dans les villes afin que le peuple fût instruit : *Circuibant cunctas urbes Juda, et erudiebant populum* [3]. Et ce n'est pas sans raison que les anciens conciles de l'Eglise Gallicane [4] ont souvent proposé à nos rois l'exemple de ce grand monarque, dont la conduite fut suivie d'une bénédiction de Dieu toute manifeste. Car écoutez ce que dit l'Ecriture sainte : « Josaphat marchant ainsi dans les voies de Dieu, il le rendit redoutable à tous ses voisins : » *Itaque factus est pavor Domini super omnia regna terrarum, quæ erant per gyrum Juda* [5]. Et ce prince s'agrandissoit

---

[1] II *Paral.*, XXIII, 11. — [2] *Ibid.*, XVII, 5, 6. — [3] *Ibid.*, XVII, 10. — [4] *Concil. Paris.* VII, cap. XXIII, Labb., tom. VII, col. 1665; *Concil. Aquisgran.* II, cap. XI, *ibid.*, col. 1721. — [5] II *Paral.*, XVII, 10.

tous les jours, parce que Dieu étoit avec lui ; tant il est vrai que Dieu prend plaisir à protéger la puissance qui lui rend hommage et qu'il est le rempart de ceux qui le servent.

Le second soin du roi Josaphat et le second moyen dont il se servoit pour sanctifier la grandeur, fut de pourvoir avec vigilance à l'administration de la justice. « Il établit des juges, dit l'Ecriture, dans les villes de Judée; » et les appelant à lui, il leur prescrivoit lui-même en ces termes de quelle manière ils devoient agir : « Prenez garde, leur disoit-il, à votre conduite; car ce n'est pas la justice des hommes, mais la justice de Dieu que vous exercez, et tout ce que vous jugerez vous en serez responsables; ayez toujours devant les yeux la crainte de Dieu, faites tout avec diligence; songez que le Seigneur notre Dieu déteste l'iniquité, qu'il ne regarde point les personnes et ne se laisse point corrompre par les présens [1]. » Vous donc qui jugerez en son nom par la puissance que je vous en donne, comme vous exercez son autorité, imitez aussi sa justice. Puis descendant au détail, il règle en cette manière les devoirs particuliers. « Amarias, votre prêtre et votre pontife, présidera dans les choses qui regardent Dieu et son service; et Zabadias, qui est un des chefs de la maison de Juda, aura la conduite de celles qui regardent le ministère royal [2]. » C'est ainsi que ce sage prince retenoit chacun dans ses bornes ; et empêchant la confusion et les entreprises, faisoit que tout concouroit et au service de Dieu et à l'utilité des peuples.

Et certainement, chrétiens, si ceux que Dieu a mis dans les grands emplois n'appliquent toute leur puissance à soutenir hautement le bon droit et la justice, la terre sera désolée et les fraudes seront infinies. Les hommes en général sont intéressés, et ainsi ordinairement ils sont injustes. C'est pourquoi il faut avouer que la justice est obligée de marcher dans des voies bien difficiles, et que c'est une espèce de martyre que de se tenir régulièrement dans les termes du droit et de l'équité. Que sert de dissimuler ? il est aisé de comprendre que les injustes pour l'ordinaire sont les plus forts, parce qu'ils ne se donnent aucunes bornes, parce qu'ils mettent tout en usage et combattent pour ainsi dire dans un

[1] II Paral., XIX, 5, 6, 7. — [2] Ibid., 11.

champ libre où ils s'étendent à leur aise (a). L'homme de bien se resserre dans tant de limites, qu'à peine se peut-il aider. Il se renferme dans ce qui est droit; l'injuste veut généralement ce qui l'accommode. Ce n'est pas assez à l'homme de bien de ne vouloir que ce qui est juste; il ne veut que de bons moyens pour y parvenir, et il craint de corrompre la pureté de ses desseins innocens; il a toujours devant les yeux ce précepte de la loi : « Tu poursuivras justement ce qui est juste : » *Justè quod justum est persequeris*[1]. Au contraire l'homme injuste et intéressé « passe, dit l'Ecriture, de mal en mal; et c'est pourquoi il se fortifie sur la terre : » *Confortati sunt in terrâ, quia de malo ad malum egressi sunt*[2]. Il soutient une médisance par une nouvelle calomnie, et une première injustice par une corruption. Il enveloppe la vérité dans des embarras infinis; il a l'art de faire taire et parler les hommes, parce qu'il sait les flatter, les intimider, les intéresser par toutes sortes de voies. Qui pourra donc s'étonner si l'injuste qui tente tout réussit mieux, et si l'homme de bien au contraire demeure court ordinairement dans ses entreprises, lui qui se retranche tout d'un coup plus de la moitié des moyens, j'entends ceux qui sont mauvais, et c'est-à-dire assez souvent les plus efficaces?

Mais voici encore, Messieurs, une autre incommodité de la justice. L'homme injuste sait se faire de plus grands amis. Qui ne sait que les hommes, et surtout les grands, sont pleins d'intérêts et de passions? L'injuste peut entrer dans tous les desseins, trouver tous les expédiens, ménager tous les intérêts. A quel usage peut-on mettre (b) cet homme si droit, qui ne parle que de son devoir? Il n'y a rien de si sec, ni de moins souple, ni de moins flexible; et il y a tant de choses qu'il ne peut pas faire, qu'à la fin il est regardé comme un homme qui n'est bon à rien et entièrement inutile. C'est pourquoi les hommes du monde ne remarquent rien dans l'homme de bien, sinon qu'il est inutile. Car écoutez comme ils parlent dans le livre de la *Sapience :* « Trompons,

---

[1] *Deuter.*, XVI, 20. — [2] *Jerem.*, IX, 3.

(a) *Var. :* ... où ils s'étendent à leur aise, parce qu'enfin ils mettent tout en usage. — (b) A quoi peut servir.....

disent-ils, l'homme juste, parce qu'il nous est inutile : » *Circumveniamus hominem justum, quoniam est inutilis nobis* [1]. Il n'est pas propre à notre commerce, il est trop attaché à son droit chemin pour entrer dans nos détours et dans nos négoces. Ainsi étant inutile, on se résout facilement à le mépriser, ensuite à le laisser périr sans en faire bruit, et même à le sacrifier à l'intérêt du plus fort et aux pressantes sollicitations de cet homme de grand secours qui ne ménage rien, ni le saint ni le profane, pour nous servir.

Elevez-vous, puissances du monde; voyez comme l'innocence est contrainte de marcher dans des voies serrées; secourez-la, tendez-lui la main, faites-vous honneur en la protégeant. « C'est pour cela, dit saint Grégoire, que vous êtes grands, afin que ceux qui veulent le bien soient secourus et que les voies du ciel soient plus étendues : » *Ad hoc enim potestas... cœlitùs data est, ut qui bona appetunt adjuventur, ut cœlorum regnum largiùs pateat* [2]. C'est à vous, ô grands de la terre, d'élargir un peu les voies du ciel, de rétablir ce grand chemin et de le rendre plus facile. La vertu n'est toujours que trop à l'étroit et n'a que trop d'affaires pour se soutenir. C'est assez qu'elle soit aux prises sans relâche aucun avec tant d'infirmités et tant de mauvaises inclinations de la nature corrompue; mettez-la du moins à couvert des insultes du dehors, et ne souffrez pas qu'on surcharge avec tant d'excès la foiblesse humaine.

Tel est, Messieurs, le devoir et le grand emploi des grands du monde, de protéger hautement le bon droit et l'innocence. Car c'est trahir la justice, que de travailler foiblement pour elle, et l'expérience nous fait assez voir qu'une résistance trop molle ne fait qu'affermir le vice et le rendre plus audacieux. Les méchans n'ignorent pas que leurs entreprises hardies leur attirent nécessairement quelques embarras; mais après qu'ils ont essuyé une légère (a) tempête qui s'est élevée, ils pensent avoir payé tout ce qu'ils doivent à la justice; ils défient après cela le ciel et la terre, et ne profitent de cette disgrace que pour mieux prendre doréna-

---

[1] *Sap.*, II, 12. — [2] *Epist.* LXV *ad Maurit.*, lib. III.

(a) *Var.:* Quelque.

vant leurs précautions. Ainsi il faut résister à l'iniquité et soutenir la justice avec une force invincible; et nous pouvons bien le publier devant un Roi si juste, si ferme (a), que c'est dans cette vigueur à maintenir la justice que réside la grandeur et la majesté.

Le vulgaire appelle majesté une certaine prestance et une pompe extérieure qui l'éblouit; mais les sages savent bien comprendre que la majesté est un éclat qui rejaillit principalement de la justice, et nous en voyons un bel exemple dans l'histoire du roi Salomon, dont vous ferez, s'il vous plaît, l'application à nos Cours. « Ce prince jeune et bien fait s'assit, dit l'Ecriture, dans le trône du Seigneur en la place de David son père, et il plut à tous : » *Sedit Salomon super solium Domini in regem pro David patre suo, et placuit omnibus*[1]. (b) Voilà un prince agréable, qui gagne les cœurs par sa bonne mine et sa contenance royale. Mais après qu'il eut rendu ce jugement mémorable, écoutez ce qu'ajoute le texte sacré : « Tout Israël, dit la même Ecriture, apprit le beau jugement que le roi avoit rendu; et ils craignirent le roi, voyant que la sagesse de Dieu étoit en lui. » (c) Sa mine haute et relevée le faisoit aimer, mais sa justice le fait craindre de cette crainte de respect qui ne détruit pas l'amour, mais qui le rend plus retenu et plus circonspect. Les bons respirent sous sa protection, les méchans appréhendent ses yeux et son bras; et il résulte de ce beau mélange une certaine révérence qui a je ne sais quoi de religieux, et dans laquelle consiste le véritable caractère de la majesté.

Mais, Messieurs, il faut finir et vous dire que la puissance, après avoir fait son devoir en soutenant la justice, a encore une dernière obligation qui est celle de soulager la misère. En effet ce n'est pas en vain que Dieu fait luire sur les grands du monde un rayon de sa puissance toujours bienfaisante. Ce grand Dieu en les revêtant

[1] I *Paral.*, XXIX, 23.

(a) *Var.*: Si vigoureux. — (b) *Note marg.*: Voyez en passant, Messieurs, que le trône royal appartient à Dieu, et que les rois ne le remplissent qu'en son nom; mais revenons à Salomon. — (c) *Audivit itaque omnis Israel judicium quod judicasset rex, et timuerunt regem, videntes sapientiam Dei esse in eo ad faciendum judicium* (III Reg., III, 28).

de l'image de sa gloire, les a aussi obligés à imiter sa bonté. Et ainsi, dit excellemment saint Grégoire de Nazianze¹ prêchant à Constantinople en présence de l'empereur, ils doivent se montrer des dieux en secourant les affligés et les misérables.

J'ai remarqué dans les saintes Lettres que Dieu se moque souvent des idoles qui portent si injustement le titre de dieux; mais entre les autres reproches par lesquels il se rit des peuples aveugles qui leur donnent un nom si auguste, celui-ci me semble fort considérable : « Où sont vos dieux, leur dit-il, dans lesquels vous avez mis votre confiance? » Si ce sont des dieux véritables, « qu'ils viennent à votre secours et qu'ils vous protègent dans vos besoins : » *Surgant et opitulentur vobis*². Ce grand Dieu, ce Dieu véritable et seul digne par sa bonté de la majesté de ce titre, a dessein de nous faire entendre que c'est une indignité insupportable de porter le nom de Dieu sans soutenir un si grand nom (*a*) par de grands bienfaits; et de là les grands de la terre peuvent aisément comprendre qu'ils seront des idoles inanimées, et non des images vivantes de l'invisible majesté de Dieu, s'ils se contentent de recevoir les adorations (*b*), de voir tomber les victimes à leurs pieds, sans cependant étendre le bras pour faire du bien aux hommes et soulager leurs misères.

Le sage Néhémias avoit bien compris cette obligation, lorsqu'ayant été envoyé par le roi Artaxercès pour régir les Israélites dont il fut le gouverneur pendant douze ans, il se mit à considérer l'état et les forces de ce peuple. Il vit que les gouverneurs qui l'avoient précédé dans cet emploi avoient beaucoup foulé ce pauvre peuple, mais surtout que leurs ministres insolens, comme il est assez ordinaire, l'avoient tout à fait abattu (*c*) : *Duces autem primi, qui fuerunt ante me, gravaverunt populum...; sed et ministri eorum depresserunt populum*³. Il fut donc touché de compassion, voyant ce peuple fort épuisé (*d*) : *Valde enim attenuatus erat populus*⁴. Il se crut obligé en conscience de chercher tous les moyens

---

¹ *Orat.*, XXVII. — ² *Deuter.*, XXXII, 37, 38. — ³ II *Esdr.*, V, 15. — ⁴ *Ibid.*, 18.

(*a*) *Var.* : Ce grand nom. — (*b*) Seront non des images vivantes de l'invisible majesté de Dieu, mais des idoles inanimées, s'ils se contentent de humer l'encens, de recevoir les adorations..... — (*c*) Mais surtout, comme il est assez ordinaire, que leurs ministres insolens... — (*d*) Atténué.

de le soulager. Il ne fit pas seulement de grandes largesses, mais il crut qu'il devoit remettre beaucoup de droits qui lui étoient dus légitimement (a); et après, plein de confiance en la divine bonté, qui regarde d'un œil paternel ceux qui se plaisent à imiter ses miséricordes, il lui adresse du fond de son cœur cette humble prière : « Mon Dieu, souvenez-vous de moi en bien, selon le bien que j'ai fait à ce peuple : » *Memento mei, Deus, in bonum, secundùm omnia quæ feci populo huic* [1].

Cette noble idée de puissance est bien éloignée de celle que se forment dans leurs esprits les puissans du monde. Car comme c'est le naturel du genre humain d'être plus sensible au mal qu'au bien, aussi les grands s'imaginent que leur puissance éclate bien plus par des ruines que par des bienfaits : de là les guerres, de là les carnages, de là les entreprises hautaines de ces ravageurs de provinces que nous appelons conquérans. Ces braves, ces triomphateurs, avec tous leurs magnifiques éloges, ne sont sur la terre que pour troubler la paix du monde par leur ambition démesurée : aussi Dieu ne nous les envoie-t-il que dans sa fureur. Leurs victoires font le deuil et le désespoir des veuves et des orphelins, ils triomphent de la ruine des nations et de la désolation publique; et c'est par là qu'ils font paroître leur toute-puissance. Mais laissons le tumulte des armes et voyons ce qui se pratique hors de la licence de la guerre. N'éprouvons-nous pas tous les jours qu'il n'est rien de plus véritable que (b) ce que dit l'*Ecclésiastique : Venatio leonis, onager in eremo; sic et pascua divitum sunt pauperes* [2]? « Les pauvres, disoit Salvien, dans le voisinage du riche ne sont plus en sûreté de leurs biens. Ils donnent, les malheureux ! le prix des dignités qu'ils n'achètent pas; ils les paient, d'autres en jouissent; et l'honneur de quelques-uns coûte la ruine totale à tout le monde : » *Reddunt miseri dignitatum pretia quas non emunt.... Ut pauci illustrentur, mundus evertitur* [3].

Mais ces grands crimes n'ont pas besoin d'être exagérés par

---

[1] *Esdr.*, XI, 19. — [2] *Eccli.*, XIII, 23. — [3] Salvian., *De Gubern. Dei*, lib. IV, n. 4.

(a) *Var.* : Il chercha tous les moyens de le soulager; il lui remit même beaucoup de droits qui lui étoient dus légitimement. — (b) Il n'est rien de plus véritable que...

nos paroles, et ils sont assez condamnés par l'exécration publique. Et d'ailleurs il sera aisé de connoître de quels supplices sont dignes ceux qui tournent leur puissance au mal, puisque j'ai maintenant à vous faire voir que ceux qui ne l'emploient pas à faire du bien, ne peuvent éviter leur condamnation.

Le vice de la grandeur, c'est un excès d'amour-propre, et l'amour-propre ne porte ce nom qu'à cause qu'il ne regarde que soi : *Erunt homines seipsos amantes, cupidi, avari*[1], non-seulement pour amasser de grandes richesses, mais d'une avarice délicate et spirituelle qui attire tout à soi. Voilà comme la racine de cet arbre; voyons maintenant les branches : *superbi, elati;* superbes, pleins d'eux-mêmes, élevés, dédaignant les autres. Cet arbre ne pousse ses branches qu'en haut. Il ne ressemble pas à ces plantes bienfaisantes...; ils étalent de loin la beauté et la verdure de leurs feuilles, des fruits pour la vue.

C'est là où nous conduit l'esprit de grandeur. Et il ne se trouve pas seulement dans les grands, mais dans ceux qui affectent de les imiter; et qui ne l'affecte pas dans un siècle tout de grandeur comme le nôtre? Ils prennent un certain esprit de ne regarder qu'eux-mêmes, excellemment représenté dans Isaïe. *Dixisti in corde tuo : Ego sum, et præter me non est altera*[2]. « Je suis : » ne diriez-vous pas qu'elle a entrepris d'égaler celui qui a dit: *Ego sum qui sum?* Je suis ; toute la menue populace n'est rien, ce n'est pas vivre : il n'y a que moi sur la terre. Ils n'ont garde de s'inquiéter de l'état des autres, ni de se mettre en peine de leurs besoins; ah! leur délicatesse ne le souffre pas. Rien de plus opposé à la charité fraternelle. Esprit de christianisme, esprit de fraternité et de communication. Sont-ils membres de Jésus-Christ, s'ils se regardent comme séparés et s'ils se détachent du corps?

Mais quand ils n'agiroient pas comme chrétiens, le dépôt de sa puissance que Dieu leur confie les oblige indispensablement de penser aux autres et de pourvoir à leur bien. S'ils portent sur leur front le caractère de sa puissance, ils doivent aussi porter sur leurs mains le caractère de sa libéralité. Car, ainsi que j'ai déjà dit, ce n'est pas en vain, chrétiens, que Dieu fait luire sur eux

[1] II *Timoth.*, III, 2. — [2] *Isa.*, XLVII, 10.

un rayon de cette puissance toujours bienfaisante : s'ils sont en ce point semblables à Dieu, « ils doivent, dit saint Grégoire de Nazianze, se faire les dieux des hommes en procurant eur bien de tout leur pouvoir. »

Mais où en trouverons-nous sur la terre? Nous voyons assez d'ostentation, assez de dais, assez de balustres, assez de marques de grandeur; mais ceux qui se parent de tant de splendeur, ce ne sont pas des dieux, ce ne sont pas des images vivantes de la puissance divine; ce sont des idoles muettes qui ne parlent point pour le bien des hommes. La terre est désolée, les pauvres gémissent, les innocens sont opprimés : l'idole est là qui hume l'encens, qui reçoit les adorations, qui voit tomber les victimes à ses pieds et n'étend pas son bras pour faire le bien : *O pastor et idolum* [1]*!* Car non-seulement les supérieurs ecclésiastiques, mais encore les grands de la terre sont appelés dans l'Ecriture les pasteurs des peuples. Est-ce pour recevoir des hommages que vous êtes élevés si haut? Dieu vous demandera compte du dépôt qu'il vous confie de sa puissance souveraine. Car écoutez ce qu'on dit à la reine Esther : *Ne putes quòd animam tuam tantùm liberes, quia in domo regis es præ cunctis Judæis* [2]. Ne croyez pas que Dieu vous ait élevée à ce haut degré de puissance pour votre propre agrandissement. *Si silueris, per aliam occasionem liberabuntur Judæi, et tu et domus patris tui peribitis* [3]. Si peu que nous ayons de puissance, nous en rendrons compte à sa justice. C'est le talent précieux, lequel si l'on manque seulement de faire valoir pour le service de Dieu et le bien de sa famille, on est relégué par sa sentence aux ténèbres extérieures où est l'horreur et le grincement de dents.

Considérons donc, chrétiens, tout ce que Dieu a mis en nous de pouvoir; et le regardant en nos mains comme le talent dont nous devons compte, prenons une sainte résolution de le faire profiter pour sa gloire, c'est-à-dire pour le bien de ses enfans. Mais en formant en nous un si saint désir, prenons garde à l'illusion que l'ambition nous propose. Elle nous propose de grands ouvrages; mais pour les accomplir, nous dit-elle, il faudroit avoir du crédit

---

[1] *Zach.*, XI, 17. — [2] *Esther.*, IV, 13. — [3] *Ibid.*

et être dans les grandes places. C'est l'appât ordinaire des ambitieux. « Et quoiqu'ils aspirent à ces places par des vues d'élévation, ils se promettent cependant, dit saint Grégoire, d'y faire de grandes merveilles : » *Et quamvis hoc elationis intentione appetant, operaturos tamen se magna pertractant* [1]. Ils plaignent toujours le public, ils s'érigent en réformateurs des abus, ils deviennent sévères censeurs de tous ceux qu'ils voient dans les dignités. Pour eux que de beaux desseins ils méditent! que de sages conseils pour l'État! que de grands sentimens pour l'Eglise! que de saints règlemens pour un diocèse! Au milieu de ces desseins charitables et de ces pensées chrétiennes, on s'engage bien avant dans l'amour du monde ; on prend l'esprit de ce siècle, on devient mondain et ambitieux; et quand on est arrivé au but, il faut attendre les occasions, et ces occasions ont des pieds de plomb, elles n'arrivent jamais; peu à peu tous ces beaux desseins se perdent et s'évanouissent ainsi qu'un songe.

Que le désir de faire du bien n'emporte pas notre ambition jusqu'à désirer une condition plus relevée. Faisons le bien qui se présente, celui que Dieu a mis en notre pouvoir. Un fleuve, pour faire du bien, n'a que faire de passer ses bords, ni d'inonder la campagne; en coulant paisiblement dans son lit, il ne laisse pas d'arroser et d'engraisser son rivage, de présenter ses eaux aux peuples, de leur faciliter le commerce. Ainsi demeurons dans nos bornes. Nos emplois sont bornés, mais l'étendue de la charité est infinie. (*a*) La charité toujours agissante sait bien trouver des emplois. Elle se fait tout à tous, elle se donne autant d'affaires qu'il y a de nécessités et de besoins, etc. Elle ne craint pas de manquer d'ouvrage; et au lieu d'aspirer à une plus grande puissance, elle songe à rendre son compte de l'emploi de celle que Dieu lui confie (*b*).

---

[1] *Regul. Pastor.*, part. I, cap. IX.

(*a*) *Note marg.*: Ne craignez pas de demeurer sans occupation et d'être inutile au monde, si vous ne sortez pas de vos bornes et ne remplissez quelque grande place. (*b*) *Note marg.*: Que les puissans songent au bien. L'un des biens, c'est l'exemple, un bien pour eux et un bien pour nous. C'est un don qui les enrichit, c'est un présent qui retourne à eux. Il ne faut pas pour cela un grand travail : ils n'ont qu'à se remplir de lumière, elle viendra à nous d'elle-même. Ils rendront compte des péchés des autres. Combien le vice est plus hardi quand il

ABRÉGÉ D'UN SERMON

POUR

LE MARDI DE LA IVᵉ SEMAINE DE CARÊME,

SUR LA MÉDISANCE (a).

Respondit turba et dixit : Dæmonium habes : quis te quærit interficere ?

La troupe répondit et dit au Seigneur : Vous êtes possédé du démon ; qui est-ce qui pense à vous tuer ? *Joan.*, VII, 20.

Apprendre aux hommes, par les médisances par lesquelles on a attaqué la vie du Sauveur et décrié ses actions les plus saintes, à vouloir être plutôt du parti de Jésus-Christ noirci par les calomnies, que du parti des Juifs qui l'ont déchiré par leurs injures.

est soutenu par leur exemple, etc.! Exemple en sa maison : chacun est grand dans sa maison ; chacun est prince dans sa famille.

(a) Médisance par haine.

Par envie, sa cause ordinaire.

L'amour de la société paroît seulement en ce qu'on a horreur de la solitude. Au reste nous ne pouvons souffrir. Cela paroît par l'inclination à la médisance : *Felicius in acerbis atrocibusque mentitur....., facilius denique falso malo quàm vero bono creditur* (Tertull., *Ad Nation.*, lib. I).

Maledicentia et contumelia, ancilla fur quæ clam subripit (S. Chrysost., *In Eccli.* xx).

On médit pour montrer qu'on pénètre bien dans les choses cachées : *Omnes aut penè omnes homines amamus nostras suspiciones vel vocare vel existimare cognitiones* (S. August., homil. XXIX *in Acta Apost.*).

La charité se maintient par l'inclination et par l'estime. Elle est respectueuse : *Honore invicem prævenientes* (Rom., XII, 10). Vous dites peu de choses ; mais cela s'accroît *ingenitâ quibusdam mentiendi voluptate* (Tertull., *Apolog.*, n. 7). Le médisant ne connoît plus son ouvrage. Une pierre jetée dans un étang : s'agite en ronds.

Les impressions demeurent, même les choses étant éclaircies. Comme dans un nœud bien serré.

Le monde hait les médisans, et tout le monde leur applaudit : *Amant quos mulctant, depretiant quos probant* (Tertull., *de Spect.*, n. 22).

Se regarder comme devant être jugé.

Jésus-Christ à l'adultère : *Nec ego te condemnabo* (Joan., VIII, 7).

Pour détourner les hommes d'un péché aussi noir, aussi dangereux, aussi universel que la médisance, rien de plus important que de le faire bien connoître. Représenter ce que c'est que la médisance par ses causes et par ses effets, par la racine d'où elle est sortie, par les fruits qu'elle produit. Et quoique la bien connoître soit assez pour en donner de l'horreur, toutefois nous ajouterons les remèdes.

PREMIER POINT.

Les causes. La plus apparente et la plus ordinaire, c'est la haine et le désir de vengeance. Si quelqu'un est notre ennemi, nous voudrions armer contre lui tous les autres hommes : de là nous les animons par nos médisances. Or encore que cette haine soit la cause la plus apparente de la médisance, ce n'est pas celle que nous avons à considérer, parce que cela est d'un autre sujet; et on l'a suffisamment combattue, quand on vous a fait voir le malheur de ceux qui nourrissent dans leur cœur des inimitiés. Celui qui médit par ce motif est plutôt vindicatif qu'il n'est médisant. Quel est donc proprement le médisant? Celui qui sans aucune autre raison particulière se plaît à dire du mal des uns et des autres, même des indifférens et des inconnus, et qui par une excessive liberté de langue n'épargne pas même ses meilleurs amis, si toutefois un tel médisant est capable d'avoir des amis.

C'est cette médisance que j'attaque. Mais en l'attaquant, chrétiens, que ceux qui médisent par haine ne croient pas que je les épargne. Car si c'est un grand crime de médire sans aucune inimitié particulière, que celui-là entende quel est son péché, qui joint le crime de la haine à celui de la médisance. Et toutefois pour ne pas omettre entièrement cette cause de la médisance, disons-en seulement ce mot. L'une des plus grandes obligations du christianisme, c'est de bénir ceux qui nous maudissent : *Maledicimur, et benedicimus* [1]; si bien que quand nous ne nous serions jamais crus obligés à dire du bien de l'un de nos frères, il faudroit faire cet effort sur nous, lorsqu'une inimitié nous divise, ou du

[1] I *Cor* IV 12.

moins n'en dire aucun mal. Car il n'y a jamais tant d'obligation de résister à la passion, que lorsqu'elle est née; de sorte qu'il n'est rien de plus criminel que de songer à l'entretenir dans le temps qu'il faut travailler à l'étouffer.

Le Fils de Dieu défend de se coucher sur sa colère, de peur que les images tristes et fâcheuses que l'imagination nous représente dans la solitude pendant la nuit, lorsque nous ne sommes plus divertis par d'autres objets, n'aigrissent notre plaie. Plus donc la passion est forte, plus il faut se roidir contre elle. Le médisant fait tout au contraire; il s'échauffe en voulant échauffer les autres, il s'anime par ses propres discours, il grave de plus en plus en son cœur l'injure qu'il a reçue; à force de parler il croit tout à fait ce qu'il ne croyoit qu'à demi. Ainsi il s'irrite soi-même. D'ailleurs il ferme de plus en plus la porte à toute réconciliation; et il exerce la plus lâche de toutes les vengeances, puisque s'il ne peut se venger autrement, il montre que sa haine est bien furieuse par le plaisir qu'il prend de déchirer en idée celui qu'il ne peut blesser en effet; et s'il a d'autres moyens de se satisfaire, il fait voir l'extrémité de sa rage en ce qu'il n'épargne pas même celui-ci, et qu'il croit que les effets ne suffisent pas s'il n'y joint même les paroles. C'est ce que j'avois à dire contre celui qui médit par un désir de vengeance.

La véritable médisance consiste en un certain plaisir que l'on a à entendre ou à dire du mal des autres, sans aucune autre raison particulière. Recherchons-en la cause; il y a sujet de s'en étonner. Les hommes sont faits pour la société; cependant ce plaisir malin que nous sentons quelquefois malgré nous dans la médisance, fait bien voir qu'il n'y a rien de plus farouche ni de moins sociable que le cœur de l'homme. Tertullien : *Feliciùs in acerbis atrocibusque mentitur..., faciliùs denique falso malo quàm vero bono creditur*[1]. De là paroît le plaisir comme naturel que nous prenons à la médisance. La cause est qu'en effet nous étions faits pour une sainte société en Dieu et entre nous. La paix, la concorde, la charité devoit régner parmi nous, parce que nous devions nous regarder, non point en nous-mêmes, mais en Dieu; et c'est cela qui devoit

---

[1] Tertull., *Ad Nation.*, lib. 1.

être le nœud sacré de notre union. Le péché a détruit cette concorde en gravant en nous l'amour de nous-mêmes. Car c'est l'orgueil qui nous désunit, parce que chacun cherche son bien propre. L'ange et l'homme n'ayant pu souffrir l'empire de Dieu, ne veut pas ensuite dépendre des autres. Chacun ne veut penser qu'à soi-même, et ne regarde les autres qu'avec dessein de dominer sur eux. Voilà donc la société détruite. Il y en a quelque petit reste. Car nous avons naturellement une certaine horreur de la solitude. Mais lorsque nous nous assemblons, nous ne pouvons nous souffrir; et si les lois de la civilité nous obligent à dissimuler et feindre quelque concorde apparente, qui pourroit lire dans nos cœurs avec quel dédain, avec quel mépris nous nous regardons les uns les autres, il verroit bien que nous ne sommes pas si sociables que nous pensons être, et que c'est plutôt la crainte et quelque considération étrangère qui nous retient qu'un véritable et sincère amour de société et de concorde. Qui le fait, sinon l'amour-propre, le désir d'exceller? (a) C'est la cause de la médisance et du plaisir que nous y prenons : nous voulons être les seuls excellens, et voir tout le reste au-dessous de nous.

Et pour toucher encore plus expressément la cause de ce vice si universel, c'est une secrète haine qui vient de l'envie que nous avons les uns contre les autres; ce n'est pas un noble orgueil. De là ce plaisir malin de la médisance. Il ne faut qu'une médisance pour récréer une bonne compagnie. La moquerie. Nous prenons plaisir de nous comparer aux autres, et nous sommes bien aises d'avoir sujet de croire que nous sommes plus excellens. Voilà la cause de la médisance, l'envie; cause honteuse et qu'on n'ose pas avouer, mais qui se remarque par la manière d'agir. L'envie est une passion basse, obscure, lâche. Il y a un orgueil qu'on appelle noble, qui entreprend les choses ouvertement. L'envie ne va que par des menées secrètes. Ainsi le médisant; il se cache. L'envie est une passion timide qui a honte d'elle-même et ne craint rien tant que de paroître. Ainsi le médisant; il ronge secrètement. Saint Chrysostome dit : *Ancilla fur, contumelia et maledicentia*[1].

[1] Homil. XXIX *in Acta Apost.*
(a) *Note marg* : Ainsi que dessus.

Elle observe et se cache. L'envie n'a pas le courage assez bon pour chercher la véritable grandeur, mais elle ne tâche de s'élever qu'en abaissant les autres. Le médisant, de même. Il diminue; il biaise; il ne s'explique qu'à demi-mot : paroles à double entente; si ouvertement, il prend de beaux prétextes. Combien honteuse est donc cette passion!

Mais il y a, direz-vous, d'autres causes. Il est vrai; mais toujours de l'orgueil. Pour montrer que nous savons bien pénétrer dans les sentimens des autres, *omnes aut penè omnes homines amamus nostras suspiciones vel vocare vel existimare cognitiones*[1]. *Multa incredibilia vera.* Exemple de Susanne, de Judith. Mais les effets ont fait connoître. Mais Dieu se réserve bien des choses : nous faisons les dieux.

Autre sorte d'orgueil, le plaisir de reprendre, comme pour faire parade de la vertu. *Curiosum genus humanum ad cognoscendam vitam alienam, desidiosum ad corrigendam suam*[2]. — *Hypocrita*, dit le Fils de Dieu, *ejice primùm trabem de oculo tuo, et tunc videbis ejicere festucam de oculo fratris tui*[3]. Il fait le vertueux en reprenant les autres; il ne l'est pas, parce qu'il ne se corrige pas soi-même. Il affecte une certaine liberté de parler des autres et des abus publics : hypocrite, commence par toi-même à réformer le monde. Il reprend ce qu'il ne peut pas amender; il n'amende pas ce qu'il peut corriger. Il y a plaisir à parler des vices d'autrui, parce qu'on remarque sans peine les défauts des autres, et on ne surmonte les siens qu'avec peine.

La première de ces médisances est basse et honteuse; la seconde est flère et insolente; la troisième trompeuse et hypocrite. Tout vient de l'orgueil: *Si superbus est, et invidus est*[4]*;* et après *diabolus*, médisant, calomniateur. Il nous mène par les mêmes degrés : *Eritis sicut dii*[5]. Une suite de cela, c'est que nous rapportons tout à nous-mêmes.

---

[1] S. August., *Epist.* CLIII *ad Maced.*, n. 22. — [2] S. August., *Confess.*, lib. X, cap. III. — [3] *Matth.*, VII, 5. — [4] S. August., Enarr. *in Psal.* C, n. 9. — [5] *Genes.*, III, 5.

SECOND POINT.

Les effets : rompre la charité. Et ne dites pas : Ce que je dis c'est peu de chose pour deux raisons. 1° Par ce peu de chose vous tendez à rendre un homme ridicule. Deux fondemens sur lesquels la charité chrétienne s'appuie, l'inclination et l'estime. La charité est tendre, bénigne, douce; mais la charité est respectueuse : *Honore invicem prævenientes* [1]. Vous renversez cette amitié, quand vous détruisez l'estime; vous excluez un homme de la société. 2° C'est peu de chose! Mais vous ne connoissez pas quelle est la nature des bruits populaires. Au commencement ce n'est rien; mais les médisances vont se grossissant peu à peu dans la bouche de ceux qui les répètent, *ingenitâ quibusdam*, dit Tertullien, *mentiendi voluptate* [2]. En sorte que le médisant voyant jusqu'où est crû le petit bruit qu'il avoit semé, ne reconnoît plus son propre ouvrage. Cependant il est cause de tout le désordre, comme lorsque vous jetez une petite pierre dans un étang, vous voyez se former sur la surface de l'eau des ronds petits, plus grands, et enfin tout l'étang en est agité. Qui en est la cause? Celui qui a jeté la pierre.

Outre cela le médisant ne peut pas réparer le mal qu'il fait. Les impressions demeurent, même les choses étant éclaircies. On dit : Si cela n'étoit vrai, cela étoit du moins vraisemblable. Comme lorsqu'une chose a été serrée par un nœud bien ferme, les impressions du lien demeurent même après que le nœud a été brisé : ainsi ceux qui sont serrés par la médisance. *Beatus qui tectus est à linguâ nequam, qui in iracundiam illius non transivit, et qui non attraxit jugum illius, et in vinculis ejus non est ligatus : jugum enim illius jugum ferreum est, et vinculum illius vinculum æreum est* [3].

[1] *Rom.*, XII, 10. — [2] *Apolog.*, n. 7. — [3] *Eccli.*, XXVIII, 23, 24.

TROISIÈME POINT.

Remèdes. Général : ne pas applaudir aux médisans, leur montrer un visage sévère, parce que leur dessein ce n'est que d'être plaisans. Le médisant, voleur ; saint Paul les met avec les voleurs : *Neque maledici, neque rapaces*[1]. Celui qui l'écoute, receleur. Tout le monde hait les médisans, et tout le monde leur applaudit. On leur peut appliquer ce que dit Tertullien des comédiens : *Amant quos mulctant, depretiant quos probant*[2].

Second remède : se regarder comme devant être jugé, et l'on n'aura pas envie de juger : (*a*) *Qui sine peccato est vestrûm, primus in eam lapidem mittat*[3]. Tous furent détournés par cette parole. Celui qui n'a point de défauts, qu'il commence le premier à reprendre. Jésus-Christ même dit à cette femme : *Nec ego te condemnabo*[4]. Si l'innocent pardonne aux pécheurs, combien plus les pécheurs se doivent-ils pardonner les uns les autres !

PLAN D'UN SERMON

POUR

LE MERCREDI DE LA IVᵉ SEMAINE DE CARÊME,

SUR L'ÉVANGILE DE L'AVEUGLE-NÉ (*b*).

Si cæci essetis, non haberetis peccatum. Nunc verò dicitis : Quia videmus, peccatum vestrum manet. Joan., IX, 41.

Raconter l'histoire, dans le dessein de rendre les pharisiens odieux. Peser les circonstances qui les font voir incrédules et

[1] I *Cor.*, VI, 10. — [2] *De Spect.*, n. 22. — [3] *Joan.*, VIII, 7. — [4] *Ibid.*, 11.

(*a*) *Note marg.* : Se tenir en posture d'un criminel qui doit non juger, mais être jugé : *Quoadusque veniat qui illuminabit absconditu tenebrarum* (I Cor. IV, 5). Pour juger il faut être innocent : le coupable qui juge les autres, se condamne lui-même, par même raison : *In quo enim judicas alterum, te ipsum condemnas : eadem enim agis quæ judicas* (Rom., II, 1).

(*b*) L'auteur de ce plan fait entendre clairement qu'il est évêque, et nomme

déraisonnables; et puis faire voir au peuple que cette haine qu'ils ont contre Jésus, se tourne contre eux. *Peccatum vestrum manet.*

Malheur d'un évêque qui prêche, soit qu'il se taise, soit qu'il parle....

S'il se tait, il se condamne : *Speculatorem dedi te domui Israel* (Ezech., III, 17), etc. fort au long. Et peser (*Ibid.*, XXXIII, 2). « Tu as délivré ton ame; son sang est sur lui. Je redemanderai ton sang de tes mains. » Foible consolation pour une mère affligée. J'ai fait ce que j'ai pu.

S'il parle, je condamne. *Sermo quem locutus sum, ille vos judicabit* [1].

Sur cela : *Peccatum vestrum manet.*

Se jeter sur les catholiques plus coupables, parce que plus instruits.

Soror tua major, Samaria; soror minor, Sodoma, à dextris et à sinistris [2]. Tout au long. « Tu les a justifiées, consolées : » *consolans eas* [3]. Fort appuyer.

Appliquer ensuite. Sodome la corrompue, votre sœur aînée : la Synagogue, l'ancienne Jérusalem : *Spiritualiter Sodoma* [4]. La cadette, l'hérésie : Samarie, la schismatique et la séparée.

La première, notre ancienne. La seconde, nous l'avons vue naître à Meaux, dans l'impureté de son sang. Elle n'en a point été lavée : toute sanglante de son schisme.

Eglise catholique de Meaux, tu les as justifiées.

La Synagogue, elle a méprisé, crucifié Jésus-Christ mortel : *Si cognovissent, nunquam Dominum gloriæ crucifixissent* [5]. Nous, immortel et connu.

L'hérésie : elle croit figure; toi, c'est Jésus-Christ même, afin que le voulant, le sachant, tu l'outrages.

La rémission des péchés, elle la nie; toi, tu en abuses pour t'autoriser dans ton crime, tu cherches à y être flatté, etc. Dénombrement.

---

[1] *Joan.*, XII, 48. — [2] *Ezech.*, XVI, 46. — [3] *Ibid.*, 54. — [4] *Apoc.*, XI, 8, — [5] I *Cor.*, II, 8.

Meaux comme sa ville épiscopale. Notre esquisse appartient donc à la dernière époque du ministère apostolique de Bossuet.

Tu les justifies. *Samaria dimidium peccatorum tuorum non peccavit*[1].

Le péché des chrétiens, plus grand; des catholiques; des prêtres; et puisqu'il faut prononcer ma condamnation de ma propre bouche, des évêques. *Ergo et tu confundere, et porta ignominiam tuam*[2].

Contre la honte de confesser ses péchés. La consolation et la gloire.

SERMON

POUR

LE VENDREDI DE LA IVᵉ SEMAINE DE CARÊME,

SUR LA MORT (a).

Domine, veni et vide.

Seigneur, venez et voyez. *Joan.*, XI, 34.

Me sera-t-il permis aujourd'hui d'ouvrir un tombeau devant la Cour, et des yeux si délicats ne seront-ils point offensés par

---

[1] *Ezech.*, XVI, 51. — [2] *Ibid.*, 54.

(a) Prêché en 1666, dans le Carême de Saint-Germain-en-Laye, devant le roi. L'auteur dit dès la première phrase : « Me sera-t-il permis aujourd'hui d'ouvrir un tombeau devant la Cour ? » Et dans le commencement du premier point : «... Sire, elle est digne de votre audience. » D'une autre part le style du sermon révèle manifestement, ainsi que l'écriture du manuscrit, la grande époque de l'orateur.

Pascal a dit : « Si l'homme se vante, je l'abaisse; s'il s'abaisse, je le vante. » Et nous lisons dans l'exorde de notre sermon : « O mort, nous te rendons grace des lumières que tu répands sur notre ignorance; toi seule nous convaincs de notre bassesse, toi seule nous fais connoître notre dignité; si l'homme s'estime trop, tu sais déprimer son orgueil; si l'homme se méprise trop, tu sais relever son courage. » Quelques critiques ont pensé que ces paroles du prédicateur ont été, sinon dictées, du moins inspirées par les paroles du philosophe chrétien; mais ils n'ont pas réfléchi que les *Pensées* de Pascal n'avoient pas vu le jour avant 1670, et que Bossuet a prononcé le sermon sur la mort en 1666, qu'il n'a pu le prononcer plus tard, puisque depuis cette époque il n'a plus prêché devant la Cour pendant le Carême.

un objet si funèbre? Je ne pense pas, Messieurs, que des chrétiens doivent refuser d'assister à ce spectacle avec Jésus-Christ. C'est à lui que l'on dit dans notre évangile : « Seigneur, venez et voyez » où l'on a déposé le corps du Lazare; c'est lui qui ordonne qu'on lève la pierre, et qui semble nous dire à son tour : Venez et voyez vous-mêmes. Jésus ne refuse pas de voir ce corps mort comme un objet de pitié et un sujet de miracle; mais c'est nous, mortels misérables, qui refusons de voir ce triste spectacle comme la conviction de nos erreurs. Allons et voyons avec Jésus-Christ, et désabusons-nous éternellement de tous les biens que la mort enlève.

C'est une étrange foiblesse de l'esprit humain, que jamais la mort ne lui soit présente, quoiqu'elle se mette en vue de tous côtés et en mille formes diverses. On n'entend dans les funérailles que des paroles d'étonnement de ce que ce mortel est mort : chacun rappelle en son souvenir depuis quel temps il lui aparlé et de quoi le défunt l'a entretenu; et tout d'un coup il est mort : Voilà, dit-on, ce que c'est que l'homme; et celui qui le dit, c'est un homme; et cet homme ne s'applique rien, oublieux de sa destinée; ou s'il passe dans son esprit quelque désir volage de s'y préparer, il dissipe bientôt ces noires idées; et je puis dire, Messieurs, que les mortels n'ont pas moins de soin d'ensevelir les pensées de la mort que d'enterrer les morts mêmes. Mais peut-être que ces pensées feront plus d'effet dans nos cœurs, si nous les méditons avec Jésus-Christ sur le tombeau du Lazare; mais demandons-lui qu'il nous les imprime par la grace de son Saint-Esprit, et tâchons de la mériter par l'entremise de la sainte Vierge.

Entre (*a*) toutes les passions de l'esprit humain, l'une des plus violentes c'est le désir de savoir; et cette curiosité de connoître fait qu'il épuise ses forces pour trouver ou quelque secret inouï dans l'ordre de la nature, ou quelque adresse inconnue dans les ouvrages de l'art, ou quelque raffinement inusité dans la conduite des affaires. Mais parmi (*b*) ces vastes désirs d'enrichir notre entendement par des connoissances nouvelles, la même chose nous arrive qu'à ceux qui jetant bien loin leurs regards, ne remarquent

(*a*) *Var. :* De. — (*b*) Dans.

pas les objets qui les environnent ; je veux dire que notre esprit (*a*) s'étendant par de grands efforts sur des choses fort éloignées et parcourant pour ainsi dire le ciel et la terre, passe cependant si légèrement sur ce qui se présente à lui de plus près, que nous consumons toute notre vie toujours ignorans de ce qui nous touche, et non-seulement de ce qui nous touche, mais encore de ce que nous sommes.

Il n'est rien de plus nécessaire que de recueillir en nous-mêmes toutes ces pensées qui s'égarent ; et c'est pour cela, chrétiens, que je vous invite aujourd'hui d'accompagner le Sauveur jusqu'au tombeau du Lazare : *Veni et vide :* « Venez et voyez. » O mortels, venez contempler le spectacle des choses mortelles ; ô homme, venez apprendre ce que c'est que l'homme. Vous serez peut-être étonnés que je vous adresse à la mort pour vous instruire de votre être (*b*), et vous croirez que ce n'est pas bien représenter l'homme que de le montrer où il n'est plus ; mais si vous prenez soin de vouloir entendre ce qui se présente à nous dans le tombeau, vous accorderez aisément qu'il n'est point de plus véritable interprète ni de plus fidèle miroir des choses humaines.

La nature d'un composé ne se remarque jamais plus distinctement que dans la dissolution de ses parties ; comme elles s'altèrent mutuellement par le mélange, il faut les séparer pour les bien connoître. En effet la société de l'ame et du corps fait que le corps nous paroît quelque chose de plus qu'il n'est, et l'ame quelque chose de moins : mais lorsque venant à se séparer, le corps retourne à la terre et que l'ame aussi est mise en état de retourner au ciel d'où elle est tirée, nous voyons l'un et l'autre dans sa pureté. Ainsi nous n'avons qu'à considérer ce que la mort nous ravit et ce qu'elle laisse en son entier, quelle partie de notre être tombe sous ses coups, et quelle autre se conserve dans cette ruine ; alors nous aurons compris ce que c'est que l'homme : de sorte que (*c*) je ne crains point d'assurer que c'est du sein de la mort et de ses ombres épaisses, que sort une lumière immortelle pour éclairer nos esprits touchant l'état de notre nature. Accourez donc, ô mor-

---

(*a*) *Var. :* Raison. — (*b*) Pour être instruits de ce que vous êtes. — (*c*) Tellement que, — si bien que.

tels, et voyez dans le tombeau du Lazare ce que c'est que l'humanité : venez voir dans un même objet la fin de vos desseins et le commencement de vos espérances ; venez voir tout ensemble la dissolution et le renouvellement de votre être ; venez voir le triomphe de la vie dans la victoire de la mort : *Veni et vide.*

O mort, nous te rendons graces des lumières que tu répands sur notre ignorance ; toi seule nous convaincs de notre bassesse ; toi seule nous fais connoître notre dignité ; si l'homme s'estime trop, tu sais déprimer son orgueil ; si l'homme se méprise trop, tu sais relever son courage ; et pour réduire toutes ses pensées à un juste tempérament, tu lui apprends ces deux vérités qui lui ouvrent les yeux pour se bien connoître, qu'il est infiniment méprisable en tant qu'il finit dans le temps, et infiniment estimable en tant qu'il passe (*a*) à l'éternité. Ces deux importantes considérations feront le sujet de ce discours (*b*).

PREMIER POINT.

C'est une entreprise hardie que d'aller dire aux hommes qu'ils sont peu de chose. Chacun est jaloux de ce qu'il est, et on aime mieux être aveugle que de connoître son foible ; surtout les grandes fortunes veulent être traitées délicatement, elles ne prennent pas plaisir qu'on remarque leur défaut ; elles veulent que si on le voit, du moins on le cache. Et toutefois, grace à la mort, nous en pouvons parler avec liberté. Il n'est rien de si grand dans le monde, qui ne reconnoisse en soi-même beaucoup de bassesse, qui ne confesse facilement qu'il n'est rien, à le considérer par cet endroit-là. Mais c'est encore trop de vanité de distinguer en nous la partie foible, comme si nous avions quelque chose de considérable. Vive l'Eternel! ô grandeur humaine, de quelque côté que je t'envisage, sinon en tant que tu viens de Dieu et que tu dois être rapportée à Dieu, car en cette sorte je découvre en toi un rayon de la Divinité qui attire justement mes respects ; mais en tant que tu es purement humaine, je le dis encore une fois, de quelque côté que je t'envisage, je ne vois rien en toi que je considère, parce que de quelque endroit que je te tourne, je trouve

(*a*) *Var.*: Qu'il aboutit. — (*b*) Et c'est le partage de ce discours.

toujours la mort en face, qui répand tant d'ombres de toutes parts sur ce que l'éclat du monde vouloit colorer, que je ne sais plus sur quoi appuyer ce nom auguste de grandeur, ni à quoi je puis appliquer un si beau titre.

Convainquons-nous, chrétiens, de cette importante vérité par un raisonnement invincible. L'accident ne peut pas être plus noble que la substance, ni l'accessoire plus considérable que le principal, ni le bâtiment plus solide que le fonds sur lequel il est élevé, ni enfin ce qui est attaché à notre être plus grand ni plus important que notre être même. Maintenant, qu'est-ce que notre être? pensons-y bien, chrétiens; qu'est-ce que notre être? Dites-le-nous, ô mort; car les hommes trop superbes (a) ne m'en croiroient pas. Mais, ô mort, vous êtes muette et vous ne parlez qu'aux yeux. Un grand roi vous va prêter sa voix, afin que vous vous fassiez entendre aux oreilles et que vous portiez dans les cœurs des vérités plus articulées (b).

Voici la belle méditation dont David s'entretenoit sur le trône, au milieu de sa Cour : Sire, elle est digne de votre audience. *Ecce mensurabiles posuisti dies meos, et substantia mea tanquam nihilum ante te*[1] *:* O éternel Roi des siècles, vous êtes toujours à vous-même, toujours en vous-même; votre être éternellement immuable (c), ni ne s'écoule, ni ne se change, ni ne se mesure. « Et voici que vous avez fait mes jours mesurables, et ma substance n'est rien devant vous. » Non, ma substance n'est rien devant vous; et tout être qui se mesure n'est rien, parce que ce qui se mesure a son terme, et lorsqu'on est venu à ce terme un dernier point détruit tout, comme si jamais il n'avoit été. Qu'est-ce que cent ans, qu'est-ce que mille ans, puisqu'un seul moment les efface (d)? Multipliez vos jours, comme les cerfs (e) que la fable ou l'histoire de la nature fait vivre durant tant de siècles; durez autant que ces grands chênes sous lesquels nos ancêtres se sont reposés, et qui donneront encore de l'ombre à notre postérité (f); entassez dans cet espace qui paroît immense, honneurs, richesses,

[1] *Psal.* XXXVIII, 6.

(a) Var.: Trop vains. — (b) Plus distinctes. — (c) Toujours permanent. — (d) Les emporte. — (e) Les corbeaux. — (f) A nos descendans.

plaisirs; que vous profitera cet amas, puisque le dernier souffle de la mort, tout foible, tout languissant, abattra tout à coup cette vaine pompe avec la même facilité qu'un château de cartes, vain amusement des enfans (*a*)? Et que vous servira d'avoir tant écrit dans ce livre, d'en avoir rempli toutes les pages de beaux caractères, puisqu'enfin une seule rature (*b*) doit tout effacer? Encore une rature laisseroit-elle quelques traces (*c*) du moins d'elle-même; au lieu que ce dernier moment qui effacera d'un seul trait toute votre vie, s'ira perdre lui-même avec tout le reste dans ce gouffre du néant. Il n'y aura plus sur la terre aucuns vestiges de ce que nous sommes; la chair changera de nature; le corps prendra un autre nom; « même celui de cadavre ne lui demeurera pas longtemps; il deviendra, dit Tertullien, un je ne sais quoi qui n'a plus de nom dans aucune langue : » tant il est vrai que tout meurt en lui (*d*), jusqu'à ces termes funèbres par lesquels on exprimoit ses malheureux restes : *Post totum ignobilitatis elogium, caducæ in originem terram, et cadaveris nomen; et de isto quoque nomine periturœ in nullum inde jam nomen, in omnis jam vocabuli mortem*[1].

Qu'est-ce donc que ma substance, ô grand Dieu? J'entre dans la vie pour en sortir bientôt ; je viens me montrer comme les autres; après, il faudra disparoître. Tout nous appelle à la mort. La nature, comme si elle étoit presque envieuse du bien qu'elle nous a fait, nous déclare souvent et nous fait signifier qu'elle ne peut pas nous laisser longtemps ce peu de matière qu'elle nous prête, qui ne doit pas demeurer dans les mêmes mains, et qui doit être éternellement dans le commerce : elle en a besoin pour d'autres formes, elle la redemande pour d'autres ouvrages. Cette recrue continuelle (*e*) du genre humain, je veux dire les enfans qui naissent, à mesure qu'ils croissent et qu'ils s'avancent, semblent nous pousser de l'épaule et nous dire : Retirez-vous, c'est maintenant notre tour. Ainsi comme nous en voyons passer d'autres devant nous, d'autres nous verront passer, qui doivent à leurs

[1] *De Resurrect. carn.*, n. 4.

(*a*) *Var.* : De même qu'un château de cartes, vaine admiration des enfans. — (*b*) Une même rature. — (*c*) Quelques vestiges. — (*d*) Que ce qui s'aperçoit meurt en nous. — (*e*) Cette nouvelle recrue.

successeurs le même spectacle. O Dieu ! encore une fois, qu'est-ce que de nous ? Si je jette la vue devant moi, quel espace infini où je ne suis pas ! Si je la retourne en arrière, quelle suite effroyable (a) où je ne suis plus, et que j'occupe peu de place dans cet abîme immense du temps ! Je ne suis rien ; un si petit intervalle n'est pas capable de me distinguer du néant. On ne m'a envoyé que pour faire nombre, encore n'avoit-on que faire de moi ; et la pièce n'en auroit pas été moins jouée, quand je serois demeuré derrière le théâtre.

Encore si nous voulons discuter les choses dans une considération plus subtile, ce n'est pas toute l'étendue de notre vie qui nous distingue du néant ; et vous savez, chrétiens, qu'il n'y a jamais qu'un moment qui nous en sépare. Maintenant nous en tenons un ; maintenant il périt ; et avec lui nous péririons tous, si promptement et sans perdre temps nous n'en saisissions un autre semblable, jusqu'à ce qu'enfin il en viendra un (b) auquel nous ne pourrons arriver, quelque effort que nous fassions pour nous y étendre, et alors nous tomberons tout à coup, manque de soutien. O fragile appui de notre être ! ô fondement ruineux de notre substance ? *In imagine pertransit homo*[1] : ah ! l'homme passe vraiment de même qu'une ombre ou de même qu'une image en figure (c) ; aussi est-il *in imagine, sed et frustrà conturbatur*. Que la place est petite que nous occupons en ce monde : si petite certainement et si peu considérable, que je doute quelquefois avec Arnobe si je dors ou si je veille : *Vigilemus aliquando, an ipsum vigilare, quod dicitur somni sit perpetui portio*[2]. Je ne sais si ce que j'appelle veiller n'est peut-être pas une partie un peu plus excitée d'un sommeil profond ; et si je vois des choses réelles, ou si je suis seulement troublé par des fantaisies et par de vains simulacres (d). *Præterit figura hujus mundi*[3] : « La figure de ce monde passe,

[1] *Psal.* XXXVIII, 7. — [2] *Advers. Gent.*, lib. II, sub. init. — [3] I *Cor.*, VII, 31.

(a) *Var.*: Immense. — (b) Jusqu'à ce qu'il en viendra enfin un. — (c) L'homme passe comme une ombre et comme une image creuse. — *Note marg.* : Et comme lui-même n'est rien de solide, il ne poursuit aussi que des choses vaines, l'image du bien et non le bien même.— (d) *Var.*: Si petite certainement et si peu considérable, qu'il me semble que toute ma vie n'est qu'un songe ; je ne sais si je dors ou si je veille ; je ne sais si ce que j'appelle veiller n'est pas une partie un peu plus animée d'un sommeil profond ; et si je vois des choses réelles, ou si je suis seulement troublé par des simulacres.

et ma substance n'est rien devant Dieu (a) : » *Et substantia mea tanquam nihilum ante te* [1]

SECOND POINT.

N'en doutons pas, chrétiens, quoique nous soyons relégués dans cette dernière partie de l'univers (b) qui est le théâtre des changemens et l'empire de la mort; bien plus, quoiqu'elle nous soit inhérente et que nous la portions dans notre sein, toutefois au milieu de cette matière (c) et à travers l'obscurité de nos connoissances qui vient des préjugés de nos sens, si nous savons rentrer en nous-mêmes, nous y trouverons quelque chose qui montre bien par une certaine vigueur (d) son origine céleste, et qui n'appréhende pas la corruption.

Je ne suis pas de ceux qui font grand état des connoissances humaines; et je confesse néanmoins que je ne puis contempler sans admiration ces merveilleuses découvertes qu'a faites la science pour pénétrer la nature, ni tant de belles inventions que l'art a trouvées pour l'accommoder à notre usage. L'homme a presque changé la face du monde; il a su dompter par l'esprit les animaux qui le surmontoient par la force; il a su discipliner leur humeur brutale et contraindre leur liberté indocile; il a même fléchi par adresse les créatures inanimées. La terre n'a-t-elle pas été forcée par son industrie à lui donner des alimens (e) plus convenables, les plantes à corriger en sa faveur leur aigreur sauvage, les venins (f) mêmes à se tourner en remèdes pour l'amour de lui? Il seroit superflu de vous raconter comme il sait ménager les élémens, après tant de sortes de miracles qu'il fait faire tous les jours aux plus intraitables, je veux dire au feu et à l'eau, ces deux grands ennemis, qui s'accordent néanmoins à nous servir

[1] *Psal.* XXXVIII, 6.

(a) *Passage effacé :* Je suis emporté si rapidement, qu'il me semble que tout me fuit et que tout m'échappe. Tout fuit en effet, Messieurs; et pendant que nous sommes ici assemblés, et que nous croyons être immobiles, chacun avance son chemin, chacun s'éloigne sans y penser de son plus proche voisin, puisque chacun marche insensiblement à la dernière séparation : *Ecce mensurabiles posuisti dies meos.* — (b) *Var. :* Du monde. — (c) De ce corps mortel, — de ce corps terrestre. — (d) Qui sent par son mouvement. — (e) Des fruits. — (f) Les poisons.

dans des opérations si utiles et si nécessaires (*a*). Quoi plus ? il est monté jusqu'aux cieux ; pour marcher plus sûrement, il a appris aux astres à le guider dans ses voyages ; pour mesurer plus également sa vie, il a obligé le soleil à rendre compte pour ainsi dire de tous ses pas. Mais laissons à la rhétorique cette longue et scrupuleuse énumération ; et contentons-nous de remarquer en théologiens que Dieu ayant formé l'homme, dit l'oracle de l'Ecriture, pour être le chef de l'univers, d'une si noble institution, quoique changée par son crime, il lui a laissé un certain instinct de chercher ce qui lui manque dans toute l'étendue de la nature. C'est pourquoi, si je l'ose dire, il fouille partout hardiment comme dans son bien, et il n'y a aucune partie de l'univers où il n'ait signalé son industrie.

Pensez maintenant, Messieurs, comment auroit pu prendre un tel ascendant une créature si foible et si exposée selon le corps aux insultes de toutes les autres, si elle n'avoit en son esprit (*b*) une force supérieure à toute la nature visible, un souffle immortel de l'Esprit de Dieu, un rayon de sa face, un trait de sa ressemblance. Non, non, il ne se peut autrement. Si un excellent ouvrier a fait quelque rare machine, aucun ne peut s'en servir que par les lumières qu'il donne. Dieu a fabriqué le monde comme une grande machine que sa seule sagesse pouvoit inventer, que sa seule puissance pouvoit construire (*c*). O homme, il t'a établi pour t'en servir ; il a mis pour ainsi dire en tes mains toute la nature, pour l'appliquer à tes usages ; il t'a même permis de l'orner et de l'embellir par ton art. Car qu'est-ce autre chose que l'art, sinon l'embellissement de la nature ? Tu peux ajouter quelques couleurs pour orner cet admirable tableau ; mais comment pourrois-tu faire remuer tant soit peu une machine si forte et si délicate ; ou de quelle sorte pourrois-tu faire seulement un trait convenable dans une peinture si riche, s'il n'y avoit en toi-même et dans quelque partie de ton être quelque art dérivé de ce premier art, quelques fécondes idées tirées de ces idées originales, en un mot

(*a*) **Var.** : Après tant de sortes de miracles qu'il fait faire tous les jours au feu et à l'eau, qui sont les plus intraitables. — (*b*) En son ame. — (*c*) Dieu a fabriqué le monde comme sa seule puissance pouvoit le construire.

quelque ressemblance, quelque écoulement, quelque portion de cet esprit ouvrier qui a fait le monde? Que s'il est ainsi (*a*), chrétiens, qui ne voit que toute la nature conjurée ensemble n'est pas capable d'éteindre un si beau rayon, cette partie de nous-mêmes (*b*) qui porte un caractère si noble de la puissance divine qui la soutient; et qu'ainsi notre ame supérieure au monde et à toutes les vertus qui le composent, n'a rien à craindre que de son auteur?

Mais continuons, chrétiens, une méditation si utile de l'image de Dieu en nous; et voyons de quelle manière cette créature chérie, destinée à se servir de toutes les autres, se prescrit à elle-même ce qu'elle doit faire. Dans la corruption où nous sommes, je confesse que c'est ici notre foible; et toutefois je ne puis considérer (*c*) sans admiration ces règles immuables des mœurs que la raison a posées. Quoi! cette ame plongée dans le corps, qui en épouse toutes les passions avec tant d'attache, qui languit, qui se désespère, qui n'est plus à elle-même quand il souffre, dans quelle lumière a-t-elle vu qu'elle eût (*d*) néanmoins sa félicité à part? qu'elle dût dire quelquefois hardiment, tous les sens, toutes les passions, et presque toute la nature criant à l'encontre: « Ce m'est un gain de mourir[1]; » — « Je me réjouis dans les afflictions[2]? » Ne faut-il pas, chrétiens, qu'elle ait découvert intérieurement une beauté bien exquise dans ce qui s'appelle devoir, pour oser assurer positivement qu'elle doit s'exposer sans crainte, qu'il faut s'exposer même avec joie à des fatigues immenses, à des douleurs incroyables et à une mort assurée pour les amis, pour la patrie, pour le prince, pour les autels? Et n'est-ce pas une espèce de miracle que ces maximes constantes de courage, de probité, de justice, ne pouvant jamais être abolies, je ne dis pas par le temps, mais par un usage contraire, il y ait pour le bonheur du genre humain beaucoup moins de personnes qui les décrient tout à fait qu'il n'y en a qui les pratiquent parfaitement (*e*).

Sans doute il y a au dedans de nous une divine clarté: « Un rayon de votre face, ô Seigneur, s'est imprimé en nos ames: »

---

[1] *Philip.*, I, 21. — [2] *Coloss.*, I, 24.

(*a*) *Var.*: Et s'il est ainsi. — (*b*) De notre être. — (*c*) Qui pourroit considérer. — (*d*) Où a-t-elle pu songer? — (*e*) Dans leur perfection.

Signatum est super nos lumen vultûs tui, Domine [1]. C'est là que nous découvrons, comme dans un globe de lumière, un agrément immortel dans l'honnêteté et la vertu (*a*); c'est la première raison qui se montre à nous par son image (*b*); c'est la vérité elle-même qui nous parle et qui doit bien nous faire entendre qu'il y a quelque chose en nous qui ne meurt pas, puisque Dieu nous a faits capables de trouver du bonheur même dans la mort.

Tout cela n'est rien, chrétiens; et voici le trait le plus admirable de cette divine ressemblance. Dieu se connoît et se contemple; sa vie c'est de se connoître; et parce que l'homme est son image, il veut aussi qu'il le connoisse. Etre éternel, immense, infini, exempt (*c*) de toute matière, libre de toutes limites, dégagé de toute imperfection, chrétiens, quel est ce miracle? Nous qui ne sentons rien que de borné, qui ne voyons rien que de muable, où avons-nous pu comprendre cette éternité? où avons-nous songé cette infinité? O éternité! ô infinité! dit saint Augustin, que nos sens ne soupçonnent seulement pas, par où donc es-tu entrée dans nos ames? Mais si nous sommes tout corps et tout matière, comment pouvons-nous concevoir un esprit pur, et comment avons-nous pu seulement inventer ce nom?

Je sais ce que l'on peut dire en ce lieu, et avec raison que lorsque nous parlons de ces esprits, nous n'entendons (*d*) pas trop ce que nous disons; notre foible imagination ne pouvant soutenir une idée si pure, lui présente toujours quelque petit corps pour la revêtir. Mais après qu'elle a fait son dernier effort pour les rendre bien subtils et bien déliés, ne sentez-vous pas en même temps qu'il sort du fond de notre ame une lumière céleste qui dissipe tous ces fantômes, si minces et si délicats que nous ayons pu les figurer? Si vous la pressez davantage et que vous lui demandiez ce que c'est, une voix s'élèvera du centre de l'ame (*e*) : Je ne sais pas ce que c'est, mais néanmoins ce n'est pas cela. Quelle force, quelle énergie, quelle secrète vertu sent en elle-même cette ame pour se corriger, se démentir elle-même et pour oser rejeter tout

---

[1] *Psal.* IV, 7.

(*a*) *Var.*: Les agrémens immortels de l'honnêteté et de la vertu. — (*b*) Par cette étincelle. — (*c*) Séparé, — dégagé. — (*d*) Nous ne concevons. — (*e*) Une voix prononcera...; — une voix criera du centre de l'ame.

ce qu'elle pense! Qui ne voit qu'il y a en elle un ressort caché qui n'agit pas encore de toute sa force, et lequel, quoiqu'il soit contraint, quoiqu'il n'ait pas son mouvement libre, fait bien voir par une certaine vigueur qu'il ne tient pas tout entier à la matière et qu'il est comme attaché par sa pointe à quelque principe plus haut (a)?

Il est vrai, chrétiens, je le confesse, nous ne soutenons pas longtemps cette noble ardeur; ces belles idées s'épaississent bientôt, et l'ame se replonge bientôt dans sa matière. Elle a ses foiblesses, elle a ses langueurs; et permettez-moi de le dire, car je ne sais plus comment m'exprimer, elle a des grossièretés incompréhensibles qui, si elle n'est éclairée d'ailleurs, la forcent presque elle-même de douter de ce qu'elle est (b). C'est pourquoi les sages du monde voyant l'homme d'un côté si grand, de l'autre si méprisable, n'ont su ni que penser ni que dire d'une si étrange composition. Demandez aux philosophes profanes ce que c'est que l'homme; les uns en feront un dieu, les autres en feront un rien; les uns diront que la nature le chérit comme une mère et qu'elle en fait ses délices; les autres, qu'elle l'expose comme une marâtre et qu'elle en fait son rebut; et un troisième parti ne sachant plus que deviner touchant la cause de ce grand mélange, répondra qu'elle s'est jouée en unissant deux pièces qui n'ont nul rapport, et ainsi que par une espèce de caprice elle a formé ce prodige qu'on appelle l'homme.

Vous jugez bien, Messieurs, que ni les uns ni les autres n'ont donné au but, et qu'il n'y a plus que la foi qui puisse expliquer une si grande énigme. Vous vous trompez, ô sages du siècle: l'homme n'est pas les délices de la nature, puisqu'elle l'outrage en tant de manières; l'homme ne peut non plus être son rebut, puisqu'il a quelque chose en lui qui vaut mieux que la nature elle-même, je parle de la nature sensible. D'où vient donc une si étrange disproportion? Faut-il, chrétiens, que je vous le dise, et ces masures mal assorties, avec ces fondemens (c) si magnifiques, ne crient-elles pas assez haut que l'ouvrage n'est pas en son

---

(a) *Var.*: Et qu'il dépend certainement d'un autre principe. — (b) Qui la forcent presque elle-même de douter de ce qu'elle est, si elle n'est éclairée d'ailleurs. — (c) Avec cette structure.

entier? Contemplez cet édifice, vous y verrez des marques d'une main divine; mais l'inégalité de l'ouvrage vous fera bientôt remarquer ce que le péché a mêlé du sien. O Dieu ! quel est ce mélange? J'ai peine à me reconnoître; peu s'en faut que je ne m'écrie avec le prophète : *Hæccine est urbs perfecti decoris, gaudium universæ terræ*[1] ? Est-ce là cette Jérusalem ? « Est-ce là cette ville ? est-ce là ce temple, l'honneur et la joie de toute la terre ? » Et moi je dis : Est-ce là cet homme fait à l'image de Dieu, le miracle de sa sagesse et le chef-d'œuvre de ses mains ?

C'est lui-même, n'en doutez pas. D'où vient donc cette discordance, et pourquoi vois-je ces parties si mal rapportées ? C'est que l'homme a voulu bâtir à sa mode sur l'ouvrage de son Créateur, et il s'est éloigné du plan : ainsi contre la régularité du premier dessein, l'immortel et le corruptible, le spirituel et le charnel, l'ange et la bête en un mot, se sont trouvés tout à coup unis. Voilà le mot de l'énigme, voilà le dégagement de tout l'embarras : la foi nous a rendus à nous-mêmes, et nos foiblesses honteuses ne peuvent plus nous cacher notre dignité naturelle (a).

Mais, hélas ! que nous profite cette dignité ? Quoique nos ruines respirent encore quelque air de grandeur, nous n'en sommes pas moins accablés dessous ; notre ancienne immortalité ne sert qu'à nous rendre plus insupportable la tyrannie de la mort ; et quoique nos ames lui échappent, si cependant le péché les rend misérables, elles n'ont pas de quoi se vanter d'une éternité si onéreuse. Que dirons-nous, chrétiens ? que répondrons-nous à une plainte si pressante ? Jésus-Christ y répondra dans notre évangile. Il vient voir le Lazare décédé, il vient visiter la nature humaine qui gémit sous l'empire de la mort. Ah ! cette visite n'est pas sans cause. C'est l'ouvrier même qui vient en personne pour reconnoître ce qui manque à son édifice. C'est qu'il a dessein de le reformer suivant son premier modèle : *secundùm imaginem ejus qui creavit illum*[2].

O ame remplie de crimes, tu crains avec raison l'immortalité qui rendroit ta mort éternelle. Mais voici en la personne de Jésus-

---

[1] *Thren.*, II, 15. — [2] *Coloss.*, III, 10.

(a) *Var.:* Voilà le dégagement de tout embarras; de cette sorte tout se débrouille et tout se démêle, tout se dément et tout s'accorde, et la lumière de la foi nous tire de ce labyrinthe.

Christ la résurrection et la vie [1] : qui croit en lui ne meurt pas; qui croit en lui est déjà vivant d'une vie spirituelle et intérieure, vivant par la vie de la grace qui attire après elle la vie de la gloire. Mais le corps est cependant sujet à la mort (a). O ame, console-toi. Si ce divin Architecte qui a entrepris de te réparer, laisse tomber pièce à pièce ce vieux bâtiment de ton corps, c'est qu'il veut te le rendre en meilleur état, c'est qu'il veut le rebâtir dans un meilleur ordre ; il entrera pour un peu de temps dans l'empire de la mort, mais il ne laissera rien entre ses mains, si ce n'est la mortalité.

Ne vous persuadez pas que nous devions regarder la corruption selon les raisonnemens de la médecine, comme une suite naturelle de la composition et du mélange. Il faut élever plus haut nos esprits, et croire selon les principes du christianisme que ce qui engage la chair à la nécessité d'être corrompue, c'est qu'elle est un attrait au mal, une source de mauvais désirs, enfin une « chair de péché [2], » comme parle le saint Apôtre. Une telle chair doit être détruite, je dis même dans les élus, parce qu'en cet état de chair de péché, elle ne mérite pas d'être réunie à une ame bienheureuse, ni d'entrer dans le royaume de Dieu : *Caro et sanguis regnum Dei possidere non possunt* [3]. Il faut donc qu'elle change sa première forme afin d'être renouvelée, et qu'elle perde tout son premier être pour en recevoir un second de la main de Dieu. Comme un vieux bâtiment irrégulier qu'on néglige de réparer (b), afin de le dresser de nouveau dans un plus bel ordre d'architecture ; ainsi cette chair toute déréglée par le péché et la convoitise, Dieu la laisse tomber en ruine, afin de la refaire à sa mode et selon le premier plan de sa création. Elle doit être réduite en poudre, parce qu'elle a servi au péché.

Ne vois-tu pas le divin Jésus qui fait ouvrir le tombeau ? C'est le prince qui fait ouvrir la prison aux misérables captifs. Les corps morts qui sont enfermés dedans entendront un jour sa parole, et ils ressusciteront comme le Lazare ; ils ressusciteront mieux que

---

[1] *Joan.*, XI, 25, 26. — [2] *Rom.*, VIII, 3. — [3] 1 *Cor.*, XV, 50

(a) *Var.:* Mais le corps est toujours sujet à la mort. — (b) Qu'on laisse tomber en ruine pièce à pièce.

le Lazare, parce qu'ils ressusciteront pour ne mourir plus, et que la mort, dit le Saint-Esprit, sera noyée (a) dans l'abîme pour ne paroître jamais : *Et mors ultrà non erit ampliùs* [1].

Que crains-tu donc, ame chrétienne, dans les approches de la mort ? Peut-être qu'en voyant tomber ta maison tu appréhendes d'être sans retraite? Mais écoute le divin Apôtre : « Nous savons, » nous savons, dit-il, nous ne sommes pas induits à le croire par des conjectures douteuses, mais nous le savons très-assurément et avec une entière certitude, « que si cette maison de terre et de boue dans laquelle nous habitons est détruite, nous avons une autre maison qui nous est préparée au ciel [2]. » O conduite miséricordieuse de celui qui pourvoit à nos besoins ! Il a dessein (b), dit excellemment saint Jean Chrysostome [3], de réparer la maison qu'il nous a donnée; pendant qu'il la détruit et qu'il la renverse pour la refaire toute neuve, il est nécessaire que nous délogions ; car que ferions-nous dans cette poudre, dans ce tumulte, dans cet embarras ? Et lui-même nous offre son palais; il nous donne un appartement pour nous faire attendre en repos l'entière réparation de notre ancien édifice.

FRAGMENT

SUR LA BRIÉVETÉ DE LA VIE

ET LE NÉANT DE L'HOMME.

C'est bien peu de chose que l'homme, et tout ce qui a fin est bien peu de chose. Le temps viendra où cet homme qui vous sembloit si grand ne sera plus, où il sera comme l'enfant qui est encore à naître, où il ne sera rien. Si longtemps qu'on soit au monde, y seroit-on mille ans, il en faut venir là. Il n'y a que

[1] *Apoc.*, XXI, 4. — [2] II *Cor.*, V, 1. — [3] Homil. *in Dict. Apost.*, De dormientibus, etc.

(a) *Var. :* Précipitée. — (b) Il veut.

le temps de ma vie qui me fait différent de ce qui ne fut jamais. Cette différence est bien petite, puisqu'à la fin je serai encore confondu avec ce qui n'est point; ce qui arrivera le jour où il ne paroîtra pas seulement que j'aie été, et où peu m'importera combien de temps j'ai été, puisque je ne serai plus. J'entre dans la vie avec la loi d'en sortir. Je viens faire mon personnage, je viens me montrer comme les autres; après il faudra disparoître. J'en vois passer devant moi, d'autres me verront passer; ceux-là même donneront à leurs successeurs le même spectacle; tous enfin viendront se confondre dans le néant. Ma vie est de quatre-vingts ans tout au plus, prenons-en cent : qu'il y a eu de temps où je n'étois pas! qu'il y en a où je ne serai point! et que j'occupe peu de place dans ce grand abîme des ans! Je ne suis rien; ce petit intervalle n'est pas capable de me distinguer du néant où il faut que j'aille. Je ne suis venu que pour faire nombre, encore n'avoit-on que faire de moi; et la comédie ne se seroit pas moins bien jouée, quand je serois demeuré derrière le théâtre. Ma partie est bien petite en ce monde et si peu considérable, que quand je regarde de près, il me semble que c'est un songe de me voir ici, et que tout ce que je vois ne sont que de vains simulacres : *Præterit figura hujus mundi* [1].

Ma carrière est de quatre-vingts ans tout au plus; et pour aller là, par combien de périls faut-il passer! par combien de maladies, etc.! A quoi tient-il que le cours ne s'en arrête à chaque moment? Ne l'ai-je pas reconnu quantité de fois? J'ai échappé la mort à telle et telle rencontre; c'est mal parler : J'ai échappé la mort. J'ai évité ce péril, mais non pas la mort. La mort nous dresse diverses embûches; si nous échappons l'une, nous tombons en une autre; à la fin il faut venir entre ses mains. Il me semble que je vois un arbre battu des vents; il y a des feuilles qui tombent à chaque moment; les unes résistent plus, les autres moins. Que s'il y en a qui échappent de l'orage, toujours l'hiver viendra, qui les flétrira et les fera tomber. Ou comme dans une grande tempête, les uns sont soudainement suffoqués, les autres flottent sur un ais abandonné aux vagues; et lorsqu'il croit avoir

[1] I. *Cor.*, VII, 31.

évité tous les périls, après avoir duré longtemps, un flot le pousse contre un écueil et le brise. Il en est de même : le grand nombre d'hommes qui courent la même carrière fait que quelques-uns passent jusqu'au bout; mais après avoir évité les attaques diverses de la mort, arrivant au bout de la carrière où ils tendoient parmi tant de périls, ils la vont trouver eux-mêmes et tombent à la fin de leur course : leur vie s'éteint d'elle-même, comme une chandelle qui a consumé sa matière.

Ma carrière est de quatre-vingts ans tout au plus, et de ces quatre-vingts ans, combien y en a-t-il que je compte pendant ma vie? Le sommeil est plus semblable à la mort : l'enfance est la vie d'une bête. Combien de temps voudrois-je avoir effacé de mon adolescence? Et quand je serai plus âgé, combien encore? Voyons à quoi tout cela se réduit. Qu'est-ce que je compterai donc? Car tout cela n'en est déjà pas. Le temps où j'ai eu quelque contentement, où j'ai acquis quelque honneur? Mais combien ce temps est-il clairsemé dans ma vie! C'est comme des clous attachés à une longue muraille dans quelques distances; vous diriez que cela occupe bien de la place; amassez-les, il n'y en a pas pour emplir la main. Si j'ôte le sommeil, les maladies, les inquiétudes, etc., de ma vie; que je prenne maintenant tout le temps où j'ai eu quelques contentemens ou quelque honneur, à quoi cela va-t-il? Mais ces contentemens, les ai-je eus tous ensemble? les ai-je eus autrement que par parcelles? mais les ai-je eus sans inquiétude? Et s'il y a de l'inquiétude, les donnerai-je au temps que j'estime, ou à celui que je ne compte pas? Et ne l'ayant pas eu à la fois, l'ai-je du moins eu tout de suite? L'inquiétude n'a-t-elle pas toujours divisé deux contentemens? Ne s'est-elle pas toujours jetée à la traverse pour les empêcher de se toucher? Mais que m'en reste-t-il des plaisirs licites? Un souvenir inutile. Des illicites? Un regret, une obligation à l'enfer ou à la pénitence, etc.

Ah! que nous avons bien raison de dire que nous passons notre temps! Nous le passons véritablement, et nous passons avec lui. Tout mon être tient à un moment, voilà ce qui me sépare du rien; celui-là s'écoule, j'en prends un autre; ils se passent les uns après les autres; les uns après les autres je les joins, tâchant de m'assurer; et je ne m'aperçois pas qu'ils m'entraînent insensiblement avec eux, et que je manquerai au temps, non pas le temps à moi. Voilà ce que c'est que de ma vie; et ce qui est épouvantable, c'est que cela passe à mon égard; devant Dieu, cela demeure, ces choses me regardent. Ce qui est à moi, la possession en dépend du temps, parce que j'en dépends moi-même; mais elles sont à Dieu devant moi, elles dépendent de Dieu devant que du temps; le temps ne les peut retirer de son empire, il est au-dessus du temps : à son égard cela demeure, cela entre dans ses trésors. Ce que j'y aurai mis, je le trouverai : ce que je fais dans le temps, passe par le temps à l'éternité, d'autant que le temps est compris et est sous l'éternité, et aboutit à l'éternité. Je ne jouis des momens de ce plaisir que durant le passage; quand ils passent, il faut que j'en réponde comme s'ils demeuroient. Ce n'est pas assez dire; ils sont passés, je n'y songerai plus. Ils sont passés? Oui pour moi, mais à Dieu, non; il m'en demandera compte.

Eh bien, mon ame, est-ce donc si grande chose que cette vie? Et si cette vie est si peu de chose, parce qu'elle passe, qu'est-ce que les plaisirs qui ne tiennent pas toute la vie et qui passent en un moment? Cela vaut-il bien la peine de se damner? cela vaut-il bien la peine de se donner tant de peines, d'avoir tant de vanité? Mon Dieu, je me résous de tout mon cœur en votre présence de penser tous les jours, au moins en me couchant et en me levant, à la mort. En cette pensée, j'ai peu de temps, j'ai beaucoup de chemin à faire, peut-être en ai-je encore moins que je ne pense; je louerai Dieu de m'avoir retiré ici pour songer à la pénitence. Je mettrai ordre à mes affaires, à ma confession, à mes exercices avec grande exactitude, grand courage, grande diligence, pensant non pas à ce qui passe, mais à ce qui demeure.

PREMIER SERMON

POUR

LE DIMANCHE DE LA PASSION,

SUR LA POSSIBILITÉ D'ACCOMPLIR LES COMMANDEMENS (a).

Si veritatem dico vobis, quare non creditis mihi?
Si je vous dis la vérité, pourquoi ne me croyez-vous pas? *Joan.*, VIII, 46.

Il n'y a jamais eu de reproche plus équitable que celui que nous fait aujourd'hui le Sauveur des ames, et que l'Eglise met dans la

---

(a) *Exorde.* — Vérité aimée dans le ciel, appréhendée dans les enfers, méprisée seulement sur la terre.
Premier point. — Possibilité des commandemens. Règle. Ils ne sont pas loin. Evangile. Dieu abaissé : donc sa doctrine à notre portée. Tempérament. Grace. Elle peut surmonter l'humeur dominante. Exemple de la Cour. *Sicut exhibuistis membra vestra servire immunditiæ..... ita nunc exhibete membra vestra servire justitiæ.....* (Rom., VI, 19). Coutumes non à suivre : *Licet convivere, commori non licet* (Tertull., *De Idololat.*, n. 14).
Second point.— Nécessité de reprendre les superbes. *Propterea corripiendus es, quia corripi non vis* (S. August., *De Corrept. et grat.*, lib. V, cap. VII). Les pécheurs ne veulent pas qu'on les reprenne, comme si faire bien ou mal c'étoit une chose indifférente.
On retire de ses yeux la loi. Les péchés. La loi devant nous éclaire ; la loi après nous charge. Honte utile. Exemple. Fausse paix : la faut troubler. Les pécheurs croient perdre tous leurs biens, quand on leur ôte l'usage corrompu. Conscience bridée : lui rendre sa liberté. Douleur utile. Douleur qui nous trouve ; douleur que nous devons chercher, pénitence.
Troisième point. — Prédicateurs obligés à bien vivre : *Quæcumque dixerint vobis, servate et facite* (Matth., XXIII, 3). Raisin, épine (S. August., Tract. XLVI *in Joan.*, n. 6).

Prêché dans le Carême de 1660, aux Minimes de la Place-Royale.
Ce sermon présente des vestiges de l'époque de Metz : on y trouve un grand nombre de passages bibliques jetés pour ainsi dire les uns sur les autres, de longues et fréquentes allocutions où l'auteur emploie le nombre singulier, des interrogations sans la particule *ne*, qui rappellent les premiers essais de l'auteur, et des expressions comme celles-ci : « Ordures ; pourquoi une petite amertume, que votre goût malade y trouve d'abord (dans la pénitence), vous empêche-t-elle de recevoir une médecine si salutaire ? » Tout cela montre que notre sermon se rapproche de l'époque de Metz ; mais il n'y appartient pas. En effet l'orateur dit dans le premier point : « Je ne veux que la vie de la Cour pour les en convaincre par expérience (dans un si grand auditoire il n'est pas qu'il ne s'y rencontre

bouche (a) de tous les prédicateurs de l'Evangile. On prêche la vérité, et personne ne la veut entendre; on montre à tous les peuples la voie du salut, et on méprise de la suivre; on élève la voix tout un Carême pour crier hautement contre les vices, et on ne voit point de pénitence. Si on prêchoit à des infidèles qui se moquent de Jésus-Christ et de sa doctrine, il ne faudroit pas trouver étrange si elle étoit mal reçue; mais que ceux qui se disent chrétiens, qui font profession de la respecter, la renient néanmoins par leurs œuvres et vivent comme si l'Evangile étoit une fable : *Obstupescite, cœli, super hoc* [1] *!* « O ciel! ô terre! étonnez-vous d'un aveuglement si étrange! »

Chrétiens, qu'avez-vous à dire contre l'Evangile de Jésus-Christ et contre ses vérités qu'on vous annonce? Est-ce que vous n'y croyez pas (b)? Avez-vous renoncé à votre baptême? Avez-vous effacé de dessus vos fronts l'auguste caractère de chrétien? A Dieu ne plaise! me direz-vous; je veux vivre et mourir enfant de l'Eglise. Dieu soit loué, mon frère, de ce que le déréglement de vos mœurs ne vous a pas fait encore oublier votre religion et votre foi; mais si vous avez du respect pour elle; si vous croyez, comme vous le dites, que ce que nous vous enseignons c'est la vérité, pourquoi refusez-vous de la suivre? Pourquoi vois-je une telle contrariété entre votre vie et votre créance? *Si veritatem dico vobis,*

---

[1] *Jerem.*, II, 12.

plusieurs courtisans). Qu'est-ce que la vie de la Cour? faire céder toutes ses passions au désir d'avancer sa fortune... » Et dans le troisième point : « En quoi nous plaignons-nous justement que vous méprisez notre travail? En ce que vous nous écoutez, et que vous ne nous croyez pas ; en ce qu'on ne vit jamais un si grand concours, et si peu de componction; en ce que nous recevons assez de complimens, et que nous ne voyons point de pénitence. » On voit par ces deux passages que notre sermon a été prêché dans la capitale et devant un nombreux auditoire. Or les mémoires de l'époque nous apprennent que la vaste église des Minimes ne pouvoit contenir, pendant le Carême de 1660, la foule qui se pressoit dans son enceinte.

(a) *Var.* : Il n'y a jamais eu de plainte plus juste que celle que fait aujourd'hui le Sauveur des ames, et que l'Eglise met à la bouche... — (b) Puisque le Fils de Dieu nous ordonne de nous plaindre aujourd'hui en son nom de ce traitement indigne que font les hommes à la vérité, un discours de cette nature doit se commencer par des reproches; un attentat si qualifié doit obliger, ce me semble, à commencer par l'invective. Je vous demande, chrétiens, qu'avez-vous à dire contre l'Evangile? Que trouvez-vous de si méprisable dans les vérités qu'on vous annonce, que vous ne daigniez vous en émouvoir non plus que si vous n'y croyiez pas?

quare non creditis mihi ? Avez-vous quelque raison ou quelque excuse, ou du moins quelque prétexte vraisemblable ? Dites-le-nous franchement; nous sommes prêts de vous entendre.

Chrétiens, voici trois excuses que je trouve, sinon dans la bouche, du moins dans le cœur de tous les pécheurs; c'est là qu'il les faut aller attaquer pour les abattre, s'il se peut, aux pieds de Jésus et de ses vérités adorables. Ils répugnent premièrement à notre doctrine, parce qu'elle leur semble trop haute; et ils disent que cette vie est au-dessus des forces humaines (*a*). Ils y résistent secondement, parce qu'encore qu'elle soit possible, elle choque leurs inclinations, et ainsi il ne faut pas s'étonner si nos discours leur déplaisent. Enfin la troisième cause de leur résistance, c'est qu'ils se plaignent de nous-mêmes, ou que nous ne prêchons pas comme il faut, ou que nous ne vivons pas comme nous prêchons, et ils se croient autorisés à mal faire en déchirant notre vie. Voilà, Messieurs, les froides raisons pour lesquelles ils méprisent les enseignemens que nous leur donnons de la part de Dieu, où vous verrez qu'ils mêlent ensemble le faux, le vrai, le douteux : tant ils sont obstinés à se défendre contre ceux qui ne demandent que leur salut.

Car pour ce que vous nous reprochez que la vie que nous prêchons est trop parfaite et que vous ne pouvez pas y atteindre, cela est faux manifestement, parce que Dieu si sage et si bon ne commande pas l'impossible. Que si la cause pour laquelle nous vous déplaisons, c'est que nous contrarions vos désirs, pour cela nous confessons qu'il est véritable; aussi notre dessein n'est pas de vous plaire, mais de faire, si nous pouvons, que vous vous déplaisiez à vous-mêmes, afin de vous convertir à Notre-Seigneur. Enfin quand vous rejetez sur nous votre faute, et que vous dites que notre vie ou notre manière de dire en est cause, en cela peut-être que vous dites vrai, et peut-être aussi nous imposez-vous. Mais qu'il soit vrai ou faux, notre faute ne vous justifie pas; et quoi qu'il soit de nous, qui ne sommes que foibles ministres (*b*), les vérités que nous annonçons doivent se soutenir par leur propre poids. C'est en peu de mots ce que j'ai à dire. Que sert de vous

(*a*) *Var.* : Qu'il n'est pas possible de la pratiquer. — (*b*) Qu'indignes ministres.

demander vos attentions? Vous n'êtes guère chrétiens, si vous la refusez à des matières si importantes. Commençons à combattre la première excuse.

PREMIER POINT.

La première raison de ceux qui, sous le nom du christianisme, mènent une vie païenne et séculière, c'est qu'il est d'une trop haute perfection de vivre selon l'Evangile; et que cette grande pureté d'esprit et de corps, cette vie pénitente et mortifiée, cet amour des amis et des ennemis, passe la portée de l'esprit humain. De vouloir montrer en particulier la possibilité de chaque précepte, ce seroit une entreprise infinie; prouvons-le par une raison générale, et disons que c'est pécher contre les principes, que ce n'est pas entendre le mot de commandement, que de dire que l'exécution en est impossible. En effet le commandement, c'est la règle de l'action; or toute règle est une mesure : *Mensura homogenea*, dit saint Thomas, *accommodabilis mensurato* [1] : « C'est une mesure, dit-il, qui doit s'ajuster avec la chose; » par conséquent si la loi de Dieu est la règle et la mesure de nos actions, il faut qu'il y ait de la proportion, afin qu'elles puissent être égalées; toute mesure est fondée sur la proportion.

Que si le commandement que Dieu nous donne étoit au-dessus de nous, nous aurions raison de lui dire : Seigneur, vous me donnez une règle à laquelle je ne puis me joindre, dont je ne puis pas même approcher : cela n'est pas de votre sagesse. Aussi n'en est-il pas de la sorte; et lui-même (*a*) en donnant sa loi, il a été soigneux de nous dire : Ah! mon peuple, ne te trompe pas; « le précepte que je te donne aujourd'hui n'est pas au-dessus de toi, il n'est pas éloigné (*b*) de toi par une longue distance : » *Mandatum hoc, quod ego præcipio tibi hodie, non supra te est, neque longè positum* [2]; « il ne faut point monter au ciel, il ne faut point passer les mers pour le trouver : » *nec in cœlo situm...., neque trans mare positum* [3]. C'est une règle que je te donne; et afin que tu

---

[1] I part., *Quæst.* III, art. 5, ad 2; Iª IIæ, *Quæst.* XIX, art. 4, ad 2. — [2] *Deuter.*, XXX, 11 — [3] *Ibid.*, 12, 13.

Var. : C'est pourquoi lui-même. — (*b*) Séparé.

puisses t'ajuster à elle, je la mets au niveau, tout auprès de toi : *Juxta te est sermo valde, valde, valde :* « Il est tout auprès, en ta bouche et en ton cœur pour l'accomplir : » *In ore tuo et in corde tuo, ut facias illum* [1]. Et vous direz après cela qu'il est impossible !

Mais peut-être que vous penserez que cela s'entend du Vieux Testament, qui est de beaucoup au-dessous de la perfection évangélique. Que de choses j'aurois à répondre pour combattre cette pensée (a)! *Erunt prava in directa* [2].— *Legis difficultates, Evangelii facilitates.* Mais je m'arrête à cette raison : qu'elle est solide! qu'elle est chrétienne! Quel est le mystère de l'Evangile? Un Dieu homme, un Dieu abaissé ! *Et Verbum caro factum est* [3]. Et pourquoi s'est-il abaissé ? Apprenez-le par la suite : *Et habitavit in nobis :* c'est afin de « demeurer avec nous, » dit le bien-aimé disciple; et ailleurs : « Pour lier société avec nous ; » *Ut et nos societatem habeamus cum eo* [4]. Il ne pouvoit y avoir de société entre sa grandeur et notre bassesse, entre sa majesté et notre néant; il s'abaisse, il s'anéantit pour s'accommoder à notre portée. Il se couvre d'un corps comme d'un nuage, non pour se cacher, dit saint Augustin, mais pour tempérer son éclat trop fort, qui auroit ébloui notre foible vue : *Nube tegitur Christus, non ut obscuretur, sed ut temperetur* [5]. Ce Dieu, qui est descendu du ciel en la terre pour se mettre en égalité avec nous, mettra-t-il au-dessus de nous ses préceptes (b)? Et s'il veut que nous atteignions à sa personne, voudra-t-il que nous ne puissions atteindre à sa doctrine? Ah! mes frères, ce n'est pas entendre le mystère d'un Dieu abaissé : une telle hauteur ne s'accorde pas avec une telle condescendance.

Ce n'est pas que je veuille rien diminuer de la perfection évangélique; mais je suis ravi en admiration, quand je considère attentivement par quels degrés Dieu nous y conduit. Il nous laisse bégayer comme des enfans dans la loi de nature; il nous forme

---

[1] *Deuter.*, XXX, 14. — [2] *Luc.*, III, 5. — [3] *Joan.*, I, 14. — [4] I *Joan.*, I, 3. — [5] Tract. XXIV, *in Joan.*, n. 4.

(a) *Var.:* Que de choses j'aurois à dire pour détruire cette pensée ! — (b) Ce Dieu, qui s'est rendu notre égal, ne mettra-t-il pas son précepte en égalité avec nous?

peu à peu dans la loi de Moïse : il pose les fondemens de la vérité par des figures; il nous flatte, il nous attire au spirituel par des promesses temporelles (a); il supporte mille foiblesses, comme il dit lui-même, à cause de la dureté des cœurs à laquelle il s'accommode par condescendance. Il ne nous mène au grand jour de son Évangile (b), qu'après nous y avoir ainsi disposés par de si longues préparations. Et encore dans cet Évangile il y a du lait pour les enfans, il y a du solide pour les hommes faits : *Facti estis quibus lacte opus sit, non solido cibo* [1]; *lac vobis potum dedi* [2]. Tout y est dispensé par ordre. Ce Dieu qui nous conduit ainsi pas à pas et par un progrès insensible, ne nous montre-t-il pas manifestement qu'il a dessein de ménager nos forces, et non pas de les accabler par des commandemens impossibles qui nous passent? Venez, venez, et ne craignez pas, soumettez-vous à sa loi; c'est un joug, mais il est doux; c'est un fardeau, mais il est léger : *Jugum enim meum suave est, et onus meum leve* [3] : c'est lui-même qui nous en assure, et il ne dit pas qu'il est impossible de le porter sur nos épaules.

Toutefois je passe plus loin et je veux bien accorder, Messieurs, que les commandemens de Dieu sont impossibles : oui, à l'homme abandonné à lui-même et sans le secours de la grace. Or c'est un article de notre foi que cette grace ne nous quitte pas que nous ne l'ayons premièrement rejetée; et si tu la perds, chrétien, Dieu te fera connoître un jour si évidemment que tu ne l'as perdue que par ta faute, que tu demeureras éternellement confondu de ta lâcheté : *Non deserit, si non deseratur* [4] : « Il ne se retire point à moins que l'on ne l'abandonne le premier. » — « J'ai bien lu, dit saint Augustin, qu'il en a ramené à la divine voie plusieurs de ceux qui l'abandonnoient; mais qu'il nous ait jamais quittés le premier, c'est une chose entièrement inouïe. » C'est donc une extrême folie de dire que les commandemens nous sont impossibles, puisque nous avons si près de nous un si grand secours; aussi tous ceux qui l'ont assuré ont senti justement le coup de foudre;

[1] *Hebr.*, v, 12. — [2] *I Cor.*, III, 2. — [3] *Matth.*, XI, 30. — [4] S. August., *In Psal.* CXLV, n. 9.

(a) *Var.* : Il nous attire au spirituel par le temporel. — (b) Il ne découvre la grande lumière de son Évangile.....

et tant que l'Eglise sera Eglise, une telle proposition sera condamnée par un anathème irrévocable.

Par ce principe solide et inébranlable, que tout est possible à la grace, se détruit facilement la vaine pensée des hommes mondains qui accusent leur tempérament de tous leurs crimes. Non, disent-ils, il n'est pas possible de se délivrer de la tyrannie (a) de l'humeur qui nous domine. Je résiste quelquefois à ma colère, mais enfin à la longue ce penchant m'emporte; pour me changer, il faut me refaire : c'est ce qu'ils disent ordinairement, vous reconnoissez leurs discours. Eh bien, chrétiens, s'il faut vous refaire, est-ce donc que vous ignorez que la grace de Dieu nous reforme et nous régénère en hommes nouveaux (b)? Les apôtres naturellement tremblans et timides sont rendus invincibles par cette grace : Paul ne se plaît plus que dans les souffrances; Cyprien renouvelé par cette grace, surmonte aisément des difficultés qui lui paroissoient insurmontables : *Confirmare se dubia, patere clausa, lucere tenebrosa..., geri posse quod impossibile videbatur* [1]; et le reste, qu'il explique si éloquemment dans cette belle *Epître à Donat*. Augustin, dans la plus grande vigueur de son âge, professe la continence, que dix jours auparavant il croit impossible.

Et tu appréhendes, fidèle, que Dieu ne puisse pas vaincre ton tempérament et le soumettre à sa grace! C'est entendre bien peu sa puissance; car le propre de cette grace, c'est de savoir changer nos inclinations et de savoir aussi s'y accommoder. C'est pourquoi saint Augustin dit qu'elle est « convenable et proportionnée : » *apta, congruens, conveniens, contemperata;* qu'elle « est douce, accommodante et contempérée; »(permettez-moi la nouveauté de ce mot, je n'ai pu rendre d'une autre manière ce beau *contemperata* de saint Augustin). Ceux qui ont lu ses livres *à Simplicien* savent que tous ces mots sont de lui : « qu'elle sait nous fléchir et nous attirer de la manière qui nous est propre, » *quemadmodum aptum erat* [2]; c'est-à-dire qu'elle remue si à propos tous les ressorts de

---

[1] *Epist.*, I, p. 2. — [2] *De Divers. quæst.*, ad *Simpl.*, lib. I.

(a) *Var.:* De se soustraire à la tyrannie. — (b) Ne savez-vous pas que la grace de Dieu refait les hommes et les régénère en hommes nouveaux?

notre ame, qu'elle nous mène où il lui plaît par nos propres inclinations, ou en retranchant ce qu'il y a de trop, ou en ajoutant ce qui leur manque, ou en détournant leur cours sur d'autres objets. Ainsi l'opiniâtreté se tourne en constance, l'ambition devient un grand courage qui ne soupire qu'après les choses véritablement élevées, la colère se change en zèle, et cette complexion tendre et affectueuse en une charité compatissante.

Mais à qui est-ce, mes frères, que je dis ces choses? Ceux qui nous allèguent sans cesse leurs inclinations, qui se déchargent sur leur complexion de tous leurs vices, ne connoissent pas cette grace; ils ne croient pas que Dieu se mêle de nos actions, ni qu'il y en ait d'autre principe que la nature : autrement, au lieu de désespérer de pouvoir vaincre leur tempérament, ils auroient recours à celui qui tourne les cœurs où il lui plaît; au lieu d'imputer leur naufrage à la violence de la tempête, ils tendroient les mains à celui dont le Psalmiste a chanté « qu'il bride la fureur de la mer, et qu'il calme quand il veut ses flots agités : » *Tu dominaris potestati maris, motum autem fluctuum ejus tu mitigas*[1].

Puis donc qu'ils ne croient pas en la grace, montrez-leur par une autre voie que l'on peut se vaincre soi-même. Je ne veux que la vie de la Cour pour les en convaincre par expérience (dans un si grand auditoire il n'est pas qu'il ne s'y rencontre plusieurs courtisans). Qu'est-ce que la vie de la Cour? faire céder toutes ses passions au désir d'avancer (a) sa fortune. Qu'est-ce que la vie de la Cour? dissimuler tout ce qui déplaît et souffrir tout ce qui offense, pour agréer à qui nous voulons. Qu'est-ce encore que la vie de la Cour? étudier sans cesse la volonté d'autrui et renoncer pour cela, s'il est nécessaire, à nos plus chères pensées. Qui ne sait pas cela ne sait pas la Cour. Mes frères, après cette expérience, saint Paul va vous proposer de la part de Dieu une condition bien équitable : *Sicut exhibuistis membra vestra servire immunditiæ et iniquitati ad iniquitatem, ita nunc exhibete membra vestra servire justitiæ in sanctificationem*[2] *:* « Comme vous vous êtes rendus les esclaves de l'iniquité et des désirs

---

[1] *Psal.* LXXXVIII, 10. — [2] *Rom.*, VI, 19.

(a) *Var.:* De faire.

séculiers, en la même sorte rendez-vous esclaves de la sainteté et de la justice. »

Mon frère, certainement vous avez grand tort de dire que Dieu vous demande l'impossible; bien loin d'exiger de vous l'impossible, il ne vous demande que ce que vous faites : *Sicut exhibuistis....., ita nunc exhibete.....* « Faites, dit-il, pour la justice ce que vous faites pour la vanité. » Vous vous contraignez pour la vanité, contraignez-vous pour la justice; vous vous êtes tant de fois surmonté vous-même pour servir à la vanité, ah! surmontez-vous quelquefois pour servir à la justice. C'est beaucoup se relâcher, pour un Dieu, de ne demander que l'égalité; néanmoins il se réduit là: *Sicut exhibuistis....., ita nunc exhibete*. Encore se réduira-t-il beaucoup au-dessous. Car quoi que vous fassiez pour son service, quand aurez-vous égalé les peines de ceux que la nécessité engage au travail, l'ambition aux intrigues de la Cour, l'amour au service d'une maîtresse, l'honneur aux emplois de la guerre, l'avarice à des voyages immenses et à un exil perpétuel de leur patrie; et pour passer aux choses de nulle importance, le divertissement, la chasse, le jeu, à des veilles, à des fatigues, à des inquiétudes incroyables (*a*)? Et quand je vous parle de Dieu, vous commencez à ne rien pouvoir; vous m'alléguez sans cesse le tempérament et cette complexion délicate. Où étoit-elle dans ce carnaval? Où est-elle, lorsque vous passez les jours et les nuits à jouer votre bien et celui des pauvres? Elle est revenue dans le Carême (*b*); il n'y a que ce qui regarde l'intérêt de Dieu que vous appelez impossible. Ah! j'atteste le ciel et la terre que vous vous moquez de lui, lorsque vous parlez de la sorte, et que quoi que puisse dire votre lâcheté, le peu qu'il demande de vous est beaucoup plus facile que ce que vous faites.

Eh bien, mon frère, ai-je pas bien dit que tu ne pouvois maintenir longtemps ton impossibilité prétendue? As-tu encore quelque froide excuse? as-tu quelque vaine raison que tu puisses encore opposer à l'autorité de la loi de Dieu? Chrétiens, écoutons encore; il a quelque chose à nous dire; voici une raison d'un grand poids : La coutume l'entraîne, dit-il; c'est ainsi qu'on vit dans le monde;

(*a*) *Var.* : Inexplicables. — (*b*) Elle ne se trouve plus.

il faut vivre avec les vivans, il est impossible de faire autrement. Nous en sommes, Messieurs, en un triste état; et les affaires du christianisme sont bien déplorées, si nous sommes encore obligés à combattre cette foible excuse. O Eglise! ô Evangile! ô vérités chrétiennes! où en seriez-vous, si les martyrs qui vous ont défendus s'étoient laissé emporter par le grand nombre, s'ils avoient déféré à la coutume (a), s'ils avoient voulu périr avec la multitude des infidèles?

Mon frère, qui que tu sois qui gémis sous la tyrannie de la coutume après que l'Eglise l'a désarmée, je n'ai que ce mot à te repartir (b), et je l'ai pris de Tertullien dans le livre *de l'Idolâtrie :* Tu veux vivre avec les vivans; à la bonne heure, je te le permets : « Il nous est permis de vivre avec eux; mais non de mourir avec eux : » *Licet convivere..., commori non licet* [1] *:* autre chose est la société de la vie, autre chose la corruption de la discipline. Réjouis-toi (c) avec tes égaux par la société de la nature, s'il se peut par celle de la religion; mais que le péché ne fasse point de liaison, que la damnation n'entre pas dans le commerce. La nature doit être commune, et non pas le crime; la vie, et non pas la mort; nous devons participer aux mêmes biens, et non pas nous associer pour les mêmes maux. Loin de nous cette société damnable : il y a pour nous une autre vie et une autre société à prétendre : *Licet convivere..., commori non licet. Convivamus cum eis, conlœtemur ex communione naturæ, non superstitionis : pares animâ sumus, non disciplinâ : compossessores mundi, non erroris* [2]. Chrétiens, si vous méditez sérieusement les grandes choses que je vous ai dites, jamais, jamais, j'en suis assuré, jamais vous ne répondrez que ce que nous prêchons est impossible. Mais qu'il ne soit pas impossible, c'est assez, direz-vous, qu'il nous déplaise pour nous le faire rejeter : voyons s'il est ainsi, comme vous le dites, et entrons en notre seconde partie.

[1] *De Idololat.*, n. 14.— [2] *Ibid.*

(a) *Var.*: S'ils avoient fléchi sous la coutume. — (b) A dire. — (c) Tu veux vivre avec les vivans; à la bonne heure, vis avec eux; mais du moins ne meurs pas avec eux : *Licet convivere... commori non licet.* Réjouis-toi, etc.

SECOND POINT.

Je trouve deux causes principales pour lesquelles les chrétiens mal vivans ne peuvent écouter sans peine les vérités de l'Evangile. La première, c'est qu'elles offensent leur orgueil, et ils s'élèvent contre elles; la seconde, c'est qu'elles troublent le repos de leur mauvaise conscience, et ils ne le peuvent souffrir. Contre cet orgueil des pécheurs, qui ne peuvent endurer qu'on les contredise ni qu'on se mette au-dessus d'eux en censurant leurs actions, je ne puis rien dire de plus efficace que ces belles paroles de saint Augustin dans le livre *de la Correction et de la grace* [1] : « Qui que tu sois, dit-il, qui non content de désobéir à la loi de Dieu qui t'est si connue (a), ne veux pas encore que l'on te reprenne d'une si injuste désobéissance, c'est pour cela que tu dois être repris, parce que tu ne veux pas l'être : » *Propterea corripiendus es, quia corripi non vis.* « C'est par ta faute que tu es mauvais; et c'est encore une plus grande faute de ne vouloir point être repris de ce que tu es mauvais : » *Tuum quippe vitium est quòd malus es, et majus vitium corripi nolle, quia malus es :* « comme s'il falloit louer les pécheurs, ou comme si faire bien ou mal, c'étoit une chose indifférente » sur laquelle il faille laisser agir chacun à sa mode : *quasi laudanda aut indifferenter habenda sint vitia.*

Non, il n'en est pas de la sorte; c'est en vain que tu nous dis : Priez pour moi, mais ne me reprenez pas avec tant d'empire. — Nous voulons bien prier pour toi, et Dieu sait que nous le faisons tous les jours; mais il faut aussi te reprendre, afin que tu pries toi-même : il faut te mettre devant les yeux toute la honte de ta vie, « afin que tu te lasses enfin de faire des actions honteuses et que confondu par nos reproches, tu te rendes digne de louanges : » *ut Deo miserante... desinat agere pudenda atque dolenda, et agat laudanda atque gratanda* [2].

Et certainement, chrétiens, quelque dur que soit le front du pécheur, il n'a pas si fort dépouillé les sentimens de la raison,

---

[1] Cap. v, n. 7. — *De Corrept. et grat.*, loc. mox cit.

(a) *Var.* : « Qui connoissant les commandemens de Dieu sans les faire, ne veux pas encore... »

qu'il ne lui reste quelque honte de mal faire. « La nature, dit Tertullien, a couvert tout le mal de crainte ou de honte : » *Omne malum aut timore aut pudore natura perfundit*[1]; mais surtout il faut avouer que la honte presse vivement les consciences. Tel pécheur, à qui l'on applaudit, se déchire lui-même en secret par mille reproches, et ne peut supporter son crime; c'est pourquoi il se le cache en lui-même, il en détourne ses yeux : « Il le met derrière son dos, » dit saint Augustin[2]. J'ai trahi lâchement mon meilleur ami, j'ai ruiné cette famille innocente; quelle honte! mais n'y songeons pas; songeons que j'ai établi ma fortune ou contenté ma passion. N'y songeons pas, dites-vous; c'est pour cela, c'est pour cela qu'il faut vous y faire songer. Oui, oui, je viendrai à vous, ô pécheurs, avec toute la force, toute la lumière, toute l'autorité de l'Evangile. Ces infâmes pratiques que vous cachez avec tant de soin sous le masque d'une vertu empruntée, ce que vous vous cachez à vous-mêmes par tant de feintes excuses par lesquelles vous palliez vos méchancetés (vous savez bien le traité infâme que vous avez fait de ce bénéfice), c'est ce que je veux étaler à vos yeux dans toute son étendue (a).

Ces vérités évangéliques dont la pureté incorruptible fait honte à votre vie déshonnête, vous ne voulez pas les voir, je le sais; vous ne les voulez pas devant vous, mais derrière vous; et cependant, dit saint Augustin, quand elles sont devant nous, elles nous guident; quand elles sont derrière, elles nous chargent. Vive Dieu! ah! j'ai pitié de votre aveuglement; je veux ôter de dessus votre dos ce fardeau qui vous accable et mettre devant vos yeux cette vérité qui vous éclaire. La voilà, la voilà dans toute sa force, dans toute sa sainteté, dans toute sa sévérité; envisagez cette beauté, et ayez confusion de vous-même; regardez-vous dans cette glace, et voyez si votre laideur est supportable. Otez, ôtez, vous me faites honte, et c'est ce que je demande : cette honte, c'est votre salut. Que ne puis-je dompter cette impudence! que ne puis-je amollir ce front d'airain! Jésus regarde Pierre qui l'a renié et qui ne sent

---

[1] *Apolog.*, n. 1. — [2] Enarr. *in Psal.* c, n. 3.

(a) *Var.:* Je viendrai à vous, ô pécheurs : ce que vous me cachez avec tant de soin....., c'est ce que je veux étaler, etc.

pas encore son crime; il le regarde et lui dit tacitement : O homme vaillant et intrépide, qui devois être le seul courageux dans le scandale de tous tes frères, regarde où aboutit cette vaillance : ils s'en sont fuis, il est vrai; tu es le seul qui m'as suivi, mais tu es aussi le seul qui me renies. C'est ce que Jésus lui reprocha par ce regard, et Pierre l'entendit de la sorte : il eut honte de sa présomption, et il pleura son infidélité : *Flevit amare* [1]. Que dirai-je du roi David, qui prononce sa sentence sans y penser? Il condamne à mort celui qui a enlevé la brebis du pauvre, et il ne songe pas à celui qui a corrompu la femme et fait tuer le mari. Les vérités de Dieu sont loin de ses yeux, ou s'il les voit, il ne se les applique pas. Vive Dieu! dit le prophète Nathan; cet homme ne se connoît plus (a), il faut lui mettre son iniquité devant sa face. Laissons la brebis et la parabole : « C'est vous, ô Roi, qui êtes cet homme, c'est vous-même : » *Tu es ille vir* [2]. Il revient à lui, il se regarde, il a honte et il se convertit. Ainsi je ne crains pas de vous faire honte; rougissez, rougissez tandis que la honte est salutaire, de peur qu'il ne vienne une honte qui ne servira plus pour vous corriger, mais pour vous désespérer et vous confondre. Rougissez, rougissez en voyant votre laideur, afin que vous recouriez à la grace qui peut effacer ces taches honteuses, et qu'ayant horreur de vous-même, vous commenciez à plaire à celui à qui rien ne déplaît que le péché seul (b) : *Confundantur et convertantur* [3]. Ah! qu'ils soient confondus, pourvu enfin qu'ils soient convertis.

Je vous ai dit, Messieurs, que non-seulement l'orgueil se fâche d'être repris, mais que la fausse paix des pécheurs se plaint d'être troublée par nos discours. Plût à Dieu qu'il fût ainsi! Cette plainte feroit notre gloire; et notre malheur, chrétiens, c'est qu'elle n'est pas assez véritable. Nous savons (c), à la vérité, que nous remplissons d'amertume l'ame des pécheurs, lorsque nous les venons troubler dans leurs délices. Laban pleure et ne se peut consoler de ce qu'on lui a enlevé ses idoles : *Cur furatus es deos meos* [4]? Le peuple insensé s'est fait des dieux qui le précèdent, des dieux

---

[1] *Luc.*, XXII, 62. — [2] II *Reg.*, XII, 7. — [3] *Psal.* CXXVIII, 5. — [4] *Genes.*, XXXI, 30.

(a) *Var. :* Ne se connoît pas. — (b) Que l'iniquité. — (c) Nous n'ignorons pas que nous remplissons.....

qui touchent ses sens; et il danse, et il les admire, et il court après, et il ne peut souffrir qu'on les lui ôte. Ainsi je ne m'étonne pas si le pécheur, voyant la parole divine venir à lui impérieusement pour détruire ces idoles pompeuses qu'il a élevées; si, voyant qu'on veut réduire à néant ce qui occupe en son cœur une place si spacieuse, ces grands palais, ces chères idées, ces attachemens trop aimables, il ne peut souffrir sans impatience de voir tout d'un coup s'évanouir en fumée ce qui lui est le plus cher. Car encore que vous lui laissiez ses richesses, sa puissance, ses maisons superbes, ses jardins délicieux, néanmoins il croit qu'il perd tout quand vous voulez lui en donner un autre usage : comme un homme qui est assis dans une table délicate, quoique vous lui laissiez toutes les viandes, il croit néanmoins perdre le festin s'il perd tout à coup le goût qu'il y trouve et l'appétit qu'il y a.

Ainsi les pécheurs, accoutumés à se servir de leurs biens pour contenter leurs passions (*a*), se persuadent qu'ils n'ont plus rien quand vous leur défendez cet usage. Quoi ! vous me dites, ô prédicateur, qu'il ne la faut plus voir qu'avec crainte, ni lui parler qu'avec réserve, ni l'aimer autrement qu'en Notre-Seigneur ! Et que deviendront toutes ces douceurs, toutes ces aimables familiarités (*b*)? Il s'imagineroit avoir tout perdu, et qu'il ne sauroit plus que faire en ce monde. C'est pourquoi il s'irrite contre ces conseils, et il ne les peut endurer (*c*).

Mais il y a encore une autre raison de l'impatience qu'il nous témoigne, c'est qu'il goûte une paix profonde dans la jouissance de ses plaisirs. Au commencement, à la vérité, sa conscience incommode venoit l'importuner mal à propos, elle l'effrayoit quelquefois par la terreur des jugemens de Dieu ; maintenant il l'a enchaînée et il ne lui permet plus de se remuer ; il a ôté toutes les pointes par lesquelles elle piquoit son cœur si vivement; ou elle ne parle plus, ou il ne lui reste plus qu'un foible murmure, qui n'est pas capable de l'interrompre. Parce qu'il a oublié Dieu, il croit que Dieu l'a oublié et ne se souvient plus de le punir : *Dixit enim in*

(*a*) *Var.*: Accoutumés à un certain usage de leurs biens. — (*b*) Toutes ces complaisances, toutes ces douces familiarités. — (*c*) Il ne peut souffrir ces sages conseils.

corde suo : Oblitus est Deus [1] ; c'est pourquoi il dort à son aise sous l'ombre (a) des prospérités qui le flattent. Et vous venez l'éveiller; vous venez, ô prédicateurs, avec vos exhortations et vos invectives, animer cette conscience qu'il croyoit avoir désarmée ! Ne vous étonnez pas s'il se fâche. Comme un homme qu'on éveille en sursaut dans son premier somme où il est assoupi profondément, il se lève en murmurant : O homme fâcheux, quel importun vous êtes ! Qui êtes-vous, et pourquoi venez-vous troubler mon repos? — Pourquoi? le demandez-vous? C'est parce que votre sommeil est une léthargie, parce que votre repos est une mort, parce que je ne puis vous voir courir à votre perte éternelle en riant, en jouant, en battant des mains, comme si vous alliez au triomphe. Je viens ici pour vous troubler dans cette paix pernicieuse. *Surge, qui dormis, et exurge à mortuis* [2]. Je viens rendre la force et la liberté à cette conscience malheureuse dont vous avez si longtemps étouffé la voix.

Parle, parle, ô conscience captive : parle, parle, il est temps de rompre ce silence violent que l'on t'impose. Nous ne sommes point dans les bals, dans les assemblées, dans les divertissemens, dans les jeux du monde; c'est la prédication que tu entends, c'est l'église de Dieu où tu es. Il t'est permis de parler devant ses autels; je suis ici de sa part pour te soutenir dans tes justes reproches. Raconte à cette impudique toutes ses ordures, à ce voleur public toutes ses rapines, à cet hypocrite qui trompe le monde la honte de son ambition cachée, à ce vieux pécheur qui avale l'iniquité comme l'eau la longue suite de ses crimes : dis-lui que Dieu qui l'a souffert, ne le souffrira pas toujours : *Tacui, numquid semper tacebo* [3] *?* « Si je me suis tu, dit le Seigneur, est-ce que je me tairai éternellement? » Dis-lui que sa justice ne permettra pas qu'il se moque toujours de sa bonté, ni qu'il brave insolemment sa miséricorde par ses ingratitudes continuelles. Dis-lui que la foi si souvent violée, les sacremens si souvent profanés, la grace si souvent foulée aux pieds, ce long oubli de Dieu, cette résistance opiniâtre à ses volontés, ce mépris si outrageux de son Saint-

---

[1] *Psal.* x, H, 11. — [2] *Ephes.*, v, 14. — [3] *Isa.*, XLII, 14.
(a) *Var.:* A l'ombre.

Esprit, lui amasse un trésor de haine dont le poids est déjà si grand qu'il ne peut plus différer longtemps à tomber sur sa tête et à l'écraser; et que si Dieu patient et bon ne précipite pas sa vengeance, c'est à cause qu'il saura bien nous faire payer au centuple un mépris si outrageux de sa clémence (*a*).

Ah! que ce discours est importun! Que plût à Dieu, mon frère, qu'il te le fût encore davantage! Plût à Dieu que tu ne pusses te souffrir toi-même! peut-être que ton cœur ulcéré se tourneroit au médecin; peut-être que le sentiment de ta misère te feroit gémir en ton cœur (*b*) et regretter les désordres de ta vie passée. Au lieu de t'irriter contre celui qui t'exhorte, tu t'irriterois contre toi-même; et ayant fait naître une douleur qui sera la cause de ta guérison, tu dirois un jour à ton Dieu dans l'épanchement de ton cœur : *Tribulationem et dolorem inveni* [1] *:* enfin je l'ai trouvée, cette affliction fructueuse, cette douleur salutaire de la pénitence. « J'ai trouvé l'affliction et la douleur : » plusieurs afflictions m'ont trouvé, que je ne cherchois pas; mais enfin j'ai trouvé une affliction qui méritoit bien que je la cherchasse, c'est l'affliction d'un cœur contrit et attristé de ses péchés : je l'ai trouvée, cette douleur, « et j'ai invoqué le nom de Dieu : » je me suis affligé de mes crimes, et je me suis converti à celui qui les efface : *Tribulationem et dolorem inveni, et nomen Domini invocavi* [2]. On m'a sauvé, parce qu'on m'a blessé; on m'a donné la paix, parce qu'on m'a offensé; on m'a dit des vérités qui ont déplu premièrement à ma foiblesse, et ensuite qui l'ont guérie. Si ce sont ces vérités que nous vous prêchons, pourquoi refusez-vous de les entendre? Et pourquoi une petite amertume, que votre goût malade y trouve d'abord, vous empêche-t-elle de recevoir une médecine si salutaire (*c*)? *Si veritatem dico vobis, quare non creditis mihi?* C'est ce que j'avois à vous dire dans ma seconde partie.

[1] *Psal.* CXIV, 3. — [2] *Ibid.*, 4.

(*a*) *Var. :* De sa miséricorde. — (*b*) En toi-même. — (*c*) Et pourquoi leur dureté apparente vous empêche-t-elle de les recevoir?

TROISIÈME POINT.

Les pécheurs superbes et opiniâtres, convaincus par tous les endroits qu'il n'y a aucune raison qui puisse autoriser leur résistance contre les prédicateurs de l'Evangile, s'imaginent faire quelque chose bien considérable en alléguant de mauvais exemples, et surtout quand ils les rencontrent dans ceux qui sont destinés pour les instruire; c'est alors, Messieurs, qu'ils triomphent et qu'ils croient que désormais (a) il n'y a plus rien par où l'on puisse combattre leur impénitence. C'est pourquoi le Sauveur Jésus prévoyant qu'ils auroient encore ce méchant prétexte pour ne se rendre point à la vérité, a été au-devant dans son Evangile, lorsqu'il a dit ces paroles :... *super cathedram Moysis; quæcumque dixerint vobis, servate et facite* [1]. O hommes curieux et diligens à rechercher les vices des autres, lâches et paresseux à corriger vos propres défauts, pourquoi examinez-vous avec tant de soin les mœurs de ceux qui vous prêchent? Considérez plutôt que ce qu'ils vous disent c'est la vérité, et que leur mauvais exemple ne ruine pas en vos esprits leur bonne doctrine : *Quæcumque dixerint vobis, servate et facite*.

Ce n'est pas mon intention, chrétiens, de vous alléguer ces paroles pour autoriser les désordres ou la mauvaise vie des prédicateurs qui disent bien et font mal. Je sais qu'ils ne doivent pas se persuader que le bien qu'ils ont dit serve d'excuse au mal qu'ils ont fait; au contraire, dit saint Augustin [2], il leur sera reproché avec justice que, « puisqu'ils vouloient qu'on les écoutât, ils devoient auparavant s'écouter eux-mêmes; qu'ils devoient dire avec le Prophète : » *Audiam quid loquatur in me Dominus Deus* [3] *:* « J'écouterai ce que dira en moi le Seigneur, parce qu'il mettra en ma bouche des paroles de paix pour son peuple (b); » ce qu'il me donne l'autorité de parler je le dirai aux autres, parce que c'est ma vocation et mon ministère : *Loquetur pacem in*

---

[1] *Matth.*, XXIII, 3. — [2] *Enarr. in Psal.* XLIX, n. 23. — [3] *Psal.* LXXXIV, 9.

(a) *Var. :* Et qu'ils croient qu'il n'y a plus rien désormais par où..... —
(b) « Parce que ce seront des paroles de paix pour son peuple. »

plebem suam; mais je serai le premier des écoutans (*a*) : *Audiam quid loquatur in me Dominus Deus;* et si nous manquons de le faire, je le dirai hautement, quand je me devrois ici condamner moi-même, nous trahissons lâchement notre ministère, le plus saint et le plus auguste qui soit dans l'Eglise; nous détruisons notre propre ouvrage, et nous donnons sujet aux infirmes de croire que ce que nous enseignons est impossible, puisque nous-mêmes qui le prêchons, néanmoins ne le faisons pas.

Après que nous nous sommes ainsi condamnés nous-mêmes, si nous manquons à notre devoir, nous parlons maintenant, Messieurs, en faveur de la vérité qui vous est annoncée par notre entremise; et encore que nous puissions dire qu'il y a beaucoup de prédicateurs qui édifient l'Eglise de Dieu par leurs œuvres et par leurs paroles (*b*), néanmoins sans nous servir de cette défense, nous nous contentons de vous avertir en la charité de Notre-Seigneur que vous ne soyez point curieux de rechercher la vie de ceux qui vous prêchent; mais que vous receviez humblement la nourriture des enfans de Dieu, quelle que soit la main qui vous la présente, et que vous respectiez la voix du pasteur même dans la bouche du mercenaire. Saint Augustin, Messieurs, voulant nous faire entendre cette vérité, s'objecte d'abord à lui-même ce passage de l'Ecriture : *Numquid colligunt de spinis uvas, aut de tribulis ficus*[1]*?* « Des épines peuvent-elles produire des raisins? » Des prédicateurs corrompus peuvent-ils porter la parole de vie éternelle? peuvent-ils engendrer un fruit qui n'est pas de leur espèce? Et il éclaircit cette difficulté par une excellente comparaison. Il est vrai, dit ce docteur incomparable, qu'un buisson ne produit point de raisins; mais il les soutient quelquefois : on plante une haie auprès d'une vigne; la vigne étendant ses branches, en pousse quelques-unes à travers la haie; et quand le temps de la vendange approche, vous voyez une grappe suspendue au milieu des épines : « Le buisson porte un fruit qui ne lui appartient pas, mais qui n'en est pas moins le fruit de

[1] *Matth.*, VII, 16.

(*a*) *Var.:* Parce que c'est mon devoir : *Loquetur pacem in plebem suam;* mais je devois être le premier des écoutans. — (*b*) Par leur vie et par leurs paroles.

la vigne, quoiqu'il soit appuyé sur le buisson : » *Portat fructum spina non suum; non enim spinam vitis attulit, sed spinis palmes incubuit* [1].

Ainsi la chaire de Moïse dont parle le Fils de Dieu dans son Evangile; et disons, pour nous appliquer cette doctrine, la chaire de Jésus-Christ et des apôtres que nous remplissons dans l'Eglise, c'est une vigne sacrée; la doctrine enseignée par les mauvais, c'est la branche de cette vigne qui produit son fruit sur le buisson. Ne dédaignez pas ce raisin, sous prétexte que (*a*) vous le voyez parmi des épines; ne rejetez pas cette doctrine, parce qu'elle est environnée de mauvaises mœurs : elle ne laisse pas de venir de Dieu; et vous devez regarder de quelle racine elle est née, et non pas sur quel appui (*b*) elle est soutenue : *Lege uvam inter spinas pendentem, sed de vite nascentem* [2]. Approchez et ne craignez pas de cueillir ce raisin parmi ces épines; mais prenez garde, dit saint Augustin, que vous ne déchiriez votre main en le cueillant; c'est-à-dire recevez la bonne doctrine, gardez-vous du mauvais exemple (*c*); faites ce qu'ils disent, prenez le raisin; ne faites pas ce qu'ils font, gardez-vous des épines; et craignez, dit saint Augustin en un autre endroit, que vous ne vous priviez vous-même (*d*) de la nourriture de la vérité, pendant que votre délicatesse et votre dégoût vous fait toujours chercher quelque nouveau sujet de dégoût (*e*) ou dans le vaisseau où l'on vous le présente, ou dans l'assaisonnement : *Veritas tibi undelibet loquatur, esuriens accipe, ne unquam ad te perveniat panis, dùm semper quod reprehendas in vasculo fastidiosus... inquiris* [3].

Cessez donc de travailler vos esprits à rechercher curieusement notre vie. Ne dites pas : J'ai découvert les intrigues de celui-là et les secrètes prétentions de cet autre; ne dites pas que vous avez reconnu son foible et que vous avez enfin découvert à quoi tendent tant de beaux discours. Vaine et inutile recherche. Car outre

---

[1] Tract. XLVI *in Joan.*, n. 6. — [2] *Serm.* XLVI, n. 22. — [3] Serm. III *in Psal.* XXXVI, n. 20.

(*a*) *Var.*: A cause que. — (*b*) Sur quoi. — (*c*) N'imitez pas le mauvais exemple. — (*d*) Que vous ne priviez votre ame. — (*e*) Pendant que votre délicatesse et votre dégoût vous fait toujours trouver.....

que vous imposez souvent à leur innocence, quand ce que vous leur reprochez seroit véritable, quelle merveille, Messieurs, d'avoir trouvé des péchés dans des pécheurs, et dans des hommes des défauts humains? Ce n'est pas ce qui est digne de votre recherche. Ce qui mérite l'application de votre esprit, c'est premièrement, chrétiens, de vous souvenir de ce que vous êtes, et de ne juger pas témérairement les oints du Seigneur, les ministres de ses sacremens et de sa parole. (*a*) Mais si le mal est si manifeste qu'il ne puisse plus se dissimuler, ne perdez pas le respect pour la vérité à cause de celui qui la prêche; admirez au contraire, admirez en nous-mêmes l'autorité, la force de la loi de Dieu, en ce qu'elle se fait honorer même par ceux qu'elle condamne et les contraint de déposer contre eux-mêmes en sa faveur. Enfin ne croyez pas vous justifier en débitant par le monde les vices des autres; songez qu'il y a un tribunal où chacun sera jugé par ses propres faits. Jésus-Christ a condamné l'aveugle qui mène, mais il n'a pas absous l'aveugle qui suit; « ils se perdent tous deux dans la même fosse (*b*) : » *Ambo in foveam cadunt*[1]. Ainsi, mes frères, la chute de ceux que vous voyez au-dessus de vous dans les fonctions ecclésiastiques, bien loin de vous porter au relâchement, vous doit inspirer de la crainte et vous faire d'autant plus trembler que vous voyez tomber les colonnes mêmes (*c*) : *Non sit delectatio minorum lapsus majorum, sed sit casus majorum tremor minorum*[2].

Nous avons ouï avec patience une partie des reproches que vous faites aux prédicateurs, et l'intérêt de votre salut nous a obligés d'y répondre par des maximes tirées de l'Evangile. Maintenant écoutez, Messieurs, les justes plaintes que nous faisons de vous; il est bien raisonnable que vous nous écoutiez à votre tour, d'autant plus que nous ne parlons pas pour nous-mêmes, mais pour votre utilité. Nous nous plaignons donc, chrétiens, et nous nous

---

[1] *Matth.*, xv, 14. — [2] S. August., *In Psal.* L, n. 3.

(*a*) *Note marg.* : Fussiez-vous des souverains, fussiez-vous des rois; dans l'Eglise de Dieu, le peuple et les brebis; par conséquent ne reprenez pas les oints du Seigneur, les ministres de ses sacremens et de sa parole. — (*b*) *Var.* : « Ils tombent tous deux dans la même fosse. » — (*c*) Et vous devez d'autant plus trembler que vous voyez chanceler les colonnes mêmes.

en plaignons à Dieu et aux hommes, nous nous en plaignons à vous-mêmes, que vous faites peu d'état de notre travail. Ce que je veux dire, Messieurs, ce n'est pas que vous preniez mal nos pensées, que vous censuriez nos actions et nos discours; tout cela est trop peu de chose pour nous émouvoir. Quoi! cette période n'a pas ses mesures, ce raisonnement n'est pas dans son jour, cette comparaison n'est pas bien tournée : c'est ainsi qu'on parle de nous. Nous ne sommes pas exempts des mots de la mode : dites, dites ce qu'il vous plaira; nous abandonnons de bon cœur à votre censure ces ornemens étrangers que nous sommes contraints quelquefois de rechercher pour l'amour de vous, puisque telle est votre délicatesse que vous ne pouvez goûter Jésus-Christ tout seul dans la simplicité de son Evangile; tranchez, décidez, censurez, exercez là-dessus votre bel esprit, nous ne nous en plaignons pas. En quoi donc nous plaignons-nous justement que vous méprisez notre travail ? En ce que vous nous écoutez, et que vous ne nous croyez pas; en ce qu'on ne vit jamais un si grand concours, et si peu de componction; en ce que nous recevons assez de complimens, et que nous ne voyons point de pénitence.

Saint Augustin, étant dans la chaire, a dit autrefois à ses auditeurs : Considérez, mes frères, que « notre vie est pénible et laborieuse, accompagnée de grands périls. » Après avoir ainsi représenté ses travaux et ses périls : « Consolez-nous en bien vivant : » *Vitam nostram infirmam, laboriosam, periculosam, in hoc mundo consolamini bene vivendo* [1]. Je puis bien parler après ce grand homme et vous représenter avec lui doucement, en simplicité de cœur, qu'en effet notre vie est laborieuse. Nous usons nos esprits à chercher dans les saintes Lettres et dans les écrivains ecclésiastiques ce qui est utile à votre salut, à choisir les matières qui vous sont propres, à nous accommoder autant qu'il se peut à la capacité de tout le monde ; il faut trouver du pain pour les forts et du lait pour les enfans. Eh! c'est assez parler de nos peines, nous ne vous les reprochons pas; après tout c'est notre devoir; si le travail est fâcheux, l'oisiveté d'autre part n'est pas supportable. Mais si vous avez peu d'égard à notre travail, ah!

[1] Tract. XVIII *in Joan.*, n. 12.

ne comptez pas pour rien notre péril. Quel péril? Nous sommes responsables devant Dieu de tout ce que nous vous disons : est-ce tout? et de ce que nous vous taisons. Si nous dissimulons vos vices, si nous les déguisons, si nous les flattons, si nous désespérons les foibles, si nous flattons les présomptueux, Dieu nous en fera rendre compte. Est-ce là tout notre péril? Non, mes frères, ne le croyez pas; notre plus grand péril, c'est lorsque nous faisons notre devoir. J'ai quelque peine, Messieurs, à vous parler de notre emploi; ce qui m'y fait résoudre, c'est que j'en espère pour vous de l'instruction; et ce qui me rassure, c'est que je ne parle pas de moi-même.

Saint Augustin dit : Nous devons souhaiter pour votre bien que vous approuviez nos discours; car quel fruit peut-on espérer, si vous n'approuvez pas ce que nous disons? C'est donc ce que nous devons désirer le plus, et c'est ce que nous avons le plus à craindre. Dispensez-moi, Messieurs, de vous expliquer plus au long ce que vous devez assez entendre. Ah! cessons de parler ici de nous-mêmes; venons à la conclusion de saint Augustin : *Consolamini bene vivendo; nolite nos atterere malis moribus vestris*[1]. Parmi tant de travaux et tant de périls, quelle consolation nous peut-il rester que dans l'espérance de gagner les ames? Nous ne sommes pas si malheureux qu'il n'y en ait qui profitent de notre parole; mais voici, dit saint Augustin, ce qui rend notre condition misérable : *In occulto est unde gaudeam, in publico est unde torquear*[2]*:* « Ce qui nous fâche est public, ce qui nous console est caché; » nous voyons triompher hautement le vice qui nous afflige, et nous ne voyons pas la pénitence qui nous édifie. *Luceat lux vestra coram hominibus*[3].

[1] Tract. XVIII *in Joan.*, n. 12.— [2] *Serm.* CCCXCII, n. 6. — [3] *Matth.*, v, 16.

SECOND SERMON

POUR

LE DIMANCHE DE LA PASSION,

SUR LA SOUMISSION ET LE RESPECT DU A LA VÉRITÉ (a).

Si veritatem dico vobis, quare non creditis mihi ?
Si je vous dis la vérité, pourquoi ne me croyez-vous pas? *Joan.*, VIII, 46.

On a dit il y a longtemps qu'il n'y a rien de plus fort que la vérité, et cela se doit entendre particulièrement de la vérité de l'Evangile. Cette vérité, chrétiens, que la foi nous propose en énigme, comme parle l'apôtre saint Paul, paroît dans le ciel à découvert, révérée de tous les esprits bienheureux; elle étend son empire jusqu'aux enfers, et quoiqu'elle n'y trouve que ses ennemis, elle les force néanmoins de la reconnoître. « Les démons la croient, dit saint Jacques [1]; non-seulement ils croient, mais ils tremblent. » Ainsi la vérité est respectée dans le ciel et dans les enfers. La terre est au milieu, et c'est là seulement qu'elle est méprisée. Les anges la voient, et ils l'adorent; les démons la haïssent, mais ils ne la méprisent pas, puisqu'ils tremblent sous sa puissance. C'est nous seuls, ô mortels, qui la méprisons, lorsque nous l'écoutons froidement et comme une chose indifférente que

---

[1] *Jacob.*, II, 19.

(a) Prêché en 1663, dans le Carême du Val-de-Grace, devant les religieuses de l'abbaye, la reine mère et plusieurs courtisans.
On lit dans l'exorde de ce sermon : « En effet, ames saintes, ces lois immuables de la société, sur lesquelles notre conduite doit être réglée...., crient toujours contre les pécheurs. » Et dans le troisième point : « Où sont ceux qui ne craignent pas les embûches de la flatterie? Mais celle de la Cour est si délicate, qu'on ne peut presque en éviter les pièges. » On voit par ces deux passages que notre sermon a été prêché tout ensemble et devant des religieuses et devant des personnes de la Cour. Or le Val-de-Grace nous montre seul, autour de la chaire du grand prédicateur, un auditoire composé de ces deux classes de la société.

nous voulons bien avoir dans l'esprit, mais à laquelle il ne nous plaît pas de donner aucune place dans notre vie. Et ce qui rend notre audace plus inexcusable (*a*), c'est que cette vérité éternelle n'a pas fait comme le soleil, qui demeurant toujours dans sa sphère, se contente d'envoyer ses rayons aux hommes; elle, dont le ciel est le lieu natal, a voulu aussi naître sur la terre : *Veritas de terrâ orta est* [1]. Elle n'a pas envoyé de loin ses lumières, elle-même est venue nous les apporter, et les hommes toujours obstinés ont fermé les yeux; ils ont haï sa clarté à cause que leurs œuvres étoient mauvaises, et ont contraint le Fils de Dieu de leur faire aujourd'hui ce juste reproche : *Si veritatem dico vobis, quare non creditis mihi ?* Puisqu'il nous ordonne, Messieurs, de vous faire aujourd'hui ses plaintes touchant cette haine de la vérité, qu'il nous accorde aussi son secours pour plaider fortement sa cause la plus juste qui fut jamais. C'est ce que nous lui demandons par les prières de la sainte Vierge. *Ave* (*b*), etc.

La vérité est une reine qui a dans le ciel son trône éternel et le siége de son empire dans le sein de Dieu. Il n'y a rien de plus noble que son domaine, puisque tout ce qui est capable d'entendre en relève et qu'elle doit régner sur la raison même, qui a été destinée pour régir et gouverner toutes choses. Il pourroit sembler, chrétiens, qu'une reine si adorable ne pourroit perdre son autorité que par l'ignorance; mais, comme le Fils de Dieu nous le reproche, que la malice des hommes lui refuse son obéissance lors même qu'elle leur est le mieux annoncée, c'est véritablement ce qui m'étonne, et je prétends aujourd'hui rechercher la cause d'un déréglement si étrange. Il est bien aisé de comprendre que c'est une haine secrète que nous avons pour la vérité, qui nous fait secouer le joug d'une puissance si légitime. Mais d'où nous vient cette haine, et quels en sont les motifs? C'est ce qui mérite une grande considération et ce que je tâcherai de vous expliquer par

---

[1] *Psal.* LXXXIV, 12.

(*a*) *Var.:* Et ce qui nous rend plus inexcusables. — (*b*) Bienheureuse Marie, vous êtes la première qui l'avez reçue; mais il falloit, pour la recevoir, que le Saint-Esprit vous ouvrît le cœur : obtenez-nous par vos prières cet Esprit qui survint en vous après que l'ange vous eut saluée, en disant : *Ave.*

les principes, suivant la doctrine de saint Thomas, qui traite expressément cette question¹.

Pour cela il faut entendre avant toutes choses que le principe de la haine, c'est la contrariété et la répugnance; et en ce regard (*a*), chrétiens, il ne tombe pas sous le sens qu'on puisse haïr la vérité prise en elle-même et dans cette idée générale (*b*), « parce que, dit très-bien le grand saint Thomas, ce qui est vague de cette sorte et universel ne répugne jamais à personne, et ne peut être par conséquent un objet de haine. » Ainsi les hommes ne sont pas capables d'avoir de l'aversion pour la vérité, sinon autant qu'ils (*c*) la considèrent dans quelque sujet particulier où elle combat leurs inclinations, où elle contredit leurs sentimens; et en cette vue, chrétiens, il me sera facile de vous convaincre (*d*) que nous pouvons haïr la vérité en trois sortes, par rapport à trois sujets où elle se trouve et dans lesquels elle contrarie nos mauvais désirs. Car nous la pouvons regarder ou en tant qu'elle réside en Dieu, ou en tant qu'elle nous paroît dans les autres hommes, ou en tant que nous la sentons en nous-mêmes; et il est certain qu'en ces trois états toujours elle contrarie les mauvais désirs, et toujours elle donne aussi un sujet de haine aux hommes déréglés et mal vivans.

Et en effet, ames saintes, ces lois immuables de la vérité, sur lesquelles notre conduite doit être réglée (*e*), soit que nous les regardions en leur source, c'est-à-dire en Dieu, soit qu'elles nous soient montrées dans les autres hommes, soit que nous les écoutions parler en nous-mêmes, crient toujours contre les pécheurs, quoiqu'en des manières différentes. En Dieu qui est le juge suprême, elles les condamnent; dans les hommes qui sont des témoins présens, elles les reprennent et les convainquent; en eux-mêmes et dans le secret de leur conscience, elles les troublent et les inquiètent : et c'est pourquoi partout elles leur déplaisent. Car ni l'orgueil de l'esprit humain ne peut permettre (*f*) qu'on le condamne, ni l'opiniâtreté des pécheurs ne peut souffrir qu'on la

¹ II^a II^æ, *Quæst.* XXIX, art. 5.

(*a*) *Var.* : Selon ce regard, — selon cette idée. — (*b*) Et dans cette vue générale. — (*c*) En tant qu'ils. — (*d*) Nous serons facilement convaincus; — il nous est aisé de comprendre. — (*e*) Qui doivent régler notre vie. — (*f*) Ne peut endurer.

convainque, et l'amour aveugle qu'ils ont pour leurs vices peut encore moins consentir qu'on l'inquiète. C'est pourquoi ils haïssent la vérité; d'où vous pouvez comprendre combien ils sont éloignés de lui obéir. Mais si vous ne l'avez pas encore entendu, la conduite des Juifs envers Jésus-Christ (a) vous le fera aisément connoître. Il leur prêche les vérités qu'il dit avoir vues dans le sein du Père (b); ces vérités les condamnent, et ils haïssent son Père où elles résident : *Oderunt et me et Patrem meum*[1].

Il les reprend en vérité de leurs vices; et pendant que ses discours les convainquent, la haine de la vérité leur fait haïr celui qui l'annonce (c); ils s'irritent contre lui-même, ils l'appellent samaritain et démoniaque; ils courent aux pierres pour le lapider, comme il se voit dans notre évangile. Il les presse encore de plus près, il leur porte jusqu'au fond du cœur la lumière de la vérité, conformément à cette parole : « La lumière est en vous pour un peu de temps (d) : » *Adhuc modicùm lumen in vobis est*[2]; et ils la haïssent si fort cette vérité adorable, qu'ils en éteignent encore ce foible rayon, parce qu'ils cherchent (e) la nuit entière pour couvrir leurs mauvaises œuvres. Dans cette aversion furieuse (f) qu'ils témoignent à la vérité, et parmi tant d'outrages qu'ils lui font souffrir, n'a-t-il pas raison, chrétiens, de leur faire aujourd'hui ce juste reproche : « Si je vous dis la vérité, pourquoi refusez-vous de la croire? » Pourquoi une haine aveugle vous empêche-t-elle de lui obéir?

Mais il ne parle pas seulement aux Juifs ses ennemis déclarés, et son dessein principal est d'apprendre à ses serviteurs à aimer et respecter sa vérité sainte, en quelque endroit qu'elle leur paroisse. Quand ils la regardent en leur juge, qu'ils permettent qu'elle les règle; quand elle les reprend par les autres hommes, qu'ils souffrent qu'elle les corrige; quand elle leur parle dans leurs consciences, qu'ils consentent non-seulement qu'elle les éclaire, mais encore qu'elle les change et les convertisse. Trois parties de ce discours.

[1] *Joan.*, XV, 24. — [2] *Ibid.*, XII, 35.
(a) *Var.*: Envers le Sauveur. — (b) Au sein de son Père. — (c) Celui qui la prêche.— (d) « Il y a encore en vous un peu de lumière. » — (e) Parce qu'ils veulent. — (f) Dans cette haine invétérée et opiniâtre.

PREMIER POINT.

Comme ces lois primitives et invariables de vérité et de justice, qui sont dans l'intelligence divine, condamnent (a) directement la vie des pécheurs, il est très-certain qu'ils les haïssent et qu'ils voudroient par conséquent les pouvoir détruire. La raison solide, c'est le naturel de la haine de vouloir détruire son objet, comme de l'amour de le conserver. Sans que vous donniez la mort à votre ennemi, vous le tuez déjà par votre haine, qui porte toujours dans l'ame une disposition d'homicide. C'est pourquoi l'Apôtre dit : *Omnis qui odit fratrem suum homicida est*[1]. Il le compare à Caïn. Il ne dit pas : Celui qui trempe les mains dans son sang ou qui enfonce un couteau dans son sein, mais celui qui le hait est homicide. C'est que le Saint-Esprit qui le guide n'arrête pas sa pensée à ce qui se fait au dehors : il va approfondissant les causes cachées, et c'est ce qui lui fait toujours trouver dans la haine une secrète intention de meurtre. Car si vous savez observer toutes les démarches de la haine (b), vous verrez qu'elle voudroit détruire partout ce qu'elle a déjà détruit dans nos cœurs, et les effets le font bien connoître. Si vous haïssez quelqu'un, aussitôt sa présence blesse votre vue, tout ce qui vient de sa part vous fait soulever le cœur; se trouver avec lui dans le même lieu vous paroît une rencontre funeste. Au milieu de ces mouvemens, si vous ne réprimez votre cœur, il vous dira (c), chrétiens, que ce qu'il n'a pu souffrir en soi-même, il ne le peut non plus souffrir nulle part ; qu'il n'y a bien qu'il ne lui ôtât après lui avoir ôté son affection, qu'il voudroit être défait sans réserve aucune, de cet objet odieux : c'est l'intention secrète de la haine. C'est pourquoi l'apôtre saint Jean a raison de dire (d) qu'elle est toujours homicide.

Mais appliquons ceci maintenant à la conduite des pécheurs. Ils haïssent la loi de Dieu et sa vérité : qui doute qu'ils ne la haïssent, puisqu'ils ne lui veulent donner aucune place dans leurs mœurs? Mais l'ayant ainsi détruite en eux-mêmes, ils voudroient la pou-

[1] I *Joan.*, III, 5.

(a) *Var.* : Contrarient. — (b) Si vous observez tout ce que fait la haine par elle-même. — (c) Si vous laissez votre cœur s'expliquer avec sa liberté tout entière, il vous dira... — (d) Dit.

voir détruire jusque dans sa source : *Dùm esse volunt mali, nolunt esse veritatem quâ damnantur mali* [1] *:* « Comme ils ne veulent point être justes, ils voudroient que la vérité ne fût pas, parce qu'elle condamne les injustes. » Et ensuite on ne peut douter qu'ils ne veuillent, autant qu'ils peuvent, abolir la loi dont l'autorité les menace et dont la vérité les condamne.

C'est ce que Moïse nous fit connoître par une excellente figure, lorsqu'il descendoit de la montagne où Dieu lui avoit parlé face à face. Il avoit en ses mains les tables sacrées où la loi de Dieu étoit gravée ; tables vraiment vénérables et sur lesquelles la main de Dieu et les caractères de son doigt tout-puissant se voyoient tout récens encore. Toutefois entendant les cris et voyant les danses des Israélites qui couroient après (*a*) le veau d'or, il les jette à terre et les brise : *Vidit vitulum et choros, iratusque valde projecit de manu tabulas et confregit eas* [2] *:* une sainte indignation lui fait jeter et rompre les tables. Que veut dire ce grand législateur (*b*) ? Je ne m'étonne pas, chrétiens, que sa juste colère se soit élevée contre ce peuple idolâtre pour le faire périr par le glaive ; mais qu'avoient mérité ces tables augustes, gravées de la main de Dieu, pour obliger Moïse à les mettre en pièces ? Tout ceci se fait en figure et s'accomplit pour notre instruction. Il a voulu nous représenter ce que ce peuple faisoit alors : il brise les tables de la loi de Dieu, pour montrer que dans l'intention des pécheurs la loi est détruite et anéantie. Quoique le peuple ne pèche que contre un chef de la loi, qui défendoit d'adorer les idoles, il casse ensemble toutes les deux tables, parce que nous apprenons de l'oracle que « quiconque pèche en un seul article, viole l'autorité de tous les autres [3] » et abolit autant qu'il peut la loi tout entière. Evangile de même. Unité du corps de Jésus-Christ et de toute sa doctrine.

Mais l'audace du pécheur n'entreprend pas seulement de détruire les tables inanimées, qui sont comme des extraits de la loi divine ; il en veut à l'original, je veux dire à cette équité et à cette vérité primitive qui réside dans le sein de Dieu et qui est la règle immuable et éternelle de tout ce qui se meut dans le temps ; c'est-

---

[1] S. August., Tract. xc *in Joan.* — [2] *Exod.,* xxxii, 19. — [3] *Jacob.,* ii, 10.
(*a*) *Var. :* Qui adoroient. — (*b*) Prophète.

à-dire qu'il en veut à Dieu, qui est lui-même sa vérité et sa justice. « L'insensé a dit dans son cœur : Il n'y a point de Dieu [1]. » Il l'a dit en son cœur, dit le saint prophète; il a dit non ce qu'il pense, mais ce qu'il désire : il n'a pas démenti sa connoissance, mais il a confessé son crime, son attentat. Il voudroit qu'il n'y eût point de Dieu, parce qu'il voudroit qu'il n'y eût point de loi ni de vérité. Et afin que nous comprenions que tel est son secret désir, Dieu a permis qu'il se soit enfin découvert sur la personne de son Fils. Les méchans l'ont crucifié, et si vous voulez savoir pour quelle raison, qu'il vous le dise lui-même : « Vous voulez me tuer, dit-il (a), parce que mon discours ne prend point en vous [2]; » c'est-à-dire, si nous l'entendons, parce que vous haïssez ma vérité sainte; parce que la rejetant de vos mœurs, partout où elle vous paroît elle vous choque, et partout où elle vous choque vous voudriez pouvoir la détruire.

Pensons-nous bien, ô pécheurs, sur qui nous mettons la main lorsque nous chassons de notre ame et que nous bannissons de notre vie la règle de la vérité? Nous crucifions Jésus-Christ encore une fois. Il nous dit aussi bien qu'aux Juifs : *Quæritis me interficere.* Car quiconque hait la vérité et les lois immuables qu'elle nous donne, il tue spirituellement la justice et la sagesse éternelle qui est venue nous les apprendre; et ainsi se revêtant d'un esprit de juif, il doit penser avec tremblement que son cœur n'est pas éloigné de se laisser aller à la cabale sacrilége qui l'a mis en croix (b). Folle et téméraire entreprise du pécheur, qui entreprend sur l'être de son Auteur même par l'aversion qu'il a pour la vérité! *Gladius eorum intret in corda ipsorum, et arcus eorum confringatur* [3] *:* « Que son glaive lui perce le cœur, et que son arc soit brisé! » Deux sortes d'armes dans les mains du pécheur : un arc pour tirer de loin, un glaive pour frapper de près. La première arme se rompt, et est inutile; la seconde a son effet, mais contre lui-même. Il tire de loin, chrétiens, il tire contre Dieu; et non-seulement les coups n'y arrivent pas, mais encore l'arc se rompt

[1] *Psal.* LII, 1. — [2] *Joan.*, VIII, 37. — [3] *Psal.* XXXVI, 15.

(a) *Var.:* « Vous voulez, dit-il, me donner la mort. » — (b) Qu'il se seroit facilement laissé emporter à la cabale sacrilége qui l'a fait mourir.

au premier effort. Mais ce n'est pas assez que son arc se brise, que son entreprise demeure inutile ; il faut que son glaive lui perce le cœur, et que pour avoir tiré de loin contre Dieu, il se donne lui-même un coup sans remède. Ainsi son entreprise retombe sur lui ; il met son ame en pièces (a) par l'effort téméraire qu'il fait contre Dieu ; et pendant qu'il pense détruire la loi, il se trouve qu'il n'a de force que contre son ame (b). Mais revenons à notre sujet, et continuons de suivre la piste de l'aversion (c) que nous avons pour la vérité et pour ses règles invariables.

Vous avez vu, chrétiens, que le pécheur les détruit tout autant qu'il peut (d), non-seulement dans la loi et dans l'Evangile qui en sont, vous avons-nous dit, de fidèles copies (e), mais encore dans le sein de Dieu où elles sont écrites en original. Il voit qu'il est impossible : « Je suis Dieu, dit le Seigneur, et ne change point[1]. » Quoi que l'homme puisse attenter, ce qu'a prononcé sa divine bouche est fixe et invariable ; ni le temps ni la coutume ne prescrivent point contre l'Evangile : *Jesus Christus heri et hodie, ipse et in sæcula*[2]. Il ne faut donc pas espérer que la loi de Dieu se puisse détruire. Que feront ici les pécheurs toujours poussés secrètement de cette haine secrète de la vérité qui les condamne ? Ce qu'ils ne peuvent corrompre, ils l'altèrent ; ce qu'ils ne peuvent abolir, ils le détournent, ils le mêlent, ils le falsifient, ils tâchent de l'éluder par de vaines subtilités. Et de quelle sorte, Messieurs ? En formant des doutes et des incidens, en réduisant l'Evangile à des questions artificieuses qui ne servent qu'à faire perdre parmi des détours infinis la trace toute droite de la vérité. Car ces pécheurs subtils et ingénieux, qui tournent de tous côtés l'Evangile, qui trouvent des raisons de douter sur l'exécution de tous ses préceptes, qui fatiguent les casuistes par leurs consultations infinies, ne travaillent qu'à envelopper la règle des mœurs. Ce sont des hommes, dit saint Augustin, « qui se tourmentent beaucoup pour ne trouver pas ce qu'ils cherchent : » *Nihil laborant, nisi non invenire quod quærunt*[3] *;* ou plutôt ce sont ceux

[1] *Malach.*, III, 6. — [2] *Hebr.*, XIII, 8. — [3] *De Genes., contra Manich.*, lib. II, cap. II, tom. 1.

(a) *Var.:* Il se met en pièces lui-même. — (b) Soi-même. — (c) De la haine. — (d) Les veut détruire. — (e) Les véritables copies.

dont parle l'Apôtre, qui n'ont jamais de maximes fixes ni de conduite certaine, « qui apprennent toujours, et qui n'arrivent jamais à la science de la vérité : » *Semper discentes, et nunquam ad scientiam veritatis pervenientes* [1].

Ce n'est pas ainsi, chrétiens, que doivent être les enfans de Dieu. A Dieu ne plaise que nous croyions que la doctrine chrétienne soit toute en doutes et en questions! L'Evangile nous a donné quelques principes, Jésus-Christ nous a appris quelque chose ; qu'il puisse se rencontrer quelquefois des difficultés extraordinaires, je ne m'y veux pas opposer ; mais je ne crains point d'assurer que pour bien régler notre conscience sur la plupart des devoirs du christianisme, la simplicité et la bonne foi sont de grands docteurs ; ils laissent peu de choses indécises. Par la grace de Dieu, Messieurs, la vie pieuse et chrétienne ne dépend pas des subtilités ni des belles inventions de l'esprit humain. Pour savoir vivre (a) selon Dieu en simplicité, le chrétien n'a pas besoin d'une grande étude ni d'un grand appareil de littérature ; peu de choses lui suffisent, dit Tertullien, pour connoître de la vérité autant qu'il lui en faut pour se conduire : *Christiano paucis ad scientiam veritatis opus est* [2]. Qui nous a donc produit tant de doutes, tant de fausses subtilités, tant de dangereux adoucissemens sur la doctrine des mœurs, si ce n'est que nous voulons tromper ou être trompés? Ces deux excellens docteurs auxquels je vous renvoyois, la simplicité et la bonne foi, donnent des décisions trop formelles pour notre conduite. Ainsi nous pouvons dire avec certitude que la vérité est en nous ; mais si nous ne l'avons pas épargnée en Dieu qui en est l'original (b), il ne faut pas s'étonner que nous la violions (c) en nos cœurs, ni que nous tâchions d'effacer les extraits que Dieu même en a imprimés au fond de nos consciences.

Or il faut ici remarquer (d) qu'il y a cette différence entre ces deux attentats, que dans l'effort que nous faisons contre Dieu et contre sa vérité considérée en elle-même, nous nous perdons tous seuls, et que cette vérité primitive et originale demeure toujours

---

[1] II *Timoth.*, III, 7. — [2] Tertull., *De Anim.*, n. 2.

(a) Var. : Pour vivre. — (b) Le premier principe. — (c) La combattions. — (d) Remarquer attentivement.

ce qu'elle est, toujours entière et inviolable (*a*). Mais il n'en est pas de la sorte de la vérité (*b*) qui est inhérente en nous, laquelle étant à notre portée et pour ainsi dire sous nos mains, nous pouvons aussi pour notre malheur la corrompre et l'obscurcir (*c*), et même l'éteindre tout à fait. Alors qui pourroit penser dans quelles ténèbres et dans quelle horreur nous vivons! Non, le soleil éteint tout à coup ne jetteroit pas la nature étonnée dans un état plus horrible qu'est celui d'une ame malheureuse où la vérité est éteinte. Mais, mes frères, il nous faut entendre par quels degrés nous tombons dans cet abîme, et quel est le progrès d'un si grand mal.

SECOND POINT.

La première atteinte que nous donnons à la vérité résidant en nous, c'est que nous ne rentrons point en nous-mêmes pour faire réflexion sur la connoissance qu'elle nous inspire; d'où s'ensuit ce malheur extrême, qu'elle n'éclaire non plus notre esprit (*d*) que si nous l'ignorions tout à fait. (*e*) Certes il est véritable que notre ame n'est illuminée que par la réflexion : (*f*) nous l'éprouvons tous les jours. Ce n'est pas assez de savoir les choses et de les avoir cachées dans la mémoire; si elles ne sont pas présentes à l'esprit, nous n'en demeurons pas moins dans les ténèbres, et cette connoissance ne les dissipe point (*g*). Si les vérités de pratique ne sont souvent remuées, souvent amenées à notre vue, elles perdent l'habitude de se présenter et cessent par conséquent d'éclairer; nous marchons également dans l'obscurité, soit que la lumière disparoisse, soit que nous fermions les yeux. Ainsi, comme enchantés par nos plaisirs ou détournés par nos affaires, nous négligeons de rappeler en notre mémoire les vérités du salut, et la foi

---

(*a*) *Var.*: Incorruptible. — (*b*) De cette vérité. — (*c*) La mutiler et la corrompre, la falsifier et l'obscurcir. — (*d*) C'est que nous ne faisons pas de réflexion sur la connoissance qu'elle nous donne, de sorte qu'elle n'éclaire non plus notre esprit... — (*e*) Note marg. : *Et non rogavimus faciem tuam, Domine Deus noster, ut reverteremur ab iniquitatibus nostris et cogitaremus veritatem tuam* (Dan., IX, 13). — (*f*) Nous plaignons, et avec raison, tant de peuples infidèles qui ne connoissent pas la vérité; mais nous n'en sommes pas plus avancés pour en avoir la connoissance; car il est très-indubitable que notre ame n'est illuminée que par la réflexion. — (*g*) *Var.* : Il faut qu'elles se présentent, autrement la connoissance en est inutile.

est en nous inutilement : toutes ses lumières se perdent, parce qu'elles ne trouvent pas les yeux ouverts ni les esprits attentifs : (*a*) Nous périssons tous, dit le saint prophète; et « toute la terre est désolée à cause qu'il n'y a personne qui pense ni qui réfléchisse : » *Desolatione desolata est omnis terra, quia nemo est qui recogitet corde*[1].

En effet, chrétiens, que peut-on jamais penser de plus funeste (*b*) ! Les gentils, qui ne connoissent pas Dieu, périssent dans leur ignorance; les chrétiens, qui le connoissent, périssent faute d'y penser : les uns n'ont pas la lumière; ceux qui l'ont détournent les yeux et se perdent d'autant plus misérablement, qu'ils s'enveloppent eux-mêmes dans des ténèbres volontaires. Mais de là il arrive un second malheur, que pendant que nous tournons le dos à la vérité et que nous tâchons, dit saint Augustin [2], de nous cacher dans notre ombre en éloignant de notre vue les maximes de la foi, peu à peu nous nous accoutumons (*c*) à les méconnoître. Ces saintes vérités du ciel sont trop graves et trop sérieuses pour ceux « qui estiment, comme dit le Sage, que toute notre vie n'est qu'un jeu : » *Æstimaverunt lusum esse vitam nostram* [3] *:* elles se présentent importunément et mal à propos parmi nos plaisirs, elles sont trop incompatibles et condamnent trop sévèrement ce que nous aimons (*d*); c'est pourquoi nous en éloignons la triste et importune pensée. Mais comme quelque effort que nous fassions pour détourner nos visages de peur que la vérité ne nous éclaire de front, elle nous environne par trop d'endroits pour nous permettre d'éviter tous ces rayons incommodes qui nous troublent, à moins que nous ne l'éteignions entièrement (*e*); nous en venons ordinairement par nos passions insensées à l'un de ces deux excès, ou de supprimer tout à fait en nous les vérités de la foi, ou bien

---

[1] *Jerem.*, XII, 11. — [2] *De Lib. arbitr.*, lib. II, cap. XVI. — [3] *Sap.*, XV, 12.

(*a*) Note marg. : *Lumen oculorum meorum, et ipsum non est mecum* (Psal. XXXVII, 11). Ce n'est pas une lumière étrangère, c'est la lumière de ses yeux qui l'a tout à fait abandonné, parce qu'il n'y faisoit pas de réflexion, parce qu'il ne sait pas même ce qu'il doit penser, parce que faute de penser à ce qu'il sait, il est dans le même état que s'il ne le savoit pas.— (*b*) *Var. :* Quelle étrange désolation ! — (*c*) Nous commençons. — (*d*) Ce qui nous plaît. — (*e*) Elle nous environne par tant d'endroits, que nous ne pouvons éviter tous ses rayons, à moins de l'éteindre entièrement.

de les falsifier et de les corrompre par des maximes erronées.

Je n'entreprends pas, chrétiens, de réfuter en ce lieu ceux qui détruisent la foi dans leurs cœurs, et je leur dirai seulement que si leur esprit emporté refuse de céder (*a*) humblement à l'autorité de Jésus-Christ et de son Eglise, ils doivent craindre enfin la dernière preuve que Dieu réserve aux incrédules. Ceux qui ne veulent pas déférer à Jésus-Christ et à son Eglise, qui sont les maîtres des sages, par un juste jugement de Dieu sont renvoyés à l'expérience, qui est appelée si élégamment par saint Grégoire de Nazianze [1] « la maîtresse des téméraires et des insensés; » c'est le dernier argument sur lequel Dieu les convaincra. Car écoutez comme Dieu parle à ceux qui ne vouloient pas se persuader de la rigueur de ses jugemens ni de la vérité de ses menaces : « Et moi, répond le Seigneur, j'épancherai sur vous ma colère, et je n'aurai point de pitié, » et vous sentirez ma main de près; « et alors vous saurez, » dit-il, vous qui n'avez pas voulu le croire, vous saurez par expérience, et vous aurez tout loisir d'apprendre dans l'éternité de votre supplice, « que je suis le Seigneur qui frappe : » *Et scietis quia ego sum Dominus percutiens* [2]. Ainsi seront instruits, car ils en sont dignes, ceux qui ne veulent pas se laisser instruire par Jésus-Christ et par l'Evangile.

Mais plusieurs qui ne méprisent pas si ouvertement une autorité si vénérable, ne laissent pas toutefois de corrompre la vérité dans leurs consciences par des maximes trompeuses. L'intérêt et les passions nous ont fait un Evangile nouveau que Jésus-Christ ne connoît plus. Nul ne pardonne une injure de bonne foi, et nous trouvons toujours de bonnes raisons pour ne voir jamais un ennemi, si ce n'est que la mort nous presse. Mais ni à la vie, ni à la mort, nous ne songeons à restituer le bien d'autrui que nous avons usurpé; on s'imagine qu'on se le rend propre par l'habitude d'en user, et on cherche de tous côtés non point un fonds pour le rendre, mais quelque détour de conscience pour le retenir. On fatigue les casuistes par des consultations infinies; et « à quoi est-ce, dit saint Augustin, qu'on travaille par tant d'en-

---

[1] *Orat.* XII, tom. I, p. 202. — [2] *Ezech.*, VII, 9.
(*a*) *Var.*: Ne veut pas céder.

uêtes, sinon à ne trouver pas ce qu'on cherche ? » *Hi homines nihil laborant nisi non invenire quod quærunt.* C'est pourquoi nous éprouvons tous les jours qu'on nous embarrasse la règle des mœurs par tant de questions et tant de chicanes, qu'il n'y en a pas davantage dans les procès les plus embrouillés ; et si Dieu n'arrête le cours des pernicieuses subtilités que l'intérêt nous suggère, les lois de la bonne foi et de l'équité ne seront bientôt qu'un problème. La chair qui est condamnée cherche des détours et des embarras : de là tant de questions et tant de chicanes. C'est pourquoi saint Augustin a raison de dire que ceux qui les forment « soufflent sur de la poussière et jettent de la terre dans leurs yeux : » *Sufflantes in pulverem et excitantes terram in oculos suos*[1]. Ils étoient dans le grand chemin, et la voie de la justice chrétienne leur paroissoit toute droite ; ils ont soufflé sur la terre ; de vaines contentions, des questions de néant (a) qu'ils ont excitées ont troublé leur vue comme une poussière importune, et ils ne peuvent plus se conduire. Sans faire ici la guerre à personne, si ce n'est à nous-mêmes et à nos vices, nous pouvons dire hautement que notre attachement à la terre et l'affoiblissement de la discipline ont fait naître plus que jamais en nos jours ces vaines et pernicieuses subtilités.

Règle pour s'examiner. Les uns cherchent Jésus-Christ comme les Mages pour adorer sa vérité ; les autres le cherchent dans l'esprit d'Hérode pour faire outrage à sa vérité. Quiconque cherche est inquiet et veut se mettre en repos : *Ubi est qui natus est rex Judæorum*[2] ? Voyez Hérode, quelle est cette inquiétude et de quelle veine elle vient ; par là vous pouvez connoître votre disposition véritable. Mais si vous voulez ne vous tromper pas à connoître quelle est cette inquiétude et de quelle veine elle vient, examinez attentivement ce que vous craignez. Ou vous craignez de mal faire, ou vous craignez qu'on vous dise que vous faites mal : l'une est la crainte des enfans de Dieu, l'autre est la crainte des enfans du siècle. Si vous craignez de mal faire, vous cherchez Jésus-Christ dans l'esprit des Mages pour rendre honneur à sa vérité ; sinon,

---

[1] *Confess.*, lib. XII, cap. XVI. — [2] *Matth.*, II, 2.
(a) *Var.:* De nul poids.

vous cherchez Jésus-Christ dans l'esprit d'Hérode pour lui faire outrage. Je ne rougirai pas, chrétiens, de vous rapporter en ce lieu les paroles d'un auteur profane, et de confondre par la droiture de ses sentimens nos détours et nos artifices. « Quand nous doutons, disoit l'orateur romain, de la justice de nos entreprises, c'est une bonne maxime de s'en désister tout à fait. Car l'équité, poursuit-il, reluit assez d'elle-même, et le doute semble envelopper dans son obscurité quelque dessein d'injustice : » *Bene præcipiunt qui vetant quidquam agere, quod dubites æquum sit an iniquum; æquitas enim lucet ipsa per se, dubitatio cogitationem significat injuriæ* [1].

Et en effet, chrétiens, nous trouvons ordinairement que ce qui a tant besoin de consultation a quelque chose d'inique; le chemin de la justice n'est pas de ces chemins tortueux qui ressemblent à des labyrinthes où on craint toujours de se perdre. « C'est une route toute droite, dit le prophète Isaïe; c'est un sentier étroit à la vérité, mais qui n'a point de détours : » *Semita justi recta est, rectus callis justi ad ambulandum* [2]. Voulez-vous savoir, chrétiens, le chemin de la justice? Marchez dans le pays découvert, allez où vous conduit votre vue : la justice ne se cache pas, et sa propre lumière nous la manifeste. Si vous trouvez à côté quelque passage (a) obscur et embarrassé, c'est là que la fraude se réfugie, c'est là que l'injustice se met à couvert, c'est là que l'intérêt dresse ses embûches. Toutefois je ne veux pas dire qu'il ne se rencontre quelquefois des obscurités même dans les voies de la justice. La variété des faits, les changemens de la discipline, le mélange des lois positives, font naître assez souvent des difficultés qui obligent de consulter ceux à qui Dieu a confié le dépôt de la science. Mais il ne laisse pas d'être véritable, et nous le voyons tous les jours par expérience, que les consultations empressées nous cachent ordinairement quelque tromperie; et je ne crains point de vous assurer que pour régler notre conscience sur la plupart des devoirs de la justice chrétienne, la bonne foi est un grand docteur qui laisse peu d'embarras et de questions indécises.

[1] Cicer., *De Offic.*, lib. I, n. 29. — [2] *Isa.*, XXVI, 7.
(a) *Var.* : Quelque endroit.

Mais notre corruption ne nous permet pas de marcher par des voies si droites; nous formons notre conscience au gré de nos passions, et nous croyons avoir tout gagné, pourvu que nous puissions nous tromper nous-mêmes. Cette sainte violence, ces maximes vigoureuses du christianisme qui nous apprennent à combattre en nous la nature trop dépravée, sont abolies parmi nous. Nous faisons régner (a) en leur place un mélange monstrueux de Jésus-Christ et du monde, des maximes moitié saintes et moitié profanes, moitié chrétiennes et moitié mondaines, ou plutôt toutes mondaines, toutes profanes, parce qu'elles ne sont qu'à demi chrétiennes et à demi saintes. C'est pourquoi nous ne voyons presque plus de piété véritable; tout est corrompu et falsifié; et si Jésus-Christ revenoit au monde, il ne connoîtroit plus ses disciples et ne verroit rien dans leurs mœurs (b) qui ne démentît hautement la sainteté de sa doctrine (c).

TROISIÈME POINT.

Parmi ces désordres infinis, et pendant que nos passions et nos intérêts nous séduisent de telle sorte que nous éteignons dans nos consciences les lumières de la vérité, nous aurions besoin, chrétiens, que de puissans avertissemens pénétrassent vivement notre conscience et la rappelassent à elle-même (d), comme disoit ce prophète : *Redite, prævaricatores, ad cor* [1]. Mais, ô malheur des malheurs! au lieu de ces charitables avertissemens, la flatterie nous obsède et nous environne; je dis les grands et les petits; car les hommes sont si foibles, qu'ils ont une condescendance presque universelle et qu'ils répandent les flatteries sur toutes les têtes. Nous achevons de nous perdre parmi les complaisances que l'on a pour nous, les flatteurs nous donnent le dernier coup; et comme dit saint Paulin, « ils mettent le comble à l'iniquité par leurs

---

[1] *Isa.*, XLVI, 8.

(a) *Var.:* Nous voyons régner. — (b) Il ne verroit rien dans nos mœurs..... — (c) Note marg. : *Attendi et auscultavi; nemo quod bonum est loquitur, nullus est qui agat pœnitentiam super peccato suo, dicens : Quid feci? Omnes conversi sunt ad cursum suum, quasi equus impetu vadens ad prælium* (Jerem., VIII, 6). — (d) *Var.:* Nous pénétrassent le cœur et le rappelassent à ui-même.

louanges injustes et artificieuses (a) : » *Sarcinam peccatorum pondere indebitæ laudis accumulant* [1].

Que dirai-je ici, chrétiens, et quel remède pourrai-je trouver à un poison si subtil et si dangereux? Il ne suffit pas d'avertir les hommes de se tenir sur leurs gardes. Car qui ne se tient pas pour tout averti? où sont ceux qui ne craignent pas les embûches de la flatterie? Mais celle de la Cour est si délicate, qu'on ne peut presque éviter ses piéges. Elle imite tout de l'ami, jusqu'à sa franchise et sa liberté; elle sait non-seulement applaudir, mais encore résister et contredire pour céder plus agréablement en d'autres rencontres; et nous voyons tous les jours que pendant que nous triomphons d'être sortis des mains d'un flatteur, un autre nous engage insensiblement que nous ne croyons plus flatteur, parce qu'il flatte d'une autre manière : tant la séduction est puissante, tant l'appât est délicat et imperceptible.

Donc pour arracher la racine d'un mal si pernicieux, allons, Messieurs, au principe. Ne parlons plus des flatteurs qui nous environnent au dehors; parlons d'un flatteur qui est au dedans, par lequel tous les autres sont autorisés. Toutes nos passions sont des flatteuses, nos plaisirs sont des flatteurs, surtout notre amour-propre est un grand flatteur qui ne cesse de nous applaudir; et tant que nous écouterons ce flatteur caché, jamais nous ne manquerons d'écouter les autres. Car les flatteurs du dehors, ames vénales et prostituées, savent bien connoître la force de cette flatterie intérieure. C'est pourquoi ils s'accordent avec elle; ils agissent de concert et d'intelligence; ils s'insinuent si adroitement dans ce commerce de nos passions, dans cette complaisance de notre amour-propre, dans cette secrète intrigue de notre cœur, que nous ne pouvons nous tirer de leurs mains ni reconnoître leur tromperie. Que si nous voulons les déconcerter et rompre cette intelligence, voici l'unique remède : un amour généreux de la vérité, un désir de nous connoître nous-mêmes tels que nous sommes, à quelque prix que ce soit. Quelle honte et quelle foiblesse que nous voulions tout connoître excepté nous-mêmes; que

[1] *Epist.* XXIV *ad Sever.*, n. 1.
(a) *Var. :* « Par leurs injustes louanges. »

les autres sachent nos défauts, qu'ils soient la fable du monde, et que nous seuls ne les sachions pas! Nous ne lisons pas sans pitié cette réponse d'Achab, roi de Samarie, à qui Josaphat, roi de Judée, ayant demandé s'il n'y avoit point dans sa ville et dans son royaume quelque prophète du Seigneur : « Il y en a un, répondit Achab, qu'on nomme Michée; mais je ne le puis souffrir, parce qu'il ne me prédit que des malheurs. » (a) C'étoit un homme de bien qui lui représentoit naïvement de la part de Dieu ses fautes et le mauvais état de ses affaires (b), que ce prince n'avoit pas la force de vouloir apprendre; et il vouloit que Michée, c'est ainsi que s'appeloit ce prophète, lui contât avec ses flatteurs des triomphes imaginaires.

Loin de nous, loin de nous, Messieurs, cette honteuse foiblesse! « Il vaut mieux, dit saint Augustin [1], savoir nos défauts que de pénétrer tous les secrets de la nature et tous ceux des Etats et des empires; » cette connoissance est si nécessaire, que sans elle notre santé est désespérée. Ouvrez donc les yeux, chrétiens, et envisagez vos défauts. Aimez ceux qui vous les découvrent, et croyez avec saint Grégoire « que ceux-là sont véritables amis, par le secours desquels vous pouvez effacer les taches de votre conscience : » *Hunc solum mihi amicum reputo, per cujus linguam ante apparitionem districti judicii meæ maculas mentis tergo* [2]. Il importe de bien connoître ses fautes, quand même vous ne voudriez pas encore vous en corriger. Car quand vos maux vous plairoient encore, il ne faudroit pas pour cela les rendre incurables; et si le malade ne presse pas sa guérison, du moins ne doit-il pas assurer sa perte. Du moins apprenons à connoître nos défauts de la bouche des prédicateurs : car Jésus-Christ n'est-il pas dans cette chaire et ne rend-il pas encore témoignage au monde que ses œuvres sont mauvaises? Et s'il faut des avertissemens plus particuliers, voici les jours salutaires où l'Eglise nous invite à la pénitence. Il n'est rien de plus malheureux que de vouloir être flatté où nous-mêmes

---

[1] *De Trinit.*, lib. IV, n.1. — [2] S. Greg., *Epist.*, lib. II, Epist. LII.

(a) Note marg.: *Remansit vir unus, per quem possumus interrogare Dominum; sed ego odi eum, quia non prophetat mihi bonum, sed malum, Michæas filius Jemla* (III Reg., XXII, 8). — (b) *Var.:* Qui lui disoit de la part de Dieu la vérité de ses fautes et de ses affaires.

nous nous rendons nos accusateurs. *Si veritatem dico vobis.....* Loin de nous..... Choisissons un homme d'une vigueur apostolique, qui nous fasse rentrer en nous-mêmes.

TROISIÈME SERMON

POUR

LE DIMANCHE DE LA PASSION,

SUR LES CAUSES DE LA HAINE DES HOMMES CONTRE LA VÉRITÉ (a).

Non potest mundus odisse vos; me autem odit, quia testimonium perhibeo de illo, quòd opera ejus mala sunt.

Le monde ne peut point vous haïr; et il me hait, parce que je rends témoignage de lui que ses œuvres sont mauvaises. *Joan.*, VII, 7.

Les hommes presque toujours injustes, le sont en ceci principalement, que la vérité leur est odieuse. Ce n'est pas qu'ils ne

(a) *Exorde.* — Haïr la vérité en trois manières : saint Thomas. Pécheurs veulent la nuit entière.
Premier point. — Pécheurs haïssent la vérité en Dieu et la veulent détruire. *Omnis qui odit fratrem suum homicida est* (I Joan., III, 15).
Second point. — Lois de Dieu sur toutes les créatures. Les hommes les connoissent en eux; les autres créatures sont guidées par elles sans les connoître. Comment les pécheurs falsifient la vérité en eux-mêmes. Deux choses : avoir les règles dans leur pureté, se regarder dedans. Nous altérons la règle; nous déguisons nos mœurs à nous-mêmes. Comparaison : femme qui cherche une glace trompeuse, et ensuite qui se farde. Incidens et doutes sur la règle des mœurs. Fausses excuses de la rapine. Amour-propre; conversions que fait l'amour-propre, fausses conversions. Deux moyens de connoître les tromperies de l'amour-propre : amour-propre fait le zélé, mesure petite et honteuse; mesure grande et juste, la charité.
Troisième point. — Utilité de la correction et repréhension. Faire sentir que c'est par notre faute. Correction, ferme, inflexible; elle tire la tendresse de la charité compatissante, la dureté de la vérité; inflexible. Hérissons (S. Greg., *Pastor.*, III part., cap. II). Nous aimons la vérité quand elle se découvre; nous la haïssons quand elle nous découvre. Faut souffrir d'être repris; contre ceux qui ne le veulent pas. Nécessité de la repréhension dans le sacrement de pé-

pensent tous avoir de l'amour pour elle. Et en effet, chrétiens, quand la vérité ne fait autre chose que de se montrer elle-même dans ses belles et adorables maximes, un cœur seroit bien farouche, qui refuseroit son affection à sa divine beauté ; mais lorsque ce même éclat qui ravit nos yeux, met au jour nos imperfections et nos défauts, et que la vérité non contente de nous montrer ce qu'elle est, vient à nous manifester ce que nous sommes, alors comme si elle avoit perdu toute sa beauté en nous découvrant notre laideur, nous commençons aussitôt à la haïr, et ce beau miroir nous déplaît à cause qu'il est trop fidèle. Etrange égarement de l'esprit humain, que nous souffrions en nous-mêmes si facilement des maux dont nous ne pouvons supporter la vue, que nous ayons les yeux plus tendres et plus délicats que la conscience, et que pendant que nous haïssons tellement nos vices que nous ne pouvons les voir, nous nous y plaisions tellement que nous ne craignions pas de les nourrir (a), comme si notre ame insensée mettoit son bonheur à se tromper elle-même, et se délivroit de ses maux (b) en y ajoutant le plus grand de tous, qui est celui de n'y penser pas et celui même de les méconnoître ! C'est, Messieurs, un si grand excès qui fait que le Sauveur se plaint, dans mon texte, que le monde le hait à cause qu'il découvre ses mauvaises œuvres ; et comme il n'est que trop vrai que nous sommes coupables du même attentat que Jésus-Christ a repris dans les Juifs ingrats, il est juste que nous invoquions (c) toute la force du Saint-Esprit contre l'injustice des hommes qui haïssent la vérité, et que nous demandions pour cela les puissantes intercessions de celle qui l'a conçue et qui l'a enfantée au monde ; c'est la divine Marie que nous saluerons avec l'ange.

nitence. Quelle doit être la condescendance chrétienne : dans la charité, et non dans la vérité. Jugement dernier. Horrible punition sur ceux qui connoissent la vérité et la méprisent. *Descenderunt in infernum viventes* (Psal. LIV, 16). Enfer des chrétiens.

Le sermon dont on vient de lire l'analyse a vu le jour à peu près dans le même temps que le sermon précédent : car il nous offre les mêmes idées, le même style et souvent les mêmes expressions. Or le sermon précédent a été prêché, comme on a vu, dans le Carême de 1663.

a) Var.: Fomenter. — (b) De ses péchés. — (c) J'invoquerai aujourd'hui.....

« Tous ceux qui font mal, dit le Fils de Dieu [1], haïssent la lumière et craignent de s'en approcher, à cause qu'elle découvre leurs mauvaises œuvres. » S'ils haïssent la lumière, ils haïssent par conséquent la vérité, qui est la lumière de Dieu et la seule qui peut éclairer les yeux de l'esprit. Mais afin que vous entendiez de quelle sorte et par quels principes se forme en nous cette haine de la vérité, écoutez une belle doctrine du grand saint Thomas en sa *Seconde Partie* [2], où il traite expressément cette question.

Il pose pour fondement que le principe de la haine, c'est la contrariété et la répugnance ; tellement que les hommes ne sont capables d'avoir de l'aversion pour la vérité, qu'autant qu'ils la considèrent dans quelque sujet particulier où elle combat leurs inclinations. Or nous la pouvons considérer (*a*) ou en tant qu'elle réside en Dieu, ou en tant que nous la sentons en nous-mêmes, ou en tant qu'elle nous paroît dans les autres ; et comme en ces trois états elle contrarie les mauvais désirs, elle est aussi l'objet de la haine des hommes déréglés et mal vivans. Et en effet, chrétiens, ces lois immuables de la vérité sur lesquelles notre conduite doit être réglée, soit que nous les regardions en leur source, c'est-à-dire en Dieu, soit que nous les écoutions parler en nous-mêmes dans le secret de nos cœurs, soit qu'elles nous soient montrées par les autres hommes nos semblables, crient toujours contre les pécheurs, quoiqu'avec des effets très-différens. En Dieu qui est le juge suprême, la vérité les condamne ; en eux-mêmes et dans leur propre conscience, elle les trouble ; dans les autres hommes, elle les confond ; et c'est pourquoi partout elle leur déplaît. (*b*) Ainsi, en quelque manière que Jésus-Christ nous enseigne, soit par les oracles qu'il prononce dans son Evangile, soit par les lumières intérieures qu'il répand dans nos consciences, soit par les paroles de vérité qu'il met dans la bouche de nos frères, il a raison de se plaindre que les hommes du monde (*c*) le haïssent, à cause qu'il censure leur mauvaise vie. (*d*) Au contraire, Messieurs,

---

[1] *Joan.* III, 20. — [2] II, *Quæst.* XXIX, art. 5.

(*a*) *Var.* : Regarder. — (*b*) Note marg. : *Oderit enim necesse est ebriosus sobrium, continentem impudicus, justum iniquus, et tanquam conscientiæ onus non sustinet* (S. Hilar., *Tract. in Psal.* CXVIII, n. 10). — (*c*) *Var.* : Les enfans du siècle. — (*d*) *Note marg.* : Ils haïssent la vérité, parce qu'ils voudroient premièrement que

nous devons apprendre à aimer la vérité partout où elle est, en Dieu, en nous-mêmes, dans le prochain, afin qu'en Dieu elle nous règle, en nous-mêmes elle nous excite (*a*) et nous éclaire, dans le prochain elle nous reprenne et nous redresse : et c'est le sujet de ce discours.

PREMIER POINT.

Les fidèles n'ignorent pas que les lois primitives et invariables qui condamnent (*b*) tous les vices, sont en Dieu éternellement; et il m'est aisé de vous faire entendre que la haine qu'ont des pécheurs pour la vérité, s'emporte jusqu'à l'attaquer dans cette divine source. Car comme j'ai déjà dit que le principe de la haine c'est la répugnance, et qu'il n'y a point de plus grande contrariété que celle des hommes pécheurs avec ces lois premières et originales, il s'ensuit que leur aversion pour la vérité s'étend jusqu'à celle qui est en Dieu, ou plutôt qui est Dieu même; en telle sorte, Messieurs, que l'attache aveugle au péché porte en nous nécessairement une secrète disposition qui fait désirer à l'homme de pouvoir détruire ces lois et la sainte vérité de Dieu qui en est le premier principe. Mais pour comprendre l'audace de cet attentat et en découvrir les conséquences (*c*), il faut que je vous explique avant toutes choses la nature de la haine.

Toutefois ne croyez pas, chrétiens, que je veuille faire en ce lieu une recherche philosophique sur cette cruelle passion (*d*), ni vous rapporter dans cette chaire ce qu'Aristote nous a dit de son naturel malin. J'ai dessein de vous faire voir par les Ecritures divines que la haine imprime dans l'ame un désir de destruction et, si je puis l'appeler ainsi, une intention meurtrière. C'est le disciple bien-aimé qui nous l'enseigne en ces termes : *Qui odit fratrem suum homicida est*[1] : « Celui qui hait son frère est homicide. » Il ne dit pas, chrétiens : Celui qui répand son sang ou qui

---

[1] I *Joan.*, III, 15.

ce qui est vrai ne fût pas vrai ; ensuite ils voudroient du moins ne le pas connoître ; et parce qu'ils ne le veulent pas connoître, ils ne veulent pas non plus qu'on les en avertisse.— (*a*) *Var.*: Elle nous éclaire. — (*b*) Réprouvent.— (*c*) Pour comprendre le fond de cette doctrine et en découvrir..... — (*d*) Une dispute de philosophie sur cette furieuse passion.

lui enfonce un couteau dans le sein. Mais celui qui le hait est homicide ; tant la haine est cruelle et malfaisante. En effet il est déjà très-indubitable (a) que nous faisons mourir dans notre cœur celui que nous haïssons ; mais il faut dire de plus qu'en l'éloignant de notre cœur, nous ne le pouvons souffrir nulle part. Aussi sa présence blesse notre vue ; se trouver avec lui dans un même lieu, nous paroît une rencontre funeste ; tout ce qui vient de sa part nous fait horreur ; et si nous ne réprimions cette (b) maligne passion, nous voudrions être entièrement défaits (c) de cet objet odieux. Telle est l'intention secrète de la haine, et c'est pourquoi l'apôtre saint Jean l'appelle homicide. Par où vous voyez, mes frères, combien il est dangereux d'être emporté par la haine, puisque Dieu punit comme meurtriers (d) tous ceux qui s'y abandonnent.

Mais revenons à notre sujet, et appliquons aux pécheurs la doctrine de ce grand apôtre. Tous ceux qui transgressent la loi de Dieu haïssent sa vérité sainte, puisque non-seulement ils l'éloignent d'eux, mais encore qu'ils lui sont contraires ; la détruisant en eux-mêmes et ne lui donnant aucune place dans leur vie, ils voudroient la pouvoir détruire partout où elle est, et principalement dans son origine : ils s'irritent contre ces lois, ils se fâchent que ce qui leur plaît désordonnément leur soit si sévèrement défendu ; et se sentant trop pressés par la vérité, ils voudroient qu'elle ne fût pas. Car que souhaite davantage un malfaiteur que l'impunité dans son crime ? et pour avoir cette impunité, ne voudroit-il pas pouvoir abolir et la loi qui le condamne, et la vérité qui le convainc, et la puissance qui l'accable ? Et tout cela n'est-ce pas Dieu même, puisqu'il est lui-même sa vérité, sa puissance et sa justice ? C'est pourquoi le Psalmiste a prononcé : « L'insensé a dit dans son cœur : Il n'y a point de Dieu[1] ; » et saint Augustin, expliquant ces mots, dit « que ceux qui ne veulent pas être justes, voudroient qu'il n'y eût au monde ni justice, ni vérité pour condamner les criminels : » *Dùm nolunt esse justi, nolunt esse veri-*

---

[1] *Psal.* LII, 1.

(a) *Var. :* Véritable. — (b) Notre. — (c) Etre défaits sans réserve. — (d) Comme homicides.

tatem quâ damnantur injusti[1]. Considérez, ô pécheurs, quelle est votre audace : c'est à Dieu que vous en voulez ; et puisque ses vérités vous déplaisent, c'est lui que vous haïssez et que vous voudriez qu'il ne fût pas (a). *Nolumus hunc regnare super nos*[2].

Mais afin que nous entendions que tel est le dessein des pécheurs (b), Dieu a permis, chrétiens, qu'il se soit enfin découvert en la personne de son Fils. Il a envoyé Jésus-Christ au monde, c'est-à-dire il a envoyé sa Vérité et sa Parole. Qu'a fait au monde ce divin Sauveur? Il a censuré hautement les pécheurs superbes, il a découvert les hypocrites, il a confondu les scandaleux, il a été un flambeau qui a mis à chacun devant les yeux toute la honte de sa vie. Quel en a été l'événement? Vous le savez, chrétiens; et Jésus-Christ l'a exprimé dans mon texte : « Le monde me hait, dit-il, parce que je rends témoignage que ses œuvres sont mauvaises[3]; » et ailleurs, en parlant aux Juifs : « C'est pour cela, dit-il, que vous voulez me tuer, parce que ma parole ne prend point en vous[4], » et que ma vérité vous est à charge. Si donc c'est la vérité qui a rendu Jésus-Christ odieux au monde, si c'est elle que les Juifs ingrats ont persécutée en sa personne, qui ne voit qu'en combattant par nos mœurs la doctrine de Jésus-Christ, nous nous liguons contre lui avec ces perfides, et que nous entrons bien avant dans la cabale sacrilége qui a fait mourir le Sauveur du monde? Oui, mes frères, quiconque s'oppose à la vérité et aux lois immuables qu'elle nous donne, fait mourir (c) spirituellement la justice et la sagesse éternelle qui est venue nous les apprendre, et se revêtit d'un esprit de juif pour crucifier, comme dit l'Apôtre, Jésus-Christ encore une fois : *Rursùm crucifigentes sibimetipsis Filium Dei*[5]. Et ne dites pas, chrétiens, que vous ne combattez pas la vérité sainte que Jésus-Christ a prêchée, puisqu'au contraire vous la professez. Car ce n'est pas en vain que le même Apôtre a prononcé ces paroles : « Ils professent de connoître Dieu, et ils le renient par leurs œuvres : » *Confitentur se nosse Deum, factis autem negant*[6]. Les œuvres parlent à leur manière et d'une voix

---

[1] Tract. xc *in Joan.* — [2] *Luc.*, xix, 14. — [3] *Joan.*, vii, 7. — [4] *Ibid.*, viii, 37. — [5] *Hebr.*, vi, 6. — [6] *Tit.*, i, 16.

(a) *Var.* : Et que vous voulez faire tomber de son trône. — (b) Le désir secret des pécheurs. — (c) Tue.

bien plus forte que la bouche même; c'est là que paroît tout le fond du cœur.

Par conséquent, Messieurs, nos aversions (a) implacables et nos vengeances cruelles combattent contre la bonté de Jésus-Christ; nos intempérances s'élèvent contre la pureté de sa doctrine; notre orgueil contredit les mystérieuses humiliations de ce Dieu-Homme; notre insatiable avarice, qui semble vouloir engloutir le monde et tous ses trésors, s'oppose de toute sa force à cette immense prodigalité par laquelle il a tout donné jusqu'à son sang et sa vie ; et notre ambition et notre orgueil, qui montent toujours, contrarient (b) autant qu'ils le peuvent les anéantissemens de ce Dieu-Homme et la sublime bassesse de sa croix et de ses souffrances. Ainsi c'est en vain que nous professons la doctrine de Jésus-Christ que nous combattons par nos œuvres : notre vie dément nos paroles et fait bien voir, comme disoit Salvien, « que nous ne sommes chrétiens qu'à la honte de Jésus-Christ et de son saint Evangile : » *Christiani ad opprobrium Christi*[1].

Que s'il est ainsi, chrétiens, si nous combattons par nos œuvres la sainte vérité de Dieu, qui ne voit combien il est juste qu'elle nous combatte aussi à son tour et qu'elle s'arme contre nous de toutes ses lumières pour nous confondre, de toute son autorité pour nous condamner, de toute sa puissance pour nous perdre ? Il est juste et très-juste que Dieu éloigne de lui ceux qui le fuient, et qu'il repousse violemment ceux qui le rejettent. C'est pourquoi, comme nous lui disons tous les jours : Retirez-vous de nous, Seigneur, « nous ne voulons pas vos voies : » *Scientiam viarum tuarum nolumus*[2], il nous dira à son tour : « Retirez-vous de moi, maudits ; » et : « Je ne vous connois pas[3]. » Et après que sa vérité aura prononcé de toute sa force cet anathème, cette exécration, cette excommunication éternelle, en un mot ce *Discedite*, « Retirez-vous, » où iront-ils ces malheureux ennemis de la vérité et exilés de la vie ? où, étant chassés du souverain bien, sinon au souverain mal ? où, en perdant l'éternelle bénédiction, sinon à la

[1] Salvian., *De Gubern. Dei*, lib. VIII, n. 2. — [2] *Job*, XXI, 14. — [3] *Matth.*, XXV, 41; *Luc*, XIII, 27.

(a) *Var.* : Ainsi quoi que nous disions par nos paroles, nos aversions... — (b) Combattent, résistent à.

malédiction éternelle ? où, éloignés du séjour de paix et de tranquillité immuable, sinon au lieu d'horreur et de désespoir ? Là sera le trouble, là le ver rongeur, là les flammes dévorantes, là enfin seront les pleurs et les grincemens de dents : *Ibi erit fletus et stridor dentium* [1]. O mes frères, qu'il sera horrible de tomber entre les mains du Dieu vivant, quand il entreprendra de venger sur nous sa vérité outragée plus encore par nos œuvres que par nos paroles ! Je tremble en disant ces choses ; et certes quand ce seroit un ange du ciel qui dénonceroit aux mortels ces terribles jugemens de Dieu, le sentiment de compassion le feroit trembler pour les autres : maintenant que j'ai à craindre pour vous et pour moi, quel doit être mon étonnement, et combien dois-je être saisi de frayeur !

Cessons donc, cessons, chrétiens, de nous opposer à la vérité de Dieu ; n'irritons pas contre nous une ennemie si redoutable ; réconcilions-nous bientôt avec elle, en composant notre vie selon ses préceptes (a), « de peur, dit le Fils de Dieu, que cet adversaire implacable ne nous mène devant le juge, et que le juge ne nous livre à l'exécuteur qui nous jettera dans un cachot. Je vous dis en vérité, vous ne sortirez point de cette prison jusqu'à ce que vous ayez payé jusqu'à la dernière obole (b), » tout ce que vous devez à Dieu et à sa justice : *Amen dico tibi, non exies inde, donec reddas novissimum quadrantem* [2]. Ainsi accommodons-nous, pendant qu'il est temps, avec ce redoutable adversaire ; réconcilions-nous, faisons notre paix avec la vérité que nous haïssons injustement. « Elle n'est pas éloignée de nous : » *Non longè est ab unoquoque nostrûm* [3]. Elle est au fond de nos cœurs ; c'est là où nous la pouvons embrasser ; et quand vous l'en auriez tout à fait chassée, vous pouvez l'y rappeler aisément, si vous vous rendez attentifs à ma seconde partie.

SECOND POINT.

C'est un effet admirable de la Providence qui régit le monde, que toutes les créatures vivantes et inanimées portent leur loi en

---

[1] *Matth.*, XIII, 42. — [2] *Ibid.*, v, 25, 26. — [3] *Act.*, XVII, 27.

(a) *Var.* : Selon ses règles. — (b) « Jusqu'au dernier sou. »

elles-mêmes. Et le ciel, et le soleil, et les astres, et les élémens, et les animaux, et enfin toutes les parties de cet univers ont reçu leurs lois particulières, qui ayant toutes leurs secrets rapports avec cette loi éternelle qui réside dans le Créateur, font que tout marche en concours et en unité suivant l'ordre immuable de sa sagesse (*a*). S'il est ainsi, chrétiens, que toute la nature ait sa loi, l'homme a dû aussi recevoir la sienne, mais avec cette différence que les autres créatures du monde visible l'ont reçue sans la connoître, au lieu qu'elle a été inspirée à l'homme dans un esprit raisonnable et intelligent, comme dans un globe de lumière dans lequel il la voit briller elle-même avec un éclat encore plus vif que le sien, afin que la voyant il l'aime, et que l'aimant il la suive par un mouvement volontaire.

C'est en cette sorte, ames saintes, que nous portons en nous-mêmes et la loi de l'équité naturelle, et la loi de la justice chrétienne. La première nous est donnée avec la raison en naissant dans cet ancien monde, selon cette parole de l'Evangile, que « Dieu illumine tout homme venant au monde [1]; » et la seconde nous est inspirée avec la foi, qui est la raison des chrétiens, en renaissant dans l'Eglise qui est le monde nouveau; et c'est pourquoi le baptême s'appeloit dans l'ancienne Eglise le mystère d'illumination, qui est une phrase apostolique tirée de la divine *Epître aux Hébreux* [2]. Ces lois ne sont autre chose qu'un extrait fidèle de la vérité primitive, qui réside dans l'esprit de Dieu; et c'est pourquoi nous pouvons dire sans crainte que la vérité est en nous. Mais si nous ne l'avons pas épargnée dans le sein même de Dieu, il ne faut pas s'étonner que nous la combattions en nos consciences. De quelle sorte (*b*), chrétiens? Il vous sera utile de le bien entendre; et c'est pourquoi je tâcherai de vous l'expliquer.

Je vous ai dit, dans le premier point, qu'en vain les pécheurs attaquoient en Dieu cette vérité originale; ils se perdent tout seuls, elle n'est ni corrompue ni diminuée. Mais il n'en est pas

---

[1] *Joan.*, I, 9. — [2] *Hebr.*, VI, 4.

(*a*) *Var.* : L'ordre immuable qui est prescrit par sa sagesse. — (*b*) Avec quel effet?

de la sorte de cette vérité inhérente en nous. Car comme nous la touchons de plus près et que nous pouvons pour ainsi dire mettre nos mains dessus, nous pouvons aussi pour notre malheur la mutiler et la corrompre, la falsifier et l'obscurcir. Et il ne faut pas s'étonner si cette haine secrète par laquelle le pécheur s'efforce de la détruire dans l'original et dans sa source, le porte à l'altérer autant qu'il peut dans les copies et dans les ruisseaux. Mais ceci est trop vague et trop général; venons à des idées plus particulières.

Je veux donc dire, Messieurs, que nous falsifions dans nos consciences la règle de vérité qui doit gouverner nos mœurs, afin de ne voir pas quand nous faisons mal; et voici en quelle manière.

Deux choses sont nécessaires pour nous connoître nous-mêmes et la justice de nos actions : que nous ayons les règles dans leur pureté, et que nous nous regardions dedans comme dans un miroir fidèle. Car en vain le miroir est-il bien placé, en vain sa glace est-elle polie, si vous n'y tournez le visage, il ne sert de rien pour vous reconnoître; non plus que la règle de la vérité, si vous n'en approchez pas pour y contempler quel vous êtes. C'est ici que nous errons doublement. Car et nous altérons la règle, et nous nous déguisons nos mœurs à nous-mêmes. Comme une femme mondaine, amoureuse jusqu'à la folie de cette beauté d'un jour, qui peint la surface du visage pour cacher la laideur qui est au dedans, lorsqu'en consultant son miroir elle ne trouve ni cet éclat, ni cette douceur que sa vanité désire, elle s'en prend premièrement au cristal, elle cherche ensuite un miroir qui flatte. Que si elle ne peut tellement corrompre la fidélité de sa glace qu'elle ne lui montre toujours beaucoup de laideur, elle s'avise d'un autre moyen : elle se plâtre, elle se farde, elle se déguise, elle se donne de fausses couleurs; elle se pare, dit saint Ambroise[1], d'une bonne grace achetée; elle repaît sa vanité et laisse jouir son orgueil du spectacle d'une beauté imaginaire. C'est à peu près ce que nous faisons. Lorsque nous courons après nos désirs, notre ame se défigure et perd toute sa beauté. Si en cet état déplorable

[1] *De Virgin.*, lib. I, cap. VI, n. 28, 29.

nous nous présentons quelquefois à cette règle de vérité écrite en nos cœurs, notre difformité nous étonne, elle fait horreur à nos yeux, nous nous plaignons de la règle. Ces lois austères dont on nous effraie, ne sont pas les lois de l'Evangile; elles ne sont pas si fâcheuses ni si ennemies de l'humanité : nous éloignons ces dures maximes, et nous mettons en leur place, ainsi qu'une glace flatteuse, des maximes d'une piété accommodante. Cette loi de la dilection des ennemis, cette sévérité de la pénitence et de la mortification chrétienne, ce précepte terrible du détachement du monde, de ses vanités et de ses pompes, ne se doit pas prendre au pied de la lettre; tout cela tient plus du conseil que du commandement absolu.

Mais, chrétiens, il est mal aisé de détruire tout à fait en nous cette règle de vérité, qui est si profondément empreinte en nos ames; et quelque petit rayon qui nous en demeure, c'est assez pour convaincre nos mauvaises mœurs et notre vie licencieuse. Cette pensée nous chagrine; mais notre amour-propre s'avance à propos pour nous ôter cette inquiétude : il nous présente un fard agréable, il donne de fausses couleurs à nos intentions, il dore si bien nos vices que nous les prenons pour des vertus. Voilà, chrétiens, les deux manières par lesquelles nous falsifions et l'Evangile et nous-mêmes : nous craignons de le découvrir en sa vérité et de nous voir nous-mêmes tels que nous sommes. Nous ne pouvons nous résoudre à nous accorder avec l'Evangile par une conduite réglée; nous tâchons de nous approcher en déguisant l'un et l'autre, faisant de l'Evangile un assemblage monstrueux de vrai et de faux, et de nous-mêmes un personnage de théâtre qui n'a que des actions empruntées et à qui rien ne convient moins que ce qu'il paroît.

Et en effet, chrétiens, lorsque nous formons tant de doutes et tant d'incidens, que nous réduisons l'Evangile et la doctrine des mœurs à tant de questions artificieuses, que faisons-nous autre chose, sinon de chercher des déguisemens? et que servent tant de questions, sinon à nous faire perdre parmi des détours infinis la trace toute droite de la vérité? Ne faisons ici la guerre à personne, sinon à nous-mêmes et à nos vices; mais disons hautement dans cette chaire que ces pécheurs subtils et ingénieux, qui tournent l'Evangile de tant de côtés, qui trouvent des raisons de douter sur l'exécution de tous les préceptes, qui fatiguent les casuistes par leurs consultations infinies, ne travaillent ordinairement qu'à nous envelopper la règle des mœurs. « Ce sont des hommes, dit saint Augustin, qui se tourmentent beaucoup pour ne trouver pas ce qu'ils cherchent : » *Nihil laborant nisi non invenire quod quærunt*[1]. Ou plutôt ce sont ceux dont parle l'Apôtre, qui n'ont jamais de maximes fixes ni de conduite certaine; « qui apprennent toujours, et cependant n'arrivent jamais à la science de la vérité : » *Semper discentes, et nunquam ad scientiam veritatis pervenientes*[2]. Ce n'est pas ainsi, chrétiens, que doivent être les enfans de Dieu. A Dieu ne plaise que nous croyions que la doctrine chrétienne soit toute en questions et en incidens! L'Evangile nous a donné quelques principes, Jésus-Christ nous a appris quelque chose; son école n'est pas une académie où chacun dispute ainsi qu'il lui plaît. Qu'il puisse se rencontrer quelquefois des difficultés extraordinaires, je ne m'y veux pas opposer; mais je ne crains point de vous assurer que pour régler notre conscience sur la plupart des devoirs du christianisme, la simplicité et la bonne foi sont deux grands docteurs qui laissent peu de choses indécises. Pourquoi donc subtilisez-vous sans mesure? Aimez vos ennemis, faites-leur du bien. — Mais c'est une question, direz-vous, ce que signifie cet amour, si aimer ne veut pas dire ne les haïr point; et pour ce qui regarde de leur faire du bien, il faut savoir dans quel ordre, et s'il ne suffit pas de venir à eux, après que vous aurez épuisé votre libéralité sur tous les autres; et alors ils se contenteront, s'il leur plaît, de vos bonnes volontés (a).

Raffinemens ridicules! Aimer, c'est-à-dire aimer. L'ordre de faire du bien à vos ennemis dépend des occasions particulières que Dieu vous présente pour rallumer, s'il se peut, en eux, le feu de la charité que vos inimitiés ont éteint : pourquoi raffiner davantage? Grace à la miséricorde divine, la piété chrétienne ne dépend pas des inventions de l'esprit humain; et pour vivre selon

---

[1] *De Genes., contra Manich.*, lib. II, cap. II.— [2] II *Timoth.*, III, 7.
(a) *Var. :* De vos bons désirs.

Dieu en simplicité, le chrétien n'a pas besoin d'une grande étude ni d'un grand appareil de littérature : « Peu de choses lui suffisent, dit Tertullien, pour connoître de la vérité ce qu'il lui en faut pour se conduire : » *Christiano paucis ad scientiam veritatis opus est* [1].

Qui nous a donc produit tant de doutes, tant de fausses subtilités, tant de dangereux adoucissemens sur la doctrine des mœurs, si ce n'est que nous voulons tromper et être trompés? De là tant de questions et tant d'incidens qui raffinent sur les chicanes et les détours du barreau. Vous avez dépouillé cet homme pauvre, et vous êtes devenu un grand fleuve engloutissant les petits ruisseaux ; mais vous ne savez pas par quels moyens, ni je ne me soucie de le pénétrer. Soit que ce soit en levant les bondes des digues, soit par quelque machine plus délicate, enfin vous avez mis cet étang à sec, et il vous redemande ses eaux. Que m'importe, ô grande rivière qui regorges de toutes parts, en quelle manière et par quels détours ses eaux ont coulé en ton sein! je vois qu'il est desséché et que vous l'avez dépouillé de son peu de bien. Mais il y a ici des questions, et sans doute des questions importantes ; tout cela pour obscurcir la vérité. C'est pourquoi saint Augustin a raison de comparer ceux qui les forment à des hommes « qui soufflent sur de la poussière et se jettent de la terre aux yeux : » *Sufflantes in pulverem et excitantes terram in oculos suos* [2]. Eh quoi! vous étiez dans le grand chemin de la charité chrétienne, la voie vous paroissoit toute droite, et vous avez soufflé sur la terre : mille vaines contentions, mille questions de néant se sont excitées, qui ont troublé votre vue comme une poussière importune, et vous ne pouvez plus vous conduire ; un nuage vous couvre la vérité, vous ne la voyez qu'à demi.

Mais c'en est assez, chrétiens, pour convaincre leur mauvaise vie. Car encore que nous tournions le dos au soleil et que nous tâchions par ce moyen de nous envelopper dans notre ombre, les rayons qui viennent de part et d'autre nous donnent toujours assez de lumière. Encore que nous détournions nos visages de peur que la vérité ne nous éclaire de front, elle envoie par les côtés

---

[1] Tertull., *De Anim.*, n. 2. — [2] S. August., *Confess.*, lib. XII, cap. XVI.

assez de lumière pour nous empêcher de nous méconnoître. Accourez ici, amour-propre, avec tous vos noms, toutes vos couleurs, tout votre art et tout votre fard; venez peindre nos actions, venez colorer nos vices; ne nous donnez point de ce fard grossier qui trompe les yeux des autres; déguisez-nous si délicatement et si finement, que nous ne nous connoissions plus nous-mêmes.

Je n'aurois jamais fait, Messieurs, si j'entreprenois aujourd'hui de vous raconter tous les artifices par lesquels l'amour-propre nous cache à nous-mêmes, en nous donnant de faux jours, en nous faisant prendre le change, en détournant notre attention ou en charmant (a) notre vue. Disons quelques-unes de ses finesses; mais donnons en même temps une règle sûre pour en découvrir la malice. Vous allez voir, chrétiens, comment il nous persuade premièrement que nous sommes bien convertis, quoique l'amour du monde règne encore en nous; et pour nous pousser plus avant, que nous sommes zélés, quoique nous ne soyons pas même charitables.

Voici comme il s'y prend pour nous convertir; prêtez l'oreille, Messieurs, et écoutez les belles conversions que fait l'amour-propre. Il y a presque toujours en nous quelque commencement imparfait et quelque désir de vertu, dont l'amour-propre relève le prix et qu'il fait passer pour la vertu même. C'est ainsi qu'il commence à nous convertir. Mais il faut s'affliger de ses crimes; il trouvera le secret de nous donner de la componction. Nous serions bien malheureux, chrétiens, si le péché n'avoit pas ses temps de dégoût, aussi bien que toutes nos autres occupations. Ou le chagrin ou la plénitude fait qu'il nous déplaît quelquefois : c'est la contrition que fait l'amour-propre. Bien plus j'ai appris du grand saint Grégoire [1] que comme Dieu, dans la profondeur de ses miséricordes, laisse quelquefois dans ses serviteurs des désirs imparfaits du mal pour les enraciner dans l'humilité, aussi l'ennemi de notre salut, dans la profondeur de ses malices, laisse naître souvent dans les siens un amour imparfait de la justice, qui

[1] *Pastor.*, III part., cap. XXX.
(a) *Var.* : Ou en trompant.

ne sert qu'à les enfler par la vanité. (*a*) Ainsi le malheureux Balaam admirant les tabernacles des justes, s'écrie tout touché, ce semble : « Que mon ame meure de la mort des justes¹ ! » Est-il rien de plus pieux ? Mais après avoir prononcé leur mort bienheureuse, le même donne aussitôt des conseils pernicieux contre leur vie. Ce sont « les profondeurs de Satan, » comme les appelle saint Jean dans l'*Apocalypse, altitudines Satanæ*² ; mais il fait jouer pour cela les ressorts délicats de notre amour-propre. C'est lui qui fait passer ces dégoûts qui viennent ou de chagrin ou d'humeur pour la componction véritable, et des désirs qui semblent sincères pour des résolutions déterminées. Mais je veux encore vous accorder que le désir peut être sincère : mais ce sera toujours un désir et non une résolution déterminée; c'est-à-dire, ce sera toujours une fleur, mais ce ne sera jamais un fruit, et c'est ce que Jésus-Christ cherche sur ses arbres.

Pour nous détromper, chrétiens, des tromperies de notre amour-propre, la règle est de nous juger par les œuvres. C'est la seule règle infaillible, parce que c'est la seule que Dieu nous donne. Il s'est réservé de juger les cœurs par leurs dispositions intérieures, et il ne s'y trompe jamais. Il nous a donné les œuvres comme la marque pour nous reconnoître, c'est la seule qui ne trompe pas. Si votre vie est changée, c'est le sceau de la conversion de votre cœur. Mais prenez garde encore en ce lieu aux subtilités de l'amour-propre. Prenez garde qu'il ne change un vice en un autre, et non pas le vice en vertu; que l'amour du monde ne règne en vous sous un autre titre; que ce tyran, au lieu de remettre le trône à Jésus-Christ le légitime Seigneur, n'ait laissé un successeur de sa race, enfant aussi bien que lui de la même convoitise. Venez à l'épreuve des œuvres; mais ne vous contentez pas de quelques aumônes ni de quelque demi-restitution. Ces œuvres dont nous parlons, qui sont le sceau de la conversion, doivent être des œuvres pleines devant Dieu, comme parle l'Ecriture sainte : *Non invenio opera tua plena coram Deo meo*³ ; c'est-à-dire qu'elles

---

¹ *Numer.*, XXIII, 10. — ² *Apoc.*, II, 24. — ³ *Ibid.*, III, 2.

(*a*) *Note marg.* : Ceux-là se croient de grands pécheurs, ceux-ci se persuadent souvent qu'ils sont de grands saints.

doivent embrasser toute l'étendue de la justice chrétienne et évangélique.

Après vous avoir montré de quelle sorte l'amour-propre convertit les hommes, je vous ai promis de vous dire comment il fait semblant d'allumer leur zèle. Je l'expliquerai en un mot : c'est qu'il est naturel à l'homme de vouloir tout régler, excepté lui-même. Un tableau qui n'est pas posé en sa place choque la justesse de notre vue; nous ne souffrons rien au prochain, nous n'avons de la facilité ni de l'indulgence pour aucune faute des autres. Ce grand déréglement vient d'un bon principe, c'est qu'il y a en nous un amour de l'ordre et de la justice qui nous est donné pour nous conduire. Cette inclination est si forte, qu'elle ne peut demeurer inutile; c'est pourquoi si nous ne l'occupons au dedans de nous, elle s'amuse au dehors; elle se tourne à régler les autres, et nous croyons être fort zélés quand nous détestons le mal dans les autres. Il plaît à l'amour-propre que nous exercions, ou plutôt que nous consumions et que nous épuisions ainsi notre zèle.

Faites ce que vous voulez qu'on vous fasse, employez pour vous la même mesure dont vous vous servez pour les autres, toutes les ruses de l'amour-propre seront éventées. N'ayez pas deux mesures, l'une pour le prochain et l'autre pour vous. « Car c'est chose abominable devant le Seigneur [1] : » n'ayez pas une petite mesure où vous ne mesuriez que vous-même, pour régler vos devoirs ainsi qu'il vous plaît; car cela attire la colère de Dieu. *Mensura minor iræ plena*, dit le prophète Michée [2]. Prenez la grande mesure du christianisme, la mesure de la charité : mesure pleine et véritable, qui enferme le prochain avec vous et qui vous range tous deux sous la même règle et sous les mêmes devoirs, tant de l'équité naturelle que de la justice chrétienne. Ainsi ce grand ennemi de la vérité intérieure, l'amour-propre, sera détruit en nous-mêmes; mais s'il vit encore, voici qui lui doit donner le coup de la mort, la vérité dans les autres hommes convainquant et reprenant les mauvaises œuvres. C'est le dernier effort qu'elle fait, et c'est là qu'elle reçoit les plus grands outrages.

[1] *Prov.*, XX, 23. — [2] *Mich.*, VI, 10.

TROISIÈME POINT.

S'il appartient à la vérité de régler les hommes et de les juger souverainement, à plus forte raison, chrétiens, elle a droit de les censurer et de les reprendre. C'est pourquoi nous apprenons par les saintes Lettres que l'un des devoirs les plus importans de ceux qui sont établis pour être les dépositaires de la vérité, c'est de reprendre sévèrement les pécheurs, et il faut que nous apprenions de saint Augustin quelle est l'utilité d'un si saint emploi. Ce grand homme nous l'explique en un petit mot, au livre *de la Correction et de la grace* [1], où faisant la comparaison des préceptes que l'on nous donne avec les reproches que l'on nous fait, et recherchant à fond selon sa coutume l'utilité de l'un et de l'autre, il dit « que comme on nous enseigne par le précepte ce que nous avons à faire, on nous montre (a) par les reproches que si nous ne le faisons pas c'est par notre faute. »

Et en effet, chrétiens, c'est là le fruit principal de telle censure; car quelque front qu'aient les pécheurs, le péché est toujours timide et honteux. C'est pourquoi qui médite un crime, médite pour l'ordinaire une excuse : c'est surprise, c'est fragilité, c'est une rencontre imprévue. Il se cache ainsi à lui-même plus de la moitié de son crime. Dieu lui suscite un censeur charitable, mais rigoureux, qui perçant toutes ses défenses, lui fait sentir que c'est par sa faute; et lui ôtant tous les vains prétextes, ne lui laisse que son péché avec sa honte. Si quelque chose le peut émouvoir, c'est sans doute cette sévère correction; et c'est pourquoi le divin Apôtre ordonne à Tite, son cher disciple, d'être dur et inexorable en quelques rencontres : « Reprenez-les, dit-il, durement : » *Increpa illos durè* [2]; c'est-à-dire qu'il faut jeter quelquefois au front des pécheurs impudens des vérités toutes sèches, qui les fassent rentrer en eux-mêmes d'étonnement et de surprise; et si les corrections doivent emprunter en plusieurs rencontres une certaine douceur de la charité qui est tendre et compatissante, elles doivent

---

[1] *De Corrept. et grat.*, cap. III, n. 5. — [2] *Tit.*, I, 13.
(a) *Var.* : On nous fait sentir.

aussi emprunter souvent quelque espèce de rigueur et de dureté de la vérité qui est inflexible.

Si jamais la vérité se rend odieuse, c'est particulièrement, chrétiens, dans la fonction dont je parle. Les pécheurs toujours superbes ne peuvent endurer qu'on les reprenne. Quelque véritables que soient les reproches, ils ne manquent point d'artifices pour les éluder, et après ils se tourneront contre vous; c'est pourquoi le grand saint Grégoire les compare à des hérissons [1]. Étant éloigné de cet animal, vous voyez sa tête, ses pieds et son corps; quand vous approchez pour le prendre, vous ne trouvez plus qu'une boule; et celui que vous découvrez de loin tout entier, vous le perdez tout à coup, aussitôt que vous le tenez dans vos mains (a). Il en est ainsi de l'homme pécheur. Vous avez découvert toutes ses menées et démêlé toute son intrigue; enfin vous avez reconnu tout l'ordre du crime; vous voyez ses pieds, son corps et sa tête; aussitôt que vous pensez le convaincre en lui racontant ce détail, par mille adresses il vous retire ses pieds, il couvre soigneusement tous les vestiges de son crime, il vous cache sa tête, il recèle profondément ses desseins; il enveloppe son corps, c'est-à-dire toute la suite de son intrigue dans un tissu artificieux d'une histoire embarrassée et faite à plaisir. Ce que vous pensez avoir vu si distinctement, n'est plus qu'une masse informe et confuse, où il ne paroît ni fin ni commencement; et cette vérité si bien démêlée est tout à coup disparue parmi ces vaines défaites. Ainsi étant retranché et enveloppé en lui-même, il ne vous présente plus (b) que des piquans; il s'arme à son tour contre vous, et vous ne pouvez le toucher sans que votre main soit ensanglantée, je veux dire votre honneur blessé par quelque outrage; le moindre que vous recevrez sera le reproche de vos vains soupçons.

« Et donc, dit le saint Apôtre, je suis devenu votre ennemi en vous disant la vérité : » *Ergo inimicus vobis factus sum, verum dicens vobis* [2]. Il est ainsi, chrétiens, et tel est l'aveuglement des hommes pécheurs. Qu'on discoure de la morale, qu'on déclame

---

[1] *Pastor.*, III part., cap. XI. — [2] *Galat.*, IV, 16.

(a) *Var.*: Aussitôt que vous avez mis la main dessus. — (b) Ce pécheur si bien retranché et enveloppé en lui-même ne vous présente plus.....

contre les vices, pourvu qu'on ne leur dise jamais comme Nathan : « C'est vous-même qui êtes cet homme [1], » c'est à vous qu'on parle, ils écouteront volontiers une satire publique des mœurs de leur siècle, et cela pour quelle raison? C'est « qu'ils aiment, dit saint Augustin [2], la lumière de la vérité, mais ils ne peuvent souffrir ses censures : » *Amant eam lucentem, oderunt eam redarguentem.* « Elle leur plaît quand elle se découvre, parce qu'elle est belle; elle commence à les choquer quand elle les découvre eux-mêmes, » parce qu'ils sont difformes (a) : *Amant eam cùm seipsam indicat, et oderunt eam cùm eos ipsos indicat.* Aveugles, qui ne voient pas que c'est par la même lumière que le soleil se montre lui-même et tous les autres objets! Ils veulent cependant, les insensés! que la vérité se découvre à eux sans découvrir quels ils sont (b); et « il leur arrivera au contraire, par une juste vengeance, que la lumière de la vérité mettra en évidence leurs mauvaises œuvres, pendant qu'elle-même leur sera cachée : » *Inde retribuet eis, ut qui se ab eâ manifestari nolunt, et eos nolentes manifestet, et eis ipsa non sit manifesta.*

Par conséquent, chrétiens, que les hommes qui ne veulent pas obéir à la vérité souffrent du moins qu'on les reprenne; s'ils la dépossèdent de son trône, du moins qu'ils ne la retiennent pas tout à fait captive; s'ils la dépouillent avec injustice de l'autorité du commandement, qu'ils lui laissent du moins la liberté de la plainte. Quoi! veulent-ils encore étouffer sa voix? Veulent-ils qu'on loue leurs péchés, ou du moins qu'on les dissimule, comme si faire bien ou mal c'étoit une chose indifférente? Ce n'est pas ainsi, chrétiens, que l'Evangile l'ordonne. Il veut que la censure soit exercée et que les pécheurs soient repris, parce que, dit saint Augustin [3], « s'il y a quelque espérance de salut pour eux, c'est par là que doit commencer leur guérison; et s'ils sont endurcis et incorrigibles, c'est par là que doit commencer leur supplice. »

« Mais j'espère de vous, chrétiens, quelque chose de meilleur, encore que je vous parle de la sorte : » *Speramus autem de vobis*

---

[1] II *Reg*, XII, 7. — [2] *Confess.*, lib. X, cap. XXIII. — [3] *De Corrept. et grat.*, cap. XIV, n. 43.

(a) *Var.* : Parce qu'elle leur montre leur difformité. — (b) Se fasse voir sans faire voir quels ils sont.

meliora et viciniora saluti, tametsi ita loquimur [1]. Voici les jours de salut, voici le temps de conversion dans lesquels on verra la presse autour des tribunaux de la pénitence. C'est principalement dans ces augustes tribunaux que la vérité reprend les pécheurs et exerce sa charitable mais vigoureuse censure. Ne désirez pas qu'on vous flatte où vous-mêmes vous vous rendez vos accusateurs. N'imitez pas ces méchans dont parle le prophète Isaïe, « qui disent à ceux qui regardent : Ne regardez pas ; et à ceux qui sont préposés pour voir : Ne voyez pas pour nous ce qui est droit ; dites-nous des choses qui nous plaisent, trompez-nous par des erreurs agréables : » *Loquimini nobis placentia, videte nobis errores, auferte à me viam, declinate à me semitam* [2]. « Otez-nous cette voie, » elle est trop droite ; « ôtez-nous ce sentier, » il est trop étroit. Enseignez-nous des voies détournées où nous puissions nous sauver avec nos vices et nous convertir sans changer nos cœurs. Car c'est ce que désirent les pécheurs rebelles (a). Au lieu que la conversion véritable est que le méchant devienne bon et que le pécheur devienne juste, ils imaginent une autre espèce de conversion où le mal soit changé en bien, où le crime devienne honnête, où la rapine devienne justice, et ils cherchent jusqu'au tribunal de la pénitence des flatteurs qui les entretiennent dans cette pensée.

Loin de tous ceux qui m'écoutent une disposition si funeste ! Cherchez-y des amis et non des trompeurs (b), des juges et non des complices, des médecins charitables et non pas des empoisonneurs. Ne vous contentez pas de replâtrer où il faut toucher jusqu'aux fondemens. C'est un commencement de salut d'être capables des remèdes forts. (c) Ne cherchez ni complaisance, ni tempérament, ni adoucissement, ni condescendance. Venez, venez rougir tout de bon, tandis que la honte est salutaire ; venez vous voir tous tels que vous êtes, afin que vous ayez horreur de vous-mêmes ; et que confondus par les reproches, vous vous rendiez enfin dignes de louanges, et non-seulement

---

[1] *Hebr.*, VI, 9. — [2] *Isa.*, XXX, 10, 11.

(a) *Var.* : C'est où en viennent les pécheurs rebelles. — (b) Des flatteurs. — (c) *Note marg.* : Votre plaie invétérée n'est pas en état d'être guérie par des lénitifs ; il est temps d'appliquer le fer et le feu.

de louanges, mais d'une gloire éternelle : *Ut Deo miserante.... desinat agere pudenda et dolenda, atque agat laudanda atque gratanda*¹.

Mais ne faut-il pas user de condescendance? N'est-ce pas une doctrine évangélique (a), qu'il faut s'accommoder à l'infirmité humaine? Il le faut, n'en doutez pas, chrétiens; mais voici l'esprit véritable de la condescendance chrétienne. Elle doit être dans la charité, et non pas dans la vérité. Je veux dire, il faut que la charité compatisse, et non pas que la vérité se relâche : il faut supporter l'infirmité, mais non pas l'excuser ni lui complaire. Il faut imiter saint Cyprien, dont saint Augustin a dit ces beaux mots, « que considérant les pécheurs, il les toléroit dans l'Eglise par la patience de la charité, » et voilà la condescendance chrétienne ; « mais que tout ensemble il les reprenoit par la force de la vérité, » et voilà la vigueur apostolique : *Et veritatis libertate redarguit, et charitatis virtute sustinuit*². Car pour ce qui est de la vérité et de la doctrine, il n'y a plus à espérer d'accommodement; et en voici la raison. Jésus-Christ a examiné une fois jusqu'où devoit s'étendre la condescendance. Lui qui connoît parfaitement la foiblesse humaine et le secours qu'il lui donne, a mesuré pour jamais l'une et l'autre avec ses préceptes. Ces grands conseils de perfection, quitter tous ses biens, les donner aux pauvres, renoncer pour jamais aux honneurs du siècle, passer toute sa vie dans la continence, il les propose bien dans son Evangile; mais comme ils sont au delà des forces communes, il n'en fait pas une loi, il n'en impose pas l'obligation. S'il a eu sur nous quelque grand dessein que notre foiblesse ne pût pas porter, il en a différé l'accomplissement jusqu'à ce que l'infirmité eût été munie du secours de son Saint-Esprit : *Non potestis portare modò*³. Vous voyez donc, chrétiens, qu'il a pensé sérieusement, en esprit de douceur et de charité paternelle, jusqu'où il relâcheroit et dans quelles bornes il retiendroit notre liberté. Il n'est plus temps maintenant de rien adoucir, après qu'il a apporté lui-même tous les adoucissemens

---

¹ S. August., *De Corrept. et grat.*, cap. v, n. 7. — ² *De Bapt., contra Donat.*, lib. V, cap. xvii, n. 23. — ³ *Joan.*, xvi, 12.

(a) *Var.:* Un précepte de l'Evangile.

nécessaires. Tout ce que la licence humaine présume au delà n'est plus de l'esprit du christianisme; c'est l'ivraie parmi le bon grain; c'est ce mystère d'iniquité prédit par le saint Apôtre [1], qui vient altérer la saine doctrine.

La même vérité qui est sortie de sa bouche nous jugera au dernier jour. Conformité entre l'un et l'autre état. Telle qu'il l'a prononcée, telle elle paroîtra pour prononcer notre sentence : « Ce sera le précepte qui deviendra une sentence : » *Justitia convertetur in judicium* [2]. Là elle paroît comme dans une chaire pour nous enseigner, là dans un tribunal (a) pour nous juger; mais elle sera la même en l'un et en l'autre. Mais telle qu'elle est dans l'un et dans l'autre, telle doit-elle être dans notre vie. Car quiconque n'est pas d'accord avec la règle, elle les repousse et les condamne ; quiconque vient se heurter contre cette rectitude inflexible, nous vous l'avons déjà dit, il faut qu'elle les rompe et les brise.

Désirons donc ardemment que la règle de la vérité (b) se trouve en nos mœurs telle que Jésus-Christ l'a prononcée. Mais afin qu'elle se trouve en notre vie, désirons aussi, chrétiens, qu'elle soit en sa pureté dans la bouche et la doctrine de ceux à qui nous en avons donné la conduite, qu'ils nous reprennent pourvu qu'ils nous guérissent, qu'ils nous blessent pourvu qu'ils nous sauvent, qu'ils disent ce qu'il leur plaira pourvu qu'ils disent la vérité.

Mais après que nous l'aurons entendue, considérons, chrétiens, que le jugement de Dieu est terrible sur ceux qui la connoissent et qui la méprisent. Ceux à qui la vérité chrétienne n'a pas été annoncée seront ensevelis, dit saint Augustin [3], comme des morts dans les enfers; mais ceux qui savent la vérité et qui pèchent contre ses préceptes, ce sont ceux dont David a dit « qu'ils y descendront tout vivans : » *Descenderunt in infernum viventes* [4]. Les autres y sont comme entraînés et précipités, ceux-ci y descendent de leur plein gré; ceux-là y seront comme des morts, et les autres comme des vivans. Cela veut dire, Messieurs, que la science de la vérité leur donnera un sentiment si vif de leurs peines, que les

---

[1] II *Thessal.*, II, 7. — [2] *Psal.* XCIII, 15. — [3] *Enarr. in Psal.* LIV, n. 16. — [4] *Psal.* LIV, 16.

(a) *Var.* : Dans un trône. — (b) De l'Évangile.

autres en comparaison, quoique tourmentés très-cruellement, sembleront comme morts et insensibles. Et quelle sera cette vie ? C'est qu'ils verront éternellement cette vérité qu'ils ont combattue; de quelque côté qu'ils se tournent, toujours la vérité sera contre eux : *In opprobrium, ut videant semper* [1]; en quelques antres profonds qu'ils aient tâché de la recéler pour ne point entendre sa voix, elle percera leurs oreilles par des cris terribles; elle leur paroîtra toute nue, inexorable, inflexible, armée de tous ses reproches pour confondre éternellement leur ingratitude.

Ah ! mes frères, éloignons de nous un si grand malheur. Enfans de lumière et de vérité, nous devons aimer la lumière, même celle qui nous convainc. Nous devons adorer la vérité, même celle qui nous condamne. Et toutefois, chrétiens, si nous sommes bien conseillés, ne soyons pas longtemps en querelle avec un ennemi si redoutable; accommodons-nous pendant qu'il est temps avec ce puissant adversaire; ayons la vérité pour amie; suivons sa lumière qui va devant nous, et nous ne marcherons point parmi les ténèbres. Allons droitement et honnêtement comme des hommes qui sont en plein jour et dont toutes les actions sont éclairées, et à la fin nous arriverons à la clarté immortelle et au plein jour de l'éternité. *Amen.*

[1] *Dan.*, XII, 2.

SERMON

POUR

LE MARDI DE LA SEMAINE DE LA PASSION,

SUR LA SATISFACTION (a).

Non potest mundus odisse vos; me autem odit, quia ego testimonium perhibeo de illo, quòd opera ejus mala sunt.

Le monde ne sauroit vous haïr; mais pour moi, il me hait, parce que je rends témoignage contre lui, que ses œuvres sont mauvaises. *Joan.*, VII, 7.

L'évangile du jour nous apprend que le Sauveur va en Jérusalem pour y célébrer la fête des Tabernacles. Cette fête des Tabernacles étoit comme un mémorial éternel du long et pénible pèlerinage des enfans d'Israël allant à la terre promise, et tout ensemble représentoit le pèlerinage des enfans de Dieu allant à leur céleste patrie.

Briève explication de cette fête. Nous lisons au *Lévitique* que parmi le grand nombre de victimes qu'on offroit à Dieu pendant le cours de cette solennité, on ne manquoit pas de lui présenter

---

(a) Prêché à Metz, en 1658.

Ce sermon trahit son origine par des indices certains, mais il renferme moins de tours et de termes surannés que d'autres essais du jeune archidiacre; c'est pourquoi notre date est fixée dans les derniers temps de l'époque de Metz. Mais voici quelque chose de plus précis. Après avoir dit que Dieu menaça de renverser Ninive, mais que Ninive elle-même se renversa devant Dieu par le changement de sa conduite, l'auteur continue dans la péroraison : « Armons-nous de zèle, que chacun renverse Ninive en soi-même. Ville de Metz, que n'es-tu ainsi renversée!... Plût à Dieu que je visse à bas et les tables de tes débauches, et les banquets de tes usuriers, et les retraites honteuses de tes impudiques! Plût à Dieu que j'entende bientôt cette bienheureuse nouvelle : Toute la ville de Metz est abattue, mais elle est heureusement abattue aux pieds des confesseurs, devant les tribunaux de la pénitence qui sont érigés de toutes parts dans ce temple auguste! » On a lu le nom de la ville de Metz en toutes lettres. D'un autre côté, ces « tribunaux de la pénitence qui sont érigés de toutes parts » indiquent assez clairement, d'accord avec l'histoire, le temps de la mission qui fut donnée en 1658. Quant aux usuriers de la ville de Metz, ils étoient passés en proverbe; c'étoient des Juifs retors et fourbes, qui payoient par d'indignes exactions un généreux asile.

tous les jours un sacrifice pour le péché. Par là que devons-nous apprendre, sinon que pendant le temps de notre voyage nous devons offrir à Dieu tous les jours le sacrifice pour nos péchés ? Et quel est ce sacrifice pour nos péchés, sinon les satisfactions qui sont les vrais fruits de la pénitence ? C'est de quoi nous parlerons... Assistance du Saint-Esprit.

Ce que dit le Fils de Dieu, que le monde le hait à cause du témoignage qu'il rend que ses œuvres sont mauvaises, se vérifie particulièrement dans le sacrement de la pénitence. C'est principalement dans la pénitence que Jésus-Christ rend témoignage contre les péchés. Il rend bien témoignage contre les péchés par la prédication de la parole. Car sa parole n'est autre chose qu'une lumière que Dieu élève au milieu de l'Eglise, afin que les œuvres de ténèbres soient découvertes et condamnées, mais cela ne se fait qu'en général ; au lieu que dans le sacrement de la pénitence, Dieu parle à la conscience d'un chacun de ses péchés particuliers ; non-seulement il ordonne qu'on les accuse, mais encore qu'on les condamne et qu'on les punisse. De là les satisfactions que l'on nous impose, les peines et les pénitences qu'on nous commande. C'est aussi pour cette raison que plusieurs fuient Jésus-Christ dans la pénitence : *Quia testimonium perhibeo.* Ils évitent de se confesser, parce qu'ils appréhendent, disent-ils, de trouver quelque confesseur fâcheux et sévère. Pour leur ôter cette pensée lâche qui entretient leur impénitence, expliquons toute la matière de la satisfaction selon les sentimens de l'Eglise et du saint concile de Trente : 1° la nécessité de la satisfaction ; 2° quelle elle doit être ; 3° dans quel esprit nous la devons faire.

PREMIER POINT.

La nécessité. Il ne faudroit point chercher d'autres preuves que les exemples des saints pénitents : faut en rapporter quelques-uns. Si tous ceux auxquels Dieu a inspiré le désir de la pénitence, il leur inspire aussi dans le même temps la volonté de le satisfaire, on doit conclure nécessairement que ces deux choses sont inséparables ; et si nous refusons de suivre les pas de ceux qui nous ont précédés dans la voie de la pénitence, nous ne devons jamais espérer le pardon qu'ils ont obtenu : ce que nous verrons encore plus évidemment, si nous concevons la raison par laquelle ils se sentoient pressés de satisfaire à Dieu pour leurs crimes. C'est qu'ils étoient très-persuadés que pour se relever de la chute où le péché nous a fait tomber, il ne suffit pas de changer sa vie, ni de corriger ses mœurs déréglées. Car, comme remarque excellemment le grand saint Grégoire, « ce n'est pas assez pour payer ses dettes que de n'en faire plus de nouvelles, mais il faut acquitter celles qui sont créées; et lorsqu'on injurie quelqu'un, il ne suffit pas pour le satisfaire de mettre fin aux injures que nous lui disons, mais encore outre cela la justice nous ordonne de lui en faire réparation; et lorsqu'on cesse d'écrire, il ne s'ensuit pas pour cela qu'on efface ce qui est déjà écrit, il faut passer la plume sur l'écriture que nous avons faite, ou bien déchirer le papier [1]. » Il en est de même de nos péchés. Tout autant de péchés que nous commettons, autant de dettes contractons-nous envers la justice divine. Il ne suffit donc pas de n'en faire plus de nouvelles, mais il faut payer les anciennes ; et lorsque nous nous abandonnons au péché, quelle injure ne disons-nous pas contre Dieu ? Nous disons qu'il n'est pas notre créateur, ni notre juge, ni notre Père, ni notre Sauveur, etc. Est-ce donc assez, chrétiens, de cesser de lui dire de telles injures, et ne sommes-nous pas obligés de plus à lui en faire la satisfaction nécessaire ? Enfin quand nous péchons, nous écrivons sur nos cœurs : *Peccatum Juda scriptum est stylo ferreo..... super latitudinem cordis eorum* [2]. Ne croyons donc pas faire assez lorsque nous ne continuons pas d'écrire ; cela n'efface pas ce qui est écrit. Il faut passer la plume, par les exercices laborieux qui nous sont prescrits dans la pénitence, sur ces tristes et malheureux caractères ; il faut déchirer le papier sur lequel ils ont été imprimés, c'est-à-dire qu'il faut déchirer nos cœurs : *Scindite corda vestra* [3]; ainsi ils seront effacés.

Mais pour pénétrer jusque dans le fond cette vérité catholique, considérons sérieusement quelle est la nature de la pénitence. Le sacrement de la pénitence est un échange mystérieux qui se fait,

[1] *Pastor.*, III part., cap. XXX. — [2] *Jerem.*, XVII, 1. — [3] *Joel.*, II, 13.

par la bonté divine, de la peine éternelle en une temporelle : *Quòd si ipsi sibi judices fiant et veluti suæ iniquitatis ultores, hic in se voluntariam pœnam severissimæ animadversionis exerceant, temporalibus pœnis mutabunt æterna supplicia*[1]. Et la raison en est évidente. Car par le sacrement de la pénitence se fait la réconciliation de l'homme avec Dieu. Or, dans une véritable réconciliation, on se relâche de part et d'autre. Voyez de quelle sorte Dieu se relâche ; dès la première démarche, il nous quitte la peine éternelle. Quelle seroit, pécheur, ton ingratitude, si tu refusois de te relâcher, en subissant volontairement la peine temporelle qui t'est imposée? Si tu rejettes cette condition, la réconciliation ne se fera pas. Car Dieu use tellement de miséricorde, qu'il n'abandonne pas entièrement les intérêts de sa justice, de peur de l'exposer au mépris : *Nullus debitæ gravioris pœnæ accipit veniam, nisi qualemcumque etsi longè minorem quàm debebat, solverit pœnam; atque ita impertitur à Deo largitas misericordiæ, ut non relinquatur etiam justitia disciplinæ*[2].

Il faut donc peser la condition sous laquelle Dieu oublie nos crimes et se réconcilie avec nous ; c'est à charge que nous subirons quelque peine satisfactoire, pour reconnoître ce que nous devons à sa justice infinie qui se relâche de l'éternelle. Aussi voyons-nous clairement cette condition importante dans les paroles du compromis qu'il a voulu passer avec nous pour se réconcilier. Car remarquez ici, chrétiens, le mystère de la réconciliation dans le sacrement de la pénitence. Dans ce différend mémorable entre Dieu et l'homme pécheur, afin d'accorder les parties, on commence à convenir d'arbitre, et on passe le compromis. Cet arbitre, c'est Jésus-Christ, grand pontife et médiateur de Dieu et des hommes. Mais Jésus-Christ se retirant de ce monde, il subroge les prêtres en sa place et leur remet le compromis en main. Toutes les deux parties conviennent de ces arbitres. Dieu en convient, puisque c'est son autorité qui les établit ; les hommes aussi en conviennent, lorsqu'ils se viennent jeter à leurs pieds. Il faut donc que ces arbitres prononcent ; mais de quelle sorte prononceront-ils?

---

[1] Julian. Pomer., *De Vitâ contempl.*, lib. II, cap. VII, n. 2. — [2] S. August., lib. *De Contin.*, cap. VI, n. 15.

Suivant les termes du compromis. Lisons donc les termes du compromis, et voyons les conditions sous lesquelles Dieu se relâche.

Voici comme il est couché dans les Ecritures : *Quæcumque solveritis super terram, erunt soluta et in cœlo*[1]. Voilà les paroles par lesquelles Dieu se relâche. Faites-donc, arbitres établis de Dieu, ce que Jésus-Christ vous permet ; et déliez entièrement le pécheur, sans lui rien imposer pour son crime. Chrétiens, cela ne se peut. Car achevons de lire le compromis : *Quæcumque ligaveritis super terram, erunt ligata et in cœlo*. Il lui est donc permis de délier ; mais il lui est ordonné de lier : voilà l'ordre qui lui est prescrit, et cette loi doit être la nôtre. Car ce mystérieux compromis ayant été signé des parties, il leur doit servir de loi immuable. Jésus-Christ l'a signé de son sang au nom de son Père et comme procureur spécial établi par lui pour cette réconciliation. Tu l'as aussi signé, pécheur, quand tu t'es approché du prêtre en vertu de cette parole et de ce traité. Jésus-Christ l'observe de son côté, et il te remet volontiers la peine éternelle. Que reste-t-il donc maintenant, sinon que tu l'exécutes de ta part avec une exacte fidélité ? (Exhortation à satisfaire. Passage au second point.) Cette nécessité de la satisfaction étant solidement appuyée, voyons à présent quelle elle doit être.

SECOND POINT.

Je dis, pour ne point flatter les pécheurs, qu'elle doit être très-sévère et très-rigoureuse ; et quand je l'appelle très-rigoureuse, ce n'est pas qu'effectivement nous dussions l'estimer telle. Car si nous considérons attentivement de quelle calamité nous délivre cet échange miséricordieux qui se fait dans la pénitence, rien ne pourroit nous paroître dur, si bien que cette pénitence n'est dure qu'à cause de notre lâcheté et de notre extrême délicatesse. Mais afin de la surmonter, appuyons invinciblement cette rigueur salutaire par le saint concile de Trente ; et vous proposant trois raisons par lesquelles ce saint concile établit la nécessité de satisfaire, faisons voir manifestement qu'elles prouvent la sévérité que je prêche.

[1] *Matth.*, XVIII, 18.

La première raison des Pères de Trente, c'est que si la justice divine abandonnoit entièrement tous ses droits, si elle relâchoit aux pécheurs tout ce qui leur est dû pour leurs crimes, ils n'auroient pas l'idée qu'ils doivent avoir du malheur dont ils ont été délivrés ; « et estimant leur faute légère par la trop grande facilité du pardon, ils tomberoient aisément dans de plus grands crimes. » De là vient que dans ce penchant et sur le bord de ce précipice, pour ne point lâcher la bride à la licence des hommes, Dieu en leur quittant la peine éternelle, « les retient comme par un frein par la satisfaction temporelle : » *quasi fræno quodam*, dit le saint concile de Trente [1].

Et certainement, chrétiens, il est bien aisé de connoître que tel est le conseil de Dieu et l'ordre qu'il lui plaît de tenir avec les hommes. Car il n'y a aucune apparence que ce Père miséricordieux en relâchant la peine éternelle, en voulût réserver une temporelle, s'il n'y étoit porté par quelque raison importante. Et quelle raison y auroit-il qu'après s'être relâché si facilement d'une dette si considérable, c'est-à-dire la damnation et l'enfer, il fît le dur et le rigoureux sur une somme de si peu de valeur comme est la satisfaction temporelle ? il quitte libéralement cent millions d'or, et il fait le sévère pour cinq sous ? Il fait quelque chose de plus ; car il y a bien moins de proportion entre l'éternité de peines dont il nous tient quittes, et la satisfaction qu'il exige dans le temps. D'où vient donc cette sévérité dans une si grande indulgence ? Dieu est-il contraire à lui-même, et celui qui donne tant pourquoi veut-il réserver si peu de chose ? C'est par un conseil de miséricorde qui l'oblige à retenir les pécheurs, de peur qu'ils ne retombent dans de nouveaux crimes. Il sait que la nature des hommes portée d'elle-même au relâchement, abuse de la facilité du pardon pour passer au libertinage. Il sait que s'il laissoit agir sa miséricorde toute seule, sans laisser aucune marque de sa justice, il exposeroit l'une et l'autre à un mépris tout visible à cause de la dureté de nos cœurs. Ainsi donc en se relâchant, il ne se relâche pas tout à fait. La justice ne quitte pas tous ses droits ; et s'il ne l'emploie plus à punir les pécheurs comme ils le méritent, par

[1] *Sess.* XIV, cap. VIII.

une damnation éternelle, il l'emploie du moins à les retenir dans le respect et dans la crainte par quelque reste de peine qu'il leur impose. Que si ces peines sont si légères qu'elles ne soient pas capables de donner de l'appréhension aux pécheurs, qui ne voit que par cette lâcheté nous éludons manifestement le conseil de Dieu ? Un *Pater*, un *Ave Maria*, un *Miserere* peut-il faire sentir à un pécheur qui a commis de grands crimes quelle est l'horreur de son péché, quel est le péril d'où il est tiré et la peine qui lui étoit due ? Il faut quelque chose de plus rigoureux.

Prenez donc garde, ô confesseurs ; ce n'est pas moi qui vous parle, c'est le concile de Trente qui vous avertit, c'est Dieu même qui vous ordonne de prendre garde à ses intérêts : Je les remets, dit-il, en vos mains. Déliez, je vous le permets ; mais liez, puisque je l'ordonne. Vous êtes les juges que j'ai établis, vous êtes les ministres de ma bonté et de ma justice. Usez de ma miséricorde, mais ne l'abandonnez pas au mépris des hommes par une molle condescendance. Faites sentir aux pécheurs l'horreur du crime qu'ils ont commis, par quelque satisfaction convenable ; et tâchez par là de les retenir dans la voie de perdition dans laquelle ils se précipitent, de peur que votre facilité ne leur soit une occasion de libertinage et qu'abusant de votre indulgence, ils ne fassent une nouvelle injure au Saint-Esprit par leurs fréquentes rechutes.

La seconde raison du concile, c'est que la satisfaction est très-nécessaire pour remédier aux restes des péchés et déraciner les habitudes vicieuses. Pour entendre profondément cette excellente raison, il faut remarquer que le péché a une double malignité. Il a de la malignité en lui-même, et il en a aussi dans ses suites. Il a de la malignité en lui-même, parce qu'il nous sépare de Dieu. Il a de la malignité dans ses suites, parce qu'il abat les forces de l'ame et y laisse une certaine impression pour retomber dans de nouvelles fautes. C'est ce qu'on appelle l'habitude vicieuse ; et cette vicieuse habitude ne s'éteint pas, encore que le péché cesse. Elle demeure donc dans nos cœurs comme une pépinière de nouveaux péchés ; c'est un germe que le péché effacé laisse dans les ames, par lequel il espère revivre bientôt ; c'est une racine empoisonnée, qui dans peu fera repousser cette mauvaise herbe.

C'est pour détruire ces restes maudits, c'est pour arracher ces habitudes mauvaises, que le concile de Trente a déterminé que la satisfaction étoit nécessaire. Et la raison en est évidente. Car qu'est-ce autre chose qu'une habitude, sinon une forte inclination? Et comment la peut-on combattre, sinon en faisant effort sur soi-même par les exercices mortifians de la pénitence? D'où je conclus, en passant plus outre, que cette pénitence doit être sévère, parce que l'inclination est puissante. C'est ce qui fait dire à saint Augustin qu'il faut faire une pénitence rigoureuse, « afin, dit ce grand personnage, que la coutume de pécher cède à la violence de la pénitence : » *Ut violentiæ pœnitendi cedat consuetudo peccandi* [1].

Il faut donc nécessairement que la pénitence ne soit pas molle; il faut qu'elle ait de la violence pour surmonter la mauvaise habitude, parce que la mauvaise habitude donne une nouvelle force et une nouvelle impétuosité à l'inclination naturelle que nous avons au mal par la convoitise : si bien que l'habitude est un nouveau poids ajouté à celui de la convoitise. Que si nous apprenons par les Ecritures qu'il faut que nous nous fassions violence pour résister à la convoitise, combien plus en devons-nous faire à une convoitise fortifiée par une longue habitude! Ne t'imagine donc pas, ô pécheur, que tu puisses résister à un si grand mal par une pénitence légère; que tu puisses te dépouiller de cette ivrognerie si enracinée par quelque petite application à une prière courte et souvent mal faite? Il faut avoir recours nécessairement à cette violence salutaire de la pénitence; il faut se mortifier par des jeûnes et réprimer les dépenses excessives de tes débauches par l'abondance de tes aumônes : *Ut violentiæ pœnitendi cedat consuetudo peccandi.*

La troisième raison du concile, et qui me semble la plus touchante, c'est que nous devons satisfaire à Dieu par les peines salutaires de la pénitence, pour nous rendre conformes à Jésus-Christ. C'est lui en effet, chrétiens, qui est ce parfait pénitent qui a porté la peine de tous les péchés, en se faisant la victime qui les expie. Si bien que pour lui être semblables dans le sacrement de la

---

[1] Tract. XLIX *in Joan.*, n. 19.

pénitence, il faut que nous nous rendions des victimes mortifiées par les peines salutaires qu'elle nous impose. Car, mes frères, il faut remarquer que les sacremens de l'Eglise, comme ils tirent toute leur vertu de la passion de notre Sauveur, aussi en doivent-ils porter en eux-mêmes et imprimer sur nous une vive image. Ainsi dans le sacrement de la sainte table nous annonçons la mort de Notre-Seigneur, comme dit le divin Apôtre [1]. Ainsi dans la pensée du même docteur nous sommes « ensevelis avec Jésus-Christ dans le saint baptême [2]; » et c'est pourquoi l'Eglise ancienne plongeoit entièrement dans les eaux tous les fidèles qu'elle baptisoit, pour représenter plus parfaitement cette sépulture spirituelle. Ainsi dans la confirmation on imprime sur nos fronts la croix du Sauveur, pour nous marquer d'un caractère éternel qui nous doit rendre semblables à Jésus-Christ crucifié. N'y aura-t-il donc, chrétiens, que le sacrement de la pénitence qui ne gravera point sur nous l'image de la mort de notre Sauveur? Non, il n'en sera pas de la sorte, dit le saint concile de Trente. La pénitence étant un second baptême, il faut que ce qui a été dit du premier soit encore vérifié dans le second; que « tout autant que nous sommes qui sommes baptisés en Jésus-Christ, soyons baptisés en sa mort : » *In morte ipsius baptizati sumus* [3]. Et comment est-ce que la pénitence imprime sur nos corps la mort de Jésus? Ecoutez parler le sacré concile : C'est alors, dit-il, que nous subissons quelque peine pour nos péchés, que nous nous baptisons dans nos larmes et dans les exercices laborieux que l'on nous impose, « d'où vient aussi que la pénitence est nommée un baptême laborieux [4]. » Et par là ne voyez-vous pas combien la pénitence doit être sévère?

Nous apprenons du sacré concile que nous devons nous rendre conformes à Jésus-Christ crucifié par les pénitences que nous subissons. Ah! mon Sauveur, quand je considère votre tête couronnée d'épines, votre chair si cruellement déchirée, etc., je dis aussitôt en moi-même : Pauvre ver écorché, quoi! une courte prière, un *Pater*, un *Ave Maria*, un *Miserere* sont-ils capables

---

[1] I *Cor.*, XI, 26. — [2] *Rom.*, VI, 4. — [3] *Ibid.*, 3. — [4] Sess. XIV *De Pœnit.*, cap. II.

de nous crucifier avec vous? Ne faut-il point d'autres clous pour percer nos pieds qui tant de fois ont couru au crime, et nos mains qui se sont souillées du bien d'autrui par tant d'usures cruelles? Il faut quelque chose de plus pénible, et c'est pourquoi le sacré concile avertit sagement les confesseurs qu'ils donnent des pénitences proportionnées. *Debent ergo sacerdotes Domini, quantùm spiritus et prudentia suggesserit, pro qualitate criminum et pœnitentium facultate, salutares et convenientes satisfactiones injungere* [1]. Et ce qu'il leur prescrit d'user de prudence, sachez et entendez, ô pécheurs, que ce n'est pas pour les faire relâcher à cette condescendance molle et languissante que votre cœur insensible et impénitent exige d'eux. Car cette prudence qu'on leur ordonne, n'est pas cette fausse prudence de la chair qui flatte les vices et les désirs corrompus des hommes; c'est une prudence spirituelle qui sacrifie la chair pour sauver l'esprit. C'est pourquoi le concile dit: *Quantùm spiritus et prudentia suggesserit:* Ayez de la prudence, dit ce saint concile, non pas une prudence qui suive la chair, mais une prudence guidée par l'esprit : *spiritus et prudentia*. Et afin de leur faire craindre un relâchement excessif, il les avertit sagement que s'ils agissent trop indulgemment avec les pécheurs, en leur ordonnant des peines très-légères pour des péchés très-griefs, ils se rendent participans des crimes des autres. O sentence vraiment terrible! Que répondront devant Dieu ces confesseurs lâches et complaisans, qui auront corrompu par leur facilité criminelle la sévérité de la discipline, lorsqu'ils verront d'un côté s'élever contre eux les Pères qui ont fait les canons, et particulièrement ceux de Trente, qui les ont avertis si sérieusement du péril où les engageoit leur fausse et cruelle miséricorde; et de l'autre les pécheurs mêmes dont ils auront lâchement flatté les inclinations corrompues? C'est vous, diront-ils, qui nous avez damnés; c'est votre pitié inhumaine, c'est votre indulgence pernicieuse. O Seigneur, faites-nous justice contre ces ignorans médecins, qui pour trop épargner le membre pourri, ont laissé couler le venin au cœur; contre ces lâches conducteurs, qui ont mieux aimé nous abandonner à la licence par une flatterie

---

[1] Concil. Trident., *Sess.* **XIV**, cap. VIII.

dangereuse, que de nous retenir sur le penchant par une discipline salutaire. Que reste-t-il donc, chrétiens, sinon que les prêtres et les confesseurs évitent cette double accusation des pontifes et des conciles qui les reprendront d'avoir méprisé leurs lois, et des pécheurs qui se plaindront justement de ce qu'ils n'ont pas guéri leurs blessures? Ah! disoit à ce sujet autrefois un très-saint évêque de France, je ne me sens pas assez innocent pour me vouloir charger des péchés des autres, et je n'ai pas assez d'éloquence pour pouvoir répondre aux accusations qu'intenteront un jour contre moi tant de saints et admirables prélats qui ont fait les lois des conciles : *Ego me in hoc periculo mittere omnino non audeo, quia nec talia sunt merita mea, ut aliorum peccata in me excipere præsumam, nec tantam eloquentiam habeo, ut ante tribunal Christi contra tot ac tantos sacerdotes qui canones statuerunt, dicere audeam.* Voilà quels doivent être les sentimens des confesseurs. Achevons et disons un mot de la disposition des pénitens.

TROISIÈME POINT.

Deux dispositions qui semblent contraires, avec lesquelles il faut accomplir sa pénitence, la joie et la douleur : la joie, en considérant non la peine qu'elle nous fait souffrir, mais celle d'où elle nous tire; la douleur amère pour plusieurs raisons, mais nous dirons en particulier une qui regarde la satisfaction. C'est que les confesseurs inclinent toujours à la miséricorde; et quelque soin qu'ils aient de ne se point écarter des bornes d'une juste sévérité, néanmoins l'amour paternel que Dieu leur inspire pour leurs pénitens et l'expérience qu'ils ont par eux-mêmes de l'infirmité, fait qu'ils penchent toujours beaucoup plus du côté de la douceur. Eh donc! y a-t-il rien de plus nécessaire que de suppléer le défaut de la peine corporelle par l'abondance de la douleur? C'est cette douleur qui a apaisé Dieu sur les Ninivites; c'est elle qui prenant en main la cause de Dieu, a détourné le cours de sa vengeance. Dieu les menaçoit de les renverser, et ils se sont renversés eux-mêmes en détruisant par les fondemens toutes leurs inclinations corrompues. De quoi vous plaignez-vous, ô Seigneur? Voilà votre parole accomplie; vous avez dit que Ninive seroit renversée, elle s'est en effet renversée elle-même. Ninive est véritablement renversée, en tournant en bien ses mauvais désirs. Ninive est véritablement renversée, puisque le luxe de ses habits est changé en un sac et en un cilice, la superfluité de ses banquets en un jeûne austère, la joie dissolue de ses débauches aux saints gémissemens de la pénitence : *Subvertitur planè Ninive, dum calcatis deterioribus studiis in meliora convertitur ; subvertitur planè, dùm purpura in cilicium, affluentia in jejunium, lætitia mutatur in fletum* [1]. O ville utilement renversée !

Chrétiens, armons-nous de zèle; que chacun renverse Ninive en soi-même, etc. Ville de Metz, que n'es-tu ainsi renversée ! Je désire ta grandeur et ton repos autant qu'il se peut, et plût à Dieu que je visse descendre sur toi les bénédictions que je te souhaite ! Toutefois ne t'offense pas, si j'ose désirer aujourd'hui que tu sois entièrement renversée. Plût à Dieu que je visse à bas et les tables de tes débauches, et les banquets de tes usuriers, et les retraites honteuses de tes impudiques ! Plût à Dieu que j'entende bientôt cette bienheureuse nouvelle : Toute la ville de Metz est abattue, mais elle est heureusement abattue aux pieds des confesseurs, devant les tribunaux de la pénitence qui sont érigés de toutes parts dans ce temple auguste ! Que tardes-tu, ô ville ? Renverse-toi par la pénitence ; cette chute te relèvera jusqu'à la gloire éternelle.

[1] S. Eucher., homil. *De Pœnit. Niniv.*, tom. VI *Biblioth. Patr.*, p. 646.

PREMIER SERMON

POUR

LES TROIS DERNIERS JOURS

DE LA SEMAINE DE LA PASSION,

SUR L'EFFICACE DE LA PÉNITENCE (a).

Vides hanc mulierem?
Voyez-vous cette femme? *Luc.*, VII, 44.

Madeleine, le parfait modèle de toutes les ames réconciliées, se présente à nous dans cette semaine, et on ne peut la contempler

(a) Prêché en 1662, dans le Carême du Louvre, devant la Cour.
Nous lisons dès le commencement de ce sermon : « Madeleine, le parfait modèle de toutes les ames réconciliées, se présente à nous dans cette semaine, et on ne peut la contempler aux pieds de Jésus sans penser en même temps à la pénitence. C'est donc à la pénitence que ces trois discours seront consacrés. » On voit que l'auteur, suivant l'histoire de Madeleine dans l'évangile, va faire trois discours sur la pénitence ; et comme l'Eglise nous propose, dans la célébration des mystères, cette histoire le jeudi de la semaine de la Passion, c'est ce jour-là que le prédicateur prononcera le premier.
Il ajoute un peu plus loin : « Ces trois considérations m'engagent à vous faire voir par trois discours l'efficace de la pénitence, qui peut surmonter les plus grands obstacles ; l'ardeur de la pénitence, qui doit vaincre tous les délais ; l'intégrité de la pénitence, qui doit anéantir tous les crimes et n'en laisser aucun reste. Je commencerai aujourd'hui à établir l'espérance des pécheurs par la possibilité de la conversion. » Voilà donc le sujet de nos trois discours : l'efficace de la pénitence, l'ardeur de la pénitence, l'intégrité de la pénitence. Ces discours ont été prêchés devant le même auditoire, car autrement ils n'auroient pas été complets ; mais ils n'ont pas été prêchés le même jour, puisque l'auteur dit : « Je commencerai aujourd'hui à établir l'espérance des pécheurs par la possibilité de leur conversion ; » d'ailleurs il répète souvent dans le deuxième et dans le troisième : « Comme je l'ai dit hier, comme nous l'avons vu hier. » Cependant les éditeurs, pensant qu'ils ont été prêchés le même jour, les ont publiés tous les trois sous le titre de *Sermons pour le jeudi de la semaine de la Passion*. Ce qui les a trompés, c'est que l'évangile de sainte Madeleine se lit ce jour-là.
Mais où nos discours ont-ils été prononcés? L'auteur dit à la fin du premier : « Renversez Ninive, renversez la Cour. O Cour vraiment auguste et vraiment royale, que je puisse voir tomber par terre l'ambition qui t'emporte, les jalousies qui te partagent, les médisances qui te déchirent... » Nos discours ont été manifestement prêchés devant la Cour.
A quelle époque? Voici un passage qui nous l'apprendra. L'auteur dit dans le troisième, vers la fin du dernier point : « Ces excès sont criminels en tout temps...;

aux pieds de Jésus sans penser en même temps à la pénitence. C'est donc à la pénitence que ces trois discours seront consacrés; et je suis bien aise, Messieurs, d'en proposer le sujet pour y préparer les esprits.

Je remarque trois sortes d'hommes qui négligent la pénitence : les uns n'y pensent jamais, d'autres diffèrent toujours, d'autres n'y travaillent que foiblement; et voilà trois obstacles à leur conversion (a). Plusieurs, endurcis dans leurs crimes, regardent leur conversion comme une chose impossible, et dédaignent s'y appliquer (b); plusieurs se la figurent trop facile, et ils la diffèrent de jour en jour comme un ouvrage qui est en leurs mains, qu'ils feront quand il leur plaira; plusieurs étant convaincus du péril qui suit les remises (c), commencent; mais la commençant mollement (d), ils la laissent toujours imparfaite. Voilà les trois défauts qu'il nous faut combattre par l'exemple de Madeleine, qui enseigne à tous les pécheurs que leur conversion est possible et qu'ils doivent l'entreprendre, que leur conversion est pressée et qu'ils ne doivent point la remettre, enfin que leur conversion est un grand ouvrage et qu'il ne faut point le faire à demi, mais s'y donner d'un cœur tout entier.

Ces trois considérations m'engagent à vous faire voir par trois

---

mais les peut-on maintenant souffrir dans ces extrêmes misères où le ciel et la terre fermant leurs trésors, ceux qui subsistoient par leur travail sont réduits à la honte de mendier leur vie; où ne trouvant plus de secours dans les aumônes particulières, ils cherchent un vain refuge dans les asiles publics de la pauvreté, je veux dire les hôpitaux, où par la dureté de nos cœurs ils trouvent encore la faim et le désespoir. Dans ces états déplorables peut-on songer à orner son corps, et ne tremble-t-on pas de porter sur soi la subsistance, la vie, le patrimoine des pauvres ? » — « O ambition, dit Tertullien, que tu es forte, de pouvoir porter sur toi ce qui pourroit faire subsister tant d'hommes mourans ! » Ces artisans contraints de « mendier leur vie, » ces malheureux qui trouvent la faim jusque dans « les asiles de la pauvreté, » ces « hommes mourans, » ces « extrêmes misères » nous mènent droit à cette année malheureuse où « le ciel et la terre avoient fermé leurs trésors, » à 1662. Mais qu'il me soit permis de le demander en passant, est-il vrai que Bossuet n'a jamais prononcé une parole en faveur de la souffrance ?

Ainsi trois sermons traitant la même matière, prêchés dans le Carême de 1662, les trois derniers jours de la semaine de la Passion.

(a) *Var.* : Et voilà trois empêchemens de la conversion véritable ; — tous trois méprisent la conversion véritable. — (b) Plusieurs veulent croire qu'elle est impossible, et ne daignent s'y appliquer.— (c) Le délai.— (d) Mais l'entreprenant mollement; — mais s'y appliquant mollement.

discours l'efficace de la pénitence, qui peut surmonter (*a*) les plus grands obstacles; l'ardeur de la pénitence, qui doit vaincre tous les délais; l'intégrité de la pénitence, qui doit anéantir tous les crimes et n'en laisser aucun reste. Je commencerai aujourd'hui à établir l'espérance des pécheurs par la possibilité de leur conversion, après avoir imploré le secours d'en haut. *Ave, Maria.*

Les pécheurs aveugles et mal avisés arrivent enfin par leurs désordres à l'extrémité de misère qui leur a été souvent prédite. Ils ont été assez avertis qu'ils travailloient à leurs chaînes par l'usage licencieux de leur liberté; qu'ils rendoient leurs passions invincibles en les flattant, et qu'ils gémiroient quelque jour de s'être engagés si avant dans la voie de perdition, qu'il ne leur seroit (*b*) presque plus possible de retourner sur leurs pas. Ils ont méprisé cet avis. Ce que nous faisons librement et où notre seule volonté nous porte, nous nous imaginons facilement que nous le pourrons aussi défaire sans peine. Ainsi une ame craintive, qui commençant à s'éloigner de la loi (*c*) de Dieu, n'a pas encore perdu la vue de ses jugemens, se laisse emporter aux premiers péchés, espérant de s'en retirer quand elle voudra; et très-assurée, à ce qu'elle pense, d'avoir toujours en sa main sa conversion, elle croit en attendant qu'elle peut donner quelque chose à son humeur. Cette espérance l'engage, et bientôt le désespoir lui succède. Car l'inclination au bien sensible, déjà si puissante par elle-même, étant fortifiée et enracinée par une longue habitude, cette ame ne fait plus que de vains efforts pour se relever; et retombant toujours sur ses plaies, elle se sent si exténuée, que ce changement de ses mœurs et ce retour à la droite voie qu'elle trouvoit si facile, commence à lui paroître impossible.

Cette impossibilité prétendue, c'est, mes frères, le plus grand obstacle de sa conversion. Car quelle apparence d'accomplir jamais ce que l'impuissance et le désespoir ne permet plus même de tenter? Au contraire c'est alors, dit le saint Apôtre, que les pécheurs se laissent aller et que « désespérant de leurs forces, ils se laissent

---

(*a*) *Var.* : L'efficace de la pénitence, capable de surmonter..... — (*b*) Soit. — (*c*) De la voie.

emporter sans retenue à tous leurs désirs (*a*) : » *Desperantes semetipsos tradiderunt impudicitiæ, in operationem immunditiæ omnis* [1]. Telle est, Messieurs, leur histoire (*b*) : l'espérance leur fait faire les premiers pas, le désespoir les retient et les précipite au fond de l'abîme.

Encore qu'ils y soient tombés par leur faute, il ne faut pas toutefois les laisser périr; ayons pitié d'eux, tendons-leur la main; et comme il faut qu'ils s'aident eux-mêmes par un grand effort, s'ils veulent se relever de leur chute, pour leur en donner le courage, ôtons-leur avant toutes choses cette fausse impression, qu'on ne peut vaincre ses inclinations ni ses habitudes vicieuses : montrons-leur clairement par ce discours que leur conversion est possible.

J'ai appris de saint Augustin [2] qu'afin qu'une entreprise soit possible à l'homme, deux choses lui sont nécessaires : il faut premièrement qu'il ait en lui-même une puissance, une faculté, une vertu proportionnée à l'exécution ; et il faut secondement que l'objet lui plaise, à cause que le cœur de l'homme ne pouvant agir sans quelque attrait, on peut dire en un certain sens que ce qui ne lui plaît pas lui est impossible. C'est aussi pour ces deux raisons que la plupart des pécheurs (*c*) endurcis désespèrent de leur conversion, parce que leurs mauvaises habitudes, si souvent victorieuses de leurs bons desseins (*d*), leur font croire qu'ils n'ont point de force contre elles (*e*); et d'ailleurs quand même ils les pourroient vaincre, cette vie sage et composée qu'on leur propose leur paroît sans goût, sans attrait et sans aucune douceur; de sorte qu'ils ne se sentent pas assez (*f*) de courage pour la pouvoir embrasser.

Ils ne considèrent pas, Messieurs, la nature de la grace chrétienne qui opère dans la pénitence. Elle est forte, dit saint Augustin [3], et capable de surmonter toutes nos foiblesses; mais sa force,

---

[1] *Ephes.*, IV, 19. — [2] *De Spirit. et litter.*, cap. III, n. 5. — [3] *Ibid.*, cap. XXIX, n. 51.

(*a*) *Var.* : Que les pécheurs s'abandonnent et que « désespérant d'eux-mêmes, ils se livrent sans retenue à tous leurs désirs. » — (*b*) Leur aventure. — (*c*) Que les pécheurs. — (*d*) De leurs bonnes résolutions. — (*e*) Qu'ils n'ont point de force pour les surmonter. — (*f*) De sorte qu'ils n'ont pas assez...

dit le même Père, est dans sa douceur et dans une suavité céleste qui surpasse tous les plaisirs que le monde vante. Madeleine abattue aux pieds de Jésus, fait bien voir que cette grace est assez puissante pour vaincre les inclinations les plus engageantes (a); et les larmes qu'elle répand pour l'avoir perdue, suffisent pour nous faire entendre la douceur qu'elle trouve à la posséder. Ainsi nous pouvons montrer à tous les pécheurs par l'exemple de cette sainte, que s'ils embrassent (b) avec foi et soumission la grace de la pénitence, ils y trouveront sans aucun doute et assez de force pour les soutenir, et assez de suavité pour les attirer; et c'est le sujet de ce discours.

PREMIER POINT.

Il n'est que trop vrai, Messieurs, qu'il n'y a point de coupable qui n'ait ses raisons; les pécheurs n'ont pas assez fait s'ils ne joignent l'audace d'excuser leur faute à celle de la commettre; et comme si c'étoit peu à l'iniquité de nous engager à la suivre, elle nous engage encore à la défendre. Toujours ou quelqu'un nous a entraînés, ou quelque rencontre imprévue nous a engagés contre notre gré; tout autre que nous auroit fait de même. Que si nous ne trouvons pas hors de nous sur quoi rejeter notre faute, nous cherchons quelque chose en nous qui ne vienne pas de nous-mêmes, notre humeur, notre inclination, notre naturel. C'est le langage ordinaire de tous les pécheurs, que le prophète Isaïe nous a exprimé bien naïvement dans ces paroles qu'il leur fait dire (c) : « Nous sommes tombés comme des feuilles, mais c'est que nos iniquités nous ont emportés comme un vent : » *Cecidimus quasi folium universi, et iniquitates nostræ quasi ventus abstulerunt nos* [1]. Ce n'est jamais notre choix ni notre dépravation volontaire; c'est un vent impétueux qui est survenu, c'est une force majeure, c'est une passion violente à laquelle, quand nous nous sommes laissé dominer (d) longtemps, nous sommes bien aises de croire qu'elle est invincible. Ainsi nous n'avons plus besoin

---

[1] *Isa.*, LXIV, 6.

(a) *Var.:* Les plus corrompues. — (b) S'ils reçoivent. — (c) C'est le discours ordinaire de tous les pécheurs que je reconnois exprimé bien naïvement dans ces paroles :.... — (d) Maîtriser.

de chercher d'excuse ; notre propre crime s'en sert à lui-même, et nous ne trouvons point de moyen plus fort pour notre justification que l'excès de notre malice.

Si pour détruire cette vaine excuse, nous reprochons aux pécheurs qu'en donnant un si fort ascendant (*a*) sur nos volontés à nos passions et à nos humeurs, ils ruinent la liberté de l'esprit humain, ils détruisent (*b*) toute la morale, et que par un étrange renversement ils justifient tous les crimes et condamnent toutes les lois, cette preuve (*c*) quoique forte n'aura pas l'effet que nous prétendons, parce que c'est peut-être ce qu'ils demandent, que la doctrine des mœurs soit anéantie et que chacun n'ait de lois que ses désirs. Il faut donc les convaincre par d'autres raisons, et voici celle de saint Chrysostome dans l'une de ses *Homélies sur la première Epître aux Corinthiens* [1].

« Ce qui est absolument impossible à l'homme, nul péril, nulle appréhension, nulle nécessité ne le rend possible. » Qu'un ennemi vous poursuive avec un avantage si considérable que vous soyez contraint de prendre la fuite, la crainte qui vous emporte peut bien vous rendre léger et précipiter votre course; mais quelque extrémité qui vous presse, elle ne peut jamais vous donner des ailes dans lesquelles vous trouveriez un secours présent pour vous dérober tout d'un coup à une poursuite si violente (*d*), parce que la nécessité peut bien aider nos puissances et nos facultés naturelles, mais non pas en ajouter d'autres. Or est-il que dans l'ardeur la plus insensée de nos passions, non-seulement une crainte extrême, mais une circonspection modérée, mais la rencontre d'un homme sage, mais une pensée survenue ou quelque autre dessein nous arrête et nous fait vaincre notre inclination (*e*). Nous savons bien nous contraindre devant les personnes de respect; et certes sans recourir à la crainte, celui-là est bien malheureux, qui ne connoît pas par expérience qu'il peut du moins modérer par la raison l'instinct aveugle de son humeur. Mais ce qui se peut mo-

[1] *Homil.* II.

(*a*) *Var.:* Un tel ascendant. — (*b*) Ils renversent. — (*c*) Cette raison. — (*d*) Elle ne peut jamais vous donner des ailes, encore que vous y trouveriez un secours présent contre une poursuite si violente. — (*e*) Ou quelque autre dessein peut bien nous retenir, — nous arrêter.

dérer avec un effort médiocre, sans doute se pourroit dompter si on ramassoit toutes ses forces. Il y a donc en nos ames une faculté supérieure, qui étant mise en usage, pourroit réprimer nos inclinations; et si elles sont invincibles, c'est parce qu'on ne se remue pas pour leur résister.

Mais sans chercher bien loin des raisons, je ne veux que la vie de la Cour pour faire voir aux hommes qu'ils se peuvent vaincre. Qu'est-ce que la vie de la Cour? faire céder toutes ses passions au désir d'avancer (*a*) sa fortune. Qu'est-ce que la vie de la Cour? dissimuler tout ce qui déplaît et souffrir tout ce qui offense, pour agréer à qui nous voulons. Qu'est-ce encore que la vie de la Cour? étudier sans cesse la volonté d'autrui et renoncer pour cela, s'i est nécessaire, à nos plus chères inclinations. Qui ne le fait pas, ne sait point la Cour : qui ne se façonne point à cette souplesse, c'est un esprit rude et maladroit, qui n'est propre ni pour la fortune ni pour le grand monde. Chrétiens, après cette expérience, saint Paul va vous proposer de la part de Dieu une condition bien équitable : *Sicut exhibuistis membra vestra servire immunditiæ et iniquitati ad iniquitatem, ita nunc exhibete membra vestra servire justitiæ in sanctificationem* [1] *:* « Comme vous vous êtes rendus les esclaves de l'iniquité et des désirs séculiers, en la même sorte rendez-vous esclaves de la sainteté et de la justice. » Reconnoissez, chrétiens, combien on est éloigné d'exiger de vous l'impossible, puisque vous voyez au contraire qu'on ne vous demande que ce que vous faites. « Faites, dit-il, pour la justice ce que vous faites pour la vanité, » pour la fortune : contraignez-vous pour la raison (*b*). Vous vous êtes tant de fois surmontés vous-mêmes pour servir à l'ambition, surmontez-vous quelquefois pour servir à la grace et à l'Evangile (*c*). C'est beaucoup se relâcher, pour un Dieu, de ne demander que l'égalité; toutefois il ne refuse pas ce tempérament, tout prêt à se relâcher beaucoup au-dessous. Car quoi que vous entrepreniez pour son service, quand aurez-vous

[1] *Rom.*, VI, 19.

(*a*) *Var.:* De faire... — (*b*) ...pour la vanité : » contraignez-vous pour la justice. — (*c*) Vous vous contraignez pour la vanité, contraignez-vous pour la justice. Vous vous êtes tant de fois surmontés vous-mêmes pour servir à l'ambition et à la fortune, surmontez-vous quelquefois pour servir à Dieu et à la raison.

égalé les peines de ceux que le besoin (*a*) engage au travail, l'intérêt aux intrigues de la Cour, l'honneur aux emplois de la guerre, l'amour à de longs mépris (*b*), le commerce à des voyages immenses et à un exil perpétuel de leur patrie; et pour passer à des choses de nulle importance, le divertissement et le jeu à des veilles, à des fatigues, à des inquiétudes incroyables? Quoi donc! n'y aura-t-il que le nom de Dieu qui apporte des obstacles invincibles à toutes les entreprises généreuses? Faut-il que tout devienne impossible, quand il s'agit de cet Etre qui mérite tout, dont la recherche au contraire devoit être d'autant plus facile, qu'il est toujours prompt à secourir ceux qui le désirent (*c*), toujours prêt à se donner à ceux qui l'aiment?

Je n'ignore pas, chrétiens, ce que les pécheurs nous répondent. Ils avouent qu'on se peut contraindre, et même qu'on se peut vaincre dans l'ordre des choses sensibles, et que l'ame peut faire un effort pour détacher ses sens d'un objet, lorsqu'elle les rejette aussitôt sur quelque autre bien qui les touche aussi et qui soit capable de les soutenir; mais que de laisser comme suspendu cet amour né avec nous pour les biens sensibles, sans lui donner aucun appui, et de détourner le cœur tout à coup à une beauté, quoique ravissante, mais néanmoins invisible, c'est ce qui n'est pas possible à notre foiblesse. Chrétiens, que vous répondrai-je? Il n'y a rien de plus foible, mais il n'y a rien de plus fort que cette raison; rien de plus aisé à réfuter, mais rien de plus malaisé à vaincre. Je confesse qu'il est étrange que ce que peut une passion sur une autre, la raison ne le puisse pas. Je dis : rien de plus aisé à réfuter; car comme il est ridicule dans une maison de voir un serviteur insolent qui a plus de pouvoir sur ses compagnons que le maître n'en a sur lui et sur eux, ainsi c'est une chose indigne que dans l'homme, où les passions doivent être esclaves, une d'elles plus impérieuse exerce plus d'autorité (*d*) sur les autres que la raison qui est la maîtresse n'est capable d'en exercer sur toutes ensemble : cela est indigne, mais cela est. Cette raison est devenue toute

---

(*a*) *Var.:* La nécessité. — (*b*) A de longs services. — (*c*) A prêter la main à ceux qui le cherchent. — (*d*) Une d'elles plus audacieuse ait plus d'autorité.

sensuelle; et s'il se réveille quelquefois en elle quelque affection du bien éternel pour lequel elle étoit née, le moindre souffle des passions éteint cette flamme errante et volage et la replonge tout entière dans le corps (a) dont elle est esclave. Que ne diroit ici la philosophie de la force, de la puissance, de l'empire de la raison, qui est la reine de la vie humaine, de la supériorité naturelle de cette fille du Ciel sur ces passions tumultueuses, téméraires enfans de la terre, qui combattent contre Dieu et contre ses lois? Mais que sert de représenter à cette reine dépouillée les droits et les priviléges de sa couronne qu'elle a perdus, de son sceptre qu'elle a laissé tomber de ses mains? Elle doit régner, qui ne le sait pas? Mais ne perdez pas le temps (b), ô philosophes, à l'entretenir de ce qui doit être; il faut lui donner le moyen de remonter sur son trône et de dompter ses sujets rebelles.

Chrétiens, suivons Madeleine, allons aux pieds de Jésus; c'est de là qu'il découle sur nos cœurs infirmes une vertu toute-puissante qui nous rend et la force et la liberté. Là se brise le cœur ancien, là se forme le cœur nouveau. La source étant détournée, il faut bien que le ruisseau prenne un autre cours : le cœur étant changé, il faut bien que les désirs s'appliquent ailleurs. Que si la grace peut vaincre l'inclination, ne doutez pas, chrétiens, qu'elle ne surmonte aussi l'habitude. Car qu'est-ce que l'habitude, sinon une inclination fortifiée? Mais nulle force ne peut égaler celle de l'Esprit qui nous pousse. S'il faut fondre de la glace, il fera souffler son Esprit, lequel, comme le vent du midi, relâchera la rigueur du froid, et du cœur le plus endurci sortiront les larmes de la pénitence : *Flabit Spiritus ejus et fluent aquæ* [1]. Que s'il faut faire encore un plus grand effort, il enverra son Esprit de tourbillon qui pousse violemment les murailles : *Quasi turbo impellens parietem* [2]; son Esprit qui renverse les montagnes et qui déracine les cèdres du Liban : *Spiritus Domini subvertens montes* [3]. Madeleine abattue aux pieds de Jésus par la force de cet Esprit, n'ose plus lever cette tête qu'elle portoit autrefois si haute pour attirer les regards; elle renonce à ses funestes victoires qui la

---

[1] *Psal.* CXLVII, 18. — [2] *Isa.*, XXV, 4. — [3] III *Reg.*, XIX, 11.

(a) *Var.* : Dans la chair. — (b) Mais au lieu de perdre le temps...

mettoient dans les fers (*a*) : vaincue et captivée elle-même, elle pose toutes ses armes aux pieds de celui qui l'a conquise; et ces parfums précieux, et ces cheveux tant vantés, et même ces yeux qu'elle rendoit trop touchans, dont elle éteint tout le feu dans un déluge de larmes (*b*). Jésus-Christ l'a vaincue, cette malheureuse conquérante; et parce qu'il l'a vaincue, il la rend victorieuse d'elle-même et de toutes ses passions. Ceux qui entendront cette vérité, au lieu d'accuser leur tempérament, auront recours à Jésus, qui tourne les cœurs où il lui plaît; ils n'imputeront point leur naufrage à la violence de la tempête; mais ils tendront les mains (*c*) à celui dont le Psalmiste a chanté « qu'il bride la fureur de la mer, et qu'il calme quand il veut ses flots agités : » *Tu dominaris potestati maris, motum autem fluctuum ejus tu mitigas* [1].

Il se plaît d'assister les hommes; et autant que sa grace leur est nécessaire, autant coule-t-elle volontiers sur eux. « Il a soif, dit saint Grégoire de Nazianze [2]; mais il a soif qu'on ait soif de lui. Recevoir de sa bonté, c'est lui bien faire; exiger de lui, c'est l'obliger; et il aime si fort à donner, que la demande même à son égard tient lieu d'un présent (*d*). » Le moyen le plus assuré pour obtenir son secours, c'est de croire qu'il ne nous manque pas; et j'ai appris de saint Cyprien « qu'il donne toujours à ses serviteurs autant qu'ils croient recevoir, » tant il est bon et magnifique : *Dans credentibus tantùm quantùm se credit accipere qui sumit* [3].

Ne doutez donc pas, chrétiens, si votre conversion est possible. Dieu vous promet son secours : est-il rien, je ne dis pas d'impossible, mais de difficile avec ce soutien? Que si l'ouvrage de votre salut (*e*) par la grace de Dieu est entre vos mains, « pourquoi voulez-vous périr, maison d'Israël? *Et quare moriemini, domus Israel? Nolo mortem peccatoris.* Convertissez-vous et vivez [4]. » Ne dites pas toujours : Je ne puis. — Il est vrai, tant que vous ne

[1] *Psal.* LXXXVIII, 10. — [2] *Orat.* XL, p. 657. — [3] *Epist.* VIII *ad Martyr. et Confess.*, p. 17. — [4] *Ezech.*, XVIII, 31, 32.

(*a*) *Var.* : Elle renonce à ses malheureuses conquêtes, — à ses honteuses conquêtes, qui la chargeoient elle-même d'un joug trop infâme. — (*b*) Et même ces yeux trop touchans, dont elle éteint tout le feu dans les larmes. — (*c*) Au lieu d'attribuer leur naufrage à la violence de la tempête, ils tendront les mains à celui..... — (*d*) « Est un présent. » — (*e*) Que s votre salut.

ferez pas le premier pas, le second sera toujours impossible. Quand vous donnerez tout à votre humeur et à votre pente naturelle, vous ne pourrez vous soutenir contre le torrent, etc. — Mais que cela soit possible, trouverai-je quelque douceur dans cette nouvelle vie dont vous me parlez? — C'est ce qui nous reste à considérer.

SECOND POINT.

Je n'ai pas de peine à comprendre que les pécheurs en souffrent beaucoup quand il faut tout à fait se donner à Dieu, s'attacher à un nouveau maître et commencer une vie nouvelle. Ce sont des choses, Messieurs, que l'homme ne fait jamais sans quelque crainte; et si tous les changemens nous étonnent, à plus forte raison le plus grand de tous, qui est celui de la conversion. Laban pleure amèrement et ne peut se consoler de ce qu'on lui a enlevé ses idoles : *Cur furatus es deos meos*[1] ? Le peuple insensé s'est fait des dieux qui le précèdent, des dieux qui touchent ses sens; et il danse, et il les admire, et il court après, et il ne peut souffrir qu'on les lui ôte. Ainsi l'homme sensuel voyant qu'on veut abattre par un coup de foudre ces idoles pompeuses qu'il a élevées (a), rompre ces attachemens trop aimables, dissiper toutes ces pensées qui tiennent une si grande place en son cœur malade, il se désole sans mesure (b) : dans un si grand changement, il croit que rien ne demeure en son entier et qu'on lui ôte même tout ce qu'on lui laisse. Car encore qu'on ne touche ni à ses richesses, ni à sa puissance, ni à ses maisons superbes, ni à ses jardins délicieux, néanmoins il croit perdre tout ce qu'il possède, quand on lui en prescrit un autre usage que celui qui lui plaît depuis si longtemps. Comme un homme qui est assis à une table délicate, encore que vous lui laissiez toutes les viandes, il croiroit toutefois perdre le festin, s'il perdoit tout à coup le goût qu'il y trouve et l'appétit qu'il y ressent : ainsi les pécheurs, accoutumés à se servir de leurs biens pour contenter leur humeur et leurs passions, se persuadent que tout leur échappe, si cet usage leur manque. Quoi !

[1] *Genes.*, XXXI, 30.
(a) *Var.:* Erigées. — (b) Il s'afflige amèrement.

craindre ce qu'on aimoit, n'aimer plus rien que pour Dieu! Que deviendront ces douceurs et ces complaisances, et tout ce qu'il ne faut pas penser en ce lieu et bien moins répéter en cette chaire? Que ferons-nous donc? que penserons-nous? quel objet, quel plaisir, quelle occupation? Cette vie réglée leur semble une mort, parce qu'ils n'y voient plus ces délices, cette variété qui charme les sens, ces égaremens agréables où ils semblent se promener avec liberté, ni enfin toutes les autres choses sans lesquelles ils ne trouvent pas la vie supportable.

Que dirai-je ici, chrétiens? Comment ferois-je goûter aux mondains des douceurs qu'ils n'ont jamais expérimentées? Les raisons en cette matière sont peu efficaces, parce que pour discerner ce qui plaît, on ne connaît de maître que son propre goût, ni de preuve que l'épreuve même (a). Que plût à Dieu, chrétiens, que les pécheurs pussent se résoudre à goûter combien le Seigneur est doux! Ils reconnoîtroient par expérience qu'il est de tous ces désirs irréguliers qui s'élèvent en la partie sensuelle comme des appétits de malades : tant que dure la maladie, nulle raison ne les peut guérir; aussitôt qu'on se porte bien, sans y employer de raison, la santé les dissipe par sa propre force et ramène la nature à ses objets propres : *Hæc omnia desideria tollit sanitas*[1].

Et toutefois, chrétiens, malgré l'opiniâtreté de nos malades et malgré leur goût dépravé, tâchons de leur faire entendre non point par des raisons humaines, mais par les principes de la foi, qu'il y a des délices spirituelles qui surpassent les fausses douceurs de nos sens et toutes leurs flatteries. Pour cela, sans user d'un grand circuit, il me suffit de dire en un mot que Jésus-Christ est venu au monde. Si je ne me trompe, Messieurs, nous vîmes (b) hier assez clairement qu'il y est venu pour se faire aimer. Un Dieu qui descend parmi les éclairs et qui fait fumer de toutes parts la montagne de Sinaï par le feu qui sort de sa face (c), a dessein de se faire craindre; mais un Dieu qui rabaisse sa grandeur et tempère sa majesté pour s'accommoder à notre portée, un Dieu qui

[1] S. August., *Serm.* CCLV, n. 7.

(a) *Var.* : Chacun ne connoît d'autre maître que son propre goût; on ne veut point être persuadé par des argumens, mais convaincu par l'épreuve même. — (b) Nous fîmes voir... — (c) Qui s'allume devant sa face.

se fait homme pour attirer l'homme par cette bonté populaire dont hier nous admirions la condescendance, sans doute a dessein de se faire aimer. Or est-il que quiconque se veut faire aimer, il est certain qu'il veut plaire; et si un Dieu nous veut plaire, qui ne voit qu'il n'est pas possible que la vie soit ennuyeuse dans son service (a)?

C'est, Messieurs, par ce beau principe, que le grand saint Augustin a fort bien compris [1] que la grace du Nouveau Testament, qui nous est donnée par Jésus-Christ, est une chaste délectation, un agrément immortel, un plaisir spirituel et céleste qui gagne les cœurs (b) : car puisque Jésus-Christ a dessein de plaire, il ne doit pas venir sans son attrait. Nous ne sommes plus ce peuple esclave et plus dur (c) que la pierre sur laquelle sa loi est écrite, que Dieu fait marcher dans un chemin rude (d) à grands coups de foudre, si je puis parler de la sorte, et par des terreurs continuelles; nous sommes ses enfans bien-aimés auxquels il a envoyé son Fils unique pour nous gagner par amour. Croyez-vous que celui qui a fait vos cœurs manque de charmes pour les attirer, d'appas pour leur plaire et de douceur pour les entretenir dans une sainte persévérance (e)? Ah! cessez; ne soupirez plus désormais après les plaisirs de ce corps mortel; cessez d'admirer cette eau trouble que vous voyez sortir (f) d'une source si corrompue. Levez les yeux, chrétiens, voyez cette fontaine si claire et si vive qui arrose, qui rafraîchit, qui enivre la Jérusalem céleste. Voyez la liesse et le transport, les chants, les acclamations, les ravissemens de cette cité triomphante. C'est de là que Jésus-Christ nous a apporté un commencement de sa gloire dans le bienfait de sa grace, un essai de la vision dans la foi, une partie de la félicité dans l'espérance : enfin un plaisir intime qui ne trouble pas la volonté, mais qui la calme; qui ne surprend pas la raison, mais qui l'éclaire; qui ne chatouille pas le cœur dans sa surface, mais

---

[1] *De Spirit. et litter.*, cap. XXXVIII, n. 49; *De Grat. Christ.*, cap. XXXV, n. 83, et alibi.

(a) *Var.* : Et si un Dieu veut plaire, par conséquent il est impossible que la vie soit ennuyeuse..... — (b) Une chaste délectation et un agrément céleste qui gagne..... — (c) Et plus pesant. — (d) Dans une voie dure. — (e) Pour les affermir dans son saint amour. — (f) Ne buvez plus de cette eau trouble que vous voyez découler...

qui l'attire tout entier à Dieu par son centre : *Trahe nos post te* [1].

Si vous voulez voir par expérience combien cet attrait est doux, considérez Madeleine. Quand vous voyez un enfant attaché de toute sa force à la mamelle, qui suce avec ardeur et empressement cette douce portion de sang que la nature lui sépare si adroitement de toute la masse et lui assaisonne elle-même de ses propres mains, vous ne demandez pas s'il y prend plaisir, ni si cette nourriture lui est agréable. Jetez les yeux sur Madeleine, voyez comme elle court toute transportée à la maison du Pharisien pour trouver celui qui l'attire. Elle n'a point de repos jusqu'à ce qu'elle se soit jetée à ses pieds ; mais regardez comme elle les baise, avec quelle ardeur elle les embrasse ; et après cela ne doutez jamais que la joie de suivre Jésus ne passe toutes les joies du monde, non-seulement celles qu'il donne, mais même celles qu'il promet, toujours plus grandes que celles qu'il donne.

Que si vous êtes effrayés par ses larmes, par ses sanglots, par l'amertume de sa pénitence, sachez, mes frères, que cette amertume est plus douce que tous les plaisirs. Nous lisons dans l'Histoire sainte, c'est au premier livre d'*Esdras*, que lorsque ce grand prophète eut rebâti le temple de Jérusalem que l'armée assyrienne avoit renversé, le peuple mêlant tout ensemble et le triste souvenir de sa ruine et la joie de la voir si bien réparée, tantôt élevoit sa voix en des cris lugubres, et tantôt poussoit jusqu'au ciel des chants de réjouissance (a) ; en telle sorte, dit l'auteur sacré, « qu'on ne pouvoit distinguer les gémissemens d'avec les acclamations : » *Nec poterat quisquam agnoscere vocem clamoris lætantium et vocem fletûs populi* [2]. C'est une image imparfaite de ce qui se fait dans la pénitence. Cette ame contrite et repentante voit le temple de Dieu renversé en elle, et l'autel et le sanctuaire si saintement consacré sous le titre du Dieu vivant : hélas ! ce ne sont point les Assyriens, c'est elle-même qui a détruit cette sainte et magnifique structure, pour bâtir en sa place un temple d'idoles ; et elle pleure, et elle gémit, et elle ne veut point recevoir de consolation. Mais au milieu de ses pleurs elle voit que cette maison

---

[1] *Cant.*, I, 3. — [2] 1 *Esdr.* III, 13.
(a) *Var.* : D'allégresse.

sacrée se relève; bien plus, ce sont ses larmes et sa douleur même qui redressent ses murailles abattues, érigent de nouveau cet autel si indignement détruit, commencent à faire fumer dessus un encens agréable à Dieu et un holocauste (*a*) qui l'apaise. Elle se réjouit parmi ses larmes; elle voit qu'elle trouvera dans l'asile d'une bonne conscience une retraite assurée, que nulle violence ne peut forcer (*b*), si bien qu'elle peut sans crainte y retirer ses pensées, y déposer ses trésors, y reposer ses inquiétudes; et quand tout l'univers seroit ébranlé, y vivre tranquille et paisible sous les ailes du Dieu qui l'habite et y préside. Qu'en jugez-vous, chrétiens? Une telle vie est-elle à charge? Cette ame à laquelle (*c*) sa propre douleur procure une telle grace, peut-elle regretter ses larmes? Ne se croira-t-elle pas beaucoup plus heureuse de pleurer ses péchés aux pieds de Jésus (*d*), que de rire avec le monde et se perdre parmi ses joies dissolues? Et combien donc est agréable la vie chrétienne, « où les regrets mêmes ont leurs plaisirs, où les larmes portent avec elles leur consolation! » *Ubi et fletus sine gaudio non est,* dit saint Augustin [1].

Mais je prévois, chrétiens, une dernière difficulté contre les saintes vérités que j'ai établies. Les pécheurs étant convaincus par la force et par la douceur de la grace de Jésus-Christ qu'il n'est pas impossible de changer de vie, nous font une autre demande, si cela se peut à la Cour et si l'ame y est en état de pouvoir goûter ces douceurs célestes. Que cette question est embarrassante! Si nous en croyons l'Evangile, il n'y a rien de plus opposé que Jésus-Christ et le monde; et de ce monde, Messieurs, la partie la plus éclatante et par conséquent la plus dangereuse, chacun sait assez que c'est la Cour. Comme elle est et le principe et le centre de toutes les affaires du monde, l'ennemi du genre humain y jette tous ses appâts, y étale toute sa pompe. Là se trouvent les passions les plus fines, les intérêts les plus délicats, les espérances les plus engageantes. Quiconque a bu de cette eau, il s'entête; il est tout changé par une espèce d'enchantement; c'est un breuvage

[1] Enarr. *in Psal.* CXLV.

(*a*) *Var. :* Un sacrifice. — (*b*) Elle voit qu'elle trouvera dans ce sanctuaire un asile et une retraite que nulle violence..... — (*c*) A qui. — (*d*) Combien aime-t-elle mieux pleurer ; — combien trouve-t-elle plus doux de pleurer ses péchés.... !

charmé qui enivre les plus sobres, et la plupart de ceux qui en ont goûté ne peuvent plus goûter autre chose ; en sorte que Jésus-Christ ni ses vérités (a) ne trouvent presque plus de place en leurs cœurs.

Et toutefois, chrétiens, pour ne pas jeter dans le désespoir des ames que le Fils de Dieu a rachetées, disons qu'étant le Sauveur de tous, il n'y a point de condition ni d'état honnête qui soit exclu du salut qu'il nous a donné par son sang. Puisqu'il a choisi quelques rois pour être enfans de son Eglise, et qu'il a sanctifié quelques Cours par la profession de son Evangile, il a regardé en pitié et les princes et leurs courtisans ; et ainsi il a préparé des préservatifs pour toutes leurs tentations, des remèdes pour tous leurs dangers, des graces pour tous leurs emplois. Mais voici la loi qu'il leur impose : ils pourront faire leur salut, pourvu qu'ils connoissent bien leurs périls ; ils pourront arriver en sûreté, pourvu qu'ils marchent toujours en crainte et qu'ils égalent leur vigilance à leurs besoins, leurs précautions à leurs dangers, leur ferveur aux obstacles qui les environnent : *Tuta si sollicita, secura si attonita* [1]. Qu'on se fasse violence ; cette douceur vient de la contrainte : renversez Ninive ; renversez la Cour.

O Cour vraiment auguste et vraiment royale, que je puisse voir tomber par terre l'ambition qui t'emporte, les jalousies qui te partagent, les médisances qui te déchirent, les querelles qui t'ensanglantent, les délices qui te corrompent, l'impiété qui te déshonore !

[1] Tertull., *De Idololat.*, n. 24.
(a) *Var.* : Ni son Evangile.

SECOND SERMON

POUR

LES TROIS DERNIERS JOURS

DE LA SEMAINE DE LA PASSION,

SUR L'ARDEUR DE LA PÉNITENCE (a).

Et ecce mulier, quæ erat in civitate peccatrix, ut cognovit quòd accubuisset in domo Pharisæi, attulit alabastrum unguenti.

Et voici qu'une femme connue par ses désordres dans la ville, aussitôt qu'elle eut appris que Jésus étoit en la maison du Pharisien, elle lui apporta ses parfums et se jeta à ses pieds. *Luc.*, VII, 37.

Jésus-Christ veut être pressé; ceux qui vont à lui lentement n'y peuvent jamais atteindre; il aime les ames généreuses qui lui arrachent sa grace par une espèce de violence comme cette fidèle Chananée, ou qui la gagnent promptement par la force d'un amour extrême comme Madeleine pénitente. Voyez-vous, Messieurs, cette femme qui va chercher Jésus-Christ jusqu'à la table du Pharisien (b)? C'est qu'elle trouve que c'est trop tarder que de différer un moment de courir à lui. Il est dans une maison étrangère; mais partout où se rencontre le Sauveur des ames, elle sait qu'il y est toujours pour les pécheurs. C'est un titre infaillible pour l'aborder que de sentir qu'on a besoin de son secours; et il n'y a point de rebut à craindre, pourvu qu'on ne tarde pas à lui exposer ses misères.

Allons donc, mes frères, d'un pas diligent, et courons avec Madeleine au divin Sauveur qui nous attend depuis tant d'années. Que dis-je, qui nous attend? qui nous prévient, qui nous cherche et qui nous auroit bientôt trouvés, si nous ne faisions effort pour

---

(a) Prêché en 1662, devant la Cour.
Ce sermon fait pour ainsi dire partie du précédent.— *V.* la note de la p. 450, 451.

(b) *Var.* : Jusque dans la maison du Pharisien, — dans une maison étrangère.

le perdre (*a*). Portons-lui nos parfums avec cette sainte pénitente, c'est-à-dire de saints désirs, et allons répandre à ses pieds des larmes pieuses. Ne différons pas un moment de suivre l'attrait de sa grace; et pour obtenir cette promptitude qui fera le sujet de ce discours, demandons la grace du Saint-Esprit par l'intercession de la sainte Vierge.

Une lumière soudaine et pénétrante brille aux yeux de Madeleine; une flamme toute pure et toute céleste commence à s'allumer dans son cœur; une voix s'élève au fond de son ame, qui l'appelle par plusieurs cris redoublés aux larmes, aux regrets, à la pénitence. Elle est troublée et inquiète : sa vie passée lui déplaît, mais elle a peine à changer si tôt. Sa jeunesse vigoureuse (*b*) lui demande encore quelques années. Ses anciens attachemens lui reviennent et semblent se plaindre en secret d'une rupture si prompte; son entreprise (*c*) l'étonne elle-même; enfin toute la nature conclut à remettre et à prendre un peu de temps pour se résoudre.

Tel est, Messieurs, l'état du pécheur, lorsque Dieu l'invite à se convertir (*d*) : il trouve toujours de nouveaux prétextes, afin de retarder l'œuvre de la grace. Que ferons-nous et que dirons-nous? Lui donnerons-nous le temps de délibérer sur une chose toute décidée (*e*) et que l'on perd si peu qu'on hésite? Ah! ce seroit outrager l'Esprit de Jésus, qui ne veut pas qu'on doute un moment de ce qu'on lui doit. Mais s'il faut pousser ce pécheur encore incertain et irrésolu, et toutefois déjà ébranlé, par quelle raison le pourrons-nous vaincre? Il voit toutes les raisons, il en voit la force; son esprit est rendu, son cœur tient encore et ne demeure invincible que par sa propre foiblesse. Chrétiens, parlons à ce cœur; mais certes la voix d'un homme ne perce pas si avant : faisons parler Jésus-Christ, et tâchons seulement d'ouvrir tous les cœurs à cette voix pénétrante. « Maison de Jacob, dit le saint prophète, écoutez la voix du Seigneur[1]; » ames rachetées du sang

---

[1] *Jerem.*, II, 4.

(*a*) *Var.* : Pour nous perdre. — (*b*) Florissante, — fleurissante. — (*c*) Un si grand changement. — (*d*) L'invite à la pénitence. — (*e*) Si bien décidée.

d'un Dieu, écoutez ce Dieu qui vous parle. Ce n'est pas la voix de son tonnerre, ni le cri de sa justice irritée, que je veux faire retentir à vos oreilles. Comme j'ai dessein de parler au cœur, je veux faire parler le divin amour : vous le verrez attendri, vous le verrez indigné ; vous entendrez ses caresses, vous entendrez ses reproches ; celles-là pour amollir votre dureté, celles-ci pour confondre votre ingratitude. En un mot, pour surmonter ces remises d'un cœur qui diffère toujours de se rendre à Dieu, j'ai dessein de vous faire entendre les douceurs de son amour attirant, et les menaces pressantes (a) de son amour méprisé.

PREMIER POINT.

Qui me donnera des paroles pour vous exprimer aujourd'hui la bonté immense de notre Sauveur et les empressemens infinis de sa charité pour les ames? C'est lui-même qui nous les explique dans la parabole du bon Pasteur, où nous découvrons trois effets de l'amour d'un Dieu pour les ames dévoyées (b) : il les cherche, il les trouve, il les rapporte. « Le bon Pasteur, dit le Fils de Dieu, court après sa brebis perdue : » *Vadit ad illam quæ perierat*[1]. Vous voyez bien, Messieurs, comme il la cherche : c'est le premier effet de la grace, chercher les pécheurs qui s'égarent ; mais il court « jusqu'à ce qu'il la trouve, » *donec inveniat eam*[2] : c'est le second effet de l'amour, trouver les pécheurs qui fuient ; et après qu'il l'a retrouvée, il la charge sur ses épaules : c'est le dernier trait de miséricorde, porter les pécheurs affoiblis qui tombent.

Ces trois degrés de miséricorde répondent admirablement à trois degrés de misère où l'ame pécheresse est précipitée ; elle s'écarte, elle fuit, elle perd ses forces. Voyez une ame engagée dans les voies du monde ; elle s'éloigne du bon Pasteur, et en s'éloignant elle l'oublie, elle ne connoît plus son visage, elle perd tout le goût de ses vérités. Il s'approche, il l'appelle, il touche son cœur : Retourne à moi, dit-il, pauvre abandonnée ; quitte tes ordures, quitte tes plaisirs, quitte tes attaches ; c'est moi qui suis le

---

[1] *Luc.*, xv, 4. — [2] *Ibid.*

(a) *Var. :* Charitables. — (b) Égareés.

Seigneur ton Dieu, jaloux de ton innocence et passionné pour ton ame. Elle ne reconnoît plus la voix du pasteur qui la veut désabuser de ce qui la trompe, et elle le fuit comme un ennemi qui lui veut ôter ce qui lui plaît. Dans cette fuite précipitée, elle s'engage, elle s'embarrasse, elle s'épuise et tombe dans une extrême impuissance. Que deviendroit-elle, Messieurs, et quelle seroit la fin de cette aventure, sinon la perdition éternelle, si le pasteur charitable ne cherchoit sa brebis égarée, ne trouvoit sa brebis fuyante, ne rapportoit sur ses épaules sa brebis lasse et fatiguée, qui n'est plus capable de se soutenir? Car (*a*), comme dit Tertullien, errant deçà et delà, elle s'est beaucoup travaillée dans ses malheureux égaremens : *Multùm enim errando laboraverat*[1].

Voilà, chrétiens, en général, trois funestes dispositions que Jésus-Christ a dessein de vaincre par trois effets de sa grace. Mais imitons ce divin Pasteur, cherchons avec lui les ames perdues; et ce que nous avons dit en général des égaremens du péché et des attraits pressans de la grace, disons-le tellement que chacun puisse trouver dans sa conscience les vérités que je prêche (*b*). Viens donc, ame pécheresse, et que je te fasse voir d'un côté ces éloignemens quand on te laisse, ces fuites quand on te poursuit, ces langueurs (*c*) quand on te ramène; et de l'autre côté ces impatiences d'un Dieu (*d*) qui te cherche, ces touches pressantes d'un Dieu qui te trouve, ces secours, ces miséricordes, ces condescendances, ces soutiens tout-puissans d'un Dieu qui te porte.

Premièrement, chrétiens, je dis que le pécheur s'éloigne de Dieu, et il n'y a page de son Ecriture en laquelle il ne lui reproche cet éloignement. Mais sans le lire dans l'Ecriture, nous pouvons le lire dans nos consciences. C'est là que les pécheurs doivent reconnoître les deux funestes démarches par lesquelles ils se sont séparés de Dieu. Ils l'ont éloigné de leurs cœurs, ils l'ont éloigné de leurs pensées. Ils l'ont éloigné du cœur en retirant de lui leur affection. Veux-tu savoir, chrétien, combien de pas tu as faits pour te séparer de Dieu? Compte tes mauvais désirs, tes affec-

[1] *De Pænit.*, n. 8.

(*a*) *Var.*: Parce que. — (*b*) Faisons-le voir en particulier, et que chacun puisse trouver..... — (*c*) Tes foiblesses. — (*d*) Les empressemens d'un Dieu.

tions dépravées, tes attaches, tes engagemens, tes complaisances pour la créature. Oh! que de pas il a faits, et qu'il s'est avancé malheureusement dans ce funeste voyage, dans cette terre étrangère! Dieu n'a plus de place en son cœur; et pour l'amour de son cœur, la mémoire, trop fidèle amie et trop complaisante pour ce cœur ingrat, l'a aussi banni de son souvenir. Il ne songe ni au mal présent qu'il se fait lui-même par son crime, ni aux terribles approches du jugement (*a*) qui le menace. Parlez-lui de son péché : Eh bien, « j'ai péché, dit-il hardiment; et que m'est-il arrivé de triste [1]? » Que si vous pensez lui parler du jugement à venir, cette menace est trop éloignée pour presser sa conscience à se rendre : *In longum differuntur dies...., et in tempora longa iste prophetat* [2]. Parce qu'il a oublié Dieu, il croit que Dieu l'oublie et ne songe plus à punir ses crimes : *Dixit enim in corde suo : Oblitus est Deus* [3]; de sorte qu'il n'y a plus rien désormais qui rappelle Dieu en sa pensée, parce que le péché qui est le mal présent n'est pas sensible, et que le supplice qui est le mal sensible n'est pas présent.

Non content de se tenir éloigné de Dieu, il fuit les approches de sa grace. Et quelles sont ses fuites, sinon ses délais, ses remises de jour en jour, ce demain qui ne vient jamais, cette occasion qui manque toujours, cette affaire qui ne finit point et dont l'on attend toujours la conclusion pour se donner tout à fait à Dieu? N'est-ce pas fuir ouvertement l'inspiration? Mais après avoir fui longtemps, on fait enfin quelques pas, quelque demi-restitution, quelque effort pour se dégager, quelque résolution imparfaite. Nouvelle espèce de fuite. Car dans la voie du salut, si l'on ne court on retombe; si on languit on meurt bientôt; si l'on ne fait tout on ne fait rien; enfin marcher lentement c'est retourner en arrière.

Mais après avoir parlé des égaremens, il est temps maintenant, mes frères, de vous faire voir un Dieu qui vous cherche. Pour cela, faites parler votre conscience. Qu'elle vous raconte elle-même combien de fois Dieu l'a troublée, afin qu'elle vous troublât dans vos joies pernicieuses; combien de fois il a rappelé (*b*) la terreur

---

[1] *Eccli.*, v, 4. — [2] *Ezech.*, xii, 22, 27. — [3] *Psal.* x, *H*, 11.
(*a*) *Var. :* De l'avenir. — (*b*) Ramené.

de ses jugemens et les saintes vérités de son Evangile, dont la pureté incorruptible fait honte à votre vie déshonnête. Vous ne voulez pas les voir ces vérités saintes; vous ne les voulez pas devant vous, mais derrière vous; et cependant, dit saint Augustin, quand elles sont devant vous elles vous guident, quand elles sont derrière vous elles vous chargent. Ah! Jésus a pitié de vous : il veut ôter de dessus votre dos ce fardeau qui vous accable et mettre devant vos yeux cette vérité qui vous éclaire. La voilà, la voilà dans toute sa force, dans toute sa pureté, dans toute sa sévérité, cette vérité évangélique qui condamne toute perfidie, toute injustice, toute violence, tout attachement impudique. Envisagez cette beauté, et ayez confusion de vous-même; regardez-vous dans cette glace, et voyez si votre laideur est supportable.

Autant de fois, chrétiens, que cette vérité vous paroît, c'est Jésus-Christ qui vous cherche. Combien de fois vous a-t-il cherchés dans les saintes prédications? Il n'y a sentier qu'il n'ait parcouru, il n'y a vérité qu'il n'ait rappelée. Il vous a suivis dans toutes les voies dans lesquelles votre ame s'égare. Tantôt on a parlé des impiétés, tantôt des superstitions, tantôt de la médisance, tantôt de la flatterie, tantôt des attaches et tantôt des aversions criminelles. Un mauvais riche vous a paru pour vous faire voir le tableau de l'impénitence; un Lazare mendiant vous a paru pour exciter votre cœur à la compassion et votre main aux aumônes, dans ces nécessités désespérantes. Enfin on a couru par tous les détours par lesquels vous pouviez vous perdre; on a battu toutes les voies par lesquelles on peut entrer dans une ame; et l'espérance, et la crainte, et la douceur et la force, et l'enfer et le paradis, et la mort certaine et la vie douteuse, tout a été employé.

Et après cela vous n'entendriez pas de quelle ardeur on court après vous! Que si, en tournant de tous côtés par le saint empressement d'une charitable recherche, quelquefois il est arrivé qu'on ait mis la main sur votre plaie, qu'on soit entré dans le cœur par l'endroit où il est sensible; si l'on a tiré de ce cœur quelques larmes, quelque regret, quelque crainte, quelque forte réflexion, quelque soupir après Dieu, après la vertu, après l'innocence, c'est alors que vous pouvez dire que malgré vos égaremens Jésus a trouvé votre ame; il est descendu aux enfers encore une fois, car quel enfer plus horrible qu'une ame rebelle à Dieu, soumise à son ennemi, captive de ses passions? Ah! si Jésus y est descendu, si dans cette horreur et ces ténèbres il a fait luire ses saintes lumières, s'il a touché votre cœur par quelque retour sur ses vérités que vous aviez oubliées, rappelez ce sentiment précieux, cette sainte réflexion, cette douleur salutaire. Abandonnez-y votre cœur et dites avec le Psalmiste : *Tribulationem et dolorem inveni*[1] : « J'ai trouvé l'affliction et la douleur. » Enfin je l'ai trouvée cette affliction fructueuse, cette douleur salutaire de la pénitence : mille douleurs, mille afflictions m'ont persécuté malgré moi, et les misères nous trouvent toujours fort facilement. Mais enfin j'ai trouvé une douleur qui méritoit bien que je la cherchasse, cette affliction d'un cœur contrit et d'une ame attristée de ses péchés : je l'ai trouvée, cette douleur, « et j'ai invoqué le nom de Dieu : » *et nomen Domini invocavi*[2]. Je me suis affligé de mes crimes, et je me suis converti à celui qui les efface; on m'a sauvé, parce qu'on m'a blessé; on m'a donné la paix, parce qu'on m'a offensé; on m'a dit des vérités qui ont déplu premièrement à ma foiblesse, et ensuite qui l'ont guérie. S'il est ainsi, chrétiens, si la grace de Jésus-Christ a fait en vous quelque effet semblable, courez vous-mêmes après le Sauveur; et quoique cette course soit laborieuse, ne craignez pas de manquer de force.

Il faudroit ici vous représenter la foiblesse d'une ame épuisée par l'attache à la créature. Mais comme je veux être court, j'en dirai seulement ce mot, que j'ai appris de saint Augustin, qui l'a appris de l'Apôtre. L'empire qui se divise s'affoiblit; les forces qui se partagent se dissipent. Or il n'y a rien sur la terre de plus misérablement partagé que le cœur de l'homme : toujours, dit saint Augustin[3], une partie qui marche et une partie qui se traîne, toujours une ardeur qui presse avec un poids qui accable, toujours aimer et haïr, vouloir et ne vouloir pas, craindre et désirer la même chose. Pour se donner tout à fait à Dieu, il faut continuellement arracher son cœur de tout ce qu'il voudroit aimer. La volonté commande, et elle-même qui commande ne s'obéit pas; éternel obstacle à ses

---

[1] *Psal.* CXIV, 3. — [2] *Ibid.*, 4. — [3] *Confess.*, lib. VIII, cap. IX, X.

désirs propres, elle est toujours aux mains avec ses propres désirs (*a*) : ainsi, dit saint Augustin, elle se dissipe elle-même ; et cette dissipation, quoiqu'elle se fasse malgré nous, c'est nous néanmoins qui la faisons.

Dans une telle langueur de nos volontés dissipées, je le confesse, Messieurs, notre impuissance est extrême ; mais voyez le bon Pasteur qui vous présente ses épaules. N'avez-vous pas ressenti souvent certaines volontés fortes, desquelles si vous suiviez l'instinct généreux, rien ne vous seroit impossible? C'est Jésus-Christ qui vous soutient, c'est Jésus-Christ qui vous porte.

Que reste-t-il donc, mes frères, sinon que je vous exhorte à ne recevoir pas en vain une telle grace : *Ne in vacuum gratiam Dei recipiatis* [1]*?* Pour vous presser de la recevoir, je voudrois bien, chrétiens, n'employer ni l'appréhension de la mort, ni la crainte de l'enfer et du jugement, mais le seul attrait de l'amour divin. Et certes, en commençant de respirer l'air, nous devions commencer aussi de respirer pour ainsi dire le divin amour ; ou, parce que notre raison empêchée ne pouvoit pas vous connoître encore, ô Dieu vivant, nous devions du moins vous aimer sitôt que nous avons pu aimer quelque chose. O beauté par-dessus toutes les beautés, ô bien par-dessus tous les biens, pourquoi avons-nous été si longtemps sans vous dévouer nos affections (*b*)? Quand nous n'y aurions perdu qu'un moment, toujours aurions-nous commencé trop tard. Et voilà que nos ans se sont échappés (*c*), et encore languissons-nous dans l'amour des choses mortelles.

O homme fait à l'image de Dieu, tu cours après les plaisirs mortels, tu soupires après les beautés mortelles ; les biens périssables ont gagné ton cœur. Si tu ne connois rien qui soit au-dessus, rien de meilleur ni de plus aimable, repose-toi, à la bonne heure, en leur jouissance. Mais si tu as une ame éclairée d'un rayon de l'intelligence divine ; si en suivant ce petit rayon, tu peux remonter jusqu'au principe, jusqu'à la source du bien, jusqu'à Dieu même ; si tu peux connoître qu'il est, et qu'il est infiniment beau,

---

[1] II *Cor.*, vi, 1.

(*a*) *Var.* : Elle est un éternel pressement et un éternel obstacle à elle-même. — (*b*) Notre cœur. — (*c*) Et voilà que notre vie est presque écoulée.

infiniment bon, et qu'il est toute beauté et toute bonté, comment peux-tu vivre et ne l'aimer pas? Homme, puisque tu as un cœur, il faut que tu aimes; et selon que tu aimeras bien ou mal, tu seras heureux ou malheureux. Dis-moi, qu'aimeras-tu donc? L'amour est fait pour l'aimable, et le plus grand amour pour le plus aimable, et le souverain amour pour le souverain aimable : quel enfant ne le verroit pas? quel insensé le pourroit nier? C'est donc une folie manifeste, et de toutes les folies la plus folle, que de refuser son amour à Dieu qui nous cherche. Qu'attendons-nous, chrétiens? Déjà nous devrions mourir de regret de l'avoir oublié durant tant d'années; mais quel sera notre aveuglement et notre fureur, si nous ne voulons pas commencer encore! Car voulons-nous ne l'aimer jamais, ou voulons-nous l'aimer quelque jour? Jamais! qui le pourroit dire? jamais, le peut-on seulement penser? en quoi donc différerions-nous d'avec les démons? Mais si nous le voulons aimer quelque jour, quand est-ce que viendra ce jour? Pourquoi ne sera-ce pas celui-ci? Quelle grace, quel privilége a ce jour que nous attendons, que nous voulions le consacrer entre tous les autres en le donnant à l'amour de Dieu? Tous les jours ne sont-ils pas à Dieu? Oui, tous les jours sont à Dieu; mais jamais il n'y en a qu'un qui soit à nous, et c'est celui qui se passe. Eh quoi! voulons-nous toujours donner au monde ce que nous avons, et à Dieu ce que nous n'avons pas?

— Mais je ne puis, direz-vous; je suis engagé. — Malheureux, si vos liens sont si forts que l'amour de Dieu ne les puisse rompre! malheureux, s'ils sont si foibles que vous ne vouliez pas les rompre pour l'amour de Dieu! Ah! laissez démêler cette affaire : mais plutôt voyez, dans l'empressement que cette affaire vous donne, celui que mérite l'affaire de Dieu; Jésus ne permet pas d'ensevelir son propre père. — Mais laissez apaiser cette passion; après, j'irai à Dieu d'un esprit plus calme. — Voyez cet insensé sur le bord d'un fleuve, qui voulant passer à l'autre rive, attend que le fleuve se soit écoulé, et il ne s'aperçoit pas qu'il coule sans cesse. Il faut passer par-dessus le fleuve, il faut marcher contre le torrent, résister au cours de nos passions, et non attendre de voir écoulé ce qui ne s'écoule jamais tout à fait.

Mais peut-être que je me trompe, et les passions en effet s'écoulent bientôt. Elles s'écoulent souvent, il est véritable ; mais une autre succède en sa place; chaque âge a sa passion dominante; le plaisir cède à l'ambition, et l'ambition cède à l'avarice. Une jeunesse emportée ne songe qu'à la volupté; l'esprit étant mûri tout à fait, on veut pousser sa fortune et on s'abandonne à l'ambition; enfin dans le déclin et sur le retour, la force commence à manquer; pour avancer ses desseins, on s'applique à conserver ce qu'on a acquis, à le faire profiter, à bâtir dessus, et on tombe insensiblement dans le piége de l'avarice. C'est l'histoire de la vie humaine. L'amour du monde ne fait que changer de nom, un vice cède la place à un autre vice ; et au lieu de la remettre à Jésus le légitime Seigneur, il laisse un successeur de sa race, enfant comme lui de la même convoitise. Interrompons aujourd'hui le cours de cette succession malheureuse. Renversons la passion qui domine en nous; et de peur qu'une autre n'en prenne la place, faisons promptement régner celui auquel le règne appartient. Il vous y presse par ses saints attraits; et plût à Dieu que vous vous donnassiez tellement à lui, que vous m'épargnassiez le soin importun de vous faire ouïr ses menaces ! Mais comme il faut peut-être ce dernier effort pour vaincre notre dureté, écoutons les justes reproches d'un cœur outragé par nos indignes refus. C'est ma seconde partie.

SECOND POINT.

Encore qu'un Dieu irrité ne paroisse point aux hommes qu'avec un appareil étonnant, toutefois il n'est jamais plus terrible qu'en l'état où je dois le représenter, non point, comme on pourroit croire, porté sur un nuage enflammé d'où sortent des éclairs et des foudres, mais armé de ses bienfaits et assis sur un trône de grace.

C'est, Messieurs, en cette sorte que la justice de Dieu nous paroît dans le Nouveau Testament. Car il me semble qu'elle a deux faces, dont l'une s'est montrée à l'ancien peuple, et l'autre se découvre au peuple nouveau. Durant la loi de Moïse, c'étoit sa coutume ordinaire de faire connoître ses rigueurs par ses rigueurs mêmes; c'est pourquoi elle est toujours l'épée à la main, toujours menaçante, toujours foudroyante et faisant sortir de ses yeux un feu dévorant; et je confesse, chrétiens, qu'elle est infiniment redoutable en cet état. Mais dans la nouvelle alliance elle prend une autre figure, et c'est ce qui la rend sans aucune comparaison plus insupportable et plus accablante, parce que ses rigueurs ne se forment que dans l'excès de ses miséricordes, et que c'est par des coups de graces que sont fortifiés (*a*) les coups de foudre, qui perçant aussi avant dans le cœur que l'amour avoit résolu d'y entrer, y causent une extrême désolation, y font un ravage inexplicable. Vous le comprendrez aisément, quand je vous aurai dit en un mot ce que tout le monde sait, qu'il n'est rien de si furieux qu'un amour méprisé et outragé. Mais comme je n'ai pas dessein dans cette chaire, ni d'arrêter longtemps vos esprits sur les emportemens de l'amour profane, ni de vous faire juger de Dieu comme vous feriez d'une créature, j'établirai ce que j'ai à dire sur des principes plus hauts, tirés de la nature divine, selon qu'elle nous est montrée dans les saintes Lettres (*b*).

Il faut donc savoir, chrétiens, que l'objet de la justice de Dieu, c'est la contrariété qu'elle trouve en nous; et j'en remarque de deux sortes : ou nous pouvons être opposés à Dieu considéré en lui-même, ou nous pouvons être opposés à Dieu agissant en nous; et cette dernière façon est sans comparaison la plus outrageuse. Nous sommes opposés à Dieu considéré en lui-même, en tant que notre péché est contraire à sa sainteté et à sa justice; et en ce sens, chrétiens, comme ses divines perfections sont infiniment éloignées de la créature, l'injure qu'il reçoit de nous, quoiqu'elle soit d'une audace extrême, ne porte pas son coup, ne fait pas une impression si prochaine, ne le touche pas de si près. Mais ce Dieu qui est si fort éloigné de nous par toutes ses autres qualités, entre avec nous en société, s'égale et se mesure avec nous par les tendresses de son amour, par les pressemens de sa miséricorde qui attire à soi notre cœur. Comme donc c'est par cette voie qu'il s'efforce d'approcher de nous, l'injure que nous lui faisons en contrariant son amour porte coup immédiatement sur lui-même; et l'insulte en retombe, si je l'ose dire, et fait son

(*a*) *Var.*: Imprimés. — (*b*) Selon que nous la connoissons par son Ecriture.

impression sur le front propre d'un Dieu approchant de nous, qui s'avance, s'il m'est permis de parler ainsi. Mais il faut bien, ô grand Dieu, que vous permettiez aux hommes de parler de vous comme ils l'entendent, et d'exprimer comme ils peuvent ce qu'ils ne peuvent assez exprimer comme il est.

C'est ce qui s'appelle dans les Ecritures, selon l'expression de l'Apôtre en l'*Epître aux Ephésiens*, affliger et contrister l'Esprit de Dieu : *Nolite contristare Spiritum sanctum Dei, in quo signati estis*[1]. Car cette affliction du Saint-Esprit ne marque pas tant l'injure qui est faite à sa sainteté par notre injustice, que l'extrême violence que souffre son amour méprisé et sa bonne volonté frustrée par notre résistance opiniâtre : c'est là, dit le saint Apôtre, ce qui afflige le Saint-Esprit, c'est-à-dire l'amour de Dieu opérant en nous pour gagner nos cœurs. Dieu est irrité contre les démons; mais comme il ne demande plus leur affection, il n'est plus contristé par leur révolte (a). C'est à un cœur chrétien qu'il veut faire sentir ses tendresses, c'est dans un cœur chrétien qu'il veut trouver la correspondance, et ce n'est que d'un cœur chrétien que peut sortir le rebut qui l'afflige et qui le contriste. Mais gardons-nous bien de penser que cette tristesse de l'Esprit de Dieu soit semblable à celle des hommes; (b) et croyons que l'Apôtre nous veut exprimer un certain zèle de justice, mais zèle pressant et violent qui anime un Dieu méprisé contre un cœur ingrat, et qui lui fait appesantir sa main et précipiter sa vengeance. Voilà, mes frères, deux effets terribles de cet amour méprisé; mais que veut dire ce poids, et d'où vient cette promptitude? Il faut tâcher de le bien entendre.

Je veux donc dire, mes frères, que l'amour de Dieu indigné (c) par le mépris de ses graces, appuie la main sur un cœur rebelle avec une efficace extraordinaire. L'Ecriture, toujours puissante pour exprimer fortement les œuvres de Dieu, nous explique cette efficace par une certaine joie qu'elle fait voir dans le cœur d'un Dieu pour se venger d'un ingrat. (d) Mais chrétiens, est-il pos-

---

[1] *Ephes.*, IV, 30.

(a) *Var.*: Par leur désobéissance. — (b) *Note marg.*: Cette tristesse de l'Esprit de Dieu signifie un certain dégoût, qui fait que les hommes ingrats lui sont à charge. — (c) *Var.*: Irrité. — (d) *Note marg.*: Ce qui se fait avec joie, se fait avec application.

sible que cette joie de punir se trouve dans le cœur d'un Dieu, source infinie de bonté? Oui, sans doute, quand il y est forcé par l'ingratitude. Car écoutez ce que dit Moïse au chapitre xxviii du *Deutéronome :* « Comme le Seigneur s'est réjoui vous accroissant, vous bénissant, vous faisant du bien, il se réjouira de la même sorte en vous ruinant, en vous ravageant, en vous accablant : » *Sicut ante lætatus est Dominus super vos, bene vobis faciens vosque multiplicans, sic lætabitur disperdens vos atque subvertens* [1]. Quand son cœur s'est épanché en nous bénissant, il a suivi sa nature et son inclination bienfaisante. Mais nous l'avons contristé, mais nous avons affligé son Saint-Esprit et nous avons changé la joie de bien faire en une joie de punir; et il est juste qu'il répare la tristesse que nous avons donnée à l'Esprit de grace (a) par une joie efficace, par un triomphe de son cœur, par un zèle de sa justice à venger notre ingratitude.

Justement, certes justement; car il sait ce qui est dû à son amour victorieux, et il ne laisse pas ainsi perdre ses graces. Non, elles ne périssent pas, ces graces rebutées, ces graces dédaignées, ces graces frustrées; il les rappelle à lui-même, il les ramasse en son propre sein, où sa justice les tourne toutes en traits pénétrans dont les cœurs ingrats sont percés. C'est là, Messieurs, cette justice dont je vous parlois tout à l'heure; justice du Nouveau Testament, qui s'applique par le sang, par la bonté même et par les graces infinies d'un Dieu rédempteur; justice d'autant plus terrible que tous ses coups de foudre sont des coups de graces.

C'est ce que prévoyoit en esprit le prophète Jérémie, lorsqu'il a dit ces paroles : Fuyons, fuyons bien loin « devant la colère de la colombe, devant le glaive de la colombe : » *A facie iræ columbæ... à facie gladii columbæ* [2]. Et nous voyons dans l'*Apocalypse* les réprouvés qui s'écrient : « Montagnes, tombez sur nous, et mettez-nous à couvert de la face et de la colère de l'Agneau : » *Cadite super nos, et abscondite nos... ab irâ Agni* [3]. Ce qui les presse, ce qui les accable, ce n'est pas tant la face du Père irrité; c'est la face de cette colombe tendre et bienfaisante

---

[1] *Deuter.,* xxviii, 63. — [2] *Jerem.,* xxv, 38; xlvi, 16. — [3] *Apoc.,* vi, 16.
(a) *Var. :* Son Saint-Esprit.

qui a gémi tant de fois pour eux, qui les a toujours appelés par les soupirs de sa miséricorde ; c'est la face de cet Agneau qui s'est immolé pour eux, dont les plaies ont été pour eux une vive source de graces. Car d'où pensez-vous que sortent les flammes qui dévorent les chrétiens ingrats ? De ses autels, de ses sacremens, de ses plaies, de ce côté ouvert sur la croix pour nous être une source d'amour infini : c'est de là que sortira l'indignation ; de là la juste fureur, et d'autant plus implacable qu'elle aura été détrempée dans la source même des graces. Car il est juste et très-juste que tout et les graces mêmes tournent en amertume à un cœur ingrat. O poids des graces rejetées, poids des bienfaits méprisés, plus insupportable que les peines mêmes ; ou plutôt et pour dire mieux, accroissement infini dans les peines ! Ah ! mes frères, que j'appréhende que ce poids ne tombe sur vous, et qu'il n'y tombe bientôt ! Et en effet, chrétiens, si la grace refusée aggrave le poids des supplices, elle en précipite le cours. Car il est bien juste et bien naturel qu'un cœur épuisé par l'excès de son abondance, fasse tarir la source des graces pour ouvrir tout à coup celle des vengeances ; et il faut, avant que de finir, prouver encore en un mot cette vérité.

Dieu est pressé de régner sur nous. Car à lui, comme vous savez, appartient le règne, et il doit à sa grandeur souveraine de l'établir promptement (*a*). Il ne peut régner qu'en deux sortes, ou par sa miséricorde, ou par sa justice. Il règne sur les pécheurs convertis par sa sainte miséricorde. Il règne sur les pécheurs condamnés (*b*) par sa juste et impitoyable vengeance. Il n'y a que ce cœur rebelle qu'il presse et qui lui résiste, qu'il cherche et qui le fuit, qu'il touche et qui le méprise, sur lequel il ne règne ni par sa bonté ni par sa justice, ni par sa grace ni par sa rigueur. Il n'y souffre que des rebuts plus indignes que ceux des Juifs dont il a été le jouet.

Ah ! ne vous persuadez pas que sa toute-puissance endure longtemps ce malheureux interrègne. Non, non, pécheurs, ne vous trompez pas, le royaume de Dieu approche : *Appropinquavit*[1]:

---

[1] *Matth.*, III, 2.
(*a*) *Var.* : De ne tarder pas à l'établir. — (*b*) Damnés.

il faut qu'il y règne sur nous par l'obéissance à sa grace, ou bien il y régnera par l'autorité de sa justice. Plus sont grandes les graces que vous méprisez, plus la vengeance est prochaine. Saint Jean commençant sa prédication pour annoncer le Sauveur, dénonçoit à toute la terre que la colère alloit venir, que le royaume de Dieu alloit s'approcher; tant la grace et la justice sont inséparables. Mais quand ce divin Sauveur commence à paroître, il ne dit point qu'il approche, ni que la justice s'avance; mais écoutez comme il parle : « La cognée est déjà, dit-il, à la racine de l'arbre : » *Jam securis ad radicem arborum posita est* [1]. Oui, la colère approche toujours avec la grace; la cognée s'applique toujours par le bienfait même; et la sainte inspiration, si elle ne nous vivifie, elle nous tue.

TROISIÈME SERMON

POUR

LES TROIS DERNIERS JOURS

DE LA SEMAINE DE LA PASSION,

SUR L'INTÉGRITÉ DE LA PÉNITENCE (a).

Stans retro secus pedes ejus, lacrymis cœpit rigare pedes ejus.
Madeleine se jetant aux pieds de Jésus, commence à les laver de ses larmes. *Luc.,* VII, 38.

Est-ce une chose croyable que l'esprit de séduction soit si puissant dans les hommes, que non-seulement ils se plaisent à tromper les autres, mais qu'ils se trompent eux-mêmes, que leurs propres pensées les déçoivent, que leur propre imagination leur impose? Il est ainsi, chrétiens, et cette erreur paroît principalement dans l'affaire de la pénitence.

[1] *Matth.,* III, 10.
(a) Prêché en 1662, devant la Cour.
Voy. la note du premier sermon pour les trois derniers jours de la Passion, p. 450, 451.

Il y a de certains pécheurs que leurs plaisirs engagent, et cependant que leur conscience inquiète; qui ne peuvent ni approuver ni changer leur vie; qui n'ont nulle complaisance pour la loi de Dieu, mais que ses menaces étonnent souvent et les jettent dans un trouble inévitable qui les incommode. Ce sont ceux-là, chrétiens, qui se confessant sans utilité, font par coutume un amusement sacrilége du sacrement de la pénitence, semblables à ces malades foibles d'esprit et de corps, qui ne pouvant jamais se résoudre ni à quitter les remèdes, ni à les prendre de bonne foi, se jettent dans les pratiques d'une médecine qui les tue. C'est une semblable illusion qui nous fait voir tous les jours tant de fausses conversions, tant de pénitences trompeuses, qui bien loin de délier les pécheurs, les chargent de nouvelles chaînes. Mais j'espère que Madeleine, ce modèle de la pénitence, dissipera aujourd'hui ces fantômes de pénitens et amènera au Sauveur des pénitens véritables. Implorons pour cela le secours d'en haut par les prières de la sainte Vierge.

Le cœur de Madeleine est brisé, son visage tout couvert de honte, son esprit profondément attentif dans une vue intime de son état et dans une forte réflexion sur ses périls (a). La douleur immense qui la presse fait qu'elle court au médecin avec sincérité; la honte qui l'accompagne fait qu'elle se jette à ses pieds (b) avec soumission; la connoissance de ses dangers fait qu'elle sort d'entre ses mains (c) avec crainte, et qu'elle n'est pas moins occupée des moyens de ne tomber plus que de la joie d'avoir été si heureusement et si miséricordieusement relevée. De là, Messieurs, nous pouvons apprendre trois dispositions excellentes, sans lesquelles la pénitence est infructueuse. Avant que de confesser nos péchés, nous devons être affligés de nos désordres; en confessant nos péchés, nous devons être honteux de nos foiblesses; après avoir confessé nos péchés, nous devons être encore étonnés de nos périls et de toutes les tentations qui nous menacent.

(a) *Var.*: Profondément attentif sur lui-même dans une vue intime de son état et dans une forte réflexion sur tous ses extrêmes périls. — (b) La confusion qui la couvre fait qu'elle s'abaisse à ses pieds...... — (c) De sa compagnie.

Ames captives du péché, mais que les reproches (*a*) de vos consciences pressent de recourir au remède, Jésus a soif de votre salut. Il vous attend avec patience dans ces tribunaux de miséricorde que vous voyez auprès des saints autels (*b*); mais il faut en approcher avec un cœur droit. Plusieurs ont une douleur qui ne les change pas, mais qui les trompe; plusieurs ont une honte qui veut qu'on la flatte, et non pas qu'on l'humilie; plusieurs cherchent dans la pénitence d'être déchargés du passé, et non pas d'être fortifiés pour l'avenir (*c*) : ce sont les trois caractères de fausses conversions, et la véritable pénitence a trois sentimens opposés. Devant la confession sa douleur lui fait prendre toutes les résolutions nécessaires, et dans la confession sa honte lui fait subir toutes les humiliations qui lui sont dues, et après la confession sa prévoyance lui fait embrasser toutes les précautions qui lui sont utiles : et c'est le sujet de ce discours.

PREMIER POINT.

Plusieurs frappent leur poitrine; plusieurs disent de bouche et pensent quelquefois dire de cœur ce *Peccavi* tant vanté, que les pécheurs trouvent si facile. Judas l'a dit devant les pontifes, Saül l'a dit devant Samuel, David l'a dit devant Nathan; mais des trois il n'y en a qu'un qui l'ait dit d'un cœur véritable. Il y a de feintes douleurs par lesquelles le pécheur trompe les autres, il y a des douleurs imparfaites par lesquelles le pécheur s'impose à lui-même, et je pense qu'il n'y a aucun tribunal devant lequel il se dise plus de faussetés que devant celui de la pénitence.

Le roi Saül repris hautement par Samuel le prophète d'avoir désobéi à la loi de Dieu, confesse qu'il a péché : « J'ai péché, dit-il, grand prophète, en méprisant vos paroles et les paroles du Seigneur; mais honorez-moi devant les grands et devant mon peuple, et venez adorer Dieu avec moi : » *Peccavi; sed nunc honora me coràm senioribus populi mei et coràm Israel* [1]. Honorez-moi devant le peuple; c'est-à-dire ne me traitez pas comme un réprouvé,

[1] I *Reg.*, xv, 30.
(*a*) *Var.* : Les angoisses. — (*b*) Que vous voyez aux environs des saints autels; — que vous voyez érigés de toutes parts à l'entour des saints autels. — (*c*) D'être munis contre l'avenir.

de peur que la majesté ne soit ravilie. C'est en vain qu'il dit : J'ai péché ; sa douleur, comme vous voyez, n'étoit qu'une feinte et une adresse de sa politique. Ah! que la politique est dangereuse et que les grands doivent craindre qu'elle ne se mêle toujours trop avant dans le culte qu'ils rendent à Dieu! Elle est de telle importance, que les esprits sont tentés d'en faire leur capital et leur tout. Il faut de la religion pour attirer le respect des peuples ; prenez garde, ô grands de la terre, que cette pensée n'ait trop de part (*a*) aux actes de piété et de pénitence que vous pratiquez. Il est de votre devoir d'édifier les peuples ; mais Dieu ne doit pas être frustré de son sacrifice, qui est un cœur contrit véritablement et affligé de ses crimes.

Mais je vous ai dit, chrétiens, qu'il y a encore une tromperie plus fine et plus délicate, par laquelle le pécheur se trompe lui-même. O Dieu! est-il bien possible que l'esprit de séduction soit si puissant dans les hommes, que non-seulement ils trompent les autres, mais que leurs propres pensées les déçoivent? Il n'est que trop véritable. Non-seulement, dit Tertullien, nous imposons à la vue des autres, « mais même nous jouons notre conscience : » *Nostram quoque conscientiam ludimus* [1]. Oui, Messieurs, il y a deux hommes dans l'homme, aussi inconnus l'un à l'autre que seroient deux hommes différens : il y a deux cœurs dans le cœur humain ; l'un ne sait pas les pensées de l'autre ; et souvent, pendant que l'un se plaît au péché, l'autre contrefait si bien le pénitent, que l'homme lui-même ne se connoît pas, « qu'il ment, dit saint Grégoire, à son propre esprit et à sa propre conscience : » *Plerumque sibi de se mens ipsa mentitur* [2]. Mais il faut expliquer ceci et exposer à vos yeux ce mystère d'iniquité.

Le grand pape saint Grégoire nous en donnera l'ouverture par une excellente doctrine, dans la IIIe partie de son *Pastoral*. Il remarque judicieusement (*b*) à son ordinaire, que comme Dieu dans la profondeur de ses miséricordes laisse quelquefois dans ses serviteurs des désirs imparfaits du mal, pour les enraciner dans l'humilité, aussi l'ennemi de notre salut dans la profondeur de ses

[1] *Ad Nation.*, lib. I, n. 16. — [2] *Pastor.*, I part., cap. IX.

(*a*) *Var.* : Ne se mêle trop. — (*b*) Sagement.

malices laisse naître souvent dans les pécheurs un amour imparfait de la justice, qui ne sert qu'à nourrir leur présomption. Voici quelque chose de bien étrange et qui nous doit faire admirer les terribles jugemens de Dieu. Ce grand Dieu, par une conduite impénétrable, permet que ses élus soient tentés, qu'ils soient attirés au mal, qu'ils chancèlent même dans la droite voie, (*a*) et il les affermit par leur foiblesse; et quelquefois il permet aussi que les pécheurs se sentent attirés au bien, qu'ils semblent même y donner les mains, qu'ils vivent tranquilles et assurés, et par un juste jugement c'est leur propre assurance qui les précipite. Qui ne trembleroit devant Dieu? Qui ne redouteroit ses conseils? Par un conseil de sa miséricorde, le juste se croit pécheur, et il s'humilie; et par un conseil de sa justice, le pécheur se croit juste, et il s'enfle, et il marche sans crainte, et il périt sans ressource. Ainsi le malheureux Balaam admirant les tabernacles des justes, s'écrie comme touché de l'Esprit de Dieu : « Que mon ame meure de la mort des justes [1]! » Est-il rien de plus pieux que ce sentiment? Mais après avoir prononcé leur mort bienheureuse, il donne aussitôt après des conseils pernicieux contre leur vie : « Ce sont les profondeurs de Satan ; » *Altitudines Satanæ* [2], comme les appelle saint Jean dans l'*Apocalypse*. Tremblez donc, tremblez, ô pécheurs (*b*), qu'une douleur imparfaite n'impose à vos consciences; et que « comme il arrive souvent que les bons ressentent innocemment l'attrait du péché, auquel ils craignent d'avoir consenti, ainsi vous ne ressentiez en vous-mêmes un amour infructueux de la pénitence, auquel vous croyez faussement vous être rendus. » *Ita plerumque mali inutiliter compunguntur ad justitiam, sicut plerumque boni innoxiè tentuntur ad culpam* [3], dit excellemment saint Grégoire.

Que veut dire ceci, chrétiens? Quelle est la cause profonde d'une séduction si subtile? Il faut tâcher de la pénétrer pour appliquer le remède et attaquer le mal dans sa source (*c*). Pour l'entendre, il faut remarquer que les saintes vérités de Dieu et la crainte de

---

[1] *Numer.*, XXIII, 10. — [2] *Apoc.*, II, 24. — [3] *Pastor.*, III part., cap. XXX.

(*a*) *Note marg.* : Ils croient assez souvent que leur volonté leur est échappée. — (*b*) *Var.:* Prenez donc garde, ô pécheurs.— (*c*) Et guérir le mal par les principes.

ses jugemens font deux effets dans les ames : elles les chargent d'un poids accablant, elles les remplissent de pensées importunes. Voici, Messieurs, la pierre de touche. Ceux qui veulent se décharger de ce fardeau ont la douleur véritable; ceux qui ne songent qu'à se défaire de ces pensées ont une douleur trompeuse. Ah! je commence à voir clair dans l'abîme du cœur humain : ne craignons pas d'entrer jusqu'au fond à la faveur de cette lumière.

Il est donc vrai, chrétiens, qu'il y a de certaines ames (a) à qui l'enfer fait horreur au milieu de leurs attaches criminelles, et qui ne peuvent supporter la vue de la main de Dieu armée de ses foudres contre les pécheurs impénitens. Ce sentiment est salutaire; et pourvu qu'on le pousse où il doit aller, il dispose puissamment les cœurs à la grace de la pénitence. Mais voici la séduction. L'ame troublée et malade, mais qui ne sent sa maladie que par son trouble, songe au trouble qui l'incommode, plutôt qu'au mal qui la presse. Cet aveuglement est étrange; mais si vous avez jamais rencontré de ces malades fâcheux qui s'emportent contre un médecin qui veut arracher la racine du mal, et qui ne lui demandent autre chose sinon qu'il apaise la douleur, vous avez vu quelque image des malheureux dont je parle. La fête avertit tous les chrétiens d'approcher des saints sacremens. S'en éloigner dans un temps si saint, c'est se condamner trop visiblement. Et en effet, chrétiens, cet éloignement est horrible. La conscience en est inquiète, et en fait hautement ses plaintes; plusieurs ne sont pas assez endurcis pour mépriser ces reproches, ni assez forts pour oser rompre leurs liens trop doux et leurs engagemens trop aimables. Ils songent au mal sensible, et ils négligent le mal effectif; ils pensent à se confesser pour apaiser (b) les murmures, et non pour guérir les plaies de leur conscience, et moins pour se décharger du fardeau qui les accable que pour se délivrer promptement des pensées qui les importunent (c). C'est ainsi qu'ils se disposent à la pénitence.

On a dit à ces pécheurs, on leur a prêché qu'il faut regretter leurs

---

(a) *Var.:* Par exemple, il y a de certaines ames..... — (b) Pour endormir. — (c) Et plutôt pour se délivrer des pensées qui les incommodent que pour se décharger du fardeau qui les accable.

crimes; et ils cherchent leurs regrets dans leurs livres; ils y prennent leur acte de contrition ; ils tirent de leur mémoire les paroles qui l'expriment (*a*), ou l'image des sentimens qui le forment; et ils les appliquent pour ainsi dire sur leur volonté, et ils pensent être contrits de leurs crimes : ils se jouent de leur conscience pour se rendre agréables à Dieu. Il ne suffit pas, chrétiens, de tirer de son esprit, comme par machine, des actes de vertu forcés, ni des directions (*b*) artificielles. La douleur de la pénitence doit naître dans le fond du cœur, et non pas être empruntée de l'esprit ni de la mémoire. Elle ne ressemble pas à ces eaux que l'on fait jouer par machines et par artifice; c'est un fleuve qui coule de source, qui se déborde, qui arrache, qui déracine, qui noie tout ce qu'il trouve; elle fait un saint ravage qui détruit le ravage qu'a fait le péché ; aucun crime ne lui échappe : elle ne fait pas comme Saül, qui massacrant les Amalécites, épargne ceux qui lui plaisent.

Il y a souvent dans le cœur des péchés que l'on sacrifie, mais il y a le péché chéri ; quand il le faut égorger, le cœur soupire en secret et ne peut plus se résoudre. La douleur de la pénitence le perce (*c*) et l'extermine sans miséricorde. Elle entre dans l'ame comme un Josué dans la terre des Philistins; il détruit, il renverse tout. Ainsi la contrition véritable. Et pourquoi cette sanglante exécution? C'est qu'elle craint la componction d'un Judas, la componction d'un Antiochus, la componction d'un Balaam; componctions fausses et hypocrites, qui trompent la conscience par l'image d'une douleur superficielle. La douleur de la pénitence a entrepris de changer Dieu; mais il faut auparavant changer l'homme, et Dieu ne se change jamais que par l'effort de ce contrecoup. Vous craignez la main de Dieu et ses jugemens, c'est une sainte disposition; le saint concile de Trente veut aussi que cette crainte vous porte à détester tous vos crimes [1], à vous affliger de tous vos excès, à haïr de tout votre cœur votre vie passée. Il faut que vous gémissiez de vous voir dans un état si contraire à la justice, à la sainteté, à l'immense charité de Dieu, à la grace du christianisme, à la foi donnée, à la foi reçue, au traité de paix

---

[1] Sess. XIV *De Pœnit.*, cap. IV *De Contr.*, et *Can.* V.

(*a*) *Var.:* Qui le composent. — (*b*) Des intentions. — (*c*) Le tue.

solennel que vous avez fait avec Dieu par Jésus-Christ. Il faut que vous renonciez simplement et de bonne foi à tous les autres engagemens, à toutes les autres alliances, à toutes les paroles données contre vos premières obligations. Le faisons-nous, chrétiens? Nous le disons à nos confesseurs; mais nos œuvres diront bientôt le contraire.

« Ah! que ceux-là sont heureux, dit le saint Psalmiste, dont les péchés sont couverts [1]! » C'est, Messieurs, la douleur de la pénitence qui couvre à Dieu nos péchés. Mais que j'appréhende que nous ne soyons de ces pénitens dont Isaïe a dit ces mots : « Ils n'ont tissu, dit ce saint prophète, que des toiles d'araignées : » *Telas araneæ texuerunt...* : (a) « leurs toiles ne leur serviront pas de vêtemens, leurs œuvres ne les couvriront pas; car leurs pensées sont des pensées vaines, et leurs œuvres des œuvres inutiles. » Voilà une peinture trop véritable de notre pénitence ordinaire. Chrétiens, rendons-nous capables de présenter au Sauveur Jésus des fruits dignes de pénitence, ainsi qu'il nous l'ordonne dans son Evangile; non des désirs imparfaits, mais des résolutions déterminées; non des feuilles que le premier tourbillon emporte, ni des fleurs que le soleil dessèche. Pour cela brisons devant lui nos cœurs, et brisons-les tellement que tout ce qui est dedans soit anéanti : « Brisons, dit saint Augustin, ce cœur impur, afin ue Dieu crée en nous un cœur sanctifié : » *Ut creetur mundum cor, conteratur immundum* [2]. Si nous sommes en cet état, courons, Messieurs, avec foi au tribunal de la pénitence; portons-y notre douleur, et tâchons de nous y revêtir de confusion.

SECOND POINT.

C'est une règle de justice que l'équité même a dictée, que le pécheur doit rentrer dans son état pour se rendre capable d'en sortir. Le véritable état du pécheur, c'est un état de confusion et de honte. Car il est juste et très-juste que celui qui fait mal soit confondu; que celui qui a trop osé soit couvert de honte; que

---

[1] *Psal.* XXXI, 1. — [2] *Serm.* XIX, n. 3.

(a) Note marg. : *Telæ eorum non erunt in vestimentum, neque operientur operibus suis; opera eorum inutilia..., cogitationes eorum cogitationes inutiles* (Isa., LIX, 5, 6, 7).

celui qui est ingrat n'ose paroître; enfin que le pécheur soit déshonoré, non-seulement par les autres, mais par lui-même, par la rougeur de son front, par la confusion de sa face, par le tremblement de sa conscience. Le pécheur est sorti de cet état, quand il a paru dans le monde la tête élevée, avec toute la liberté d'un front innocent. Il est juste qu'il rentre dans sa confusion; c'est pourquoi toutes les Ecritures lui ordonnent de se confondre : *Confundimini, confundimini, domus Israel*[1] *:* « Confondez-vous, confondez-vous, maison d'Israël, » parce que vous avez péché devant le Seigneur.

Pour bien comprendre cette vérité, disons avant toutes choses ce que c'est que la confusion, et pourquoi elle est due aux pécheurs. La confusion, chrétiens, est un jugement équitable rendu par la conscience, par lequel le pécheur ayant violé ce qu'il y a de plus saint, méprisé ce qu'il y a de meilleur, trahi ce qu'il y a de mieux faisant, est jugé indigne de paroître. Quel est le motif de cet arrêt? C'est que le pécheur s'étant élevé contre la vérité même, contre la justice même, contre l'être même qui est Dieu, dans son empire, à la face de ses lois et parmi ses bienfaits, il mérite de n'être plus, et à plus forte raison de ne plus paroître. C'est pourquoi sa propre raison lui dénonce qu'il devroit se cacher éternellement, confondu par ses ingratitudes. Et afin de lui ôter cette liberté de paroître, elle va imprimer au dehors dans la partie la plus visible, la plus éminente, la plus exposée, sur le visage, sur le front même, (a) une rougeur qui le déshonore et qui le flétrit; elle va, dis-je, imprimer je ne sais quoi de déconcerté, qui le défait aux yeux des hommes et à ses propres yeux; marque certaine d'un esprit troublé, d'un courage tremblant, d'un cœur inquiet, d'une conscience convaincue.

Le pécheur superbe et indocile ne peut souffrir cet état de honte, et il s'efforce d'en sortir. Pour cela, ou bien il cache son crime, ou il excuse son crime, ou il soutient hardiment son crime. Il le cache comme un hypocrite; il l'excuse comme un orgueilleux; il le sou-

---

[1] *Ezech.*, XXXVI, 32.

(a) *Note marg.:* Non point à la vérité par un fer brûlant, mais par le sentiment de son crime comme par une espèce de fer brûlant.

tient comme un effronté. C'est ainsi qu'il sort de son état et qu'il usurpe impudemment à la face du ciel et de la terre les priviléges de l'innocence; c'est ainsi qu'il tâche d'éviter la honte : le premier par l'obscurité de son action, le second par les artifices de ses vains prétextes (*a*), le dernier par son impudence. Ainsi au jugement dernier sera rendue aux pécheurs, à la face de tout l'univers, l'éternelle confusion qu'ils ont si bien méritée : là tous ceux qui se sont cachés seront découverts; là tous ceux qui se seront excusés seront convaincus; là tous ceux qui étoient si fiers et si insolens dans leurs crimes seront abattus et atterrés. Voici l'oracle de la justice qui lui crie : Rentre en toi-même, pécheur, rentre en ton état de honte; tu veux cacher ton péché, et Dieu t'ordonne de le confesser; tu veux excuser ton péché, et bien loin d'écouter ces vaines excuses, Dieu t'ordonne d'en exposer toutes les circonstances aggravantes; tu oses soutenir ton péché, et Dieu t'ordonne de te soumettre à toutes les humiliations qu'il a méritées : « Confonds-toi, confonds-toi, dit le Seigneur, et porte ton ignominie : » *Ergo et tu confundere, et porta ignominiam tuam* [1].

Ne vous plaît-il pas, chrétiens, que nous mettions dans un plus grand jour ces importantes vérités? Ce pécheur, cette pécheresse, pour éviter de se cacher, tâche plutôt de cacher son crime sous le voile de la vertu, ses trahisons et ses perfidies sous le titre de la bonne foi, ses prostitutions et ses adultères sous l'apparence de la modestie (*b*). Il faut qu'il vienne rougir non-seulement de son crime caché, mais de son honnêteté apparente. Il faut qu'il vienne rougir de ce qu'ayant assez reconnu le mérite de la vertu (*c*) pour la vouloir faire servir de prétexte, il ne l'a pas assez honorée (*d*) pour la faire servir de règle. Il faut qu'il vienne rougir d'avoir été si timide que de ne pouvoir soutenir les yeux des hommes, et toutefois si hardi et si insensé que de ne craindre pas la vue de Dieu : *Ergo et tu confundere, et porta ignominiam tuam :* « Confonds-toi donc, ô pécheur, et porte ton ignominie. »

Mais ce pécheur qui cache aux autres ses désordres voudroit se

---

[1] *Ezech.*, XVI, 52.

(*a*) *Var. :* Par ses excuses. — (*b*) Sous la couleur de la continence..... — (*c*) Assez estimé la vertu. — (*d*) Estimée.

les pouvoir cacher à lui-même; il cherche toujours quelque appui fragile sur lequel il puisse rejeter ses crimes. Il en accuse les étoiles, dit saint Augustin [1] : — Ah ! je n'ai pu vaincre mon tempérament; il en accuse la fortune, c'est-à-dire une rencontre imprévue; il en accuse le démon : — J'ai été tenté trop violemment. — Il fait quelque chose de plus; il demande qu'on lui enseigne les voies détournées où il puisse se sauver avec ses vices et se convertir sans changer son cœur : « il dit, remarque Isaïe, à ceux qui regardent : Ne regardez pas; et à ceux qui sont préposés pour voir : Ne voyez pas pour nous ce qui est droit; dites-nous des choses qui nous plaisent; trompez-nous par des erreurs agréables : » *Qui dicunt videntibus : Nolite videre; et aspicientibus : Nolite aspicere nobis ea quæ recta sunt ; loquimini nobis placentia; videte nobis errores* [2]. « Otez-moi cette voie, elle est trop droite; ôtez-moi ce sentier, il est trop étroit : » *Auferte à me viam, declinate à me semitam* [3]. Ainsi par une étrange illusion, au lieu que la conversion véritable est que le méchant devienne bon et que le pécheur devienne juste, il imagine une autre espèce de conversion, où le mal se change en bien, où le crime devienne honnête, où la rapine devienne justice. Et si la conscience ose murmurer contre ses vaines raisons, il la bride, il la tient captive, il lui impose silence. *Ergo et tu confundere :* « Viens te confondre; ô pécheur ! » viens, viens au tribunal de la pénitence, pour y porter ton ignominie, non-seulement celle que mérite l'horreur de tes crimes, mais celle qu'y doit ajouter la hardiesse insensée de tes excuses. Car est-il rien de plus honteux que de manquer de fidélité (a) à son Créateur, à son Roi, à son Rédempteur, et pour comble d'impudence, oser encore excuser de si grands excès et une si noire ingratitude (b) ?

[1] *In Psal.* CXL. — [2] *Isa.*, XXX, 10. — [3] *Ibid.*, 11.

(a) *Var.* : De foi. — (b) *Note marg.* : Adam dans le plus épais de la forêt. S'ils ne peuvent se cacher non plus que lui..., s'excuser à son exemple. Eve. La fragilité. La complaisance. La compagnie. La tyrannie de l'habitude. La violence de la passion. Ainsi on n'a pas besoin de se tourmenter à chercher bien loin des excuses, le péché s'en sert à lui-même et prétend se justifier par son propre excès.

Quelquefois convaincus en leur conscience de l'injustice de leurs actions, ils veulent seulement amuser le monde; puis se laissant emporter eux-mêmes à leurs belles inventions, ils se les impriment en les débitant, et adorent le vain fantôme qu'ils ont supposé en la place de la vérité; « tant l'homme se joue soi-

Et toi, pauvre conscience captive, dont on a depuis si long-temps étouffé la voix, parle, parle devant ton Dieu; parle, il est temps ou jamais, de rompre ce silence violent que l'on t'impose. Tu n'es point dans les bals, dans les assemblées, dans les divertissemens, dans les jeux du monde; tu es dans le tribunal de la pénitence; c'est Jésus-Christ lui-même qui te rend la liberté et la voix, il t'est permis de parler devant ses autels. Raconte à cette impudique toutes ses dissolutions, à ce traître toutes ses promesses violées (*a*), à ce voleur public toutes ses rapines, à cet hypocrite qui trompe le monde les détours (*b*) de son ambition cachée, à ce vieux pécheur endurci qui avale l'iniquité comme l'eau, la longue suite de ses crimes; fais rougir ce front d'airain, montre-lui tout à coup d'une même vue les commandemens, les rébellions, les avertissemens, les mépris, les graces, les méconnoissances, les outrages redoublés parmi les bienfaits, l'aveuglement accru par les lumières, enfin toute la beauté de la vertu, toute l'équité du précepte avec toute l'infamie de ses transgressions, de ses infidélités, de ses crimes. Tel doit être l'état du pécheur, quand il confesse ses péchés. Qu'il cherche à se confondre lui-même; s'il

---

même et sa propre conscience : » *Adeo nostram quoque conscientiam ludimus* (Tertull., *Ad Nation.*, lib. I, n. 16).

Dieu est lumière, Dieu est vérité, Dieu est justice. Sous l'empire de Dieu ce ne sera jamais par de faux prétextes, mais par une humble reconnoissance de ses péchés qu'on évitera la honte éternelle qui en est le juste salaire. Un rayon très-clair de lumière et de vérité sortira du trône, dans lequel les pécheurs verront qu'il n'y a point d'excuse valable qui puisse colorer leur rébellion; mais au contraire que le comble du crime, c'est l'audace de l'excuser et la présomption de le défendre : *Discooperui Esau, revelavi abscondita ejus, et celari non poterit* (Jerem., XLIX, 10) : « J'ai dépouillé le pécheur, j'ai dissipé les fausses couleurs par lesquelles il avoit voulu pallier ses crimes; j'ai manifesté ses mauvais desseins si subtilement déguisés, et il ne peut plus se couvrir par aucun prétexte : » Dieu ne lui laisse plus que son péché et sa honte.

Il veut que la censure soit exercée et que les pécheurs soient repris, « parce que, dit saint Augustin, s'il y a quelque espérance de salut pour eux, c'est par là que doit commencer leur guérison; et s'ils sont endurcis et incorrigibles, c'est par là que doit commencer leur supplice, » (*De Corrept. et grat.*, cap. XIV, n. 43).

Cherchez donc des amis, et non des flatteurs; des juges, et non des complices; des médecins, et non des empoisonneurs : ne cherchez ni complaisance, ni adoucissement, ni condescendance; venez, venez rougir, tandis que la honte est salutaire; venez vous voir tels que vous êtes, afin que vous ayez horreur de vous-mêmes, et que confondus par les reproches, vous vous rendiez enfin dignes de louanges.

(*a*) *Var.*: Ses paroles infidèles. — (*b*) La honte.

rencontre un confesseur dont les paroles efficaces le poussent en l'abîme de son néant, qu'il s'y enfonce jusqu'au centre; il est bien juste. S'il lui parle avec tendresse, qu'il songe que ce n'est que sa dureté qui lui attire cette indulgence, et qu'il se confonde davantage encore de trouver un si grand excès de miséricorde dans un si grand excès d'ingratitude. Pécheurs, voilà l'état où vous veut Jésus, humiliés, confondus et par les bontés et par les rigueurs, et par les graces et par les vengeances, et par l'espérance et par la crainte.

Mais ceux qui doivent entrer plus profondément (*a*) dans cet état de confusion, ce sont, Messieurs, ces pécheurs superbes, qui non contens d'excuser, osent encore soutenir leurs crimes : « Nous les voyons tous les jours qui les prêchent, dit l'Ecriture, et s'en glorifient : » *Peccatum suum sicut Sodoma prædicaverunt*[1]. Ils ne trouveroient pas assez d'agrément dans leur intempérance, s'ils ne s'en vantoient publiquement; « s'ils ne la faisoient jouir, dit Tertullien, de toute la lumière du jour et de tout le témoignage du ciel : » *At enim delicta vestra, et luce omni, et nocte omni et totâ cœli conscientiâ fruuntur*[2]. Les voyez-vous ces superbes, qui se plaisent à faire les grands par leur licence; qui s'imaginent s'élever bien haut au-dessus des choses humaines par le mépris de toutes les lois; à qui la pudeur même semble indigne d'eux, parce que c'est une espèce de crainte : si bien qu'ils ne méprisent pas seulement, mais qu'ils font une insulte publique à toute l'Eglise, à tout l'Evangile, à toute la conscience des hommes (*b*). *Ergo et tu confundere :* C'est toi, pécheur audacieux, c'est toi principalement qui dois te confondre. Car considérez, chrétiens, s'il y a quelque chose de plus indigne que de voir usurper au vice cette noble confiance de la vertu. Mais je m'explique trop foiblement. La vertu dans son innocence n'a qu'une assurance modeste : ceux-ci dans leurs crimes vont jusqu'à l'audace et contraignent même la vertu de trembler sous l'autorité que le vice se donne (*c*) par son insolence.

Chrétiens, que leur dirons-nous? Les paroles sont peu efficaces

---

[1] *Isa.*, III, 9. — [2] *Ad Nation.*, lib. I, n. 16.

(*a*) *Var. :* Plus fortement. — (*b*) Du monde. — (*c*) Sous l'autorité qu'ils se donnent par...

pour confondre une telle arrogance. Qu'ils contemplent leur Rédempteur, qu'ils jettent les yeux sur cet innocent, juste et pur jusqu'à l'infini. Il n'est chargé que de nos crimes (a); écoutez toutefois comme il parle à Dieu : « Vous voyez, dit-il, mes opprobres, vous voyez ma confusion, vous voyez ma honte : » *Tu scis improperium meum, et confusiônem meam, et reverentiam meam* [1]. Ah! vous voyez les opprobres que je reçois du dehors, vous voyez la confusion qui me pénètre jusqu'au fond de l'ame, vous voyez la honte qui se répand jusque sur ma face. Tel est l'état du pécheur, et c'est ainsi qu'il est porté par un innocent; et nous, pécheurs véritables, nous osons marcher encore la tête levée! Que ce ne soit pas pour le moins dans le sacrement de pénitence, ni aux pieds de notre juge. Considérons Jésus-Christ en la présence du sien et devant le tribunal de Ponce-Pilate; il écoute ses accusations, et il se condamne lui-même par son silence. Il se tait par constance, je le sais bien, mais il se tait aussi par humilité (b), il se tait par honte.

Est-ce trop demander à des chrétiens que de les prier au nom de Dieu de vouloir comparoître devant Jésus-Christ, comme Jésus-Christ a comparu devant le tribunal de Pilate? L'innocent ne s'est pas défendu; et nous, criminels, nous défendrons-nous? Il a été patient et humble dans un jugement de rigueur; garderons-nous notre orgueil dans un jugement de miséricorde, où nous ne confessons que besoin? Ah! il a volontiers accepté sa croix si dure, si accablante; refuserons-nous la nôtre légère et facile, ces justes reproches qu'on nous fait, ces peines médiocres qu'on nous impose, ces sages précautions qu'on nous ordonne? (c) Si la pénitence est un jugement, faut-il y aller pour faire la loi et pour n'y chercher (d) que la douceur? Où sera donc la justice? Quelle forme de jugement en lequel on ne veut trouver que de la pitié, que de la foiblesse, que de la facilité, que de l'indulgence? Quelle forme de judicature en laquelle on ne laisse au juge que la pa-

---

[1] *Psal.* LXVIII, 20.

(a) *Var.:* Il n'a que les crimes des autres. — (b) Modestie. — (c) *Note marg.:* Cependant les pécheurs n'en veulent pas : les écouter, les absoudre, leur donner pour la forme quelque pénitence, c'est tout ce qu'ils peuvent porter. Quelle est, Messieurs, cette pensée? — (d) *Var.:* Trouver.

tience de nous écouter et la puissance de nous absoudre, en retranchant de son ministère le droit de discerner les mauvaises mœurs, l'autorité de les punir, la force de les réprimer par une discipline salutaire? (a) O Jésus, vous avez été soumis et modeste, même devant un juge inique ; et vos fidèles seront superbes et dédaigneux, même à votre propre tribunal ! Eloignez de nos esprits une disposition si funeste; donnez-nous l'humilité prête à subir toutes les peines, donnez-nous la docilité résolue à pratiquer tous les remèdes. C'est ma dernière partie que je continue sans interruption, parce que je la veux traiter en un mot pour ne perdre aucune partie du temps qui me reste.

TROISIÈME POINT.

Il en faudroit davantage pour expliquer bien à fond toutes les vérités que j'ai à vous dire. Trouvez bon que pour abréger, sans m'engager à de longues preuves, je vous donne quelques avis que j'ai tirés des saints Pères et des Ecritures divines, pour conserver saintement la grace de la pénitence. Premièrement craignez, craignez, je le dis encore une fois, si vous voulez conserver la grace. Plusieurs s'approchent de la pénitence pour se décharger de la crainte qui les inquiète, et après leur confession leur folle sécurité les rejette dans de nouveaux crimes. J'ai appris de Tertullien « que la crainte est l'instrument de la pénitence, » *instrumento pœnitentiæ* [1]. C'est par la crainte qu'elle entre, c'est par la crainte qu'elle se conserve. Grand Dieu ! c'est la crainte de vos jugemens qui ébranle une conscience pour se rendre à vous. Grand Dieu ! c'est la crainte de vos jugemens qui affermit une conscience pour s'établir fortement en vous. Vivez donc toujours dans la crainte, et vous vivrez toujours dans la sûreté : « La crainte, dit saint Cyprien, c'est la gardienne de l'innocence : » *Timor innocentiæ custos* [2].

Mais encore que craindrez-vous? Craignez les occasions dans lesquelles votre innocence a fait tant de fois naufrage : craignez les occasions prochaines; car qui aime son péril, il aime sa mort;

---

[1] Tertull., *De Pœnit.*, n. 6, — [2] *Epist.* I *ad Donat.*, p. 4.
(a) *Note marg.* : O sainte confusion, venez couvrir la face des pécheurs !

craignez même les occasions éloignées, parce que lors même que l'objet est loin, la foiblesse de notre cœur n'est toujours que trop proche et trop inhérente. Un homme, dit Tertullien [1], qui a vu dans une tempête le ciel mêlé avec la terre, à qui mille objets terribles ont rendu en tant de façons la mort présente, souvent renonce pour jamais à la navigation et à la mer. — O mer, je ne te verrai plus, ni tes flots, ni tes abîmes, ni tes écueils, contre lesquels j'ai été si près d'échouer; je ne te verrai plus que sur le port; encore ne sera-ce pas sans frayeur, tant l'image de mon péril demeure présente à ma pensée. — C'est, mes frères, ce qu'il nous faut faire : retirés saintement en Dieu et dans l'asile de sa vérité comme dans un port, regardons de loin nos périls et les tempêtes qui nous ont battus, et les vents qui nous ont emportés. Mais de nous y rengager témérairement, ô Dieu ! ne le faisons pas. Hélas ! ô vaisseau fragile et entr'ouvert de toutes parts, misérable jouet des flots et des vents irrités, tu te jettes encore sur cette mer dont les eaux sont si souvent entrées au fond de ton ame; tu sais bien ce que je veux dire : tu te ranges dans cette intrigue qui t'a emporté si loin hors du port; tu renoues ce commerce qui a soulevé en ton cœur toutes les tempêtes; et tu ne te défies pas d'une foiblesse trop et trop souvent expérimentée; ah! tu ne dois plus rien attendre qu'un dernier naufrage qui te précipitera au fond de l'abîme (a).

Jusqu'ici, chrétiens, j'ai parlé à tous indifféremment; mais notre sainte pénitente semble m'avertir de donner en particulier quelques avis à son sexe. Plutôt qu'elle leur parle elle-même et qu'elle les instruise par ses saints exemples. (b) Elle répand ses parfums, elle jette ses vains ornemens, elle néglige ses cheveux; Mesdames, imitez sa conversion, et honorez la pratique de la pénitence par le retranchement de vos vanités. (c) Est-ce pas s'accoutumer insensiblement à un grand mépris de son ame (d),

---

[1] *De Pœnit.*, n. 7.

(a) *Var.* : Dans l'abîme. — (b) *Note marg.* : Dans cette délicatesse presque efféminée que notre siècle semble affecter, il ne sera pas inutile aux hommes. — (c) Une des précautions les plus nécessaires pour conserver la grace de la pénitence, c'est le retranchement de vos vanités. — (d) *Var.:* N'est-ce pas trop ouvertement mépriser son ame...?

que d'avoir tant d'attache à parer son corps? La nécessité et la pudeur ont fait les premiers habits; la bienséance s'en étant mêlée, elle y a ajouté quelques ornemens. La nécessité les avoit faits simples, la pudeur les faisoit modestes; la bienséance se contentoit de les faire propres, la curiosité s'y étant jointe, la profusion n'a plus de bornes; et pour orner ce corps mortel et cette boue colorée, presque toute la nature travaille, presque tous les métiers suent, presque tout le temps se consume et toutes les richesses s'épuisent.

Ces excès sont criminels en tout temps, parce qu'ils sont toujours opposés à la sainteté chrétienne, à la modestie chrétienne, à la pénitence chrétienne (*a*); mais les peut-on maintenant souffrir dans ces extrêmes misères, où le ciel et la terre fermant leurs trésors, ceux qui subsistoient par leur travail sont réduits à la honte de mendier (*b*) leur vie; où ne trouvant plus de secours dans les aumônes particulières, ils cherchent un vain refuge dans les asiles publics de la pauvreté, je veux dire les hôpitaux, où par la dureté de nos cœurs ils trouvent encore la faim et le désespoir. Dans ces états déplorables peut-on songer à orner son corps, et ne tremble-t-on pas de porter sur soi la subsistance, la vie, le patrimoine des pauvres? « O ambition, dit Tertullien, que tu es forte, de pouvoir porter sur toi seule ce qui pourroit faire subsister tant d'hommes mourans ! » *Hæ sunt vires ambitionis tantarum usurarum substantiam uno et muliebri corpusculo bajulare* [1].

Que vous dirai-je maintenant, Mesdames, du temps infini qui se perd dans de vains ajustemens? La grace de la pénitence (*c*) vous doit apprendre à le conserver; et cependant on s'en joue, on le prodigue sans mesure jusqu'aux cheveux, c'est-à-dire la chose la plus nécessaire à la chose la plus inutile. La nature, qui ménage tout, jette les cheveux sur la tête avec négligence (*d*) comme un excrément superflu. Ce que la nature a prodigué (*e*) comme superflu, la curiosité en fait une attache; elle devient inventive

---

[1] *De Cultu fœmin.*, lib. I, n. 8.

(*a*) *Var.:* A la modestie chrétienne. — (*b*) Quêter. — (*c*) *Note marg.:* Porte une sainte précaution pour conserver saintement le temple et le ménager pour l'éternité. — (*d*) *Var.:* Nonchalance. — (*e*) Donné.

et ingénieuse pour se faire une étude d'une bagatelle et un emploi d'un amusement. Est-ce ainsi que vous voulez réparer le temps et le ménager pour l'éternité (a)?

Mais, ô Dieu! pour qui vous parez-vous tant? ô Dieu! encore une fois, songez-vous bien à qui vous préparez cette idole? Si vous vous êtes données à Dieu par la pénitence, pensez-vous lui pouvoir conserver longtemps sa conquête, pendant que vous laisserez encore flatter votre vanité à ces malheureuses conquêtes qui lui arrachent les ames qu'il a rachetées? *Tu colis, qui facis ut coli possint* [1]*:* « Tu fais plus que les adorer, parce que tu lui donnes des adorateurs. »

Quittez donc ces vains ornemens à l'exemple de Madeleine, et revêtez-vous de la modestie; non-seulement de la modestie, mais de la gravité chrétienne, qui doit être comme le partage de votre sexe. Tertullien, qui a dit si sagement que la crainte étoit l'instrument de la pénitence, a dit avec le même bon sens « que la gravité étoit la compagne et l'instrument nécessaire pour conserver la pudeur : » *Quo pacto pudicitiam sine instrumento suo, id est sine gravitate tractabimus* [2]. Je ne le remarque pas sans raison. Je ne sais quelle fausse liberté s'est introduite en nos mœurs qui laisse perdre le respect, qui sous prétexte de simplicité nourrit la licence (b), qui relâche (c) toute retenue par un enjouement inconsidéré. Ah! je n'ose penser aux suites funestes (d) de cette simplicité malheureuse. Il faut de la gravité et du sérieux pour conserver la pudeur entière et faire durer longtemps la grace de la pénitence.

Chrétiens, que cette grace est délicate et qu'elle veut être conservée précieusement! Si vous voulez la garder, laissez-la agir dans toute sa force. Quittez le péché et toutes ses suites, arrachez l'arbre et tous ses rejetons, guérissez la maladie avec tous ses symptômes dangereux. Ne menez pas une vie moitié sainte et moitié profane, moitié chrétienne et moitié mondaine, ou plutôt

---

[1] Tertull., *De Idololat.*, n. 6. — [2] Idem, *De Cultu fœmin.*, lib. II, n. 8.

(a) *Note marg.:* Madeleine ne le fait pas; elle méprise ces soins superflus et se rend digne d'entendre « qu'il n'y a plus qu'une chose qui soit nécessaire » (*Luc.*, x, 42). Ah! que dans ces soins superflus les pensées si nécessaires...... — (b) *Var.:* Une entière licence. — (c) Étouffe. — (d) Je n'ose dire les suites funestes.

toute mondaine et toute profane, parce qu'elle n'est qu'à demi chrétienne et à demi sainte. Que je vois dans le monde de ces vies mêlées! On fait profession de piété, et on aime encore les pompes du monde; on offre des œuvres de charité, et on abandonne son cœur à l'ambition. « La loi est déchirée, dit le saint prophète, et le jugement n'est pas venu à sa perfection : » *Lacerata est lex, et non pervenit usque ad finem judicium* [1]. La loi est déchirée; l'Evangile, le christianisme n'est en nos mœurs qu'à demi; nous cousons à cette pourpre royale un vieux lambeau de mondanité : Jésus-Christ ne se connoît plus dans un tel mélange. Nous réformons quelque chose après la grace de la pénitence, nous condamnons le monde en quelque partie de sa cause; et il devoit la perdre en tout point, parce qu'il n'y en a jamais eu de plus déplorée; et ce peu que nous lui laissons, qui marque la pente du cœur, lui fera reprendre bientôt sa première autorité.

Par conséquent, chrétiens, sortons de la pénitence avec une sainte résolution de ne donner rien au péché qui puisse le faire revivre. Il faut le condamner en tout et partout, et se donner sans réserve à celui qui se donne à nous tout entier; premièrement dans le temps par les bienfaits de sa grace, et ensuite dans l'éternité par le présent de sa gloire. *Amen.*

[1] *Habac.*, I, 4.

PREMIER SERMON

POUR

LE VENDREDI DE LA SEMAINE DE LA PASSION,

SUR LA COMPASSION DE LA SAINTE VIERGE (a).

Stabat autem juxta crucem Jesu Mater ejus.
Marie, Mère de Jésus, étoit droite au pied de sa croix. *Joan.*, XIX, 25.

Il n'est point de spectacle plus touchant que celui d'une vertu affligée, lorsque dans une extrême douleur elle sait retenir toute sa force et qu'elle se soutient par son propre poids contre tout l'effort de la tempête. Sa constance lui donne un nouvel éclat, qui augmentant la vénération que l'on a pour elle, fait qu'on s'intéresse plus dans ses maux; on se croit plus obligé de la plaindre en cela même qu'elle se plaint moins; et on compatit à ses peines avec une pitié d'autant plus tendre, que la fermeté qu'elle montre la fait juger digne d'une condition plus tranquille. Mais si ces deux choses concourant ensemble ont jamais dû émouvoir les hommes, je ne crains point de vous assurer que c'est dans le mystère que nous honorons. Quand je vois l'âme de la sainte Vierge blessée si vivement au pied de la croix des souffrances de son Fils

---

(a) Amour des mères. Chananée : saint Basile de Séleucie (orat. XX *in Chanan*).
Jésus-Christ tremble comme victime; est tranquille à la croix et dans l'action du sacrifice comme prêtre.
Marie préparée à tout : résolution à tout ce que Dieu voudra, sans s'enquérir. Régénération des adoptifs doit coûter la vie au fils naturel.
Ne obliviscaris gemitus matris tuæ (Eccli., VII, 29).

Prêché vers 1660.
D'une part la méthode didactique de l'Ecole, les apostrophes nombreuses et les interrogations réitérées coup sur coup; d'un autre côté les termes et les tours surannés moins fréquens que dans les premiers essais de l'auteur : voilà deux indications qui suffisent pour justifier notre date.

unique, je sens déjà à la vérité que la nôtre doit être attendrie (a) ; mais quand je considère d'une même vue et la blessure du cœur et la sérénité du visage, il me semble que ce respect mêlé de tendresse qu'inspire une tristesse si majestueuse, doit produire des émotions beaucoup plus sensibles, et qu'il n'y a qu'une extrême dureté qui puisse s'empêcher de donner des larmes. Approchez donc, mes frères, avec pleurs et gémissemens, de cette Mère également ferme et affligée, et ne vous persuadez pas que sa constance diminue (b) le sentiment qu'elle a de son mal. Il faut qu'elle soit semblable à son Fils; comme lui elle surmonte toutes les douleurs ; mais comme lui elle les sent dans toute leur force et dans toute leur étendue; et Jésus-Christ, qui veut faire en sa sainte Mère une vive image de sa passion, ne manque pas d'en imprimer tous les traits sur elle. C'est à ce spectacle que je vous invite; vous verrez bientôt Jésus en la croix; en attendant ce grand jour, l'Eglise vous invite aujourd'hui à en voir la peinture en la sainte Vierge (c). Peut-être, Messieurs, arrivera-t-il que, de même que les rayons du soleil redoublent leur ardeur étant réfléchis, ainsi les douleurs du Fils réfléchies sur le cœur de la Mère auront plus de force pour toucher les nôtres (d). C'est la grace que je vous demande, ô Esprit divin, par l'intercession de la sainte Vierge.

Ne croyez pas, mes frères, que la sainte Mère de notre Sauveur soit appelée au pied de sa croix pour y assister seulement au supplice de son Fils unique et pour y avoir le cœur déchiré par cet horrible spectacle. Il y a des desseins plus hauts de la Providence divine sur cette Mère affligée ; et il nous faut entendre aujourd'hui qu'elle est conduite auprès de son Fils dans cet état d'abandonnement, parce que c'est la volonté du Père éternel qu'elle soit non-seulement immolée avec cette victime innocente et attachée à la croix du Sauveur par les mêmes clous qui le percent, mais encore associée à tout le mystère qui s'y accomplit par sa mort. Mais

---

(a) *Var.*: Quand je vois l'ame de la sainte Vierge percée si vivement de tant de douleurs, je sens bien à la vérité que la nôtre..... — (b) ..... de cette Mère également ferme et affligée. Sa constance ne diminue pas... — (c) Vous verrez bientôt Jésus en sa croix; voyez-en la peinture en la sainte Vierge. — (d) Pour nous émouvoir.

comme cette vérité importante doit faire le sujet de cet entretien, donnez-moi vos attentions, pendant que je poserai les principes sur lesquels elle est établie.

Pour y procéder avec ordre, remarquez, s'il vous plaît, Messieurs, que trois choses concourent ensemble au sacrifice de notre Sauveur et en font la perfection. Il y a premièrement les souffrances par lesquelles son humanité est toute brisée; il y a secondement la résignation par laquelle il se soumet humblement à la volonté de son Père; il y a troisièmement la fécondité par laquelle il nous engendre à la grace et nous donne la vie en mourant. Il souffre comme la victime qui doit être détruite et froissée de coups; il se soumet comme le prêtre qui doit sacrifier volontairement : *Voluntariè sacrificabo tibi* [1]; enfin il nous engendre en souffrant, comme le père du peuple nouveau qu'il enfante par ses blessures : et voilà les trois grandes choses que le Fils de Dieu achève en la croix. Les souffrances regardent son humanité; elle a voulu se charger des crimes, elle s'est donc exposée à la vengeance : la soumission regarde son Père; la désobéissance l'a irrité, il faut que l'obéissance l'apaise : la fécondité nous regarde; un malheureux plaisir que notre père criminel a voulu goûter, nous a donné le coup de la mort; ah! les choses vont être changées, et les douleurs d'un innocent nous rendront la vie.

Paroissez maintenant, Vierge incomparable, venez prendre part au mystère; joignez-vous à votre Fils et à votre Dieu; et approchez-vous de sa croix, pour y recevoir de plus près les impressions de ces trois sacrés caractères par lesquels le Saint-Esprit veut former en vous une image vive et naturelle de Jésus-Christ crucifié. C'est ce que nous verrons bientôt accompli, sans sortir de notre évangile. Car, mes frères, ne voyez-vous pas comme elle se met auprès de la croix, et de quels yeux elle y regarde son Fils tout sanglant, tout couvert de plaies et qui n'a plus de figure d'homme? Cette vue lui donne la mort; si elle s'approche de cet autel, c'est qu'elle y veut être immolée; et c'est là en effet qu'elle sent le coup du glaive tranchant, qui selon la prophétie du bon Siméon, devoit déchirer ses entrailles et ouvrir son cœur maternel

[1] *Psal.* LIII, 8.

par de si profondes blessures (a). Elle est donc auprès de son Fils, non tant par le voisinage du corps que par la société des douleurs : *Stabat juxta crucem; verè juxta crucem stabat, quia crucem Filii præ cœteris Mater majore cum dolore ferebat*[1]; et c'est le premier trait de sa ressemblance.

Mais suivons l'histoire de notre évangile, et voyons en quelle posture elle se présente à son Fils. La douleur l'a-t-elle abattue, l'a-t-elle jetée à terre par la défaillance? Au contraire, ne voyez-vous pas qu'elle est droite, qu'elle est assurée? *Stabat juxta crucem :* « Elle est debout auprès de la croix. » Non, le glaive qui a percé son cœur n'a pu diminuer ses forces; la constance et l'affliction vont d'un pas égal, et elle témoigne par sa contenance qu'elle n'est pas moins soumise qu'elle est affligée. Que reste-t-il donc, chrétiens, sinon que son Fils bien-aimé, qui lui voit sentir ses souffrances et imiter sa résignation, lui communique encore sa fécondité? C'est aussi dans cette pensée qu'il lui donne saint Jean pour son fils : *Mulier, ecce filius tuus*[2] *:* « Femme, dit-il, voilà votre fils; » ô femme qui souffrez avec moi, soyez aussi féconde avec moi; soyez la mère de mes enfans, que je vous donne tous sans réserve en la personne de ce seul disciple; je les enfante par mes douleurs; comme vous en goûtez l'amertume, vous en aurez aussi l'efficace, et votre affliction vous rendra féconde. Voilà, mes frères, le mystère accompli (b), et je vous ai dit en peu de paroles ce que j'expliquerai par tout ce discours avec le secours de la grace. Marie est auprès de la croix, et elle en ressent les douleurs; elle s'y tient debout, et elle en supporte constamment le poids; elle y devient féconde, et elle en reçoit la vertu. Ecoutez attentivement; et surtout ne résistez pas, si vous sentez attendrir vos cœurs.

PREMIER POINT.

Il faut donc vous entretenir des afflictions de Marie (c); il faut que j'expose à vos yeux cette sanglante blessure qui perce son

[1] Tract. *De Passion. Domini*, cap. x, inter Oper. S. Bernard. — [2] *Joan.*, XIX, 26.

(a) *Var.* : Par des blessures cruelles.— (b) Voilà, mes frères, tout le mystère de cette journée. — (c) Il faut donc vous représenter la désolation de Marie.

cœur et que vous voyiez, s'il se peut, encore saigner cette plaie (a). Je sais bien qu'il est difficile d'exprimer (b) la douleur d'une mère : on ne trouve pas aisément des traits qui nous représentent au vif des émotions si violentes; et si la peinture y a de la peine, l'éloquence ne s'y trouve pas moins empêchée. Aussi, mes frères, ne prétends-je pas que mes paroles fassent cet effet; c'est à vous de méditer en vous-même quel étoit l'excès de son déplaisir. Ah! si vous y voulez seulement penser avec une attention sérieuse, votre cœur parlera pour moi, et vos propres conceptions vous en diront plus que tous mes discours. Mais afin de vous occuper en cette pensée, rappelez en votre mémoire ce qu'on vous a prêché tant de fois, que comme toute la joie de la sainte Vierge c'est d'être mère de Jésus-Christ, c'est aussi de là que vient son martyre, et que son amour a fait son supplice.

Non, il ne faut point allumer de feux, il ne faut point armer les mains des bourreaux, ni animer la rage des persécuteurs pour associer cette Mère aux souffrances de Jésus-Christ. Il est vrai que les saints martyrs avoient besoin de cet attirail; il leur falloit des roues et des chevalets, il leur falloit des ongles de fer pour marquer leurs corps de ces traits sanglans qui les rendoient semblables à Jésus-Christ crucifié; mais si cet horrible appareil étoit nécessaire pour les autres saints, il n'en est pas ainsi de Marie; et c'est peu connoître quel est son amour, que de croire qu'il ne suffit pas pour son martyre. Il ne faut qu'une même croix pour son bien-aimé et pour elle; voulez-vous, ô Père éternel, qu'elle soit couverte de plaies, faites qu'elle voie celles de son Fils : conduisez-la seulement au pied de sa croix (c), et laissez ensuite agir son amour.

Pour bien entendre cette vérité, il importe que nous fassions tous ensemble quelque réflexion sur l'amour des mères; et ce fondement étant supposé, comme celui de la sainte Vierge passe de bien loin toute la nature, nous porterons aussi plus haut nos pensées. Mais voyons auparavant quelque ébauche de ce que la grace a fait dans son cœur, en remarquant les traits merveilleux que la

---

(a) *Var.*: Sortir encore le sang de cette plaie.— (b) De peindre.— (c) Menez-la seulement auprès de sa croix, — proche de sa croix.

nature a formés dans les autres mères. On ne peut assez admirer les moyens (a) dont elle se sert pour unir les mères avec leurs enfans : car c'est le but auquel elle vise, et elle tâche de n'en faire qu'une même chose. Il est aisé de le remarquer dans tout l'ordre de ses ouvrages (b). Et n'est-ce pas pour cette raison que le premier soin de la nature, c'est d'attacher les enfans au sein de leurs mères? Elle veut que leur nourriture et leur vie passe par les mêmes canaux ; ils courent ensemble les mêmes périls, ce n'est qu'une même personne. Voilà une liaison bien étroite. Mais peut-être pourroit-on se persuader que les enfans en venant au monde rompent le nœud de cette union ; non, Messieurs, ne le croyez pas ; nulle force ne peut diviser ce que la nature a si bien lié. Sa conduite sage et prévoyante y a pourvu par d'autres moyens ; quand cette première union finit, elle en fait naître une autre en sa place; elle forme d'autres liens, qui sont ceux de l'amour et de la tendresse ; la mère porte ses enfans d'une autre façon ; et ils ne sont pas plutôt sortis des entrailles, qu'ils commencent à tenir beaucoup plus au cœur (c). Telle est la conduite de la nature, ou plutôt de celui qui la gouverne ; voilà l'adresse dont elle se sert pour unir les mères avec leurs enfans (d) et empêcher qu'elles s'en détachent. L'ame les reprend par l'affection en même temps que le corps les quitte ; rien ne les leur peut arracher du cœur : la liaison est toujours si ferme, qu'aussitôt que les enfans sont agités, les entrailles des mères sont encore émues ; et elles sentent tous leurs mouvemens d'une manière si vive et si pénétrante, qu'elle ne leur permet pas de s'apercevoir qu'elles en aient été séparées (e).

En effet considérez, chrétiens, car un exemple vous en dira plus que tous les discours ; considérez les empressemens d'une mère que l'Evangile nous représente. J'entends parler de la Chananée, dont la fille est tourmentée du démon (f) ; regardez-la aux pieds du Sauveur ; voyez ses pleurs, entendez ses cris, et voyez si vous pourrez distinguer qui souffre le plus de sa fille ou d'elle.

(a) *Var.* : La conduite. — (b) De ses desseins, — de sa conduite. — (c) La mère les porte d'une autre façon, et les enfans sortant des entrailles commencent à tenir..... — (d) Pour unir une mère avec ses enfans. — (e) ..... d'une manière si vive et si pénétrante, qu'à peine leur permet-elle de s'apercevoir que leurs entrailles en soient déchargées. — (f) Du malin esprit.

— « Ayez pitié de moi, ô Fils de David ; ma fille est travaillée du démon [1]. » — Remarquez qu'elle ne dit pas : Seigneur, ayez pitié de ma fille : « Ayez, dit-elle, pitié de moi. » Mais si elle veut qu'on ait pitié d'elle, qu'elle parle donc de ses maux. Non, je parle, dit-elle, de ceux de ma fille ! Pourquoi exagérer mes douleurs ? N'est-ce pas assez des maux de ma fille pour me rendre digne de pitié ? Il me semble que je la porte toujours en mon sein, puisqu'aussitôt qu'elle est agitée toutes mes entrailles sont encore émues. *In illâ vim patior ;* c'est ainsi que la fait parler saint Basile de Séleucie [2] : « Je suis tourmentée en sa personne ; si elle pâtit, j'en sens la douleur : » *ejus est passio, meus verò dolor ;* « le démon la frappe, et la nature me frappe moi-même : » *hanc dæmon, me natura vexat :* « tous les coups tombent sur mon cœur, et les traits de la fureur de Satan passent par elle jusque sur mon ame (a) : » *hanc dæmon, me natura vexat, et ictus quos infligit per illam ad me usque pervadunt*. Vous voyez dans ce bel exemple une peinture bien vive de l'amour des mères ; vous voyez la merveilleuse communication par laquelle il les lie avec leurs enfans, et c'est assez pour vous faire entendre que les douleurs de Marie sont inexplicables.

Mais, mes frères, je vous ai promis d'élever plus haut vos pensées ; il est temps de tenir parole et de vous montrer des choses bien plus admirables. Tout ce que vous avez vu dans la Chananée n'est qu'une ombre très-imparfaite de ce qu'il faut croire en la sainte Vierge. Son amour plus fort sans comparaison fait une correspondance beaucoup plus parfaite ; et encore qu'il soit impossible d'en comprendre toute l'étendue, toutefois vous en prendrez quelque idée, si vous en cherchez le principe en suivant ce raisonnement, que l'amour de la sainte Vierge, par lequel elle aime son Fils, est né en elle de la même source d'où lui est venue sa fécondité. La raison en est évidente. Tout ce qui produit aime son ouvrage, il n'est rien de plus naturel ; le même principe qui nous fait agir nous fait aimer ce que nous faisons ; tellement que la même cause qui rend les mères fécondes pour produire, les rend aussi tendres pour aimer. Voulons-nous savoir, chrétiens, quelle

---

[1] *Matth.*, xv, 22. — [2] Orat. xx *in Chanan.*
(a) *Var. :* « Sur moi-même. »

cause a formé l'amour maternel qui unit Marie avec Jésus-Christ, voyons d'où lui vient sa fécondité. Dites-le-nous, ô divine Vierge; dites-nous par quelle vertu vous êtes féconde. Est-ce par votre vertu naturelle (*a*)? Non, mes frères, il est impossible; au contraire, ne voyez-vous pas qu'elle se condamne elle-même à une stérilité bienheureuse par cette ferme résolution de garder sa pureté virginale? *Quomodo fiet istud* [1] *?* « Comment cela se pourra-t-il faire? » Puis-je bien concevoir un fils, moi qui ai résolu de demeurer vierge? Si elle confesse sa stérilité, de quelle sorte devient-elle mère? Ecoutez ce que lui dit l'ange : *Virtus Altissimi obumbrabit tibi* [2] *:* « La vertu du Très-Haut vous couvrira toute. » Il paroît donc manifestement que sa fécondité vient d'en haut, et c'est de là par conséquent que vient son amour.

En effet il est aisé de comprendre que la nature ne peut rien en cette rencontre. Car figurez-vous, chrétiens, qu'elle entreprenne de former en la sainte Vierge l'amour qu'elle doit avoir pour son Fils; dites-moi, quels sentimens inspirera-t-elle? Pour aimer dignement un Dieu, il faut un principe surnaturel : sera-ce du respect ou de la tendresse, des caresses ou des adorations, des soumissions d'une créature ou des embrassemens d'une mère? Marie aimera-t-elle Jésus-Christ comme homme, ou bien l'aimera-t-elle comme un Homme-Dieu? De quelle sorte embrassera-t-elle en la personne de Jésus-Christ la divinité et la chair que le Saint-Esprit a si bien liées? La nature ne les peut unir, et la foi ne permet pas de les séparer. Que peut donc ici la nature? Elle presse Marie à aimer; parmi tant de mouvemens qu'elle cause, elle ne peut pas en trouver un seul qui convienne au Fils de Marie.

Que reste-t-il donc, ô Père éternel, sinon que votre grace s'en mêle (*b*) et qu'elle vienne prêter la main à la nature impuissante? C'est vous qui communiquant à Marie votre divine fécondité, la rendez Mère de votre Fils; il faut que vous acheviez votre ou-

---

[1] *Luc.*, I, 34. — [2] *Ibid.*, 35.

(*a*) *Var.:* ..... les rend aussi tendres pour aimer. J'ai donc raison de vous dire que si nous pouvons une fois connoître d'où vient la fécondité de Marie, nous verrons aussi d'où vient son amour. Voyons donc la vertu qui la rend féconde. Est-ce par une vertu naturelle? — (*b*) Il faut donc, ô Père éternel, que votre grace s'en mêle.

vrage, et que l'ayant associée en quelque façon à la chaste génération éternelle par laquelle vous produisez votre Verbe, vous fassiez couler dans son sein quelque étincelle de cet amour infini que vous avez pour ce bien-aimé, qui est la splendeur de votre gloire et la vive image de votre substance. Voilà d'où vient l'amour de Marie; amour qui passe toute la nature; amour tendre; amour unissant, parce qu'il naît du principe de l'unité même; amour qui fait une entière communication entre Jésus-Christ et la sainte Vierge, comme il y en a une très-parfaite entre Jésus-Christ et son Père.

Vous étonnez-vous, chrétiens, si je dis que son affliction n'a point d'exemple et qu'il opère des effets en elle que l'on ne peut voir nulle part ailleurs; il n'est rien qui puisse produire des effets semblables. Le Père et le Fils partagent dans l'éternité une même gloire, la Mère et le Fils partagent dans le temps les mêmes souffrances; le Père et le Fils une même source de plaisirs, la Mère et le Fils un même torrent d'amertume; le Père et le Fils un même trône, la Mère et le Fils une même croix. Si on brise le corps de Jésus, Marie en ressent toutes les douleurs; si on perce sa tête d'épines, Marie est déchirée de toutes leurs pointes; si on lui présente du fiel et du vinaigre, Marie en boit toute l'amertume; si on étend son corps sur une croix, Marie en souffre toute la violence. Qui fait cela, sinon son amour? Et ne peut-elle pas dire dans ce triste état, en un autre sens que saint Augustin : *Pondus meum, amor meus* [1]: « Mon amour est mon poids? » Car, ô amour, que vous lui pesez! ô amour, que vous pressez son cœur maternel! Cet amour fait un poids de fer sur sa poitrine, qui la serre et l'oppresse (a) si violemment, qu'il y étouffe jusqu'aux sanglots : il amasse sur sa tête une pesanteur en cela plus insupportable, que la tristesse ne lui permet pas de s'en décharger par des larmes; il pèse incroyablement sur tout son corps par une langueur qui l'accable et dont tous ses membres sont presque rompus. Mais surtout cet amour est un poids, parce qu'il pèse sur Jésus-Christ même. Car Jésus n'est pas le seul en cette rencontre

---

[1] S. August., *Confess.*, lib. XIII, cap. IX.
(a) *Var.*: L'opprime.

qui fasse sentir ses douleurs; Marie est contrainte malheureusement de le faire souffrir à son tour (*a*) : ils se percent tous deux de coups mutuels ; il est de ce Fils et de cette Mère comme de deux miroirs opposés, qui se renvoyant réciproquement tout ce qu'ils reçoivent par une espèce d'émulation, multiplient les objets jusqu'à l'infini. Ainsi leur douleur s'accroît sans mesure, pendant que les flots qu'elle élève se repoussent (*b*) les uns sur les autres par un flux et reflux continuel : si bien que l'amour de la sainte Vierge est en cela plus infortuné, qu'il compatit avec Jésus-Christ et ne le console pas, qu'il partage avec lui ses douleurs et ne les diminue pas; au contraire il se voit forcé de redoubler les peines du Fils en les communiquant à la Mère.

Mais arrêtons ici nos pensées; n'entreprenons pas de représenter quelles sont les douleurs de Marie, ni de comprendre une chose incompréhensible. Méditons l'excès de son déplaisir, mais tâchons de l'imiter plutôt que de l'entendre; et à l'exemple de cette Vierge remplissons-nous tellement le cœur de la passion de son Fils pendant le cours de cette semaine où nous en célébrons le mystère, que l'abondance de cette douleur ferme à jamais la porte à la joie du monde. Ah! Marie ne peut plus supporter la vie; depuis la mort de son bien-aimé, rien n'est plus capable de plaire à ses yeux. Ce n'est pas pour elle, ô Père éternel, qu'il faut faire éclipser votre soleil, ni éteindre tous les feux du ciel : ils n'ont déjà plus de lumière pour cette Vierge. Il n'est pas nécessaire que vous ébranliez les fondemens de la terre, ni que vous couvriez d'horreur toute la nature, ni que vous menaciez tous les élémens de les envelopper dans leur premier chaos : après la mort de son Fils tout lui paroît déjà couvert de ténèbres, la figure de ce monde est passée pour elle, et en quelque endroit (*c*) qu'elle tourne les yeux, elle ne découvre partout qu'une ombre de mort : *Quidquid aspiciebam, mors erat* [1].

C'est ce que doit faire en nous la croix de Jésus. Si nous ressentons ses douleurs, le monde ne peut plus avoir de douceurs

---

[1] S. August., *Confess.*, lib. IV, cap. IV.

(*a*) *Var.:* Marie est contrainte à son tour de lui faire sentir les siennes. — (*b*) Se rejettent. — (*c*) Et de quelque côté.

pour nous ; les épines du Fils de Dieu doivent avoir arraché ses fleurs, et l'amertume qu'il nous donne à boire doit avoir rendu fade le goût des plaisirs. Heureux mille fois, ô divin Sauveur, heureux ceux que vous abreuvez de votre fiel; heureux ceux à qui votre ignominie a rendu les vanités ridicules et que vos clous ont tellement attachés à votre croix, qu'ils ne peuvent plus élever leurs mains ni étendre leurs bras qu'au ciel ! Ce sont, mes frères, les sentimens qu'il nous faut concevoir durant ces saints jours à la vue de la croix de Jésus : c'est là qu'il nous faut puiser dans ses plaies une salutaire tristesse; tristesse vraiment sainte, vraiment fructueuse, qui détruise en nous tous l'amour du monde, qui en fasse évanouir tout l'éclat, qui nous fasse porter un deuil éternel de nos vanités passées dans les regrets amers de la pénitence. Mais peut-être que cette tristesse vous paroît trop sombre, cet état vous semble trop dur ; vous ne pouvez vous accoutumer aux souffrances. Jetez donc les yeux sur Marie, sa constance vous inspirera de la fermeté, et sa résignation vous va faire voir que ses déplaisirs ne sont pas sans joie. C'est ma seconde partie.

SECOND POINT.

Pour entendre solidement jusqu'où va la résignation de la bienheureuse Marie, il importe que vous remarquiez attentivement qu'on peut surmonter les afflictions en trois manières très-considérables, et que vous devez peser attentivement. On surmonte premièrement les afflictions, lorsqu'on dissipe toute sa tristesse et qu'on en perd tout le sentiment; la douleur est toute apaisée, et l'on est parfaitement consolé. On les surmonte secondement, lorsque l'ame encore agitée et troublée du mal qu'elle sent, ne laisse pas de le supporter avec patience ; elle se résout, mais elle est troublée (a). On les surmonte en troisième lieu, lorsqu'on ressent toute la douleur, et qu'on n'en ressent aucun trouble. C'est ce qu'il faut mettre dans un plus grand jour.

Au premier de ces trois états, toute la douleur est passée, et l'on jouit d'un parfait repos (b). « Je suis rempli de consolation,

---

(a) *Var.* : Remarquez qu'elle se résout, mais qu'elle est troublée. — (b) Comme toute la tristesse est passée, l'on jouit d'un parfait repos.

je nage dans la joie, » dit saint Paul [1]; au milieu des afflictions, une joie divine et surabondante semble m'en avoir ôté tout le sentiment. Au second, l'on combat la douleur avec patience; mais dans un combat si opiniâtre, quoique l'ame soit victorieuse, elle ne peut pas être sans agitation (a). « Au contraire, dit Tertullien [2], elle s'agite elle-même par le grand effort qu'elle fait pour ne se pas agiter (b) : » *In hoc tamen mota ne moveretur;* « et quoique la foiblesse ne l'abatte pas, sa fermeté même l'ébranle par sa propre contention : » *Ipsa constantia concussa est adversùs inconstantiæ concussionem.* Mais il y a encore un troisième état, où Dieu donne (c) une telle force contre la douleur, qu'on en souffre la violence sans que la tranquillité soit troublée. Si bien que dans le premier de ces trois états, il y a tranquillité qui bannit toute la douleur; dans le second, douleur qui empêche la tranquillité; mais le troisième les unit tous deux et joint une extrême douleur avec une tranquillité souveraine (d).

Mais tout ceci peut-être est confus, et il faut le proposer si distinctement que tout le monde puisse le comprendre. Cette comparaison vous l'éclaircira, et je l'ai prise dans les Ecritures. C'est avec beaucoup de raison qu'elle compare ordinairement la douleur à une mer agitée. En effet la douleur a ses eaux amères qu'elle fait entrer jusqu'au fond de l'ame : *Quoniam intraverunt aquæ usque ad animam meam* [3]; elle a ses vagues impétueuses qu'elle pousse avec violence : *Calamitates oppresserunt quasi fluctibus* [4]; elle s'élève par ondes, ainsi que la mer; et lorsqu'on la croit apaisée, elle s'irrite souvent avec une nouvelle furie. Comme donc elle ressemble à la mer, je remarque aussi, chrétiens, que Dieu réprime la douleur par les trois manières dont je vois dans l'Histoire sainte que Jésus-Christ a dompté les eaux.

[1] II *Cor.*, VII, 4. — [2] Tertull., *De Animâ*, n. 10. — [3] *Psal.* LXVIII, 2. — [4] *Job*, XXX, 12.

(a) *Var.*: Au second, l'on combat contre la douleur; et quoique l'ame soit victorieuse, elle ne peut être sans agitation dans un combat si opiniâtre. — (b) « Elle se meut elle-même par l'effort qu'elle fait pour ne se mouvoir pas. » — (c) Un troisième état, où l'on n'arrive point sans un grand miracle, où Dieu donne..... — (d) Si bien qu'il y a au premier état une telle tranquillité qu'elle guérit toute la douleur; au second un sentiment de douleur si vif qu'i empêche la tranquillité; le troisième semble les unir tous deux, et il joint une extrême douleur à une sérénité souveraine.

Tantôt il commande aux eaux et aux vents, il leur ordonne de s'apaiser; et de là s'ensuit, dit l'Evangéliste, une grande tranquillité : *Facta est tranquillitas magna* [1]. Ainsi répandant son Esprit sur une ame agitée par l'affliction, il calme quand il lui plaît tous les flots; et apaisant toutes les tempêtes, il ramène la sérénité. *Nullam requiem habuit caro nostra* [2], dit saint Paul : vous voyez les flots qui l'agitent; *sed qui consolatur humiles, consolatus est nos Deus* [3]; voilà Dieu qui, calmant les flots, lui rend la tranquillité qu'il n'avoit pas. Tantôt il laisse murmurer les eaux, il permet que les vagues s'élèvent avec une furieuse impétuosité; le vaisseau poussé avec violence est menacé d'un prochain naufrage, Pierre qui est porté sur les eaux appréhende d'être enseveli dans leurs abîmes; cependant Jésus-Christ conduit le vaisseau et donne la main à Pierre tremblant (*a*) de frayeur, pour le soutenir. Ainsi dans les douleurs violentes l'ame paroît tellement troublée, qu'il semble qu'elle va être bientôt engloutie; *gravati sumus supra virtutem* [4]; néanmoins Jésus-Christ la soutient si bien que les vents ni les tempêtes ne l'emportent pas : c'est la seconde manière. Enfin la dernière façon dont Jésus-Christ a dompté la mer, la plus noble, la plus glorieuse, c'est qu'il lâche la bride aux tempêtes, il permet aux vents d'agiter les ondes et de pousser leurs flots jusqu'au ciel; cependant il n'est pas ému de cet orage (*b*); au contraire il marche dessus avec une merveilleuse assurance; et foulant aux pieds les flots irrités, il semble qu'il se glorifie de braver cet élément indomptable, même dans sa plus grande furie. Ainsi il lâche la bride à la douleur, il la laisse agir dans toute sa force; cependant la constance, toujours assurée au milieu de ce bruit et de ce tumulte, marche d'un pas égal et tranquille sur ces flots vainement émus, qui la touchent sans l'ébranler, et sont contraints contre leur nature de servir de fondement à ses pieds (*c*) : et c'est la troisième manière dont Jésus-Christ surmonte les afflictions.

Représentez-vous, chrétiens, que vous avez vu une image de ce

---

[1] *Matth.*, VIII, 26. — [2] II *Cor.*, VII, 5. — [3] *Ibid.*, 6. — [4] II *Cor.*, I, 8.

(*a*) **Var. :** Et soutient Pierre tremblant. — (*b*) De cette tempête, — de cette tourmente. — (*c*) De lui servir de soutien.

qui se passe en la sainte Vierge, quand elle regarde Jésus-Christ mourant. Il est vrai que la tristesse élève avec une effroyable impétuosité ses flots, qui semblent tantôt menacer le ciel en attaquant la constance de cette Vierge-Mère par tout ce que la douleur a de plus terrible; elle creuse tantôt des abîmes, lorsqu'elle ne découvre à ses yeux que les horreurs de la mort; mais ne croyez pas qu'elle en soit troublée. Marie ne veut point voir cesser ses douleurs, parce qu'elles la rendent semblable à son Fils. Elle ne donne point de bornes à son affliction, parce qu'elle ne peut contraindre son amour. Elle ne veut point être consolée, parce que son Fils ne trouve point de consolateur. Elle ne vous demande pas, ô Père éternel, que vous modériez sa tristesse; elle n'a garde de demander ce secours dans le moment qu'elle voit votre colère si fort déclarée contre votre Fils, qu'elle le contraint de se plaindre que vous-même le délaissez. Non, elle ne prétend pas d'être (a) mieux traitée. Il faut qu'elle dise avec Jésus-Christ que tous vos flots ont passé sur elle [1]; elle n'en veut pas perdre une goutte, et elle seroit fâchée de ne sentir pas tous les maux de son bien-aimé. Donc, mes frères, que ses douleurs s'élèvent, s'il se peut, jusqu'à l'infini; il est juste de les laisser croître : le Saint-Esprit ne permettra pas ni que son temple soit ébranlé; « il en a posé les fondemens sur le haut des saintes montagnes : » *Fundamenta ejus in montibus sanctis* [2], les flots n'arriveront pas jusque-là; ni que cette fontaine si pure, qu'il a conservée avec tant de soin des ordures de la convoitise, devienne trouble et mêlée par le torrent des afflictions (b). Cette haute partie de l'ame en laquelle il a mis son siége gardera toujours sa sérénité, malgré les tempêtes qui grondent au-dessous.

Que si vous en voulez savoir la raison, permettez que je vous découvre en peu de paroles un mystère que vous pourrez méditer à loisir durant ces saints jours. Le docte et l'éloquent saint Jean Chrysostome considérant le Fils de Dieu prêt à rendre l'ame, ne se lasse point d'admirer comme il se possède dans son agonie; et méditant profondément cette vérité, il fait cette belle observation :

---

[1] *Psal.* XLI, 8. — [2] *Psal.* LXXXVI, 1.

(a) *Var.* : Elle ne veut pas être. — (b) Par l'affliction.

La veille de sa mort, dit ce saint évêque [1], il sue, il tremble, il frémit, tant l'image de son supplice lui paroît terrible; et dans le fort des douleurs il paroît changé tout à coup, et les tourmens ne lui sont plus rien. Il s'entretient avec ce bienheureux larron d'un sens rassis et sans s'émouvoir; il considère et reconnoît distinctement ceux des siens qui sont auprès de sa croix, il leur parle et il les console; après il lit dans les prophéties qu'on lui prépare encore un breuvage amer; il élève la voix pour le demander, il le goûte sans s'émouvoir; et enfin ayant remarqué que tout ce qu'il avoit à faire étoit accompli, il rend aussitôt son ame à son Père et le fait avec une action si libre, si paisible, si préméditée, qu'il est bien aisé à juger que « personne ne la lui ravit, mais qu'il la donne lui-même de son plein gré : » *Nemo tollit eam à me, sed ego pono eam à meipso* [2].

Qu'est-ce à dire ceci, chrétiens? Comment est-ce que l'appréhension du mal l'afflige si fort, puisqu'il semble que le mal même ne le touche pas? Je sais bien qu'on pourroit répondre que l'économie de notre salut est un ouvrage de force et d'infirmité; ainsi il vouloit montrer par sa crainte qu'il étoit comme nous sensible aux douleurs, et faire voir par sa constance qu'il savoit bien modérer (a) tous ses mouvemens et les faire céder comme il lui plaisoit à la volonté de son Père. Cette raison sans doute est solide; mais si nous savons pénétrer au fond du mystère, nous verrons quelque chose de plus relevé dans cette conduite de notre Sauveur. Je dis donc que la cause la plus apparente de ce que le Calvaire le voit si paisible, lui que le mont des Olives a vu si troublé, c'est qu'à la la croix et sur le Calvaire il est dans l'action même de son sacrifice, et aucune action ne doit être faite avec un esprit plus tranquille. Toi, qui assistant au saint sacrifice, laisses inconsidérément errer ton esprit, suivant que le poussent deçà et delà la curiosité ou la passion, arrête le cours de ces mouvemens. Ah! tu n'as pas encore assez entendu ce que c'est que le sacrifice.

Le sacrifice est une action par laquelle tu rends à Dieu tes hommages : or qui ne sait par expérience que toutes les actions

---

[1] Homil. LXXXV. *in Joan.* — [2] *Joan.*, X, 18.
(a) *Var.*: Maîtriser.

de respect demandent une contenance remise et posée? C'est le caractère du respect. Dieu donc, qui pénètre jusqu'au fond des cœurs, croit qu'on manque de respect pour sa majesté, si l'ame ne se compose elle-même en réglant tous ses mouvemens. Par conséquent il n'est (a) rien de plus véritable que le pontife doit sacrifier d'un esprit tranquille; et cette huile dont on le sacre dans le *Lévitique* [1], ce symbole sacré de la paix qu'on répand abondamment sur sa tête, l'avertit qu'il doit avoir la paix dans l'esprit en éloignant toutes les pensées qui en détournent l'application, et qu'il la doit aussi avoir dans le cœur en calmant tous les mouvemens qui en troublent la sérénité. O Jésus, mon divin Pontife, c'est sans doute pour cette raison que vous vous montrez si tranquille dans votre agonie. Il est vrai qu'il paroît troublé au mont des Oliviers; mais « c'est un trouble volontaire, » dit saint Augustin [2], qu'il lui plaisoit d'exciter lui-même. Pour quelle raison, chrétiens? C'est qu'il se considéroit comme la victime; il vouloit agir comme victime; il prenoit, si l'on peut parler de la sorte, l'action et la posture d'une victime, et il la laissoit traîner à l'autel avec frayeur et tremblement. Mais aussitôt qu'il est à l'autel et qu'il commence à faire la fonction de prêtre, aussitôt qu'il a eu élevé ses mains innocentes pour présenter la victime au Ciel irrité, il ne veut plus sentir aucun trouble, il ne fait plus paroître de crainte, parce qu'elle semble marquer quelque répugnance; et encore que ses mouvemens dépendent tellement de sa volonté que la paix de son ame n'en est point troublée, il ne veut plus souffrir la moindre apparence de trouble, afin, mes frères, que vous entendiez que c'est un pontife miséricordieux, qui sans force et sans violence, d'un esprit tranquille et d'un sens rassis, s'immole lui-même volontairement, poussé par l'amour de notre salut. De là cette action remise et paisible, qui fait qu'au milieu de tant de douleurs « il meurt avec plus de tranquillité (b), dit saint Augustin [3], que nous n'avons accoutumé de nous endormir. »

Voilà, chrétiens, ce grand mystère que j'avois promis de vous découvrir; mais ne croyez pas qu'il soit achevé en la personne

---

[1] *Levit.*, VIII, 12. — [2] Tract. LX *in Joan*. — [3] *Ibid.*, n. 6.
(a) *Var.:* Il n'est donc. — (b) Plus doucement.

de Jésus-Christ : il inspire ce sentiment à sa sainte Mère, parce qu'elle doit avoir part à ce sacrifice; elle doit aussi immoler ce Fils. C'est pourquoi elle se compose aussi bien que lui, elle se tient droite au pied de la croix, pour marquer une action plus délibérée; et malgré toute sa douleur elle l'offre de tout son cœur au Père éternel pour être la victime de sa vengeance. Mes frères, réveillez vos attentions, venez apprendre de cette Vierge à sacrifier à Dieu constamment tout ce que vous avez de plus cher. Voilà Marie au pied de la croix, qui s'arrache le cœur pour livrer son Fils unique à la mort; elle l'offre non pas une fois; elle n'a cessé de l'offrir depuis que le bon Siméon lui eut prédit, par l'ordre de Dieu, les étranges contradictions qu'il devoit souffrir. Depuis ce temps-là, chrétiens, elle l'offre tous les momens de sa vie, elle en achève l'oblation à la croix. Avec quelle résignation? C'est ce qu'il n'est pas possible que je vous explique. Jugez-en vous-mêmes par l'Evangile et par la suite de ses actions.

Ah! « votre Fils, lui dit Siméon [1], sera mis en butte aux contradictions, et votre ame, ô mère, sera percée d'un glaive. » Parole effroyable pour une mère! Il est vrai que ce bon vieillard ne lui dit rien en particulier des persécutions de son Fils; mais ne croyez pas, chrétiens, qu'il veuille épargner sa douleur (a) : non, non, chrétiens, ne le croyez pas; c'est ce qui l'afflige le plus, en ce que ne lui disant rien en particulier, il lui laisse à appréhender toutes choses. Car est-il rien de plus rude et de plus affreux que cette cruelle suspension d'une ame menacée de quelque grand mal, et qui ne peut savoir ce que c'est? Ah! c'est là que cette pauvre ame, confuse, étonnée, qui se voit menacée de toutes parts, qui ne voit de toutes parts que des glaives pendans sur sa tête, qui ne sait de quel côté elle se doit mettre en garde, meurt en un moment de mille morts. C'est là que sa crainte toujours ingénieuse pour la tourmenter, ne pouvant savoir son destin ni le mal qu'on lui prépare, va parcourant tous les maux les uns après les autres pour faire son supplice de tous; si bien qu'elle souffre

---

[1] *Luc.*, II, 34, 35.

(a) *Var.* : ... des persécutions de son Fils. Peut-être qu'il veut épargner sa douleur? Non...

toute la douleur que donne une prévoyance assurée, avec toute cette inquiétude importune, toute l'angoisse et l'anxiété qu'apporte une crainte douteuse. Dans cette cruelle incertitude, c'est une espèce de repos que de savoir de quel coup il faudra mourir; et saint Augustin a raison de dire « qu'il est moins dur sans comparaison de souffrir une seule mort que de les appréhender toutes : » *Longè satiùs est unam perpeti moriendo, quàm omnes timere vivendo*[1].

C'est ainsi qu'on traite la divine Vierge. O Dieu! qu'on ménage peu sa douleur! Pourquoi la frappez-vous de tant de côtés? Qu'elle sache du moins à quoi se résoudre : ou ne lui dites rien de son mal pour ne la point tourmenter par la prévoyance, ou dites-lui tout son mal pour lui en ôter du moins la surprise. Chrétiens, il n'en sera pas de la sorte, on la veut éprouver : on le lui prédira, afin qu'elle le sente longtemps; on ne lui dira pas ce que c'est, pour ne pas ôter à la douleur la secousse que la surprise y ajoute. O prévoyance! ô surprise! ô ciel! ô terre! ô mortels! étonnez-vous de cette constance! *Obstupescite*[2]! Ce qu'on lui prédit lui fait tout craindre; ce qu'on exécute lui fait tout sentir. Voyez cependant sa tranquillité; là elle ne demande point : Qu'arrivera-t-il? Ici elle ne murmure pas de ce qui est arrivé : Dieu l'a voulu, il faut le vouloir. La crainte n'est pas curieuse; la douleur n'est pas impatiente. La première ne s'informe pas de l'avenir : quoi qu'il arrive, il faut s'y soumettre; la seconde ne se plaint pas du présent : Dieu l'a voulu, il faut se résoudre. Voilà les deux actes de résignation : se préparer à tout ce qu'il veut, se résoudre à tout ce qu'il fait.

Marie, alarmée dans sa prévoyance, regarde déjà son Fils comme une victime, elle le voit déjà tout couvert de plaies, elle le voit dans ses langes comme enseveli; il lui est, dit-elle, « un faisceau de myrrhe qui repose entre ses mamelles : » *Fasciculus myrrhæ dilectus meus mihi*[3]. C'est, dit-elle, un faisceau de myrrhe, à cause de sa mort qui est toujours présente à ses yeux. Spectacle horrible pour une mère! O Dieu, il est à vous; je consens à tout, faites-en votre volonté. Elle lui voit donner le coup

---

[1] *De Civit. Dei*, lib. I, cap. XI. — [2] *Jerem.*, II, 12. — [3] *Cant.*, I, 12.

à la croix. Achevez, ô Père éternel ; ne faut-il plus que mon consentement pour livrer mon Fils à la mort, je lui donne, puisqu'il vous plaît ; je suis ici pour souscrire à tout ; mon action vous fait voir que je suis prête : déchargez sur lui toute votre colère, ne vous contentez pas de frapper sur lui ; prenez votre glaive pour percer mon ame, déchirez toutes mes entrailles, arrachez-moi le cœur en m'ôtant ce Fils bien-aimé.

Ah! mes frères, je n'en puis plus. Je voulois vous exhorter ; c'est Marie qui vous parlera, c'est elle qui vous dira que vous ne sortiez point de ce lieu sans donner à Dieu tout ce que vous avez de plus cher. Est-ce un mari, est-ce un fils? Ah! vous ne le perdrez pas pour le déposer en ses mains ; il rendra le tout au centuple. Marie reçoit plus qu'elle ne lui donne ; Dieu lui rendra bientôt ce Fils bien-aimé ; et en attendant, chrétiens, en le lui ôtant pour trois jours, il lui donne pour la consoler tous les chrétiens pour enfans. C'est par où je m'en vais conclure.

TROISIÈME POINT.

C'est au disciple bien-aimé de notre Sauveur, c'est au cher fils de la sainte Vierge et au premier-né des enfans que Jésus-Christ son Fils lui donne à la croix (a), de vous représenter le mystère de cette fécondité merveilleuse, et il le fait aussi dans l'*Apocalypse* par une excellente figure. « Il parut, dit-il, un grand signe au ciel ; une femme environnée du soleil, qui avoit la lune à ses pieds et la tête couronnée d'étoiles, et elle faisoit de grands cris dans le travail de l'enfantement [1]. » Saint Augustin nous assure dans le livre *du Symbole aux Catéchumènes* [2] que cette femme, c'est la sainte Vierge, et il seroit aisé de le faire voir par plusieurs raisons convaincantes. Mais de quelle sorte expliquerons-nous cet enfantement douloureux? Ne savons-nous pas, chrétiens, puisque c'est la foi de l'Eglise, que Marie a été exempte de cette commune malédiction de toutes les mères, et qu'elle a enfanté sans douleur, comme elle a conçu sans corruption? Comment donc démêlerons-nous ces contrariétés apparentes?

[1] *Apoc.*, XII, 1. — [2] Serm. IV *De Symb. ad Catech.*, cap. I.
(a) *Var.*: Que la charité lui adopte.

C'est ici qu'il nous faut entendre deux enfantemens de Marie : elle a enfanté Jésus-Christ, elle a enfanté les fidèles; c'est-à-dire elle a enfanté l'innocent, elle a enfanté les pécheurs. Elle enfante l'innocent sans peine ; mais il falloit qu'elle enfantât les pécheurs parmi les douleurs et les cris ; et vous en serez convaincus, si vous considérez attentivement à quel prix elle les achète. Il faut qu'il lui en coûte son Fils unique ; elle ne peut être mère des chrétiens qu'elle ne donne son bien-aimé à la mort. O fécondité douloureuse! Mais il faut, Messieurs, vous la faire entendre, en rappelant à votre mémoire cette vérité importante, que c'étoit la volonté du Père éternel de faire naître les enfans adoptifs par la mort du Fils véritable. Ah! qui pourroit ne s'attendrir pas à la vue d'un si beau spectacle?

Il est vrai qu'on ne peut assez admirer cette immense charité de Dieu par laquelle il nous a choisis pour enfans; il a engendré dans l'éternité un Fils qui est égal à lui-même, qui fait les délices de son cœur, qui contente entièrement (a) son amour comme il épuise sa fécondité; et néanmoins, ô bonté ! ô miséricorde ! ce Père ayant un Fils si parfait, ne laisse pas d'en adopter d'autres ; cette charité qu'il a pour les hommes, cet amour inépuisable et surabondant fait qu'il donne des frères à ce premier-né, des compagnons à cet unique, et enfin des cohéritiers à ce bien-aimé de son cœur. Il fait quelque chose de plus, et vous le verrez bientôt au Calvaire. Non-seulement il joint à son propre Fils des enfans qu'il adopte par miséricorde; mais, ce qui passe toute créance, il livre son propre Fils à la mort pour faire naître les adoptifs. Qui voudroit adopter à ce prix et donner un fils pour des étrangers? C'est néanmoins ce que fait le Père éternel.

Et ce n'est pas moi qui le dis, c'est Jésus qui nous l'enseigne dans son Evangile. « Dieu a tant aimé le monde (écoutez, hommes mortels, voilà l'amour de Dieu qui paroit sur nous, c'est le principe de notre adoption) qu'il a donné son Fils unique [1]. » Ah ! voilà le Fils unique livré à la mort; paroissez maintenant, enfans adoptifs, « afin que ceux qui croient ne périssent pas, mais qu'ils

---

[1] *Joan.*, III, 16.

(a) *Var.* : Qui rassasie parfaitement.

aient la vie éternelle. » Ne voyez-vous pas manifestement qu'il donne son propre Fils à la mort, pour faire naître les enfans d'adoption ; et que cette même charité du Père qui le livre, qui l'abandonne, qui le sacrifie, nous adopte, nous vivifie et nous régénère : comme si le Père éternel ayant vu (*a*) que l'on n'adopte des enfans que lorsqu'on n'en a point de véritables, son amour et inventif et ingénieux lui avoit heureusement inspiré pour nous ce dessein (*b*) de miséricorde, de perdre en quelque sorte son Fils pour donner lieu à l'adoption, et de faire mourir l'unique héritier pour nous faire entrer en ses droits. Par conséquent, enfans d'adoption, que vous coûtez donc au Père éternel !

Mais ne vous persuadez pas que Marie en soit quitte à meilleur marché. Elle est l'Eve de la nouvelle alliance et la mère commune de tous les fidèles (*c*) ; mais il faut qu'il lui en coûte la mort de son premier-né ; il faut qu'elle se joigne au Père éternel, et qu'ils livrent leur commun Fils d'un commun accord au supplice. C'est pour cela que la Providence l'a appelée au pied de la croix ; elle y vient immoler son Fils véritable : qu'il meure, afin que les hommes vivent. Elle y vient recevoir de nouveaux enfans : « Femme, dit Jésus, voilà votre fils [1]. » O enfantement vraiment douloureux ! ô fécondité qui lui est à charge ! Car quels furent ses sentimens, lorsqu'elle entendit cette voix mourante du dernier adieu de son Fils? Non, je ne crains point de vous assurer que de tous les traits qui percent son ame, celui-ci est sans doute le plus douloureux.

Je me souviens ici, chrétiens, que saint Paulin, évêque de Nole, parlant de sa parente sainte Mélanie, à qui d'une nombreuse famille il ne restoit plus qu'un petit enfant, nous peint sa douleur par ces mots (*d*) : « Elle étoit, dit-il, avec cet enfant, reste malheureux d'une grande ruine, qui bien loin de la consoler, ne faisoit qu'aigrir ses douleurs et sembloit lui être laissé pour la faire ressouvenir de son deuil plutôt que pour réparer son

---

[1] *Joan.*, XIX, 26.

(*a*) *Var.*: Considérant. — (*b*) Son amour heureusement inventif pour nous lui avoit inspiré ce dessein... — (*c*) Et la mère des enfans d'adoption. — (*d*) Considérant sa parente sainte Mélanie..., nous en a dit ces belles paroles.

dommage (a) : » *Unico tantùm sibi parvulo, incentore potiùs quàm consolatore lacrymarum, ad memoriam potiùs quàm ad compensationem affectuum derelicto*[1]. Ne vous semble-t-il pas, mes frères, que ces paroles ont été faites pour représenter les douleurs de la divine Marie? « Femme, dit Jésus, voilà votre fils : » *Ecce filius tuus*. Ah! c'est ici (b), dit-elle, le dernier adieu ; mon Fils, c'est à ce coup que vous me quittez : mais, hélas! quel fils me donnez-vous en votre place, et faut-il que Jean me coûte si cher ? Quoi ! un homme mortel pour un Homme-Dieu ! Ah ! cruel et funeste échange! triste et malheureuse consolation !

Je le vois bien, ô divin Sauveur, vous n'avez pas tant dessein de la consoler que de rendre ses regrets (c) immortels. Son amour accoutumé à un Dieu, ne rencontrant en sa place qu'un homme mortel, en sentira beaucoup mieux ce qui lui manque (d) ; et ce fils que vous lui donnez semble paroître toujours à ses yeux, plutôt pour lui reprocher son malheur que pour réparer son dommage (e). Ainsi cette parole la tue, et cette parole la rend féconde ; elle devient mère des chrétiens parmi l'effort d'une affliction sans mesure ; on tire de ses entrailles ces nouveaux enfans avec le glaive et le fer ; et on entr'ouvre son cœur avec une violence incroyable, pour y enter cet amour de mère qu'elle doit avoir pour tous les fidèles.

Chrétiens, enfans de Marie, mais enfans de ses déplaisirs, enfans de sang et de douleurs, pouvez-vous écouter sans larmes les maux que vous avez faits à votre Mère? Pouvez-vous oublier ses cris parmi lesquels elle vous enfante? L'*Ecclésiastique* disoit autrefois : *Ne obliviscaris gemitus matris tuæ*[2] *:* « N'oublie pas les gémissemens de ta mère. » Chrétien, enfant de la croix, c'est à toi que ces paroles s'adressent. Quand le monde t'attire par ses voluptés, pour détourner l'imagination de ses délices pernicieuses, souviens-toi des pleurs de Marie et n'oublie jamais les gémissemens de cette Mère si charitable : *Ne obliviscaris gemitus matris tuæ*. Dans les tentations violentes, lorsque tes forces sont presque

[1] *Epist.* XXIX *ad Sever.*, p. 180. — [2] *Eccli.*, VII, 29.

(a) *Var.* : « Que pour récompenser sa perte. » — (b) Voilà. — (c) Ses déplaisirs. — (d) Sa perte. — (e) Servira plutôt à lui reprocher qu'à réparer son dommage.

abattues, que tes pieds chancèlent dans la droite voie, que l'occasion, le mauvais exemple ou l'ardeur de la jeunesse te presse, n'oublie pas les gémissemens de ta Mère : *Ne obliviscaris*. Souviens-toi des pleurs de Marie, souviens-toi des douleurs cruelles dont tu as déchiré son cœur au Calvaire, laisse-toi émouvoir au cri d'une Mère. Misérable, quelle est ta pensée? Veux-tu élever une autre croix pour y attacher Jésus-Christ? veux-tu faire voir à Marie son Fils crucifié encore une fois? veux-tu couronner sa tête d'épines, fouler aux pieds à ses yeux le sang du Nouveau Testament, et par un si horrible spectacle rouvrir encore toutes les blessures de son amour maternel? A Dieu ne plaise, mes frères, que nous soyons si dénaturés (*a*)! Laissons-nous émouvoir aux cris d'une Mère.

Mes enfans, dit-elle, jusqu'ici je n'ai rien souffert, je compte pour rien toutes les douleurs qui m'ont affligée à la croix ; le coup que vous me donnez par vos crimes, c'est là véritablement celui qui me blesse. J'ai vu mourir mon Fils bien-aimé; mais comme il souffroit pour votre salut, j'ai bien voulu l'immoler moi-même, j'ai bu cette amertume avec joie. Mes enfans, croyez-en mon amour : il me semble n'avoir pas senti cette plaie (*b*), quand je la compare aux douleurs que me donne votre impénitence. Mais quand je vous vois sacrifier vos ames à la fureur de Satan ; quand je vous vois perdre le sang de mon Fils en rendant sa grace inutile, faire un jouet de sa croix par la profanation de ses sacremens, outrager sa miséricorde en abusant si longtemps de sa patience; quand je vois que vous ajoutez l'insolence au crime, qu'au milieu de tant de péchés vous méprisez le remède de la pénitence, ou que vous le tournez en poison par vos rechutes continuelles, amassant sur vous des trésors de haine et de fureur éternelle par vos cœurs endurcis et impénitens, c'est alors, c'est alors que je me sens frappée jusqu'au vif; c'est là, mes enfans, ce qui me perce le cœur, c'est ce qui m'arrache les entrailles.

Voilà, mes frères, si vous l'entendez, ce que vous dit Marie au Calvaire ; c'est de ces cris, c'est de ces paroles que vous entendrez

---

(*a*) *Var.*: Ah! mes frères, ne le faisons pas. — (*b*) Je n'ai presque pas senti cette plaie.

retentir tous les coins de cette montagne, si vous y allez durant ces saints jours. C'est en ce lieu que je vous invite durant ce temps sacré de la passion; c'est là que le sang et les larmes, les douleurs cruelles du Fils, la compassion de la Mère, la rage des ennemis, la consternation des disciples, les cris des femmes pieuses, la voix des blasphèmes que vomissent les Juifs, celle du larron qui demande pardon, celle du sang...

SECOND SERMON

POUR

LE VENDREDI DE LA SEMAINE DE LA PASSION,

SUR LA COMPASSION DE LA SAINTE VIERGE (a).

Dicit Jesus Matri suæ : Mulier, ecce filius tuus; deinde dicit discipulo : Ecce mater tua.

Jésus dit à sa Mère : Femme, voilà votre fils; après il dit à son disciple : Voilà votre mère. *Joan.*, XIX, 26.

Si jamais l'amour est ingénieux, si jamais il produit de grands et de nobles effets, il faut avouer que c'est particulièrement à

(a) Marie associée pour nous engendrer à l'amour du Père qui nous adopte, et aux souffrances du Fils qui nous rachète. Nature féconde. Charité féconde. *Carne mater capitis nostri, spiritu mater membrorum ejus* (S. August., *De Sanct. Virginit.*, n. 6).

Double fécondité du Père. Toutes deux communiquées à Marie.

Fécondité de charité du Père qui adopte, coûte la mort au Fils véritable et naturel.

Association de charité entre le Père céleste et Marie, qui livrent leur commun Fils à la mort.

Deux enfantemens de Marie : l'un sans peine, l'autre douloureux.

Souffrances de Marie à la croix.

Cœur d'une mère. Chananée. (S. Basile de Séleucie.)

Ces souffrances la rendent féconde. Jésus, en l'associant à la croix, l'associe à la fécondité : *Ecce filius tuus.*

Enfante comme des mères à qui l'on arrache les enfans par le fer.

Ne obliviscaris gemitus matris tuæ (Eccli., VII, 29).

l'extrémité de la vie qu'il fait paroître ses plus belles inventions et ses plus généreux transports. Comme l'amitié semble ne vivre que dans la compagnie de l'objet aimé, quand elle se voit menacée d'une séparation éternelle, autant qu'une loi fatale l'éloigne de sa présence, autant elle tâche de durer dans le souvenir. C'est pourquoi les amis mêlent ordinairement des actions et des paroles si remarquables parmi les douleurs et les larmes du dernier adieu, que lorsque l'histoire en peut découvrir quelque chose, elle a accoutumé d'en faire ses observations les plus curieuses.

L'Histoire sainte, chrétiens, ne les oublie pas, et vous en voyez une belle preuve dans le texte que j'ai allégué. Saint Jean, le bien-aimé du Sauveur, que nous pouvons appeler l'Évangéliste d'amour, a été soigneux de nous recueillir (a) les dernières paroles dont il a plu à son cher Maître d'honorer en mourant et sa sainte Mère et son bon ami, c'est-à-dire les deux personnes du monde qu'il aimoit le plus. O Dieu! que ces paroles sont dignes d'être méditées, et qu'elles peuvent servir de matière à de belles réflexions. Car, je vous demande, y a-t-il chose plus agréable que de voir le Sauveur Jésus être libéral même dans son extrême indigence? Hélas! il a dit plusieurs fois que son bien n'étoit pas sur

---

Jésus-Christ et Marie nous enfantant par la croix, consacrent leurs enfans à la pénitence.

Prêché à Metz, vers 1655.
Indices de l'époque de Metz : la longueur de l'exorde; les interrogations sans la particule *ne*; les expressions comme celles-ci : « Le Sauveur Jésus pendu à la croix, santé désespérée par les médecins, déduire la preuve aussi nettement comme elle me semble solide. » D'un autre côté le prédicateur dit, à la fin du premier point : « Le vin nous manque, je veux dire la charité... De là vient que nous nous voyons de tous côtés déchirés par tant de factions différentes. Dieu, par une juste vengeance, voyant que nous refusons de nous unir à sa souveraine bonté par une affection cordiale, nous fait ressentir les malheurs de mille divisions intestines. » Tout le monde verra, dans ce passage, la description des troubles qui agitèrent si cruellement la France sous la minorité de Louis XIV.
On lira dans le milieu du dernier point : « Vous verrez quelquefois une mère qui caressera extraordinairement un enfant, sans en avoir d'autre raison sinon que c'est, à son avis, la vraie peinture du sien : C'est ainsi, dira-t-elle, qu'il pose ses mains, c'est ainsi qu'il porte ses yeux, telle est son action et sa contenance. » Qui ne se rappelle ici les vers de Virgile (*Æneid.*, lib. III, vers. 489) :

O mihi sola mei super Astyanactis imago!
Sic oculos, sic ille manus, sic ora ferebat.

(a) *Var.* : Rapporter.

la terre, il n'y a pas eu seulement de quoi reposer sa tête ; et pendant qu'il est à la croix, je vois l'avare soldat qui partage ses vêtemens et joue à trois dés sa tunique mystérieuse; tellement qu'il semble que la rage de ses bourreaux ne lui laisse pas la moindre chose dont il puisse disposer en faveur des siens. Et cependant, chrétiens, ne croyez pas qu'il sorte de ce monde sans leur laisser quelque précieux gage de son amitié.

L'antiquité a fort remarqué l'action d'un certain philosophe (a), qui ne laissant pas en mourant de quoi entretenir sa famille, s'avisa de léguer à ses amis sa mère et ses enfans par son testament. Ce que la nécessité suggéra à ce philosophe, l'amour le fait faire à mon Maître d'une manière bien plus admirable. Il ne donne pas seulement sa Mère à son ami, il donne encore son ami à sa sainte Mère ; il leur donne à tous deux, et il les donne tous deux ; et l'un et l'autre leur est également profitable : *Ecce filius tuus, ecce mater tua.* O bienheureuse Marie, ces paroles ayant été prononcées et par votre Fils et par notre Maître, nous ne doutons pas qu'il ne les ait dites et pour vous consoler et pour nous instruire. Nous en espérons l'intelligence par vos prières; et afin que vous nous fassiez entendre les paroles par lesquelles vous êtes devenue mère de saint Jean, nous vous allons adresser une autre parole qui vous a rendue Mère du Sauveur : toutes deux vous ont été portées de la part de Dieu; mais vous reçûtes l'une de la propre bouche de son Fils unique, et l'autre vous fut adressée par le ministère d'un ange qui vous salua en ces termes : *Ave, gratiâ plena.*

Parmi tant d'objets admirables que la croix du Sauveur Jésus présente à nos yeux, ce que nous fait remarquer saint Jean Chrysostome traitant l'évangile que nous avons lu ce matin, est digne à mon avis d'une considération très-particulière. Ce grand personnage contemplant le Fils de Dieu prêt à rendre l'ame, ne se lasse point d'admirer comme il se possède dans son agonie et comme il paroît absolument maître de ses actions. La veille de sa mort, dit ce saint évêque [1], il sue, il tremble, il frémit : tant

[1] Homil. LXXXV. *in Joan.*

(a) Eudamidas de Corinthe (Lucian., *Dialog. Toxar.*, seu *De Amicitiâ*).

l'image de son supplice lui paroît terrible ; et dans le fort des douleurs, vous diriez que ce soit un autre homme, à qui les tourmens ne font plus rien. Il s'entretient avec ce bienheureux larron d'un sens rassis et sans s'émouvoir ; il considère et reconnoît distinctement ceux des siens qui sont au pied de sa croix, il leur parle, il les console ; enfin ayant remarqué que tout ce qu'il avoit à faire étoit accompli, qu'il avoit exécuté de point en point la volonté de son Père, il lui rend son ame avec une action si paisible, si libre, si préméditée, qu'il est aisé à juger que « personne ne la lui ravit, mais qu'il la donne lui-même de son plein gré, » ainsi qu'il l'assure : *Nemo tollit eam à me, sed ego pono eam à meipso* [1]. Qu'est-ce à dire ceci, demande saint Jean Chrysostome ? Comment est-ce que l'appréhension du mal l'afflige si fort, puisqu'il semble que le mal même ne le touche pas ? Est-ce point que l'économie de notre salut devoit être tout ensemble un ouvrage de force et d'infirmité ? Il vouloit montrer par sa crainte qu'il étoit comme nous sensible aux douleurs, et faire voir par sa constance qu'il savoit bien maîtriser ses inclinations et les faire céder à la volonté de son Père. Telle est la raison que nous pouvons tirer de saint Jean Chrysostome ; et je vous avoue, chrétiens, que je n'aurois pas la hardiesse d'y ajouter mes pensées, si le sujet que je traite ne m'y obligeoit.

Je considère donc le Sauveur pendu à la croix, non-seulement comme une victime innocente qui se dévoue volontairement pour notre salut, mais encore comme un père de famille qui sentant approcher son heure dernière, dispose de ses biens par son testament ; et sur une vérité si connue, je fonde cette réflexion que je fais. Un homme est malade en son lit ; on le vient avertir de donner ordre à ses affaires au plus tôt, parce que sa santé est désespérée par les médecins ; en même temps si abattu qu'il soit par la violence du mal, il fait un dernier effort pour ramasser ses esprits, afin de déclarer sa dernière volonté d'un jugement sain et entier. Il me semble que mon Sauveur a fait quelque chose de semblable sur le lit sanglant de la croix. Ce n'est pas que je veuille dire que la douleur ou l'appréhension de la mort aient jamais pu

[1] *Joan.*, x, 18.

troubler tellement son esprit, qu'elles lui empêchassent aucune de ses fonctions. Plutôt ma langue demeure à jamais immobile, que de prononcer une parole si téméraire! Mais comme il vouloit témoigner à tout le monde qu'il ne faisoit rien en cette rencontre qui ne partit d'une mûre délibération, il jugea à propos de se comporter de telle sorte qu'on ne pût pas remarquer la moindre émotion en son ame, afin que son testament ne fût sujet à aucun reproche. C'est pourquoi il s'adresse à sa Mère et à son disciple avec une contenance si assurée, parce que ce qu'il avoit à leur dire devoit faire une des principales clauses de son testament, et en voici le secret.

Le Fils de Dieu n'avoit rien qui fût plus à lui que sa Mère ni que ses disciples, puisqu'il se les achetoit au prix de son sang : c'est une chose très-assurée, et il en peut disposer comme d'un héritage très-bien acquis. Or, dans cette dernière disgrace tous ses autres disciples l'ont abandonné, il n'y a que Jean son bien-aimé qui lui reste : tellement que je le considère aujourd'hui comme un homme qui représente tous les fidèles, et partant nous devons être disposés à nous appliquer tout ce qui regardera sa personne. Je vois, ô mon Sauveur, que vous lui donnez votre Mère, et « incontinent il en prend possession comme de son bien : » *Et accepit eam discipulus in suâ* [1]. Entendons ceci, chrétiens. Sans doute nous avons bonne part dans ce legs pieux : c'est à nous que le Fils de Dieu donne la bienheureuse Marie, en même temps qu'il la donne à son cher disciple. Voilà ce mystérieux article du testament de mon Maître que j'ai jugé nécessaire de vous réciter pour en faire ensuite le sujet de notre entretien.

N'attendez pas, ô fidèles, que j'examine en détail toutes les conditions d'un testament, afin d'en faire un rapport exact aux paroles de mon évangile : ne vaut-il pas bien mieux que laissant à part cette subtilité de comparaisons, nous employions tous nos soins à considérer attentivement le bien qu'on nous fait? Jésus regarde sa Mère, dit l'auteur sacré [2]; ses mains étant clouées, il ne peut la montrer du doigt, il la désigne des yeux ; et par toutes ses actions il se met en état de nous la donner. Celle qu'il nous

---

[1] *Joan.*, xix, 27. — [2] *Ibid.*, 26.

donne, c'est sa propre Mère ; par conséquent sa protection est puissante, elle a beaucoup de crédit pour nous assister. Mais il nous la donne afin qu'elle soit notre mère ; par conséquent sa tendresse pour nous est extrême, et elle a une grande inclination de nous bien faire. Ce sont les deux points qui composeront ce discours. Afin que nous puissions espérer quelque assistance d'une personne près de la Majesté divine, il est nécessaire et que sa grandeur l'approche de Dieu, et que sa bonté l'approche de nous. Marie étant mère de notre Sauveur, sa qualité l'élève bien haut auprès du Père éternel ; Marie étant notre mère, son affection la rabaisse jusqu'à compatir à notre foiblesse. En un mot, elle peut nous soulager, à cause qu'elle est Mère de Dieu ; elle veut nous soulager, à cause qu'elle est notre mère. C'est dans la déduction de ces deux raisonnemens que je prétends établir une dévotion raisonnable à la sainte Vierge, sur une doctrine solide et évangélique ; et je demande, fidèles, que vous vous y rendiez attentifs.

PREMIER POINT.

L'une des plus belles qualités que la sainte Ecriture donne au Fils de Dieu, c'est celle de Médiateur entre Dieu et les hommes. C'est lui qui réconcilie toutes choses en sa personne, il est le nœud des affections du ciel et de la terre ; et la sainte alliance qu'il a contractée avec nous nous rendant son Père propice, nous donne un accès favorable au trône de sa miséricorde. C'est sur cette vérité qu'est appuyée toute l'espérance des enfans de Dieu. Cela étant ainsi, voici comme je raisonne. L'union que nous avons avec le Sauveur, nous fait approcher de la Majesté divine avec confiance. Or quand il a choisi Marie pour sa mère, il a fait pour ainsi dire avec elle un traité tout particulier ; il a contracté une alliance très-étroite, dont les hommes ni les anges ne peuvent concevoir l'excellence (a) ; et par conséquent l'union qu'elle a avec Dieu, le crédit et la faveur qu'elle a auprès du Père, n'est pas une chose que nous puissions jamais concevoir. Je n'ai point d'autre raisonnement à vous proposer dans cette première partie. Mais afin que nous en puissions pénétrer le fond, je tâcherai de

(a) *Var.:* La grandeur.

déduire par ordre quelques vérités qui nous feront reconnoître la sainte société qui est entre Jésus et Marie; d'où nous conclurons qu'il n'y a rien dans l'ordre des créatures qui soit plus uni à la Majesté divine que la sainte Vierge.

Je dis donc avant toutes choses qu'il n'y eut jamais mère qui chérit son fils avec une telle tendresse que faisoit Marie; je dis qu'il n'y eut jamais fils qui chérit sa mère avec une affection si puissante (a) que faisoit Jésus. J'en tire la preuve des choses les plus connues. Interrogez une mère d'où vient que souvent en la présence de son fils elle fait paroître une émotion si visible; elle vous répondra que le sang ne se peut démentir, que son fils c'est sa chair et son sang, que c'est là ce qui émeut ses entrailles et cause ces tendres mouvemens à son cœur; l'Apôtre même ayant dit que « personne ne peut haïr sa chair : » *Nemo enim unquam carnem suam odio habuit*[1]. Que si ce que je viens de dire est véritable des autres mères, il l'est encore beaucoup plus de la sainte Vierge, parce qu'ayant conçu de la vertu du Très-Haut, elle seule a fourni toute la matière dont la sainte chair du Sauveur a été formée. Et de là je tire une autre considération.

Ne vous semble-t-il pas, chrétiens, que la nature a distribué avec quelque sorte d'égalité l'amour des enfans entre le père et la mère? C'est pourquoi elle donne ordinairement au père une affection plus forte, et imprime dans le cœur de la mère je ne sais quelle inclination plus sensible. Et ne seroit-ce point peut-être pour cette raison que quand l'un des deux a été enlevé par la mort, l'autre se sent obligé par un sentiment naturel à redoubler ses affections et ses soins? Cela, ce me semble, est dans l'usage commun de la vie humaine; si bien que la très-pure Marie n'ayant à partager avec aucun homme ce tendre et violent amour qu'elle avoit pour son Fils Jésus, vous ne sauriez assez vous imaginer jusqu'à quel point elle en étoit transportée, et combien elle y ressentoit de douceurs. Ceci toutefois n'est encore qu'un commencement de ce que j'ai à vous dire.

Certes il est véritable que l'amour des enfans est si naturel,

[1] *Ephes.*, v, 29.
(a) *Var.*: Si sincère.

qu'il faut avoir dépouillé tout sentiment d'humanité pour ne l'avoir pas. Vous m'avouerez néanmoins qu'il s'y mêle quelquefois certaines circonstances qui portent l'affection des parens à l'extrémité. Par exemple, notre père Abraham n'avoit jamais cru avoir des enfans de Sara; elle étoit stérile, ils étoient tous deux dans un âge décrépit et caduc; Dieu ne laisse pas de les visiter et leur donne un fils. Sans doute cette rencontre fit qu'Abraham le tenoit plus cher sans comparaison. Il le considéroit, non tant comme son fils que comme le «fils de la promesse» divine, *promissionis filius*[1], que sa foi lui avoit obtenu du ciel lorsqu'il y pensoit le moins. Aussi voyons-nous qu'on l'appelle Isaac, c'est-à-dire *Ris*[2], parce que venant en un temps où ses parens ne l'espéroient plus, il devoit être après cela toutes leurs délices. Et qui ne sait que Joseph et Benjamin étoient les bien-aimés et toute la joie de Jacob, à cause qu'il les avoit eus dans son extrême vieillesse d'une femme que la main de Dieu avoit rendue féconde sur le déclin de sa vie? Par où il paroît que la manière dont on a les enfans, quand elle est surprenante ou miraculeuse, les rend de beaucoup plus aimables. Ici, chrétiens, quels discours assez ardens pourroient vous dépeindre les saintes affections de Marie? Toutes les fois qu'elle regardoit ce cher Fils, ô Dieu! disoit-elle, mon Fils, comment est-ce que vous êtes mon Fils? Qui l'auroit jamais pu croire, que je dusse demeurer vierge et avoir un Fils si aimable? Quelle main vous a formé dans mes entrailles? Comment y êtes-vous entré, comment en êtes-vous sorti, sans laisser de façon ni d'autre aucun vestige de votre passage? Je vous laisse à considérer jusqu'à quel point elle s'estimoit bienheureuse, et quels devoient être ses transports dans ces ravissantes pensées. Car vous remarquerez, s'il vous plaît, qu'il n'y eut jamais vierge qui aimât sa virginité avec un sentiment si délicat. Vous verrez tout à l'heure où va cette réflexion.

C'est peu de vous dire qu'elle étoit à l'épreuve de toutes les promesses des hommes; j'ose encore avancer qu'elle étoit à l'épreuve même des promesses de Dieu. Cela vous paroît étrange sans doute; mais il n'y a qu'à regarder l'histoire de l'Evangile. Gabriel aborde Marie et lui annonce qu'elle concevra dans ses entrailles le Fils

[1] *Rom.*, IX, 9. — [2] *Genes.*, XXI, 6.

du Très-Haut [1], le Roi et le Restaurateur d'Israël. Voilà d'admirables promesses. Qui pourroit s'imaginer qu'une femme dût être troublée d'une si heureuse nouvelle, et quelle vierge n'oublieroit pas le soin de sa pureté dans une si belle espérance? Il n'en est pas ainsi de Marie. Au contraire elle y forme des difficultés. « Comment se peut-il faire, dit-elle [2], que je conçoive ce Fils dont vous me parlez, moi qui ai résolu de ne connoître aucun homme? » Comme si elle eût dit : Ce m'est beaucoup d'honneur, à la vérité, d'être mère du Messie; mais si je la suis, que deviendra ma virginité? Apprenez, apprenez, chrétiens, à l'exemple de la sainte Vierge, l'estime que vous devez faire de la pureté. Hélas! que nous faisons ordinairement peu de cas d'un si beau trésor! Le plus souvent parmi nous on l'abandonne au premier venu, et qui le demande l'emporte. Et voici que l'on fait à Marie les plus magnifiques promesses qui puissent jamais être faites à une créature, et c'est un ange qui les lui fait de la part de Dieu, remarquez toutes ces circonstances; elle craint toutefois, elle hésite; elle est prête à dire que la chose ne se peut faire, parce qu'il lui semble que sa virginité est intéressée dans cette proposition : tant sa pureté lui est précieuse. Quand donc elle vit le miracle de son enfantement, ô mon Sauveur! quelles étoient ses joies, et quelles ses affections! Ce fut alors qu'elle s'estima véritablement bénie entre toutes les femmes, parce qu'elle seule avoit évité toutes les malédictions de son sexe. Elle avoit évité la malédiction des stériles par sa fécondité bienheureuse; elle avoit évité la malédiction des mères, parce qu'elle avoit enfanté sans douleur, comme elle avoit conçu sans corruption. Avec quel ravissement embrassoit-elle son Fils, le plus aimable des fils, et en cela plus aimable qu'elle le reconnoissoit pour son Fils sans que son intégrité en fût offensée?

Les saints Pères ont assuré [3] qu'un cœur virginal est la matière la plus propre à être embrasée de l'amour de notre Sauveur : cela est certain, chrétiens, et ils l'ont tiré de saint Paul. Quel devoit donc être l'amour de la sainte Vierge? Elle savoit bien que c'étoit particulièrement à cause de sa pureté que Dieu l'avoit destinée à son Fils unique : cela même, n'en doutez pas, cela même lui

---

[1] *Luc.*, I, 31, 32. — [2] *Ibid.*, 34. — [3] S. Bernard., serm. XXIX *in Cantic.*, n. 8.

faisoit aimer sa virginité beaucoup davantage ; et d'autre part l'amour qu'elle avoit pour sa sainte virginité, lui faisoit trouver mille douceurs dans les embrassemens de son Fils qui la lui avoit si soigneusement conservée. Elle considéroit Jésus-Christ comme une fleur que son intégrité avoit poussée ; et dans ce sentiment elle lui donnoit des baisers plus que d'une mère, parce que c'étoient des baisers d'une mère vierge. Voulez-vous quelque chose de plus pour comprendre l'excès de son saint amour, voici une dernière considération que je vous propose, tirée des mêmes principes.

L'antiquité nous rapporte [1] qu'une reine des Amazones souhaita passionnément d'avoir un fils de la race d'Alexandre ; mais laissons ces histoires profanes et cherchons plutôt des exemples dans l'Histoire sainte. Nous disions tout à l'heure que le patriarche Jacob préféroit Joseph à tous ses autres enfans. Outre la raison que nous en avons apportée, il y en a encore une autre qui le touchoit fort, c'est qu'il l'avoit eu de Rachel, qui étoit sa bien-aimée : cela le touchoit au vif. Et saint Jean Chrysostome nous rapportant dans le premier livre *du Sacerdoce* les paroles caressantes et affectueuses dont sa mère l'entretenoit, remarque ce discours entre beaucoup d'autres : « Je ne pouvois, disoit-elle, ô mon fils, me lasser de vous regarder, parce qu'il me sembloit voir sur votre visage une image vivante de feu mon mari [2]. » Que veux-je dire par tous ces exemples ? Je prétends faire voir qu'une des choses qui augmente autant l'affection envers les enfans, c'est quand on considère la personne dont on les a eus, et cela est bien naturel. Demandez maintenant à Marie de qui elle a eu ce cher Fils. Vient-il d'une race mortelle ? A-t-il pas fallu qu'elle fût couverte de la vertu du Très-Haut ? Est-ce pas le Saint-Esprit qui l'a remplie d'un germe céleste parmi les délices de ses chastes embrassemens, et qui se coulant sur son corps très-pur d'une manière ineffable, y a formé celui qui devoit être la consolation d'Israël et l'attente des nations ? C'est pourquoi l'admirable saint Grégoire dépeint en ces termes la conception du Sauveur : Lorsque le doigt de Dieu composoit la chair de son Fils du sang le plus pur de Marie, « la concupiscence, dit-il, n'osant appro-

[1] Quint. Curt., lib. VI. — [2] *De Sacerd.*, lib. I, n. 5.

cher, regardoit de loin avec étonnement un spectacle si nouveau, et la nature s'arrêta toute surprise de voir son Seigneur et son Maître dont la seule vertu agissoit sur cette chair virginale : » *Stetit natura contrà et concupiscentia longè, Dominum naturæ intuentes in corpore mirabiliter operantem*[1].

Et n'est-ce pas ce que la Vierge elle-même chante avec une telle allégresse dans ces paroles de son cantique : *Fecit mihi magna qui potens est*[2] *:* « Le Tout-Puissant m'a fait de grandes choses? » Et que vous a-t-il fait, ô Marie? Certes elle ne peut nous le dire; seulement elle s'écrie toute transportée qu'il lui a fait de grandes choses : *Fecit mihi magna qui potens est*. C'est qu'elle se sentoit enceinte du Saint-Esprit. Elle voyoit qu'elle avoit un Fils qui étoit d'une race divine; elle ne savoit comment faire, ni pour célébrer la munificence divine, ni pour témoigner assez son ravissement d'avoir conçu un Fils qui n'eût point d'autre Père que Dieu. Que si elle ne peut elle-même nous exprimer ses transports, qui suis-je, chrétiens, pour vous décrire ici la tendresse extrême et l'impétuosité de son amour maternel, qui étoit enflammé par des considérations si pressantes? Que les autres mères mettent si haut qu'il leur plaira cette inclination si naturelle qu'elles ressentent pour leurs enfans; je crois que tout ce qu'elles en disent est très-véritable, et nous en voyons des effets qui passent de bien loin tout ce que l'on pourroit s'en imaginer. Mais je soutiens, et je vous prie de considérer cette vérité, que l'affection d'une bonne mère n'a pas tant d'avantage par-dessus les amitiés ordinaires, que l'amour de Marie surpasse celui de toutes les autres mères. Pour quelle raison? C'est parce qu'étant mère d'une façon toute miraculeuse et avec des circonstances tout à fait extraordinaires, son amour doit être d'un rang tout particulier; et comme l'on dit, et je pense qu'il est véritable, qu'il faudroit avoir le cœur d'une mère pour bien concevoir quelle est l'affection d'une mère; je dis tout de même qu'il faudroit avoir le cœur de la sainte Vierge pour bien concevoir l'amour de la sainte Vierge.

Et que dirai-je maintenant de celui de notre Sauveur? Certes, je l'avoue, chrétiens, je me trouve bien plus empêché à dépeindre

---

[1] Serm. II *in Annunt. B. Virgin. Mariæ,* inter Oper. S. Greg. Thaumat. — [2] *Luc.,* I, 49.

l'affection du Fils que je ne l'ai été à vous représenter celle de la Mère. Car je suis certain qu'autant que Notre-Seigneur surpasse la sainte Vierge en toute autre chose, d'autant est-il meilleur Fils qu'elle n'étoit bonne Mère. Il n'y a rien qui me touche plus dans l'histoire de l'Evangile, que de voir jusqu'à quel excès le Sauveur Jésus a aimé la nature humaine. Il n'a rien dédaigné de tout ce qui étoit de l'homme : il a tout pris, excepté le péché, tout jusqu'aux moindres choses, tout jusqu'aux plus grandes infirmités. Que j'aille au jardin des Olives, je le vois dans la crainte, dans la tristesse, dans une telle consternation, qu'il sue sang et eau dans la seule considération de son supplice. Je n'ai jamais ouï dire que cet accident fût arrivé à autre personne qu'à lui; ce qui m'oblige de croire que jamais homme n'a eu les passions ni si délicates ni si fortes que mon Sauveur. Quoi donc! ô mon Maître, vous vous êtes revêtu si franchement de ces sentimens de foiblesse qui sembloient même être indignes de votre personne; vous les avez pris si purs, si entiers, si sincères : que sera-ce après cela de l'amour envers les parens, étant certain qu'il n'y a rien dans la nature de plus naturel, de plus équitable, de plus nécessaire, vu particulièrement qu'elle est votre Mère, non par un événement fortuit, mais que l'on vous l'a prédestinée dès l'éternité, préparée et sanctifiée dans le temps, promise par tant d'oracles divins, que vous-même vous l'avez choisie comme celle qui vous plaisoit le plus parmi toutes les créatures?

Et à ce propos j'ose assurer une chose qui n'est pas moins véritable qu'elle vous paroîtra peut-être d'abord extraordinaire. Je sais bien que toute la gloire de la sainte Vierge vient de ce qu'elle est mère du Sauveur; et je dis de plus qu'il y a beaucoup de gloire au Sauveur d'être le fils de la Vierge. N'appréhendez pas, chrétiens, que je veuille déroger à la grandeur de mon Maître par cette proposition. Mais quand je vois les saints Pères parlant de Notre-Seigneur, prendre plaisir à l'appeler par honneur le Fils d'une vierge, je ne puis plus douter qu'ils n'aient estimé que ce titre lui plaisoit fort et qu'il lui étoit extrêmement honorable. Sur quoi j'apprends une chose de saint Augustin [1], qui donne à mon

[1] *De Peccat. merit. et remiss.*, lib. II, n. 59.

avis un grand poids à cette pensée : La concupiscence, dit-il, qui se mêle, comme vous savez, dans les générations communes, corrompt tellement la matière qui se ramasse pour former nos corps, que la chair qui en est composée en contracte une corruption nécessaire. Je ne m'étends point à éclaircir cette vérité ; je me contente de dire que vous la trouverez dans mille beaux endroits de saint Augustin. Que si ce commerce ordinaire ayant quelque chose d'impur, fait passer en nos corps un mélange d'impureté, je puis assurer au contraire que le fruit d'une chair virginale tirera d'une racine si pure une pureté sans égale. Cette conséquence est certaine et suit évidemment des principes de saint Augustin. Et comme le corps du Sauveur devoit être plus pur que les rayons du soleil, de là vient, dit ce grand évêque, « qu'il s'est choisi dès l'éternité une mère vierge : » *Ideo virginem matrem....., piâ fide sanctum germen in se fieri promerentem...., de quâ crearetur elegit* [1]. Car il étoit bienséant (a) que la sainte chair du Sauveur fût pour ainsi dire embellie de toute la pureté d'un sang virginal (b), afin qu'elle fût digne d'être unie au Verbe divin et d'être présentée au Père éternel comme une victime vivante pour l'expiation de nos fautes. Tellement que la pureté qui est dans la chair de Jésus, est dérivée en partie de cette pureté angélique que le Saint-Esprit coula dans le corps de la Vierge, lorsque, charmé de son intégrité inviolable, il la sanctifia par sa présence et la consacra comme un temple vivant au Fils du Dieu vivant.

Faites maintenant avec moi cette réflexion, chrétiens. Mon Sauveur, c'est l'amant et le chaste Epoux des vierges : il se glorifie d'être appelé le Fils d'une vierge, il veut absolument qu'on lui amène les vierges, il les a toujours en sa compagnie, elles suivent cet Agneau sans tache partout où il va. Que s'il aime si passionnément les vierges dont il a purifié la chair par son sang, quelle sera sa tendresse pour cette Vierge incomparable qu'il a élue dès l'éternité, pour en tirer la pureté de sa chair et de son sang ? Concluons donc de tout ce discours que l'amitié réciproque du Fils et de la Mère est inconcevable, et que nous pouvons bien

---

[1] S. August., *De Peccat. merit. et remiss.*, lib. II, cap. XXIV, n. 38.
(a) *Var. :* Il falloit. — (b) Fût formée du sang d'une vierge.

avoir quelque idée grossière de cette liaison merveilleuse. Mais de comprendre quelle est l'ardeur et quelle la véhémence de ces torrens de flammes qui de Jésus vont déborder sur Marie, et de Marie retournent continuellement à Jésus, croyez-moi, les séraphins tout brûlans qu'ils sont, ne le sauroient faire. Mais d'autant que quelques-uns pourroient se persuader que cette sainte société n'a point d'autres liens que la chair, il me sera aisé de vous faire voir, selon que je l'ai promis et par les vérités que j'ai déjà établies, avec quels avantages la sainte Vierge est entrée dans l'alliance de Dieu par sa maternité glorieuse, et de là je vous laisserai à conclure quel est son crédit auprès du Père éternel.

Pour cela, je vous prie de considérer que cet amour de la Vierge dont je vous parlois tout à l'heure, ne s'arrêtoit pas à la seule humanité de son Fils. Non, certes; il alloit plus avant; et par l'humanité comme par un moyen d'union, il passoit à la nature divine qui en est inséparable. Et pour vous expliquer ma pensée, j'ai à vous proposer une doctrine sur laquelle il est nécessaire d'aller pas à pas, de peur de tomber dans l'erreur; et plût à Dieu que je pusse la déduire aussi nettement comme elle me semble solide! Voici donc comme je raisonne. Une bonne mère aime tout ce qui touche la personne de son fils. Je sais bien qu'elle va quelquefois plus avant, qu'elle porte son amitié jusqu'à ses amis et généralement à toutes les choses qui lui appartiennent; mais particulièrement pour ce qui regarde la propre personne de son fils, vous savez qu'elle y est sensible au dernier point (a). Je vous demande maintenant : Qu'étoit la divinité au Fils de Marie? Comment touchoit-elle à sa personne? Lui étoit-elle étrangère? Je ne veux point ici vous faire de questions extraordinaires; j'interpelle seulement votre foi : qu'elle me réponde. Vous dites tous les jours en récitant le Symbole, que vous croyez en Jésus-Christ Fils de Dieu, qui est né de la Vierge Marie. Celui que vous reconnoissez pour le Fils de Dieu tout-puissant, et celui qui est né de la Vierge, sont-ce deux personnes? Sans doute ce n'est pas ainsi que vous l'entendez. C'est le même qui étant Dieu et homme, selon la nature divine est le Fils de Dieu, et selon l'humanité le Fils de

(a) *Var.* : Vous savez combien elle est sensible.

Marie. C'est pourquoi nos saints Pères ont enseigné que la Vierge est Mère de Dieu. C'est cette foi, chrétiens, qui a triomphé des blasphèmes de Nestorius, et qui jusqu'à la consommation des siècles fera trembler les démons. Si je dis après cela que la bienheureuse Marie aime son Fils tout entier, qui pourra désavouer une vérité si plausible (a)? Par conséquent ce Fils qu'elle chérissoit tant, elle le chérissoit comme un Homme-Dieu. Et d'autant que ce mystère n'a rien de semblable sur la terre, je suis contraint d'élever bien haut mon esprit pour avoir recours (b) à un grand exemple, je veux dire à l'exemple du Père éternel.

Depuis que l'humanité a été unie à la personne du Verbe, elle est devenue l'objet nécessaire des complaisances du Père. Ces vérités sont hautes, je l'avoue; mais comme ce sont des maximes fondamentales du christianisme, il est important qu'elles soient entendues de tous les fidèles, et je ne veux rien avancer que je n'en allègue la preuve par les Ecritures. Dites-moi, s'il vous plaît, chrétiens, quand cette voix miraculeuse éclata sur le Thabor de la part de Dieu : « Celui-ci est mon Fils bien-aimé, dans lequel je me suis plu[1], » de qui pensez-vous que parlât le Père éternel ? N'étoit-ce pas de ce Dieu revêtu de chair, qui paroissoit tout resplendissant aux yeux des apôtres ? Cela étant ainsi, vous voyez bien par une déclaration si authentique, qu'il étend son amour paternel jusqu'à l'humanité de son Fils; et qu'ayant uni si étroitement la nature humaine avec la divine, il ne les veut plus séparer dans son affection. Aussi est-ce là, si nous l'entendons bien, tout le fondement de notre espérance, quand nous considérons que Jésus, qui est homme tout ainsi que nous, est reconnu et aimé de Dieu comme son Fils propre.

Ne vous offensez pas si je dis qu'il y a quelque chose de pareil dans l'affection de la sainte Vierge, et que son amour embrasse tout ensemble la divinité et l'humanité de son Fils, que la main puissante de Dieu a si bien unies. Car Dieu, par un conseil admirable, ayant jugé à propos que la Vierge engendrât dans le temps

---

[1] *Matth.*, XVII, 5.

(a) *Var.* : Quelqu'un de la compagnie pourra-t-il désavouer une vérité si certaine ? — (b) Je suis contraint d'avoir recours.

celui qu'il engendre continuellement dans l'éternité, il l'a par ce moyen associée en quelque façon à sa génération éternelle. Fidèles, entendez ce mystère. C'est l'associer à sa génération, que de la faire mère d'un même Fils avec lui. Partant, puisqu'il l'a comme associée à sa génération éternelle, il étoit convenable qu'il coulât en même temps dans son sein quelque étincelle de cet amour infini qu'il a pour son Fils; cela est bien digne de sa sagesse. Comme sa providence dispose toutes choses avec une justesse admirable, il falloit qu'il imprimât dans le cœur de la sainte Vierge une affection qui passât de bien loin la nature et qui allât jusqu'au dernier degré de la grace, afin qu'elle eût pour son Fils des sentimens dignes d'une Mère de Dieu et dignes d'un Homme-Dieu.

Après cela, ô Marie, quand j'aurois l'esprit d'un ange, et de la plus sublime hiérarchie, mes conceptions seroient trop ravalées pour comprendre l'union très-parfaite du Père éternel avec vous. « Dieu a tant aimé le monde, dit notre Sauveur, qu'il lui a donné son Fils unique [1]. » Et en effet, comme remarque l'Apôtre [2], « nous donnant son Fils, ne nous a-t-il pas donné toute sorte de biens avec lui? » Que s'il nous a fait paroître une affection si sincère, parce qu'il nous l'a donné comme Maître et comme Sauveur, l'amour ineffable qu'il avoit pour vous lui a fait concevoir bien d'autres desseins en votre faveur. Il a ordonné qu'il fût à vous en la même qualité qu'il lui appartient; et pour établir avec vous une société éternelle, il a voulu que vous fussiez la Mère de son Fils unique, et être le Père du vôtre. O prodige! ô abîme de charité! quel esprit ne se perdroit pas dans la considération de ces complaisances incompréhensibles qu'il a eues pour vous, depuis que vous lui touchez de si près par ce commun Fils, le nœud inviolable de votre sainte alliance, le gage de vos affections mutuelles, que vous vous êtes donné amoureusement l'un à l'autre, lui plein d'une divinité impassible, vous revêtu pour lui obéir d'une chair mortelle. Intercédez pour nous, ô bienheureuse Marie; vous avez en vos mains, si je l'ose dire, la clef des bénédictions divines. C'est votre Fils qui est cette clef mystérieuse par laquelle sont ouverts

[1] *Joan.*, III, 16. — [2] *Rom.*, VIII, 32.

les coffres du Père éternel. Il ferme, et personne n'ouvre ; il ouvre, et personne ne ferme. C'est son sang innocent qui fait inonder sur nous les trésors des graces célestes. Et à quel autre donnera-t-il plus de droit sur ce sang, qu'à celle dont il a tiré tout son sang? Sa chair est votre chair, ô Marie, son sang est votre sang ; et il me semble que ce sang précieux prenoit plaisir de ruisseler pour vous à gros bouillons sur la croix, sentant bien que vous étiez la source dont il découloit. Au reste vous vivez avec lui dans une amitié si parfaite, qu'il est impossible que vous n'en soyez pas exaucée. C'est pourquoi votre dévot saint Bernard a fort bonne grace, lorsqu'il vous prie de parler au cœur de notre Seigneur Jésus-Christ : *Loquatur ad cor Domini nostri Jesu Christi* [1].

Quelle est sa pensée, chrétiens ? qu'est-ce à dire, parler au cœur? C'est qu'il la considère « dans ce midi éternel, je veux dire dans les secrets embrassemens de son Fils, » parmi les ardeurs d'une charité consommée : *In meridie sempiterno, in secretissimis amplexibus amantissimi Filii.* Il voit qu'elle aime et qu'elle est aimée, que les autres passions peuvent bien parler aux oreilles, mais que l'amour seul a droit de parler au cœur. Dans cette pensée n'a-t-il pas raison de demander à la Vierge qu'elle parle au cœur de son Fils : *Loquatur ad cor Domini nostri Jesu Christi?*

Combien de fois, ô fidèles, cette bonne Mère a-t-elle parlé au cœur de son bien-aimé ! Elle parla véritablement à son cœur, lorsque touchée de la confusion de ces pauvres gens de Cana qui manquoient de vin dans un festin nuptial, elle le sollicita de soulager leur nécessité. Le Fils de Dieu en cette rencontre semble la rebuter de parole, bien qu'il eût résolu de la favoriser en effet. « Femme, lui dit-il, que nous importe à vous et à moi? Mon heure n'est pas encore venue [2]. » Ce discours paroît bien rude, et tout autre que Marie auroit pris cela pour un refus. Je vois néanmoins que, sans s'étonner, elle donne ordre aux serviteurs de faire ce que le Sauveur leur commandera : « Faites tout ce qu'il vous ordonnera [3], » leur dit-elle, comme étant assurée qu'il lui a accordé sa requête. D'où lui vient, à votre avis, cette confiance après

---

[1] Serm. Panegyr., *Ad Beat. Virgin.*, n. 7, inter Oper. S. Bernard. — [2] *Joan.*, I, 14. — [3] *Ibid.*, 5.

une réponse si peu favorable? Chrétiens, elle savoit bien que c'étoit au cœur qu'elle avoit parlé (a); et c'est pour cette raison qu'elle ne prit pas garde à ce que la bouche avoit répondu. En effet elle ne fut point trompée dans son espérance ; et le Fils de Dieu, selon la belle réflexion de saint Jean Chrysostome [1], jugea à propos d'avancer le temps de son premier miracle, à la considération de sa sainte Mère.

Prions-la donc, ô fidèles, qu'elle parle pour nous de la bonne sorte au cœur de son Fils; elle y a une fidèle correspondance. C'est l'amour filial qui s'avancera pour recevoir l'amour maternel, et qui préviendra ses désirs. Ne vous apercevez-vous pas que le vin nous manque ; je veux dire la charité, ce vin nouveau de la loi nouvelle, qui réjouit le cœur de l'homme, dont l'ame des fidèles doit être enivrée ? De là vient que nos festins sont si tristes, que nous prenons avec si peu de goût la nourriture céleste de la sainte parole de Dieu. De là vient que nous nous voyons de tous côtés déchirés par tant de factions différentes. Dieu, par une juste vengeance, voyant que nous refusons de nous unir à sa souveraine bonté par une affection cordiale, nous fait ressentir les malheurs de mille divisions intestines. Sainte Vierge, impétrez-nous la charité, qui est mère de la paix, qui adoucit, tempère et réconcilie les esprits. Nous avons une grande confiance en votre faveur, parce qu'étant Mère de Dieu, nous sommes persuadés que vous avez beaucoup de pouvoir; et comme vous êtes la nôtre, nous ne serons point trompés si nous attendons quelque grand effet de votre tendresse. C'est ce qui me reste à traiter dans cette seconde partie.

SECOND POINT.

C'est avec beaucoup de sujet que nous réclamons dans nos oraisons la très-heureuse Marie comme étant la mère commune de tous les fidèles. Nous avons reçu cette tradition de nos pères. Ils nous ont appris que le genre humain ayant été précipité dans une mort éternelle par un homme et par une femme, Dieu avoit pré-

---

[1] Homil. XXII *in Joan.*
(a) *Var. :* Elle savoit bien qu'elle avoit parlé au cœur.

destiné une nouvelle Eve, aussi bien qu'un nouvel Adam, afin de nous faire renaître. Et de cette doctrine, que tous les anciens ont enseignée d'un consentement unanime, il me seroit aisé de conclure que comme la première Eve est la mère de tous les mortels, ainsi la seconde, qui est la très-sainte Vierge, doit être estimée la mère de tous les fidèles. Ce que je pourrois confirmer par une belle pensée de saint Epiphane [1], qui assure « que cette première Eve est appelée dans la *Genèse* « mère des vivans, » en énigme, c'est-à-dire, ainsi qu'il l'expose lui-même, en figure et comme étant la représentation de Marie. » A quoi j'aurois encore à ajouter un passage célèbre de saint Augustin dans le livre *de la Sainte Virginité*, où ce grand docteur nous enseigne que la Vierge, « selon le corps est mère du Sauveur qui est notre chef, et selon l'esprit des fidèles qui sont ses membres : » *Carne mater capitis nostri, spiritu mater membrorum ejus* [2]. Mais d'autant que je me sens obligé de réduire en peu de mots ce que je me suis proposé de vous dire, afin de laisser le temps qui est nécessaire pour le reste du service divin, je passe beaucoup de choses que je pourrois tirer des saints Pères sur ce sujet; et sans examiner tous les titres par lesquels la sainte Vierge est appelée à bon droit la mère des chrétiens, je tâcherai seulement de vous faire voir, et c'est à mon avis ce qui vous doit toucher davantage, qu'elle est mère par le sentiment, je veux dire qu'elle a pour nous une tendresse véritablement maternelle. Pour le comprendre, vous n'avez, s'il vous plaît, qu'à suivre ce raisonnement.

Ayant présupposé, et sur la foi de l'Eglise et sur la doctrine des Pères, encore que je l'aie seulement touché en passant; ayant, dis-je, présupposé que Marie est véritablement notre mère, si je vous demandois, chrétiens, quand elle a commencé à avoir cette qualité, vous me répondriez sans doute que Notre-Seigneur vraisemblablement la fit notre mère lorsqu'il lui donna saint Jean pour son fils. En effet nous y trouvons toutes les convenances imaginables (a). Car je vous ai avertis dès l'entrée de ce discours, et il n'est pas hors de propos de vous en faire ressouvenir, que

---

[1] *Advers. Hæres.*, lib. III, *Hæres.* LXXVIII, n. 18. — [2] *De Sanct. Virginit.*, n. 6.
(a) *Var.:* En effet l'assurance y est tout entière.

saint Jean ayant été conduit par la main de Dieu au pied de la croix, y avoit tenu la personne de tous les fidèles, et j'en ai touché une raison qui me semble fort apparente. C'est, s'il vous en souvient, que tous les autres disciples de Notre-Seigneur ayant été dispersés, la Providence n'avoit retenu près de lui que le bien-aimé de son cœur, afin qu'il y pût représenter tous les autres et recevoir en leur nom les dernières volontés de leur Maître. Sur quoi considérant qu'il y a peu d'apparence que le Fils de Dieu, dont toutes les paroles et les actions sont mystérieuses, en une occasion si importante ne l'ait considéré que comme un homme particulier, nous avons inféré, ce me semble avec beaucoup de raison, qu'il a reçu la parole qui s'adressoit à nous tous, que c'est en notre nom qu'il s'est mis incontinent en possession de Marie, et par conséquent c'est là proprement qu'elle est devenue notre mère.

Cela étant ainsi résolu, j'ai une autre proposition à vous faire. D'où vient, à votre avis, que Notre-Seigneur attend cette heure dernière pour nous donner à Marie comme ses enfans? Vous me direz peut-être qu'il a pitié d'une Mère désolée qui perd le meilleur Fils du monde, et que pour la consoler il lui donne une postérité éternelle. Cette raison est bonne et solide. Mais j'en ai une autre à vous dire, que peut-être vous ne désapprouverez pas. Je pense que le dessein du Fils de Dieu est de lui inspirer pour nous dans cette rencontre une tendresse de mère. Comment cela, direz-vous? Nous ne voyons pas bien cette conséquence. Il me semble pourtant, chrétiens, qu'elle n'est pas extrêmement éloignée. Marie étoit au pied de la croix, elle voyoit ce cher Fils tout couvert de plaies, étendant ses bras à un peuple incrédule et impitoyable, son sang qui débordoit de tous côtés par ses veines déchirées. Qui pourroit vous dire quelle étoit l'émotion du sang maternel? Non, il est certain, elle ne sentit jamais mieux qu'elle étoit mère; toutes les souffrances de son Fils le lui faisoient sentir au vif.

Que fera ici le Sauveur? Vous allez voir, chrétiens, qu'il sait parfaitement le secret d'émouvoir les affections. Quand l'ame est une fois prévenue de quelque passion violente touchant quelque objet, elle reçoit aisément les mêmes impressions pour toutes les autres qui se présentent. Par exemple, vous êtes possédés d'un mouvement de colère; il sera difficile que tous ceux qui approcheront de vous, si innocens qu'ils puissent être, n'en ressentent quelques effets. Et de là vient que dans les séditions populaires un homme adroit, qui saura manier et ménager avec art les esprits de la populace, lui fera quelquefois tourner sa fureur contre ceux auxquels on pensoit le moins; ce qui rend ces sortes de mutineries extrêmement dangereuses. Il en est de même de toutes les autres passions, parce que l'ame étant déjà excitée, il ne reste plus qu'à l'appliquer sur d'autres objets; à quoi son propre mouvement la rend extrêmement disposée.

C'est pourquoi le Fils de Dieu qui avoit résolu de nous donner la sainte Vierge pour mère, afin d'être notre frère en toute façon (admirez son amour, chrétiens), voyant du haut de sa croix combien l'ame de sa Mère étoit attendrie, et que son cœur ébranlé faisoit inonder par ses yeux un torrent de larmes amères; comme si c'eût été là qu'il l'eût attendue, il prit son temps de lui dire, lui montrant saint Jean : « Femme, voilà ton fils : » *Ecce filius tuus.* Fidèles, ce sont ses mots; et voici son sens, si nous le savons bien pénétrer : O femme affligée (*a*), à qui un amour infortuné fait éprouver à présent jusqu'où peut aller la compassion d'une mère, cette même tendresse dont vous êtes à présent touchée si vivement pour moi, ayez-la pour Jean mon disciple et mon bien-aimé (*b*); ayez-la pour tous mes fidèles, que je vous recommande en sa personne, parce qu'ils sont tous mes disciples et mes bienaimés : *Ecce filius tuus.* De vous dire combien ces paroles poussées du cœur du Fils, descendirent profondément au cœur de la Mère, et l'impression qu'elles y firent, c'est une chose que je n'oserois pas entreprendre. Songez seulement que celui qui parle opère toutes choses par sa parole toute-puissante, qu'elle doit avoir un effet merveilleux, surtout sur sa sainte Mère; et que pour lui donner plus de force, il l'a animée de son sang et l'a proférée d'une voix mourante, presque avec les derniers soupirs. Tout cela joint ensemble, il n'est pas croyable ce qu'elle étoit capable de

---

(*a*) *Var.*: O femme affligée, dit-il, à qui.... — (*b*) ... jusqu'où peut aller la violence d'une compassion maternelle, ces mêmes sentimens que vous avez maintenant pour moi, ayez-les pour Jean...

faire dans l'ame de la sainte Vierge. Il n'a pas plutôt lâché le mot à saint Jean (a) pour lui dire que Marie est sa mère, qu'incontinent ce disciple se sent possédé de toutes les affections d'un bon fils : *Et accepit eam discipulus in suâ* ¹ *:* à plus forte raison sa parole doit-elle avoir agi sur l'ame de sa sainte Mère et y avoir fait entrer bien avant un amour extrême pour nous comme pour ses véritables enfans.

Il me souvient à ce propos de ces mères misérables à qui on déchire les entrailles par le fer, pour en tirer leurs enfans au monde par violence. Il vous est arrivé quelque chose de semblable, ô bienheureuse Marie. C'est par le cœur que vous nous avez enfantés, parce que vous nous avez enfantés par la charité : *Cooperata est charitate, ut filii Dei in Ecclesiâ nascerentur,* dit saint Augustin ². Et j'ose dire que ces paroles de votre Fils, qui étoient son dernier adieu, entrèrent en votre cœur ainsi qu'un glaive tranchant, et y portèrent jusqu'au fond, avec une douleur excessive, une inclination de mère pour tous les fidèles. Ainsi vous nous avez pour ainsi dire enfantés d'un cœur déchiré parmi la véhémence d'une affliction infinie. Et toutes les fois que les chrétiens paroissent devant vos yeux, vous vous souvenez de cette dernière parole, et vos entrailles s'émeuvent sur nous comme sur les enfans de votre douleur et de votre amour; d'autant plus que vous ne sauriez jeter sur nous vos regards, que nous ne représentions à votre cœur ce Fils que vous aimez tant, dont le Saint-Esprit prend plaisir de graver la ressemblance dans l'esprit de tous les fidèles (b).

C'est une doctrine que je tiens des Écritures divines, et qui est bien puissante pour nous exciter à la vertu, outre qu'elle fait beaucoup à éclaircir la vérité que je traite. C'est pourquoi il est à propos (c) de vous la déduire. Car j'apprends de l'apôtre saint

¹ *Joan.,* xix, 27. — ² *De Sanct. Virginit.,* n. 6.

(a) *Var.* : C'est une chose que je n'oserois pas entreprendre de vous expliquer. Comprenez seulement que celui qui parle est le Fils de Dieu, qui fait toutes choses par la force de sa parole. Il n'a pas plutôt lâché le mot à saint Jean...
— (b) *Note marg.* : D'autant plus que vous nous voyez, tout autant que nous sommes de chrétiens, tout couverts du sang du Sauveur dont nous sommes teints et blanchis, et que vous remarquez en nous ses mêmes linéamens.— (c) *Var.* : C'est pourquoi je prendrai grand plaisir...

Paul, et cette doctrine, ô fidèles, est bien digne de votre audience, que tous les chrétiens, dont la vie répond à la profession qu'ils ont faite, portent imprimés en leur ame les traits naturels et la véritable image de Notre-Seigneur. Comment cela se fait-il? Certainement la manière en est admirable. Vivre chrétiennement, c'est se conformer à la doctrine du Fils de Dieu. Or je dis que la doctrine du Fils de Dieu est un tableau qui est tiré sur sa sainte vie (a) : la doctrine est la copie, et lui-même est l'original; en quoi il diffère beaucoup des autres docteurs qui se mêlent d'enseigner à bien vivre. Car ceux-ci ne seront jamais assez téméraires pour former sur leurs actions les règles de la bonne vie; mais ils ont accoutumé de se figurer de belles idées, ils établissent certaines règles sur lesquelles ils tâchent eux-mêmes de se composer. Tout au contraire, le Fils de Dieu étant envoyé au monde pour y être un exemplaire achevé de la plus haute perfection, ses enseignemens étoient dérivés de ses mœurs; il enseignoit les choses parce qu'il les pratiquoit, sa parole n'étoit qu'une image de sa conduite. Que fait donc le Saint-Esprit dans l'ame d'un bon chrétien? Il fait que l'Evangile est son conseil dans tous ses desseins et l'unique règle qu'il regarde dans ses actions. Insensiblement la doctrine du Fils de Dieu passe dans ses mœurs, il devient pour ainsi dire un Evangile vivant : tout y sent le Maître dont il a reçu les leçons, il en prend tout l'esprit; et si vous pénétriez dans l'intérieur de sa conscience, vous y verriez les mêmes linéamens, les mêmes affections, les mêmes façons de faire qu'en notre Sauveur.

Et c'est ce qui touche sensiblement la bienheureuse Marie, comme il m'est aisé de l'éclaircir par un exemple familier. Vous verrez quelquefois une mère qui caressera extraordinairement un enfant, sans en avoir d'autre raison, sinon que c'est, à son avis, la vraie peinture du sien. C'est ainsi, dira-t-elle, qu'il pose ses mains, c'est ainsi qu'il porte ses yeux, telle est son action et sa contenance. Les mères sont ingénieuses à observer jusqu'aux moindres choses. Et qu'est-ce que cela, sinon comme une course, si on peut parler de la sorte, que fait l'affection d'une mère, qui

(a) *Var.* : Est un vrai portrait de sa vie.

se contentant pas d'aimer son fils en sa propre personne, le va chercher partout où elle peut en découvrir quelque chose? Que si elles sont si fort émues de quelque ressemblance ébauchée, que dirons-nous de Marie, lorsqu'elle voit dans l'ame des chrétiens des traits immortels de la parfaite beauté de son Fils, que le doigt de Dieu a si bien formés dans leur ame?

Mais il y a plus. Nous ne sommes pas seulement les images vivantes du Fils de Dieu, nous sommes encore ses membres, et nous composons avec lui un corps dont il est le chef; nous sommes son corps et sa plénitude, comme enseigne l'Apôtre; qualité qui nous unit de telle sorte avec lui (a), que quiconque aime le Sau-

---

(a) *Var.*: Mais il y a plus. Nous ne sommes pas seulement les images du Fils de Dieu; nous sommes les os de ses os et la chair de sa chair, ainsi que parle saint Paul; nous sommes son corps et sa plénitude, comme l'enseigne le même Apôtre; qualité qui nous unit de telle sorte avec lui, que quiconque aime le Sauveur, il faut par nécessité que par le même mouvement d'amour, il aime tous les fidèles. De cette doctrine, si je n'étois pressé de finir bientôt ce discours, que j'aurois à vous déduire de puissantes considérations pour vous faire voir que Marie a pour nous toute la bonté d'une mère! et pour en toucher quelques principes en abrégé, je vous prie de vous souvenir d'une vérité que j'ai établie dans la première partie.

J'ai prouvé, par le témoignage évident des Ecritures divines, que Dieu étend son affection paternelle jusqu'à l'humanité de son Fils, c'est-à-dire, comme nous l'avons exposé, que l'objet de ses complaisances est un Homme-Dieu, que son affection ne sépare pas la nature humaine d'avec la nature divine, depuis qu'une miraculeuse union les a rendues inséparables. A cette proposition j'en ajoute maintenant une autre, et je dis que le Père éternel nous aime du même amour qu'il a pour son Fils; ce que je n'oserois assurer, si je ne l'apprenois de la propre bouche du Sauveur dans cette belle oraison qu'il adressa pour nous à son Père: *Dilectio, quâ dilexisti me, in ipsis sit : et ego in eis* (Joan., XVII, 26) : « Mon Père, dit-il, je suis en eux parce qu'ils sont mes membres; je vous prie que l'affection par laquelle vous m'avez aimé soit en eux. » O parole d'une charité ineffable! Notre-Seigneur ne peut souffrir qu'on le sépare de nous, il a peur que son Père ne fasse trop de différence entre le chef et ses membres; il veut qu'il embrasse et le Maître et les disciples par le même amour. De là que conclurons-nous à l'avantage de l'affection de Marie? Une conséquence admirable, qui suit évidemment de quelques maximes que je pense avoir solidement établies dans le premier point, et qui vous étant proposées pour honorer les merveilles de la main de Dieu dans la bienheureuse Marie, sont certainement très-dignes de votre audience. Je vous ai dit, chrétiens, que la maternité de la Vierge n'ayant point d'exemple sur la terre, son amour maternel en étoit de même, qu'il surpassoit de bien loin la nature et s'alloit régler sur l'amour même du Père éternel. Je vous ai fait voir par une considération plus sensible, qu'étant la meilleure mère qui puisse jamais être au monde, elle étend son affection maternelle à tout ce qui regarde la personne de son Fils. Joignez maintenant ces choses à ce que je viens de vous dire. Nous touchons de si près au Sauveur, qu'à peine se peut-on figurer une plus étroite union. Il est en nous et nous en lui; autant qu'il y a

veur, il faut par nécessité que par le même mouvement d'amour, il aime tous les fidèles. C'est ce qui attire si puissamment sur nous les affections de la sainte Vierge, qu'il n'y a point de mère qui puisse aller à l'égal ; ce qu'il me seroit aisé de vous faire voir par des raisonnemens invincibles, si je n'étois pressé de finir bientôt ce discours. Et pour vous en convaincre, je ne veux seulement que vous proposer en abrégé les principes, après avoir repassé légèrement sur quelques vérités que j'ai tâché d'établir dans ma première partie, dont il est nécessaire que vous ayez mémoire pour l'intelligence de ce qui me reste à vous dire.

Je vous ai dit, chrétiens, que la maternité de la Vierge n'ayant point d'exemple sur la terre, il en est de même de l'affection qu'elle a pour son Fils; et comme elle a cet honneur d'être la Mère d'un Fils qui n'a point d'autre Père que Dieu, de là vient que laissant bien loin au-dessous de nous toute la nature, nous lui avons été chercher la règle de son amour dans le sein du Père éternel. Car de même que Dieu le Père voyant que la nature humaine touche de si près à son Fils unique, étend son amour paternel à l'humanité du Sauveur et fait de cet Homme-Dieu l'unique objet de ses complaisances, comme nous l'avons prouvé par le témoignage des Ecritures, ainsi avons-nous dit que la bienheureuse Marie ne séparoit plus la divinité d'avec l'humanité de son Fils, mais qu'elle les embrassoit en quelque façon toutes deux par un même amour. Ce sont les vérités sur lesquelles nous avons établi l'union de Marie avec Dieu ; en voici quelques autres qui vous feront bien voir sa charité envers nous.

Les mêmes Ecritures qui m'apprennent que Dieu aime en quelque façon par un même amour la divinité et l'humanité de son Fils, à cause de leur société inséparable en la personne adorable de notre Seigneur Jésus-Christ, m'enseignent aussi qu'il

de fidèles, c'est pour ainsi dire autant de Jésus-Christs sur la terre, pourvu qu'ils ne démentent pas leur profession, et c'est un point capital de la doctrine chrétienne. Nous sommes tellement mêlés et confondus, si j'ose parler de la sorte, avec le Sauveur, que Dieu même qui a distingué tous les êtres par une si aimable variété, ne nous distingue plus d'avec lui, et répand volontiers sur nous toute la douceur de ses affections paternelles. Partant, ô fidèles, allez à la bonne heure à Marie; elle a au souverain degré toute la tendresse que demande cette qualité.

nous aime par le même amour qu'il a pour son Fils unique et bien-aimé, à cause que nous lui sommes unis comme les membres de son corps; et c'est de toutes les maximes du christianisme celle qui doit porter le plus haut nos courages et nos espérances. En voulez-vous un beau témoignage de la bouche même de Notre-Seigneur, écoutez ces belles paroles qu'il adresse à son Père, le priant pour nous : *Dilectio, quâ dilexisti me, in ipsis sit : et ego in eis* [1] : « Mon Père, dit-il, je suis en eux, parce qu'ils sont mes membres; je vous prie que l'affection par laquelle vous m'aimez soit en eux. » Voyez, voyez, chrétiens, et réjouissez-vous. Notre Sauveur craint que l'amour de son Père ne fasse quelque différence entre le chef et les membres; et connoissez par là combien nous sommes unis avec le Sauveur, puisque Dieu même, qui a distingué tous les êtres par une si aimable variété, ne nous distingue plus d'avec lui et répand volontiers sur nous toutes les douceurs de son affection paternelle. Que s'il est vrai que Marie ne règle son amour que sur celui du Père éternel, allez, ô fidèles, allez à la bonne heure à cette Mère incomparable. Croyez qu'elle ne vous discernera plus d'avec son cher Fils : elle vous considérera comme « la chair de sa chair, et comme les os de ses os [2], » ainsi que parle l'Apôtre, comme des personnes sur lesquelles et dans lesquelles son sang a coulé; et pour dire quelque chose de plus, elle vous regardera comme autant de Jésus-Christs sur la terre. L'amour qu'elle a pour son Fils sera la mesure de celui qu'elle aura pour vous, et partant ne craignez point de l'appeler votre mère; elle a au souverain degré toute la tendresse que cette qualité demande.

C'est, si je ne me trompe, ce que je m'étois proposé de prouver dans cette seconde partie; et je loue Dieu de ce qu'il nous a fait la grace d'établir une dévotion sincère à la sainte Vierge sur des maximes qui me semblent si chrétiennes. Mais prenez garde que ces mêmes raisonnemens, qui doivent nous donner une grande confiance sur l'intercession de la Vierge, ruinent en même temps une confiance téméraire à laquelle quelques esprits inconsidérés se laissent aveuglément emporter. Car vous devez avoir reconnu

[1] *Joan.*, XVII, 26. — [2] *Ephes.*, V, 30.

par tout ce discours que la dévotion de la Vierge ne se peut jamais rencontrer que dans une vie chrétienne. Et combien y en a-t-il qui abusés d'une créance superstitieuse, se croient dévots à la Vierge quand ils s'acquittent de certaines petites pratiques, sans se mettre en peine de corriger la licence ni le débordement de leurs mœurs? Que s'il y avoit quelqu'un dans la compagnie qui fût imbu d'une si folle persuasion, qu'il sache, qu'il sache que puisque son cœur est éloigné de Jésus, Marie a en exécration toutes ses prières. En vain tâchez-vous de la contenter de quelques grimaces, en vain l'appelez-vous votre mère par une piété simulée. Quoi! auriez-vous bien l'insolence de croire que ce lait virginal dût couler sur des lèvres souillées de tant de péchés; qu'elle voulût embrasser l'ennemi de son bien-aimé de ces mêmes bras dont elle le portoit dans sa tendre enfance; qu'étant si contraire au Sauveur, elle voulût vous donner pour frère au Sauveur? Plutôt, plutôt sachez que son cœur se soulève, que sa face se couvre de confusion, lorsque vous l'appelez votre mère.

Car ne pensez pas, chrétiens, qu'elle admette tout le monde indifféremment au nombre de ses enfans. Il faut passer par une épreuve bien difficile avant que de mériter cette qualité. Savez-vous ce que fait la bienheureuse Marie, lorsque quelqu'un des fidèles l'appelle sa mère? Elle l'amène en présence de notre Sauveur : Çà, dit-elle, si vous êtes mon fils, il faut que vous ressembliez à Jésus mon bien-aimé. Les enfans, même parmi les hommes, portent souvent imprimés sur leurs corps les objets qui ont possédé l'imagination de leurs mères. La bienheureuse Marie est entièrement possédée du Sauveur Jésus; c'est lui seul qui domine en son cœur, lui seul règne sur tous ses désirs, lui seul occupe et entretient toutes ses pensées. Elle ne pourra jamais croire que vous soyez ses enfans, si vous n'avez en votre ame quelques linéamens de son Fils. Que si, après vous avoir considérés attentivement, elle ne trouve sur vous aucun trait qui ait rapport à son Fils, ô Dieu! quelle sera votre confusion, lorsque vous vous verrez honteusement rebutés de devant sa face et qu'elle vous déclarera que n'ayant rien de son Fils, et ce qui est plus horrible, étant opposés à son Fils, vous lui êtes insupportables!

Au contraire, elle verra une personne (descendons dans quelque exemple particulier) qui pendant les calamités publiques, telles que sont celles où nous nous voyons à présent, considérant tant de pauvres gens réduits à d'étranges extrémités, en ressent son ame attendrie, et ouvrant son cœur sur la misère du pauvre par une compassion véritable, élargit en même temps ses mains pour le soulager : Oh ! dit-elle incontinent en soi-même, il a pris cela de mon Fils, qui ne vit jamais de misérable qu'il n'en eût pitié. « J'ai compassion de cette troupe [1], » disoit-il ; et à même temps il leur faisoit donner tout ce que ses apôtres lui avoient gardé pour sa subsistance, qu'il multiplie même par un miracle, afin de les assister plus abondamment. Elle verra un jeune homme qui aura la modestie peinte sur le visage ; quand il est devant Dieu, c'est avec une action toute recueillie ; lui parle-t-on de quelque chose qui regarde la gloire de Dieu, il ne cherche point de vaines défaites, il s'y porte incontinent avec cœur : Oh ! qu'il est aimable ! dit la bienheureuse Marie ; ainsi étoit mon Fils lorsqu'il étoit en son âge, toujours recueilli devant Dieu ; dès l'âge de douze ans, il quittoit parens et amis pour aller vaquer, disoit-il, aux affaires de son Père [2]. Surtout elle en verra quelque autre dont le soin principal sera de conserver son corps et son ame dans une pureté très-entière ; il n'a que de chastes plaisirs, il n'a que des amours innocens ; Jésus possède son cœur, il en fait toutes les délices. Parlez-lui d'une parole d'impureté, c'est un coup de poignard à son ame, vous verrez incontinent qu'il s'arme de pudeur et de modestie contre de telles propositions. Voilà, chrétiens, voilà un enfant de la Vierge : comme elle s'en réjouit ! comme elle s'en glorifie ! comme elle en triomphe ! Avec quelle joie elle le présente à son bien-aimé, qui est par-dessus toutes choses passionné pour les ames pures !

C'est pourquoi excitez-vous, chrétiens, à l'amour de la pureté, vous particulièrement qu'une sainte affection pour Marie a attirés dans une société qui s'assemble sous son nom, pour se perfectionner dans la vie chrétienne. C'est votre zèle qui a aujourd'hui orné ce temple sacré dans lequel nous célébrons les grandeurs de la

---

[1] *Marc.*, VIII, 2. — [2] *Luc.*, II, 49.

Majesté divine. Mais considérez que vous avez un autre temple à parer, dans lequel Jésus habite, sur lequel le Saint-Esprit se repose. Ce sont vos corps, mes chers frères, que le Sauveur a sanctifiés, afin que vous eussiez du respect pour eux ; sur lesquels il a versé son sang, afin que vous les tinssiez nets de toute souillure ; qu'il a consacrés pour en faire les temples vivans de son Saint-Esprit, afin que les ayant ornés en ce monde d'innocence et d'intégrité, il les ornât en l'autre d'immortalité et de gloire.

ABRÉGÉ D'UN SERMON

POUR

LE VENDREDI DE LA SEMAINE DE LA PASSION,

SUR LA NÉCESSITÉ DE L'AUMONE (a).

Semper pauperes habetis vobiscum : et cùm volueritis, potestis illis benefacere; me autem non semper habetis.

L'Eglise appelle à voir Jésus et Marie se perçant de coups mutuels. Comme des miroirs opposés qui se renvoient mutuellement tout ce qu'ils reçoivent, multiplient leurs objets jusqu'à l'infini, leur douleur s'accroît sans mesure, parce que les flots qu'elle élève se repoussent les uns sur les autres par un flux et reflux continuel. Dessein de l'Eglise de nous exciter à la compassion des souffrances de Jésus par cet objet de pitié. *Me sentire vim doloris*

(a) Prêché à Paris, vers 1663.

Ce sermon n'a pas été prononcé, comme l'annoncent toutes les éditions, à l'hôpital général, mais en faveur de cet établissement. Car l'auteur dit dans une note marginale : « Passez à cet hôpital ; sortez un peu de la ville, et voyez cette nouvelle ville qu'on a bâtie pour les pauvres, l'asile de tous les misérables, la banque du ciel... » D'un autre côté le prédicateur manifeste, dans le texte principal, des craintes pour l'existence de ce refuge céleste. Or c'est en 1662, et même l'année suivante, qu'il courut les plus grands dangers.

Les additions de Déforis occupoient dans cette esquisse, comme dans celle qui la suit, plus de la moitié de l'espace. On verra que le texte du grand orateur n'avoit besoin ni de complémens, ni de commentaires, ni d'explication.

fac, ut tecum lugeam [1]. Et l'Eglise de Paris : *O passionis mutuæ, Jesu, Maria, conscii, alterna vobis vulnera inferre tandem parcite :* « Cessez, ô divins amans, de vous percer jusqu'à l'infini de coups mutuels. C'est à nous qu'est due toute cette amertume, puisqu'elle est la peine de notre crime. Ah! puisque nous confessons que tout le crime est à nous, donnez une partie de la douleur à ceux qui avouent le crime tout entier : » *Quem vos doletis, noster est error furorque criminum : totum scelus fatentibus partem doloris reddite.* Mais Jésus, après avoir ébranlé nos cœurs par la compassion de ses souffrances, veut appliquer notre pitié sur d'autres objets (il n'en a pas besoin pour lui-même), sur les pauvres. Marie en est la mère. *Ave.*

Histoire de l'action qui a donné lieu à cette parole (*a*), en peu de mots.

Jésus-Christ nous apprend que lorsqu'il n'y sera plus, il entend que toutes nos libéralités soient employées au secours des pauvres, ou plutôt dans les pauvres à lui-même. Il est en eux. C'est pourquoi il nous les laisse toujours : *Pauperes semper habetis.* Vous ne m'aurez pas toujours en moi-même, mais vous me posséderez toujours dans les pauvres. Ames saintes, qui désirez me rendre quelque honneur ou quelques services, vous avez sur qui répandre vos parfums, etc., les pauvres. Je tiens fait pour moi tout ce que vous faites pour eux.

Leçon qu'il nous a donnée peu de jours avant sa mort et que l'Eglise lit avec l'évangile de sa passion. Il a toujours parlé pour les pauvres. Jamais plus efficacement qu'à sa croix ; et c'est qu'il emploie ce qu'il a de plus pressant pour nous exciter à faire l'aumône.

La loi de la charité, l'esprit de la charité, l'effet de la charité. La loi de la charité, c'est l'obligation de la faire ; l'esprit de la charité, c'est la manière de l'exercer ; l'effet de la charité, c'est que le prochain soit secouru. Il fait ces trois choses à la croix. De peur que vous ne croyiez que le devoir de la charité soit peu nécessaire,

---

[1] Pros. *Stabat Mater.*

(*a*) A la parole citée dans le texte qui commence le sermon.

il en établit l'obligation. De peur que vous ne la pratiquiez pas comme il veut, il vous en montre la règle. Et de peur que le moyen ne vous manque, il en assigne le fonds. Le croirez-vous, chrétiens, que Jésus-Christ crucifié nous donne à la croix un fonds assuré pour faire subsister les pauvres? Vous le verrez dans ce discours. Ainsi rien ne manque plus à la charité. Afin qu'elle soit obligatoire, il en pose la loi immuable; afin qu'elle soit ordonnée, il en prescrit la manière certaine; afin qu'elle soit effective, il donne un fonds assuré pour l'entretenir. Et tout cela à la croix, comme j'espère vous le faire voir.

PREMIER POINT.

Jésus-Christ souffrant, loi des souffrances. Ceux qui ne souffrent pas, quel salut, quelle espérance? Compatir. Deux seules sources de graces. La première, source véritable; la seconde, comme un ruisseau, découle de là. On participe à leurs graces en soutenant leurs souffrances. *Rememoramini autem pristinos dies, in quibus illuminati, magnum certamen sustinuistis passionum, et in altero quidem opprobriis et tribulationibus spectaculum facti, in altero autem socii taliter conversantium effecti. Nam et vinctis compassi estis, et rapinam bonorum vestrorum cum gaudio suscepistis* [1]. Il les met ensemble. Donc ou l'un ou l'autre. Car Jésus à la croix a souffert et a exercé la miséricorde. Donc, sinon l'un, du moins l'autre : c'est le moindre. Dieu nous met à l'épreuve la plus facile; notre damnation sera donc plus grande. Saint Cyprien : *Res grandis et facilis, sine periculo persecutionis, corona pacis* [2]. — *Non coronatur, nisi qui legitimè certaverit* [3]. Il change la loi en faveur de la charité. Ah! ce misérable est aux mains avec la faim, avec la soif, avec le froid, avec le chaud, avec les extrémités les plus cruelles. La couronne lui sera bien due. Si vous le soulagez, vous y aurez part. *Corona pacis;* couronne dans la paix, victoire sans combats, prix du martyre sans persécution et sans endurer de violence. Combien est grande cette obligation, il paroît par la miséricorde de Jésus-Christ. Miséricorde veut

---

[1] *Hebr.*, x, 32, 33, 34. — [2] S. Cyprian., *De Oper. et eleemosyn.*, p. 246. — [3] II *Timoth.*, II, 5.

être honorée par la miséricorde. Deux actes de miséricorde : celle qui prévient, celle qui suit. Par la première Jésus-Christ achète la nôtre : *Estote misericordes, sicut et Pater vester misericors est* [1]. — *Induite vos, sicut electi Dei sancti et dilecti, viscera misericordiæ* [2]. Par la seconde, il faut que la nôtre l'achète : *Beati misericordes, quoniam ipsi misericordiam consequentur* [3]. Enchaînement de miséricorde. Jésus-Christ prévient, obligation de le suivre; nous suivons, il s'oblige à donner le comble. C'est la loi qu'il nous impose, c'est celle qu'il s'est imposée. La grace, l'indulgence, la rémission, le ciel même est à ce prix. Point de miséricorde, si nous n'en faisons. Sans la charité, nudité de l'ame. Passage d'Isaïe : *Cooperit multitudinem peccatorum* [4], examiné par saint Cyprien. Point de remèdes pour les péchés. L'oraison, le jeûne, l'aumône.

L'oraison. Ils font comme des gens de bien, ils veulent approcher de Dieu : *Me etenim de die in diem quærunt, et scire vias meas volunt; quasi gens, quæ justitiam fecerit, et judicium Dei sui non dereliquerit : rogant me judicia justitiæ; appropinquare Deo volunt* [5].

Le jeûne. *Numquid tale est jejunium quod elegi, per diem affligere hominem animam suam* [6] *?* Quel est donc le remède? *Dissolve colligationes impietatis, solve fasciculos deprimentes; dimitte eos, qui confracti sunt, liberos, et omne onus dirumpe. Frange esurienti panem tuum, et egenos vagosque induc in domum tuam : cùm videris nudum, operi eum, et carnem tuam ne despexeris. Tunc erumpet quasi mane lumen tuum, et sanitas tua citiùs orietur, et anteibit faciem tuam justitia tua, et gloria Domini colliget te. Tunc invocabis, et Dominus exaudiet : clamabis, et dicet : Ecce adsum, si abstuleris de medio tui catenam, et desieris extendere digitum, et loqui quod non prodest. Cùm effuderis esurienti animam tuam, et animam afflictam repleveris, orietur in tenebris lux tua, et tenebræ tuæ erunt sicut meridies. Et requiem tibi dabit Dominus semper, et implebit splendoribus animam tuam, et ossa tua liberabit, et erit quasi*

---

[1] *Luc.*, VI, 36. — [2] *Coloss.*, III, 12. — [3] *Matth.*, V, 7. — [4] 1 *Petr.*, IV, 8. — [5] *Isa.*, LVIII, 2. — [6] *Ibid.*, 5.

hortus irriguus, et sicut fons aquarum, cujus non deficient aquæ. Et ædificabuntur in te deserta sæculorum : fundamenta generationis et generationis suscitabis : et vocaberis ædificator sepium, avertens semitas in quietem. Si averteris à sabbato pedem tuum, facere voluntatem tuam in die sancto meo, et vocaveris sabbatum delicatum, et sanctum Domini gloriosum, et glorificaveris eum dùm non facis vias tuas, et non invenitur voluntas tua, ut loquaris sermonem : tunc delectaberis super Domino, et sustollam te super altitudines terræ, et cibabo te hæreditate Jacob patris tui[1]. « Tel est le jeûne que je veux. Déchargez le pauvre de son fardeau; délivrez les oppressés des liens et de la tyrannie des méchans; ôtez de dessus les épaules infirmes le fardeau qui les accable; mettez en liberté les captifs et rompez le joug qui les charge. Partagez votre pain avec le pauvre, invitez en votre maison les mendians et les vagabonds; quand vous verrez un homme nu, revêtez-le, et respectez en lui votre chair et votre nature. Alors votre lumière se lèvera aussi belle que le point du jour, et votre santé vous sera rendue aussitôt, et votre justice marchera devant vous, et la gloire du Seigneur vous recueillera. Alors vous invoquerez le Seigneur, et il vous exaucera; vous crierez, et il dira : Je suis à vous. Quand vous ôterez les chaînes aux captifs qui sont parmi vous, quand vous cesserez de menacer les malheureux et de leur tenir des discours inutiles, quand vous aurez répandu votre cœur sur les misérables et que vous aurez rempli les ames affligées, votre lumière se lèvera parmi les ténèbres, et vos ténèbres seront comme le midi. Et le Seigneur vous donnera un repos éternel, et remplira votre ame de ses splendeurs, et il fera reposer vos os en paix, et vous serez comme un jardin bien arrosé et comme une source qui ne tarit pas. » Afin que nous entendions que sans l'aumône tout est inutile : celui qui ferme ses entrailles, Dieu ferme les siennes sur lui.

Ce qui presse le plus, c'est que cette miséricorde est nécessaire au salut des ames. Jésus-Christ à la croix pour sauver les ames : entrer dans ses sentimens et tirer nos frères de toutes les extrémités qui mettent leur ame dans un péril évident. Deux condi-

---

[1] *Isa.*, LVIII, 6-14.

tions opposées ont pour écueil de leur salut les mêmes extrémités : les premières fortunes et les dernières. Les uns par la présomption, et les autres par le désespoir arrivent à la même fin, de s'abandonner tout à fait au vice. On aime l'oisiveté dans l'un et dans l'autre. Car l'un est si abondant qu'on n'a pas besoin du travail, et l'autre si misérable qu'on croit que le travail est inutile. On ne veut travailler que pour éviter les maux extrêmes : on y est, on n'espère plus, on s'y habitue. Plus de honte. (*a*) Ce qui est le plus horrible, dans l'un et dans l'autre état on néglige son ame. Là on est poussé par l'applaudissement, on s'oublie soi-même ; et ici par le mépris de tout le monde ; on se néglige, on ne se croit pas destiné pour rien qui soit grand. La félicité est de manger. Réduit à l'état des bêtes. Tels étoient ces pauvres fainéans, etc.

En ces deux états on oublie Dieu. Les uns par trop de repos, les autres par trop de misères croient qu'il n'y a point de Dieu pour eux. Le premier, point de justice ; le second, point de bonté ; tous deux par conséquent, point de Dieu. Ces pauvres savoient-ils qu'il y eût un Dieu ? Un peuple d'infidèles parmi les fidèles. Baptisés sans savoir leur baptême. Toujours aux églises sans sacremens. Pour ôter les extrémités également dangereuses de ces deux états, loi de la justice divine que les riches déchargent les pauvres du poids de leur désespoir, que les pauvres déchargent les riches d'une partie de leur excessive abandance. *Alter alterius onera portate*[1]. Passez à cet hôpital, nouvelle ville hors de la ville. (*b*) Là on tâche d'ôter de la pauvreté toute la malédiction

[1] *Galat.*, VI, 2.

(*a*) *Note marg.* : Il ne faut pas blâmer les pauvres honteux : la honte est le moyen pour les exciter au travail et leur faire craindre la mendicité. — (*b*) Prouvez aux pauvres que Dieu est leur Père ; prouvez-leur les soins de la Providence. Il est bon, tant de biens qu'il donne, cela ne les touche pas : rien pour eux. Il a commandé de leur donner, rien pour eux : on n'obéit pas. Prouvez donc sensiblement sa bonté en donnant. Les enfans, ils ne les ont que pour faire montre de leur misère : toute leur instruction est de savoir feindre des plaintes. Passez à cet hôpital ; sortez un peu hors de la ville, et voyez cette nouvelle ville qu'on a bâtie pour les pauvres, l'asile de tous les misérables, la banque du ciel, le moyen commun proposé à tous d'assurer ses biens et de les multiplier par une céleste usure. Rien n'est égal à cette ville ; non, ni cette superbe Babylone, ni ces villes si renommées que les conquérans ont bâties. Nous ne voyons plus maintenant ce triste spectacle, des hommes morts devant la mort même, chassés, bannis, errans, vagabonds, dont personne n'avoit soin, comme s'ils n'eussent aucunement appartenu à la société humaine.

qu'apporte la fainéantise, de faire des pauvres selon l'Evangile. Les enfans sont élevés, les ménages recueillis; les ignorans instruits reçoivent les sacremens. Sachez qu'en les déchargeant vous travaillez aussi à votre décharge. Vous diminuez son fardeau, et il diminue le vôtre; vous portez le besoin qui le presse, il porte l'abondance qui vous surcharge.

Venez donc offrir ce sacrifice. Deux lieux de sacrifice, l'autel et le tronc. *Locuples et dives es, et dominicum celebrare te credis, quæ corban omnino non respicis, quæ in dominicum sine sacrificio venis* [1]. Ancienne coutume du sacrifice : chacun du pain et du vin pour l'Eucharistie. Le reste pour les pauvres. Comme une continuation du sacrifice chrétien. Quoique l'ordre de la cérémonie soit changé, le fond de la vérité est invariable, et toujours votre aumône doit faire partie de votre sacrifice.

Ne regardez pas seulement le tronc de l'église, ayez-en un pour les pauvres dans votre maison : conseil de saint Chrysostome, (a) fondé sur ces mots de saint Paul : « Que chacun de vous mette à part chez soi, le premier jour de la semaine, ce qu'il voudra, amassant peu à peu selon sa bonne volonté [2]. »

Ne prenez pas pour excuse le nombre de vos enfans. N'en avez-vous point quelqu'un qui soit décédé? Ne le comptez-vous plus parmi les vôtres, depuis que Dieu l'a retiré en son sein? Pourquoi donc n'auroit-il pas son partage? Mais puisque vous survivrez vous-même à votre mort, pourquoi ne voulez-vous pas hériter de quelque partie de vos biens, et pourquoi ne voulez-vous pas compter Jésus-Christ parmi l'un de vos héritiers? Quand vous laissez vos biens à vos héritiers, vous les quittez, et ils vous oublient. Vous faites tout ensemble des fortunés et des ingrats. Quelle consolation d'aller à celui que vous avez laissé héritier d'une partie de vos biens! Et je ne dis pas pour cela que vous attendiez le temps de la mort. Et si vos enfans vivans vous reviennent? Grave exhortation de saint Cyprien.

Voilà donc, si je ne me trompe, l'obligation établie, et les excuses rejetées qui paroissoient les plus légitimes. Le croyez-vous,

[1] S. Cyprian., *De Oper. et eleemosyn.*, p. 242. — [2] I *Cor.*, XVI, 2.
(a) *Note marg. : Voy.* Serm. à l'hôpital général.

mes frères? Si vous ne le croyez pas, vous le croirez un jour, quand vous entendrez le Juge n'alléguer pour motif de sa sentence que la dureté à faire l'aumône; si vous le croyez, voyez la manière.

SECOND POINT.

Jésus-Christ crucifié nous apprend trois choses : avec pitié, avec joie, avec soumission.

1° La compassion. *Non enim habemus pontificem qui non possit compati infirmitatibus nostris*[1]. — *Misereor super turbam*[2]. La première aumône venoit du cœur.

Jésus-Christ perpétue en deux sortes le souvenir de sa passion pour nous y faire compatir : en l'Eucharistie et dans les pauvres. *Hoc facite in meam commemorationem*, l'aumône aussi bien que la communion. Se souvenir avec douleur de sa passion, en l'un et en l'autre, avec cette seule différence, que là nous recevons de lui la nourriture, ici nous la lui donnons : *Hoc facite in meam commemorationem*[3]. (*a*) Entrez dans ces grandes salles. (*b*) Infinie variété de misère par la maladie et par la fortune ! marque de l'infinité de la malice qui est dans le péché. Compassion ébranle le cœur pour ouvrir la source des aumônes.

2° Plaisir. Saint Charles Borromée. *Proposito sibi gaudio sustinuit crucem*[4]. Quel plaisir parmi cet abîme, etc. ! plaisir de soulager les misérables, plaisir qui le pressoit au fond du cœur. *Baptismo habeo baptizari, et quomodo coarctor usque dùm perficiatur*[5]*?* dans l'intime au milieu de ses répugnances. Job. Comme il sentoit ce plaisir : *Si negavi quod volebant pauperibus, et oculos viduæ expectare feci ; si comedi buccellam meam solus, et non comedit pupillus ex eâ (quia ab infantiâ meâ crevit mecum miseratio, et de utero matris meæ egressa est mecum). Si despexi pereuntem, eò quòd non habuerit indumentum et absque operimento*

[1] *Hebr.*, IV, 15. — [2] *Marc.*, VIII, 2. — [3] *Luc.*, XXII, 19. — [4] *Hebr.*, XII, 2. — [5] *Luc.*, XII, 50.

(*a*) *Note marg.* : Image des peines de Jésus-Christ dans les pauvres; soulagez-les donc : *Hoc facite in meam commemorationem.* Voulez-vous baiser les plaies de Jésus, assistez les pauvres; son côté ouvert nous enseigne la compassion ; ce grand cri qu'il fait à la croix, par lequel les pierres sont fendues, nous recommande les pauvres. — (*b*) *Voy.* Serm. aux Incurables.

pauperem; si non benedixerunt mihi latera ejus, et de velleribus ovium mearum calefactus est [1]. Saint Paul : *Gaudium enim magnum habui et consolationem in charitate tuâ, quia viscera sanctorum requieverunt per te, frater* [2]. Ce plaisir a dilaté le cœur de Jésus : il n'a point voulu donner de bornes à cette ardeur d'obliger, à ce désir de bien faire. Donnez-moi que j'entende, ô Jésus, l'étendue de votre cœur. Le plaisir d'obliger a fait qu'il a voulu être le Sauveur de tous. Entrons dans l'étendue de ce cœur. Comme lui tous les péchés, ainsi nous toutes les misères. C'est le dessein de cet hôpital, universalité de tous les maux. Lui tous les nôtres, nous tous les siens ; et nous verrions périr une telle institution !

3° Servir les pauvres avec soumission. Jésus-Christ lave les pieds à ses disciples. *Exemplum dedi vobis* [3].— *Non venit ministrari, sed ministrare, et dare animam suam redemptionem pro multis* [4].

« Abraham oublie qu'il est maître : » *Viso peregrino, dominum se esse nescivit* [5]. Ayant tant de serviteurs et une si nombreuse famille, il prenoit néanmoins pour son partage le soin et l'obligation de servir les nécessiteux. Aussitôt qu'ils s'approchent de sa maison, lui-même s'avance pour les recevoir, lui-même va choisir dans son troupeau ce qu'il y a de plus délicat et de plus tendre, lui-même prend le soin de servir leur table. Ce père des croyans voyoit en esprit Jésus-Christ serviteur des pauvres ; et voyant les pauvres être ses images, il ne songe plus qu'il est le maître. En sa présence sentant ou son autorité cessée devant une telle puissance, ou sa grandeur honteuse de paroître devant une telle humilité, *dominum se esse nescivit*. C'est ce qu'il nous faut imiter, si nous voulons être enfans d'Abraham. Zachée : *Dimidium bonorum meorum do pauperibus*; Notre-Seigneur : *Eò quòd et ipse filius sit Abrahæ* [6]. Servons donc les pauvres pour être enfans d'Abraham et suivre les vestiges d'une telle foi. Ne méprisons point nos semblables. Condescendance. Saint Paul : *Nunc igitur proficiscar in Jerusalem ministrare sanctis. Probaverunt enim Macedonia*

---

[1] *Job*, XXXI, 16-20. — [2] *Philem.*, vers. 7. — [3] *Joan.*, XIII, 15. — [4] *Matth.*, XX, 28. — [5] S. Petr. Chrysol., serm. CXXI *De Divit. et Lazar.* — [6] *Luc.*, XIX, 8, 9.

et Achaia collationem aliquam facere in pauperes sanctorum, qui sunt in Jerusalem... Obsecro ergo vos, fratres, per Dominum nostrum Jesum Christum et per charitatem sancti Spiritûs, ut adjuvetis me in orationibus vestris pro me ad Deum, ut liberer ab infidelibus qui sunt in Judœâ et obsequii mei oblatio accepta fiat in Jerusalem sanctis [1].

Adoucir leurs esprits, calmer leurs mouvemens impétueux : nul mépris, nul dédain; Jésus-Christ en eux. Les servir, vouloir leur plaire (a).

TROISIÈME POINT.

Le fonds : retranchement des convoitises. Jésus-Christ est-il venu pour découvrir de nouveaux trésors, ouvrir de nouvelles mines, donner de nouvelles richesses? Les présens du Dieu créateur. Mais les passions engloutissent tout. Il les faut réprimer. C'est la grace du Dieu sauveur, du Dieu crucifié. C'est le fonds qu'il assigne.

Sa croix est le retranchement des passions. Circoncision du cœur. Baptême. Abnégation des pompes du monde.

Excès des convoitises (b) : *Colligite quæ superaverunt fragmenta* [2].

Retranchement nécessaire, autrement votre aumône n'est pas un sacrifice. Le jeu : *Subitò egentes, repentè divites. Singulis jactibus statum mutantes; versatur enim eorum vita ut tessera :* « Leur état et leur fortune se changent avec la même volubilité que les dés qu'ils jettent. » *Fit ludus de periculo, et de ludo periculum; quot propositiones, tot proscriptiones* [3] *:* « autant de mises, autant de ruines. »

Donnez libéralement : *Salomonis sanguisugam in contrarium æmulato : Affer, affer :* « Donnez, donnez. » Pourquoi tant d'inutiles magnificences? Amusement et vain spectacle des yeux, qui ne fait qu'imposer vainement et à la folie ambitieuse des uns et à l'aveugle admiration des autres. *Cuncta inter furorem edentis et*

---

[1] *Rom.*, xv, 25, 26, 30, 31. — [2] *Joan.*, vi, 12. — [3] S. Ambr., lib. *De Tobiâ*, cap. xi, tom. I.

(a) *Note marg.*: *Voy.* Serm. *Erunt novissimi primi*. — (b) *Voy.* Serm. *du Mauvais Riche*.

spectantis errorem, prodigâ et stultâ voluptatum frustrantium vanitate depereunt [1].

Châtiment contre ceux qui excèdent ces bornes (*a*).

La destruction d'un tel ouvrage (*b*) crie vengeance devant Dieu : seroit-elle impunie? Dieu dénonce sa colère à tous les hommes qui seroient coupables de cette perte. Chacun se détourne, chacun se retire. Quoi donc! dans un si grand crime, si public, si considérable, ne pourra-t-on trouver le coupable? Ah! je vois bien ce que c'est : puisque nul ne l'est en particulier, tous le sont en général. C'est donc un crime commun : en seroit-il moins vengé pour cela? Au contraire, ne sont-ce pas de tels crimes qui attirent les grandes vengeances? Est-ce que Dieu craint la multitude? Cinq villes toutes enflammées, le monde entier, le déluge. S'il arrive donc quelque grand malheur, ne vous en prenez qu'à vous-mêmes. Ah! faites-vous des amis, *qui recipiant vos in æterna tabernacula* [2].

PLAN D'UN SERMON

POUR

LE VENDREDI DE LA SEMAINE DE LA PASSION,

SUR LA NÉCESSITÉ DE L'AUMONE.

1° Jésus-Christ souffrant dans les pauvres; 2° abandonné dans les pauvres; 3° patient dans les pauvres.

PREMIER POINT.

Jésus-Christ souffre pour l'expiation des péchés en lui-même, dans les pauvres en s'appliquant. On s'applique la croix en y participant, en recevant les pauvres, en donnant.

Jésus-Christ abandonné des hommes, de Dieu même.

---

[1] S. Cyprian., *De Oper. et eleemosyn.*, p. 244.— [2] *Luc.*, XVI, 9.

[1] (*a*) *Note marg.* : *Voy.* Serm. *Colligite fragmenta ne pereant.*— (*b*) De l'hôpital général.

Guérir les blessures de Jésus-Christ dans les pauvres.

Pauvres, victimes du monde.

Diviserunt sibi vestimenta mea, et super vestem meam miserunt sortem [1]. Vous jouez les habits des pauvres, vous partagez entre vous les habits des pauvres et la nourriture des pauvres, *in siti meâ potaverunt me aceto* [2]; quand on les rebute, qu'on les traite mal, et celles qui se sacrifient pour quêter pour eux.

Abandonnement de Jésus-Christ, ses disciples : figure d'un autre abandonnement spirituel. Qu'on ne profite point de la passion de Jésus-Christ. Tous les hommes devroient être au pied de la croix pour recueillir ce sang et empêcher qu'il ne tombe à terre. Ainsi des pauvres, pour profiter de leurs larmes, recueillir leurs sueurs, les aider à porter leurs croix.

On va ériger le Calvaire dans toutes les églises, couvrir les plaies du Fils de Dieu. Image, en attendant, en la sainte Vierge et dans les pauvres. Pauvres de Jésus-Christ, mes très-chers et mes très-honorés frères, à vous la parole.

En Jésus-Christ, passion. En Marie, compassion. Partout où je vois Jésus-Christ souffrant, je vois Marie compatissante. Il souffre en lui, dans les pauvres; Marie, elle voit dans les pauvres Jésus-Christ souffrant. Elle a vu son Fils abandonné; notre dureté lui fait voir Jésus-Christ abandonné dans les pauvres. Sa consolation étoit qu'elle voyoit Jésus-Christ patient; ah! plût à Dieu, mes frères, qu'elle voie Jésus-Christ patient dans les pauvres!

Jésus-Christ souffrant dans les pauvres : image de la passion dans l'Eucharistie. Dans les pauvres. Saint Chrysostome : *Calicem manu tenes, de quo Christus potaturus est; soli sacerdoti fas est calicem tibi præbere : ergo qui potum des, tu laicus sacerdos factus es* [3]. En Jésus-Christ nuls péchés, et tous les péchés; nulles misères, et toutes les misères. Salvien : *Non eget Deus juxtà omnipotentiam, eget juxtà misericordiam; et ideo quantùm ad pietatem pertinet, plus quàm cæteri eget. Omnis enim egens in se et propter se eget; solus Christus in omnium pauperum utilitatem mendicat* [4]. Il souffre en même temps les extrémités opposées,

---

[1] *Psal.* XXI, 19. — [2] *Psal.* LXVIII, 22. — [3] S. Chrysost., homil. XLV *in Matth.* — [4] Salvian., lib. IV *Advers. Avarit.*, p. 303, 304.

le froid, le chaud. Non-seulement en eux est représentée la vérité des souffrances, mais la cause. Pauvres, victimes du monde : tous méritent d'être ainsi traités. Dieu choisit les pauvres; décharge sur eux sa colère et épargne les autres. Il faut y participer : à celles de Jésus-Christ en recevant; à celles des pauvres en donnant, en compatissant, empruntant leur croix, aidant à la porter. Nous ne le faisons pas, nous les abandonnons; c'est notre seconde partie.

SECOND POINT.

Jésus-Christ abandonné des hommes, de Dieu même. Ainsi les pauvres. Des hommes : *Tibi derelictus est pauper* [1]. De Dieu même : *Ut quid, Domine, recessisti longè, despicis in opportunitatibus? dùm superbit impius, incenditur pauper* [2]. Auparavant : *Et factus est Dóminus refugium pauperi, adjutor in opportunitatibus, in tribulatione* [3]. Il ne les abandonne pas : pendant qu'il semble abandonner Jésus-Christ, il réconcilie le monde; c'est la gloire de Jésus-Christ : pendant qu'il semble oublier les pauvres, il leur prépare leur récompense; c'est ce qui doit les exciter à la patience.

Raison pourquoi on les méprise : comme impuissans à faire du bien et à faire du mal. Du bien : *Quando mortua est Tabitha, quis eam suscitavit? servi circumsistentes, an mendici* [4]? Du mal [5] : Dieu écoute les malédictions des pauvres : il les écoute et les châtie; l'un par justice contre eux, et l'autre par justice contre nous.

Leurs murmures, justes. Pourquoi cette inégalité de conditions? Tous formés d'une même boue. Description de cette différence : nul moyen de justifier cette conduite, sinon en disant que Dieu a recommandé les pauvres aux riches et leur a assigné leur vie sur leur superflu : *Ut fiat æqualitas*, dit saint Paul [6].

---

[1] *Psal.* x, H. 15. — [2] *Ibid.*, 1, 2. — [3] *Psal.* ix, 10. — [4] S. Chrysost., homil. xi *in Epist. ad Hebr.* — [5] *Eccli.*, iv, 4, 5, 6, 8. — [6] II *Cor.*, viii, 14.

TROISIÈME POINT.

Patience : exemple de Jésus-Christ. Contribuons à leur patience en les assistant. « Recommandez avec soin à vos enfans, disoit aux siens Tobie [1], de faire des œuvres de justice et des aumônes. » Remarquez l'union de la justice et des aumônes.

ABRÉGÉ D'UN SERMON

POUR

LE SAMEDI DE LA SEMAINE DE LA PASSION,

SUR LE JUGEMENT DE JÉSUS-CHRIST CONTRE LE MONDE (a).

Nunc judicium est mundi. Joan., XII, 31.

Ce n'est pas ce jugement qui fera l'étonnement de l'univers, l'effroi des impies, l'attente des justes, que je dois vous représenter. Ce n'est pas ce Jésus qui viendra dans les nues du ciel, terrible et majestueux, qui paroîtra dans cette chaire : c'est Jésus jugé devant Caïphe et devant Pilate, Jésus jugé, Jésus condamné. Mais en cet état il juge le monde, et vous le verrez sur sa croix le condamnant souverainement avec ses pompes et ses maximes. O Dieu, donnez-moi des paroles, non de celles qui flattent les oreilles et qui font louer les discours, mais de celles qui pénètrent les

---

[1] *Tob.*, XIV, 11.
(a) Prêché en 1666, à Saint-Germain-en-Laye, devant la Cour.
Notre esquisse renferme ces mots : « Voilà les honnêtes gens, ceux qui ont de grandes vues pour la Cour ; » le discours dont elle forme le projet devoit donc être prêché devant le royal auditoire. Or, d'une part, Bossuet n'a prêché que deux Carêmes à la Cour, celui de 1662 et celui de 1666 ; d'une autre part il prêcha en 1662, le samedi de la semaine de la Passion, le troisième discours *sur la Pénitence* ; le sermon *sur le Jugement contre le monde* a donc été prêché en 1666. Remarquons aussi que notre esquisse renvoie, dans une note marginale, au discours dont nous venons de parler, le troisième *sur la Pénitence ;* elle est donc d'une date postérieure, et par conséquent de 1666.

cœurs et qui captivent tout entendement sous l'autorité de votre Évangile. *Ave*.

Je ne sais si j'enfanterai ce que je conçois, ni si la bonne parole que le Saint-Esprit me met dans le cœur pourra sortir avec toute son efficace. Je suis attentif à un grand spectacle; je découvre intérieurement Jésus sur sa croix, condamnant de ce tribunal et le monde et ses maximes. Il est occupé de la pensée de sa passion prochaine; « sa sainte ame en est troublée : » *Anima mea turbata est;* il semble hésiter : *Et quid dicam?* A la fin la force prévaut : *Pater, clarifica nomen tuum*[1]. Sur cela une voix comme un tonnerre : *Et clarificavi*[2]. Au bruit de cette voix il semble parler avec une nouvelle force, et il prononce les paroles que j'ai récitées : *Nunc judicium est mundi*[3]; nous enseignant par ce discours que sa croix et sa passion sont le jugement et la condamnation du monde. C'est ce jugement que je vous prêche; et pour vous expliquer en trois mots tout ce que j'ai à vous exposer de ce jugement, je dirai quelle en a été la forme, quelle en a été la matière (a), quelle en doit être l'exécution.

PREMIER POINT.

Le monde établit des maximes. Elles ont toutes leur fondement sur nos inclinations corrompues; mais le monde leur donne une certaine autorité, ou plutôt leur attribue une tyrannie contre laquelle les chrétiens n'ont pas le courage de s'élever. Ce sont comme des jugemens arrêtés et qui passent en force de choses jugées sur les vengeances, sur la fortune, etc.

Jésus-Christ veut condamner ces maximes, et la manière de les condamner est nouvelle et inouïe. Il se laisse juger par le monde, et par l'iniquité de ce jugement il infirme toutes ses sentences (b).

De là il se voit que le monde n'a pas le principe de droiture; et c'est pourquoi ses jugemens, 1° sont pleins de bizarreries, 2° n'ont point de stabilité ni de consistance. Mais vous direz que c'est le

---

[1] *Joan.*, xii, 27. — [2] *Ibid.*, 28. — [3] *Ibid.*, 31.

(a) *Var.* : Sur quel sujet il a été prononcé. — (b) *Note marg.* : *Voy.* Serm. Carêm. aux Minimes.

peuple emporté : voyons ce que le monde juge dans les formes; écoutons le jugement des pontifes et le jugement de Pilate, ceux qu'on appelle les honnêtes gens. Pilate condamne un innocent, afin d'être ami de César. Il s'est trompé; sa disgrace sera marquée dans l'histoire, et il y aura une tour qui deviendra fameuse par son exil. (a) Voilà pourtant les honnêtes gens, ceux qui ont de grandes vues pour la Cour et pour la fortune! Ils ont mal jugé du Fils de Dieu, et leur ambition les a corrompus, pour leur faire tremper leurs mains dans le sang du Juste.

Mais les prêtres et les pontifes ont encore un objet plus haut. Ils songent à sauver l'Etat et l'autorité de la nation :... *Et non tota gens pereat* [1]. Sur cela ils sacrifient Jésus-Christ à une chimère d'intérêt public. Mais ce sang qu'ils ont répandu, est sur eux et sur leurs enfans, selon leur parole. Il les poursuit, il les accable, etc. : *Ut veniat super vos omnis sanguis justus* [2]. Ils mettent le comble au crime et à la vengeance. Le dernier trait. Ainsi en jugeant Jésus-Christ, tout le monde s'est trompé. Il s'est laissé juger, et l'extravagance de ce jugement criminel et insensé a fait paroître que le monde ne sait pas juger. Jésus s'est mis au-dessus de tous les jugemens humains, et c'est ce qui lui donne une autorité suprême au-dessus de tous les jugemens du monde.

Regardé comme un homme, non encore comme Fils de Dieu, (b) il ne juge pas avec une apparence d'autorité; il le fera un jour de cette sorte, lorsqu'il descendra dans la nue : il juge en se laissant condamner, et il remporte la victoire pendant qu'on le juge, ainsi qu'il est écrit au psaume L^e : *Ut vincas cùm judicaris* [3]. C'est ce qui autorise son Evangile; c'est ce qui met la perfection à son innocence, à sa sainteté, à sa justice. Platon (ne vous étonnez pas si je cite ce philosophe en cette chaire; le passage que j'ai à vous rapporter a été tant de fois cité par les chrétiens, qu'il a cessé d'être profane en passant si souvent par des mains saintes); il dit que le comble de la malice, c'est de la couvrir si artificieusement qu'elle paroisse être juste [4]. Ainsi la perfection de la sain-

---

[1] *Joan.*, XI, 50. — [2] *Matth.*, XXIII, 35. — [3] *Psal.* L, 6. — [4] *De Republ.*, lib. II.
(a) *Note marg.* : Pilate, exilé, se tua à Vienne en Dauphiné.— *Voy.* Euseb., *Hist. Eccles.*, lib. II, cap. VII; Ado, *Chron.*, ætat. sext., an. Christi 40; Tillem., *Hist. des Empereurs*, an. I, p. 432. — (b) *Voy.* le Sermon indiqué plus haut.

teté, c'est d'être juste sans se soucier de le paroître, sans ménager la faveur des hommes ; et au contraire en reprenant tellement les vices, qu'on se fasse maltraiter et crucifier comme un criminel : fondemens cachés de la vérité future jetés dans les ténèbres du paganisme. C'est ce qui autorise Jésus-Christ, qui ne dit rien pour ménager la faveur des hommes. Les pharisiens le flattent ; il n'en foudroie pas moins leur orgueil et ne relâche pas pour leurs flatteries sa juste et nécessaire sévérité. Ils le fatiguent, ils l'importunent, ils le persécutent ; sa douceur ne s'en aigrit pas : « Race infidèle et maudite, amenez ici votre fils [1]. » Ils le crucifient ; il prie pour eux, et sa vérité subsiste au-dessus de tant de bizarres jugemens des hommes.

Aussi paroît-il en juge ; il brave la majesté des faisceaux romains par l'invincible fermeté de son silence. Le titre de sa royauté est écrit au haut de sa croix, parce qu'il règne sur tout le monde par ce bois infâme, et que ce qui est folie aux gentils devient la sagesse de Dieu pour les fidèles.

Pendant que le monde le condamne, il ne laisse pas d'avoir ses enfans qui le reconnoissent. La sagesse est justifiée par ses enfans. Mais il choisit un autre peuple. Il étend ses bras dans la croix : *Omnia traham ad meipsum* [2]. « Il mesure le monde, dit Lactance [3], et il appelle un nombre infini de nations qui viendront se reposer sous ses ailes. » Ainsi il juge les Juifs et se choisit un autre peuple. Saint Hilaire : *Aliis Christus prædicatur, et ab aliis agnoscitur :* (a) *aliis nascitur, et ab aliis diligitur,* etc. [4]. Ainsi pendant que le peuple juif le juge et le condamne, il se choisit un peuple qui se soumet à ses lois et qui consent au jugement souverain qu'il prononce du haut de sa croix, non-seulement contre les Juifs, mais encore contre le monde : *Nunc judicium est mundi.*

SECOND POINT.

Pour apprendre maintenant ce que Jésus a condamné dans le monde, considérez seulement ce qu'il a rejeté. Puissance infinie,

---

[1] *Matth.*, XVII, 16. — [2] *Joan.*, XII, 32. — [3] *De Divin. institut.*, lib. IV, cap. XXVI. — [4] *Comment. in Matth.*, n. 7.

(a) *Note marg. :* Voy. Serm. *sur la Nativité*, où ce passage est rapporté avec quelques extraits.

sagesse infinie : ce qu'il n'a pas eu, c'est par choix. (*a*) *Gloriam sæculi alienam et sibi et suis judicavit ; quam noluit rejecit, quam rejecit damnavit, quam damnavit in pompâ diaboli deputavit* [1]. — *Nolite amare temporalia, quia si bene amarentur, amaret ea homo quem suscepit Filius Dei ; nolite timere contumelias, et cruces, et mortem, quia si nocerent homini, non ea pateretur homo quem suscepit Filius Dei* [2].

La beauté, la santé, la vie. Si c'étoient des biens, seroit-il permis aux hommes furieux? mais seroit-il permis aux démons de les ravir au Sauveur? *Non est species ei neque decor* [3]. Retranchez donc l'amour de la vie. Et vous voulez forcer la nature, et rappeler en quelque sorte la jeunesse fugitive ! Cheveux contrefaits, couleurs appliquées.

La puissance, c'est ce qu'on demande ; l'élévation, et pour cela les richesses, principaux instrumens de la puissance et de la grandeur. Jésus, si peu de puissance, qu'il se soumet volontairement à la puissance des ténèbres. Pilate a puissance sur lui; et il l'a reçue d'en haut pour vous faire voir qu'encore que la puissance soit un présent de Dieu, ce n'est ni des principaux, ni des plus grands, puisqu'il le donne à un ennemi contre son propre Fils. Combien devoit craindre Pilate sa propre puissance ; combien les marques de son autorité devoient-elles le faire trembler, s'il eût pu ouvrir les yeux pour voir où l'engageroit le désir de conserver sa puissance! (*b*) Pendant que Pilate et Caïphe, et tous les ennemis de Jésus, et les démons mêmes sont si puissans contre lui, il s'est dépouillé de tout son pouvoir : *Tradebat autem judicanti se injuste* [4], sans résister, je ne dis point par des effets, mais par des paroles. Cherchez après cela la puissance, cherchez les richesses, cherchez les plaisirs! Mais démentez donc le Sauveur, qui nous a fait voir par sa croix, en s'en dépouillant, que ces choses ne sont pas des biens véritables.

La faveur des hommes? Au contraire, une haine implacable et

---

[1] Tertull., *De Idololat.*, n. 18. — [2] S. August., *De Agon. Christ.*, cap. XI, n. 12. — [3] *Isa.*, LIII, 2. — [4] I *Petr.*, II, 23.

(*a*) *Note marg.* *Voy.* Serm. *de la Nativité*, et Serm. *de la Compassion.* — (*b*) *Voy.* S. August., *de Spiritu et litt.*, lib. III ; et Serm. *de l'Ambition et de la puissance*, 1er Carêm. du Louvre.

envenimée. Si ses ennemis déclarés, si ses envieux lui eussent rendu le mal pour le mal, ils ne seroient pas innocens. En ne lui rendant pas le bien pour le bien, ils sont injustes et ingrats. Mais ils lui rendent le mal pour le bien : tant d'outrages pour tous ses bienfaits ! Ah ! il n'y a plus de parole parmi les hommes qui puisse exprimer leur fureur.

Peut-être que ses amis du moins lui seront fidèles? Non, mes frères : « Maudit l'homme qui met sa confiance en l'homme[1] ! » Aimez vos amis dans l'ordre de la charité, mais n'y établissez pas votre confiance. Tous ses amis l'abandonnent. Celui qui mangeoit le pain avec lui, à qui il avoit commis la conduite de sa famille, c'est celui-là qui le trahit, qui le vend, qui le livre à ses ennemis. Celui qu'il a choisi pour être le fondement de son Eglise le suit quelque temps, et puis après le renie : ce commencement de fidélité, cette première chaleur de son zèle ne servant qu'à lui renouveler dans la suite la douleur d'un abandon si universel et si lâche. Ne mettez donc pas votre appui sur vos amis. Jésus a perdu les siens. Que reste-t-il au Sauveur? Rien que Dieu et son innocence; et encore son innocence lui reste, non pour le mettre à couvert des insultes et des injustices. Dieu lui demeure, non pour le protéger sur la terre. Car au contraire c'est lui qui le livre, c'est lui qui le délaisse et l'abandonne. Il s'en plaindra bientôt par ces paroles : *Deus, Deus meus..., ut quid me dereliquisti*[2] *?* Il ne retrouvera ce Dieu qui l'a délaissé, que quand il rendra le dernier soupir; alors: *In manus tuas commendo spiritum meum*[3], afin que nous entendions que la sainteté, l'innocence, Dieu même et tous les biens véritables qu'il donne à ses serviteurs, ne leur sont pas donnés pour la vie présente, mais qu'ils ne regardent que la vie future. *O medicinam omnibus consulentem, omnia tumentia comprimentem, omnia tabescentia reficientem, omnia superflua resecantem, omnia necessaria custodientem, omnia perdita reparantem, omnia depravata corrigentem !— Quis beatam vitam esse arbitretur in iis quæ contemnenda esse docuit Filius Dei*[4] *?* N'aimez donc pas le monde, ni ce qui est dans le monde; n'aimez pas

---

[1] *Jerem.*, XVII, 5. — [2] *Psal.* XXI, 2. — [3] *Luc.*, XXIII, 46. — [4] S. August., *De Agon. Christ.*, cap. XI, n. 12.

même la vertu, parce que le monde l'estime et la considère. Le chrétien est un homme transporté de la terre au ciel : tout ce qui plaît au monde, en tant qu'il plaît au monde, est condamné à la croix : *Nunc judicium est mundi*. Le jugement est donné; reste que vous veniez à l'exécution sur vous-même, pour vous-même, contre vous-même.

TROISIÈME POINT.

Vous vous êtes engagés à cette exécution par le saint baptême : *In morte ipsius baptizati sumus*[1] : « Nous sommes baptisés en sa mort : » en sa mort, en sa croix, en ses douleurs, en ses infamies et en ses opprobres. Il a répandu pour nous sur le monde toute l'horreur de son supplice, toute l'ignominie de sa croix, tous ses travaux, toutes les pointes de ses épines, toute l'amertume de son fiel : *Mihi mundus crucifixus est, et ego mundo*[2]. Il faut donc exécuter le monde en nous-mêmes et le crucifier pour l'amour de Jésus. Jésus a déshonoré le monde, il l'a crucifié.

Mais nous aimons mieux crucifier Jésus-Christ lui-même et participer au crime des Juifs contre lui, que de suivre l'exemple du Fils de Dieu. Pourquoi l'ont-ils crucifié, sinon parce qu'il se disoit le Fils de Dieu sans contenter leur ambition, sans les faire dominer sur toute la terre, comme ils se le promettoient de leur messie? N'est-ce pas un tel Sauveur que nous désirons qui nous sauve de la pauvreté, de la sujétion et de la douleur, etc.? Et parce qu'il ne le fait pas et qu'il ose avec cela se dire notre Sauveur, nous nous révoltons contre lui.

D'où est née cette troupe de libertins que nous voyons s'élever si hautement, au milieu du christianisme, contre les vérités du christianisme? Ce n'est pas qu'ils soient irrités de ce qu'on leur propose à croire des mystères incroyables, ils n'ont jamais pris la peine de les examiner sérieusement. Que Dieu engendre dans l'éternité, que le Fils soit égal au Père, que les profondeurs du Verbe fait chair soient telles que vous voudrez, ce n'est pas ce qui les tourmente; ils sont prêts à croire ce qu'il vous plaira, pourvu qu'on ne les presse pas sur ce qui leur plaît : à la bonne heure,

---

[1] *Rom.*, VI, 3. — [2] *Galat.*, VI, 14.

que les secrets de la prédestination soient impénétrables, que Dieu en un mot soit et fasse tout ce qu'il lui plaira dans le ciel, pourvu qu'il les laisse sur la terre contenter leurs passions à leur aise. Mais Jésus-Christ est venu pour leur faire haïr le monde, etc.; c'est ce qui leur est insupportable, c'est ce qui fait la révolte, c'est ce qui fait qu'ils le crucifient. Prenez donc parti, chrétiens : ou condamnez Jésus-Christ, ou condamnez aujourd'hui le monde : *Si Baal est Deus, sequimini illum* [1].

Mais, ô Dieu, nous n'osons plus parler de la sorte. On parloit en ces termes, quand la révérence de la religion étoit encore assez gravée dans les cœurs pour n'oser prendre parti contre Dieu, quand on sera en nécessité de se déclarer. Mais maintenant, mes frères, si nous pressons la plupart de nos auditeurs de se déclarer entre Jésus-Christ et le monde, Jésus perdra sa cause, le monde sera hautement suivi : tant le christianisme est aboli, tant le baptême est oublié. Je ne vous laisse donc point d'option : non, non, la cause est jugée; il n'y a rien à délibérer : *Nunc judicium est mundi.* Il faut condamner le monde. Voici les jours salutaires où vous approcherez de la sainte table; c'est là qu'il faut condamner le monde, « de peur, comme dit l'Apôtre, que vous ne soyez damnés avec le monde : » *Ne cum hoc mundo damnemur* [2]; mais ne le condamnez pas à demi, comme vous avez fait jusqu'à présent. Vous ne voulez pas aimer, vous voulez plaire; vous ne voulez pas être asservis, vous voulez asservir les autres et faire perdre à ceux que Jésus a affranchis par son sang une liberté qui a coûté un si grand prix : *Lacerata est lex, et non pervenit usque ad finem judicium* [3].

Non, non, le monde doit perdre sa cause en tout et partout. Car jamais il n'en fut de plus déplorée. Ne me demandez donc pas jusqu'où vous devez éloigner de vous les vaines superfluités. Quand vous demandez ces bornes, ce n'est pas que vous vouliez aller jusqu'où il le faut nécessairement; mais c'est que vous craignez d'en faire trop. Craignez-vous d'en faire trop quand vous aimez, trop pour vos parens, trop pour le prince, trop pour la patrie, parce

---

[1] III *Reg.*, XVIII, 21. — [2] I *Cor.*, XI, 32. — [3] *Habac.*, I, 4. — *Voy.* IIIe Serm. *de la Madeleine,* sur la fin.

qu'il y a quelque image de Dieu? Point de bornes : à plus forte raison pour Dieu même. Ceux qui veulent vous donner des bornes..... On vous trompe, on vous abuse. Vie chrétienne, continuelle circoncision. Ne me demandez pas ce qu'il faut faire. Commencez à retrancher quelque vanité, et le premier retranchement vous éclairera pour les autres, etc. Aimez, voilà votre règle. Ayez la croix de Jésus dans votre cœur, elle fera une perpétuelle circoncision, tant qu'enfin vous soyez réduits à la pure simplicité du christianisme. Oh! que le monde, direz-vous, seroit hideux, etc.! C'est ce qu'objectent les païens : *Si esset securitas magna nugarum, felicia essent tempora, et magnam felicitatem rebus humanis Christus adtulisset*[1].

Condamnez donc le monde sans réserve. Ainsi puissiez-vous éternellement être en Jésus-Christ; ainsi puissiez-vous célébrer avec lui une Pâque sainte! Pâque, c'est-à-dire passage : puissiez-vous donc passer, non avec le monde, mais passer avec Jésus-Christ, pour aller du monde à Dieu jouir des consolations éternelles que je vous souhaite avec la bénédiction de Monseigneur. Amen.

[1] S. August., *In Psal.* CXXXVI, n. 9.

PREMIER SERMON

POUR

LE DIMANCHE DES RAMEAUX,

SUR L'HONNEUR DU MONDE (a).

Dicite filiæ Sion : Ecce Rex tuus venit tibi mansuetus.

Dites à la fille de Sion : Voici ton Roi qui fait son entrée, plein de bonté et de douceur. (*Paroles du prophète Zacharie, rapportées dans l'évangile de ce jour*, Matth. xxi, 5.)

Parmi toutes les grandeurs du monde, il n'y a rien de si éclatant qu'un jour de triomphe; et j'ai appris de Tertullien que ces

---

(a) *Exorde.* — Honneur du monde : statue de Nabuchodonosor.
Premier point. — Vertu. Modestie de la vertu chrétienne.
Désirer les louanges, les craindre. Périls : saint Augustin.
Ne recherchez pas la gloire, ne l'acceptez pas : Evangile.
On se rend indigne des louanges en les recherchant avec empressement.
Second point. — Vertu du monde. Quelle ?
Vertu de la Cour, à l'intérêt près : saint Chrysostome. Exemples : Saül, Jéhu.
Le monde se connoît peu en vertu. Flatterie.
Troisième point. — Cœur de Dieu : Ezéchiel.
Il sied bien à Dieu d'être rempli de soi-même. L'amour de soi-même restreint les créatures; l'amour de soi-même étend pour ainsi dire le Créateur, parce que son être est de se communiquer.
Bonté.
Bizarreries des jugemens humains en Jésus-Christ.
Jésus-Christ condamne les jugemens humains par une nouvelle manière, en laissant juger.
Pour détruire l'orgueil de l'homme qui se fait Dieu, Dieu se fait homme véritablement.

———

Prêché en 1660, dans le Carême des Minimes, devant François Bessin, Nicolas Barré, le P. de Saint-Gilles, Cossart, Giry, de la Noüe; tous poëtes, écrivains ou prédicateurs distingués.

L'exorde du discours indique manifestement le dimanche des Rameaux, et la vaine pompe des triomphes humains invitoit l'orateur à parler du faux honneur du monde; mais signalons tout de suite un incident mémorable, qui se produisit au commencement du sermon.

Le prince de Condé, qui avoit suivi le parti de la Fronde, venoit d'être reçu en grace par le roi et de rentrer dans la capitale après huit années d'absence. Son cœur lui rappelant Bossuet, dont il avoit honoré les épreuves scolaires par sa présence, il se rendit inopinément à l'église des Minimes. Comme le prédicateur alloit « faire tomber sur l'idole de l'honneur la foudre de la vérité évangé-

illustres triomphateurs de l'ancienne Rome marchoient au Capitole avec tant de gloire (a), que de peur qu'étant éblouis d'une telle magnificence ils ne s'élevassent enfin au-dessus de la condition humaine, un esclave qui les suivoit avoit charge de les avertir qu'ils étoient hommes : *Respice post te, hominem memento te...* Ils ne se fâchoient pas de ce reproche : « C'étoit là, dit Tertullien [1], le plus grand sujet de leur joie de se voir environné de tant de gloire, que l'on avoit sujet de craindre pour eux qu'ils n'oubliassent qu'ils étoient mortels : » *Hoc magis gaudet tantâ se gloriâ coruscare, ut illi admonitio conditionis suæ sit necessaria.*

Le triomphe de mon Sauveur est bien éloigné de cette pompe ; et quand je vois le pauvre équipage avec lequel il entre dans Jérusalem, au lieu de l'avertir (b) qu'il est homme, je trouverois bien plus à propos, chrétiens (c), de le faire souvenir qu'il est Dieu. Il semble en effet qu'il l'a oublié ; le prophète et l'évangéliste concourent à nous montrer ce Roi d'Israël « monté, disent-ils, sur une ânesse : » *Sedens super asinam* [2]. Ah ! Messieurs, qui n'en rougiroit ? Est-ce là une entrée royale ? Est-ce là un appareil de triomphe ? Est-ce ainsi, ô Fils de David, que vous montez au trône de vos ancêtres et prenez possession de leur couronne (d) ?

Toutefois arrêtons, mes frères, et ne précipitons pas notre jugement. Ce Roi, que tout le peuple honore aujourd'hui par ses cris de réjouissance, ne vient pas pour s'élever au-dessus des hommes par l'éclat d'une vaine pompe, mais plutôt pour fouler aux pieds les grandeurs humaines ; et les sceptres rejetés, l'honneur méprisé (e), toute la gloire du monde anéantie, font le plus grand ornement de son triomphe. Donc pour admirer (f) cette entrée, accoutumons-nous avant toutes choses à la modestie et aux

---

[1] *Apolog.*, n. 33. — [2] *Zachar.*, IX, 9 ; *Matth.*, XXI, 5.

lique et l'abattre de tout son long devant la croix du Sauveur, » il reconnut parmi la foule le grand capitaine qui avoit tout sacrifié à la gloire du monde, tout jusqu'au devoir. Au lieu de le déconcerter, ce contraste lui fournit un des plus beaux traits de l'éloquence humaine ; il adressa au héros de Rocroi cette célèbre allocution qui frappa son nombreux auditoire d'admiration. C'est de cette allocution que Bossuet nous parlera dans une note marginale jointe au sermon.
(a) *Var. :* Tant de pompe. — (b) De lui crier. — (c) J'ai plutôt envie, chrétiens, de le faire souvenir... — (d) Royaume. — (e) Effacé. — (f) Honorer.

abaissemens glorieux (*a*) de l'humilité chrétienne, et tâchons de prendre ces sentimens aux pieds de la plus humble des créatures, en disant : *Ave*.

Aujourd'hui que notre Monarque fait son entrée dans Jérusalem, au milieu des applaudissemens de tout le peuple, et que parmi cette pompe de peu de durée l'Eglise commence à s'occuper dans la pensée de sa passion ignominieuse, je me sens fortement pressé, chrétiens, de mettre aux pieds de notre Sauveur quelqu'un de ses ennemis capitaux, pour honorer tout ensemble et son triomphe et sa croix. Je n'ai pas de peine à choisir celui qui doit servir à ce spectacle : et le mystère d'ignominie que nous commençons de célébrer, et cette magnificence d'un jour que nous verrons bientôt changée tout d'un coup en un mépris si outrageux, me persuadent facilement que ce doit être l'honneur du monde.

L'honneur du monde, mes frères, c'est cette grande statue que Nabuchodonosor veut que l'on adore. Elle est d'une hauteur prodigieuse, *altitudine cubitorum sexaginta*, parce que rien ne paroît plus élevé que l'honneur du monde. « Elle est toute d'or, » dit l'Ecriture [1] : *Fecit statuam auream*, parce que rien ne semble ni plus riche, ni plus précieux (*b*). « Toutes les langues et tous les peuples adorent cette statue : » *Omnes tribus et linguæ adoraverunt statuam auream* [2]; tout le monde sacrifie à l'honneur; et ces fifres, et ces trompettes, et ces hautbois (*c*), et ces tambours qui résonnent autour de la statue, n'est-ce pas le bruit de la renommée? Ne sont-ce pas les applaudissemens et les cris de joie qui composent ce que les hommes appellent la gloire? C'est donc, Messieurs, cette grande et superbe idole (*d*) que je veux abattre aujourd'hui aux pieds du Sauveur. Je ne me contente pas, chrétiens, de lui refuser de l'encens avec les trois enfans de Babylone, ni de lui dénier l'adoration que tous les peuples lui rendent : je veux faire tomber sur cette idole la foudre de la vérité

---

[1] *Dan.*, III, 1. — [2] *Ibid.*, 7.

(*a*) *Var.*: Et à la bassesse.— (*b*) Ne semble plus éclatant. — (*c*) Ces flûtes. — (*d*) Cette grande idole.

évangélique; je veux l'abattre tout de son long devant la croix de mon Sauveur; je veux la briser et la mettre en pièces, et en faire un sacrifice à Jésus-Christ crucifié, avec le secours de sa grâce.

Parois donc ici, ô honneur du monde, vain fantôme des ambitieux et chimère des esprits superbes; je t'appelle à un tribunal où ta condamnation est inévitable (a). Ce n'est pas devant les césars et les princes, ce n'est pas devant les héros et les capitaines que je t'oblige de comparoître : comme ils ont tous été tes adorateurs, ils prononceroient à ton avantage. Je t'appelle à un jugement où préside un Roi couronné d'épines, que l'on a revêtu de pourpre pour le tourner en ridicule, que l'on a attaché à une croix pour en faire un spectacle d'ignominie : c'est à ce tribunal que je te défère, c'est devant ce Roi que je t'accuse. De quels crimes l'accuserai-je, chrétiens? Je vous le vais dire. Voici trois crimes capitaux dont j'accuse l'honneur du monde; je vous prie de les bien entendre.

Je l'accuse premièrement de flatter la vertu et de la corrompre; secondement de déguiser le vice et de lui donner du crédit; enfin pour comble de ses attentats, d'attribuer aux hommes ce qui appartient à Dieu et de les enrichir, s'il pouvoit, de ses dépouilles. Voilà les trois chefs principaux sur lesquels je prétends, Messieurs, qu'on fasse le procès à l'honneur du monde. (b) Dieu me veuille

(a) *Var.*: Bien assurée. — (b) *Note marg.*: Le jour que M. le Prince me vint entendre, je parlois du mépris de l'honneur du monde; et sur cela, après avoir fait ma division, je lui dis qu'à la vérité je ne serois pas sans appréhension de condamner devant lui la gloire du monde dont je le voyois si environné, n'étoit que je savois qu'autant qu'il avoit de grandes qualités pour la mériter, autant avoit-il de lumières pour en connoître le foible; qu'il fût grand prince, grand génie, grand capitaine, digne de tous ces titres, et grand par-dessus tous ces titres, je le reconnoissois avec les autres; mais que toutes ces grandeurs qui avoient tant d'éclat devant les hommes devoient être anéanties devant Dieu; que je ne pouvois cependant m'empêcher de lui dire que je voyois toute la France réjouie de recevoir tout ensemble la paix et son Altesse sérénissime, parce qu'elle avoit dans l'une une tranquillité assurée et dans l'autre un rempart invincible; et que nonobstant la surprise de sa présence imprévue, les paroles ne me manqueroient pas sur un sujet si auguste, n'étoit que me souvenant au nom de qui je parlois, j'aimois mieux abattre aux pieds de Jésus-Christ les grandeurs du monde que de les admirer plus longtemps en sa personne.

En finissant mon discours, le sujet m'ayant conduit à faire une forte réflexion sur les changemens précipités de l'honneur et de la gloire du monde, je lui dis qu'encore que ces grandes révolutions menaçassent les fortunes les plus éminentes,

aider par sa grace à poursuivre vivement une accusation si importante, et à soutenir les opprobres et l'ignominie de la croix contre l'orgueil des hommes mondains.

PREMIER POINT.

Donc, mes frères, le premier crime dont j'accuse l'honneur du monde devant la croix de Jésus-Christ, c'est d'être le corrupteur de la vertu et de l'innocence. Ce n'est pas moi seul qui l'en accuse ; j'ai pour témoin saint Jean Chrysostome, et dans un crime si atroce je suis bien aise de faire parler un si véhément accusateur. C'est dans l'homélie XVII *sur la divine Epître aux Romains*, que ce grand prédicateur nous apprend que la vertu qui aime les louanges et la vaine gloire, ressemble à une femme impudique qui s'abandonne à tous les passans. Ce sont les propres termes de ce saint évêque [1], encore parle-t-il bien plus fortement dans la liberté de sa langue ; mais la retenue de la nôtre ne me permet pas de traduire toutes ses paroles ; tâchons néanmoins d'entendre son sens et de pénétrer sa pensée. Pour cela je vous prie de considérer que la pudeur et la modestie ne s'opposent pas seulement aux actions déshonnêtes, mais encore à la vaine gloire et à l'amour désordonné des louanges. Jugez-en par l'expérience. Une personne honnête et bien élevée rougit d'une parole immodeste, un homme sage et modéré rougit de ses propres louanges ; en l'une et en

---

[1] Homil. XVII *in Epist. ad Rom.*, n. 4.

j'osois espérer néanmoins qu'elles ne regardoient ni la personne ni la maison de son Altesse ; que Dieu regardoit d'un œil trop propice le sang de nos rois et la postérité de saint Louis ; que nous verrions le jeune prince son fils croître avec la bénédiction de Dieu et des hommes ; qu'il seroit l'amour de son roi et les délices du peuple, pourvu que la piété crût avec lui et qu'il se souvint qu'il étoit sorti de saint Louis, non pour se glorifier de sa naissance, mais pour imiter l'exemple de sa sainte vie. Votre Altesse, dis-je alors à M. le Prince, ne manquera pas de l'y exciter et par ses paroles et par ses exemples ; et il faut qu'il apprenne d'elle que les deux appuis des grands princes sont la piété et la justice. Je conclus enfin que se tenant fortement lui-même à ces deux appuis, je prévoyois qu'il seroit désormais le bras droit de notre monarque, et que toute l'Europe le regarderoit comme l'ornement de son siècle ; mais néanmoins que méditant en moi-même la fragilité des choses humaines, qu'il étoit si digne de sa grande ame d'avoir toujours présente à l'esprit, je souhaitois à son Altesse une gloire plus solide que celle que les hommes admirent, une grandeur plus assurée que celle qui dépend de la fortune, une immortalité mieux établie que celle que nous promet l'histoire, et enfin une espérance mieux assurée que celle dont le monde nous flatte, qui est celle de la félicité éternelle.

l'autre de ces rencontres la modestie fait baisser les yeux et monter la rougeur au front. Et d'où vient cela, chrétiens, sinon par un sentiment que la raison nous inspire, que comme le corps a sa chasteté que l'impudicité corrompt, il y a aussi une certaine intégrité de l'ame qui peut être violée par les louanges? Toutefois il faut encore aller plus avant et rechercher jusqu'à l'origine d'où vient à une ame bien née cette honte des louanges. Je dis qu'elle est naturelle à la vertu, et je parle de la vertu chrétienne; car nous n'en connoissons point d'autre en cette chaire. Il est donc de la nature de la vertu d'appréhender les louanges; et si vous pesez attentivement avec quelles précautions le Fils de Dieu l'oblige à se cacher, vous n'aurez pas de peine à le comprendre. *Attendite ne justitiam vestram faciatis coram hominibus, ut videamini ab eis* [1]. « Ne va point prier dans les coins des rues, afin que les hommes te voient; retire-toi dans ton cabinet, ferme la porte sur toi et prie en secret devant ton Père : » *Intra in cubiculum tuum, et clauso ostio ora Patrem tuum in abscondito* [2]. « Ne sonne pas de la trompette pour donner l'aumône; je ne t'ordonne pas seulement de la cacher devant les hommes (a); mais lorsque la droite la distribue, que la gauche, s'il se peut, ne le sache pas : » *Te autem faciente eleemosynam, nesciat sinistra tua quid faciat dextera tua* [3].

C'est pourquoi, dit très-bien saint Jean Chrysostome [4], toutes les vertus chrétiennes sont un grand mystère. Qu'est-ce à dire? Mystère signifie un *secret sacré*. Autrefois quand on célébroit les divins mystères, comme il y avoit des catéchumènes qui n'étoient pas encore initiés, c'est-à-dire qui n'étoient pas du corps de l'Eglise, qui n'étoient pas baptisés, on ne leur en parloit que par énigmes. Vous le savez, vous qui avez lu les homélies des saints Pères : ils étoient avec les fidèles pour entendre la prédication et le commencement des prières. Venoit-on aux mystères sacrés, c'est-à-dire à l'action du sacrifice, le diacre mettoit dehors les catéchumènes et fermoit la porte de l'église. Pourquoi? C'étoit le

---

[1] *Matth.*, VI, 1. — [2] *Ibid.*, 6. — [3] *Ibid.*, 3. — [4] Homil. XIX *in Matth.*, n. 3; Homil. LXXI *in Matth.*, n. 4.

(a) *Var.* : De la cacher aux hommes.

mystère. Ainsi des vertus chrétiennes. Voulez-vous prier, fermez votre porte : c'est un mystère que vous célébrez. Jeûnez-vous, « oignez votre face, de peur qu'il ne paroisse que vous jeûnez : » *Unge caput tuum et faciem tuam lava* [1] *:* c'est un mystère entre Dieu et vous; nul n'y doit être admis que par son ordre, ni voir votre vertu qu'autant qu'il lui plaira de la découvrir.

Selon cette doctrine de l'Evangile, je compare la vertu chrétienne à une fille chaste et pudique, élevée dans la maison paternelle dans une retenue incroyable; on ne la mène point aux théâtres, on ne la produit point dans les assemblées. Elle garde le logis et travaille sous la conduite, sous les yeux de son Père, qui est Dieu, qui se plaît à la regarder dans ce secret, charmé principalement de sa retenue, *videt in abscondito* [2] *;* qui lui destine un époux, c'est Jésus-Christ; et qui veut qu'elle lui donne un cœur pur et qui n'ait point été corrompu par d'autres affections; qui lui prépare un jour de grandes louanges, et qui ne veut pas en attendant qu'elle se laisse gâter par celles des hommes, ni cajoler par leurs douceurs. C'est pourquoi elle fuit leur compagnie, elle aime son secret et sa solitude. Que si elle paroît quelquefois, comme si un grand éclat ne peut pas demeurer toujours caché, il n'y a que sa simplicité qui la rende recommandable : elle ne veut point attirer les yeux ; tous ceux qui admirent sa beauté, elle les avertit par sa modestie de « glorifier son Père céleste : » *Glorificent Patrem* [3]. Voilà quelle est la vertu chrétienne, c'est ainsi qu'elle est élevée : y a-t-il rien de plus sage ni de plus modeste?

Que fait ici la vaine gloire? Cette impudente, dit saint Jean Chrysostome [4], vient corrompre cette bonne éducation. Elle entreprend de prostituer sa pudeur. Au lieu qu'elle n'étoit faite que pour Dieu, elle la tire de sa maison, elle lui apprend à rechercher les yeux des hommes : *A thalamo paterno eam educit, cùmque pater jubeat eam ne sinistræ quidem apparere, notis ignotisque et obviis quibuscumque passim se ipsam ostentat;* elle lui enseigne (a) à se farder, à se contrefaire pour arrêter les spectateurs.

---

[1] *Matth.*, VI, 17. — [2] *Ibid.*, 18. — [3] *Ibid.*, V, 16. — [4] Homil. LXXI *in Matth.*, n. 3.

(a) *Var.:* Elle lui montre.

« Ainsi cette fille si sage est sollicitée par cette impudente à des amours déshonnêtes : » *Sic à leud corruptissimâ ad turpes hominum amores impellitur.* Vive Dieu ! infâme, cette innocente se gâteroit entre tes mains. O Jésus crucifié, voilà le crime que je vous défère ; jugez aujourd'hui la vaine gloire ; condamnez aujourd'hui l'honneur du monde qui entreprend de corrompre la vertu, qui ose bien la vouloir vendre, et encore la vendre à si vil prix, pour des louanges ; jugez, jugez, ô Seigneur, et condamnez en dernier ressort un crime si noir et si honteux.

Et pour vous, mes chers frères, vous qui écoutant cette accusation, apprenez qu'il y a une corruptrice qui s'efforce de ruiner tout ce qu'il y a de vertu en vous, au nom de Dieu veillez sur vous-mêmes ; au nom de Dieu prenez garde de ne point faire votre justice devant les hommes pour en être vus et admirés : *Attendite,* dit-il ; remarquez ces termes : « Prenez garde. » Cet ennemi dont je vous parle ne viendra pas vous attaquer ouvertement ; il se glisse comme un serpent, il se coule sous des fleurs et de la verdure, il s'avance à l'ombre de la vertu pour faire mourir la vertu même : *Attendite, attendite :* « Prenez garde. » Ah ! qu'il est difficile aux hommes de mépriser la louange des hommes ! Etant nés pour la société, nous sommes nés en quelque sorte les uns pour les autres, et par conséquent qu'il est dangereux que nous ne nous laissions trop chatouiller aux louanges que nous donnent nos semblables !

Saint Augustin, Messieurs, nous représente excellemment ce péril dans le second livre qu'il a fait du *Sermon de Notre-Seigneur sur la montagne.* « Il est très-pernicieux, nous dit-il, de mal vivre. De bien vivre maintenant et ne vouloir pas que ceux qui nous voient nous en louent, c'est se déclarer leur ennemi, parce que les choses humaines ne sont jamais en un état plus pitoyable que lorsque la bonne vie n'est pas estimée : » *Siquidem non rectè vivere, perniciosum est : rectè autem vivere et nolle laudari, quid est aliud quàm inimicum esse rebus humanis, quæ utique tantò sunt miseriores, quantò minùs placet recta via hominum*[1] *?* Jusqu'ici, Messieurs, la louange n'a rien que de beau ; mais voyez la

[1] *De Serm. Domini in mont.,* lib. II, n. 1.

suite de ses paroles. « Donc, dit ce grand docteur, si les hommes ne vous louent pas quand vous faites bien, ils sont dans une grande erreur; et s'ils vous louent, vous êtes vous-même dans un grand péril : » *Si ergo inter quos vivis te rectè viventem non laudaverint, illi in errore sunt; si autem laudaverint, tu in periculo*[1]. Vous êtes en effet dans un grand péril, parce que votre amour-propre vous fait aimer naturellement le bruit des louanges, et que votre cœur s'enfle sans y penser en les entendant. Mais vous êtes encore dans un grand péril, parce que non-seulement l'amour de vous-même, mais encore l'amour du prochain (a) vous oblige quelquefois, dit saint Augustin, à approuver les louanges que l'on vous donne. Vous faites une grande aumône, vous obligez le public par quelque service considérable; ne vouloir pas qu'on vous loue de cette action, c'est vouloir qu'on soit aveugle ou méconnoissant; la charité ne le permet pas. Vous devez donc souhaiter pour l'amour des autres qu'on loue les bonnes œuvres que Dieu fait en vous. Qui doute que vous ne le deviez, puisque vous devez désirer leur bien? Mais ce que vous devez désirer pour eux, vous devez le craindre pour vous-même; et c'est là qu'est le grand péril, en ce que devant désirer et craindre la même chose par différens motifs, chrétiens, qu'il est dangereux que vous ne preniez aisément le change; qu'en pensant regarder les autres, vous ne vous arrêtiez en vous-mêmes! *Attendite :* « Prenez garde » à vous ! O justes, voici votre péril; prenez garde que dans les œuvres de votre justice, les louanges du monde (b) ne vous plaisent trop et qu'elles ne corrompent en vous la vertu.

Et ne me dites pas que vous sentez bien en vous-mêmes que vous ne recherchez pas les louanges, que ce n'est pas l'amour de la vaine gloire qui vous a fait entreprendre cette œuvre excellente : je veux bien le croire sur votre parole; mais sachez que ce n'est pas là tout votre péril. « Il est assez aisé, dit saint Augustin, de se passer des louanges quand on les refuse, mais qu'il est difficile de ne s'y plaire pas quand on les donne ! » *Et si cuiquam facile est laude carere dùm denegatur, difficile est eâ non delectari*

---

[1] S. August., *De Serm. Domini. in mont.*, lib. II, n. 1.
(a) *Var.* : La charité de vos frères. — (b) Des hommes.

*cùm offertur*¹. Lorsque les louanges se présentent comme d'elles-mêmes, et que venant ainsi de bonne grace, je ne sais quoi nous dit dans le cœur que nous les méritons d'autant plus que nous les avons moins recherchées, mes frères, qu'il est malaisé de n'être pas surpris par cet appât!

Mais peut-être que vous me direz que ce n'est pas aussi un si grand crime, que de se laisser charmer par ces douceurs innocentes. Qu'entends-je, chrétiens? que me dites-vous? Quoi! vous n'avez pas encore compris combien l'amour des louanges est contraire à l'amour de la vertu? Si vous n'en avez pas cru l'Evangile, au moins croyez-en le monde même. Ne voyez-vous pas par expérience qu'on refuse les véritables louanges à ceux qui les recherchent avec trop d'ardeur? Pourquoi cela, Messieurs, si ce n'est par un certain sentiment que celui qui aime tant les louanges, n'aime pas assez la vertu; qu'il la met au rang des biens que la seule opinion fait valoir; ou du moins qu'il n'en a pas l'estime qu'il doit, puisqu'il ne juge pas qu'elle lui suffise? Ainsi l'empressement qu'il a pour l'honneur fait croire qu'il n'aime pas la vertu, et ensuite le fait paroître indigne de l'honneur (*a*). Que si le monde même le croit de la sorte, quelle doit être la délicatesse d'un chrétien sur le plaisir des louanges? Tremblez, tremblez, fidèles, et craignez cet ennemi qui vous flatte : ne croyez pas que ce soit assez de ne rechercher pas les louanges; le monde même en a honte, les idolâtres mêmes de l'honneur n'osent pas témoigner qu'ils le recherchent.

Le chrétien, mes frères, doit aller plus loin; c'est une vérité de l'Evangile. Le Fils de Dieu lui apprend que bien loin de le rechercher, il ne doit pas le recevoir quand on le lui offre. Ce n'est pas moi qui le dis; qu'il écoute parler Jésus-Christ lui-même. Il ne se contente pas de nous dire : Je ne recherche pas la gloire des hommes (*b*); mais il dit : « Je ne reçois pas la gloire des hommes : » *Claritatem ab hominibus non accipio*². Et si vous trouvez peut-être que ce passage n'est pas assez décisif, en voici un autre qui

---

¹ S. August., *Epist.* XXII, n. 8. — ² *Joan.*, V, 41.

(*a*) *Var.*: N'estimant pas la vertu, on croit être bien fondé de lui refuser l'honneur. — (*b*) Jésus notre modèle et notre exemplaire ne s'est pas contenté de nous dire : Je ne demande pas la gloire...

est plus pressant : *Clarifica me tu, Pater*[1] *:* « O Père, que ce soit vous qui me glorifiiez, » que ce soit vous, et non pas les hommes. Et s'il vous reste encore quelque doute, voici qui ne souffre point de réplique : *Quomodo vos potestis credere, qui gloriam ab invicem accipitis, et gloriam quæ à solo Deo est non quæritis*[2]*?* « Comment pouvez-vous croire, vous qui recevez de la gloire les uns des autres, et ne recherchez pas la gloire qui est de Dieu seul? » Ce n'est pas un crime médiocre, puisqu'il vous empêche de croire.

Mais remarquez bien cette opposition : vous recevez la gloire qui vient des hommes, vous ne recherchez pas la gloire qui vient de Dieu. N'est-ce pas nous dire manifestement : Celle-ci doit être désirée, celle-là ne doit pas même être reçue; il faut rechercher celle-ci quand on ne l'a pas, et refuser l'autre quand on la donne. — Doctrine de l'Evangile, que tu es sévère ! Quoi ! il faut au milieu des louanges étouffer cette complaisance secrète qui flatte le cœur si doucement! — Défendez-nous, ô Seigneur, de rechercher cet encens. — Mais comment le refuser quand on nous le donne? — Non, dit-il, ne recevez pas la gloire des hommes. — Mais puis-je m'empêcher de la recevoir? puis-je contraindre la langue de ceux (*a*) qui veulent parler en ma faveur? — Laissons-les discourir à leur fantaisie; mais disons toujours avec Jésus-Christ : *Claritatem non accipio.* Non, non, je ne reçois pas la gloire des hommes, c'est-à-dire je ne la reçois pas en paiement, je ne me repais pas de cette fumée : *Clarifica me tu, Pater :* « Que ce soit vous, ô Père céleste. » Vaine gloire, qui sollicites mon cœur à écouter tes flatteries, je connois le danger où tu me veux mettre; tu veux me donner les yeux des hommes, mais c'est pour m'ôter les yeux de Dieu. Tu feins de vouloir me récompenser, mais c'est pour me faire perdre ma récompense. Je l'attends d'un bras plus puissant et d'une main plus opulente : corruptrice de la vertu, je ne reçois point tes fausses douceurs; ni tes applaudissemens, ni ta vaine pompe ne peuvent pas payer mes travaux. *In Domino laudabitur anima mea, audiant mansueti et lætentur*[3] *:* « Mon ame sera louée en Notre-Seigneur; que les gens de bien l'entendent et

---

[1] *Joan.,* XVII, 5. — [2] *Ibid.,* V, 44. — [3] *Psal.* XXXIII, 3.
(*a*) *Var. :* Des hommes.

s'en réjouissent. » Je t'ai convaincue devant Jésus-Christ d'attenter sur l'intégrité de la vertu, c'est assez pour obtenir ta condamnation; mais je veux te convaincre encore de vouloir donner du crédit au vice, c'est ma seconde partie.

SECOND POINT.

Le second chef de l'accusation que j'intente contre l'honneur du monde, c'est de vouloir donner du crédit au vice en le déguisant aux yeux des hommes. Pour justifier cette accusation, je pose d'abord ce premier principe, que tous ceux qui sont dominés par l'honneur du monde sont toujours infailliblement vicieux. Il m'est bien aisé de vous en convaincre. Le vice, dit saint Thomas [1], vient d'un jugement déréglé : or je soutiens qu'il n'y a rien de plus déréglé que le jugement de ceux de qui nous parlons, puisque se proposant l'honneur pour leur but (a), il s'ensuit qu'ils le préfèrent à la vertu même, et jugez quel égarement (b). La vertu est un don de Dieu, et c'est de tous ses dons le plus précieux; l'honneur est un présent des hommes, encore n'est-ce pas le plus grand. Et vous préférez, ô superbe aveugle, ce médiocre présent des hommes à ce que Dieu donne de plus précieux (c)! N'est-ce pas avoir le jugement plus que déréglé? N'y a-t-il pas du trouble et du renversement? Premièrement, ô honneur du monde, tu es convaincu sans réplique que tu ne peux engendrer que des vicieux.

Mais il faut remarquer en second lieu que les vicieux qu'il engendre, ne sont pas de ces vicieux abandonnés à toute sorte d'infamies. Un Achab, une Jézabel dans l'Histoire sainte; un Néron, un Domitien, un Héliogabale dans la profane, c'est folie de leur vouloir donner de la gloire : honorer le vice qui n'est que vice, qui montre toute sa laideur sans avoir la moindre teinture d'honnêteté, cela ne se peut (d). Les choses humaines ne sont pas encore si désespérées; les vices que l'honneur du monde couronne, sont des vices plus honnêtes; ou plutôt, pour parler plus correctement, car quelle honnêteté dans les vices? ce sont des

---

[1] II^a II^æ, *Quæst.* LIII, art. 6.

(a) *Var.* : Leur fin dernière. — (b) Quel déréglement. — (c) De plus excellent. — (d) C'est une entreprise impossible.

vices plus spécieux, il y a quelque apparence de la vertu ; l'honneur qui étoit destiné pour la servir, sait de quelle sorte elle s'habille, et il lui dérobe quelques-uns de ses ornemens pour en parer le vice qu'il veut établir dans le monde. De quelle sorte cela se fait, quoiqu'il soit assez connu par expérience, je veux le rechercher jusqu'à l'origine et développer tout au long ce mystère d'iniquité.

Pour cela remarquez, Messieurs, qu'il y a deux sortes de vertus. L'une est la véritable et la chrétienne, sévère, constante, inflexible, toujours attachée à ses règles et incapable de s'en détourner pour quoi que ce soit. Ce n'est pas là la vertu du monde : il l'honore en passant, il lui donne quelques louanges pour la forme; mais il ne la pousse pas dans les grands emplois, elle n'est pas propre aux affaires, il faut quelque chose de plus souple pour ménager la faveur des hommes : d'ailleurs elle est trop sérieuse et trop retirée; et si elle ne s'embarque dans le monde par quelque intrigue, veut-elle qu'on l'aille chercher dans son cabinet? Ne parlez pas au monde de cette vertu.

Il s'en fait une autre à sa mode, plus accommodante et plus douce; une vertu ajustée non point à la règle, elle seroit trop austère; mais à l'opinion, à l'humeur des hommes. C'est une vertu de commerce : elle prendra bien garde de ne manquer pas toujours de parole; mais il y aura des occasions où elle ne sera point scrupuleuse et saura bien faire sa cour aux dépens d'autrui. C'est la vertu des sages mondains, c'est-à-dire c'est la vertu de ceux qui n'en ont point, ou plutôt c'est le masque spécieux sous lequel ils cachent leurs vices. Saül donne sa fille Michol à David [1] : il l'a promise à celui qui tueroit le géant Goliath [2], il faut satisfaire le public et dégager sa parole; mais il saura bien dans l'occasion trouver des prétextes pour la lui ôter [3]. Il chasse les sorciers et les devins de toute l'étendue de son royaume [4]; mais lui-même, qui les bannit en public, les consultera en secret dans la nécessité de ses affaires [5]. Jéhu ayant détruit la maison d'Achab suivant le commandement du Seigneur, fait un sacrifice au Dieu

---

[1] 1 *Reg.*, XVIII, 27. — [2] *Ibid.*, XVII, 25. — [3] *Ibid.*, XXV, 44. — [4] *Ibid.*, XXVIII, 3. [5] *Ibid.*, 8.

vivant de l'idole de Baal, et de son temple, et de ses prêtres, et de ses prophètes; il n'en laisse, dit l'Ecriture¹, pas un seul en vie. Voilà une belle action : mais « il marcha néanmoins, dit l'Ecriture, dans toutes les voies de Jéroboam; il conserva les veaux d'or » que ce prince impie avoit élevés : *Non recessit à peccatis Jeroboam, qui peccare fecit Israel*². Pourquoi ne les détruisoit-il pas aussi bien que Baal et son temple? C'est que cela nuisoit à ses affaires, et il se souvenoit de cette malheureuse politique de Jéroboam : « Si je laisse aller les peuples en Jérusalem pour sacrifier à Dieu dans son temple, ils retourneront aux rois de Juda, qui sont leurs légitimes seigneurs³. » Je bâtirai ici un autel; je leur donnerai des dieux qu'ils adorent (a) sans sortir de mon royaume et mettre ma couronne en péril.

Telle est, Messieurs, la vertu du monde; vertu trompeuse et falsifiée, qui n'a que la mine (b) et l'apparence. Pourquoi l'a-t-on inventée, puisqu'on veut être vicieux sans restriction (c)? « C'est à cause, dit saint Chrysostome⁴, que le mal ne peut subsister tout seul : il est ou trop malin ou trop foible, il faut qu'il soit soutenu par quelque bien, il faut qu'il ait quelque ornement ou quelque ombre de la vertu (d). » Qu'un homme fasse profession de tromper, il ne trompera personne; que ce voleur tue ses compagnons pour les voler, on le fuira comme une bête farouche. De tels vicieux n'ont pas de crédit, mais il leur est bien aisé de s'en acquérir; pour cela il n'est pas nécessaire qu'ils se couvrent du masque de la vertu ni du fard de l'hypocrisie, le vice peut paroître vice; et pourvu qu'il y ait un peu de mélange, c'est assez pour lui attirer l'honneur du monde. Je veux bien que vous me démentiez, si je ne dis pas la vérité.

Cet homme s'est enrichi par des concussions épouvantables, et il vit dans une avarice sordide, tout le monde le méprise; mais il tient bonne table à ses mines, à la ville et à la campagne; cela paroît libéralité, c'est un fort honnête homme, il fait belle dé-

---

¹ IV *Reg.*, x', 17, 25, 26, 27. — ² *Ibid.*, 29. — ³ III *Reg.*, xii, 26 et seq. — ⁴ Homil. ii *in Act. Apost.*, n. 5.

(a) *Var.*: Faisons-leur ici un autel, donnons-leur des dieux... — (b) La couleur. (c) Que n'est-on vicieux sans restriction ? — (d) « Ou quelque teinture de la vertu. »

pense du bien d'autrui. Et vous, vous vous vengez par un assassinat, c'est une action indigne et honteuse, mais ç'a été par un beau duel (a); quoique les lois vous condamnent, quoique l'Eglise vous excommunie, il y a quelque montre de courage, le monde vous applaudit et vous couronne malgré les lois et l'Eglise. Enfin y a-t-il aucun vice que l'honneur du monde ne mette en crédit, si peu qu'il ait de soin de se contrefaire? L'impudicité même, c'est-à-dire l'infamie et la honte même (b), que l'on appelle *brutalité* quand elle court ouvertement à la débauche, si peu qu'elle s'étudie à se ménager, à se couvrir des belles couleurs de fidélité, de discrétion, de douceur, de persévérance, ne va-t-elle pas la tête levée? Ne semble-t-elle pas digne des héros? Ne perd-elle pas son nom d'impudicité pour s'appeler gentillesse et galanterie (c)? Eh quoi! cette légère teinture a imposé si facilement aux yeux des hommes! Ne falloit-il que ce peu de mélange pour faire changer de nom aux choses, et mériter de l'honneur à ce qui est en effet si digne d'opprobre? Non, il n'en faut pas davantage. Je m'en étonnois au commencement; mais ma surprise est bientôt cessée, après que j'ai eu médité que ceux qui ne se connoissent point en pierreries sont trompés par le moindre éclat; et que le monde se connoît si peu en vertu, que la moindre apparence éblouit sa vue : de sorte qu'il n'est rien de si aisé à l'honneur du monde, que de donner du crédit au vice.

Cependant le pécheur triomphe à son aise et jouit de la réputation publique. Que si troublé en sa conscience par les reproches (d) qu'elle lui fait, il se dénie à lui-même l'honneur que tout le monde lui donne à l'envi, voici un prompt remède à ce mal. Accourez ici, troupe de flatteurs, venez en foule à sa table, venez faire retentir à ses oreilles (e) le bruit de sa réputation si bien établie : voici le dernier effort de l'honneur pour donner du crédit au vice. Après avoir trompé tout le monde, il faut que le pécheur s'admire lui-même. Car ces flatteurs industrieux, ames vénales et prostituées, savent qu'il y a en lui un flatteur secret qui ne cesse

---

(a) Mais vous l'avez fait par un beau duel.— (b) La honte et l'infamie même. (c) Ne quitte-t-elle pas son nom pour s'appeler politesse et galanterie? — (d) Que si sa conscience est troublée par les reproches, — que si sa conscience le trouble. — (e) Accourez ici, troupe de flatteurs; venez faire retentir...

de lui applaudir au dedans : ces flatteurs qui sont au dehors s'accordent avec celui qui parle au dedans et qui a le secret de se faire entendre à toute heure ; ils étudient ses sentimens et le prennent si dextrement par son foible, qu'ils le font demeurer d'accord de tout ce qu'ils disent (*a*). Ce pécheur ne se regarde plus dans sa conscience, où il voit trop clairement sa laideur ; il n'aime que ce miroir qui le flatte ; et pour parler avec saint Grégoire, « s'oubliant de ce qu'il est en lui-même, il se va chercher dans les discours des autres et s'imagine être tel que la flatterie le représente : » *Oblitus sui in voces se spargit alienas, talemque se credit qualem se foris audit* [1]. Certainement Dieu s'en vengera, et voici quelle sera sa vengeance : il fera taire tous les flatteurs, et il abandonnera le pécheur superbe aux reproches de sa conscience.

Jugez, jugez, Seigneur, l'honneur du monde, qui fait que le vice plaît aux autres, qui fait même que le vice se plaît à lui-même. Vous le ferez, je le sais bien. Il viendra le jour de son jugement. En ce jour il arrivera ce que dit le prophète Isaïe : *Cessavit gaudium tympanorum, quievit sonitus lætantium, conticuit dulcedo citharæ* [2] *:* enfin il est cessé le bruit de ces applaudissemens ; ils se sont tus, ils se sont tus et ils sont devenus muets, ceux qui sembloient si joyeux en célébrant vos louanges, et dont les continuelles acclamations faisoient résonner à vos oreilles une musique si agréable. Quel sera ce changement, chrétiens ; et combien se trouveront étonnés ces hommes accoutumés aux louanges, lorsqu'il n'y aura plus pour eux de flatteurs! l'Epoux paroîtra (*b*) inopinément ; les cinq vierges qui ont de l'huile viendront avec leurs lampes allumées ; leurs bonnes œuvres brilleront devant Dieu et devant les hommes ; et Jésus, en qui elles mettoient toute leur gloire, commencera à les louer devant son Père céleste. Que ferez-vous alors, vierges folles, qui n'avez point d'huile et qui en demandez aux autres, à qui il n'est point dû de louanges et qui en voulez avoir d'empruntées? En vain vous vous écrierez : Eh !

---

[1] *Pastor.*, II part., cap. VI. — [2] *Isa.*, XXIV, 8.

(*a*) *Var. :* Savent qu'il y a en lui un flatteur secret qui ne cesse de l'applaudir au dedans : ils s'accordent avec lui, ils étudient ses sentimens et le prennent..... — (*b*) Viendra.

« donnez-nous de votre huile : » *Date nobis de oleo vestro* [1]; nous désirons aussi les louanges, nous voudrions bien aussi être célébrées par cette bouche divine qui vous loue avec tant de force. Et il vous sera répondu : Qui êtes-vous? « On ne vous connoît pas : » *Nescio vos* [2]. — Mais je suis cet homme si chéri, auquel tout le grand monde applaudissoit, et qui étoit si bien reçu dans toutes les compagnies.— On ne sait pas ici qui vous êtes ; et on se moquera de vous en disant : *Ite, ite potiùs ad vendentes, et emite vobis* [3] : Allez, allez-vous-en à vos flatteurs, à ces ames (a) mercenaires qui vendent des louanges aux fous qui vous ont autrefois tant donné d'encens. Qu'ils vous en vendent encore ! Quoi ! ils ne parlent plus en votre faveur ! Au contraire, se voyant justement damnés pour avoir autorisé vos crimes, ils s'élèvent maintenant contre vous. Vous-même qui étiez le premier de tous vos flatteurs, vous détestez votre vie, vous maudissez toutes vos actions, toute la honte de vos perfidies, toute l'injustice de vos rapines, toute l'infamie de vos adultères sera éternellement devant vos yeux. Qu'est donc devenu cet honneur du monde qui pallioit si bien tous vos crimes ? Il s'en est allé en fumée. Oh ! que ton règne étoit court, ô honneur du monde ! Que je me moque de ta vaine pompe et de ton triomphe d'un jour ! Que tu sais mal déguiser les vices, puisque tu ne peux empêcher qu'ils ne soient bientôt reconnus à ce tribunal devant lequel je t'accuse ! Après avoir poursuivi mon accusation, je demande maintenant sentence. Tu n'auras point de faveur en ce jugement, parce qu'outre que tes crimes sont inexcusables, tu as encore entrepris sur les droits de celui qui y préside, pour en revêtir ses créatures : c'est ma dernière partie.

TROISIÈME POINT.

Comme tout le bien appartient à Dieu et que l'homme n'est rien de lui-même, il est assuré, chrétiens, qu'on ne peut rien aussi attribuer à l'homme, sans entreprendre sur les droits de Dieu et sur son domaine souverain. Cette seule proposition, dont la vérité est si connue, suffit pour justifier ce que j'avance, que le

---

[1] *Matth.*, xxv, 8. — [2] *Ibid.*, 12. — [3] *Ibid.*, 9.
(a) *Var. :* Langues.

plus grand attentat de l'honneur du monde, c'est de vouloir ôter à Dieu ce qui lui est dû pour en revêtir la créature. En effet si l'honneur du monde se contentoit seulement de nous représenter nos avantages, pour nous en glorifier en Notre-Seigneur et lui en rendre nos actions de graces, nous ne l'appellerions pas l'honneur du monde et nous ne craindrions pas de lui donner place parmi les vertus chrétiennes. Mais l'homme qui veut qu'on le flatte, ne peut entrer dans ce sentiment; il croit qu'on le dépouille de ses biens, quand on l'oblige de les attribuer à une autre cause; et les louanges ne lui sont jamais assez agréables, s'il n'a de la complaisance en lui-même et s'il ne dit en son cœur : C'est moi qui l'ai fait.

Quoiqu'il ne soit pas possible d'exprimer assez combien cette entreprise est audacieuse, il nous en faut néanmoins former quelque idée par un raisonnement de saint Fulgence. Ce grand évêque nous dit que l'homme s'élève contre Dieu en deux manières : ou en faisant ce que Dieu condamne, ou en s'attribuant ce que Dieu donne. Vous faites ce que Dieu condamne, quand vous usez mal de ses créatures; vous vous attribuez ce que Dieu donne, quand vous présumez de vous-même (*a*). Sans doute ces deux entreprises sont bien criminelles; mais il est aisé de comprendre que la dernière est sans comparaison la plus insolente; et encore qu'en quelque manière que l'homme abuse des dons de son Dieu, on ne puisse assez blâmer son audace; elle est néanmoins beaucoup plus extrême lorsqu'il s'en attribue la propriété (*b*), que lorsqu'il en corrompt seulement l'usage. C'est pourquoi saint Fulgence a raison de dire : *Detestabilis est cordis humani superbia, quâ facit homo quod Deus in hominibus damnat; sed longè detestabilior, quâ sibi tribuit homo quod Deus hominibus donat*[1] : « A la vérité, dit ce grand docteur (*c*), encore que ce soit un orgueil damnable de mépriser ce que Dieu commande, c'est une audace bien plus criminelle de s'attribuer ce que Dieu donne. » Pourquoi? Le premier

---

[1] *Epist.* VI *ad Theod.*, cap. VII.

(*a*) *Var.:* De vos propres forces. — (*b*) Elle est néanmoins beaucoup plus énorme lorsqu'il s'en attribue le domaine. — (*c*) « A la vérité, dit ce grand docteur, c'est un orgueil détestable à l'homme de faire ce que Dieu défend, mais c'est une audace beaucoup plus étrange de s'attribuer ce qu'il donne. »

est une action d'un sujet rebelle qui désobéit à son souverain, et le second est un attentat contre sa personne et une entreprise sur son trône; et si par le premier crime on tâche de se soustraire de son empire, on s'efforce par le second à se rendre en quelque façon son égal, en s'attribuant sa puissance.

Peut-être que vous croyez, chrétiens, qu'une entreprise si folle ne se rencontre que rarement parmi les hommes, et qu'ils ne sont pas encore si extravagans que de vouloir s'égaler à Dieu; mais il faut aujourd'hui vous désabuser. Oui, oui, Messieurs, il le faut dire, que ce crime, à notre honte, n'est que trop commun. Depuis que nos premiers parens ont si volontiers prêté l'oreille à cette dangereuse flatterie : « Vous serez comme des dieux [1], » il n'est que trop véritable que nous voulons tous être de petits dieux, que nous nous attribuons tout à nous-mêmes, que nous tendons naturellement à l'indépendance. Ecoutez en effet, mes frères, en quels termes le Saint-Esprit parle au roi de Tyr, et en sa personne à tous les superbes; voici ce qu'a dit le Seigneur : « Ton cœur s'est élevé et tu as dit : Je suis un Dieu : » *Elevatum est cor tuum et dixisti : Deus ego sum* [2]. Est-il possible, Messieurs, qu'un homme s'oublie jusqu'à ce point et qu'il dise en lui-même : Je suis un Dieu? Non, cela ne se dit pas si ouvertement; nous voudrions bien le pouvoir dire, mais notre mortalité ne le permet pas. Comment donc disons-nous : Je suis un Dieu? Les paroles suivantes nous le font entendre : « C'est, dit-il, que tu as mis ton cœur comme le cœur d'un Dieu : » *Dedisti cor tuum quasi cor Dei* [3]. Qu'il y a de sens dans cette parole, si nous le pouvions développer !

Tâchons de le faire, et disons que comme Dieu est le principe universel et le centre commun de toutes choses; comme il est, dit un ancien, le trésor de l'être, et possède tout en lui-même dans l'infinité de sa nature, il doit être plein de lui-même, il ne doit penser qu'à lui-même, il ne doit s'occuper que de lui-même. Il vous sied bien, ô Roi des siècles, d'avoir ainsi le cœur rempli de vous-même, ô source de toutes choses, ô centre!...; mais le cœur de la créature doit être composé d'une autre sorte. Elle n'est qu'un ruisseau qui doit remonter à sa source. Elle ne possède rien en

---

[1] *Genes.*, III, 5. — [2] *Ezech.*, XXVIII, 2. — [3] *Ibid.*

elle-même, et elle n'est riche que dans sa cause; elle n'est rien en elle-même, et elle ne se doit chercher que dans son principe. Superbe, tu ne peux entrer dans cette pensée ; tu n'es qu'une vile créature, et tu te fais le cœur d'un Dieu : *Dedisti cor tuum quasi cor Dei;* tu cherches ton honneur en toi, tu ne te remplis que de toi-même.

En effet jugeons-nous, Messieurs, et ne nous flattons point dans notre orgueil. Cet homme rare et éloquent, qui règne dans un conseil et ramène tous les esprits par ses discours, lorsqu'il ne remonte point à la cause et qu'il croit que son éloquence (*a*) et non la main de Dieu a tourné les cœurs, ne lui dit-il pas tacitement : « Nos lèvres sont de nous-mêmes : » *Labia nostra à nobis* [1] *?* Et celui qui ayant achevé de grandes affaires, au milieu des applaudissemens qui l'environnent, ne rend pas à Dieu l'honneur qu'il lui doit, ne dit-il pas en son cœur : « C'est ma main, c'est ma main, et non le Seigneur qui a fait cette œuvre : » *Manus nostra excelsa, et non Dominus, fecit hæc omnia* [2] *?* Et celui qui par son adresse et par son intrigue a établi enfin sa fortune, et ne fait pas de réflexion sur la main de Dieu qui l'a conduit, ne dit-il pas avec Pharaon : *Meus est fluvius et ego feci memetipsum* [3] *:* « Tout cela est à moi, c'est le fruit de mon industrie et je me suis fait moi-même? » Voyez donc que l'honneur du monde nous fait tout attribuer à nous-mêmes et nous érige enfin en de petits dieux.

Eh bien, ô superbe, ô petit dieu, voici, voici le grand Dieu vivant qui s'abaisse pour te confondre. L'homme se fait Dieu par orgueil, Dieu se fait homme par humilité. L'homme s'attribue faussement ce qui est à Dieu, et Dieu pour lui apprendre à s'humilier prend véritablement ce qui est à l'homme. Voilà le remède de l'insolence, voilà la confusion de l'honneur du monde. Je l'ai accusé devant ce Dieu-Homme, devant ce Dieu humilié; vous avez ouï l'accusation; écoutez maintenant la sentence. Il ne la prononcera point par sa parole; c'est assez de le voir pour juger que l'honneur du monde a perdu sa cause. Désabusez-vous pour tou-

---

[1] *Psal.* XI, 5. — [2] *Deuter.*, XXXII, 27. — [3] *Ezech.*, XXIX, 3.

(*a*) *Var.:* Son raisonnement.

jours des hommes et de l'estime que vous faites de leur jugement, en voyant ce qu'ils ont jugé de Jésus-Christ. Il condamne le jugement des hommes ; nouvelle manière de les condamner. Jésus-Christ ne les condamne qu'en les laissant juger de lui-même ; et ayant rendu sur sa personne le plus inique jugement qui fut jamais, l'excès de cette iniquité a infirmé pour jamais toutes leurs sentences. Tout le monde généralement en a mal jugé : c'est-à-dire les grands et les petits, les Juifs et les Romains, le peuple de Dieu et les idolâtres, les savans et les ignorans, les prêtres et le peuple, ses amis et ses ennemis, ses persécuteurs et ses disciples. Tout ce qu'il peut jamais y avoir d'insensé et d'extravagant, de changeant et de variable, de malicieux et d'injuste, d'aveugle et de précipité dans les jugemens les plus déréglés (a), Jésus-Christ l'a voulu subir ; et pour vous désabuser à jamais de toutes les bizarreries de l'opinion, il ne s'en est épargné aucune.

Voulez-vous voir avant toutes choses la diversité prodigieuse des sentimens ? Ecoutez tous les murmures du peuple dans un seul chapitre de l'Evangile de saint Jean [1]. — C'est un prophète, ce n'en est pas un ; c'est un homme de Dieu, c'est un séducteur ; c'est le Christ, il est possédé du malin esprit. Qui est cet homme ? D'où est-il venu ? Où a-t-il appris tout ce qu'il nous dit ? — *Dissensio itaque facta est in turbâ propter eum.* O Jésus, Dieu de paix et de vérité, « il y eut sur votre sujet une grande dissension parmi le peuple. » Voulez-vous voir la bizarrerie qui ne se contente de rien ? Jean-Baptiste est venu, retiré du monde, menant une vie rigoureuse, et on a dit : « C'est un démoniaque [2]. » Le Fils de l'homme est venu, mangeant et conversant avec les hommes, et on a dit encore : « C'est un démoniaque [3]. » Entreprenez de contenter ces esprits mal faits ! Voulez-vous voir, Messieurs, un désir opiniâtre de le contredire ? Quand il ne se dit pas le Fils de Dieu, ils le pressent violemment pour le dire : *Si tu es Christus, dic nobis palàm* [4] *;* et après qu'il le leur a dit, ils prennent

---

[1] *Joan.*, VII, 12 et seq. — [2] *Matth.*, XI, 18. — [3] *Joan.*, VIII, 48. — [4] *Ibid.*, X, 24.

(a) *Var.:* Tout ce qu'il peut jamais y avoir de fol et d'extravagant, de changeant et de variable, de malicieux et de criminel, de dépravé et de corrompu dans les jugemens les plus déréglés...

des pierres pour le lapider ¹. Malice obstinée, qui étant convaincue, ne veut pas se rendre : — Il est vrai, nous ne pouvons le nier, il chasse les malins esprits; mais « c'est au nom de Béelzébub qui en est le prince ². » — Une humeur fâcheuse et contrariante, qui cherche à reprendre dans les moindres choses : — Quel homme est ceci? « Ses disciples ne lavent pas leurs mains devant le repas³; » — qui tourne les plus grandes en un mauvais sens : — « C'est un méchant qui ne garde pas le sabbat ⁴; » il a délivré un démoniaque, il a guéri un paralytique, il a éclairé un aveugle le jour du repos !

Mais ce que je vous prie le plus de considérer dans les jugemens des hommes, c'est ce changement soudain et précipité qui les fait passer en si peu de temps aux extrémités opposées. Ils courent au-devant du Sauveur pour le saluer par des cris de réjouissance, ils courent après lui pour le charger d'imprécations. « Vive le Fils de David⁵! » — « Qu'il meure, qu'il meure! qu'on le crucifie⁶! » — « Béni soit le Roi d'Israël⁷! » — « Nous n'avons point de roi que César⁸! » — Donnez des palmes et des rameaux verds, qu'on cherche des fleurs de tous côtés pour les semer sur son passage! donnez des épines pour percer sa tête, et un bois infâme pour l'y attacher ! — Tout cela se fait en moins de huit jours; et pour comble d'indignité, pour une marque éternelle du jugement dépravé des hommes, la comparaison la plus injuste, la préférence la plus aveugle : — « Lequel des deux voulez-vous, Jésus ou Barabbas⁹, » le Sauveur ou un voleur, l'auteur de la vie ou un meurtrier? Et la préférence la plus injuste : — *Non hunc, sed Barabbam.* « Qu'on l'ôte! qu'on le crucifie! » nous voulons qu'on délivre le meurtrier, et qu'on mette à mort l'auteur de la vie !

Après cela, mes frères, entendrons-nous encore des chrétiens nous battre incessamment les oreilles par cette belle raison : Que dira le monde? que deviendra ma réputation (*a*)? On me méprisera, si je ne me venge; je veux soutenir mon honneur, il m'est plus cher que mes biens, il m'est plus cher même que ma vie.

---

¹ *Joan.*, x, 31. — ² *Luc.*, xi, 15. — ³ *Matth.*, xv, 2. — ⁴ *Joan.*, ix, 16. — ⁵ *Matth.*, xxi, 9. — ⁶ *Joan.*, xix, 15. — ⁷ *Ibid.*, xii, 13. — ⁸ *Ibid.*, xix, 15. — ⁹ *Matth.*, xxvii, 17; *Joan.*, xviii, 40.

(*a*) *Var.*: Mon honneur.

Tous ces beaux raisonnemens par lesquels vous croyez pallier vos crimes, ne sont que de vaines subtilités, et rien ne nous est plus aisé que de les détruire; mais je ne daignerois seulement les écouter. Venez, venez les dire au Fils de Dieu crucifié ; venez vanter votre honneur du monde à la face de ce Dieu rassasié, soûlé d'opprobres: osez lui soutenir qu'il a tort d'avoir pris si peu de soin de plaire aux hommes, ou qu'il a été bien malheureux de n'avoir pu mériter leur approbation ! C'est ce que nous avons à dire aux idolâtres de l'honneur du monde ; et si l'image de Jésus-Christ attaché à un bois infâme ne persuade pas leur orgueil, taisons-nous, taisons-nous, et n'espérons jamais de pouvoir persuader par nos discours ceux qui auront méprisé un si grand exemple. Que si nous croyons en Jésus-Christ, « sortons, sortons avec lui, portant sur nous-mêmes son opprobre : » *Exeamus igitur cum illo extra castra improperium ejus portantes* [1]. Si le monde nous le refuse, donnons-nous-le à nous-mêmes ; reprochons-nous à nous-mêmes nos déréglemens et la honte de notre vie, et participons comme nous pouvons à la honte de Jésus-Christ, pour participer à sa gloire. *Amen.*

[1] *Hebr.*, XIII, 13.

SECOND SERMON

POUR

LE DIMANCHE DES RAMEAUX,

SUR LA NÉCESSITÉ DES SOUFFRANCES (a).

Per patientiam curramus ad propositum nobis certamen, aspicientes in auctorem fidei nostræ et consummatorem Jesum.

Courons par la patience au combat qui nous est proposé, jetant les yeux sur Jésus, l'auteur et le consommateur de notre foi. *Hébr.*, XII, 1, 2.

Voici les jours salutaires où l'on érigera le Calvaire dans tous nos temples, où nous verrons couler les ruisseaux de sang de toutes les plaies du Fils de Dieu, où l'Eglise représentera si vivement par ses chants, par ses paroles et par ses mystères, celui de

---

(a) *Exorde.* — Au Calvaire, trois crucifiés (S. August., serm. XI *in Psal.* XXXIV, n. 1).
Premier point. — Dieu semblable à nous, afin que nous fussions semblables à lui. Incarnation. Esprit de Jésus-Christ, souffrances. *Virum dolorum et scientem infirmitatem* (Isa., LIII, 3). Nécessité de souffrir.
Second point. — Pénitence dans les peines. Voleur pénitent : exemple. Souffrance, épreuve de la vertu. Or du sanctuaire. Voleur pénitent : miséricorde, traité par Jésus : aujourd'hui, quelle promptitude ! avec moi, quelle compagnie ! dans le paradis, quel repos !
Troisième point. — Enfer dès ce monde : peine sans pénitence. Deux feux dans les Ecritures. Consolation aux enfans de Dieu dans les afflictions. Distingués des méchans, même quand ils souffrent les mêmes maux. Comparaison : saint Augustin. Exhortation à prendre la médecine.

Prêché dans le Carême de 1661, aux Carmélites de la rue Saint-Jacques.
Une note autographe du manuscrit porte : « Aux Carmélites. » Ensuite l'orateur emploie l'allocution : « Ames saintes; » il s'adressoit donc à des religieuses. Mais, d'une autre part, il ne prononce pas un mot qui annonce la présence de la reine ni des gens de la Cour : il ne prêchoit donc pas au Val-de-Grace; donc aux Carmélites. Enfin le titre du sermon : *Sur la Nécessité des souffrances*, rappelleroit à lui seul cette malheureuse époque où la France eut tant à souffrir de la disette et de la mortalité, l'année 1661 aussi bien que l'année 1662.

sa passion douloureuse, qu'il n'y aura aucun de ses enfans à qui nous ne puissions dire ce que l'Apôtre disoit aux Galates¹, que Jésus-Christ a été crucifié devant ses yeux. Elle commence aujourd'hui à lire dans l'action de son sacrifice (*a*) l'histoire de la passion de son Rédempteur ; commençons aussi dès ce premier jour à nous en remplir tellement l'esprit, que nous n'en perdions jamais la pensée pendant ces solennités pleines d'une douleur qui console, et d'une tristesse si douce, que pour peu qu'on s'y abandonne elle guérit toutes les autres.

Parmi ces spectacles de mort et de croix qui s'offrent à notre vue, le chrétien sera bien dur, s'il ne suspend du moins durant quelques jours ce tendre amour des plaisirs, pour se rendre capable d'entendre combien les peines de Jésus-Christ lui rendent nécessaire l'amour des souffrances. C'est pourquoi j'ai différé jusqu'à ces saints jours à vous proposer dans cette chaire cette maxime fondamentale de la piété chrétienne. Il m'a semblé, chrétiens, que pour vous entretenir avec efficace d'une doctrine si dure, si contraire aux sens, si considérable à la foi, il falloit attendre le temps dans lequel Jésus-Christ lui-même nous prêche à la croix; et j'ai cru que je parlerois foiblement, si ma voix n'étoit soutenue par celle de Jésus mourant, ou plutôt par le cri de son sang, « qui parle mieux, dit saint Paul, et plus fortement que celui d'Abel². »

Servons-nous donc, chrétiens, de cette occasion favorable, et tâchons d'imprimer dans les cœurs la loi de la patience, qui est le fondement du christianisme. Mais ne soyons pas assez téméraires pour entreprendre un si grand ouvrage sans avoir imploré le secours du ciel par l'intercession de Marie (*b*). *Ave.*

---

¹ *Galat.*, III, 1. — ² *Hebr.*, XII, 24.

(*a*) *Var.* : Dans son sacrifice. — (*b*) Parmi les pratiques diverses de la piété chrétienne que j'ai tâché de vous expliquer dans les discours précédens, j'ai dû différer jusqu'à ce temps à vous proposer la plus haute, la plus importante, la plus évangélique de toutes, je veux dire l'amour des souffrances. Il m'a semblé, chrétiens, que pour vous entretenir avec efficace d'une doctrine si dure, si répugnante aux sens, si nécessaire à la foi et si peu goûtée dans le siècle, où l'on n'étudie rien avec plus de soin que l'art de vivre avec volupté, il m'a semblé qu'il falloit attendre le temps où le Sauveur lui-même nous prêche à la croix; et que je parlerois foiblement, si ma voix n'étoit soutenue de celle de Jésus

Dans les paroles que j'ai rapportées pour servir de sujet à ce discours, vous aurez remarqué, Messieurs, que saint Paul nous propose un combat auquel nous devons courir par la patience ; et en même temps il nous avertit de jeter les yeux sur Jésus, l'auteur et le consommateur de notre foi, c'est-à-dire qui l'inspire et qui la couronne, qui la commence et qui la consomme, qui en pose le fondement et qui lui donne sa perfection. Ce combat dont parle l'Apôtre, est celui que nous devons soutenir contre les afflictions que Dieu nous envoie ; et pour apprendre l'ordre d'un combat où se décide la cause de notre salut, l'Apôtre nous exhorte de la part de Dieu à regarder Jésus-Christ, mais Jésus-Christ attaché en croix. Car c'est là qu'il veut arrêter nos yeux, et il s'en explique lui-même par ces paroles : « Jetez, dit-il, les yeux sur Jésus qui s'étant proposé la joie, a soutenu la mort de la croix, après avoir méprisé la confusion : » *Qui proposito sibi gaudio sustinuit crucem, confusione contemptâ*[1].

De là nous devons conclure que pour apprendre l'ordre, la conduite, les lois en un mot de ce combat de la patience, l'école c'est le Calvaire, le maître c'est Jésus-Christ crucifié. C'est là que nous renvoie le divin Apôtre. Suivons son conseil, allons au Calvaire, considérons attentivement ce qui s'y passe.

Le grand objet, chrétiens, qui s'y présente d'abord à la vue,

---

[1] *Hebr.*, XII, 2.

mourant, ou plutôt du cri de son sang « qui parle mieux, dit l'Apôtre, et plus fortement que celui d'Abel. »

Nous voici arrivés aux jours salutaires où l'on érigera le Calvaire dans tous nos temples, où nous verrons couler les ruisseaux de sang de toutes les plaies du Fils de Dieu ; l'Eglise représentera si vivement par ses chants, par ses paroles et par ses mystères, celui de la passion douloureuse, qu'il n'y aura aucun de ses enfans auquel nous ne puissions dire ce que l'Apôtre a dit aux Galates, que Jésus-Christ a été crucifié devant ses yeux. Parmi ces spectacles de mort et de croix, le chrétien sera bien dur, s'il ne suspend du moins quelques jours ce tendre amour des plaisirs, pour se rendre capable d'entendre combien les douleurs de Jésus lui doivent rendre considérable l'amour des souffrances.

Servons-nous de ce temps propice, prenons cette occasion favorable pour imprimer dans le cœur des chrétiens le véritable esprit du christianisme. L'Eglise commence aujourd'hui à lire dans les saints mystères l'histoire de la passion ; commençons aussi dès ce premier jour à nous en remplir tellement l'esprit, que nous en ayons toujours la pensée présente durant cette sainte semaine, et qu'elle nous inspire des sentimens qui soient dignes de chrétiens. C'est ce que j'espère, Messieurs, s'il plaît à Dieu de nous éclairer des lumières de Jésus-Christ, par l'intercession de Marie. *Ave.*

c'est le supplice de trois hommes. Voici un mystère admirable : « Nous voyons, dit saint Augustin, trois hommes attachés à la croix : un qui donne le salut, un qui le reçoit, un qui le perd : » *In cruce tres homines : unus salvator, alius salvandus, alius damnandus* [1]. Au milieu l'auteur de la grâce ; d'un côté un qui en profite, de l'autre côté un qui la rejette. Au milieu le modèle et l'original ; d'un côté un imitateur fidèle, et de l'autre un rebelle et un adversaire sacrilége. Un juste, un pécheur pénitent, et un pécheur endurci. Un juste souffre volontairement, et il mérite par ses souffrances le salut de tous les coupables ; un pécheur souffre avec soumission et se convertit, et il reçoit sur la croix l'assurance du paradis ; un pécheur souffre comme un rebelle, et il commence son enfer dès cette vie. Apprenons aujourd'hui, Messieurs, apprenons de ces trois patiens, dont la cause est si différente, trois vérités capitales. Contemplons dans le patient qui souffre étant juste, la nécessité de souffrir imposée à tous les coupables ; apprenons du patient qui se convertit l'utilité des souffrances portées avec soumission ; voyons dans le patient endurci la marque certaine de réprobation dans ceux qui souffrent en opiniâtres. Et comme ces trois vérités enferment, si je ne me trompe, toute la doctrine chrétienne touchant les souffrances, j'en ferai aussi le partage et tout le sujet de ce discours (a).

[1] Serm. II *in Psal.* XXXIV, n. 1.

(a) *Var.* : Au milieu le modèle et l'original ; d'un côté un imitateur fidèle, et de l'autre un rebelle et un adversaire sacrilége. D'un côté un qui endure avec soumission, de l'autre un qui se révolte jusque sous la verge. Discernement terrible et diversité surprenante ! Tous deux sont en la croix avec Jésus-Christ, tous deux compagnons de son supplice ; mais, hélas ! il n'y en a qu'un qui soit compagnon de sa gloire. Voilà le spectacle qui nous doit instruire. Jetons ici les yeux sur Jésus, l'auteur et le consommateur de notre foi ; nous le verrons, chrétiens, dans trois fonctions remarquables. Il souffre lui-même avec patience ; il couronne celui qui souffre selon son esprit, il condamne celui qui souffre dans l'esprit contraire. Il établit la loi de souffrir, il en couronne le droit usage, il en condamne l'abus. C'est ce qu'il nous faut méditer, parce que si nous savons entendre ces choses, nous n'avons plus rien à désirer touchant les souffrances.

En effet nous pouvons réduire à trois chefs ce que nous devons savoir dans cette matière importante : quelle est la loi de souffrir, de quelle sorte Jésus-Christ embrasse ceux qui s'unissent à lui parmi les souffrances, quelle vengeance il exerce sur ceux qui ne s'abaissent pas sous sa main puissante, quand il les frappe et qu'il les corrige ; et le Fils de Dieu crucifié nous instruit pleinement touchant ces trois points. Il nous apprend le premier en sa divine personne, le second

PREMIER POINT.

C'étoit la volonté du Père céleste que les lois des chrétiens fussent écrites premièrement en Jésus-Christ. Nous devons être formés selon l'Evangile, mais l'Evangile a été formé sur lui-même. « Il a fait, dit l'Ecriture [1], avant que de parler; » il a pratiqué premièrement ce qu'il a prescrit : si bien que sa parole est bien notre loi; mais la loi primitive, c'est sa sainte vie. Il est notre Maître et notre Docteur, mais il est premièrement notre modèle.

Pour entendre solidement cette vérité fondamentale, il faut remarquer avant toutes choses que le grand mystère du christianisme, c'est qu'un Dieu a voulu ressembler aux hommes, afin d'imposer aux hommes la loi de lui ressembler. Il a voulu nous imiter dans la vérité de notre nature, afin que nous l'imitassions dans la sainteté de ses mœurs; il a pris notre chair, afin que nous prenions son esprit; enfin nous avons été son modèle dans le mystère de l'incarnation, afin qu'il soit le nôtre dans toute la suite de sa vie : *Simus ut Christus, quoniam Christus quoque sicut nos; efficiamur dii propter ipsum, quoniam ipse quoque propter nos homo* [2]. Voilà un grand jour qui se découvre pour établir la vérité que je prêche, qui est la nécessité des souffrances : mais il nous importe, Messieurs, qu'elle soit établie sur des fondemens inébranlables; et jamais ils ne seront tels, si nous ne les cherchons dans les Ecritures.

Que dans le mystère de l'incarnation le Fils de Dieu nous ait regardés comme son modèle, je l'ai appris de saint Paul dans la divine *Epître aux Hébreux*. « Il a dû, dit cet Apôtre des Gentils (a), se rendre en tout semblable à ses frères : » *Debuit per omnia fra-*

---

[1] *Act.*, I, 1. — [2] S. Greg. Nazianz., *Orat.* XLI, n. 8.

dans la fin heureuse du larron si saintement converti, le troisième dans la mort funeste de son compagnon infidèle. Je veux dire que comme il est notre original, il nous enseigne, en souffrant lui-même, qu'il y a nécessité de souffrir; il fait voir dans le bon larron de quelle bonté paternelle il use envers ceux qui souffrent comme ses enfans; enfin il nous montre dans le mauvais quels jugemens redoutables il exerce sur ceux qui souffrent comme des rebelles. Et comme ces trois vérités enferment, si je ne me trompe, toute la doctrine chrétienne touchant les souffrances, j'en ferai aussi le partage et tout le sujet de ce discours. — (a) *Var. :* Ce grand docteur.

tribus similari[1]; et encore en termes plus clairs : « Parce que les hommes, dit-il, étoient composés de chair et de sang (a), lui aussi semblablement, *similiter*, a voulu participer à l'un e à l'autre : » *Quia ergo pueri communicaverunt carni et sanguini, et ipse similiter participavit eisdem*[2].

Vous voyez donc manifestement que le Fils de Dieu, en venant au monde, a voulu nous regarder comme son modèle dans sa bienheureuse incarnation. Mais pourquoi cela, chrétiens, si ce n'est pour être à son tour notre original et notre exemplaire? Car comme il est naturel aux hommes de recevoir quelque impression de ce qu'ils voient, ayant trouvé parmi nous un Dieu qui a voulu nous être semblable, nous devons désormais être convaincus que nous n'avons plus à choisir un autre modèle. « Il n'a pas pris les anges, mais il a pris la postérité d'Abraham[3], » pour plusieurs raisons, je le sais; mais celle-ci n'est pas la moins importante : « Il n'a pas pris les anges, » parce qu'il n'a pas voulu donner un modèle aux anges; « il a pris la postérité d'Abraham, » parce qu'il a voulu servir d'exemplaire à la race de ce patriarche, « non à sa race selon la chair, mais à la race spirituelle qui devoit suivre les vestiges de sa foi[4], » comme dit le même Apôtre en un autre lieu; c'est-à-dire, si nous l'entendons, aux enfans (b) de la nouvelle alliance.

Par conséquent, chrétiens, nous avons en Jésus-Christ une loi vivante et une règle animée. Celui-là ne veut pas être chrétien, qui ne veut pas vivre comme Jésus-Christ. C'est pourquoi toute l'Ecriture nous prêche que sa vie et ses actions sont notre exemple, jusque-là qu'il ne nous est permis d'imiter les saints (c) qu'autant qu'ils ont imité Jésus-Christ; et jamais saint Paul n'auroit osé dire avec cette liberté apostolique (d) : « Soyez mes imitateurs, » s'il n'avoit en même temps ajouté : « Comme je le suis de Jésus-Christ : » *Imitatores mei estote, sicut et ego Christi*[5]. Et *aux Thessaloniciens :* « Vous êtes devenus nos imitateurs : » *Imitatores nostri facti estis*, « et aussi, ajoute-t-il, de Notre-Seigneur, » et

[1] *Hebr.*, II, 17. — [2] *Ibid.*, 14. — [3] *Ibid.*, 16. — [4] *Rom.*, IV, 12. — [5] I *Cor.*, IV, 16; XI, 1.

(a) *Var.* : « Avoient une chair et du sang. » — (b) Au peuple. — (c) Que nous ne pouvons imiter... — (d) N'auroit osé dire :« Soyez mes imitateurs; » — n'auroit osé dire avec cette hardiesse apostolique : « Soyez..... »

Domini[1], afin de nous faire entendre que quelque grand exemplaire que se propose la vie chrétienne, elle n'est pas encore digne de ce nom, jusqu'à ce qu'elle se forme sur Jésus-Christ même.

Et ne vous persuadez pas que je vous propose (*a*) en ce lieu une entreprise impossible. Car dans un original de peinture, on considère deux choses, la perfection et les traits (*b*). La copie, pour être fidèle, doit imiter tous les traits, mais il ne faut pas espérer qu'elle en égale la perfection. Ainsi je ne vous dis pas que vous puissiez atteindre jamais à la perfection de Jésus; il y a un degré suprême qui est toujours réservé à la dignité d'exemplaire; mais je dis que vous le devez copier dans les mêmes traits, que vous devez pratiquer les mêmes choses (*c*). Et en voici la raison dans la conséquence des mêmes principes : c'est que nous devons suivre, autant qu'il se peut, en ressemblant au Sauveur, la règle qu'il a suivie en nous ressemblant (*d*). Il s'est rendu en tout semblable à ses frères, et ses frères doivent en tout lui être semblables. « A l'exception du péché, il a pris, dit l'Apôtre [2], toutes nos foiblesses; » nous devons prendre par conséquent toutes ses vertus; il s'est revêtu en vérité de l'intégrité de notre chair; et nous devons nous revêtir en vérité, autant qu'il est permis à des hommes, de la plénitude de son esprit, « parce que, comme dit l'Apôtre, celui qui n'a pas l'esprit de Jésus-Christ, il n'est pas des siens : » *Si quis autem spiritum Christi non habet, hic non est ejus* [3].

Il reste maintenant que nous méditions quel est cet esprit de Jésus; mais si peu que nous consultions l'Ecriture sainte, nous remarquerons aisément que l'esprit du Sauveur Jésus est un esprit vigoureux, qui se nourrit de douleurs et qui fait ses délices des afflictions. C'est pourquoi il est appelé par le saint prophète : « Homme de douleurs et qui sait ce que c'est que l'infirmité : » *Virum dolorum et scientem infirmitatem* [4]. Ne diriez-vous pas, chrétiens, que cette sagesse éternelle s'est réduite, en venant au monde, à ne savoir plus que les afflictions? Il parle, si je ne me

---

[1] *I Thessal.*, I, 6. — [2] *Hebr.*, IV, 15. — [3] *Rom.*, VIII, 9. — [4] *Isa.*, LIII, 3.

(*a*) *Var.* : Que je vous insinue, — que je vous prescrive. — (*b*) Car on considère dans l'original la perfection et les traits. — (*c*) Vous êtes obligés aux mêmes pratiques. — (*d*) ..... en imitant Jésus-Christ, la règle qu'il a suivie en nous imitant.

trompe, de cette science que l'Ecole appelle expérimentale; et il veut dire, si nous l'entendons, que parmi tant d'objets divers (a) qui s'offrent de toutes parts à nos sens, Jésus-Christ n'a rien goûté de ce qui est doux; il n'a voulu savoir par expérience que ce qui étoit amer et fâcheux, les douleurs et les peines : *Virum dolorum et scientem infirmitatem;* et c'est pour cette raison qu'il n'y a aucune partie de lui-même qui n'ait éprouvé la rigueur de quelque supplice exquis, parce qu'il vouloit profiter dans cette terrible science qu'il étoit venu apprendre en ce monde, je veux dire la science des infirmités : *Virum dolorum et scientem infirmitatem.*

Et certainement, ames saintes, il est tellement véritable qu'il n'est né que pour endurer, et que c'est là tout son emploi, tout son exercice, qu'aussitôt qu'il voit arriver la fin de ses maux, il ne veut plus après cela prolonger sa vie. Je n'avance pas ceci sans raison, et il est aisé de nous en convaincre par une circonstance considérable que saint Jean a remarquée dans sa mort comme témoin oculaire (b). Cet Homme de souffrances étant à la croix tout épuisé, tout mourant, considère qu'il a enduré tout ce qui étoit prédit par les prophéties, à la réserve du breuvage amer qui lui étoit promis dans sa soif. Il le demande avec un grand cri, ne voulant pas laisser perdre (c) une seule goutte du calice de sa passion. *Sciens Jesus quia consummata sunt, ut consummaretur Scriptura, dixit : Sitio*[1]. Et après cette aigreur et cette amertume dont ce Juif impitoyable (d) arrosa sa langue, après ce dernier outrage dont la haine insatiable (e) de ses ennemis voulut encore le persécuter (f) dans son agonie, voyant dans les décrets éternels qu'il n'y a plus rien à souffrir : C'en est fait, dit-il, « tout est consommé : » *Consummatum est*[2]; je n'ai plus rien à faire en ce monde. Allez, Homme de douleurs et qui êtes venu apprendre nos infirmités, il n'y a plus de souffrances dont vous ayez désormais à faire l'épreuve; votre science est consommée, vous avez rempli

---

[1] *Joan.*, XIX, 28. — [2] *Ibid.*, 30.

(a) *Var.* : A ne savoir plus que les afflictions. Cela veut dire, si nous l'entendons, que parmi tant d'objets divers... — (b) Et il est aisé de le remarquer par une circonstance considérable que saint Jean a observée dans sa mort. — (c) Ne voulant pas perdre... — (d) Inhumain. — (e) Implacable. — (f) L'accabler.

jusqu'au comble toute la mesure, vous avez fourni toute la carrière des peines; mourez maintenant quand il vous plaira, il est temps de terminer votre vie. Et en effet, aussitôt « il rendit son ame : » *Et inclinato capite tradidit spiritum*[1], mesurant la durée de sa vie (a) mortelle à celle de ses souffrances.

Vous êtes attendris, Messieurs; mais ajoutons encore comme un dernier trait, pour vous faire connoître toute l'étendue de l'ardeur qu'il a de souffrir, c'est qu'il a voulu endurer beaucoup plus que ne demandoit la rédemption de notre nature, et en voici la raison. S'il s'étoit réduit à souffrir ce que la nécessité d'expier nos crimes exigeoit de sa patience, il ne nous auroit pas donné l'idée tout entière de l'estime qu'il fait des afflictions (b), et nous aurions pu soupçonner qu'il les auroit regardées plutôt comme un mal nécessaire que comme un bien désirable. C'est pourquoi il ne lui suffit pas de mourir pour nous et de payer à son Père par ce sacrifice ce qu'exigeoit sa juste vengeance de la victime publique de tous les pécheurs. Non content d'acquitter ses dettes, il songe aussi à ses délices qui sont les souffrances; et comme dit admirablement ce célèbre (c) prêtre de Carthage, « il veut se rassasier, avant que de mourir, par le plaisir d'endurer : » *Saginari voluptate patientiæ discessurus volebat*[2]. Ne diriez-vous pas, chrétiens, que selon le sentiment de ce grand homme toute la vie du Sauveur étoit un festin dont tous les mets étoient des tourmens; festin étrange selon le siècle, mais que Jésus a trouvé digne de son goût. Sa mort suffisoit pour notre salut; mais sa mort ne suffisoit pas à cette avidité de douleurs, à cet appétit de souffrances : il a fallu y joindre les fouets, et cette sanglante couronne qui perce sa tête, et ce cruel appareil de supplices presque inconnus; peines nouvelles et inouïes, afin, dit Tertullien, qu'il mourût rassasié pleinement de la volupté de souffrir : *Saginari voluptate patientiæ discessurus volebat.*

Eh bien, Messieurs, la loi des souffrances vous semble-t-elle écrite sur notre modèle en des caractères assez visibles? Jetez,

---

[1] *Joan.*, XIX, 30. — [2] Tertull., *De Patient.*, n. 3.

(a) *Var.* : De sa carrière. — (b) Des douleurs, — des souffrances. — (c) Renommé.

jetez les yeux sur Jésus, l'auteur et le consommateur de notre foi, durant ces jours salutaires consacrés à la mémoire de sa passion; regardez-le parmi ses souffrances. Chrétiens, c'est de ses blessures que vous êtes nés; il vous a enfantés à la vie nouvelle parmi ses douleurs immenses (a); et la grace qui vous sanctifie, et l'esprit qui vous régénère, est coulé sur vous avec son sang de ses veines cruellement déchirées. Enfans de sang, enfans de douleur, quoi! vous pensez vous sauver parmi les délices! On se fait un certain art de délicatesse; on en affecte même plus qu'on n'en ressent; c'est un air de qualité de se distinguer du vulgaire par un soin scrupuleux d'éviter les moindres incommodités : cela marque qu'on est nourri dans un esprit de grandeur. O corruption des mœurs chrétiennes! Quoi! est-ce que vous prétendez au salut sans porter imprimé sur vous le caractère du Sauveur? N'entendez-vous pas l'apôtre saint Pierre qui vous dit « qu'il a tant souffert, afin que vous suiviez son exemple et que vous marchiez sur ses pas [1]? » N'entendez-vous pas saint Paul qui vous prêche « qu'il faut être configuré à sa mort, afin de participer à sa résurrection glorieuse? » *Configuratus morti ejus, si quo modo occurram ad resurrectionem quæ est ex mortuis* [2]. Mais n'entendez-vous pas Jésus-Christ lui-même qui vous dit que pour marcher sous ses étendards, il faut se résoudre à porter sa croix [3], comme lui-même a porté la sienne? Et en voici la raison, qui nous doit convaincre, si nous sommes entrés comme il faut en société avec Jésus-Christ. Ne voyez-vous pas, chrétiens, que l'ardeur qu'il a de souffrir n'est pas satisfaite, s'il ne souffre dans tout son corps et dans tous ses membres? Or c'est nous qui sommes son corps et ses membres : « Nous sommes la chair de sa chair, et les os de ses os [4], » comme dit l'Apôtre; et c'est pourquoi le même saint Paul ne craint point de dire qu'il manque quelque chose de considérable à la passion de Jésus-Christ [5], s'il ne souffre dans tous les membres de son corps mystique, comme il a voulu endurer dans toutes les parties du corps naturel.

[1] I *Petr.*, II, 21. — [2] *Philipp.*, III, 10 et 11. — [3] *Luc.*, XIV, 27. — [4] *Ephes.*, V, 30. — [5] *Coloss.*, I, 24.

(a) *Var. :* Inexplicables.

Entendons, Messieurs, un si grand mystère; entrons profondément dans cette pensée. Jésus-Christ souffrant nous porte en lui-même; nous sommes, si je l'ose dire, plus son corps que son propre corps, plus ses membres que ses propres membres; quiconque a l'esprit de la charité et de la communication chrétienne, entend bien ce que je veux dire. Ce qui se fait en son divin corps, c'est la figure réelle de ce qui se doit accomplir en nous. Ah! regardez le corps de Jésus; « depuis la plante des pieds jusqu'à la tête, il n'y a rien en lui de sain ni d'entier [1]; » tout est meurtri, tout est déchiré, tout est couvert de marques sanglantes. Mais avant même que les bourreaux aient mis sur lui leurs mains sacriléges, voyez dans le jardin des Olives le sang qui se déborde par tous ses pores et coule à terre à grosses gouttes; toutes les parties de son corps sont teintes de cette sueur mystérieuse; et cela veut dire, Messieurs, que l'Eglise qui est son corps, que les fidèles qui sont ses membres, doivent de toutes parts dégoutter de sang et porter imprimé sur eux le caractère de sa croix et de ses souffrances.

Eh quoi donc! pour donner du sang à Jésus, faudra-t-il ressusciter les Nérons, les Domitiens et les autres persécuteurs du nom chrétien? Faudra-t-il renouveler ces édits cruels par lesquels les chrétiens étoient immolés à la vengeance publique (a)? Non, mes frères; à Dieu ne plaise que le monde soit si ennemi de la vérité, que de la persécuter par tant de supplices! Lorsque nous souffrons humblement les afflictions que Dieu nous envoie, c'est du sang que nous donnons au Sauveur, et notre résignation tient lieu de martyre. Ainsi sans ramener les roues et les chevalets sur lesquels on étendoit nos ancêtres, il ne faut pas craindre, Messieurs, que la matière manque jamais à la patience; la nature a assez d'infirmités. Lorsque Dieu nous exerce par des maladies ou par quelque affliction d'une autre nature, notre patience tient lieu de martyre. S'il met la main sur notre famille, en nous ôtant nos parens, nos proches, enfin ce qui nous est cher par quelque autre titre de piété; si nous lui offrons avec soumission un cœur blessé et ensanglanté

---

[1] *Isa.*, I, 6.

(a) *Var.* : Qui immoloient les chrétiens innocens à la vengeance publique.

par la perte qu'il a faite de ce qu'il aimoit justement, c'est du sang que nous donnons au Sauveur. Et puisque nous voyons dans les saintes Lettres que l'amour des biens corruptibles est appelé tant de fois la chair et le sang, lorsque nous retranchons cet amour qui ne peut être arraché que de vive force, c'est du sang que nous lui donnons.

Les médecins disent, si je ne me trompe, que les larmes et les sueurs naissent de la même matière dont le sang se forme; je ne recherche pas curieusement si cette opinion est véritable; mais je sais que devant le Seigneur Jésus, et les larmes et les sueurs tiennent lieu de sang. J'entends par les sueurs, chrétiens, les travaux que nous subissons pour l'amour de lui, non avec une nonchalance molle et paresseuse, mais avec un courage ferme et une noble contention. Travaillons donc pour sa gloire; s'il faut faire quelque établissement pour le bien des pauvres, s'il se présente quelque occasion d'avancer son œuvre, travaillons avec un grand zèle, et tenons pour chose assurée que les sueurs que répandra un si beau travail, c'est du sang que nous lui donnons. Mais sans sortir de nous-mêmes, quel sang est plus agréable au Sauveur Jésus que celui de la pénitence? Ce sang que le regret de nos crimes tire du cœur par les yeux, je veux dire le sang des larmes amères, qui est nommé si élégamment par saint Augustin [1] « le sang de nos ames, » lorsque nous le versons devant Dieu en pleurant sincèrement nos ingratitudes, n'est-ce pas du sang que nous lui donnons? Mais pourquoi vous marquer avec tant de soin les occasions de souffrir, qui viennent assez d'elles-mêmes? Non, mes frères, sans ressusciter les tyrans, la matière ne manquera jamais à la patience : la nature a assez d'infirmités, les affaires assez d'embarras, le monde assez d'injustices, sa faveur assez d'inconstance; il y a assez de bizarreries dans le jugement des hommes, et assez d'inégalité dans leur humeur contrariante : si bien que ce n'est pas seulement l'Evangile, mais encore le monde et la nature qui nous imposent la loi des souffrances. Il n'y a plus qu'à nous appliquer à en tirer tout le fruit qui se doit attendre d'un chrétien; et c'est ce qu'il faut vous montrer dans la seconde partie.

[1] *Serm.* CCCLI, n. 7.

SECOND POINT.

Lorsque nous verrons, chrétiens, Jésus-Christ sortir du tombeau, couronné d'honneur et de gloire, la lumière d'immortalité qui rejaillira (a) de ses plaies et de là se répandra sur son divin corps, nous fera sensiblement reconnoître les merveilleux avantages que produit le bon usage des afflictions. Toutefois Jésus ne veut point attendre ce jour pour nous apprendre cette vérité par expérience ; et sans sortir de sa croix, il entreprend de nous montrer (b) par un grand exemple quelles sont les consolations de ceux qui souffrent avec patience. Mais comme cet exemple de consolation ne peut nous être donné en sa personne sacrée, qui doit être au contraire jusqu'à la mort l'exemple d'un entier abandonnement, ce que l'ordre de ses mystères ne lui permet pas de nous montrer encore en lui-même, il nous le découvre, Messieurs, dans ce voleur pénitent auquel il inspire parmi les souffrances des sentimens d'une piété toute chrétienne, qu'il couronne aussitôt de sa propre bouche par la promesse d'une récompense éternelle : *Hodie mecum eris*[1]. Je ne m'étendrai pas, chrétiens, à vous prouver par un long discours que Dieu aime d'un amour particulier les ames souffrantes. Pour ignorer cette vérité, il faudroit n'avoir aucune teinture des principes du christianisme : mais afin qu'elle vous profite en vos consciences, je tâcherai de vous faire entendre par les Ecritures divines les causes de cet amour ; et la première qui se présente à ma vue, c'est la contrition d'un cœur pénitent.

Il est certain, ames saintes, qu'un cœur contrit et humilié dans le souvenir de ses fautes, est un grand sacrifice à Dieu et une oblation de bonne odeur plus douce que tous les parfums. Mais ce sacrifice d'humiliation ne s'offre jamais mieux que dans les souffrances. Car nous voyons par expérience qu'une ame dure et impénitente, qui durant ses prospérités n'a peut-être jamais pensé à ses crimes, commence ordinairement à les confesser (c) au milieu des afflictions. Et la raison en est évidente : c'est qu'il y a dans le fond de nos consciences un certain sentiment secret de la justice

---

[1] *Luc.*, XXIII, 43.
(a) *Var.*: Qui sortira. — (b) Il veut nous convaincre. — (c) A se réveiller.

divine, qui nous fait connoître manifestement, dans une lumière intérieure qui nous éclaire, que sous un Dieu si bon que le nôtre l'innocence n'a rien à craindre; et qu'il lui est si naturel d'être bienfaisant à ses créatures, qu'il ne feroit jamais de mal à personne, s'il n'y étoit forcé par les crimes. De sorte que le pécheur obstiné, lequel ébloui des faveurs du monde, ne pense plus à ses crimes, et parce qu'il n'y pense plus, s'imagine aussi que Dieu les oublie : *Oblitus est Deus* [1] *;* en même temps qu'il se sent frappé, il réveille en sa conscience ce sentiment endormi de la justice divine; et touché de la crainte de ses jugemens, il confesse (*a*) avec amertume les désordres de sa vie passée.

C'est ce que fait à la croix notre voleur converti. Il entend son compagnon qui blasphème, et il s'étonne avec raison que la vengeance présente ne l'ait pas encore abaissé sous la justice divine (*b*). « Quoi ! dit-il, étant condamné, la rigueur du tourment ne t'a pas encore appris à craindre Dieu : » *Neque tu times Deum, quòd in eâdem damnatione es* [2] *!* Voyez comme son supplice ramène à son esprit la crainte de Dieu et la vue de ses jugemens. C'est ce qui lui fait humblement confesser ses crimes : « Pour nous, continue ce saint patient, si nous sommes punis rigoureusement, nos crimes l'ont bien mérité : » *Et nos quidem digna factis recipimus* [3]. Voyez comme il s'humilie, comme il baise la main qui le frappe, comme il reconnoît et comme il adore la justice qui le châtie. C'est là l'unique moyen de la changer en miséricorde. Car notre Dieu, chrétiens, qui ne se réjouit pas de la perdition des vivans, mais qui repasse sans cesse en son cœur les moyens (*c*) de les convertir et de les réduire, ne nous frappe durant cette vie, qu'afin de nous abaisser sous sa main puissante par l'humiliation de la pénitence; et il est bien aise de voir que le respect que nous lui rendons sous les premiers coups, l'empêche d'étendre son bras à la dernière vengeance. Eveillons-nous donc, mes chers frères, dès les premières atteintes de la justice divine ; prosternons-nous devant Dieu, et crions de tout notre cœur :

---

[1] *Psal.*, x, H. 11. — [2] *Luc.*, XXIII, 40. — [3] *Ibid.*, 41.

(*a*) *Var.:* Il repasse. — (*b*) Ne le fasse pas encore fléchir sous la justice divine. — (*c*) Mais qui pense en son cœur aux moyens...

Et nos quidem digna factis recipimus. O Dieu, nous le méritons, et vous nous frappez justement : *Justus es, Domine* [1].

Mais passons encore plus loin : jetons les yeux sur Jésus, l'auteur et le consommateur de notre foi ; imitons notre heureux voleur, qui s'étant considéré comme criminel, tourne ensuite un pieux regard sur l'innocent qui souffre avec lui : « Et celui-ci, dit-il, qu'a-t-il fait ? » *Hic verò nihil mali gessit* [2]. Cette pensée adoucit ses maux. Car pendant que le juste endure, le coupable se doit-il plaindre ? C'est, mes frères, de ces deux objets que nous devons nous occuper parmi les douleurs, j'entends Jésus-Christ et nous-mêmes, notre crime et son innocence. Il a souffert comme nous souffrons ; mais il s'est soumis à souffrir par un sentiment de miséricorde, au lieu que nous y sommes obligés par une loi indispensable de la justice (a). Pécheurs, souffrons pour l'amour du juste, pour l'amour de la miséricorde infinie qui nous sauve, qui expose son innocence à tant de rigueurs ; souffrons les corrections salutaires de la justice qui nous châtie, qui nous ménage et qui nous épargne. O le sacrifice agréable ! ô l'hostie de bonne senteur ! (b) ces sentimens forceront le ciel, et les portes du paradis nous seront ouvertes : *Hodie mecum eris in paradiso.*

Mais, mes frères, les afflictions ne nous servent pas seulement pour nous faire connoître nos crimes ; elles sont un feu spirituel où la vertu chrétienne est mise à l'épreuve, où elle est rendue digne des yeux de Dieu même et de la perfection du siècle futur. Que la vertu doive être éprouvée comme l'or dans la fournaise, c'est une vérité connue et très-souvent répétée dans les saintes Lettres ; mais afin d'en entendre toute l'étendue, il faut ici observer que le feu opère deux choses à l'égard de l'or : il l'éprouve et le fait connoître ; s'il est véritable, il le purifie et le raffine ; et c'est ce que font bien mieux les afflictions à l'égard de la vertu chrétienne. Je ne craindrai point de le dire : jusqu'à ce que la vertu se soit éprouvée dans l'exercice des afflictions, elle n'est jamais assurée. Car comme on ne connoît point un soldat jusqu'à ce qu'il

---

[1] *Psal.* CXVIII, 137. — [2] *Luc.*, XXIII, 41.

(a) *Var.:* Nous y sommes tenus par justice. — (b) *Note marg.:* Quiconque ne résiste pas à ses volontés, il est injuste au prochain, incommode au monde, outrageux à Dieu.

ait été à la guerre (*a*); ainsi la vertu chrétienne n'étant pas pour la montre ni pour l'apparence, mais pour l'usage et pour le combat, tant qu'elle n'a pas combattu, elle ne se connoît pas elle-même. C'est pourquoi l'apôtre saint Paul ne lui permet pas d'espérer, jusqu'à ce qu'elle ait passé par l'épreuve : « La patience produit l'épreuve, et l'épreuve, dit-il, produit l'espérance[1]. » Et voici la raison solide de cette sentence apostolique, c'est que la vertu véritable attend tout de Dieu; mais elle ne peut rien attendre de Dieu, jusqu'à ce qu'elle soit telle qu'il la juge digne de lui. Or elle ne peut jamais reconnoître si elle est digne de Dieu, si ce n'est par l'épreuve que Dieu nous propose. Cette épreuve, ce sont les souffrances. Par conséquent, chrétiens, jusqu'à ce qu'elle soit éprouvée par l'affliction, son espérance est toujours douteuse; et son fondement le plus ferme, aussi bien que son espérance la plus assurée, c'est l'exercice des afflictions. Que peut espérer un soldat que son capitaine ne daigne éprouver? Mais au contraire, quand il l'exerce dans des entreprises laborieuses, il lui donne sujet de prétendre. O piété délicate, qui n'a jamais goûté les afflictions, piété nourrie à l'ombre et dans le repos, je t'entends discourir de la vie future ; tu prétends à la couronne d'immortalité, mais tu ne dois pas renverser l'ordre de l'Apôtre : «La patience produit l'épreuve, et l'épreuve produit l'espérance. » Si donc tu espères la gloire de Dieu, viens que je te mette à l'épreuve que Dieu a proposée à ses serviteurs. Voici une tempête qui s'élève, voici une perte de biens, une insulte, une contrariété, une maladie : quoi! tu te laisses aller au murmure, pauvre piété déconcertée! tu ne peux plus te soutenir, piété sans force et sans fondement! Va, tu n'as jamais mérité le nom d'une piété chrétienne; tu n'en étois qu'un vain simulacre; tu n'étois qu'un faux or qui brille au soleil, mais qui ne dure pas dans le feu, mais qui s'évanouit dans le creuset. Tu n'es propre qu'à tromper les hommes par une vaine apparence, mais tu n'es pas digne de Dieu ni de la pureté du siècle futur.

La véritable vertu chrétienne non-seulement se conserve, mais encore se raffine et se purifie dans le feu des afflictions; et si nous

[1] *Rom.*, v, 4.
(*a*) *Var. :* Dans le combat.

nous savons connoître nous-mêmes, nous comprendrons aisément combien elle a besoin d'y être épurée. Nous nous plaignons ordinairement pourquoi on nous ôte cet ami intime, pourquoi ce fils, pourquoi cet époux qui faisoit toute la douceur de notre vie : quel mal faisions-nous en les aimant, puisque cette amitié est si légitime? Je ne veux point entendre ces plaintes dans la bouche d'un chrétien, parce qu'un chrétien ne peut ignorer combien la chair et le sang se mêlent dans les affections les plus légitimes, combien les intérêts temporels, combien d'inclinations différentes qui naissent en nous de l'amour du monde. Et toutes ces inclinations corrompent la pureté de notre or, je veux dire la perfection de notre vertu, par un indigne mélange. Si tu savois, ô cœur humain! combien le monde te prend aisément, avec quelle facilité tu t'y engages; que tu louerois la main charitable qui vient rompre violemment tes liens, en te troublant dans l'usage des biens de la terre! Il se fait en nous, en les possédant, certains nœuds secrets, certains lacets invisibles, qui engagent même un cœur vertueux insensiblement dans quelque amour déréglé (a) des choses présentes, et cet engagement est plus dangereux en ce qu'il est ordinairement plus imperceptible. Si la vertu s'y conserve, elle perd quasi toute sa beauté par le mélange de cet alliage; il est temps de la mettre au feu, afin qu'il en fasse la séparation. Et cela de quelle manière? « C'est qu'il faut, dit saint Augustin, que cet homme apprenne, en perdant ces biens, combien il péchoit en les aimant. » Qu'on lui dise que cette maison est brûlée, et cette somme perdue sans ressource par une banqueroute imprévue, aussitôt le cœur saignera, la douleur de la plaie lui fera sentir par combien de fibres secrètes ces richesses tenoient au fond de son ame, et combien il s'écartoit de la droite voie par cet engagement vicieux : *Quantùm amando peccaverint, perdendo senserunt*[1]. D'ailleurs il connoîtra mieux par expérience la fragilité des biens de la terre, dont il ne se vouloit laisser convaincre par aucuns discours. Dans ce débris des biens périssables, il s'attachera plus fortement aux biens éternels, qu'il commençoit peut-être à trop oublier. Ainsi

[1] S. August., *De Civit. Dei*, lib. I, cap. x.
(a) *Var.* : Dans un amour inconsidéré.

ce petit mal guérira les grands, et ce feu des afflictions rendra sa vertu plus pure en la séparant du mélange (a).

Que si la vertu chrétienne se dégage et se purifie parmi les souffrances, par conséquent, ames saintes, Dieu qui aime sur toutes choses la simplicité et la réunion parfaite de tous nos désirs en lui seul, n'aura rien de plus agréable que la vertu ainsi éprouvée. Mais afin de le connoître par expérience, jetez les yeux sur Jésus, l'auteur et le consommateur de notre foi ; voyez comme il traite cet heureux voleur dont je vous ai déjà proposé l'exemple. Mais plutôt voyez avant toutes choses à quel degré de perfection sa vertu se trouve élevée par le bon usage qu'il fait de ce moment de souffrances : quoiqu'il n'ait commencé sa conversion qu'à l'extrémité de sa vie, une grace extraordinaire nous fait voir en lui un modèle accompli de patience et de vertu consommée. Vous lui avez déjà vu confesser et adorer la justice qui le frappe, produire enfin tous les actes d'une pénitence parfaite ; écoutez la suite de son histoire ; ce n'est plus un pénitent qui vous va parler, c'est un saint d'une piété et d'une foi consommée. Non content d'avoir reconnu l'innocence de Jésus-Christ contre lequel il voit tout le monde élevé avec tant de rage, il se tourne à lui, chrétiens, et il lui adresse ses vœux : *Domine, memento mei, cùm veneris in regnum tuum*[1]. Je triomphe de joie, mes frères ; mon cœur est rempli de ravissement, quand je vois la foi de cet homme. Un mourant voit Jésus mourant, et il lui demande la vie. Un crucifié voit Jésus crucifié, et il lui parle de son royaume. Ses yeux n'aperçoivent que des croix, et sa foi ne lui représente qu'un trône. Quelle foi et quelle espérance ! Lorsque nous mourons, chrétiens, nous savons que Jésus-Christ est vivant ; et notre foi chancelante a peine de s'y confier. Celui-ci voit mourir Jésus avec lui, et il met en lui son espérance : mais encore en quel temps, Messieurs, et dans quelle rencontre de choses? Dans le temps que tout le monde condamne Jésus, et que même les siens l'abandonnent, lui seul est réservé, dit saint Augustin, pour le glorifier à la croix : « Sa foi a commencé de fleurir, quand la foi même des apôtres a été

---

[1] *Luc.*, XXIII, 42.

(a) *Note marg.* : Faites donc profiter les afflictions attentivement.

flétrie : » *Tunc fides ejus de ligno floruit, quando discipulorum marcuit* [1]. Les disciples ont délaissé Celui qu'ils savoient être l'auteur de la vie, et celui-ci reconnoît pour maître le compagnon de sa mort et de son supplice, « digne certainement, dit saint Augustin, de tenir un grand rang parmi les martyrs, puisqu'il reste presque seul auprès de Jésus à faire l'office de ceux qui devoient être les chefs de cette armée triomphante. » Vous vous étonnez, chrétiens, de le voir tout d'un coup élevé si haut : mais c'est que dans l'usage des afflictions la foi et la piété font de grands progrès, quand elles se savent servir de cet avantage incroyable de souffrir avec Jésus-Christ. C'est ce qui avance en un moment notre heureux larron à une perfection si éminente ; et c'est ce qui lui attire aussi de la bouche du Fils de Dieu des paroles si pleines de consolation : *Amen dico tibi : Hodie mecum eris in paradiso* [2]. Aujourd'hui, quelle promptitude ! avec moi, quelle compagnie ! dans le paradis, quel repos ! Que je finirois volontiers sur cette aimable promesse et sur cet exemple admirable d'humilité et de patience en ce saint voleur, de bonté et de miséricorde dans le Fils de Dieu ! Mais il y a des ames de fer que les douceurs de la piété n'attendrissent pas ; et il faut, pour les émouvoir, leur proposer le terrible exemple de la vengeance exercée sur celui qui souffre la croix avec un cœur endurci et impénitent. C'est par où je m'en vais conclure.

TROISIÈME POINT.

Il est assuré, chrétiens, et peut-être vous vous souviendrez que je l'ai déjà prêché dans cette chaire, que la prospérité des impies et cette paix qui les enfle et qui les enivre jusqu'à leur faire oublier la mort, est un commencement de vengeance, par laquelle Dieu les livrant à leurs passions brutales et désordonnées, leur laisse « amasser un trésor de haine, comme parle le saint Apôtre, en ce jour d'indignation et de fureur implacable [3]. » Mais si nous voyons dans les saintes Lettres que Dieu sait, quand il lui plaît, punir les impies par une félicité apparente, cette même Ecriture,

---

[1] S. August., *De Animâ et ejus orig.*, lib. I, n. 11. — [2] *Luc.*, XXIII, 43. — [3] *Rom.*, II, 5.

qui ne ment jamais, nous enseigne qu'il ne les punit pas toujours en cette manière, et qu'il leur fait sentir quelquefois la pesanteur de son bras par des événemens sanglans et tragiques. Cet endurci Pharaon, cette prostituée Jézabel, ce maudit meurtrier Achab, et sans sortir de notre sujet, ce larron impénitent et blasphémateur, rendent témoignage à ce que je dis et nous font bien voir, chrétiens, que la croix qui nous est, si nous le voulons, un gage assuré de miséricorde, peut être tournée par notre malice en un instrument de vengeance : tant il est vrai, dit saint Augustin [1], « qu'il faut considérer, non ce que l'on souffre, mais dans quel esprit on le souffre; » et que les afflictions que Dieu nous envoie (a) peuvent aisément changer de nature, selon l'esprit dont on les reçoit.

Les hommes endurcis et impénitens qui souffrent sans se convertir commencent leur enfer dès cette vie, et ils sont une vive image des horreurs de la damnation. Chrétiens, si vous voulez voir quelque affreuse représentation de ces gouffres où gémissent les esprits dévoyés, n'allez pas rechercher, n'allez pas rappeler les images ni des fournaises ardentes (b), ni de ces monts ensoufrés qui nourrissent dans leurs entrailles des feux immortels (c), qui vomissent des tourbillons d'une flamme obscure et ténébreuse, et que Tertullien appelle élégamment pour cette raison « les cheminées de l'enfer : » *Ignis inferni fumariola* [2]. Voulez-vous voir aujourd'hui une vive peinture de l'enfer et un tableau animé d'une ame condamnée, voyez un homme qui souffre et qui ne songe point à se convertir.

En effet le caractère propre de l'enfer, ce n'est pas seulement la peine, mais la peine sans la pénitence. Car je remarque deux sortes de feux dans les Ecritures divines : « Il y a un feu qui purge et un feu qui consume et qui dévore : » *Uniuscujusque opus probabit ignis* [3].... *Cum igne devorante* [4]. Ce dernier est appelé dans l'Evangile « un feu qui ne s'éteint pas, » *ignis non extinguitur* [5],

---

[1] *De Civit. Dei*, lib. I, cap. VIII. — [2] Tertull., *De Pœnit.*, n. 12. — [3] I *Cor.*, III, 13. — [4] *Isa.*, XXXIII, 16. — [5] *Marc.*, IX, 47.

(a) *Var.* : Et que les choses peuvent... — (b) Si vous voulez avoir des peintures de ces gouffres où gémissent les esprits dévoyés, ne vous imaginez ni ces fournaises ardentes, ni... — (c) Des embrasemens éternels.

pour le distinguer de ce feu qui s'allume pour nous épurer, et qui ne manque jamais de s'éteindre quand il a fait cet office. La peine accompagnée de la pénitence, c'est un feu qui nous purifie; la peine sans la pénitence, c'est un feu qui nous dévore et qui nous consume, et tel est proprement le feu de l'enfer. C'est pourquoi nous concluons selon ces principes que les flammes du purgatoire purifient les ames, parce qu'où la peine est jointe à la pénitence, les flammes sont purgatives ou purifiantes (*a*); et au contraire que le feu d'enfer ne fait que dévorer les ames, parce qu'au lieu de la componction de la pénitence, il ne produit que de la fureur et du désespoir.

Par conséquent, chrétiens, concluons qu'il n'y a rien sur la terre qui doive nous donner plus d'horreur que des hommes frappés de la main de Dieu et impénitens tout ensemble. Non, il n'y a rien de plus horrible, puisqu'ils portent déjà sur eux le caractère essentiel de la damnation.

Tels sont ceux dont David parloit comme d'un prodige, que Dieu avoit dissipés, et qui n'étoient pas touchés de componction: *Dissipati sunt, nec compuncti* [1]; serviteurs vraiment rebelles et opiniâtres, qui se révoltent même sous la verge, frappés et non corrigés, abattus et non humiliés, châtiés et non convertis. Tel étoit le déloyal Pharaon, qui s'endurcissoit tous les jours sous les coups incessamment redoublés de la vengeance divine. Tels sont ceux dont il est écrit dans l'*Apocalypse* [2] que Dieu les ayant frappés d'une plaie horrible, de rage ils mordoient leurs langues, et blasphémoient le Dieu du ciel, et ne faisoient point pénitence. Tels hommes ne sont-ils pas comme des damnés, qui commencent leur enfer à la vue du monde pour nous effrayer par leur exemple, et que la croix précipite à la damnation avec ce larron endurci? On leur arrache les biens de cette vie; ils se privent de ceux de la vie future (*b*): si bien qu'étant frustrés de toutes parts, pleins de rage et de désespoir et ne sachant à qui s'en prendre, ils élèvent contre Dieu leur langue insolente par leurs murmures et par leurs blas-

[1] *Psal.* XXXIV, 16. — [2] *Apoc.*, XVI, 9.
(*a*) *Var.*: Parce que la peine est jointe aux sentimens de la pénitence, qu'elles ont emportés en sortant du monde. — (*b*) Ils se privent des biens de l'autre vie, on leur arrache ceux de celle-ci.

phèmes; « et il semble, dit Salvien, que leurs crimes se multipliant avec leurs supplices, la peine même de leurs péchés soit la mère de nouveaux désordres : » *Ut crederes pœnam ipsorum criminum quasi matrem esse vitiorum*[1].

Apprenez donc, ô pécheurs, qu'il ne suffit pas d'endurer beaucoup, et qu'encore que selon la règle ordinaire ceux qui souffrent en cette vie aient raison d'espérer du repos en l'autre, par la dureté de nos cœurs cette règle n'est pas toujours véritable. Plusieurs sont à la croix, qui sont bien éloignés du crucifié; la croix dans les uns est une grace, la croix dans les autres est une vengeance. De deux hommes mis en croix avec Jésus-Christ, l'un y a trouvé la miséricorde, l'autre les rigueurs de la justice; l'un y a opéré son salut, l'autre y a commencé sa damnation; la croix a élevé jusqu'au paradis la patience de l'un, et a précipité jusqu'à l'enfer l'impénitence de l'autre. Tremblez donc parmi vos souffrances qu'au lieu d'éprouver maintenant un feu qui vous purge dans le temps, vous n'allumiez par votre faute un feu qui vous dévore dans l'éternité.

Et vous, ô enfans de Dieu, quelque fléau qui tombe sur vous, ne croyez jamais que Dieu vous oublie; et ne vous persuadez pas que vous soyez confondus avec les méchans, quoique vous soyez mêlés avec eux, désolés par les mêmes guerres, emportés par les mêmes pestes, affligés des mêmes disgraces, battus enfin des mêmes tempêtes. « Le Seigneur connoît ceux qui sont à lui[2], » et il sait bien démêler les siens de cette confusion générale. Le même feu fait reluire l'or et fumer la paille : « Le même mouvement, dit saint Augustin[3], fait exhaler la puanteur de la boue et la bonne odeur des parfums; » et le vin n'est pas confondu avec le marc, quoiqu'ils portent tous deux le poids du même pressoir. Ainsi les mêmes afflictions qui désolent, consument les méchans, purifient les justes; et quoi que l'on vous reproche, vous ne serez jamais confondus, pourvu que vous ayez le courage (a) de vous discerner.

---

[1] Salvian., *De Gubern. Dei*, lib. VI, n. 13. — [2] II *Timoth.*, II, 19. — [3] *De Civit. Dei*, lib. I, cap. VII.

(a) *Var.*: La force.

Prenez la médecine. La main de Dieu invisiblement étendue. Saint Jacques [1] : Si la tentation vous presse, *persevera usque in finem, quia afflictio non perseverabit usque in finem* [2]. Mais cet homme m'opprime par ses violences : *Et adhuc pusillùm, et non erit peccator* [3]. Le médecin flatte son malade, mais ce délai est importun : *Infirmitas facit diù videri quod citò est* [4]. Quand un malade demande à boire, chacun se presse pour le servir; lui seul s'imagine que le temps est long. *Hodie*, « Aujourd'hui, » dit le Fils de Dieu. Ne crains pas, ce sera bientôt. Cette vie passera bien vite; elle s'écoulera comme un jour d'hiver, où le matin et le soir se touchent de près; ce n'est qu'un jour, ce n'est qu'un moment, que l'ennui et l'infirmité fait paroître long. Quand il sera écoulé, vous verrez alors combien il est court. O quand vous serez dans la vie future ! — Mais je gémis dans la vie présente, et je suis accablé de maux. — Eh bien, abandonnez-vous à l'impatience : en serez-vous bien plus soulagé, quand vous aurez ajouté le mal du chagrin et peut-être celui du murmure aux autres qui vous tourmentent? Profitez du moins de votre misère, de peur que vous ne soyez du nombre de ceux auxquels saint Augustin a dit ce beau mot : « Vous perdez l'utilité de vos souffrances : » *Perdidistis utilitatem calamitatis, et miserrimi facti estis, et pessimi permansistis* [5] *:* « Vous perdez l'utilité de votre misère, vous êtes devenus misérables, et vous êtes demeurés méchans. »

---

[1] *Jacob.*, I, 2, 3, 4, 12. — [2] S. August., Tract. XLV *in Joan.*, n. 13. — [3] *Psal.* XXXVI, 10. — [4] Serm. I *in Psal.* XXXVI, n. 10. — [5] *De Civit. Dei*, lib. 1, cap. XXXIII.

TROISIÈME SERMON

POUR

LE DIMANCHE DES RAMEAUX,

SUR LES DEVOIRS DES ROIS (a).

Dicite filiæ Sion : Ecce Rex tuus venit tibi mansuetus, sedens super asinam.

Dites à la fille de Sion : Voici ton Roi qui fait son entrée, plein de bonté et de douceur, assis sur une ânesse. (*Paroles du prophète Zacharie, rapportées en l'évangile de ce jour*, Matth., XXI, 5.)

Parmi toutes les grandeurs du monde, il n'y a rien de si éclatant qu'un jour de triomphe ; et j'ai appris de Tertullien que ces illustres triomphateurs de l'ancienne Rome marchoient avec tant de pompe, que de peur qu'étant éblouis d'une telle magnificence, ils ne s'élevassent enfin au-dessus de la condition humaine, un esclave qui les suivoit avoit charge de les avertir qu'ils étoient hommes : *Respice post te, hominem memento te*[1].

Le triomphe de mon Sauveur est bien éloigné de cette gloire ; et au lieu de l'avertir qu'il est homme, je me sens bien plutôt pressé de le faire souvenir qu'il est Dieu. Il semble en effet qu'il l'a oublié ; le prophète et l'évangéliste concourent à nous montrer

[1] *Apolog.*, n. 33.

(a) Prêché en 1662, dans le Carême du Louvre, en présence de Louis XIV et de toute la Cour.

Que ce sermon ait été prêché devant le roi, on en trouvera la preuve dans vingt passages. Or il n'a pas été prêché en 1666. En effet l'orateur loue, dans le deuxième point, « le zèle ardent et infatigable » que la reine déployoit pour le bien de l'Église, et la reine étoit morte le 20 janvier 1666 ; il demande la réforme de la justice, et cette réforme avoit été poursuivie pendant plusieurs années jusqu'en 1666 ; enfin il donne des conseils et manifeste des espérances qui auroient été déplacés devant l'auguste auditoire, lorsque le monarque avoit accompli déjà de si grandes choses en 1666. Mais si notre sermon n'a pas été prêché en 1666, il l'a été en 1662, puisque Bossuet n'a prêché le Carême à la Cour que ces années-là.

Ce discours emprunte à l'avant-dernier, dans l'exorde, de longs passages. Si l'on se donne la satisfaction de les comparer, on verra qu'ici, comme partout, le grand écrivain est plus court dans la dernière rédaction que dans la première.

ce Roi d'Israël « monté, disent-ils, sur une ânesse : » *Sedens super asinam.* Chrétiens, qui n'en rougiroit? Est-ce là une entrée royale? est-ce là un appareil de triomphe? est-ce ainsi, ô Fils de David, que vous montez au trône de vos ancêtres et prenez possession de leur couronne (*a*)? Toutefois arrêtons, mes frères, et ne précipitons pas notre jugement. Ce Roi, que tout le peuple honore aujourd'hui par ses cris de réjouissance, ne vient pas pour s'élever au-dessus des hommes par l'éclat d'une vaine pompe, mais plutôt pour fouler aux pieds les grandeurs humaines; et les sceptres rejetés, l'honneur méprisé, toute la gloire du monde anéantie, font le plus grand ornement de son triomphe. Donc pour admirer cette entrée, apprenons avant toutes choses à nous dépouiller de l'ambition et à mépriser les grandeurs du monde. Ce n'est pas une entreprise médiocre de prêcher cette vérité à la Cour, et nous avons besoin plus que jamais d'implorer le secours d'en haut par les prières de la sainte Vierge. *Ave.*

Jésus-Christ est roi par naissance, il est roi par droit de conquête, il est roi encore par élection. Il est roi par naissance, Fils de Dieu dans l'éternité, fils de David dans le temps; il est roi par droit de conquête, et outre cet empire universel que lui donne sa toute-puissance, il a conquis par son sang, et rassemblé par sa foi, et policé par son Evangile un peuple particulier, recueilli de tous les autres peuples du monde; enfin il est roi par élection; nous l'avons choisi par le saint baptême, et nous ratifions tous les jours un si digne choix par la profession publique du christianisme (*b*). Un si grand Roi doit régner; sans doute qu'une royauté si réelle et fondée sur tant de titres augustes, ne peut pas être sans quelque empire. Il règne en effet par sa puissance dans toute l'étendue de l'univers, mais il a établi les rois chrétiens pour être les principaux instrumens de cette puissance; c'est à eux qu'appartient la gloire de faire régner Jésus-Christ : ils doivent le faire régner sur eux-mêmes, ils doivent le faire régner sur leurs peuples.

(*a*) *Var.* : De leur royaume. — (*b*) Et nous avons ratifié ce choix par tous les actes que nous avons faits pour professer l'Evangile.

Dans le dessein que je me propose de traiter aujourd'hui ces deux vérités, je me garderai plus que jamais de rien avancer de mon propre sens. Que seroit-ce qu'un particulier qui se mêleroit d'enseigner les rois? Je suis bien éloigné de cette pensée; aussi on n'entendra de ma bouche que les oracles de l'Ecriture, les sages avertissemens des papes, les sentences des saints évêques, dont les rois et les empereurs ont révéré la sainteté et la doctrine. Et d'abord pour établir mon sujet, j'ouvre l'Histoire sainte pour y lire le sacre du roi Joas[1], fils du roi Joram. Une mère dénaturée et bien éloignée de celle dont la constance infatigable n'a eu de soin ni d'application que pour rendre à un fils illustre son autorité aussi entière qu'elle lui avoit été déposée, avoit dépouillé ce jeune prince et usurpé sa couronne durant son bas âge; mais le pontife et les grands ayant fait une sainte ligue pour le rétablir dans son trône, voici mot à mot, chrétiens, ce que dit le texte sacré : *Imposuerunt ei diadema et testimonium, dederuntque in manu ejus tenendam legem :* « Ils produisirent le fils du roi devant tout le peuple, ils mirent sur sa tête le diadème et le témoignage, ils lui donnèrent la loi en sa main, et ils l'établirent roi. » Joïada, souverain pontife, fit la cérémonie de l'onction; toute l'assistance fit des vœux pour le nouveau prince, et on fit retentir le temple du cri : « Vive le Roi ! » *Imprecatique sunt ei et dixerunt : Vivat Rex*[2] *!*

Quoique tout cet appareil soit merveilleux, j'admire sur toutes choses cette belle cérémonie de mettre la loi sur la tête et la loi dans la main du nouveau monarque. Car ce témoignage que l'on met sur lui avec son diadème, n'est autre chose que la loi de Dieu, qui est un témoignage au prince pour le convaincre et le soumettre (a) dans sa conscience; mais qui doit trouver dans ses mains une force qui exécute, se fasse craindre et qui fléchisse les peuples par le respect de l'autorité.

Sire, je supplie Votre Majesté de se représenter aujourd'hui que Jésus-Christ Roi des rois, et Jésus-Christ souverain Pontife, pour accomplir ces figures, met son Evangile sur votre tête et son

[1] II *Paralip.*, XXII, 10. — [2] *Ibid.*, XXIII, 11.
(a) *Var. :* Pour le convaincre.

Evangile en vos mains ; ornement auguste et royal, digne d'un roi très-chrétien et du fils aîné de l'Eglise. (a) Mais l'Evangile sur votre tête, c'est pour vous inspirer l'obéissance ; l'Evangile en vos mains, c'est pour l'imprimer dans tous vos sujets. Et par là Votre Majesté voit assez, premièrement que Jésus-Christ veut régner sur vous, c'est ce que je montrerai dans mon premier point ; et que par vous il veut régner sur vos peuples, mon second point le fera connoître, et c'est tout le sujet de ce discours.

PREMIER POINT.

« Les rois règnent par moi, » dit la Sagesse éternelle : *Per me reges regnant*[1] ; et de là nous devons conclure non-seulement que les droits de la royauté sont établis par ses lois, mais que le choix des personnes est un effet de sa providence. Et certes il ne faut pas croire que le Monarque du monde, si persuadé de sa puissance et si jaloux de son autorité, endure dans son empire qu'aucun y ait le commandement sans sa commission particulière. Par lui, tous les rois règnent : et ceux que la naissance établit, parce qu'il est le maître de la nature ; et ceux qui viennent par choix, parce qu'il préside à tous les conseils ; « et il n'y a sur la terre aucune puissance qu'il n'ait ordonnée : » *Non est potestas nisi à Deo*[2], dit l'oracle de l'Ecriture.

Quand il veut faire des conquérans, il fait marcher devant eux son esprit de terreur, pour effrayer les peuples qu'il leur veut soumettre : il les prend par la main, » dit le prophète Isaïe. « Voici ce qu'a dit le Seigneur à Cyrus mon oint : Je marcherai devant toi et je tournerai devant ta face le dos des rois ennemis ; je romprai les barres de fer, je briserai les portes d'airain, j'humilierai à tes pieds toutes les grandeurs de la terre : » *Hæc dicit Dominus christo meo Cyro, cujus apprehendi dexteram... : Ego ante te ibo, dorsa regum vertam et gloriosos terræ humiliabo; portas æreas conteram, et vectes ferreos confringam*[3]. Quand le temps fatal est venu, qu'il a marqué dès l'éternité à la durée des

---

[1] *Prov.*, VIII, 15. — [2] *Rom.*, XIII, 1. — [3] *Isa.*, XLV, 1, 2.

(a) *Note marg.* : L'Evangile sur votre tête vous donne plus d'éclat que votre couronne, l'Evangile en vos mains vous donne plus d'autorité que votre sceptre.

empires, ou il les renverse par la force : « Je frapperai, dit-il, tout le royaume d'Israël, je l'arracherai jusqu'à la racine, je le jetterai où il me plaira, comme un roseau que les vents emportent (a) : » *Percutiet Dominus Deus Israel, sicut moveri solet arundo in aquâ, et evellet Israel..., et ventilabit eos trans flumen* [1]; « ou il mêle dans les conseils un esprit de vertige qui fait errer l'Egypte incertaine comme un homme enivré : » *Miscuit in medio ejus spiritum vertiginis, et errare fecerunt Ægyptum...., sicut errat ebrius et vomens* [2] *:* en sorte qu'elle s'égare, tantôt en des conseils extrêmes qui désespèrent, tantôt en des conseils lâches qui détruisent toute la force de la majesté. Et même lorsque les conseils sont modérés (b) et vigoureux, Dieu les réduit en fumée par une conduite cachée et supérieure, parce qu'il est « profond en pensées [3], terrible en ses conseils par-dessus les enfans des hommes [4]; » parce que « ses conseils étant éternels, » *consilium Domini in æternum manet* [5], et embrassant dans leur ordre toute l'universalité des causes, « ils dissipent avec une facilité toute-puissante les conseils toujours incertains des nations et des princes : » *Dominus dissipat consilia gentium, reprobat autem cogitationes populorum et reprobat consilia principum* [6]. C'est pourquoi un roi sage, un roi capitaine, victorieux, intrépide, expérimenté, confesse à Dieu humblement que c'est « lui qui soumet ses peuples sous sa puissance : » *Qui subdit populum meum sub me* [7]. Il regarde cette multitude infinie comme un abîme immense d'où s'élèvent quelquefois des flots qui étonnent les pilotes les plus hardis. Mais comme il sait que c'est le Seigneur qui domine à la puissance de la mer et qui adoucit ses vagues irritées, voyant son Etat si calme qu'il n'y a pas le moindre souffle qui en trouble la tranquillité : « O mon Dieu, vous êtes mon protecteur ; c'est vous qui faites fléchir sous mes lois ce peuple innombrable : » *Protector meus, et in ipso speravi, qui subdit populum meum sub me.*

Pour établir cette puissance qui représente la sienne, Dieu met

[1] III *Reg.*, XIV, 15. — [2] *Isa.*, XIX, 14. — [3] *Psal.* XCI, 6. — [4] *Psal.* LXV, 5. — [5] *Psal.* XXXII, 11. — [6] *Ibid.*, 10. — [7] *Psal.* CXLIII, 2.

(a) *Var.* : Je le transporterai où il me plaira, comme on feroit un roseau... — (b) Sages.

sur le front des souverains et sur leur visage une marque de divinité. C'est pourquoi le patriarche Joseph ne craint point de jurer par la tête et par le salut de Pharaon comme par une chose sacrée [1]; et il ne croit pas outrager celui qui a dit : « Vous jurerez seulement au nom du Seigneur [2], » parce qu'il a fait dans le prince une image mortelle de son immortelle autorité. « Vous êtes des dieux [3], dit David, et vous êtes tous enfans du Très-Haut; » mais, ô dieux de chair et de sang! ô dieux de terre et de poussière! vous mourrez comme des hommes. N'importe, vous êtes des dieux, encore que vous mouriez, et votre autorité ne meurt pas; cet esprit de royauté passe tout entier à vos successeurs et imprime partout la même crainte, le même respect, la même vénération. L'homme meurt, il est vrai ; mais le roi, disons-nous, ne meurt jamais. L'image de Dieu est immortelle.

Il est donc aisé de comprendre que de tous les hommes vivans, aucuns ne doivent avoir dans l'esprit la majesté de Dieu plus imprimée que les rois. Car comment pourroient-ils oublier Celui dont ils portent toujours en eux-mêmes une image si vive, si expresse, si présente? Le prince sent en son cœur cette vigueur, cette fermeté, cette noble confiance de commander; il voit qu'il ne fait que mouvoir les lèvres, et aussitôt que tout se remue d'une extrémité du royaume à l'autre; et combien donc doit-il penser que la puissance de Dieu est active! Il pénètre les intrigues, les trames les plus secrètes ; « les oiseaux du ciel lui rapportent tout [4]; il a même reçu de Dieu par l'usage des affaires une expérience, une certaine pénétration qui fait penser qu'il devine : *Divinatio in labiis regis* [5]. Et quand il a pénétré les trames les plus secrètes, avec ses mains longues et étendues il va prendre ses ennemis aux extrémités du monde et les déterre pour ainsi dire du fond des abîmes, où ils cherchoient un vain asile. Combien donc lui est-il facile de s'imaginer que les mains et les regards (a) de Dieu sont inévitables ! Mais quand il voit les peuples soumis, « obligés, dit l'Apôtre [6], à lui obéir non-seulement pour la crainte,

---

[1] *Genes.*, XLIII, 15. — [2] *Deuter.*, x, 20. — [3] *Psal.* LXXXI, 6. — [4] *Eccle.*, x, 20. — [5] *Prov.*, XVI, 10. — [6] *Rom.*, XIII, 5.

(a) *Var.:* **La vue.**

mais encore pour la conscience, » peut-il jamais oublier ce qui est dû au Dieu vivant et éternel, à qui tous les cœurs parlent, pour qui (*a*) toutes les consciences n'ont plus de secret? C'est là, c'est là sans doute que tout ce qu'inspire le devoir, tout ce qu'exécute la fidélité, tout ce que feint la flatterie, tout ce que le prince exige lui-même de l'amour, de l'obéissance, de la gratitude de ses sujets, lui est une leçon perpétuelle de ce qu'il doit à son Dieu, à son Souverain. C'est pourquoi saint Grégoire de Nazianze prêchant à Constantinople, en présence des empereurs, les invite par ces beaux mots à réfléchir sur eux-mêmes pour contempler la grandeur de la Majesté divine (*b*) : « O monarques, respectez votre pourpre, révérez votre propre autorité qui est un rayon de celle de Dieu; connoissez le grand mystère de Dieu en vos personnes; les choses hautes sont à lui seul; il partage avec vous les inférieures; soyez donc les sujets de Dieu, comme vous en êtes les images [1]. »

Tant de fortes considérations doivent presser vivement les rois de mettre l'Évangile sur leurs têtes, d'avoir toujours les yeux attachés à cette loi supérieure, de ne se permettre rien de ce que Dieu ne leur permet pas, de ne souffrir jamais que leur puissance s'égare hors des bornes de la justice chrétienne. Certes ils donneroient au Dieu vivant un trop juste sujet de reproche, si parmi tant de biens qu'il leur fait, ils en alloient encore chercher dans les plaisirs qu'il leur défend (*c*), s'ils employoient contre lui la puissance qu'il leur accorde, s'ils violoient eux-mêmes les lois dont ils sont établis les exécuteurs, les protecteurs. C'est ici le grand péril des grands de la terre (*d*). Comme les autres hommes ils ont à combattre leurs passions; par-dessus les autres hommes ils ont à combattre leur propre puissance. Car comme il est absolument nécessaire à l'homme d'avoir quelque chose qui le re-

---

[1] S. Greg. Nazianz., *Orat.* xxvii, tom. I, p. 471.

(*a*) *Var.* : Devant qui. — (*b*) Prêchant un jour à Constantinople, devant les empereurs, leur adresse ces belles paroles : « Respectez, ô rois, respectez votre pourpre; respectez votre propre autorité qui est un rayon de celle de Dieu, et voyez soigneusement à quoi elle est employée. Contemplez le grand mystère de Dieu en vos personnes; les choses sublimes sont à lui seul; il partage avec vous... » — (*c*) Ils en vouloient encore chercher dans les choses qu'il leur défend. — (*d*) Des rois chrétiens.

tienne, les puissances, sous qui tout fléchit (*a*), doivent elles-mêmes se servir de bornes : *Tantò sub majore mentis disciplinâ se rediguni, quantò sibi per impatientiam potestatis suadere illicita quasi licentiùs sciunt.* C'est là, disoit un grand pape [1], toute la science (*b*) de la royauté; et voici dans une sentence de saint Grégoire la vérité la plus nécessaire (*c*) que puisse jamais entendre un roi chrétien. « Nul ne sait user de la puissance que celui qui la sait contraindre; » celui-là sait maintenir (*d*) son autorité comme il faut, qui ne souffre ni aux autres de la diminuer, ni à elle-même de s'étendre trop; qui la soutient au dehors, et qui la réprime au dedans; enfin qui se résistant à lui-même, fait par un sentiment de justice ce qu'aucun autre ne pourroit entreprendre sans attentat : *Bene potestatem exercet, qui et retinere illam noverit et impugnare* [2]. Mais que cette épreuve est difficile! que ce combat est dangereux! qu'il est malaisé à l'homme, pendant que tout le monde lui accorde tout, de se refuser quelque chose! qu'il est malaisé à l'homme de se retenir, quand il n'a d'obstacle que de lui-même! N'est-ce point peut-être le sentiment d'une épreuve si délicate (*e*) qui fait dire à un grand roi pénitent : « Je me suis répandu comme de l'eau [3] ? » Cette grande puissance semblable à l'eau, n'ayant point trouvé d'empêchement, s'est laissée aller à son poids et n'a pas pu se retenir. Vous qui arrêtez les flots de la mer, ô Dieu, donnez des bornes à cette eau coulante, par la crainte de vos jugemens et par l'autorité de votre Evangile. Régnez, ô Jésus-Christ, sur tous ceux qui règnent ; qu'ils vous craignent du moins, puisqu'ils n'ont que vous seul à craindre; et ravis de ne dépendre que de vous, qu'ils soient du moins toujours ravis d'en dépendre (*f*).

SECOND POINT.

Le royaume de Jésus-Christ, c'est son Eglise catholique; et j'entends ici par l'Eglise toute la société du peuple de Dieu. Jésus-

---

[1] S. Greg., lib. V *Moral.*, cap. XI. — [2] Idem., lib. XXVI, cap. XXVI.— [3] *Psal.* XXI, 15.

(*a*) *Var.:* A qui tout cède. — (*b*) La plus grande science. — (*c*) La plus importante. — (*d*) Sait se servir de son autorité. — (*e*) Si périlleuse. — (*f*) Qu'ils s'estiment au moins heureux d'en dépendre.

Christ règne dans les Etats, lorsque l'Eglise y fleurit; et voici en peu de paroles, selon les oracles des prophètes, la grande et mémorable destinée de cette Eglise catholique (a). Elle a dû être établie malgré les rois de la terre; et dans la suite des temps elle a dû les avoir pour protecteurs.

Un même psaume de David prédit en termes formels ces deux états de l'Eglise : *Quare fremuerunt gentes :* « Pourquoi les peuples se sont-ils émus et ont-ils médité des choses vaines? Les rois de la terre se sont assemblés (b), et les princes ont fait une ligue contre le Seigneur et contre son Christ[1]. » Ne voyez-vous pas, chrétiens, les empereurs et les rois frémissans contre l'Eglise naissante, qui cependant toujours humble et toujours soumise, ne défendoit que sa conscience? Dieu vouloit paroître tout seul dans l'établissement de son Eglise. Car écoutez ce qu'ajoute le même Psalmiste : « Celui qui habite au ciel se moquera d'eux, et l'Eternel se rira de leurs entreprises : » *Qui habitat in cœlis, irridebit eos*[2]. O rois qui voulez tout faire, il ne plaît pas au Seigneur que vous ayez nulle part dans l'établissement de son grand ouvrage. Il lui plaît que des pêcheurs fondent son Eglise et qu'ils l'emportent sur les empereurs. Mais quand leur victoire sera bien constante et que le monde ne doutera plus que l'Eglise dans sa foiblesse n'ait été plus forte que lui avec toutes ses puissances qui la combattoient (c), vous viendrez à votre tour, ô empereurs, au temps qu'il a destiné; et on vous verra baisser humblement la tête devant les tombeaux de ces pêcheurs. Alors l'état de l'Eglise sera changé. Pendant que l'Eglise prenoit racine par ses croix et par ses souffrances, les empereurs, disoit Tertullien[3], ne pouvoient pas être chrétiens, parce que le monde qui la tourmentoit devoit les avoir à sa tête. « Mais maintenant, » dit le saint Psalmiste : *Et nunc, reges, intelligite*[4]; maintenant qu'elle est établie et que la main de Dieu s'est assez montrée, il est temps que vous veniez, ô rois du monde; commencez à ouvrir les yeux à la vérité; apprenez la véritable justice, qui est la justice de l'Evangile. « O vous qui

---

[1] *Psal.* II, 1, 2. — [2] *Ibid.,* 4. — [3] *Apolog.,* n. 21. — [4] *Psal.* II, 10.

(a) *Var. :* Le royaume de Jésus-Christ, c'est son Eglise catholique, dont voici en peu de paroles la grande et mémorable destinée. — (b) Unis. — (c) Plus forte que les puissances qui la combattoient.

jugez la terre, servez le Seigneur en crainte : » *Servite Domino in timore* [1]*;* dilatez maintenant son règne. Servez le Seigneur : de quelle sorte le servirez-vous? Saint Augustin vous le va dire : « Servez-le comme des hommes particuliers, en obéissant à son Evangile, comme nous avons déjà dit; mais servez-le aussi comme rois, en faisant pour son Eglise ce qu'aucuns ne peuvent faire, sinon les rois : » *In hoc serviunt Domino reges, in quantùm sunt reges, cùm ea faciunt ad serviendum illi, quæ non possunt facere nisi reges* [2]. Et quels sont ces services si considérables que l'Eglise exige des rois? De se rendre (*a*) les défenseurs de sa foi, les protecteurs de son autorité, les gardiens et les fauteurs de sa discipline.

La foi, c'est le dépôt, c'est le grand trésor, c'est le fondement de l'Eglise. De tous les miracles visibles que Dieu a faits pour cet empire, le plus grand, le plus mémorable et qui nous doit attacher le plus fortement aux rois qu'il nous a donnés, c'est la pureté de leur foi. Le trône que remplit notre grand monarque est le seul de tout l'univers où, depuis la première conversion, jamais il ne s'est assis que des princes enfans de l'Eglise. L'attachement de nos rois pour le Saint-Siége apostolique semble leur avoir communiqué quelque chose de la fermeté inébranlable (*b*) de cette première pierre sur laquelle l'Eglise est appuyée; et c'est pourquoi un grand pape (c'est saint Grégoire) a donné dès les premiers siècles cet éloge incomparable à la couronne de France, « qu'elle est autant au-dessus des autres couronnes du monde, que la dignité royale surpasse les fortunes particulières : » *Quantò cæteros homines regia dignitas antecedit, tantò cæterarum gentium regna regni vestri profectò culmen excellit* [3]. Un si saint homme regardoit sans doute plus encore la pureté de la foi que la majesté du trône. Mais qu'auroit-il dit, chrétiens, s'il avoit vu durant douze siècles cette suite non interrompue de rois catholiques? S'il a élevé si haut la race de Pharamond, combien auroit-il célébré la postérité de saint Louis? Et s'il en a tant écrit à Childebert, qu'auroit-il dit de Louis-Auguste?

[1] *Psal.* II, 11. — [2] *Epist.* CLXXXV, n. 19. — [3] *Epist.*, lib. VI, Epist. VI *ad Child. reg.*

(*a*) *Var.* : D'être. — (*b*) Immobile.

Sire, Votre Majesté saura bien soutenir de tout son pouvoir ce sacré dépôt de la foi, le plus précieux et le plus grand qu'elle ait reçu des rois ses ancêtres. (*a*) Elle éteindra dans tous ses Etats les nouvelles partialités. Et quel seroit votre bonheur, quelle la gloire de vos jours, si vous pouviez encore guérir toutes les blessures anciennes (*b*)! Sire, après ces dons extraordinaires que Dieu vous a départis si abondamment, et pour lesquels Votre Majesté lui doit des actions de graces immenses (*c*), elle ne doit désespérer d'aucun avantage qui soit capable de signaler la félicité de son règne; et peut-être (car qui sait les secrets de Dieu?), peut-être qu'il a permis que Louis le Juste de triomphante mémoire se soit rendu mémorable éternellement, en renversant le parti qu'avoit formé l'hérésie, pour laisser à son successeur la gloire de l'étouffer tout entière par un sage tempérament, de sévérité et de patience. Sire, quoi qu'il en soit et laissant à Dieu l'avenir, nous supplions Votre Majesté qu'elle ne se lasse jamais de faire rendre aux oracles du Saint-Esprit et aux décisions de l'Eglise une obéissance non feinte, afin que toute l'Eglise catholique puisse dire d'un si grand roi, après saint Grégoire : « Nous devons prier sans cesse pour notre monarque très-religieux et très-chrétien, et pour la reine sa très-digne épouse, qui est un miracle de douceur et de piété, et pour son fils sérénissime notre prince, notre espérance : » *Pro vitâ piissimi et christianissimi domini nostri, et tranquillissimâ ejus conjuge, et mansuetissimâ ejus sobole semper orandum est* [1]. Et s'il vivoit en nos jours, qui doute qu'il n'eût dit encore avec joie : Pour la reine son auguste mère (*d*), dont le zèle ardent et infatigable auroit bien dû être consacré par les louanges d'un si grand pape? Nous devons donc prier sans relâche pour toutes ces personnes augustes, « pendant le temps desquelles (voici un éloge admirable) les bouches des hérétiques sont fermées, » et leur malice, leurs nouveautés n'osent se produire : *Quorum temporibus hæreticorum ora conticescunt* [2]. Mais reprenons le fil de notre discours.

[1] S. Greg., *Epist.*, lib. IX, Epist. XLIX. — [2] Idem, *Epist.*, lib. IX, Epist. XLIX.
(*a*) *Note marg.* : Elle saura bien faire rendre aux oracles du Saint-Esprit et aux décisions de l'Eglise une obéissance non feinte. — (*b*) *Var.* : Toutes les anciennes blessures. — (*c*) Immortelles. — (*d*) Sa mère très-auguste.

L'Eglise a tant travaillé pour l'autorité des rois, qu'elle a sans doute bien mérité qu'ils se rendent les protecteurs de la sienne. Ils régnoient sur les corps par la crainte, et tout au plus sur les cœurs par l'inclination; l'Eglise leur a ouvert une place plus vénérable; elle les a fait régner dans la conscience, c'est là qu'elle les a fait asseoir dans un trône, en présence et sous les yeux de Dieu même : quelle merveilleuse dignité! Elle a fait un des articles de sa foi de la sûreté de leur personne sacrée, un devoir de sa religion (*a*) de l'obéissance qui leur est due. C'est elle qui va arracher jusqu'au fond du cœur, non-seulement les premières pensées de rébellion (*b*), mais encore et les plaintes et les murmures; et pour ôter tout prétexte de soulèvement contre les puissances (*c*) légitimes, elle a enseigné constamment et par sa doctrine et par son exemple qu'il en faut tout souffrir, jusqu'à l'injustice, par laquelle s'exerce invisiblement la justice même de Dieu.

Après des services si importans, une juste reconnoissance obligeoit les princes chrétiens à maintenir l'autorité de l'Eglise, qui est celle de Jésus-Christ même. Non, Jésus-Christ ne règne pas, si son Eglise n'est autorisée. Les monarques pieux l'ont bien reconnu; et leur propre autorité, je l'ose dire, ne leur a pas été plus chère que l'autorité de l'Eglise. Ils ont fait quelque chose de plus : cette puissance souveraine, qui doit donner le branle dans les autres choses (*d*), n'a pas jugé indigne d'elle de ne faire que seconder dans toutes les affaires ecclésiastiques (*e*); et un roi de France, empereur, n'a pas cru se rabaisser trop, lorsqu'il promet son assistance aux prélats, qu'il les assure de son appui dans les fonctions de leur ministère : « afin, dit ce grand roi [1], que notre puissance royale servant, comme il est convenable, à ce que demande votre autorité, vous puissiez exécuter vos décrets : » *Ut nostro auxilio suffulti, quod vestra auctoritas exposcit, famulante, ut decet, potestate nostrâ, perficere valeatis* [2].

Mais, ô sainte autorité de l'Eglise, frein nécessaire de la licence

---

[1] Ludovic. Pius. — [2] *Capit.*, an. 823, cap. IV.

(*a*) *Var.* : Elle a fait un des articles de sa créance de la sûreté de leur personne sacrée, une partie de sa religion de... — (*b*) Les mouvemens les plus cachés de sédition. — (*c*) Les princes. — (*d*) En toute autre chose. — (*e*) Toutes les affaires de l'Eglise.

et unique appui de la discipline, qu'es-tu maintenant devenue? Abandonnée par les uns et usurpée par les autres, ou elle est entièrement abolie, ou elle est dans des mains étrangères. Mais il faudroit un trop long discours pour exposer ici toutes ses plaies : Sire, le temps en éclaircira Votre Majesté; (a) et dans la réformation générale de tous les abus de l'Etat que l'on attend de votre haute sagesse (b), l'Eglise et son autorité (c) tant de fois blessées recevront leur soulagement de vos mains royales. Et comme cette autorité de l'Eglise n'est pas faite pour l'éclat d'une vaine pompe, mais pour l'établissement des bonnes mœurs et de la véritable piété, c'est ici principalement que les monarques chrétiens doivent faire régner Jésus-Christ sur les peuples qui leur obéissent; et voici en peu de mots quels sont leurs devoirs, comme le Saint-Esprit nous les représente.

Le premier et le plus connu, c'est d'exterminer les blasphèmes. Jésus-Christ est un grand roi; et le moindre respect que l'on doive aux rois, c'est de parler d'eux avec honneur. Un roi ne permet pas dans ses Etats qu'on parle irrévéremment même d'un roi étranger, même d'un roi ennemi; tant le nom de roi est vénérable partout où il se rencontre. Eh quoi donc! ô Jésus-Christ, Roi des rois, souffrira-t-on qu'on vous méprise et qu'on vous blasphème, même au milieu de votre empire! Quelle seroit cette indignité! Ah! jamais un tel reproche ne ternira la réputation de mon Roi! Sire, un regard de votre face sur ces blasphémateurs et sur ces impies, afin qu'ils n'osent paroître et qu'on voie s'accomplir en votre règne ce qu'a prédit le prophète Amos, « que la cabale des libertins sera renversée : » *Auferetur factio lascivientium*[1]; et ce mot du roi Salomon : « Un roi sage dissipe les impies, et les voûtes des prisons sont leurs demeures : » *Dissipat impios rex sapiens, et incurvat super eos fornicem*[2], sans égard ni aux conditions, ni aux personnes; car il faut un châtiment rigoureux à une telle insolence.

Non-seulement les blasphèmes, mais tous les crimes publics et

---

[1] *Amos*, VI, 7. — [2] *Prov.*, XX, 26.

(a) *Note marg.* : Cette affaire est digne que Votre Majesté s'y applique. — (b) *Var.* : Qui est due à la gloire de votre règne. — (c) Et ses lois.

scandaleux doivent être le juste objet de l'indignation du prince. « Le roi, dit le même Salomon, assis dans le trône de son jugement, dissipe tout le mal par sa présence : » *Rex qui sedet in solio judicii, dissipat omne malum intuitu suo* [1]. Voyez qu'aucun mal ne doit échapper à la justice du prince. Mais si le prince entreprend d'exterminer tous les pécheurs, la terre sera déserte et son empire désolé. Remarquez aussi, chrétiens, les paroles de Salomon : il ne veut pas que le prince prenne son glaive contre tous les crimes; mais il n'y en a toutefois aucun qui doive demeurer impuni, parce qu'ils doivent être confondus par la présence d'un prince vertueux et innocent. Voici quelque chose de merveilleux et bien digne de la majesté des rois : leur vie chrétienne et religieuse doit être le juste supplice de tous les pécheurs scandaleux, qui sont confondus et réprimés par l'autorité de leur exemple, par leurs vertus. Qu'ils fassent donc régner Jésus-Christ par l'exemple de leur vie, qui soit une loi vivante de probité. Rien de plus grand dans les grands, que cette noble obligation de vivre mieux que les autres. Car ce qu'ils feront de bien ou de mal dans une place si haute, étant exposé à la vue de tous, sert de règle à tout leur empire. Et c'est pourquoi, dit saint Ambroise, « le prince doit bien méditer qu'il n'est pas dispensé des lois, mais que lorsqu'il cesse de leur obéir, il semble en dispenser tout le monde par l'autorité de son exemple : » *Nec legibus rex solutus est, sed leges suo solvit exemplo* [2].

Enfin le dernier devoir des princes pieux et chrétiens, et le plus important de tous pour faire régner Jésus-Christ dans leurs Etats, c'est qu'après avoir dissipé les vices à la manière que nous avons dite, ils doivent élever, défendre, favoriser la vertu; et je ne puis mieux exprimer cette vérité que par ces beaux mots de saint Grégoire, dans une lettre qu'il écrit à l'empereur Maurice : c'est à Votre Majesté qu'il parle. « C'est pour cela, lui dit-il, que la puissance souveraine vous a été accordée d'en haut sur tous les hommes, afin que la vertu soit aidée, afin que la voie du ciel soit élargie et que l'empire terrestre serve à l'empire du ciel : » *Ad hoc enim potestas super omnes homines dominorum meorum*

---

[1] *Prov.*, XX, 8. — [2] *Apolog. David.*, lib. II, cap. III.

pietati cœlitùs data est, ut qui bona appetunt adjuventur, ut cœlorum via largiùs pateat, ut terrestre regnum cœlesti regno famuletur [1].

N'avez-vous pas remarqué cette noble obligation que ce grand pape impose aux rois, d'élargir les voies du ciel? Il faut expliquer sa pensée en peu de paroles. Ce qui rend la voie du ciel si étroite, c'est que la vertu véritable est ordinairement méprisée. Car comme elle se tient toujours dans ses règles, elle n'est ni assez souple ni assez flexible pour s'accommoder aux humeurs, ni aux passions, ni aux intérêts des hommes. C'est pourquoi elle semble inutile au monde; et le vice paroît bien plutôt, parce qu'il est plus entreprenant. Car écoutez parler les hommes du monde dans le livre de la *Sapience:* « Le juste, disent-ils, nous est inutile : » *Inutilis est nobis* [2]; il n'est pas propre à notre commerce, il n'est pas commode à nos négoces, il est trop attaché à son droit chemin pour entrer dans nos voies détournées. Comme donc il est inutile, on se résout facilement à le laisser là, et ensuite à l'opprimer. C'est pourquoi ils disent : « Trompons le juste, parce qu'il nous est inutile : » *Circumveniamus justum, quoniam inutilis est nobis.* Elevez-vous, puissances suprêmes; voici un emploi digne de vous. Voyez comme la vertu est contrainte de marcher dans des voies serrées; on la méprise, on l'accable; protégez-la, tendez-lui la main, faites-vous honneur en la cherchant, élargissez les voies du ciel, rétablissez ce grand chemin et rendez-le plus facile. Pour cela aimez la justice; qu'aucuns ne craignent sous votre empire, sinon les méchans; qu'aucuns n'espèrent, sinon les bons.

Ah! chrétiens, la justice, c'est la véritable vertu des monarques et l'unique appui de la majesté. Car qu'est-ce que la majesté? Ce n'est pas une certaine prestance qui est sur le visage du prince et sur tout son extérieur; c'est un éclat plus pénétrant, qui porte dans le fond des cœurs une crainte respectueuse. Cet éclat vient de la justice, et nous en voyons un bel exemple dans l'histoire du roi Salomon. « Ce prince, dit l'Ecriture [3], s'assit dans le trône

---

[1] *Epist.*, lib. III, Epist. LXV *ad Maurit. August.* — [2] *Sap.*, II, 12. — [3] I *Paralip.*, XXIX, 23.

de son père, et il plut à tous : » *Sedit Salomon super solium... pro patre suo, et placuit omnibus.* Voilà un prince aimable, qui gagne les cœurs par sa bonne grace. Il faut quelque chose de plus fort pour établir la majesté; et c'est la justice qui le donne. Car après ce jugement mémorable de Salomon, écoutez le texte sacré : « Tout Israël, dit l'Ecriture, apprit que le roi avoit jugé, et ils craignirent le roi, voyant que la sagesse de Dieu étoit en lui : » *Audivit Israel judicium quod judicasset rex, et timuerunt regem, videntes sapientiam Dei esse in eo* [1]. Sa mine relevée le faisoit aimer; mais sa justice le fait craindre de cette crainte de respect qui ne détruit pas l'amour, mais qui le rend plus sérieux et plus circonspect. C'est cet amour mêlé de crainte que la justice fait naître, et avec lui le caractère véritable de la majesté.

Donc, ô rois, dit l'Ecriture, « aimez la justice [2], » et sachez que c'est pour cela que vous êtes rois. Mais pour pratiquer la justice, connoissez la vérité; et pour connoître la vérité, mettez-vous en état de l'apprendre. Salomon possédé d'un désir immense de rendre la justice à son peuple, fait à Dieu cette prière : « Je suis, dit-il, ô Seigneur, un jeune prince qui n'ai point encore l'expérience, qui est la maîtresse des rois : » *Ego autem sum puer parvulus, ignorans egressum et introitum meum* [3]. En passant, ne croyez pas qu'il parle ainsi par foiblesse de courage. Il paroissoit devant ses juges avec la plus haute fermeté, et il avoit déjà fait sentir aux plus grands de son Etat qu'il étoit le maître. Mais quand il parle à Dieu, il ne rougit point de trembler devant une telle majesté, ni de confesser son ignorance, compagne nécessaire de l'humanité. Après quoi le désir de rendre justice lui met cette parole en la bouche : « Donnez donc à votre serviteur un cœur docile, afin qu'il puisse juger votre peuple et discerner entre le bien et le mal : » *Dabis ergo servo tuo cor docile, ut populum tuum judicare possit, et discernere inter bonum et malum* [4]. Ce cœur docile qu'il demande, n'est point un cœur incertain et irrésolu. Car la justice est résolutive, et ensuite elle est inflexible (*a*). Mais elle ne se fixe jamais qu'après qu'elle est informée, et c'est pour

---

[1] III *Reg.*, III, 28. — [2] *Sap.*, I, 1. — [3] III *Reg.*, III, 7. — [4] *Ibid.*, 9.
(*a*) *Var.*: Car la justice est inflexible.

l'instruction qu'elle demande un cœur docile. Telle est la prière de Salomon.

Mais voyons ce que Dieu lui donne en exauçant sa prière. « Dieu donna, dit l'Ecriture, à Salomon une sagesse merveilleuse et une prudence très-exacte : » *Dedit quoque Deus sapientiam Salomoni, et prudentiam multam nimis* [1]. Remarquez : « la sagesse et la prudence : » la prudence, pour bien pénétrer les faits; la sagesse, pour posséder les règles de la justice. Et pour obtenir ces deux choses, voici le mot important : « Dieu lui donna, dit l'Histoire sainte, une étendue de cœur comme le sable de la mer : » *Latitudinem cordis quasi arenam quæ est in littore maris* [2]. Sans cette merveilleuse étendue de cœur, on ne connoît jamais la vérité. Car les hommes et particulièrement les princes ne sont pas si heureux que la vérité vienne à eux de droit fil pour ainsi dire et d'un seul endroit. Chacun la trouve dans son intérêt, dans ses soupçons, dans ses passions, et la porte, comme il l'entend, aux oreilles du souverain. Il faut donc un cœur étendu pour recueillir la vérité deçà et delà, partout où l'on en découvre quelque vestige. Et c'est pourquoi il ajoute : « Un cœur étendu comme le sable de la mer; » c'est-à-dire capable d'un détail infini, des moindres particularités, de toutes les circonstances les plus menues, pour former un jugement droit et assuré. Tel étoit le roi Salomon. Ne disons pas, chrétiens, ce que nous pensons de Louis-Auguste; et retenant en nos cœurs les louanges que nous donnons à sa conduite, faisons quelque chose qui soit plus digne de ce lieu; tournons-nous au Dieu des armées et faisons une prière pour notre roi.

O Dieu, donnez à ce prince cette sagesse, cette étendue, cette docilité modeste, mais pénétrante, que désiroit Salomon. Ce seroit trop vous demander pour un homme que de vous prier, ô Dieu vivant, que le roi ne fût jamais surpris; c'est le privilége de votre science de n'être pas exposée à la tromperie. Mais faites que la surprise ne l'emporte pas, et que ce grand cœur ne change jamais que pour céder à la vérité. O Dieu, faites qu'il la cherche; ô Dieu, faites qu'il la trouve. Car pourvu qu'il sache la vérité, vous lui avez

[1] III *Reg.*, IV, 29. — [2] *Ibid.*

fait (a) le cœur si droit que nous ne craignons rien pour la justice.

Sire, vous savez les besoins de vos peuples, le fardeau excédant ses forces dont il est chargé [1]. Il se remue pour Votre Majesté quelque chose d'illustre et de grand, et qui passe la destinée des rois vos prédécesseurs; soyez fidèle à Dieu, et ne mettez point d'obstacle par vos péchés aux choses qui se couvent; portez la gloire de votre nom et celle du nom françois à une telle hauteur, qu'il n'y ait plus rien à vous souhaiter que la félicité éternelle.

QUATRIÈME SERMON

POUR

LE DIMANCHE DES RAMEAUX,

SUR LA JUSTICE (b).

Exulta satis, filia Sion; jubila, filia Jerusalem : ecce Rex tuus venit tibi justus et salvator.

Réjouissez-vous, ô Jérusalem : votre roi juste et sauveur vient à vous. *Zachar.*, IX, 9.

La prophétie que j'ai récitée se rapporte manifestement à l'entrée que fait aujourd'hui le Sauveur des ames dans la ville de

---

[1] III *Reg.*, XII, 4.

(a) *Var.*: Faites qu'il la trouve; et quand il saura la vérité, vous lui avez fait...

(b) Prêché en 1666, à Saint-Germain-en-Laye, devant le roi.
Nous savons que le troisième sermon pour le dimanche des Rameaux a été prêché en 1662; le quatrième l'a donc été en 1666, puisque Bossuet n'a prêché que deux Carêmes devant la Cour.
Il demandoit la réforme de la justice en 1662; voici comment il en parle en 1666 : « O sainte réformation de l'état de la justice..., puisses-tu être aussi heureusement accomplie que tu as été sagement entreprise! » Pareillement en 1662 il dit au roi : « Sire, vous savez les besoins de vos peuples, le fardeau excédant ses forces dont il est chargé; » en 1666 il lui adresse ces paroles : « Sire, vous qui êtes sur la terre l'image vivante de la Majesté suprême, imitez sa justice et sa bonté, afin que l'univers admire en votre personne sacrée un roi juste et un

Jérusalem. Le prophète, pour célébrer dignement le triomphe de ce Roi de gloire, lui donne ces deux grands éloges, qu'il est juste et qu'il est sauveur ; c'est-à-dire qu'il unit ensemble, pour l'éternelle félicité du genre humain, ces deux qualités vraiment royales ou plutôt vraiment divines, la justice et la bonté. Au bruit des acclamations que fait retentir le peuple juif en l'honneur de ce Roi juste et sauveur, je me sens invité, Messieurs, à vous parler en ce jour (*a*) de ce puissant appui des choses humaines, je veux dire la justice, et de vous la faire voir comme elle doit être, avec le nécessaire tempérament de la bonté et de la clémence (*b*).

De tous les sujets que j'ai traités, celui-ci me paroît le plus profitable, mais je ne puis vous dissimuler qu'il m'étonne par son importance et m'accable presque de son poids. Car encore que la justice soit nécessaire à tous les hommes dont elle doit faire la loi immuable, il est vrai qu'elle enferme en particulier les principales obligations (*c*) des personnes les plus importantes. Et, Messieurs, je n'ignore pas avec quelle considération (*d*) et quelle crainte on doit non-seulement traiter, mais encore regarder tout ce qui les touche, même de loin et en général. Mais, Sire, votre présence (*e*), qui devroit m'étonner dans ce discours, me rassure et m'encourage. Pendant que toute l'Europe admire votre justice et qu'elle est le plus ferme fondement sur lequel le monde se repose (*f*), vos sujets ne connoîtroient pas le bonheur qu'ils ont d'être nés sous votre empire, s'ils appréhendoient de parler devant leur monarque d'une vertu qui fait sa gloire, aussi bien que sa plus puissante inclination. Je confesserai toutefois que si j'étois dans une place en laquelle il me fût permis de régler mes paroles suivant

roi sauveur, à l'exemple de Jésus-Christ; un roi juste qui rétablisse les lois, un roi sauveur qui soulage les misères. »

Dans un autre endroit, l'orateur loue « l'invincible fermeté » qui a détruit une coutume barbare, le duel; et tous les éditeurs remarquent dans une note, après Déforis, qu'il s'agit là d'un édit porté par Louis XIV en 1679 : ignoroient-ils donc que Bossuet, précepteur du Dauphin, ne paroissoit plus dans la chaire à cette époque, et que le Carême de 1666 est le dernier qu'il a prêché ?

Disons encore que le grand orateur a écrit deux fois le premier et le troisième point, et que les mêmes éditeurs avoient mêlé ces deux rédactions.

(*a*) *Var.* : Aujourd'hui. — (*b*) De la clémence et de la bonté. — (*c*) Qu'elle enferme principalement les plus étroites obligations. — (*d*) Quel respect. — (*e*) La majesté de votre présence. — (*f*) Et se repose sur votre équité et sur votre foi de ses plus grands intérêts.

mes désirs, je me satisferois beaucoup davantage en faisant des panégyriques qu'en proposant des instructions. Mais comme le lieu où je suis m'avertit que je dois ma voix tout entière au Saint-Esprit qui m'ouvre la bouche, j'exposerai (a) aujourd'hui non point mes pensées, mais ses préceptes, avec cette secrète satisfaction qu'en récitant ses divins oracles en qualité de prédicateur, je ne laisserai pas de rendre en mon cœur un hommage profond à votre justice en qualité de sujet. Mais je m'arrête déjà trop longtemps : affermi par cette pensée, je cours où cet Esprit tout-puissant m'appelle; et je cours premièrement à lui-même, pour lui demander ses lumières par les saintes intercessions de la bienheureuse Vierge. *Ave, Maria.*

Quand je nomme la justice, je nomme en même temps le lien sacré de la société humaine, le frein nécessaire de la licence, l'unique fondement du repos, l'équitable tempérament de l'autorité et le soutien favorable de la sujétion. Quand la justice règne, la foi se trouve dans les traités, la sûreté dans le commerce, la netteté dans les affaires, l'ordre dans la police; la terre est en repos, et le ciel même pour ainsi dire nous luit plus agréablement et nous envoie de plus douces influences. La justice est la vertu principale et le commun ornement des personnes publiques et particulières; elle commande dans les uns, elle obéit dans les autres; elle renferme chacun dans ses limites; elle oppose une barrière invincible aux violences et aux entreprises; et ce n'est pas sans raison que le Sage lui donne la gloire de soutenir les trônes et d'affermir les empires, puisqu'en effet elle affermit non-seulement celui des princes sur leurs sujets, mais encore celui de la raison sur les passions et celui de Dieu sur la raison même : *Justitiâ firmatur solium* [1]. Faisons paroître aujourd'hui cette reine des vertus dans cette chaire royale ou plutôt dans cette chaire évangélique et divine où Jésus-Christ, qui est appelé par le prophète Joel « le Docteur de la justice, » en enseigne les maximes à tout le monde : *Dedit vobis Doctorem justitiæ* [2].

[1] *Prov.*, XVI, 12. — [2] *Joel.*, II, 23.
(a) Je rapporterai.

Mais si la justice est la reine des vertus morales, elle ne doit point paroître seule : aussi la verrez-vous dans son trône servie et environnée de trois excellentes vertus, que nous pouvons appeler ses principales ministres, la constance, la prudence et la bonté (*a*). La justice doit être attachée aux règles, autrement elle est inégale dans sa conduite ; elle doit connoître le vrai et le faux dans les faits qu'on lui expose, autrement elle est aveugle dans son application ; enfin elle doit se relâcher quelquefois et donner quelque lieu à l'indulgence, autrement elle est excessive et insupportable dans ses rigueurs. La constance l'affermit dans les règles (*b*), la prudence l'éclaire dans les faits, la bonté (*c*) lui fait supporter les misères et les foiblesses. Ainsi la première la soutient, la seconde l'applique, la troisième la tempère (*d*) ; toutes trois la rendent parfaite et accomplie par leur concours. C'est ce que j'espère de vous faire voir dans les trois parties de ce discours.

PREMIER POINT.

Si je voulois remonter jusqu'au principe, il faudroit vous dire, Messieurs, que c'est en Dieu premièrement que se trouve la justice, et que c'est de cette haute origine qu'elle se répand parmi les hommes. Là il me seroit aisé de vous faire voir que Dieu étant souverainement juste, il gouverne et le monde en général, et le genre humain en particulier par une justice éternelle ; et que c'est cette attache immuable qu'il a à ses propres lois, qui fait remarquer dans l'univers un esprit d'uniformité et d'égalité qui se soutient de soi-même au milieu des agitations et des changemens (*e*) infinis de la nature muable. Ensuite nous verrions, Messieurs, comme la justice découle sur nous de cette source céleste (*f*), pour faire en nos ames l'un des plus beaux traits de la divine ressemblance ; et de là nous conclurions que nous devons imiter par un amour ferme et inviolable de l'équité et des lois, cette constante uniformité (*g*) de la justice divine. Ainsi il n'y

---

(*a*) *Var.* : Et la clémence. — (*b*) Les maximes. — (*c*) La clémence. — (*d*) Ainsi la constance a soutient, la prudence l'applique, la clémence la tempère. — (*e*) Variétés. — (*f*) De cette divine source. — (*g*) L'immuable uniformité.....

auroit pas lieu de douter que la justice ne dût être constante (*a*).

Mais comme je me propose de descendre par des principes connus à des vérités de pratique, je laisse toutes ces hautes spéculations pour vous dire, chrétiens, que la justice étant définie, comme tout le monde sait, « une volonté constante et perpétuelle de donner à chacun ce qui lui appartient : » *Constans et perpetua voluntas jus suum cuique tribuendi*[1] ; il est aisé de connoître que l'homme juste doit être ferme, puisque même la fermeté est comprise dans la définition de la justice.

Et certainement, chrétiens, comme par le nom de vertu nous prétendons désigner non quelque acte passager, ou quelque disposition changeante, mais quelque chose de fixe et de permanent, c'est-à-dire une habitude formée, il est aisé de juger que quelque inclination que nous ayons pour le bien, elle ne mérite pas le nom de vertu, jusqu'à ce qu'elle se soit affermie (*b*) constamment dans notre cœur et qu'elle ait pris, pour ainsi parler, tout à fait racine. Mais outre cette fermeté que doit tirer la justice du génie commun de la vertu, elle y est encore obligée par son caractère particulier, à cause qu'elle consiste dans une certaine égalité envers tous, qui demande pour se soutenir, un esprit ferme et vigoureux, qui ne puisse être ébranlé par la complaisance, ni par l'intérêt, ni par aucune autre foiblesse humaine (*c*).

En effet il est remarquable (*d*) que si l'on ne marche d'un pas égal dans le chemin de la justice, ce qu'on fait même justement devient odieux. Par exemple, si un magistrat n'exagère la rigueur des ordonnances que contre ceux qui lui déplaisent; si un bon droit (*e*) lui paroît toujours embrouillé, jusqu'à ce que le riche parle; si le pauvre, quelque effort qu'il fasse, ne peut jamais se faire entendre (*f*) et se voit malheureusement distingué d'avec le puissant dans un intérêt qu'ils ont commun, c'est en vain que ce magistrat se vante quelquefois d'avoir bien jugé : l'inégalité de sa conduite fait que la justice n'avoue pas pour sien même ce

---

[1] *Instit.*, lib. I, titul. 1.

(*a*) *Var.* : Sans quoi nous ne pourrions soutenir le nom et la dignité de la justice. — (*b*) Etablie. — (*c*) Un esprit ferme et vigoureux, et une résolution arrêtée de ne s'écarter jamais des maximes justement posées — (*d*) Il est véritable. — (*e*) Une bonne affaire. — (*f*) Se bien expliquer.

qu'il fait selon les règles ; elle a honte de ne lui servir que de prétexte (a) ; et jusqu'à ce qu'il devienne égal à tous, la justice qu'il refuse à l'un (b) convainc d'une manifeste partialité celle qu'il se glorifie de rendre à l'autre.

Mais il y a encore une autre raison qui a obligé les jurisconsultes à faire entrer la fermeté dans la définition de la justice, c'est pour l'opposer davantage à son ennemi capital, qui est l'intérêt. L'intérêt, comme vous savez, n'a point de maximes fixes ; il suit les inclinations, il change avec les temps, il s'accommode aux affaires, tantôt ferme, tantôt relâché, et ainsi toujours variable. Au contraire l'esprit de justice est un esprit de fermeté, parce que pour devenir juste, il faut entrer dans l'esprit qui a fait les lois ; c'est-à-dire dans un esprit immortel, qui s'élevant au-dessus des temps et des affections particulières, subsiste toujours égal malgré le changement des affaires.

Concluons donc, chrétiens, que la justice doit être ferme et inébranlable ; mais pour descendre au détail de ses obligations, disons que le genre humain étant partagé en deux conditions différentes, je veux dire entre les personnes publiques et les personnes particulières, c'est le devoir commun des uns et des autres de garder inviolablement la justice ; mais que ceux qui ont en main ou le tout, ou quelque partie de l'autorité publique, ont cela de plus, qu'ils sont obligés d'être fermes non-seulement à la garder, mais encore à la protéger et à la rendre.

Parlons premièrement à tous les hommes, et disons-leur à tous de la part de Dieu (c) : O hommes, quels que vous soyez et quelque sort qui vous soit échu par l'ordre de Dieu dans le grand partage qu'il a fait du monde, soit que sa providence vous ait laissés dans le repos (d) d'une vie privée, soit que vous tirant du pair, elle ait mis sur vos épaules (e) avec de grandes charges de grands périls et de grands comptes à rendre ; puisque vous vivez tous en société sous l'empire suprême de Dieu, n'entreprenez rien les uns sur les autres et écoutez les belles paroles que vous adresse à tous

---

(a) *Var.* : De lui servir de prétexte. — (b) Qu'il refuse au foible et à celui qui lui est indifférent convainc... — (c) Je parle premièrement à tous les hommes, et je leur dis à tous... — (d) Dans l'état. — (e) Elle vous ait imposé.

le divin Psalmiste : *Si verè utique justitiam loquimini, recta judicate, filii hominum* [1] *:* « Si c'est véritablement que vous parlez de la justice, jugez donc droitement, ô enfans des hommes. » Permettez-moi, chrétiens, de paraphraser ces paroles sans me départir toutefois du sens littéral (*a*), et de vous dire avec David : O hommes, vous avez toujours à la bouche l'équité et la justice (*b*) ; dans vos affaires, dans vos assemblées, dans vos entretiens, on entend partout retentir ce nom sacré ; et si peu qu'on vous blesse dans vos intérêts (*c*), vous ne cessez d'appeler la justice à votre secours : mais si c'est sincèrement et de bonne foi que vous parlez de la sorte, si vous regardez la justice comme l'unique asile (*d*) de la vie humaine, et que vous croyiez avoir raison de recourir (*e*), quand on vous fait tort, à ce refuge commun du bon droit et de l'innocence, jugez-vous donc vous-mêmes équitablement, contenez-vous dans les limites (*f*) qui vous sont données, et ne faites pas à autrui ce que vous ne voulez pas qu'on vous fasse. Car en effet, chrétiens, qu'y a-t-il de plus violent et de plus inique que de crier à l'injustice et d'appeler toutes les lois à notre secours, si peu qu'on nous touche (*g*), pendant que nous ne craignons pas d'attenter (*h*) hautement sur le droit d'autrui ; comme si ces lois que nous implorons ne servoient qu'à nous protéger et non pas à nous instruire de nos obligations envers les autres, et que la justice n'eût été donnée que comme un rempart pour nous couvrir, et non comme une borne posée pour nous arrêter et comme une barrière pour nous renfermer dans nos devoirs réciproques (*i*) ?

Fuyons un si grand excès ; gardons-nous bien d'introduire dans ce commerce des choses humaines (*j*) cet abus tant réprouvé par les saintes Lettres : deux mesures, deux balances, deux poids inégaux ; une grande mesure pour exiger ce qui nous est dû, une petite mesure pour rendre ce que nous devons. Car, comme dit

---

[1] *Psal.* LVII, 2.

(*a*) *Var. :* En m'attachant au sens littéral. — (*b*) Le nom sacré de la justice. — (*c*) Dans les moindres choses. — (*d*) Règle. — (*e*) Si vous recourez avec raison. — (*f*) Dans les bornes. — (*g*) Qu'on nous blesse. — (*h*) D'entreprendre. — (*i*) Comme si le nom de justice n'étoit qu'un rempart pour nous défendre, et non une barrière pour nous arrêter et nous renfermer dans les devoirs mutuels de la charité et de la justice. — (*j*) De la société.

le prophète, « c'est une chose abominable devant le Seigneur [1]. » Servons-nous de cette mesure commune qui enferme le prochain avec nous dans la même règle de justice; je veux dire, « faisons, chrétiens, comme nous voulons qu'on nous fasse : c'est la loi et les prophètes [2]. » Gardons l'égalité envers tous, et que le pauvre soit assuré par son bon droit autant que le riche par son crédit et le grand par sa puissance. Gardons-la en toutes choses, et embrassons par un soin égal tout ce que la justice ordonne.

Je ne puis ici m'empêcher de reprendre en passant cet abus commun d'acquitter (a) fidèlement certaines sortes de dettes, et d'oublier tout à fait les autres. Au lieu de savoir connoître ce que doit fournir notre source, et ensuite de dispenser sagement ses eaux par tous les canaux qu'il faut remplir, on les fait couler sans ordre toutes d'un côté, et on laisse le reste à sec. Par exemple, les dettes du jeu sont privilégiées; et comme si ses lois étoient les plus saintes et les plus inviolables de toutes, on se pique d'honneur d'y être fidèle, (b) pendant qu'on ne craint pas de faire misérablement languir des marchands et des ouvriers, dont la famille éplorée, que votre vanité réduit à la faim, crie vengeance devant Dieu (c) contre votre luxe. Ou bien si l'on est soigneux de conserver du crédit en certaines choses, de peur de faire tarir les ruisseaux (d) qui entretiennent notre vanité, on néglige les vieilles dettes, on ruine impitoyablement les anciens amis; amis malheureux et infortunés, devenus ennemis par leurs bons offices, qu'on ne regarde plus désormais que comme des importuns qu'on veut réduire en les fatiguant à des accommodemens déraisonnables, ou à qui l'on croit faire assez de justice, quand on leur laisse après sa mort les débris d'une maison (e) ruinée et les restes d'un naufrage que les flots emportent. Ô droit! ô bonne foi! ô sainte équité! je vous appelle à témoin contre l'injustice des hommes; mais je vous appelle en vain; vous n'êtes presque plus que

---

[1] *Prov.*, xx, 23. — [2] *Matth.*, vii, 12.

(a) C'est de ce même esprit d'inégalité que procède cet abus commun d'acquitter... — (b) *Note marg.* : Non point pour ne tromper pas; car au contraire on ne rougit pas de prendre tous les jours des avantages frauduleux, mais du moins pour payer exactement, pendant qu'on... (c) *Var.* : Crie contre vous devant Dieu.— (d) Les fontaines. — (e) D'une fortune.

des noms pompeux, et l'intérêt est devenu notre seule règle de justice.

Intérêt (a), dieu du monde et de la Cour, le plus ancien, le plus décrié et le plus inévitable de tous les trompeurs, tu trompes dès l'origine du monde; on a fait des livres entiers de tes tromperies, tant elles sont découvertes. Qui ne devient pas éloquent à parler de tes artifices ? Qui ne fait pas gloire de s'en défier ? Mais tout en parlant contre toi, qui ne tombe pas dans tes piéges ? « Parcourez, dit le prophète Jérémie, toutes les rues de Jérusalem, considérez attentivement, et cherchez si vous trouverez un homme droit et de bonne foi : » *Circuite vias Jerusalem, et aspicite, et considerate, et quærite an inveniatis virum facientem justitiam, et quærentem fidem... Quod si etiam : Vivit Dominus, dixerint, et hoc falsò jurabunt* [1]. On ne voit plus, on n'écoute plus, on ne garde plus aucune mesure, quand il s'agit du moindre intérêt. La bonne foi n'est qu'une vertu de commerce, qu'on garde par bienséance dans les petites affaires pour établir son crédit, mais qui ne gêne point la conscience quand il s'agit d'un coup de partie. Cependant on jure, on affirme, on prend à témoin le ciel et la terre; on mêle partout le saint nom de Dieu, sans aucune distinction du vrai et du faux : « Comme si le parjure, disoit Salvien, n'étoit plus un genre de crime (b), mais une façon de parler : » *Perjurium ipsum sermonis genus putat esse, non criminis* [2]. Au reste on ne songe plus à restituer le bien qu'on a usurpé contre les lois ; on s'imagine qu'on se le rend propre par l'habitude d'en user, et on cherche de tous côtés non point un fonds pour le rendre, mais quelque détour de conscience pour le retenir : on trouve le moyen d'engager (c) tant de monde dans son parti, et on sait lier ensemble tant d'intérêts différens, que la justice (d) repoussée par un si grand concours et par cet enchaînement d'intérêts contraires (e), si je puis parler de la sorte, « est contrainte de se retirer, comme dit le prophète Isaïe : la vérité tombe par terre et ne peut plus percer de si grands obstacles, ni trouver aucune place

---

[1] *Jerem.*, v, 1, 2. — [2] Salvian., lib. IV *De Gubern. Dei*, n. 14, p. 87.

(a) *Var.* : Mais, ô dangereux intérêt, dieu...— (b) « Une espèce de crime. »— (c) On engage. — (d) La vérité. — (e) Cachés.

parmi les hommes (a) : » *Et conversum est retrorsùm judicium, et justitia longè stetit, quia corruit in plateâ veritas, et œquitas non potuit ingredi*[1].

Dans cette corruption presque universelle que l'intérêt a faite dans le monde, si ceux que Dieu a mis dans les grandes places n'appliquent toute leur puissance à soutenir la justice, la terre sera désolée et les fraudes seront infinies. O sainte réformation de l'état de la justice, ouvrage digne du grand génie du Monarque qui nous honore de son audience, puisses-tu être aussi heureusement accomplie que tu as été sagement entreprise! Il n'y a rien, Messieurs, de plus nécessaire au monde que de protéger hautement, chacun autant qu'on le peut, l'intérêt de la justice. Car il faut ici confesser que la vertu est obligée de marcher dans des voies bien difficiles, et que c'est une espèce de martyre que de se tenir régulièrement dans les termes du droit et de l'équité. Celui qui est résolu de se renfermer dans ces bornes, se met si fort à l'étroit (b) qu'à peine se peut-il aider; et il ne faut pas s'étonner s'il demeure court ordinairement dans ses entreprises, lui qui se retranche tout d'un coup plus de la moitié des moyens, en s'ôtant ceux qui sont mauvais, et c'est-à-dire assez souvent les plus efficaces.

Car qui ne sait, chrétiens, que les hommes pleins d'intérêts et de passions veulent qu'on entre dans leurs sentimens? Que fera ici cet homme si droit, qui ne parle que de son devoir? que fera-t-il, chrétiens, avec sa froide et impuissante régularité (c)? Il n'est ni assez souple, ni assez flexible pour ménager la faveur des hommes; il y a tant de choses qu'il ne peut pas faire, qu'à la fin il est regardé comme un homme qui n'est bon à rien et qui est entièrement inutile. En effet, écoutez, Messieurs, comme en parlent les hommes du monde dans le livre de la *Sapience* : *Circumveniamus hominem justum, quoniam inutilis est nobis*[2] : « Trompons, disent-ils, l'homme juste (remarquez cette raison), parce qu'il nous est inutile : » il n'entre point dans nos négoces, il s'é-

---

[1] *Isa.*, LIX, 14. — [2] *Sap.*, II, 12.

(a) *Var.* : « La justice tombe dans des piéges impénétrables, on ne peut plus percer, les juges veulent donner la justice comme une grace. » — (b) Se réduit. — (c) Médiocrité.

loigne de nos détours, il ne nous est d'aucun usage. Ainsi, comme vous voyez, à cause qu'il est inutile, on se résout facilement à le mépriser, ensuite à le laisser périr sans en faire bruit, et même à le sacrifier à l'intérêt du plus fort et aux pressantes sollicitations de cet homme de grand secours, qui n'épargne rien, ni le saint ni le profane, pour nous servir. Mais pourquoi nous arrêter davantage sur une chose si claire? Il est aisé de comprendre que l'homme injuste, qui met tout en œuvre, qui entre dans tous les desseins, qui fait jouer les passions et les intérêts, ces deux grands ressorts de la vie humaine, est plus actif, plus pressant, plus prompt; et ensuite, pour l'ordinaire, qu'il réussit mieux que le juste qui ne sort point de ses règles, qui ne marche qu'à pas comptés, qui ne s'avance que par mesure.

Levez-vous, puissances du monde; voyez comme la justice est contrainte de marcher par des voies serrées; secourez-la, tendez-lui la main, faites-vous honneur; c'est trop peu dire, déchargez votre ame et délivrez votre conscience en la protégeant. La vertu a toujours assez d'affaires pour se maintenir au dedans contre tant de vices qui l'attaquent; défendez-la du moins contre les insultes du dehors. « C'est pour cela, dit le grand pape saint Grégoire, que la puissance a été donnée à nos maîtres, afin que ceux qui veulent le bien soient aidés, et que les voies du ciel soient dilatées (a) : » *Ad hoc enim potestas super omnes homines dominorum meorum pietati cœlitùs data est, ut qui bona appetunt adjuventur, ut cœlorum via largiùs pateat* [1]. Ainsi leur conscience les oblige à soutenir hautement le bon droit et la justice. Car il est vrai que c'est la trahir que de travailler foiblement pour elle, et l'expérience nous fait assez voir qu'une résistance trop molle ne fait qu'affermir le vice et le rendre plus audacieux. Les méchans n'ignorent pas que leurs entreprises hardies leur attirent nécessairement quelques embarras : mais après qu'ils ont essuyé une légère (b) tempête que la clameur publique a fait élever contre eux, ils pensent avoir payé tout ce qu'ils doivent à la justice; ils défient après cela le ciel et la terre, et ne profitent de cette disgrace que

---

[1] *Epist.* LXV *ad Maurit. August.*
(a) *Var. :* « Etendues. » — (b) Quelque légère.

pour mieux prendre dorénavant leurs précautions. Ainsi il faut résister à l'iniquité avec une force invincible; et nous pouvons bien le publier devant un roi si juste et si ferme, que c'est dans cette vigueur à maintenir la justice que réside la grandeur et la majesté.

J'ai remarqué deux éloges que l'Ecriture donne au roi Salomon. Au commencement de son règne elle dit ces mots : « Salomon s'assit dans le trône du Seigneur en la place de David son père, et il plut à tous : » *Sedit Salomon in solio Domini, pro David patre suo, et placuit omnibus*[1]. Remarquons ici en passant, Messieurs, que le trône royal appartient à Dieu, et que les rois ne le remplissent qu'en son nom. C'est une chose bien magnifique pour les rois et qui nous oblige à les révérer avec une espèce de religion, mais par laquelle aussi Dieu les avertit d'exercer saintement et divinement une autorité divine et sacrée. Mais revenons à Salomon. « Il s'assit donc, dit l'Ecriture, dans le trône du Seigneur en la place de David son père, et il plut à tous : » c'est la première peinture que nous fait le Saint-Esprit de ce grand prince. Mais après qu'il eut commencé de gouverner ses affaires et qu'on le vit appliqué à faire justice à tout le monde avec grande connoissance, la même Ecriture relève son style et parle de lui en ces termes : « Tout Israël entendit que le roi jugeoit droitement, et ils craignirent le roi, voyant que la sagesse de Dieu étoit en lui : » *Audivit itaque omnis Israel judicium quod rex judicasset, et timuerunt regem, videntes sapientiam Dei esse in illo ad faciendum judicium*[2]. Sa mine haute et relevée le faisoit aimer; sa justice le fait craindre de cette crainte de respect qui ne détruit pas l'amour, mais qui le rend plus retenu et plus circonspect. Les bons respiroient sous sa protection, et les méchans appréhendoient son bras et ses yeux, qu'ils voyoient si éclairés et si appliqués tout ensemble à connoître la vérité. La sagesse de Dieu étoit en lui, et l'amour qu'il avoit pour la justice lui faisoit trouver les moyens de la bien connoître (a) : c'est la seconde qualité que la justice demande, et j'ai promis aussi de la traiter dans ma seconde partie.

[1] I *Paralip.*, XXIX, 23. — [2] III *Reg.*, III, 28.
(a) *Var. :* Faisoit qu'il s'attachoit à la bien connoître.

SECOND POINT.

Avant que Dieu consumât par le feu du ciel ces villes abominables dont le nom même fait horreur, nous lisons dans la *Genèse* qu'il parla en cette sorte : « Le cri contre l'iniquité de Sodome (a) et de Gomorrhe s'est augmenté, et leurs crimes se sont aggravés jusqu'à l'excès : je descendrai et je verrai s'ils ont fait selon la clameur qui est venue contre eux jusqu'à moi (b), ou si leurs œuvres sont contraires, afin que je le sache au vrai : » *Clamor Sodomorum et Gomorrhæ multiplicatus est, et peccatum eorum aggravatum est nimis: descendam et videbo utrùm clamorem qui venit ad me, opere compleverint, an non est ita, ut sciam*[1]. Saint Isidore de Damiette, et après lui le grand pape saint Grégoire, ont fait cette belle observation sur ces paroles[2] : Encore qu'il soit certain que Dieu, du haut de son trône, non-seulement découvre tout ce qui se fait sur la terre, mais encore prévoie dès l'éternité tout ce qui se développe par la révolution des siècles, toutefois, disent ces grands saints, voulant obliger les hommes de s'instruire par eux-mêmes de la vérité et de n'en croire ni les rapports, ni même la clameur publique, cette Sagesse infinie se rabaisse jusqu'à dire : « Je descendrai et je verrai, » afin que nous comprenions quelle exactitude nous est commandée pour nous informer des choses au milieu de nos ignorances, puisque celui qui sait tout fait une si soigneuse perquisition et vient en personne pour voir. C'est, Messieurs, en cette sorte que le Très-Haut se rabaisse pour nous enseigner, et il donne par ces paroles deux instructions importantes à ceux qui sont en autorité. Premièrement en disant : « Le cri est venu à moi, » il leur montre que leur oreille doit être toujours ouverte, toujours attentive à tout. Mais en ajoutant après : « Je descendrai et je verrai, » il leur apprend qu'à la vérité ils doivent tout écouter ; mais qu'ils doivent rendre ce respect à l'autorité que Dieu a attachée à leur jugement, de ne l'arrêter jamais qu'après une exacte information et un sérieux examen.

[1] *Genes.*, XVIII, 20, 21. — [2] S. Isidor., *Epist.*, lib. I, Epist. CCCX; S. Greg., *Moral.*, lib. XIX, cap. XXV.

(a) *Var.:* « Le cri de l'iniquité de Sodome. » — (b) « Et je verrai si cette clameur qui s'est élevée contre eux est bien fondée. »

Ajoutons, s'il vous plaît, Messieurs, qu'encore ne suffit-il pas de recevoir ce qui se présente; il faut chercher de soi-même et aller au-devant de la vérité, si nous voulons la connoître et la découvrir. Car les hommes et surtout les grands ne sont pas si heureux que la vérité aille à eux d'elle-même, ni de droit fil, ni d'un seul endroit. Il ne faut pas qu'ils se persuadent qu'elle perce tous les obstacles qui les environnent, pour monter à cette hauteur où ils sont placés; mais plutôt il faut qu'ils descendent pour la chercher elle-même. C'est pourquoi le Seigneur a dit : « Je descendrai et je verrai; » c'est-à-dire qu'il faut que les grands du monde descendent en quelque façon de ce haut faîte où rien n'approche qu'avec crainte, pour reconnoître les choses de près et recueillir deçà et delà les traces dispersées de la vérité; et c'est en cela que consiste la véritable prudence. C'est pourquoi il est écrit du roi Salomon « qu'il avoit le cœur étendu comme le sable de la mer : » *Dedit Deus Salomoni latitudinem cordis quasi arenam quæ est in littore maris* [1]; c'est-à-dire qu'il étoit capable d'entrer dans un détail infini, de ramasser avec soin les moindres particularités, de poser les circonstances les plus menues, pour former un jugement droit et éviter les surprises.

Il est certain, chrétiens, que les personnes publiques chargent terriblement leurs consciences et se rendent responsables devant Dieu de tous les désordres du monde, s'ils n'ont cette attention pour s'instruire exactement de la vérité. Et c'est pourquoi le roi David pénétré de cette pensée (*a*) et de cette pesante obligation, sentant approcher son heure dernière, fait venir (*b*) son fils et son successeur; et parmi plusieurs graves avertissemens, il lui donne celui-ci très-considérable : « Prenez garde, lui dit-il, mon fils, que vous entendiez tout ce que vous faites et de quel côté vous vous tournerez : » *Ut intelligas universa quæ facis et quocumque te verteris* [2]. De même que s'il eût dit : Mon fils, que nul ne soit si osé que de vouloir tourner votre esprit ni vous donner des impressions contraires à la vérité. Entendez distinctement tout ce que vous faites, et connoissez tous les ressorts de la grande ma-

---

[1] III *Reg.*, iv, 29. — [2] *Ibid.*, ii, 3.

(*a*) *Var.* : Plein de cette pensée. — (*b*) Appelle.

chine que vous conduisez; » afin, dit-il, que le Seigneur soit avec vous et confirme toutes ses promesses touchant la félicité de votre règne : » *Ut confirmet Dominus universos sermones suos*[1].

C'est ce que dit le sage David au sage Salomon son successeur, et il sera beau de voir de quelle sorte ce jeune prince profite de cet avis. Aussitôt qu'il eut pris en main les rênes de son empire, il se mit à considérer profondément que cette haute élévation (a) où il se voyoit avoit ce malheur attaché, que dans cette multitude infinie qui l'environnoit (b), il n'y en avoit presque aucun qui ne pût avoir quelque intérêt de le surprendre. Il vit donc combien il est dangereux de s'abandonner tout entier à une aveugle confiance; et il vit aussi que la défiance jetoit l'esprit dans l'incertitude et fermoit d'une autre manière la porte à la vérité. Dans cette perplexité et pour tenir le milieu entre ces deux périls également grands, il connut qu'il n'y avoit rien de plus nécessaire que de se jeter humblement entre les bras de celui auquel seul on ne peut jamais s'abandonner trop, et il fit à Dieu cette prière : « Seigneur Dieu, vous avez fait régner votre serviteur en la place de David mon père ; et moi, je suis un petit enfant, qui ne sais ni par où il faut commencer, ni par où il faut sortir des affaires : » *Ego autem sum puer parvulus, et ignorans egressum et introitum meum*[2]. Ne croyez pas, chrétiens, qu'il parlât ainsi par foiblesse. Il parloit et il agissoit dans ses conseils avec la plus haute fermeté, et il avoit déjà fait sentir aux plus grands de son Etat qu'il étoit le maître; mais tout sage et tout absolu qu'il étoit, il voyoit qu'en la présence de Dieu toute cette force n'étoit que foiblesse et que toute cette sagesse n'étoit qu'une enfance : *Ego autem sum puer parvulus;* et il n'attend que du Saint-Esprit l'ouverture et la sortie de ses entreprises. Après quoi le désir immense de rendre justice lui met cette parole à la bouche : « Vous donnerez, ô Dieu, à votre serviteur un cœur docile, afin qu'il puisse juger votre peuple et discerner entre le bien et le mal. Car autrement qui pourroit conduire (c) cette multitude infinie? » *Dabis ergo servo tuo cor docile, ut populum tuum judicare possit et discernere inter bonum*

[1] III *Reg.*, II, 4. — [2] *Ibid.*, III, 7.
(a) *Var.* : Fortune. — (b) Qu'il voyoit s'empresser autour de lui. — (c) Juger.

et malum. Quis enim poterit judicare populum istum, populum tuum hunc multum[1] ?

Vous voyez bien, chrétiens, qu'il sent le poids de sa dignité et la charge épouvantable de sa conscience, s'il se laisse prévenir contre la justice. C'est pourquoi il demande à Dieu ce discernement et ce cœur docile, par où nous devons entendre non un cœur incertain et irrésolu; car la véritable prudence n'est pas seulement considérée, mais encore tranchante et résolutive. C'est donc qu'il considéroit que c'est un vice de l'esprit humain, non-seulement d'être susceptible des impressions étrangères, mais encore de s'embarrasser dans ses propres imaginations; et que ce n'est pas toujours la foiblesse du génie, mais souvent même sa force qui fait que l'homme s'attache plus qu'il ne faut à soutenir ses opinions, sans vouloir jamais revenir. *Non recipit stultus verba prudentiæ, nisi ea dixeris quæ versantur in corde ejus*[2]. De là vient que regardant avec tremblement les excès où ces violentes préoccupations engagent souvent les meilleurs esprits, il demande à Dieu un cœur docile; c'est-à-dire, si nous l'entendons, un cœur si grand et si relevé qu'il ne cède jamais qu'à la vérité, mais qu'il lui cède toujours en quelque temps qu'elle vienne, de quelque côté qu'elle aborde, sous quelque forme qu'elle se présente.

C'est pour cela, chrétiens, qu'il n'y a rien de plus beau dans les personnes publiques qu'une oreille toujours ouverte et une audience facile. C'est une des principales parties de la félicité du monde; et l'*Ecclésiastique* l'avoit bien compris, lorsqu'il a dit ces paroles : « Heureux celui qui a trouvé un ami fidèle, et qui raconte son droit (a) à une oreille attentive : » *Beatus qui invenit amicum verum, et qui enarrat justitiam auri audienti*[3]. Ce grand homme a joint ensemble dans ce seul verset deux des plus sensibles consolations de la vie humaine : l'une, de trouver dans ses embarras un ami fidèle à qui l'on puisse demander un bon conseil; l'autre, de trouver dans ses affaires une oreille patiente à qui on puisse déduire toutes ses raisons. *Aurem audientem et oculum*

---

[1] III *Reg.*, III, 9. — [2] *Prov.*, XVIII, 2. — [3] *Eccli.*, XXV, 12.

(a) *Var.*: Ses raisons.

videntem, Dominus fecit utrumque[1]. Il n'y a rien de plus doux ni de plus efficace pour gagner les cœurs (*a*); et les personnes d'autorité doivent avoir de la joie de pouvoir faire ce bien à tous. La dernière décision des affaires les oblige à prendre parti, et ensuite ordinairement à fâcher quelqu'un ; mais il semble que la justice voulant les récompenser de cette importune nécessité où elle les engage, leur ait mis en main un plaisir qu'ils peuvent faire à tous également, qui est celui de prêter l'oreille avec patience et de peser sérieusement toutes les raisons (*b*).

Mais après avoir exposé de quelle importance il est que les personnes publiques recherchent la vérité, avec quelle force et de quelle voix (*c*) ne faudroit-il pas nous élever contre ceux qui entreprendroient de l'obscurcir par leurs faux rapports! Qu'attendez-vous, malheureux, et quelle entreprise est la vôtre? Quoi! vous voulez ôter la lumière au monde et envelopper de ténèbres ceux qui doivent éclairer la terre ! Vous concevez de mauvais desseins, vous fabriquez des tromperies, vous machinez des fraudes les uns contre les autres; et non contens de les méditer dans votre cœur, vous ne craignez point de les porter jusqu'aux oreilles importantes; vous osez même les porter jusqu'aux oreilles du prince (*d*). Ah! songez qu'elles sont sacrées, et que c'est les profaner trop indignement que d'y porter, comme vous faites, ou les injustes préventions d'une haine aveugle, ou les pernicieux raffinemens d'un zèle affecté, ou les inventions artificieuses d'une jalousie cachée (*e*). Infecter les oreilles du prince, c'est quelque chose de plus criminel que d'empoisonner les fontaines publiques et que de voler les trésors publics. Car le vrai trésor d'un Etat, c'est la vérité dans l'esprit du prince. Prenez donc garde, Messieurs, comme vous parlez surtout dans la Cour, où tout est si délicat et si important. C'est là que s'accomplit ce que dit le Sage : « Les paroles

---

[1] *Prov.*, xx, 12.

(*a*) *Var.*: Il n'y a rien de plus doux ni qui gagne davantage un cœur. — (*b*) Qui est celui d'écouter et de décharger un cœur angoissé de cette peine cruelle de n'être pas entendu. — (*c*) Avec quelle force de paroles. — (*d*) Vous voulez ôter la lumière au monde, et vous entreprenez d'envelopper de ténèbres ceux qui doivent éclairer la terre! Vous tâchez de les envelopper par de faux rapports et par vos déguisemens; vous ne craignez point de les porter..... — (*e*) D'un intérêt qui se cache.

obscures ne se perdent pas en l'air : » *Sermo obscurus in vacuum non ibit*[1]. Chacun écoute et chacun commente ; cette raillerie maligne, ce trait que vous lancez en passant, cette parole malicieuse, ce demi-mot qui donne tant à penser par son obscurité affectée, peut avoir des suites terribles ; et il n'y a rien de plus criminel que de vouloir couvrir de nuages le siége de la lumière, ou altérer tant soit peu la source de la bonté et de la clémence.

TROISIÈME POINT.

La justice n'a pas toujours l'épée à la main (a), ni ne montre pas toujours son visage austère ; la droite raison qui est sa guide lui prescrit de se relâcher quelquefois, et il m'est aisé de vous faire voir que la clémence qui tempère sa rigueur extrême, est une de ses parties principales.

En effet il est manifeste que la justice est établie pour entretenir la société parmi les hommes. Or est-il que la condition la plus nécessaire pour conserver parmi nous la société, c'est de nous supporter mutuellement dans nos défauts ; autrement notre nature ayant tant de foible, si nous entrions dans le commerce de la vie humaine avec cette austérité invincible qui ne veuille jamais rien pardonner aux autres, il faudroit et que tout le monde rompît avec nous, et que nous rompissions avec tout le monde. Par conséquent la même justice qui nous fait entrer en société, nous oblige en faveur de cette union à nous supporter en beaucoup de choses[2] ; la foiblesse commune de l'humanité ne nous permet pas, chrétiens, de nous traiter les uns les autres en toute rigueur ; et il n'est rien de plus juste que cette loi de saint Paul : « Supportez-vous mutuellement[3] et portez le fardeau les uns des autres : » *Alter alterius onera portate*[4] ; et cette charité et facilité qui s'appelle *condescendance* dans les particuliers, c'est ce qui s'appelle *clémence* dans les grands et dans les princes. Ceux qui sont dans les hautes places et qui ont en main quelque partie de l'autorité publique, ne doivent pas se persuader qu'ils soient exempts de cette loi : au contraire, et il le faut dire, leur propre élévation leur

---

[1] *Sap.*, I, 11. — [2] *Ephes.*, IV, 2. — [3] *Coloss.*, III, 13. — [4] *Galat.*, VI, 2.
(a) *Var.* : N'est pas toujours inflexible.

impose cette obligation nécessaire de donner bien moins que les autres à leurs ressentimens et à leurs humeurs; et dans ce faîte où ils sont, la justice leur ordonne de considérer qu'étant établis de Dieu pour porter ce noble fardeau du genre humain, les foiblesses inséparables de notre nature font une partie de leur charge, et ainsi que rien ne leur est plus nécessaire que d'user quelquefois de condescendance.

J'ai dit *quelquefois*, Messieurs, et en certaines rencontres. Car qui ne sait qu'il y a des fautes que l'on ne peut pardonner sans se rendre complice des abus et des scandales publics, et que cette différence doit être réglée par les conséquences et par les circonstances particulières. Ainsi ne nous mêlons pas de faire ici des leçons aux princes sur des choses qui ne dépendent que de leur prudence; mais contentons-nous de remarquer, autant que le peut souffrir la modestie de cette chaire, les merveilles de nos jours. S'il s'agit de déraciner une coutume barbare qui prodigue malheureusement le plus beau sang d'un grand royaume, et sacrifie (a) à un faux honneur tant d'ames que Jésus-Christ a rachetées, peut-on être chrétien et ne pas louer hautement l'invincible fermeté du prince que la grandeur de l'entreprise, tant de fois vainement tentée, n'a pas arrêté, qu'aucune considération n'a fait fléchir, et dont le temps même qui change tout n'est pas capable d'affoiblir les résolutions? Je ne puis presque plus retenir mon cœur; et si je ne songeois où je suis, je me laisserois épancher aux plus justes louanges du monde, pour célébrer la gloire d'un règne qui soutient avec tant de force l'autorité des lois divines et humaines, et ne veut ôter aux sujets que la liberté de se perdre. Dieu, qui est le père et le protecteur de la société humaine, comblera de ses célestes bénédictions un roi qui sait si bien ménager les hommes, et qui sait ouvrir à la vertu la véritable carrière en laquelle il est glorieux de ne se plus ménager. En de telles occasions, où il s'agit de réprimer la licence qui entreprend de fouler aux pieds les lois les plus saintes, la pitié est une foiblesse; mais dans les fautes particulières, le prince fait admirer sa grande sagesse et sa magnanimité, quand quelquefois il oublie,

(a) *Var.* : Immole.

et quelquefois il néglige; quand il se contente de marquer les fautes, et ne pousse pas la rigueur à l'extrémité. C'est en de semblables rencontres (a) que Théodose le Grand se tenoit obligé, dit saint Ambroise, quand on le prioit de pardonner; cet empereur tant de fois victorieux et illustre par ses conquêtes, non moins que par sa piété, jugeoit avec Salomon « qu'il étoit plus beau et plus glorieux de surmonter sa colère, que de prendre des villes et de défaire des armées [1]; et c'est alors, dit le même Père, qu'il étoit plus porté à la clémence, quand il se sentoit ému par un plus vif ressentiment : » *Beneficium se putabat accepisse augustæ memoriæ Theodosius, cùm rogaretur ignoscere; et tunc propior erat veniæ, cùm fuisset commotio major iracundiæ* [2].

Que si les personnes publiques, contre lesquelles les moindres injures sont des attentats, doivent néanmoins user de tant de bonté envers les hommes, à plus forte raison les particuliers doivent-ils sacrifier à Dieu leurs ressentimens. La justice chrétienne le demande d'eux et ne donne point de bornes à leur indulgence. « Pardonne, dit le Fils de Dieu [3], je ne dis pas jusqu'à sept fois, mais jusqu'à septante-sept fois ; » c'est-à-dire pardonne sans fin, et ne donne point de limites à ce que tu dois faire pour l'amour de Dieu. Je sais que ce précepte évangélique n'est guère écouté à la Cour; c'est là que les vengeances sont infinies ; et quand on ne les pousseroit pas par ressentiment, on se sentiroit obligé de le faire par politique. On croit qu'il est utile de se faire craindre, et on pense qu'on s'expose trop quand on est d'humeur à souffrir. Je n'ai pas le temps de combattre sur la fin de ce discours cette maxime antichrétienne, que je pourrois peut-être souffrir, si nous n'avions à ménager que les intérêts du monde. Mais, mes frères, notre grande affaire, c'est de savoir nous concilier la miséricorde divine, c'est de ménager qu'un Dieu nous pardonne, et de faire que sa clémence arrête le cours de sa colère que nous avons trop méritée. Et comme il ne pardonne qu'à ceux qui pardonnent, et qu'il n'accorde jamais sa miséricorde qu'à ce prix, notre aveuglement est extrême, si nous ne pensons à

---

[1] *Prov.*, XVI, 32. — [2] *Orat. de Obit. Theod.*, n. 13. — [3] *Matth.*, XVIII, 22.

(a) *Var :* Sujets.

gagner cette bonté dont nous avons si grand besoin, et si nous ne sacrifions de bon cœur à cet intérêt éternel nos intérêts périssables. Pardonnons donc, chrétiens. Apprenons à nous relâcher de nos intérêts en faveur de la charité chrétienne; et quand nous pardonnons les injures, ne nous persuadons pas que nous fassions une grace. Car si c'est peut-être une grace à l'égard de l'homme, c'est toujours une justice à l'égard de Dieu, qui a mérité ce pardon qu'il nous demande pour nos ennemis par celui qu'il nous a donné de toutes nos fautes; et qui non content de l'avoir si bien acheté, promet de le récompenser éternellement par la participation de la gloire où nous conduise le Père, le Fils et le Saint-Esprit.

PREMIER POINT DU SERMON PRÉCÉDENT,

AUTREMENT TRAITÉ.

Si je voulois remonter jusqu'au principe, il faudroit vous dire, Messieurs, que c'est en Dieu premièrement que se trouve la justice, et que c'est de cette haute origine qu'elle se répand parmi les hommes. C'est là que j'aurois à vous exposer, avec le grave Tertullien, que « la divine bonté ayant fait tant de créatures, la justice divine les a ordonnées et rangées chacune en sa place : » *Bonitas operata est mundum, justitia modulata est...; omnia ut bonitas concepit, sic justitia distinxit*[1]. C'est donc elle qui ayant partagé proportionnément ces vastes espaces du monde, y a aussi assigné le lieu convenable aux astres, à la terre, aux élémens, pour s'y reposer ou pour s'y mouvoir, suivant qu'il est ordonné par la loi de l'univers, c'est-à-dire par la sage volonté de Dieu. C'est cette même justice qui a aussi donné à la créature raisonnable ses lois particulières, dont les unes sont naturelles, et les autres, que nous appelons *positives*, sont faites ou pour confirmer, ou pour expliquer, ou enfin pour perfectionner les lumières de la nature.

Ainsi Dieu étant souverainement juste, il gouverne et le monde en général, et le genre humain en particulier par une

---

[1] *Advers. Marcion.*, lib. II, n. 12.

justice éternelle; c'est ce qui fait remarquer dans l'univers un esprit d'uniformité et d'égalité qui se soutient de soi-même au milieu des agitations et des variétés infinies de la nature muable. Ces grandes et admirables vérités nous font conclure, Messieurs, que Dieu est la source de la justice, que de là elle s'est répandue en nous pour faire en nos ames l'un des plus beaux traits de la divine ressemblance; et qu'ainsi nous devons imiter par une attache constante aux lois l'immuable uniformité de la justice divine : d'où il s'ensuit que tout homme juste doit être constant; mais que ceux-là le doivent être plus que tous les autres, qui sont les juges du monde, et qui étant pour cette raison appelés dans l'Ecriture « les dieux de la terre, » doivent faire reluire dans leur fermeté une image de l'immutabilité de ce premier Etre dont ils représentent parmi les hommes la grandeur et la majesté (a).

J'irois à l'infini, si je me jetois dans ces hautes spéculations; et comme j'ai dessein de descendre par des principes connus à des vérités de pratique, je vous dirai, chrétiens, que la justice étant définie par l'empereur Justinien, comme tout le monde sait, « une volonté constante et perpétuelle de rendre à chacun ce qui lui appartient, » *constans et perpetua voluntas jus suum cuique tribuendi* [1], il est aisé de connoître que l'homme juste doit être constant, puisque la constance est renfermée dans la définition de la justice.

Il est vrai (b), Messieurs, que non-seulement la justice, mais encore toutes les autres vertus doivent avoir de la fermeté. Car par le nom de *vertu* nous prétendons désigner non quelque acte passager ou quelque disposition changeante, mais une habitude formée. Or qui ne sait que l'habitude dit quelque chose de fixe; et quelque inclination que nous ayons pour le bien, elle ne mérite pas le nom de vertu, jusqu'à ce qu'elle soit affermie. Il est donc déjà très-assuré que la justice doit tirer un esprit de fermeté du génie commun de la vertu; et il reste à considérer si, outre cette

[1] *Institut.*, lib. I, titul. 1.

(a) *Var:* Dont ils représentent la grandeur et la majesté parmi les hommes. — (b) Il est certain.

raison générale, la constance lui est attribuée spécialement à cause de quelque caractère qui lui soit propre. Mais sans perdre le temps à subtiliser sur la différence des vertus, il me paroît, chrétiens, que la justice emporte avec elle, plus que les autres vertus, une fermeté invincible, à cause qu'elle consiste dans une certaine égalité envers tous; et il est clair que pour soutenir cette égalité, il faut quelque chose de ferme; autrement on déclinera tantôt à droite, tantôt à gauche : on regardera les visages contre le précepte de la loi [1], c'est-à-dire qu'on opprimera le foible qui est sans défense et qu'on ne craindra d'entreprendre que contre celui qui a du crédit; ainsi on introduira cette pernicieuse inégalité et cette double mesure tant de fois repoussée dans les saintes Lettres (a), qui est la perte infaillible du droit et de la justice.

Et certes il est véritable que si l'on ne marche d'un pas égal dans le chemin de la justice, ce qu'on fait même justement devient odieux. Par exemple, si un magistrat n'exagère la rigueur des ordonnances que contre ceux qui lui déplaisent; si une bonne affaire lui paroît toujours embrouillée, jusqu'à ce que le riche parle; si le pauvre ne peut jamais se faire entendre et se voit malheureusement distingué d'avec le puissant dans un intérêt qu'ils ont commun, c'est en vain que ce magistrat se vante quelquefois d'avoir bien jugé : l'inégalité de sa conduite fait que la justice n'avoue pas pour sien même ce qu'il fait selon les règles; elle a honte de ne lui servir que de prétexte; et jusqu'à ce qu'il devienne égal à tous, sans acception de personnes, la justice qu'il refuse à l'un convainc d'une criminelle partialité celle qu'il se glorifie de rendre à l'autre. Au lieu de savoir connoître ce que peut fournir la source, et ensuite de dispenser sagement ses eaux par tous les canaux qu'il faut remplir, on les fait couler sans ordre, toutes d'un côté, et on laisse le reste à sec.

C'est de ce même esprit d'inégalité que procède cet abus commun d'acquitter fidèlement certaines dettes, et d'oublier tout à fait les autres. Par exemple, les dettes du jeu sont privilégiées; et comme si ses lois étoient les plus saintes et les plus invio-

---

[1] *Levit.*, XIX, 15.

(a) *Var.* : Et cette double balance tant de fois détestée dans les Ecritures.

lables, on se pique d'honneur d'y être fidèle, pendant qu'on ne rougit pas de faire languir misérablement des marchands et de misérables ouvriers, qui seuls soutiennent depuis longtemps cet éclat que je puis bien appeler doublement trompeur et doublement emprunté, puisque vous ne le tirez ni de votre vertu, ni même de votre bourse (*a*). Ou bien si l'on est soigneux de conserver du crédit en certaines choses, de peur de faire tarir les sources (*b*) qui entretiennent le luxe, on néglige les vieilles dettes, on ruine impitoyablement les anciens amis; amis malheureux et infortunés, devenus ennemis par leurs bons offices, qu'on ne regarde plus désormais que comme des importuns qu'on veut réduire en les fatiguant à des accommodemens déraisonnables, à qui l'on croit faire assez de justice quand on leur laisse après sa mort les débris d'une fortune ruinée et les restes d'un naufrage que les flots emportent. O droit! ô bonne foi! ô sainte équité! je vous appelle en vain; vous n'êtes presque plus parmi nous que des noms pompeux, et l'intérêt est devenu notre seule règle de justice.

C'est encore pour cette raison qu'il a été nécessaire de faire entrer la fermeté dans la définition de la justice, pour l'opposer davantage à son ennemi capital qui est l'intérêt. L'intérêt, comme vous savez, n'a point de maximes fixes; il suit les inclinations, il change avec les temps, il s'accommode aux affaires; tantôt ferme, tantôt relâché, et ainsi toujours variable. Au contraire, l'esprit de justice est un esprit de fermeté, parce que pour devenir juste, il faut entrer dans l'esprit qui a fait les lois; c'est-à-dire dans un esprit immortel, qui s'élevant au-dessus des temps et des affections particulières, subsiste toujours égal, malgré le changement des affaires.

Qui pourroit maintenant vous dire de quelle sorte, par quels artifices l'intérêt attaque l'intégrité de la justice, tente sa pudeur, affoiblit sa force et corrompt enfin sa pureté? Ce n'est pas un ouvrage fort pénible que de connoître et de condamner les injustices des autres; nous les voyons détestées par une clameur universelle. Mais se détacher de soi-même pour juger droitement de

---

(*a*) *Var.*: Vous ne le tirez ni du fond de votre vertu, ni de celui de votre fortune. — (*b*) Les ruisseaux, — les fontaines.

ses actions, c'est là véritablement le grand effort de la raison et de la justice. Qui nous donnera, chrétiens, non ce point appuyé hors de la terre, que demandoit ce grand géomètre (a) pour la remuer hors de son centre, mais un point hors de nous-mêmes, pour nous regarder d'un même œil que nous regardons les autres, et arrêter dans notre cœur tant de mouvemens déréglés (b) que l'intérêt y fait naître? Quelle horreur aurions-nous de nos injustices, de nos usurpations, de nos tromperies? Mais, hélas! où trouverons-nous ce point de détachement pour sortir nous-mêmes hors de nous-mêmes et nous voir d'un œil équitable et d'un regard désintéressé? La nature ne le donne pas, nous n'écoutons pas la grace; c'est pourquoi c'est en vain que la raison dicte, que la loi publie, que l'Evangile confirme cette loi si naturelle et si divine tout ensemble : « Ne faites point à autrui ce que vous ne voulez pas qui vous soit fait [1]. » Nul ne veut sortir de soi-même pour entrer dans cette mesure commune du genre humain. Celui-là, ébloui de sa fortune, ne peut se résoudre à descendre de sa superbe hauteur pour se mesurer avec personne. Mais pourquoi parler ici de la grandeur? Chacun se fait grand à ses yeux, chacun se tire du pair, chacun a des raisons particulières par lesquelles il se distingue des autres (c).

Au lieu de cette grande mesure qui enferme notre prochain avec nous dans les mêmes règles de justice, nous introduisons dans ce commerce de la société le plus détestable de tous les abus. Deux mesures, deux balances, deux poids inégaux : une grande mesure pour recevoir, une petite mesure pour rendre. Nous voulons que l'on nous fasse justice, nous ne voulons pas la faire aux autres; nous crions à l'injustice quand on nous blesse, nous ne craignons pas d'entreprendre sur le droit d'autrui : comme si le nom de *justice* n'étoit qu'un rempart pour nous défendre, et non une borne posée pour nous arrêter et une barrière pour nous enfermer dans nos devoirs réciproques de la société et de la justice (d). *Si verè utique justitiam loquimini, recta judicate, filii*

[1] *Tob.*, IV, 16; *Luc.*, VI, 31.
(a) Archimède. — (b) *Var. :* Irréguliers. — (c) Se sépare. — (d) Dans les devoirs mutuels de la charité et de la justice; — dans les devoirs communs de la société et de la justice.

hominum [1] *:* O hommes, dit le Prophète, si ce n'est pas en vain que vous avez toujours en la bouche le nom sacré de justice; si vous recourez avec raison, quand on vous fait tort, à ce refuge commun du bon droit et de l'innocence, jugez-vous donc vous-mêmes droitement et ne vous laissez pas aveugler par votre intérêt. Mais, ô dangereux intérêt, le plus ancien, le plus décrié et le plus inévitable de tous les trompeurs, tu trompes dès l'origine du monde; on fait des livres entiers de tes tromperies, tant elles sont découvertes. Qui ne devient pas éloquent à parler de tes artifices? Qui ne fait pas gloire de s'en défier? Mais tout en parlant contre toi, qui ne tombe pas en tes piéges? « Parcourez, dit le prophète Jérémie, toutes les rues et toutes les places de Jérusalem, considérez attentivement et cherchez si vous trouverez un homme droit et équitable (*a*) : » *Circuite vias Jerusalem, considerate et quærite an inveniatis virum facientem judicium et quærentem fidem* [2]. On ne voit plus, on n'écoute plus, on ne garde plus aucune mesure, quand il s'agit du moindre intérêt : la bonne foi n'est qu'une vertu de commerce, qu'on observe par bienséance dans les petites affaires pour établir son crédit, mais qui ne gêne point la conscience quand il s'agit d'un coup de partie.

Cependant on jure, on affirme, on prend à témoin le ciel et la terre; on mêle partout le saint nom de Dieu sans aucune distinction du vrai et du faux : « Comme si le parjure, disoit Salvien, n'étoit plus un genre de crime, mais une façon de parler : » *Perjurium ipsum genus putat esse, non criminis, sed sermonis* [3]. Au reste on ne songe plus à restituer le bien qu'on a usurpé contre les lois; on s'imagine qu'on se le rend propre par l'habitude d'en user, et on cherche de tous côtés non point un fonds pour le rendre, mais un détour pour le retenir (*b*). On fatigue les casuistes par des consultations infinies; et à quoi est-ce, dit saint Augustin, qu'on travaille par tant d'enquêtes, sinon à ne trouver pas ce qu'on cherche? *Hi homines nihil laborant nisi non invenire quod quærunt* [4]. C'est pourquoi nous prouvons

---

[1] *Psal.* LVII, 1. — [2] *Jerem.*, v, 1, 2. — [3] Salvian., lib. IV *De Gubern. Dei*, n. 14. — [4] *De Genes., contra Manich.*, lib. II, cap. XI.

(*a*) *Var. :* « Droit et de bonne foi. » — (*b*) Mais quelque moyen de conscience pour le retenir.

tous les jours qu'on nous embarrasse la règle des mœurs par tant de questions et tant de chicanes, qu'il n'y en a pas davantage dans les procès les plus embrouillés ; et si Dieu n'arrête le cours des pernicieuses subtilités que l'intérêt nous suggère, les lois de la bonne foi et de l'équité ne seront bientôt qu'un problème.

Je ne rougirai pas, chrétiens, de vous rapporter en ce lieu les paroles d'un auteur profane, et de confondre par la droiture de ses sentimens nos détours et nos artifices : *Bene præcipiunt*, dit Cicéron, *qui vetant quidquam agere quod dubites æquum sit an iniquum*[1] *:* « Ceux-là nous enseignent bien, qui nous défendent de faire les choses de la justice desquelles nous avons raison de douter. Car l'équité, poursuit-il, reluit assez d'elle-même, et le doute semble envelopper quelque secret dessein d'injustice : » *Æquitas enim lucet ipsa per se, dubietas autem cogitationem significat injuriæ*[2].

En effet nous trouvons ordinairement que ce qui a besoin de consultation a quelque chose d'inique. Le chemin de la justice n'est pas de ces chemins tortueux qui ressemblent à des labyrinthes, où on craint toujours de se perdre. C'est une route toute droite, dit le prophète Isaïe ; c'est un sentier étroit, à la vérité, mais qui n'a point de détour : *Semita justi recta est, rectus callis justi ad ambulandum*[3]. Voulez-vous savoir, chrétiens, le chemin de la justice, marchez dans le pays découvert, allez où vous conduit votre vue ; la justice ne se cache pas, et sa lumière (*a*) vous la manifeste. Allez donc par cette voie droite et lumineuse. Si vous trouvez à côté quelque endroit obscur ou quelque passage (*b*) embarrassé, c'est là que la fraude se réfugie, c'est là que l'injustice se met à couvert, c'est là que l'intérêt dresse ses embûches. Ainsi ces consultations empressées nous cachent bien souvent quelque tromperie ; et encore qu'il soit véritable que la complication des faits fasse naître quelquefois des difficultés qui obligent à interroger ceux à qui Dieu a confié le dépôt de la doctrine, je ne crains point de vous assurer que pour régler votre conscience sur la plupart des devoirs de la justice chrétienne, la

---

[1] *De Offic.*, lib. I, n. 29. — [2] *Ibid.* — [3] *Isa.*, XXVI, 7.
(*a*) *Var. :* Sa simplicité. — (*b*) Quelque pas.

bonne foi est un grand docteur qui laisse peu de questions indécises.

Mais l'intérêt est trop raffiné pour nous laisser entendre un docteur si simple; et c'est pourquoi la justice est une espèce de martyre (a).....

TROISIÈME POINT DU SERMON PRÉCÉDENT,

AUTREMENT TRAITÉ.

Ce seroit ici, chrétiens, qu'il faudroit vous faire voir que la justice doit être exercée avec quelque tempérament, qu'elle devient inique et insupportable quand elle use de tous ses droits : *Summum jus, summa injuria* [1], et que la bonté qui modère sa rigueur extrême est une de ses parties principales. Mais comme le temps me presse, je supposerai, s'il vous plaît, la vérité assez connue de cette doctrine, et je dirai en peu de paroles à quoi elle doit être appliquée.

Premièrement, chrétiens, comme la foiblesse commune de l'humanité ne nous permet pas de nous traiter les uns les autres en toute rigueur, il n'y a rien de plus juste que cette loi de l'Apôtre : « Supportez-vous mutuellement en charité [2]; » et cette charité et facilité qui s'appelle *condescendance* dans les particuliers, c'est ce qui s'appelle *clémence* dans les grands et dans les princes.

L'histoire n'a rien de plus éclatant que les actions de clémence; et je ne vois rien de plus beau que cet éloge que recevoient les rois d'Israël de la bouche de leurs ennemis : *Audivimus quòd reges domûs Israel clementes sint* [3] : « Les rois de la maison d'Israël ont la réputation d'être clémens. » Au seul nom de clémence, le genre humain semble respirer plus à son aise, et je ne puis taire en ce lieu ce qu'en a dit un grand roi : *In hilaritate vultûs regis vita, et clementia ejus quasi imber serotinus* [4], dit le sage Sa-

[1] Terent., *Heautontimorum*, act. IV, scen. IV. — [2] *Galat.*, VI, 2. — [3] III *Reg.*, XX, 31. — [4] *Prov.*, XVI, 15.

(a) *Note marg.* : Les enchaînemens des intérêts cachés. La justice tombe dans des piéges impénétrables. On ne peut percer. Les juges veulent donner la justice comme une grace. La vertu a assez à combattre en nous-mêmes. Dilatez les voies du ciel.

lomon ; c'est-à-dire « la sérénité du visage du prince, c'est la vie de ses sujets, et sa clémence est semblable à la pluie du soir. » A la lettre, il faut entendre que la clémence est autant agréable aux hommes, qu'une pluie qui vient sur le soir tempérer la chaleur du jour et rafraîchir la terre que l'ardeur du soleil avoit desséchée (a). Mais ne me sera-t-il pas permis d'ajouter que comme le matin nous désigne la vertu, qui seule peut illuminer la vie humaine, le soir nous représente au contraire l'état où nous tombons par nos fautes, puisque c'est là en effet que le jour décline et que la raison n'éclaire plus ? Selon cette explication, la rosée du matin ce seroit la récompense de la vertu, de même que la pluie du soir seroit le pardon accordé aux fautes. Ainsi Salomon nous feroit entendre que pour réjouir la terre et pour produire les fruits agréables de la bienveillance publique, le prince doit faire tomber sur le genre humain et l'une et l'autre rosée, en récompensant toujours ceux qui font bien et pardonnant quelquefois généreusement à ceux qui manquent, pourvu que le bien public et la sainte autorité des lois n'y soient point trop intéressés.

Telle est la première obligation de cette justice tempérée par la bonté, c'est de supporter les foiblesses et de pardonner quelquefois les fautes. La seconde est beaucoup plus grande, c'est d'épargner la misère ; je veux dire que l'homme juste ne doit pas toujours demander ni ce qu'il peut, ni ce qu'il a droit d'exiger des autres. Il y a des temps malheureux où c'est une cruauté et une espèce de vexation que d'exiger une dette ; et la justice veut qu'on ait égard non-seulement à l'obligation, mais encore à l'état de celui qui doit. Le sage Néhémias avoit bien compris cette vérité, lorsqu'ayant été envoyé par le roi Artaxercès pour être le gouverneur du peuple juif, il se mit à considérer non-seulement quels étoient les droits de sa charge, mais encore quelles étoient les forces du peuple. « Il vit que les capitaines généraux qui l'avoient précédé dans cet emploi, avoient trop foulé ce pauvre peuple : » *Duces gravaverunt populum ;* « mais surtout, comme il est assez ordinaire, que leurs ministres insolens l'avoient entiè-

---

(a) *Var. :* Et humecter la terre que l'ardeur du soleil avoit brûlée.

rement épuisé : » *Sed et ministri eorum depresserunt populum* [1]. Voyant donc ce peuple qui n'en pouvoit plus, il se crut obligé en conscience de chercher tous les moyens de le soulager; et bien loin d'imposer de nouvelles charges, comme avoient fait les généraux ses prédécesseurs, il crut qu'il devoit remettre, comme porte le texte sacré [2], beaucoup des droits qui lui étoient dus légitimement. Et après, plein de confiance en la divine bonté qui regarde d'un œil paternel ceux qui se plaisent à imiter ses miséricordes, il lui adresse du fond de son cœur cette humble prière : « Mon Dieu, souvenez-vous de moi en bien, à proportion des grands avantages que j'ai causés à ce peuple : » *Memento mei, Deus meus, in bonum, secundùm omnia quæ feci populo huic* [3]. C'est l'unique moyen d'approcher de Dieu avec une pleine confiance, c'est la gloire solide et véritable que nous pouvons porter hautement jusque devant ses autels; et ce Dieu si délicat et si jaloux, qui défend à toute chair de se glorifier devant sa face (a), a néanmoins agréable que Néhémias et tous ses imitateurs se glorifient à ses yeux du bien qu'ils font à son peuple. N'en disons pas davantage; et croyons que les princes qui ont le cœur grand sont plus pressés par leur gloire, par leur bonté, par leur conscience, à soulager les misères publiques et particulières, qu'ils ne peuvent l'être par nos paroles. Mais Dieu seul est tout-puissant pour faire le bien.

Si de cette haute contemplation je commence à jeter les yeux sur la puissance des hommes, je découvre visiblement la pauvreté essentielle à la créature, et je vois dans tout le pouvoir humain je ne sais quoi de très-resserré, en ce que, si grand qu'il soit, il ne peut pas faire beaucoup d'heureux et se croit souvent obligé de faire beaucoup de misérables. Je vois enfin que c'est le malheur et la condition essentielle des choses humaines, qu'il est toujours trop aisé de faire beaucoup de mal et infiniment difficile de faire beaucoup de bien. Car comme nous sommes ici au milieu des maux, il est aisé, chrétiens, de leur donner un grand cours et de leur faire une ouverture large et spacieuse; mais comme les biens

---

[1] II *Esdr.*, v, 14, 15. — [2] *Ibid.*, 10, 18 — [3] *Ibid.*, 19.
(a) *Var.* : Qui ne veut pas qu'aucune chair se glorifie.

Chaque suite des états décrits ci-dessus se vend séparément :

A	200 fr.
B	100 fr.
C	50 fr.

Nous avons fait, pour ce magnifique ouvrage, exécuter des reliures avec le plus grand soin par MM. Marius Michel, Relieurs-Doreurs, portant sur les plats les Armes du Grand Condé, gravées spécialement pour ces exemplaires.

Maroquin brun tête de nègre janséniste, doublé de maroquin rouge, dentelle basse composée des 3 fleurs de Lys de France au baton péri surmontées de la Couronne du Prince. Prix de la reliure .... 200 fr.

Et maroquin janséniste, dentelle intérieure, composée comme ci-dessus.................................. 120 fr.

JOSEPH DE LONGUEIL

GRAVEUR DU ROI,

1730 - 1792.

SA VIE — SON ŒUVRE

Par Félix PANHARD.

Illustré d'un portrait gravé par P. Adolphe Varin
et d'une suite de reproduction de gravures.

Un beau volume grand in-8 raisin de 352 pp., imprimé avec le plus grand luxe par J. Crété, à Corbeil, à 200 exemplaires :

30 exemplaires sur grand papier whatman avec 31 gravures et encadrement de filets rouge, Nos 1 à 30..   60 fr.

40 exemplaires sur grand papier vélin avec 29 gravures et encadrement de filets rouge, Nos 31 à 70.   45 fr.

130 exemplaires sur papier de hollande avec 26 gravures, Nos 71 à 200. . . . .   30 fr.

Ce splendide volume est un Catalogue raisonné des estampes qui forment l'Œuvre complet d'un des plus célèbres graveurs du XVIIIᵉ siècle. 500 pièces sont minutieusement décrites : Estampes, Portraits, pièces en couleur.

Les Vignettes pour l'illustration des livres qui ont particulièrement établi la réputation de l'Artiste y sont toutes détaillées avec l'indication des ouvrages pour lesquels elles ont été gravées.

Une notice biographique sévèrement contrôlée par l'auteur qui a relevé soigneusement la vie de l'Artiste sur des papiers de famille et sur des documents puisés dans les Archives publiques, rétablit avec exactitude tous les faits intéressants et rejette les légendes faussement accréditées.

Les reproductions héliographiques des pièces principales de l'œuvre et les nombreuses vignettes intercalées dans le texte, donnent à cet ouvrage de luxe un intérêt considérable.

n'abondent pas en ce lieu de pauvreté et de misère, il ne faut pas s'étonner que la source des bienfaits soit si tôt tarie. Aussi le monde, stérile en biens et pauvre en effets, est contraint de débiter beaucoup d'espérances, qui ne laissent pas néanmoins d'amuser les hommes. C'est en quoi nous devons reconnoître l'indigence inséparable de la créature, et apprendre à ne pas tout exiger des grands de la terre. Les rois mêmes ne peuvent pas faire tout le bien qu'ils veulent; il suffit qu'ils n'ignorent pas qu'ils rendront compte à Dieu de ce qu'ils peuvent. Mais nous qui voyons ordinairement parmi les hommes et la puissance et la volonté tellement bornées, chrétiens, mettons plus haut notre confiance. « En Dieu seul est la bonté véritable : » *Nemo bonus, nisi unus Deus* [1]. En lui seul abonde le bien, lui seul le peut et le veut répandre sans bornes; et s'il retient quelquefois le cours de sa munificence à l'égard de certains biens, c'est qu'il voit que nous ne pouvons pas en porter l'abondance entière. Regardons-le donc comme le seul bon. Ce qui fait que nous n'éprouvons pas sa bonté, c'est que nous ne la mettons pas à des épreuves dignes de lui. Nous n'estimons que les biens du monde, nous n'admirons que les grandeurs de la fortune; et nous ne voulons pas entendre que ce qu'il réserve à ses enfans est, sans aucune comparaison, plus riche et plus précieux que ce qu'il abandonne à ses ennemis.

Ainsi nous ne devons pas nous persuader que les sceptres mêmes, ni les couronnes, soient les plus illustres présens du Ciel. Car jetez les yeux sur tout l'univers et sur tous les siècles; voyez avec quelle facilité Dieu a prodigué de tels présens indifféremment à ses ennemis et à ses amis. Regardez les superbes monarchies des Orientaux infidèles; voyez que Jésus-Christ regarde du plus haut des cieux l'ennemi le plus déclaré du christianisme, assis en la place (*a*) du grand Constantin, d'où il menace si impunément les restes de la chrétienté qu'il a si cruellement ravagée. Que si Dieu fait si peu d'état de ce que le monde admire le plus, apprenons donc, chrétiens, à ne lui demander rien de mortel; demandons-lui des choses qu'il soit digne de ses enfans de demander à un tel

[1] *Marc.*, x, 18.
(*a*) *Var.* : Assis sur le trône.

père, et digne d'un tel père de les donner à ses enfans. C'est insulter à la misère que de demander aux petits de grandes choses; c'est ravilir la majesté que de demander au Très-Grand de petites choses. C'est son trône, c'est sa grandeur, c'est sa propre félicité qu'il veut nous donner ; et nous soupirons encore après des biens périssables ! Non, mes frères, ne demandons à Dieu rien de médiocre ; ne lui demandons rien moins que lui-même. Nous éprouverons qu'il est bon autant qu'il est juste, et qu'il est infiniment l'un et l'autre.

Mais vous, Sire, qui êtes sur la terre l'image vivante de cette Majesté suprême, imitez sa justice et sa bonté, afin que l'univers admire en votre personne sacrée un roi juste et un roi sauveur, à l'exemple de Jésus-Christ ; un roi juste qui rétablisse les lois, un roi sauveur qui soulage les misères. C'est ce que je souhaite à Votre Majesté, avec la grace du Père, du Fils, et du Saint-Esprit. Amen.

FIN DU NEUVIÈME VOLUME.

(DEUXIÈME DES SERMONS.)

TABLE

DES MATIÈRES CONTENUES DANS LE NEUVIÈME VOLUME.

(DEUXIÈME DES SERMONS.)

PREMIER SERMON POUR LE PREMIER DIMANCHE DE CARÊME. — Sur les Démons : ces esprits de malice ont conservé leur intelligence et leurs forces naturelles ; ils nous attaquent dans un lâche orgueil par envie, nous devons leur résister par le jeûne, l'aumône et la prière. 1

SECOND SERMON POUR LE PREMIER DIMANCHE DE CARÊME. — Sur les Démons : leur force et leur puissance, leurs ruses et leurs détours, la facilité de les vaincre et de les mettre en fuite. 19

TROISIÈME SERMON POUR LE PREMIER DIMANCHE DE CARÊME. — Sur la Prédication évangélique : quand les hommes ne connoissent pas la vérité, la prédication leur parle pour éclairer leur intelligence ; quand ils ne pensent pas à la vérité, elle leur parle pour attirer leur attention ; quand ils ne sont pas touchés de la vérité, elle leur parle pour échauffer leurs désirs et exciter leur affection languissante. 39

QUATRIÈME SERMON POUR LE PREMIER DIMANCHE DE CARÊME. — Sur la Pénitence : les pécheurs ont besoin de la miséricorde pour leur pardonner, de la puissance pour les secourir, de la patience pour les attendre ; or Dieu donne libéralement ces choses, il faut en profiter. 57

PLAN D'UN SERMON POUR LE PREMIER DIMANCHE DE CARÊME. — Sur la Pénitence. 75

SERMON INCOMPLET POUR LE LUNDI DE LA PREMIÈRE SEMAINE DE CARÊME. — Sur l'Aumône : la loi de la charité nous oblige à la faire, l'esprit de la charité en prescrit la manière, et la fin de la charité c'est le secours actuel du pauvre. 77

ABRÉGÉ D'UN SERMON POUR LE VENDREDI DE LA PREMIÈRE SEMAINE DE CARÊME. 86

PREMIER SERMON POUR LE IIe DIMANCHE DE CARÊME. — Sur la Soumission due à la parole de Jésus-Christ : nous devons écouter sa doctrine sans que l'obscurité nous arrête, écouter ses commandemens sans que leur difficulté nous étonne, écouter ses promesses sans que leur éloignement nous impatiente............................... 90

SECOND SERMON POUR LE IIe DIMANCHE DE CARÊME. — Sur la Parole de Dieu : nous devons recevoir la parole de Jésus-Christ avec la même vénération que son corps adorable; c'est-à-dire nous devons désirer qu'on nous annonce cette parole divine en vérité, prêter l'oreille du cœur pour l'entendre, et en profiter de sorte qu'il paroisse par notre vie que nous avons été instruits dans l'école de la Sagesse éternelle............. 112

SERMON POUR LE MARDI DE LA IIe SEMAINE DE CARÊME. — Sur l'Honneur : nous devons apprendre à chercher dans les choses que nous estimons, 1° du prix et de la valeur, et par là les choses vaines seront décriées; 2° la conformité avec la raison, et par là les vices perdront leur crédit; 3° l'ordre nécessaire, et par là les biens véritables seront tellement honorés que la gloire en sera toute rapportée à Dieu......... 134

FRAGMENT OU DISSERTATION SUR L'HONNEUR................. 151

PREMIER SERMON POUR DE JEUDI DE LA IIe SEMAINE DE CARÊME. — Sur la Providence : une sagesse éternelle régit le monde, et nous devons nous soumettre à ses décrets........................... 161

SECOND SERMON POUR LE JEUDI DE LA IIe SEMAINE DE CARÊME. — Sur l'Impénitence finale : l'homme du monde, par ses plaisirs, par ses empressemens, par sa dureté, arrive enfin à la plus grande séparation sans détachement, à la plus grande affaire sans loisir, à la plus grande misère sans assistance........................... 178

PREMIER SERMON POUR LE IIIe DIMANCHE DE CARÊME. — L'égarement et le retour de l'Enfant prodigue nous montre ces deux vérités importantes : les plaisirs, sources de douleurs, et les douleurs, sources fécondes de nouveaux plaisirs.................................. 199

SECOND SERMON POUR LE IIIe DIMANCHE DE CARÊME. — Sur les Rechutes : la pénitence étant une réconciliation de l'homme avec Dieu, un remède qui nous rétablit et un sacrement qui nous sanctifie, on ne peut, sans un insigne mépris, rompre une amitié si saintement réconciliée, ni rendre inutile sans un grand péril un remède si efficace, ni violer sans une prodigieuse irrévérence un sacrement si saint et si salutaire.......... 216

SERMON POUR LE MARDI DE LA IIIe SEMAINE DE CARÊME. — Sur la Charité fraternelle : cette vertu nous commande d'aimer le prochain comme nous-mêmes, de le corriger par des avertissemens charitables, et de lui pardonner les injures qu'il nous fait...................... 236

SECONDE CONCLUSION POUR LE MARDI DE LA IIIe SEMAINE DE CARÊME..... 252

SERMON POUR LE VENDREDI DE LA IIIe SEMAINE DE CARÊME. — Sur le Culte dû à Dieu : il faut adorer Dieu en vérité, il faut l'adorer en esprit. ... 254

SECONDE PÉRORAISON POUR LE VENDREDI DE LA III⁰ SEMAINE DE CARÊME. — Contre la Paresse................................... 271

SERMON POUR LE SAMEDI DE LA III⁰ SEMAINE DE CARÊME. — Sur les Jugemens humains : deux vices universellement répandus : un excès de sévérité et un excès d'indulgence ; sévérité pour les autres, et indulgence pour nous-mêmes................................... 272

ABRÉGÉ D'UN SERMON POUR LE SAMEDI DE LA III⁰ SEMAINE DE CARÊME. — La femme adultère, image de l'ame coupable et de l'hérésie.......... 289

PREMIER SERMON POUR LE IV⁰ DIMANCHE DE CARÊME. — Sur nos Dispositions à l'égard des nécessités de la vie : nous devons prendre garde de rechercher avec empressement le nécessaire, de dissiper inutilement le superflu et de désirer démesurément l'extraordinaire............ 292

SECOND SERMON POUR LE IV⁰ DIMANCHE DE CARÊME. — Sur l'Ambition : la fortune est trompeuse dans ses faveurs et accablante dans ses revers ; il faut s'en détacher................................ 316

TROISIÈME SERMON POUR LE IV⁰ DIMANCHE DE CARÊME. — Sur l'Amour des grandeurs humaines : le chrétien ne doit désirer de puissance que pour en avoir sur lui-même ; et si Dieu lui en a donné sur les autres, il leur en doit tout l'emploi et tout l'exercice.................. 334

ABRÉGÉ D'UN SERMON POUR LE MARDI DE LA IV⁰ SEMAINE DE CARÊME. — Sur la Médisance : ses causes, la haine, l'envie, l'orgueil ; ses effets, rompre la charité ; ses remèdes, ne pas applaudir aux médisans, se regarder comme devant être jugé.................................. 350

PLAN D'UN SERMON POUR LE MERCREDI DE LA IV⁰ SEMAINE DE CARÊME. — Sur l'évangile de l'Aveugle-Né............................ 356

SERMON POUR LE VENDREDI DE LA IV⁰ SEMAINE DE CARÊME. — Sur la Mort : elle apprend à l'homme ces deux vérités qui lui ouvrent les yeux pour se bien connoître, qu'il est infiniment méprisable en tant qu'il finit dans le temps et infiniment estimable en tant qu'il passe à l'éternité........ 358

FRAGMENT SUR LA BRIÈVETÉ DE LA VIE ET LE NÉANT DE L'HOMME....... 372

PREMIER SERMON POUR LE DIMANCHE DE LA PASSION. — Sur la Possibilité d'accomplir les commandemens : les pécheurs prétendent vainement que la morale évangélique est impossible, qu'elle choque leurs goûts et leur raison, que les prédicateurs l'annoncent mal ou ne font pas ce qu'ils disent..................................... 376

SECOND SERMON POUR LE DIMANCHE DE LA PASSION. — Sur la Soumission et le respect dû à la vérité : ce respect impose aux serviteurs de Jésus-Christ trois obligations : quand ils regardent la vérité dans leur juge, ils doivent permettre qu'elle les règle ; quand elle les reprend par les autres hommes, ils doivent souffrir qu'elle les corrige ; quand elle leur parle dans leur conscience, ils doivent consentir non-seulement qu'elle les éclaire, mais encore qu'elle les change et les convertisse.............. 398

TROISIÈME SERMON POUR LE DIMANCHE DE LA PASSION. — Sur les Causes de la haine des hommes contre la vérité : nous devons apprendre à aimer la vérité partout où elle est : en Dieu, en nous-mêmes, dans le prochain, afin qu'en Dieu elle nous règle, en nous-mêmes elle nous excite et nous éclaire, dans le prochain elle nous reprenne et nous redresse................................ 415

SERMON POUR LE MARDI DE LA SEMAINE DE LA PASSION. — Sur la Satisfaction : combien elle est nécessaire, quelle elle doit être et dans quel esprit nous la devons faire....................... 438

PREMIER SERMON POUR LES TROIS DERNIERS JOURS DE LA SEMAINE DE LA PASSION. — Sur l'Efficace de la pénitence : l'exemple de Madeleine apprend à tous les pécheurs que s'ils embrassent avec foi et soumission la grace de la pénitence, ils y trouveront assez de force pour opérer leur conversion, et assez de suavité pour l'accomplir avec joie......... 450

SECOND SERMON POUR LES TROIS DERNIERS JOURS DE LA SEMAINE DE LA PASSION. — Sur l'Ardeur de la pénitence : tout condamne les remises d'un cœur qui diffère toujours de se rendre à Dieu, et les douceurs de son amour attirant, et les menaces pressantes de son amour méprisé... 466

TROISIÈME SERMON POUR LES TROIS DERNIERS JOURS DE LA SEMAINE DE LA PASSION. — Sur l'Intégrité de la pénitence : la véritable pénitence a trois sentimens qui la rendent entière : avant la confession, sa douleur lui fait prendre toutes les résolutions nécessaires; dans la confession, sa honte lui fait subir toutes les humiliations qui lui sont dues; et après la confession, sa prévoyance lui fait embrasser toutes les précautions qui lui sont utiles............................... 480

PREMIER SERMON POUR LE VENDREDI DE LA SEMAINE DE LA PASSION. — Sur la Compassion de la sainte Vierge : Marie est auprès de la croix, et elle en ressent les douleurs; elle s'y tient debout, et elle en supporte constamment le poids; elle y devient féconde, et elle en reçoit la vertu.. 499

SECOND SERMON POUR LE VENDREDI DE LA SEMAINE DE LA PASSION. — Sur la Compassion de la sainte Vierge : Marie peut nous secourir, parce qu'elle est Mère de Dieu; elle veut nous secourir, parce qu'elle est notre mère. .522

ABRÉGÉ D'UN SERMON POUR LE VENDREDI DE LA SEMAINE DE LA PASSION. — Sur l'Aumône : afin qu'elle soit obligatoire, Jésus-Christ crucifié en pose la loi immuable; afin qu'elle soit ordonnée, il en prescrit la manière certaine; afin qu'elle soit effective, il donne un fonds assuré pour l'entretenir. 550

PLAN D'UN SERMON POUR LE VENDREDI DE LA SEMAINE DE LA PASSION. — Sur la Nécessité de l'aumône : Jésus-Christ, souffrant dans les pauvres, abandonné dans les pauvres, patient dans les pauvres............. 560

ABRÉGÉ D'UN SERMON POUR LE SAMEDI DE LA SEMAINE DE LA PASSION. — Sur le Jugement de Jésus-Christ contre le monde : quelle a été la forme de ce jugement, quelle en a été la matière, quelle en doit être l'exécution. . 563

PREMIER SERMON POUR LE DIMANCHE DES RAMEAUX. — Sur l'Honneur du monde : le monde flatte la vertu et la corrompt, déguise le vice et lui donne du crédit, attribue aux hommes ce qui appartient à Dieu et voudroit les enrichir de ses dépouilles. Jésus-Christ condamne ces trois attentats. . . . 572

SECOND SERMON POUR LE DIMANCHE DES RAMEAUX. — Sur les Souffrances : Jésus-Christ attaché à la croix nous apprend, en souffrant lui-même, qu'il y a nécessité de souffrir; il nous fait voir dans le bon larron de quelle bonté paternelle il use envers ceux qui souffrent comme ses enfans; enfin il nous montre dans le mauvais quels jugemens redoutables il exerce sur ceux qui souffrent en rebelles. 595

TROISIÈME SERMON POUR LE DIMANCHE DES RAMEAUX. — Sur les Devoirs des rois : les rois doivent faire régner Jésus-Christ sur eux-mêmes, ils doivent le faire régner sur leurs sujets. 618

QUATRIÈME SERMON POUR LE DIMANCHE DES RAMEAUX. — Sur la Justice : environnée de trois vertus, la justice doit être accompagnée de la constance qui l'affermit dans les règles, de la prudence qui l'éclaire dans les faits, de la bonté qui lui fait supporter les misères et les foiblesses. 635

FIN DE LA TABLE DU NEUVIÈME VOLUME.

(DEUXIÈME DES SERMONS.)

BESANÇON. — IMPRIMERIE D'OUTHENIN-CHALANDRE FILS.

SUAREZ

SOCIETATIS JESU

OPERA OMNIA

28 volumes petit in-4° à deux colonnes, reproduction des 23 volumes in-folio de l'édition de Venise, Papier fin satiné, caractères neufs, fondus exprès.

Prix des 28 vol. : 400 fr.

Cette publication est terminée.

Nous n'avons pas besoin de faire observer que les *Œuvres complètes de Suarez* forment une encyclopédie théologique entière, puisqu'en lui, selon la parole de Bossuet, *on entend toute l'école*. Quelques mots suffiront pour démontrer la nécessité de cette nouvelle édition. Celle de Venise, la seule complète, est très-rare, et de plus elle fourmille de fautes grossières. Celle de Lyon, la plus correcte, quoique très-fautive encore, est incomplète. Toutes les autres réunissent plus ou moins les défauts des deux précédentes, sans leurs qualités. Notre édition atteindra donc un double but : elle mettra Suarez complet à la portée de tous les hommes d'étude et elle donnera pour la première fois un texte pur. A partir du cinquième volume, notamment, on a redoublé de précaution, afin de n'avoir même pas besoin d'errata. On a attaché aussi une grande importance à la ponctuation, qui contribue si efficacement à la clarté, surtout dans un ouvrage écrit en latin sur des matières abstraites. Un vingt-neuvième volume, dont il n'est possible d'indiquer maintenant ni l'étendue, ni le prix, contiendra deux tables universelles, dont les anciennes éditions sont totalement dépourvues : 1° Table universelle des matières traitées dans les vingt-huit volumes. Cette table sera par ordre alphabétique, et il n'est personne qui ne voie aussitôt combien elle sera utile pour abréger les recherches, tant à cause de l'ordre alphabétique, qu'au moyen des détails multipliés où elle descendra : ce sera vraiment une table analytique universelle. 2° Une table universelle des passages de la Bible commentés par Suarez dans le cours de ses Œuvres. Enfin un dernier volume, de peu d'étendue, que les souscripteurs pourront prendre ou laisser à leur choix, et qui pourra être relié avec les tables, renfermera : 1° l'explication de tous les passages de Suarez qui peuvent offrir quelque difficulté pour le commun des lecteurs ; 2° l'indication exacte et la justification de tous les changements que nous avons dû faire aux anciennes éditions. De cette manière, chacun sera à même d'apprécier la valeur des leçons adoptées par nous, et de préférer à sa guise les variantes que nous aurons écartées. Notre édition, tout en présentant un texte meilleur, fera connaître en même temps les différences qui la distinguent des autres, et épargnera ainsi au public une comparaison fatigante. Quant à l'exécution typographique, voici ce qu'en ont écrit des juges aussi compétents qu'impartiaux. M. Du Lac, dans l'*Univers*, numéro du 2 février 1856, dit : « Nous avons entre les mains le premier volume des *Œuvres complètes de Suarez*, que publie la maison Vivès. C'est un magnifique volume grand in-8° de 900 pages ou 1,800 colonnes. Le papier en est beau et solide, le caractère net et assez gros pour que les yeux les plus difficiles puissent le lire sans fatigue. La correction paraît en être faite avec beaucoup de soin. Le prix est relativement modique. Ce ne sont pas là de petits mérites en ce temps où, pour avoir les œuvres de nos grands théologiens, on est réduit à choisir entre d'anciennes éditions d'un prix inabordable, et des éditions à bas prix, aussi incorrectes que mal imprimées. Tout le monde comprendra quel service M. Vivès rend, par sa nouvelle édition des Œuvres de ce grand homme, à la science ecclésiastique et au clergé français. »

Un savant critique dit aussi dans l'*Ami de la religion*, numéro du 5 février 1856 : « Toutes les œuvres importantes honorent ceux qui les entreprennent, et, indépendamment du mérite moral qui leur en revient devant Dieu et devant leur conscience, la reconnaissance publique est pour eux une douce et juste récompense. Nous n'hésitons pas à appliquer ce que nous venons de dire à la publication des *Œuvres complètes de Suarez*, à laquelle un éditeur courageux, M. Louis Vivès, vient de vouer ses efforts et d'immenses capitaux. Une pareille entreprise est un vrai titre de gloire pour une librairie catholique, et nous croirions manquer à un devoir en ne payant pas un juste tribut d'éloges à la belle et intrépide initiative de M. Vivès... »

L'écrivain distingué parle ensuite du profond génie de Suarez, qui a mérité l'admiration de Bossuet, de Grotius et des Papes ; il fait connaître les principes qui ont présidé à cette publication de ses Œuvres ; puis il continue : « Nous ne disons rien du papier et de l'exécution typographique ; M. Vivès y a mis tous ses soins, et nous sommes vraiment surpris que, pour une si modeste somme, il puisse donner à ses souscripteurs un volume aussi considérable et aussi soigné que celui que nous avons sous les yeux. »

Et plus loin : « Terminons ce bulletin en émettant deux vœux qui nous tiennent vivement à cœur. En commençant cette entreprise dispendieuse et pleine de chances, M. Vivès a compté sur le zèle studieux que la renaissance des sciences ecclésiastiques excitera au sein du clergé de France. Puisse donc ce dernier faire ce que les *Œuvres complètes de Suarez*, l'accueil qu'elles méritent de tous ceux qui vont puiser aux grandes sources de la théologie ! Puisse aussi le courageux éditeur poursuivre avec fermeté et constance sa tâche laborieuse et utile, et la mener à une fin heureuse le plus rapidement possible ! »

www.ingramcontent.com/pod-product-compliance
Lightning Source LLC
Chambersburg PA
CBHW050104230426
43664CB00010B/1433